Für eine neue Agenda der Kulturpolitik

Edition Angewandte – Buchreihe der
Universität für angewandte Kunst Wien
Herausgegeben von Gerald Bast, Rektor

edition:'ʌngewʌndtə
Universität für angewandte Kunst Wien
University of Applied Arts Vienna

Für eine neue Agenda der Kulturpolitik

Michael Wimmer (Hrsg.)

DE GRUYTER

Inhalt

3

Von der Angebots- zur Nachfrageorientierung

4

Transformation des Kulturbetriebs

Vorwort

Michael
Wimmer

„Was ist, wenn es für die Kultur kein Zurück zur Normalität gibt?“[1] Das fragte der Kulturjournalist Georg Leyrer in einer bürgerlichen Wiener Tageszeitung zu Beginn des Jahres 2022 und artikulierte damit zwei Jahre nach Ausbruch Pandemie eine tiefe Verunsicherung, die mittlerweile weite Teile des Kulturbetriebs und sein Publikum erfasst hat.

1 Georg Leyrer (2022): „Was ist, wenn es für die Kultur kein Zurück zur Normalität gibt?“, in: *Kurier*, 5. Februar 2022, https://kurier.at/kultur/was-ist-wenn-es-fuer-die-kultur-kein-zurueck-zur-normalitaet-gibt/401896118.

Die Indizien mehren sich, dass der österreichische Kulturbetrieb heute vor der größten Existenzkrise seit Beginn der Zweiten Republik steht. Mit jedem weiteren Tag der Pandemie wird deutlicher, dass gerade ein umfassender Transformationsprozess des kulturellen Lebens stattfindet, der viele lieb gewordene Selbstverständnisse außer Kraft setzt. Täglich erfahren wir aufs Neue, dass die gesamte Gesellschaft einen umfassenden Veränderungsprozess durchläuft, der auch vor den Toren des Kulturbetriebs nicht Halt macht. Die Sollbruchstellen betreffen die gesamte Betriebsstruktur und damit die Produktions- wie die Vermittlungs- und Rezeptionsbedingungen gleichermaßen. Von den Auswirkungen sind die einzelnen Akteur*innengruppen freilich sehr unterschiedlich betroffen. Dementsprechend unterschiedlich groß sind die Hoffnungen auf eine umfassende konzeptionelle Neuausrichtung staatlicher Kulturpolitik als zentrale Gestaltungskraft der kulturbetrieblichen Verfasstheit.

Wir wissen heute, dass die Pandemie zu einer beträchtlichen Verschärfung sozialer Ungleichheit auch und gerade im Kulturbereich geführt hat. Institutionell weitgehend abgesicherten Akteur*innen in den staatlichen Einrichtungen steht ein wachsendes künstlerisches Proletariat gegenüber, das zunehmend verzweifelt ums Überleben kämpft und sich gezwungen sieht, sich außerhalb des Kulturbetriebs neue Existenzgrundlagen zu schaffen. Gleichzeitig muss sich der Kulturbetrieb mit der Tatsache vertraut machen, dass sich das kulturelle Verhalten in weiten Teilen der Bevölkerung in den letzten beiden Jahren nachhaltig geändert hat und damit die quantitativ messbaren Erfolgskriterien („Besucher*innen-Zahlen“) zumindest mittelfristig nicht mehr eingelöst werden können. Und so tönen selbst aus den abgesicherten Bereichen wie den Bundestheatern Hilferufe wie „Es geht um das Überleben der Branche“,[2] die deutlich machen, dass es mittlerweile ums Ganze geht.

2 https://tv.orf.at/program/orf2/kulturmont292.html.

Staatliche Kulturpolitik hat in der Pandemie versucht, mit einer Reihe von Hilfs- und Unterstützungsprogrammen zumindest die laufenden Betriebsstrukturen aufrechtzuerhalten. Diese Maßnahmen waren – allenfalls mit Ausnahmen der Themen Fair Pay und Nachhaltigkeit – nicht verbunden mit dem Anspruch, strukturelle Veränderungen in Gang zu setzen. Stattdessen führten sie vor allem dazu, die bereits zuvor feststellbaren Krisenphänomene zu prolongieren. Gleichzeitig setzte sich mit der Fortdauer der Pandemie immer mehr die Einsicht durch, dass sich die Produktions- und Konsumptionsbedingungen (nicht nur im Kulturbereich) gerade dramatisch verändern und damit alle Hoffnungen auf eine Aufrechterhaltung eines veralteten Status quo im Handlungsfeld der Kultur zunehmend illusorisch erscheinen müssen.

Die aktuellen Maßnahmen der Krisenintervention können nicht mehr darüber hinwegtäuschen, dass die Erfolgsgeschichte einer aus den 1970er-Jahren stammenden Kulturpolitik angesichts der aktuellen Krisenerscheinungen an ihr Ende gekommen ist; in Bezug auf die aktuellen strukturellen Herausforderungen verfügt sie nur mehr über sehr unzureichende Antworten.

Dies war der Grund, warum die Universität für angewandte Kunst Wien bereits im Frühjahr 2021 das Symposium „Konfrontation statt Repräsentation – eine neue Agenda der Kulturpolitik“[3] ausgerichtet hat, um sich auf die Suche nach einer zeitgemäßen Kulturpolitik zu machen. Ziel war es, zusammen mit Künstler*innen, Institutionenvertreter*innen und anderen Expert*innen das Gespräch darüber zu eröffnen, wie es gelingen kann, die Kompetenz zurückzuerobern, den Kulturbetrieb nicht nur in seinem Status quo zu verwalten, sondern als eine gesellschaftliche Gestaltungskraft in einer historischen Phase zunehmender existenzieller Krisenerscheinungen (Klimawandel, Ressourcenverschwendung, soziale Ungleichheit, digitale Revolution, Demokratiemüdigkeit etc.) als relevanten Akteur neu zu positionieren.

Ein solcher diskursiver Zugang erschien umso notwendiger, als die wachsende Komplexität der Problemstellungen Top-down-Lösungen neben allen demokratiepolitischen Ansprüchen nicht mehr zeitgemäß erscheinen ließ. Also gingen die Organisator*innen davon aus, dass der Kulturbetrieb selbst (und mit ihm die handelnden Akteur*innen in Gestalt von Künstler*innen, Vermittler*innen, aber auch alle anderen Bürger*innen) gefordert sein wird, sich in einem gemeinsamen emanzipatorischen Kraftakt an der kulturpolitischen Entscheidungsfindung zu beteiligen und nicht mehr darauf zu vertrauen, dass die offiziellen politischen Vertreter*innen auf sich gestellt noch einmal die richtigen Weichenstellungen vornehmen werden. In diesem Sinn wollte das Symposium ein produktives Szenario bieten, in dem ausgewählte Initiativen vorgestellt wurden, die sich mit den durch die Pandemie hervorgerufenen Transformationsprozessen beschäftigen.

3 Das europäische Symposium „Konfrontation und Kooperation statt Repräsentation – eine neue Agenda für Kulturpolitik“ zu aktuellen Fragen der Kulturpolitik fand am 20. Mai 2021 an der Universität für angewandte Kunst Wien statt, siehe https://www.dieangewandte.at/konfrontation_und_kooperation_statt_repraesentation.

Dabei konnte das Gespräch aufbauen auf einer Reihe wegweisender Überlegungen – etwa jene in Deutschland, wo im Rahmen von Initiativen wie „Kultur der Transformation“[4] ein breiter Diskurs angestoßen wurde. Und auch in anderen Ländern gibt es beispielhafte Initiativen, die allesamt von einer Neupositionierung des Kulturbetriebs in den nationalen Gesellschaften berichten. Als ein besonderer Ansporn kann dabei der Umstand gesehen werden, dass sich auch in Österreich staatliche Kulturpolitik dazu entschlossen hat, einen neuen Diskussionsprozess zur Entwicklung einer neuen Kunst- und Kulturstrategie[5] anzustoßen, bei dem bereits erste Schritte gesetzt wurden.[6]

Noch wichtiger als diesbezügliche theoretische Überlegungen aber ist möglicherweise die wachsende Anzahl an Experimenten mit neuen Settings und Formaten, die immer mehr Kultureinrichtungen wagen, um nach einer langen Phase der öffentlich verordneten Selbstisolierung noch einmal Anschluss an die Gegenwart zu finden. Zusätzlich wurden neue Initiativen wie D/Arts[7] ins Leben gerufen, die es sich zur Aufgabe gemacht haben, den Kulturbetrieb in Bezug auf die aktuellen gesellschaftlichen Entwicklungen zu beraten und damit Anstöße zu geben, noch einmal seine Relevanz in diversifizierten Gesellschaften zu beweisen.

Die hier vorliegende Sammlung von Beiträgen markiert einen Zwischenstand in dem von der Universität für angewandte Kunst Wien angestoßenen Diskussionsprozess. Der Herausgeber Michael Wimmer beschäftigt sich seit vielen Jahren mit den Entwicklungen des Kulturbetriebs und den ihn begleitenden und steuernden kulturpolitischen Programmen und Maßnahmen. In seiner zentralen These geht er davon aus, dass es überfällig ist, eine stark produktions- und institutionenbezogene Kulturpolitik samt damit verbundener Verengung auf standespolitische Interessen zugunsten einer mehr oder weniger beliebigen Auswahl von Künstler*innen zu verabschieden und stattdessen die Idee von „kulturellen Öffentlichkeiten“ wieder aufzugreifen und damit die Bevölkerung in ihrer ganzen Vielfalt samt ihrer Bereitschaft, am künstlerischen Geschehen mitzuwirken, ins Zentrum des kulturpolitischen Interesses zu rücken.

Dazu ist in den letzten Jahren eine Reihe von Texten entstanden, die als Blogbeiträge auf „Wimmers Kultur-Service“[8] erschienen sind. Sie verhandeln u. a. eine Kritik der Großerzählung österreichischer Kulturpolitik nach 1945 von der „Kulturnation“ samt der diese Behauptung stützenden staatlichen Kunst- und Kulturpolitik. Dazu kommen Beobachtungen zu Änderungen der Relevanz des Kulturbetriebs innerhalb der Gesellschaft inklusive seiner sozial selektierenden Wirkung (etwa die Trennung zwischen Besucher*innen und Nicht-Besucher*innen). Andere Beiträge beschäftigen sich mit den Wirkungen von demografischen (Diversität) und technologischen (Digitalisierung) Veränderungen auf den Kulturbetrieb und reflektieren die geänderten Anforderungen angesichts wachsender demokratischer Ansprüche und ihrer Infragestellung (Partizipation

4 https://kupoge.de/blog.

5 Regierungsprogramm 2020–2024, Kapitel „Kunst & Kultur“, S. 46–52, https://www.wienerzeitung.at/_em_daten/_wzo/2020/01/02/200102-1510_regierungsprogramm_2020_gesamt.pdf.

6 https://www.bmkoes.gv.at/Kunst-und-Kultur/Strategie-Kunst-Kultur.html.

7 https://www.d-arts.at.

8 www.michael-wimmer.at.

versus Neo-Autoritarismus) oder dem Ende der Arbeitsgesellschaft, wie wir sie kennen.

Sie alle verweisen auf eine Infragestellung der kulturbetrieblichen Strukturen zugunsten ihrer Öffnung gegenüber einer diversen, zunehmend technologisch durchdrungenen Gesellschaft. Ein damit verbundener Paradigmenwechsel – von einer historischen Phase der Repräsentation von Kunst hin zu einer der Ermöglichung von Kommunikation mithilfe von Kunst – hat Auswirkungen auch auf die Anforderungsprofile in den künstlerischen Berufsfeldern.

Der vorliegende Sammelband „Eine neue Agenda der Kulturpolitik" versammelt eine Reihe von Texten, die die kulturpolitischen Entwicklungen vor allem der letzten Jahre in kritischer Weise kommentieren. Sie umfassen ebenso das sich wandelnde Verhältnis von Gesellschafts-, Demokratie- und Kulturpolitik und – damit verbunden – die sich wandelnde Vorstellung davon, was Kultur in der Gesellschaft zu leisten vermag und welche konkreten Veränderungsprozesse in Politik, in Verwaltung und im Kulturbetrieb notwendig sind, um das kulturelle Leben noch einmal als gestaltendes Element des Gemeinwesens auf die Höhe der Zeit zu bringen. Das betrifft auch Änderungen des kulturellen Verhaltens ebenso wie das Verhältnis von Angebots- und Nachfrageorientierung oder die kulturelle Bildung bzw. Kunst- und Kulturvermittlung, die bisher kulturpolitisch stark vernachlässigt geblieben sind.

Um das Thema breiter zu fassen, hat Michael Wimmer eine Reihe von Freund*innen und Kolleg*innen, Künstler*innen und Expert*innen (von denen viele am Symposium „Konfrontation statt Repräsentation" teilgenommen haben) eingeladen, sich eine ihnen besonders brisant erscheinende Herausforderung bei der Neugestaltung von Kulturpolitik vorzunehmen und dazu ihre Positionen zu entwickeln. Gemeinsames Ziel war es, mit einem solchen vielfältigen Panorama das Interesse für die Wiederaufnahme einer breiteren kulturpolitischen Diskussion zu begründen. Gemeinsam wollten wir uns auf die Suche nach neuen und zeitgemäßen Begründungszusammenhängen von Kulturpolitik machen, die in der aktuellen Umbruchsphase helfen können, staatliches Engagement im Kulturbereich auf neue Weise zu legitimieren und auf seine möglichen Wirkungen zu untersuchen.

Im Sinne einer „Streitschrift" handelt es sich bei den vorliegenden Beiträgen nicht um eine Sammlung akademisch geleiteter Grundlagentexte. Stattdessen reicht die Bandbreite von poetischen Zugängen über Interviews, Forderungskataloge, Kurzdarstellungen von beispielhaften Initiativen bis hin zu subjektiven – wenn auch gut begründeten, weil erfahrungsgesättigten – Positionen, die zu Zustimmung, zu Widerspruch, aber vor allem zu Weiterentwicklung herausfordern.

Insgesamt war es unser Anliegen, die Sicht auf mögliche Zukunftsperspektiven des Kulturbetriebs und seines kulturpolitischen Kontextes für eine interessierte Leser*innenschaft zu verbessern und diese als Mitstreiter*innen für eine Erneuerung des kulturpolitischen Gesprächs zu gewinnen. Gemeinsam wollten wir einen signifikanten Beitrag für einen lebendigen Austausch leisten, der die Leser*innen einlädt, sich am kulturpolitischen Gespräch zu beteiligen.

Als Autor*innen hoffen wir, dass sich aus der so gewonnenen Textsammlung die zentralen Felder einer neuen Agenda der Kulturpolitik herauszuschälen vermögen, die der Kulturpolitik wieder den Stellenwert einräumt, den sie sich als Ausdruck der Suche nach einem gedeihlichen Zusammenleben mit künstlerischen Mitteln verdient.

Als Herausgeber dieses kulturpolitischen Diskussionsangebots möchte ich mich bei allen Beitragenden herzlich bedanken, dass sie meiner Einladung gefolgt sind und sich bereit erklärt haben, zur Realisierung des Projektes beizutragen. Mein Dank geht an die Lektor*innen Viktoria Horn und Michael Turnbull, die versucht haben, die verschiedenen textlichen Zugänge unter einen gut lesbaren Hut zu bringen. Besonders bedanken möchte ich mich einmal mehr bei der Gestalterin Theresa Hattinger, die – wie schon bei der ersten Sammlung von Symposiumsbeiträgen „Kann Kultur Politik? – Kann Politik Kultur?“[9] – die Texte in eine Form gebracht hat, die den Leser*innen hoffentlich Lust macht, die Sammlung öfter in die Hand zu nehmen.

Bedanken möchte ich mich beim Rektor der Angewandten Gerald Bast, der das Gespräch um eine Weiterentwicklung der Kulturpolitik erst möglich gemacht und seither tatkräftig begleitet und unterstützt hat. Er war wie eine Reihe weiterer Lehrender und Studierender seines Hauses an den Symposien beteiligt, und es ist ihm auf diese Weise gelungen, das kulturpolitische Profil der Angewandten nachhaltig zu verbessern.

Ich wünsche Ihnen eine inspirierende Lektüre und hoffe, dass es mit Ihren Reaktionen gelingt, der Kulturpolitik wieder die Aufmerksamkeit zu schenken, die sie als unabdingbare Grundlage für ein Nachdenken über ein gedeihliches Zusammenleben in postpandemischen Zeiten und die Relevanz der Kunst dabei verdient.

Eine der legendären Persönlichkeiten, die in den 1970er-Jahren am Beginn einer neuen Kulturpolitik standen, war Hermann Glaser, der Kulturdezernent von Nürnberg. Er begann seine legendäre Streitschrift „Bürgerrecht Kultur“[10] mit einem Adorno-Zitat: „Das Verzweifelte, daß die Praxis, auf die es ankäme, verstellt ist, gewährt paradox die Atempause zum Denken, die nicht zu nutzen praktischer Frevel wäre.“[11] – Vielleicht ein Hinweis, die durch die Pandemie verursachte Verzweiflung als eine Atempause zu nutzen und der Kulturpolitik noch einmal ein diskursives Fundament zu verschaffen, die den Kulturbetrieb zwar nicht zurück in eine alte Normalität, dafür aber nach vorn, dorthin, wo gesellschaftliche Entwicklung stattfindet, zu führen vermag.

9 Michael Wimmer (Hg.) (2020): *Kann Kultur Politik? – Kann Politik Kultur? Warum wir wieder mehr über Kulturpolitik sprechen sollten*, Berlin: De Gruyter.

10 Hermann Glaser/Karl Heinz Stahl (1983): *Bürgerrecht Kultur*, Frankfurt am Main: Ullstein.

11 Theodor W. Adorno (1970): *Negative Dialektik*, Frankfurt am Main: Suhrkamp.

Kapitel 1

Kultur- und Demokratie-politik

16

Common Grounds – // Arbeit, Raum, Teilhabe

Veronica Kaup-Hasler

Eine kulturpolitische Orientierungshilfe in 10 Punkten

Kunst und Kultur sind essenziell für eine freie, demokratische Gesellschaft. Sie sind Antrieb zur Selbstreflexion und wesentliche Spielfelder für diese, lassen Paradoxien zu, öffnen Räume des Denkens, der Differenz. Im Ereignisraum der Kunst – ungeachtet dessen, ob als lesendes Individuum bei der Vertiefung in ein Buch, ob als Betrachter*in eines Kunstwerkes oder in der kollektiven Erfahrung von Kino, Musik, Theater oder Performances: Durch Kunst entstehen neue Sicht- und Hörweisen, werden Perspektivenwechsel und Ausstiegsmöglichkeiten aus vorgefertigten Rollenbildern sichtbar, Narrative und Gegennarrative entworfen, erfahren wir uns als Teil eines großen gesellschaftlichen und diversen Raums. Kunst ist per se dialogisch auf ein Gegenüber ausgerichtet – seit jeher sind die Rezipient*innen, die Zuschauer*innen zunehmend als Teil des Kunstwerks verstanden worden. Es geht in diesem Beitrag allerdings nicht um die Bestimmung, was Kunst ist oder kann, sondern vielmehr um kulturpolitische Orientierungslinien für die Rolle von Kunst und Kultur in einer europäischen Metropole, konkret in Wien.

In der Agora der Kunst, in den (sozialen) Räumen der Kultur werden gesellschaftliche Fragen in ihrer Vielfalt zur Disposition gestellt – oft unbeantwortbar, mitunter provokant, verunsichernd, in jedem Fall einfachen Antworten abgeneigt. Die Frage von Bildung durch sinnliche Erfahrung – kognitiv wie intuitiv – ist Kunst und Kultur inhärent, Erzeugnisse der Kunst machen empathisches Denken und Handeln möglich. Wie stark Kunst und Wissensgenerierung miteinander verflochten sind, lässt sich nicht nur in den klassischen Disziplinen der Kunststudien ablesen, sondern auch in dem relativ jungen, interdisziplinär agierenden Feld der künstlerischen Forschung. Darüber hinaus zeigt sich die Notwendigkeit, künstlerisch-kreatives Denken auch aktiv in die Entwicklung der IT miteinzubeziehen, insbesondere in der Entwicklung des digitalen Humanismus.

Kunst und Kultur sind essenziell für die Frage von Identität – auf persönlicher wie auf gesellschaftlicher Ebene. Denn das, was wir von Gesellschaften anderer Zeiten oder aus anderen geografischen Verortungen wissen, erfahren wir über Zeugnisse der Kunst und Kultur. Es ist das, was von uns erzählt und tradiert werden wird.

Insofern braucht es eine permanente Reflexion über die Rolle von Kunst und Kultur in unserer Gesellschaft. Und Leitlinien, Orientierungshilfen für das Handeln im kulturpolitischen Kontext.

Daher werden im Folgenden die Themen, die das zeitgenössische Wirken der Kulturpolitik betreffen, mit wenigen Worten umrissen:

1. Partizipation & Teilhabe – Kunst gehört uns allen

Zugänge und Teilhabemöglichkeiten werden durch vielfältige und breite Angebote eröffnet.

2. Kulturelle Nahversorgung

Die ganze Stadt ist mit niederschwellig zugänglichen kulturellen Angeboten auszustatten, kulturelle Ankerzentren mit hybriden Räumen sorgen für eine Nahversorgung mit zeitgenössischer Kunst und Kultur.

3. Internationalität

Die Wiener Kunstproduktion ist international anerkannt und entsprechend gut vernetzt. Wiener Institutionen kooperieren regelmäßig mit internationalen Künstler*innen, ein Stipendiensystem unterstützt den Nachwuchs dabei, im Kunstbetrieb Fuß zu fassen.

4. Zeitgemäße Infrastrukturen

Laufende Aktualisierungen der Produktionsinfrastrukturen sind die Grundlage für künstlerisches Arbeiten, das auf internationalem Niveau reüssieren kann.

5. Künstlerische Arbeit ist Arbeit – Fair Pay

Kunst zu schaffen ist Arbeit und unterliegt denselben Anforderungen wie jede andere Erwerbsarbeit: Angemessene Entlohnung, geregelte Sozialversicherung, Pensionsanspruch, arbeitsrechtliche Schutzmaßnahmen, gesetzeskonforme Verträge müssen daher Ziel einer sozialen und zukunftsorientierten Kulturpolitik sein.

6. Künstlerische Arbeit braucht Raum

Kunst schafft selbst soziale wie physische Räume, braucht aber auch vielfältig nutzbaren Raum in der Stadt. Diese sind zugänglich, hybrid und stehen in allen Teilen der Stadt zur Verfügung.

7. Kultur braucht stabile Institutionen

Kultureinrichtungen brauchen eine institutionelle Resilienz, um Krisen überstehen zu können. Wirtschaftliche Stabilität ist die Basis für einen vielfältigen Kunstbetrieb, der Neues zulässt.

8. Kultur muss ökologisch agieren

Die Produktion von Kunst und Kultur folgt ebenso den Zielen des Klimaschutzes wie alle anderen Bereiche der Stadt Wien. Green Producing, Green Travelling etc. sind vermehrt in die kulturelle Praxis miteinzubeziehen.

9. Spiegel der Gesellschaft – Gendergerechtigkeit & Diversität

Auf institutioneller und programmatischer Ebene spiegelt sich die Vielfalt einer europäischen Großstadt. Diversität muss sich zunehmend auch im kulturellen Angebot, in der Besetzung von Jurys und anderen Entscheidungsebenen wiederfinden. Gelebte kulturelle Vielfalt in Sprache, Herkunft, Geschlechtsorientierung muss verstärkt Teil der kulturpolitischen Agenda sein.

10. Gedenkkultur – kritische Auseinandersetzung mit Geschichte und dem kulturellen Erbe

Zur zeitgenössischen Kultur gehört auch eine lebendige Gedenkkultur, die fortwährend im Jetzt zur multidimensionalen, historisch-kritischen Auseinandersetzung mit den Ereignissen der Vergangenheit einlädt.

Kultur als Bewegung?

Cornelia Mooslechner-Brüll

Kultur ist ein umkämpfter Begriff – und das ist gut so. Manche haben versucht, das Prädikat des Kämpfens, oder versöhnlicher gesprochen, des Streits in den Kulturbegriff zu integrieren, was es uns zwar leichter macht, den Begriff anzuwenden, das Phänomen aber seiner Widersprüchlichkeit und Unmöglichkeit der Bestimmbarkeit nicht entzieht. Wir gehen heute anti- oder zumindest post-essenzialistisch vom Multiplen aus, von Überschneidungen, Transmigrationen, Interdependenzen. Dies trifft nicht nur auf Bedeutungshorizonte zu, sondern auch auf Kulturen, auf Identitäten, auf Diskursstrukturen und auf politische Gebilde. Aber leben wir dementsprechend? Konnten wir diese Theorie, dieses Denken, erfolgreich in unser tägliches Handeln übertragen? Dass dem nicht so ist und wir in der alltagsrelevanten Lebenswelt noch „vormodern" leben, hat Bruno Latour schon vor vielen Jahren mit dem passenden Buchtitel und den entsprechenden Ausführungen gefasst als: „Wir sind nie modern gewesen!" Und da ist von „postmodern sein" noch gar keine Rede.[1]

Wir glauben also, etwas erkannt zu haben, aber selbst wenn die Realität diesem Denken entspricht, setzen wir das Denken darüber im Handeln aus. Niklas Luhmann hat dies als eine anthropologische Konstante verstanden: Wir versuchen ständig, Komplexität zu reduzieren, weil wir sie nicht ertragen. Wir können sie nicht fassen und sind nur über eine gewisse Reduktion handlungsfähig. Auf politischer Ebene gilt Ähnliches, wir reduzieren Komplexität mittels eines Repräsentativverfahrens, um kollektiv entscheidungsfähig zu sein. Bis zu einem gewissen Grad ist dies notwendig und sinnvoll, es gibt aber graduelle Unterschiede der je möglichen Positionierbarkeit. Und um diese auszuloten und auszudehnen, können wir neue Denksysteme integrieren, von denen wir erhoffen

Einige der folgenden Überlegungen finden sich auch in: Cornelia Mooslechner-Brüll (2021): *Welt neu denken. Der Weltbegriff in Zeiten globaler Umbrüche*, Basel/Berlin: Schwabe.

1 Bruno Latour (2008): *Wir sind nie modern gewesen. Versuch einer symmetrischen Anthropologie*, aus dem Französischen von Gustav Roßler, Frankfurt am Main: Suhrkamp.

können, dass sie sich real in unsere Handlungsweisen einschreiben und auch dort wirkmächtig werden – immer nur tentativ und prekär, versteht sich. Schauen wir uns eine solche Denkmöglichkeit an.

Homi K. Bhabha spricht in Bezug auf Kultur von „Hybridität". Kultur ist gleichzeitig be- und entgrenzt – ähnlich dem Licht, das gleichzeitig Welle und Teilchen ist. Kultur ist multipel und Kulturen im Plural gehen stets ineinander über. Sie überschneiden, durchdringen, infiltrieren sich wechselseitig.

Unser Dilemma ist, dass wir trotz der Erkenntnis von *Ambi-* und *Multivalenzen* diese nur schwer in eine Lebenspraxis und ein Alltagsverständnis integrieren können. Die Unmöglichkeit einer Grenze bei gleichzeitiger Notwendigkeit einer solchen zusammenzudenken, das ist eine Herausforderung! Ständig arbeiten wir daher wieder und wieder mit Unterstellungen des Ganzen, des Begrenzten und des Endgültigen – unser Denken ist voll vom „Als-ob" und einem quasi unbewussten strategischen Essenzialismus à la Gayatri Spivak.[2]

Die sogenannte „Postmoderne" stellte nichts anderes dar als den Versuch, diese Widersprüchlichkeit auszuhalten, sie stehen zu lassen – frei schwebend über dem Abgrund von Wissen und Lebenspraxis. Heute machen sich Tendenzen breit, diesen Graben wieder einseitig überwinden zu wollen, indem totalisierende Diskurse rehabilitiert werden. Die Relativierung von Begriffen und Konzepten macht nun mal Angst. Sie stellt eine große Herausforderung an das Denken dar. Die Alternative, die mit der Versicherung stabiler kultureller Identitäten, definitiven Landes- und Kulturgrenzen, der Errichtung von Mauern und der angeblichen Unvereinbarkeit mancher Welten miteinander arbeitet, wird daher wieder attraktiver.

Wir sind also nicht nur „nie modern" gewesen, wir sind schon gar nicht jemals „postmodern" gewesen. Die Postmoderne ist längst totgesagt, wir sprechen von „post-post", und dennoch war noch kaum jemand in der Lage, den entgrenzten Raum, die hybride Kultur, die Verschiebung, die Dislokation, die Fragmentiertheit tatsächlich *zu leben*. Die Theorie beschreibt zwar in soziologischer Hinsicht die lebensweltlichen Umstände, sie beschreibt konkret die Struktur, in der wir leben, aber das situative und alltägliche Denken sowie auch das konkrete Gefühl kommen nicht nach. Wir kommen nie unserem Denken hinterher!

Umso schlimmer, dass wir in der Zeit des Verlusts von Grenze und Einheit, hilflos und mit hohem Risiko verbunden, versuchen, neue künstliche Grenzen zu erschaffen. Grenzen in der Mitte der Gesellschaft. Grenzen, die keine Schwelle, kein Übergang mehr sind und keine Möglichkeit in sich tragen, hinüberzugehen, die Hand auszustrecken. Wir beginnen im Inneren das radikale Außen zu konstruieren, jenes, das sich uns völlig entzieht, das im Dunkeln liegt – ausgeschlossen, ausgelöscht. Der*die Andere wird dann unzugänglich, er*sie verschwindet. Mit allen Konsequenzen: dem Verlust der erotischen Beziehung, dem Verlust des respektvollen

2 Gayatri Chakravorty Spivak (1993): „In a Word: Interview", Interview mit Ellen Rooney, in: Gayatri Chakravorty Spivak (Hg.): *Outside in the Teaching Machine*, New York und London: Routledge, S. 1–24.

Gegenübertretens, dem Verlust des Begehrens nach dem Unbekannten und nach Covid-19 auch dem Verlust des Körpers des*der Anderen.

Die wieder errichteten Grenzen im Inneren sind vielseitig: Sie richten sich auf sozioökonomische Klassen, auf Bildungsschichten, Hautfarben, Herkünfte, digitale Kompetenzen und vieles mehr. Aufgrund der Hybridität der Kulturen werden Unterscheidungsmerkmale herangezogen, die längst vergessen geglaubt waren. Dennoch: Versuchen wir uns trotzig an einer Alternative.

Aber wie könnten wir uns die Zwischenräume vorstellen, sodass sie doch lebenspraktisch wirksam werden? Kultur mäandert zwischen Polen: zwischen Auflösung und Etablierung, zwischen Aufbruch und Begrenzung, zwischen Inklusion und Exklusion. Diese Ambivalenzen können gedacht und in Folge gelebt werden, wenn wir ein Konzept von Homi K. Bhabha verwenden: den *dritten Raum*. Kultur als *Bewegung*.[3]

3 Homi K. Bhabha (2000): *Die Verortung der Kultur.* Tübingen: Stauffenburg.

Zunächst geht Homi K. Bhabha davon aus, dass Identitäten immer hybrid sind. Gerade heute, in dieser globalisierten und breit vernetzten Welt, gilt dies mehr als jemals zuvor. Auch wenn es genau genommen nie anders war, es also nie einfache, geronnene Identitäten gab, so erscheint die Fluidität von Identität doch heute als besonders explizit – sie kommt zu Bewusstsein, sie wird als eine solche reflektiert. Es stellt sich nie die Frage nach dem „Ob", immer nur nach dem Grad oder der Dimensionalität. Dies gilt aber nicht nur für Identität, sondern für Kultur im Allgemeinen. Bhabha versteht Kultur als „Übersetzung" und richtet den Fokus damit mehr auf den *Prozess* als die Vorstellung von Stabilität. Kultur und Identität generiert sich aus tatsächlichen Begegnungen, die in einem Raum zu denken sind, der einem Escherbild mit seinen oft ins Leere oder Ungewisse verlaufenden Treppen ähnelt.

> „Das Treppenhaus als Schwellenraum zwischen den Identitätsbestimmungen wird zum Prozess symbolischer Interaktion, zum Verbindungsgefüge, das den Unterschied zwischen oben und unten, Schwarz und Weiß konstituiert. Das Hin und Her des Treppenhauses, die Bewegung, der Übergang in der Zeit, die es gestattet, verhindern, dass sich Identitäten an seinem oberen und unteren Ende zu ursprünglichen Polaritäten festsetzen."[4]

4 Bhabha (2000), S. 5.

Damit lässt sich ein Zugang öffnen, der es erlaubt, aus binären Ordnungsschemata und Hierarchien auszubrechen. Ein Handlungsraum wird eröffnet, der hybride Identifikationen und Aktionen möglich macht. „Handlung" ist hier ein wichtiger Begriff, aber auch das „Sprechen" spielt eine zentrale Rolle. Sich auf Hannah Arendt beziehend sagt Bhabha:

> „Die Beziehung zwischen Sprechen und Handeln bildet das Herzstück der *conditio humana*. Menschliches Interesse, also das, was angreifbar

zwischen den Menschen liegt (inter-est) und sie doch miteinander verbindet, ist, wie Hannah Arendt argumentiert, in seiner Ungreifbarkeit nicht weniger wirklich als die Dingwelt unserer sichtbaren Umgebung. Wir nennen diese Wirklichkeit das Bezugsgewebe menschlicher Angelegenheiten, wobei die Metapher des Gewebes versucht, der physischen Ungreifbarkeit des Phänomens gerecht zu werden."[5]

5 Homi K. Bhabha (2012): *Über kulturelle Hybridität: Tradition und Übersetzung*, herausgegeben und eingeleitet von Anna Babka und Gerald Posselt, Wien und Berlin: Turia + Kant, S. 52–53.

Versuchen wir also, Kultur als Begegnung nicht *in* einem dritten Raum, sondern *als* ein Drittes zu denken, dann muss immer an eine bewegte und bewegende Begegnung gedacht werden. Vernachlässigt werden kann dabei das Erste und das Zweite als das Sichbegegnende. Denn auch bei ihnen handelt es sich nicht um geschlossene Einheiten, sondern um Entgrenztes. Um Kultur als Bewegung denken zu können, müssen auch Raum, Zeit und Inhalt bewegt und offen gedacht werden. Der *dritte Raum* ist nicht begrenzt. Das heißt nicht, dass gar keine Positionierungen mehr möglich wären. Es geht eben nicht um ein „*anything goes*". Der Raum weist immer wieder partielle Fixierung, Wände, Stufen, Hindernisse auf in Form von kulturellen, sozialen, strukturellen Konstruktionen. Der bewegte Raum konstituiert sich überhaupt erst durch diese partiellen Setzungen – er ist also nicht als Behälter zu denken. Die Begegnungen und Stellungen zueinander, aber auch deren Entbindungen, konstituieren Kultur.

Die Frage heute lautet, ob wir die eine Dimension, jene der Setzung und Stabilisierung, nicht überbetonen und die andere, jenes dynamische und entgrenzte Element, nicht zu sehr in den Hintergrund gedrängt haben. Daher gilt es *gegenzusteuern*. Der dritte Raum und Kultur als Bewegung kann als ein solches Gegenprogramm verstanden werden.

Braucht es dafür nicht mehr? Nicht nur Kultur als bewegt denken, sondern generell bewegter Denken? Sprechen heißt: Grenzen errichten. Sprache ist ein System der „Als-ob"-Einheiten. Sobald ein Begriff angewandt wird, tritt er mit anderen in ein Verhältnis, grenzt sich von ihnen ab und konstruiert so Bedeutung über Verdinglichung. Ohne solche Grenzziehungen könnten wir nicht über etwas und auch nicht *miteinander* kommunizieren. Unser Weltbild ist schon allein aufgrund dieses intrinsischen Moments von Sprache von Grenzen durchzogen. Diese sprachlichen Grenzen lassen sich aber andererseits kaum erfahren. Unser Körper zerfällt ständig, hinterlässt überall Spuren, Hautschuppen fallen zu jedem Zeitpunkt zu Boden, vermischen sich mit anderen. Bakterien und Viren bis hin zu kleinsten Teilchen über- und durchströmen unseren Körper, tauschen sich mit anderen aus. Bei jedem Kuss wechseln 80 Millionen Bakterien den*die Träger*in. Aber auch sozial und emotional migrieren wir ständig in den*die*das Andere hinein. Niemand hat das so brillant gezeigt und formuliert wie Donna Haraway im „Manifest für Gefährt*innen".[6] Sie setzt sich hier für ein neues Verständnis unseres Zeitalters ein – als eines, in dem Spezies als Hybride verstanden werden.

6 Donna Haraway (2017): *Das Manifest für Gefährten. Wenn Spezies sich begegnen – Hunde, Menschen und signifikante Andersartigkeit*, Berlin: Merve.

Das Manifest, in dem sie beispielhaft die enge Verwobenheit der Geschichte des Menschen mit jener des Hundes darstellt, zeichnet die Möglichkeit einer Multi-Spezies-Zukunft – oder wie Haraway stets beharrt: *Zukünfte*.

Aber auch Arthur Rimbaud sagte schon Ende des 19. Jahrhunderts aus der Perspektive des Dichters: „Ich ist ein Anderer“. Wir sind immer mehr als wir selbst – alles, was uns begegnet und uns umgibt. Dazu sind wir stets in Bewegung. Behelfsmäßig sind wir auf Sprache angewiesen, um „Stepppunkte“, wie Jacques Lacan sie nennt, ins Leben zu bringen, an denen wir uns orientieren und festhalten können. Allerdings sind wir mit dem wittgensteinschen Diktum „Die Grenzen unserer Sprache sind die Grenzen unserer Welt“ zu scharf abgebogen. Die Grenzen unserer Sprache sind ausschließlich die Grenzen eben dieser und nicht mehr und nicht weniger. Und selbst hier entsprechen diese Grenzen einem „Als-ob“. Wie der Poststrukturalismus bis Jacques Derrida veranschaulicht hat, ist Sprache schlussendlich offen, porös, brüchig. Sie muss es sein, sonst würde sie stagnieren und Bedeutungskonstruktionen als Prozess und Geschehen verunmöglichen. Bedeutungen verschieben sich *ständig*.

Was, wenn wir nun beginnen würden, diese Entgrenztheit nicht mehr nur zu denken, sondern danach zu handeln und zu leben? Was, wenn wir uns in jeder einzelnen Begegnung bewusst werden würden, dass es weder ein Ich noch ein Du gibt, sondern allein was in der Begegnung entsteht und geschieht: etwas, das immer neu und immer dynamisch bleibt? Was, wenn wir als privilegierte weiße Mittelschicht uns bewusst wären, dass wir ausschließlich zu dieser Position gelangt sind, weil andere darunter gelitten haben? Was, wenn uns bewusst werden würde, dass jene, die auf der Straße demonstrieren, dies nicht nur für sich, sondern für uns alle tun?

Kultur entgrenzt denken und sie genau deshalb möglich machen: *Kultur als ein sich ständig verschiebender Horizont* – diffus, aber möglich und notwendig. Sie gleicht einem „Halo“, dem nicht genau festzumachenden Kreis rund um die Sonne. Der Horizont stellt nur scheinbar eine Grenze dar, eine, die sich stets nach hinten verschiebt, je näher wir ihr kommen. Es gibt kein *„behind the horizon“*!

Und was, wenn wir noch einen Schritt weiter gingen? Wenn wir auch Menschen und ihre Welten als Horizonte denken würden, als migrierende Übergänge? Ein ständiges Übergehen in das Andere, in andere Menschen, in Materie, in Sprache und Geist. Welche Haltung würde dem erwachsen und welches *Ver*halten würde eine solche nach sich ziehen?

Wenn wir Kultur und uns selbst als Übergang verstehen, dann müssten wir zunächst für alles, was sich mit uns mischt, Verantwortung übernehmen. *Selbstverantwortung* ist dann gleichzeitig *Fremd-* und *Andersverantwortung*.

Würden wir uns bei einem solchen Weltbild selbst verlieren? Die Angst ist sicherlich groß. Aber könnten wir nicht viel mehr gewinnen? Und braucht es nicht gerade aufgrund der gesteigerten Egozentristik der letzten Jahrzehnte eine Gegentendenz? Was würde mit einer solchen neuen Perspektive einhergehen? Der Schutz unserer Umgebung, jeglicher Lebenswelt, würde zur Selbstverständlichkeit werden, da wir uns damit gleichzeitig auch immer selbst schützen könnten. Empathie, Mitleid, Sorge, Solidarität werden ebenso zu Selbstverständlichkeiten.

Der Fokus beim Handeln würde sich von der Handlung als isoliertes Phänomen hin zu deren *Wirksamkeit* verschieben. Letztere könnte als komplex und umfassend gedacht werden. Schon Arendt betonte, dass jedes wirkliche Handeln eine Veränderung im Anderen und im Selbst hervorruft. Wenn wir uns dieser Wirkung bewusst werden, können wir nicht anders, als die Verantwortung für unser Handeln zu übernehmen. Erst die Überzeugung, dass die konkrete Entscheidung und damit einhergehende Handlungen Wirksamkeiten erzielen, einen Unterschied machen, macht den Menschen zu dem, der er ist. Wenn wir also eine Tendenz zurück zu erstarrten Weltbildern, zu getrennten Kulturräumen und zu statischen Gesellschaftsbildern erleben, dann hat dies vor allem mit einer Entmündigung und Entmächtigung zu tun. Wer sich des eigenen Einflusses nicht bewusst ist, lässt sich leichter lenken und steuern. Die *Selbstwirksamkeit* gerät so aus dem Blick, damit einher geht aber ein Verlust des Selbst und oft auch eine entstehende Sinnkrise. Freilich scheint es zunächst einfacher, sich einem konkreten Bild anzuschließen, anstatt es selbst zu *entwerfen*. Doch befriedigen wird diese Seinsweise auf Dauer kaum. Zudem lässt sich durch Öffnung und das Sicheinlassen auf ein anderes Denken so viel gewinnen. Resonanzsphären sind auf gesellschaftlicher Ebene abhängig von Kommunikation und Wirkungsrelevanz und können solchermaßen nur entstehen über soziale, kulturelle und vor allem politische Partizipation.

Was ist hierfür notwendig? Die Ermöglichung von öffentlichen Metaräumen spielt gerade im Hinblick auf den Begegnungsaspekt eine zentrale Rolle. Wenn Perspektiven nicht verschmelzen, Positionen nicht gegenübergestellt, Emotionen sich nicht berühren können, kann kein *dritter Raum* entstehen. Manchmal werden aus politischen Motiven solche Räume verunmöglicht. Manchmal tragen Echokammern zur Entpolitisierung und dem Verlust an Gemeinschaft bei. Sie trennen, separieren. Wird uns aber die Möglichkeit genommen, unsere Echokammer zu verlassen – und hier gilt das Argument nicht, dass jeder selbst über die Beteiligung an einer Echokammer entscheidet, denn Algorithmen, strukturelle Bedingungen, Praktikabilität und mangelndes Wissen verhindern oft ein freies Entscheiden –, wird uns also diese Möglichkeit genommen, wird Kultur auf Dauer gestellt eine äußerst enge, kleine, verschlossene bleiben. Die Gestaltbarkeit ist aber ein Movens des Menschen.

Ein Mangel an Gestaltungsmacht mündet oft in Defätismus: das Gefühl, nichts ausrichten zu können und daher gar nicht mehr ins Handeln zu kommen. Dabei handelt es sich um eine Entfremdung des*der Einzelnen von seiner*ihrer in sie eingelassenen Struktur – dem gesellschaftlichen System. Die soziale, die politische, die ökonomische, die individuelle und die kollektive Welt zerfallen dann in voneinander isolierte Räume. Der *dritte Raum* hingegen speist sich aus bewegten und *bewegenden Begegnungen*. Er ist ein Raum, der Kultur zum Sprechen bringt, und zwar deshalb, weil in ihm Kultur entsteht.

Welches Menschenbild ginge mit einem solchen Denken einher? *Transfluidität* als eine Grundkonstante: Derart revolutionäre und alternative Kultur- und Menschenbilder werden leider nur selten gehört, wie auch im Fall von Homi K. Bhabha oder Donna Haraway. Sie lassen sich weniger gut „verkaufen" oder medial abbilden und darstellen, weil sie – welche Ironie! – so schwer „eingrenzbar" sind. Sie sind auch teilweise zu anspruchsvoll und fordern uns. Dennoch lohnt es sich, an anderen Bildern zu arbeiten, denn jedes neue Denken erzeugt eine Bewegung: im Selbst und in allem, was uns umgibt. Das *transfluide Weltverständnis* kann sich so auf den Weg machen ...

„Die Welt ist ein Knoten in Bewegung."

Donna Haraway

28

Heilende Kulturpolitik

Ivana Scharf

Die Gegenwart für die bestmögliche Zukunft gestalten

Achte gut auf diesen Tag,
denn er ist das Leben –
das Leben allen Lebens.
In seinem kurzen Ablauf
liegt alle Wirklichkeit
und Wahrheit des Daseins,
die Wonne des Wachsens,
die Herrlichkeit der Kraft.
Denn das Gestern
ist nichts als ein Traum
und das Morgen
nur eine Vision.
Das Heute jedoch
– recht gelebt –
macht jedes Gestern
zu einem Traum voller Glück
und das Morgen
zu einer Vision
voller Hoffnung.
Darum
achte gut auf diesen Tag.

Dieser Beginn in einem Buch mit Positionen zur Kulturpolitik mag irritieren. Welchem Genre gehört dieser Text an? Handelt es sich um ein Gebet? Wenn ja, welcher Glaubensgemeinschaft wäre es zuzuordnen? Was fühlen wir, wenn wir diesen Text lesen? Zieht er uns an? Macht er neugierig? Stößt er ab? Denken wir über das Gestern nach, das Heute oder das Morgen? Dieses Gedicht – womit das Genre benannt ist – stammt von dem persischen Dichter Dschalal ad-Din Rumi, kurz Rumi genannt, der 1207 bis 1273 lebte, als Poet weltweit Anerkennung fand, als religiöser Gelehrter die Botschaften des Korans vermittelte und den Sufismus prägte. Darauf komme ich im Verlauf meines Beitrags zurück. Ich habe es an den Anfang gestellt, weil es aus meiner Sicht in der Kulturpolitik um weitaus mehr gehen sollte, als Institutionen, Veranstaltungen und künstlerische Disziplinen zu fördern. Es geht um eine größere Aufgabe in der Gesellschaft und darum, dass die Kulturpolitik sich dieser Relevanz bewusst wird. Es geht um die Kultur der Gemeinschaft, darum, diese zu ermöglichen und zu stärken. Das erfordert eine Neuausrichtung der Kulturpolitik und Weichenstellungen, die jetzt dafür getroffen werden können – aus dem Momentum der Krise heraus.

In den Diskursen über Kulturinstitutionen wird schon immer über deren Zukunft nachgedacht – seit Beginn der Pandemie mehr denn je, was an unzähligen Artikeln, Beiträgen und Büchern abzulesen ist. Die Zukunftsaufgaben sind nicht weniger geworden, sie wurden durch den Corona-Schock deutlicher, spürbarer und dringlicher. Es scheint mehr denn je erforderlich zu sein, nach den Grundlagen zu fragen, auf denen ein Zukunftsbild aufbaut. Damit verbunden ist das Bedürfnis nach einer Inventur im Hier und Jetzt. Denn die Pandemie hat uns in einer Unmittelbarkeit auf die Gegenwart zurückgeworfen, die viele Menschen nicht gewohnt waren. Sie hat uns ein Stück weit die Illusion genommen, die Zukunft in der Hand zu haben. Zukunft ist immer weit weg von Problemen, die heute gelöst werden müssen. Nun ist es nicht mehr zeitgemäß, von Problemen zu sprechen, heute steht man vor Herausforderungen. Ich möchte weder von Problemen sprechen noch von Herausforderungen, sondern von Aufgaben. Diese sind enorm und sie erfordern jetzt unsere volle Aufmerksamkeit. Insofern man Krise als Zeit der Entscheidung versteht, geht es um sehr große Fragen und um Weichenstellungen:

> „Diese Krise verändert unseren Lebensstil, stellt unsere Wirtschafts-, Gesundheits- und Sozialsysteme in Frage und macht unsere Schwäche als Geschöpfe deutlich. In der Tat ruft die Pandemie uns auf, ‚diese Zeit der Prüfung als eine Zeit der Entscheidung zu nutzen [...]: die Zeit zu entscheiden, was wirklich zählt und was vergänglich ist, die Zeit, das Notwendige von dem zu unterscheiden, was nicht notwendig ist'. Sie kann eine wirkliche Chance zur Umkehr, zur Veränderung darstellen, um unseren Lebensstil und unsere wirtschaftlichen und

sozialen Systeme zu überdenken, die die Distanz zwischen Armen und Reichen vergrößern, infolge einer ungerechten Verteilung der Ressourcen. Sie kann jedoch auch eine Möglichkeit zum ‚defensiven Rückzug' bieten, mit individualistischen und elitären Wesenszügen. Wir stehen also vor der Entscheidung für einen von zwei möglichen Wegen: Einer führt zur Stärkung des Multilateralismus, als Ausdruck einer erneuerten globalen Mitverantwortung, einer Solidarität auf der Grundlage der Gerechtigkeit und der Erfüllung des Friedens und der Einheit der Menschheitsfamilie, Gottes Plan für die Welt; der andere zieht die Haltungen der Selbstgenügsamkeit, des Nationalismus, des Protektionismus, des Individualismus und der Isolierung vor und grenzt die Armen, die Schwachen, die Bewohner der existentiellen Randgebiete aus. Und natürlich schadet das der ganzen Gemeinschaft, weil es ein selbstverletzendes Verhalten für alle ist. Und das darf nicht die Oberhand haben."[1]

Anhand der Quellenangabe lässt sich schnell ausmachen, wer diese Worte sprach. Was würde sich an der Einordnung ändern, wenn Schlüsselbegriffe wegfielen? Wenn Sie beispielsweise die Worte „Gottes Plan für die Welt" gedanklich ausließen? Hätte mir jemand gesagt, dass er oder sie mir die gesellschaftspolitische Dimension der Kulturpolitik anhand einer Aussage des Papstes erläutern würde, wäre ich persönlich sehr irritiert gewesen. Wahrscheinlich wäre ich sogar innerlich ablehnend, denn vieles in der katholischen Kirche widerstrebt mir – ich sehe mich sogar als sehr kritisch der männlich dominierten christlichen katholischen Kirche gegenüber –, dennoch spiegeln sich in diesen Worten der Videoansprache von Papst Franziskus anlässlich des 75. Geburtstags der Vereinten Nationen im September 2020 aus meiner Sicht zentrale Aufgaben der Kulturpolitik wider.

Immerhin zählt die Institution der katholischen Kirche weltweit 1,34 Milliarden Mitglieder.[2] Als Randnotiz sei hier vermerkt: Meta, wie das Unternehmen Facebook seit Oktober 2021 heißt, zählt 1,93 Milliarden Menschen, die täglich Facebook nutzen.[3] Dem Papst folgen bei Twitter 661.781, Mark Zuckerberg 534.049 und Barack Obama über 130 Millionen Menschen.[4] Der Fußballstar Cristiano Ronaldo hat die meisten Follower auf Instagram, es sind 366 Millionen Menschen.[5] Im Vergleich dazu liegt die Gesamtzahl der Social-Media-Follower auf Instagram, Twitter und Facebook für das Museum of Modern Art in New York bei 12,4 Millionen.[6] Es wäre an dieser Stelle spannend, das damit verbundene Phänomen der Aufmerksamkeitsökonomie[7] weiter zu vertiefen und sich damit zu beschäftigen, was es gesamtgesellschaftlich bedeutet, wenn wir in sozialen Medien alle zu potenziellen Autor*innen mit mehr oder weniger Reichweite werden – so wie etwa die Spiegel-Kolumnistin Samira El Ouassil in der Auseinandersetzung mit der Neufassung der

1 Vatican (2020): „Videobotschaft von Papst Franziskus zur 75. Sitzung der Generalversammlung der Vereinten Nationen am 25. September 2020", https://www.vatican.va/content/francesco/de/messages/pont-messages/2020/documents/papa-francesco_20200925_videomessaggio-onu.html (23.11.2021).

2 Vgl. Statista (2021): „Anzahl der Katholiken weltweit nach Regionen am 31. Dezember 2019", https://de.statista.com/statistik/daten/studie/252968/umfrage/anzahl-der-katholiken-nach-weltregionen/ (23.11.2021).

3 Vgl. Facebook (2021): „Facebook Reports Third Quarter 2021 Results", https://investor.fb.com/investor-news/press-release-details/2021/Facebook-Reports-Third-Quarter-2021-Results/default.aspx (23.11.2021).

4 Zahlen in den jeweiligen Twitter-Profilen recherchiert am 24.11.2021.

5 Vgl. Brandwatch (2021): „Ranking: Die 20 Instagram Accounts mit den meisten Followern", https://www.brandwatch.com/de/blog/ranking-instagram-accounts-follower/ (23.11.2021).

6 Vgl. The Art Newspaper (2020): „Which museums have the biggest social media followings?", https://www.theartnewspaper.com/2020/03/31/which-museums-have-the-biggest-social-media-followings (25.11.2021).

7 Georg Franck (1998): *Ökonomie der Aufmerksamkeit*, München: Carl Hanser.

vor fast 60 Jahren geprägten Theorie der politischen Öffentlichkeit des inzwischen 92-jährigen Soziologen und Philosophen Jürgen Habermas.[8]

Für den Moment genügt es festzuhalten: Das alles hat mit Kultur zu tun. Das alles ist Kultur. Und bei den hier bisher erwähnten Aspekten handelt es sich nur um einen kleinen Ausschnitt. Allerdings muss man Kultur dazu in ihrem weitesten Sinne verstehen. Die Organisation der Vereinten Nationen für Erziehung, Wissenschaft und Kultur (UNESCO) prägte 1982 bei der zweiten UNESCO-Weltkonferenz über Kulturpolitik in Mexiko-Stadt folgenden Kulturbegriff:

> „Deshalb stimmt die Konferenz im Vertrauen auf die letztendliche Übereinstimmung der kulturellen und geistigen Ziele der Menschheit darin überein:
>
> - dass die Kultur in ihrem weitesten Sinne als die Gesamtheit der einzigartigen geistigen, materiellen, intellektuellen und emotionalen Aspekte angesehen werden kann, die eine Gesellschaft oder eine soziale Gruppe kennzeichnen. Dies schließt nicht nur Kunst und Literatur ein, sondern auch Lebensformen, die Grundrechte des Menschen, Wertsysteme, Traditionen und Glaubensrichtungen;
> - dass der Mensch durch die Kultur befähigt wird, über sich selbst nachzudenken. Erst durch die Kultur werden wir zu menschlichen, rational handelnden Wesen, die über ein kritisches Urteilsvermögen und ein Gefühl der moralischen Verpflichtung verfügen. Erst durch die Kultur erkennen wir Werte und treffen eine Wahl. Erst durch die Kultur drückt sich der Mensch aus, wird sich seiner selbst bewusst, erkennt seine Unvollkommenheit, stellt seine eigenen Errungenschaften in Frage, sucht unermüdlich nach neuen Sinngehalten und schafft Werke, durch die er seine Begrenztheit überschreitet."[9]

Mit diesem weiten Kulturbegriff verfolgt die UNESCO das Ziel, das Verständnis zwischen den Menschen zu fördern. Er lädt die Akteur*innen ein, sich stärker auf die gesellschaftsgestaltende Kraft der Kultur zu fokussieren. Führen wir uns nochmals die beiden zuvor von Papst Franziskus formulierten Entscheidungswege vor Augen und setzen wir konzeptionell voraus, dass wir uns für eine Welt entscheiden, die geprägt ist durch Solidarität, Gerechtigkeit und Frieden, und dass wir dem Ziel der UNESCO folgend zu einem größeren Verständnis zwischen den Menschen beitragen wollen. Wie ließen sich diese globalen Ziele mithilfe der Kulturpolitik erreichen? Wie könnte Kulturpolitik dazu beitragen und darauf hinwirken? Welche Bausteine für eine Neukonzeptionierung der Kulturpolitik würden wir benötigen und wo würden wir sie finden?

Um mögliche Antworten auf diese Fragen zu erkunden, möchte ich den Ansatz der heilenden Kulturpolitik einführen. Bereits seit der

8 Vgl. Samira El Ouassil (2021): „Habermas und die Demokratie 2.0", https://www.spiegel.de/kultur/juergen-habermas-strukturwandel-der-oeffentlichkeit-in-der-2-0-version-a-2e683f52-3ccd-4985-a750-5e1a1823ad08 (28.10.2021).

9 UNESCO (2018): „Erklärung von Mexiko-City über Kulturpolitik. Weltkonferenz über Kulturpolitik, Mexiko, 26. Juli bis 6. August 1982", https://www.unesco.de/sites/default/files/2018-03/1982_Erkl%C3%A4rung_von_Mexiko.pdf (25.11.2021).

Antike bestehen Vorstellungen der rezeptiven wie produktiven therapeutischen Funktion der Kunst und seit der Frühzeit wird Kunstwerken eine heilende Wirkung zugesprochen.[10] Für das Konzept der heilenden Kulturpolitik möchte ich diese Perspektive anhand des oben erwähnten Kulturbegriffs erweitern und setze voraus: Die heilende Kulturpolitik initiiert und begleitet Prozesse der Integration, Partizipation und Traumasensibilisierung.

10 Vgl. Otto Neumaier (2006): „Heilen als Kunst und Kunst als Heilen", in: Dietrich v. Engelhardt/Felix Unger (Hg.): *Ästhetik und Ethik in der Medizin*, Weimar: VDG, S. 83–107, S. 96f.

Integrierende Kulturpolitik

Hypothese: Die integrierende Kulturpolitik schafft die Voraussetzung für die Vernetzung verschiedener Menschen, Gesellschaftsbereiche und Disziplinen.

Die Pluralisierung der Gesellschaft entwickelt sich schneller, als die Gesellschaft darauf zu reagieren vermag. Wie können wir die Diskursräume schaffen, in denen um Antworten gerungen und ein gegenseitiges Zuhören und Lernen ermöglicht werden kann? Integration, hier verstanden im Sinne von positivem Umgang mit Unterschiedlichkeit,[11] soll sich nicht nur auf die Vielfältigkeit von Menschen beziehen, sondern auf Interdisziplinarität im weitesten Sinne. Das klingt einfacher, als es ist. Dass die Kulturpolitik überwiegend auf Institutionen ausgerichtet ist, wurde während der Pandemie noch einmal sehr deutlich. Daran gebunden sind die Themen, die Fragestellungen, die Förderprogramme und letztlich die Aufgaben. Diese zielen darauf ab, eine historisch gewachsene kulturelle Infrastruktur zu erhalten und sie im Wesentlichen nach ähnlichem Muster zu erweitern und zu bespielen. Kulturpolitik äußert sich dann auch in den immer gleichen Schlagzeilen. Einerseits werden millionenschwere Prestigeobjekte feierlich eröffnet, was wiederum bedeutet, dass laufend mehr finanzielle Mittel gebunden werden. Nicht nur das, Neubauten ziehen zudem einen enormen ökologischen Fußabdruck nach sich.[12] Bespielt man diese auf alten Mustern beruhenden Neubauten nach ebenso alten Mustern mit Inhalten, führt uns das etwa am Beispiel des Berliner Humboldt Forums vor Augen, dass ein Mehr vom Alten geradezu nach neuen Lösungen schreit. „Wenn die Lösung das Problem ist", so der Titel eines Vortrags von Paul Watzlawick aus dem Jahr 1987, in dem er dieses Phänomen, das wir als Zeitzeug*innen anhand der Diskussionen um das wiedererbaute Schloss derzeit mitverfolgen können, beschreibt. Andererseits fehlt es an Mitteln, Künstler*innen sind unterbezahlt, nicht abgesichert, die freie Szene lebt und arbeitet in prekären Verhältnissen, hat keine Infrastruktur und keine Räume.

Wie viel Spielraum bleibt da für Innovation? Wie können Begegnungs- und Kreativräume geschaffen werden, die zu einem regelmäßigen Austausch mit verschiedenen künstlerischen und wissenschaftlichen

11 Vgl. BDP, Berufsverband Deutscher Psychologinnen und Psychologen e. V. (Hg.) (2013): „Inklusion, Integration, Partizipation. Psychologie, Gesellschaft, Politik, Psychologische Beiträge für eine humane Gesellschaft", https://idw-online.de/en/attachmentdata28897.pdf (23.11.2021).

12 Vgl. Nadine Wojcik (2019): „Wie nachhaltig deutsche Museen sind", https://www.dw.com/de/wie-nachhaltig-deutsche-museen-sind/a-51634691 (25.11.2021).

Disziplinen, mit Wirtschaft, Bildung und Religionen einladen? Innovative Ansätze werden von Akteur*innen in den Kulturbetrieben und Kulturverwaltungen oft lange Zeit nicht aufgegriffen und insbesondere dann, wenn sie ihren Ursprung in der Wirtschaft haben, oftmals ignoriert. Neueste Entwicklungen sind dann, wenn sie Eingang in die Praxis der Kulturverwaltungen und Kulturorganisationen finden, schon lange keine neuen Entwicklungen mehr. Dabei könnten sie, wenn sie früher integriert werden, wiederum von Kulturakteur*innen mitgeprägt werden. Das betrifft kulturelle Praktiken ebenso wie Methoden. Beispielhaft erwähnt seien hier Hackathons, Barcamps, Design Thinking, Gaming oder auch Entwicklungen wie Digitalisierung, New Work, Nachhaltigkeit und Diversity oder neueste Erkenntnisse aus der Neurowissenschaft oder der Psychologie, die nur langsam oder gar nicht aufgegriffen werden. Gerade Letztere bieten, wie noch im Zusammenhang mit traumasensibler Kulturpolitik zu lesen sein wird, sehr wirkungsvolle Interventionen.

Eine integrierende Kulturpolitik kann inspirierende Impulse setzen und die unterschiedlichsten Menschen und Perspektiven mittels lösungsfokussierter Methoden in einen Dialog bringen. Lösungsfokussierung ist eine Sichtweise auf die Welt, die erlernt werden kann. Der lösungsfokussierte Ansatz wurde Anfang der 1980er-Jahre von Steve de Shazer und Insoo Kim Berg entwickelt und hat von seinem Ursprung in der Psychotherapie aus inzwischen Eingang in viele Coaching-, Beratungs-, Management- und Therapieansätze gefunden. Das lösungsfokussierte Vorgehen basiert auf der Annahme, dass wir als Individuen oder als Gruppe auf Ressourcen für Lösungen zurückgreifen können und es möglich ist, ohne Problemanalysen – in denen man ohnehin zu oft steckenbleibt – zu Lösungen zu kommen.[13] Das Erlernen und Anwenden dieser Haltung zu fördern und für die breite Bevölkerung zugänglich zu machen, wäre eine Aufgabe, die Kulturpolitik unterstützen kann.

Eine weitere Aufgabe, die im deutschsprachigen Raum Kunst und Kultur oft zugeschrieben wird, ist, als Kitt für den gesellschaftlichen Zusammenhalt zu fungieren. In Deutschland wurde der Begriff „gesellschaftlicher Zusammenhalt" zwischenzeitlich zunehmend politisch vereinnahmt und zum Bestandteil vieler Parteiprogramme, allerdings mit unterschiedlicher Deutung „vom konservativen Heimatbegriff über die sozialdemokratische Solidarität bis hin zum multikulturellen Miteinander",[14] so nachzulesen in der ersten Publikation des jüngst gegründeten Forschungsinstitut Gesellschaftlicher Zusammenhalt, das sich des Themas deutschlandweit an elf Instituten mit 83 Forschungsvorhaben annimmt. Spätestens nach der Lektüre der fast 400 Seiten wird man einsehen, dass Kunst und Kultur nicht dieser Kitt sein können, eine integrierende Kulturpolitik gleichwohl einen wichtigen Beitrag leisten kann. Aus sozialpsychologischer Sicht beschreibt Zusammenhalt ein „Konfliktphänomen".[15]

[13] Vgl. Insa Sparrer (2017): *Einführung in die Lösungsfokussierung und Systemische Strukturaufstellung*, Heidelberg: Carl Auer (4. Auflage), S. 12, 14.

[14] Rainer Forst (2020): „Gesellschaftlicher Zusammenhalt. Zur Analyse eines sperrigen Begriffs", in: Nicole Deitelhoff/Olaf Groh-Samberg/Matthias Middell (Hg.): *Gesellschaftlicher Zusammenhalt. Ein interdisziplinärer Dialog*, Frankfurt und New York: Campus, S. 41–54, S. 41.

[15] Andreas Zick/Jonas Rees (2020): „Gesellschaftlicher Zusammenhalt – Eine sozialpsychologische Sicht auf das Konzept und aktuelle gesellschaftliche Herausforderungen an den Zusammenhalt", in: Deitelhoff/Groh-Samberg/Middell (2020), S. 130–151, S. 132.

> „Konstruktiv ausgetragene Ressourcen- und Identitätskonflikte können integrativ wirken, indem sie eine höhere Teilhabe und Identifikation der Mitglieder herstellen. Destruktive Konflikte andererseits diskriminieren, schädigen und stellen die Gleichwertigkeit der Gesellschaftsmitglieder in Frage und gefährden damit gesellschaftlichen Zusammenhalt.“[16]

[16] Ebd., S. 141.

Kulturpolitik kann sich zunächst einmal befragen, wie sie Teil der Lösung sein kann. Das setzt allerdings voraus, dass eine Erhebung und ein Monitoring relevanter Daten für den Kulturbetrieb und innerhalb des Kulturbetriebs stattfindet. Das sollte sehr viel strategischer und systematischer erfolgen, als das bisher der Fall ist. Diese Daten müssen öffentlich zur Verfügung stehen und diskutiert werden. Es sollte eine Art Dashboard entwickelt werden mit Daten zu gesellschaftspolitischen Entwicklungen und Trends genauso wie zu Besucher*innen- und vor allem Nichtbesucher*innenforschung. Daraus ließen sich für die Kulturpolitik Indikatoren ableiten, anhand derer sie Wirkungsziele definieren und das Erreichen dieser Ziele im Blick behalten kann. Allein die Auswahl von Studien und die sorgfältige Begründung dieser Auswahl hat eine wichtige Vorbildfunktion in der Bewältigung von Komplexität.

Die integrierende Kulturpolitik würde zudem die Expertise der Individualpsychologie einbeziehen. Der Berufsverband Deutscher Psychologinnen und Psychologen macht auf die fachliche Kompetenz aufmerksam und darauf, etwa das praxisnahe und wissenschaftliche Wissen der Disziplin zu den Themen Inklusion, Integration und Partizipation zu nutzen.[17] Ein der Kunst und Kultur sehr nahestehendes psychologisches Konzept ist das der Ambivalenztoleranz. In der Kunstwissenschaft, Kunstgeschichte, Kunstkritik und Kunstphilosophie wird primär der Begriff der Ambiguität verwendet, womit gemeint ist, dass Mehrdeutigkeit, Unbestimmtheit und Offenheit die wesentliche Qualität insbesondere von zeitgenössischer Kunst ist.[18] Es mag vielleicht sehr verkürzt sein, das Wirrwarr um die Begriffe Ambiguität und Ambivalenz wie folgt aufzulösen: Vereinfacht gesagt beschreibt der Begriff Ambiguität äußerlich wahrnehmbare diffuse Phänomene, während die Ambivalenz auf inneren diffusen Phänomenen beruht. Oder wie es Thomas Bauer formuliert: „Ambivalenz ist die psychische Reaktion auf Phänomene, die vom Betrachter selbst als ambig wahrgenommen werden. Ambivalenzintoleranz geht somit einher mit Ambiguitätsintoleranz.“[19] Der Sichtweise von Elisabeth Otscheret folgend, bedeutet der Umgang mit Ambivalenz eine Chance zur Entwicklung:

[17] Vgl. BDP, Berufsverband Deutscher Psychologinnen und Psychologen e. V. (Hg.) (2017): „Inklusion, Integration, Vielfalt“, https://www.bdp-verband.de/publikationen/politische-positionen/2017/inklusion-integration-vielfalt.html (25.11.2021).

[18] Vgl. Verena Krieger (2021): „Modi ästhetischer Ambiguität in der zeitgenössischen Kunst. Zur Konzeptualisierung des Ambiguitätsbegriffs für die Kunstwissenschaft“, in: Bernhard Groß/Verena Krieger/Michael Lüthy/Andrea Meyer-Fraatz (Hg.): Ambige Verhältnisse. Uneindeutigkeit in Kunst, Politik und Alltag, Bielefeld: Transcript, S. 15–72, S. 17, 31, 34, 39.

[19] Thomas Bauer (2018): *Die Vereindeutigung der Welt. Über den Verlust an Mehrdeutigkeit und Vielfalt*, Ditzingen: Reclam, S. 22.

> „Die Ambivalenz mit ihren widersprüchlichen Inhalten spiegelt die vielgestaltige Umwelt des Menschen. Seelische Gesundheit beinhaltet die Fähigkeit, diese Spannungen und Widersprüche wahrzunehmen

und mit ihnen umzugehen, sich mit ihnen auseinanderzusetzen und sie auszuhalten; sie nicht nur als belastend, sondern auch als entwicklungsfördernd, als Chance, zu betrachten, d.h. bewußt mit ihnen zu leben.“[20]

Spätestens seit dem Erscheinen der deutschen Übersetzung von Zygmunt Baumans „Moderne und Ambivalenz. Das Ende der Eindeutigkeit“ im Jahr 1992 befassen sich zahlreiche Publikationen mit diesem Zeitphänomen und mit der individuellen und gesellschaftlichen Ambivalenzbewältigung. Jüngst wurde sogar vorgeschlagen, die Ambivalenzbewältigung zur Kulturtechnik zu erklären und in die Lehrpläne aufzunehmen.[21]

Bedeutsam ist das Thema daher für die Kulturpolitik nicht nur intellektuell, interdisziplinär und gesellschaftspolitisch, sondern vor allem deshalb, weil in der kulturellen Bildung bereits Ansätze für ein Ambivalenztoleranz-Training greifbar sind.

> „Künstlerische Prozesse sind Prozesse, deren konkrete Ergebnisse zu Beginn noch nicht abzusehen sind. Als offene Prozesse sind sie geprägt durch Suchbewegungen und erst nach und nach stattfindende Entscheidungen und Entwicklungsschritte. Der Umgang mit Ambivalenzen und Widersprüchen, gerade auch im gemeinschaftlichen Arbeiten, spielt in diesem Prozess ebenso eine Rolle wie die Möglichkeit des Scheiterns und die anschließende Notwendigkeit (aber auch Chance) einer Neuorientierung. Diese Erfahrung kann Schüler*innen helfen, sich in einer Gesellschaft zurechtzufinden, die zunehmend geprägt ist von schnellen, oft nicht absehbaren Veränderungen und den damit einhergehenden Unsicherheiten.“[22]

Beschrieben mit Worten aus der psychoanalytischen Praxis lautet es entsprechend, dass Ambivalenzfähigkeit eine Bedingung ist für das Erleben und Verstehen von Ängsten und konflikthaften Widersprüchen und um mit anderen in Beziehung zu treten.[23] Kurzum, Kulturpolitik kann auf diesen Erfahrungsschatz der kulturellen Bildung aufbauen, das Wissen interdisziplinär nutzbar machen und für die Gesellschaft in der Breite aktivieren. Nicht nur Kinder und Schüler*innen können an diesen Erfahrungen wachsen, sondern auch Erwachsene, wenn man die dafür geeigneten Räume und Anlässe schafft.

Das Stichwort Pluralisierung war der Ausgangspunkt für das Thema der integrierenden Kulturpolitik und leitet gleichzeitig zum nächsten über. Denn Pluralisierung bedeutet nicht nur die Berücksichtigung unterschiedlicher Disziplinen, sondern auch Demokratisierung, und das setzt die Einbeziehung der breiten Bevölkerung in Entscheidungsprozesse voraus.

20 Elisabeth Otscheret (1988): *Ambivalenz. Geschichte und Interpretation der menschlichen Zwiespältigkeit*, Heidelberg: Asanger, zitiert nach: Rudolf Sponsel (2002): „Ein Buchhinweis mit Leseproben: Ambivalenz. Geschichte und Interpretation der menschlichen Zwiespältigkeit von Elisabeth Otscheret“, Internet-Publikation für Allgemeine und Integrative Psychotherapie IP-GIPT, Erlangen, https://www.sgipt.org/lit/asang/ambiv.htm (25.11.2021).

21 Vgl. Christian Schüle (2019): „Lob der Ambivalenz“, https://www.deutschlandfunkkultur.de/zersplitterung-der-gesellschaft-lob-der-ambivalenz-100.html (25.11.2021).

22 Julia Heisig/Ivana Scharf/Heide Schönfeld (2020): *Kunstlabore. Für mehr Kunst in Schulen!*, Bielefeld: Transcript, S. 44f.

23 Vgl. Monika Huff-Müller (2019): „Ambivalenzfähigkeit: Eine neue Herausforderung in Therapie und Gesellschaft?“, in: Pit Wahl (Hg.): *Spaltung, Ambivalenz, Integration*, Göttingen: Vandenhoeck & Ruprecht, S. 90–111, S. 90.

Partizipative Kulturpolitik

Hypothese: Die partizipative Kulturpolitik ermöglicht die Teilhabe an und die Mitgestaltung von kultureller Infrastruktur und von Kulturangeboten.

Partizipation ist nicht zuletzt aufgrund der zunehmenden gesellschaftlichen Auseinandersetzung mit jeglichen Formen von Diskriminierung wie Rassismus, Sexismus, Ableismus und Klassismus in der kulturpolitischen Praxis erforderlich. Kulturpolitische Politikziele sind auch bestimmt durch die menschenrechtlichen Integrationsziele der EU, die Antidiskriminierungsrichtlinien, als Politikauftrag politisch gewünscht und von Kulturpolitik somit im Sinne einer Compliance-Aufgabe angestrebt.[24]

In Bezug auf die Theorie und die praktische Umsetzung von Partizipation können in den verschiedenen (Kunst-)Disziplinen, Politikfeldern und Gesellschaftsbereichen unterschiedliche Vorstellungen bestehen. Ich lade Sie ein, für einen Moment zu reflektieren: Was bedeutet Partizipation für Sie? In der 2005er-Konvention der UNESCO verständigten sich über 145 Staaten darauf, die Vielfalt an Kunst und Kultur, den gleichberechtigten Zugang und das gegenseitige Verständnis zu fördern.[25] Partizipation beschreibt hier eine globale Idee mit Maßnahmen, die ein Umfeld für Dialog und Interaktion schaffen, in dem auf die besonderen Bedürfnisse von unterrepräsentierten Nationen und gesellschaftlichen Gruppen entsprechend eingegangen und die Zivilgesellschaft aktiv beteiligt wird. Die Unterzeichnerstaaten sind verpflichtet, im vierjährlichen Rhythmus einen Umsetzungsbericht vorzulegen. Aus einer Auswertung, bei der partizipative Politikgestaltung ein Fokusthema war, lassen sich Aufgaben für die Kulturpolitik ableiten, denn die partizipative Kulturpolitikgestaltung hat positiv formuliert Entwicklungspotenzial: Sie ist gekennzeichnet durch eine unzureichende Datenbasis, ein fehlendes Monitoring, kaum etablierte Dialogprozesse und Intransparenz von Entscheidungsprozessen.[26] Die Schwierigkeit, ohne Datenbasis ein Monitoring einzuführen, liegt auf der Hand. Allgemeine Daten zu Diversität, geschweige denn ein Diversitätsmonitoring, liegen in Form von öffentlich zugänglicher, wissenschaftlicher Forschung nicht vor. Forschung über vorgelagerte Ausschlussmechanismen in Bildung, Ausbildung und kultureller Bildung sowie Forschungen über das Kunstverständnis in der Bevölkerung sind mehr oder weniger vorhanden und müssen von den Mitarbeiter*innen in den Kulturinstitutionen allenfalls mühsam selbst zusammengetragen werden, damit sie sich einen Überblick verschaffen können. Die Beforschung partizipativer Prozesse selbst ist dementsprechend in ihren Anfängen.

Zukunftsweisend sind gute Beispiele von Kulturentwicklungsplanungen und es werden kontinuierlich mehr.[27] Nicht immer ist erkennbar, welche

24 Die gesetzlichen Rahmenbedingungen des Antidiskriminierungsrechts auf Basis des Völkerrechts, des Unionsrechts und des nationalen Verfassungsrechts werden im Kontext von Diversity Management ausführlich diskutiert von Silvia Ulrich (2016): „Diversity Management und Antidiskriminierungsrecht", in: Petia Genkova/Tobias Ringeisen (Hg.): *Handbuch Diversity Kompetenz. Band 1: Perspektiven und Anwendungsfelder*, Wiesbaden: Springer, S. 251–264.

25 Vgl. UNESCO (2005): *Die Konvention 2005. Über den Schutz und die Förderung der Vielfalt kultureller Ausdrucksformen*, Wien: Österreichische UNESCO-Kommission, https://www.unesco.at/fileadmin/Redaktion/Publikationen/Publikations-Dokumente/2005er_UNESCO-Convention_German.pdf (25.11.2021).

26 Vgl. UNESCO (2017): „Fokus Vielfalt – Aus internationalen Erfahrungen lernen. Workshop über die Umsetzung der ‚UNESCO-Konvention über den Schutz und die Förderung der Vielfalt kultureller Ausdrucksformen' in anderen Staaten und deren Relevanz für Österreich", Bericht, https://www.unesco.at/fileadmin/Redaktion/Publikationen/Publikations-Dokumente/2017_11_OEUK_Dokumentation_Workshop_Fokus_Vielfalt_27.11._2017.pdf.pdf (25.11.2021), S. 9, 15.

27 Siehe beispielsweise Landeskulturkonzept Sachsen-Anhalt 2025, Kulturperspektiven Schleswig-Holstein, Masterplan Kultur Hessen, Kulturkonzeption Kassel 2030, Kulturentwicklungspläne Salzburg, Vorarlberg und Linz u. v. m.

Tiefe von Partizipation umgesetzt wird. Kulturpolitik trägt meiner Meinung nach gegenüber anderen Politikfeldern eine besondere Verantwortung dafür, eigene Sichtweisen zu hinterfragen und einen hierarchiefreien und offenen Raum zu schaffen – vielmehr noch, neben der institutionalisierten Partizipation auch die nicht-institutionalisierte Form von künstlerischen Interventionen als sozietäre Partizipation zu stärken.

> „Sozietäre partizipative Kunst hat das Potenzial, Räume für sozialen Austausch, für kritischen und emanzipatorischen Diskurs sowie für kreatives Arbeiten zu eröffnen."[28]

Ein Modell zugrunde zu legen, anhand dessen transparent gemacht werden kann, was Partizipation bedeutet, erleichtert die Verständigung. Es sollte daher im Sinne der integrierenden Kulturpolitik für verschiedene Kunstsparten, Wissenschaftsdisziplinen und Gesellschaftsbereiche anschlussfähig sein. Das Stufenmodell der Partizipation, das im Kontext von Prävention und Gesundheitsförderung entwickelt wurde, scheint ein solches weithin adaptierbares Modell zu sein.[29] Es unterscheidet vier Bereiche: Nicht-Partizipation, Vorstufen der Partizipation, Partizipation und die Ebene, die über Partizipation hinausgeht (siehe Abb. 1). Durch die in Stufen sichtbar werdenden Handlungs- bzw. Nichthandlungsoptionen eignet es sich, eigene Partizipationsprozesse zu organisieren und zu evaluieren, und macht deutlich, wo tatsächliche Partizipation beginnt. Aus meiner Sicht ist es wichtig, das Modell hier zu zeigen, denn vieles, was im Kulturbereich als Partizipation benannt wird, bewegt sich oft im Bereich der Vorstufen zur Partizipation.

28 Silke Feldhoff (2016): „Wozu das Ganze? Absichten, Zwecke und Wirkungen sozietärer künstlerischer Partizipationsprojekte", https://www.p-art-icipate.net/wozu-das-ganze/?view-all=1&pdf=4787 (22.11.2021), S. 8.

29 Vgl. Michael T. Wright/Hella von Unger/Martina Block (2010): „Partizipation der Zielgruppe in der Gesundheitsförderung und Prävention", in: Michael T. Wright (Hg.): *Partizipative Qualitätsentwicklung in der Gesundheitsförderung und Prävention*, Bern: Hans Huber, S. 35–52, S. 42.

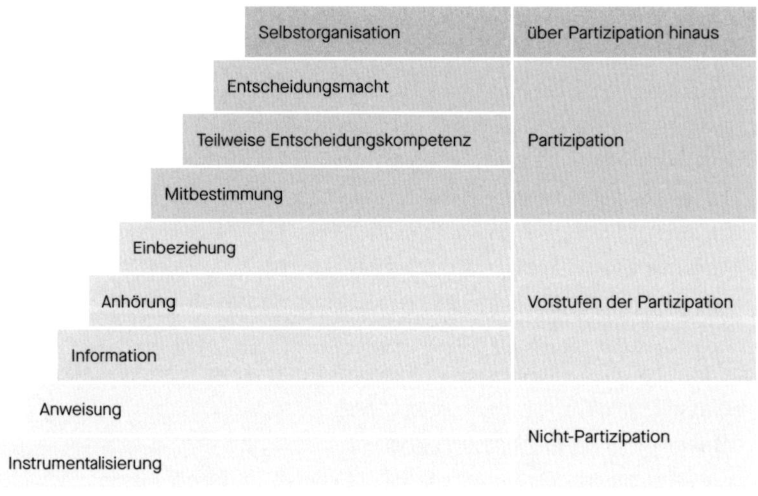

Abb. 1: Darstellung des Stufenmodells der Partizipation nach Wright et al. (2010).

An Partizipationsprozesse sind eine Fülle an Lernaufgaben hinsichtlich der Persönlichkeitsentwicklung und der Kompetenzerweiterung bezogen auf Fachlichkeit, Methoden, Supervision sowie Evaluation geknüpft. Die Themen und Herangehensweisen in Partizipationsprozessen stehen in vielerlei Hinsicht dynamisch mit aktuellen Anforderungen in Zusammenhang. Weiterbildungen in Bezug auf Diskriminierungsdimensionen und intersektionale Diskriminierung ebenso wie die Auseinandersetzung mit eigenen Privilegien helfen, ein machtkritisches Bewusstsein zu schulen. „Denn Strukturen sichtbar zu machen, die bestimmte Gruppen bevorzugen und andere pauschal benachteiligen, ist ein Grundanliegen antirassistischer Kritik.“[30]

Partizipation zu ermöglichen bedeutet für die machtvollen Kulturinstitutionen, aus dem Kern der Macht heraus Brücken in die Gesellschaft zu bauen. In dem bereits erwähnten sozialpsychologischen Beitrag zum Thema Zusammenhalt zeigt sich eine in der deutschen Gesellschaft weit verbreitete defizitorientierte Sicht auf Diversität, mit der Wahrnehmung, zu viele kulturelle Unterschiede würden den Zusammenhalt gefährden.[31] Zugleich wird der positive Effekt von Kontaktmöglichkeiten und Interaktionen zwischen unterschiedlichen Gruppen hervorgehoben:

> „Wenn Diversität nicht mit einer Separierung in homogene Gruppen einhergeht, die nebeneinanderher leben, sondern in Interaktion treten, dann hat Diversität positive Effekte auf den gesellschaftlichen Zusammenhalt und die damit begleitete Förderung von Toleranz. Es kommt also letztendlich darauf an, in Gesellschaften Brücken zwischen jenen Gruppen zu bauen, auf die sich ein erwünschter Zusammenhalt beziehen soll.“[32]

Wie können Organisationen, die sich sowohl innerhalb ihres Personals und ihrer Programmgestaltung als auch in ihrem Kundenkreis durch wenig Diversität auszeichnen, diese Form von gruppenübergreifender Interaktion realisieren? Indem im Sinne der höheren Form der Partizipation die Entscheidungsmacht aus der Organisation heraus ermöglicht wird: durch entsprechende Stellenbesetzungen, Zusammensetzung von Gremien und Jurys und aktive Vernetzung in den Sozialraum. Indem Menschen, die bisher als Gesprächspartner*innen eingeladen waren, selbst zu Gastgeber*innen werden und den Kreis mit neuen Gästen erweitern können. Nichts anderes beschreibt Robert Putnam als „brückenbildendes Sozialkapital“.[33] Denn ein soziales Netzwerk, das in der Lage ist, verschiedene Menschen zu aktivieren, verfügt demnach über ein brückenbildendes Sozialkapital.[34]

Partizipation ist insbesondere, wenn es sich um bisher ausgeschlossene Gruppen handelt, essenziell und man sollte nicht in den Modus der Nicht-Partizipation oder der Vorstufen der Partizipation verfallen und

30 Mohamed Amjahid (2021): *Der weiße Fleck. Eine Anleitung zu antirassistischem Denken*, München: Piper (3. Auflage), S. 18.

31 Vgl. Zick/Rees (2020), S. 145f.

32 Ebd., S. 148.

33 Robert D. Putnam (Hg.) (2001): *Gesellschaft und Gemeinsinn. Sozialkapital im internationalen Vergleich*, Gütersloh: Bertelsmann Stiftung Verlag, S. 28.

34 Vgl. ebd.

Konzepte oder gar Angebote „für" diese Gruppen entwickeln, sondern sie „mit" oder „von" ihnen entwickeln lassen. Partizipation benötigt diskriminierungsfreie Räume, in denen Vertrauen wachsen kann. Wie kann das ausgerechnet in den Institutionen gelingen, deren Entstehungsgeschichten auch mit traumatischen Ereignissen in Verbindung stehen? Damit beschäftigen wir uns im Folgenden.

Traumasensible Kulturpolitik

Hypothese: Die traumasensible Kulturpolitik fördert seelische Gesundheit sowie persönliche und gesellschaftliche Entwicklung.

Die Traumabewältigung kann auf verschiedenen Ebenen immanenter Bestandteil von künstlerischer Arbeit, von Werken und von Rezeptionsprozessen, aber auch Teil der praktischen Kulturpolitik selbst sein. Dabei verweben sich individuelle und kollektive Formen der Traumabewältigung.[35] Menschen können bewusst oder unbewusst unter den Folgen einer traumatischen Erfahrung leiden. Trauma, verstanden im Sinne von Peter A. Levine, ist weder Krankheit noch Störung: Es handelt sich bei einer traumatischen Reaktion um eine auf Überlebensinstinkten gründende Selbstschutzreaktion infolge von einmaligen gewaltvollen, intensiven, plötzlichen Ereignissen oder aufgrund von andauernden Stressfaktoren, die nicht abgewehrt, bewältigt oder verarbeitet werden können.[36] „Wenn ein Mensch solche Störungen nicht vollständig integriert, spalten sich die Elemente dieser Erfahrung in isolierte Empfindungen, Bilder und Emotionen auf."[37]

Werden die Folgen einer traumatischen Situation nicht bearbeitet, kann es zu einer transgenerationalen Weitergabe von Traumata sogar über mehrere Generationen kommen. Die Weitergabe von Traumata und Schuldverstrickungen erfolgt unbewusst und eine Abschwächung innerhalb der Generationenfolge wird nicht bestätigt.[38] Besonders erforscht wurde die Übertragung in den Generationen der Kinder und Enkel von Holocaustüberlebenden und von Kriegstraumatisierten.[39] Eingeprägt hat sich mir folgender für eine traumasensible Kulturpolitik bedeutsam scheinender Satz:

> „Während Vermeidung beim individuellen Trauma meist für den Schutz des Opfers steht, steht sie im kollektiven Trauma also häufig für den Schutz des Täters."[40]

Traumata sind im Kulturbetrieb allgegenwärtig. Einerseits behandeln kulturelle Produktionen Themen individueller und kollektiver Traumata, andererseits sind es die Organisationen selbst, deren Ursprünge aufs Engste mit Traumata verbunden sein können – was etwa an den

35 So zeugen etwa zahlreiche künstlerische Biografien und Arbeiten von der Beschäftigung mit eigenen oder gesellschaftlichen Traumata ebenso wie Konferenzen oder Ausstellungen, die sich mit Traumata befassen: z. B. Konferenz des Goethe-Instituts Johannesburg mit dem Titel „Soziale Trauma und Kunst – Über(W)unden" (2011); „Facing the Future. Art in Europe 1945–1968", ZKM (2017); „Kunst voller Träume und Traumata", Volkskundemuseum Wien (2018) u. v. m.

36 Vgl. Peter A. Levine (2021): *Sprache ohne Worte. Wie unser Körper Trauma verarbeitet und uns in eine innere Balance zurückführt*, München: Kösel (10. Auflage), S. 12, 176.

37 Ebd., S. 176.

38 Vgl. Angela Moré (2012): „Die unbewusste Weitergabe von Traumata und Schuldverstrickungen an nachfolgende Generationen", in: *Journal für Psychologie, 21(2)*, https://journal-fuer-psychologie.de/article/view/268 (22.11.2021).

39 Vgl. Katharina Drexler (2013): „Transgenerationale Traumata der Bearbeitung zugänglich machen", in: Gottfried Fischer (Hg.): *Zeitschrift für Psychotraumatologie, Psychotherapiewissenschaft, Psychologische Medizin, 11(1)*, S. 65–73, S. 65. Für eine weitere Vertiefung zur Theorie der transgenerationalen Weitergabe und der verschiedenen Qualitäten individueller und kollektiver Traumabearbeitung siehe zum Beispiel Angela Kühner (2002): *Kollektive Traumata. Annahmen, Argumente, Konzepte. Eine Bestandsaufnahme nach dem 11. September* (Berghof Report Nr. 9), Berghof Forschungszentrum für konstruktive Konfliktbearbeitung, Berlin, https://d-nb.info/1077105673/34 (25.11.2021).

40 Kühner (2002), S. 60.

41 Götz Aly (2021): *Das Prachtboot. Wie Deutsche die Kunstschätze der Südsee raubten*, Frankfurt am Main: Fischer, S. 29.

42 Vgl. SPK (o. J.): „Umgang mit NS-Raubgut der Stiftung

eindrücklich dokumentierten, brutalen und menschenverachtenden Raubzügen, den sogenannten Strafexpeditionen der Kolonialmächte, die Götz Aly in seinem Buch „Das Prachtboot" als „Terroraktionen" bezeichnet,[41] nachvollzogen werden kann. Provenienzforschung und die Restitution unrechtmäßig angeeigneter NS-Raubkunst sind Teil der Aufgaben öffentlicher Sammlungen geworden.[42] Museen als Räume kollektiven Gedächtnisses können auch, wie am Beispiel des Jüdischen Museums Berlin und der „traumabewussten Architektur" Daniel Libeskinds deutlich wird, einen emotionalen und körperlichen Zugang vermitteln.[43] Libeskind selbst sagt dazu:

> „Den Traumata zu begegnen – so schwierig sie auch sind – ist ein Weg, Licht ins Dunkel zu bringen."[44]

Erinnerungsstätten und Gedenkorte im Stadtraum manifestieren Erinnerung als gesellschaftliche Funktion. Die Aneignung und Nutzung von Gedenkorten im Stadtraum wird immer wieder kontrovers diskutiert,[45] ebenso wie der Umgang mit kritischen Denkmälern.[46] Es deutet sich anhand der wenigen Beispiele bereits ein großes Aufgabenspektrum der traumasensiblen Kulturpolitik an – ohne dabei an dieser Stelle weiter auf die Tatsache eingehen zu können, dass der Kulturbetrieb selbst neue Traumata verursacht, wie es etwa in den öffentlich gewordenen #metoo-Vorwürfen[47] an Theatern deutlich wurde, oder durch die Wahrscheinlichkeit in der traumapädagogischen Arbeit, mit Stoffen, Werken oder Programmen immer auch Retraumatisierungen auslösen zu können.

Wenn sich Dirk Baecker in seinem Vortrag „Kulturpolitik als Gesellschaftspolitik?" anlässlich der Auftaktveranstaltung des 7. Kulturpolitischen Bundeskongresses zum Thema „Kultur nach Plan. Strategien konzeptbasierter Kulturpolitik" im Jahr 2013 in Berlin auf die gesellschaftspolitische Funktion der Kulturpolitik bezieht, die Selbstreflexion im Medium der Künste zu fördern, und dann auf Therapeut*innen verweist, wird damit eine Aufgabe delegiert, die von Kulturpolitik mitbewältigt werden kann und sollte.[48]

> „Nur Therapeuten wissen, welcher Bemühungen um Reflexion es bedarf, um der eigenen Selbstverständlichkeiten, geschweige denn der längst verdrängten Traumata gewahr zu werden."[49]

Im Sinne einer gewissenhaften Gegenwartsanalyse sind Kulturinstitutionen auch Traumaspeicher und Traumaverursacher. Aufgabe einer traumasensiblen Kulturpolitik ist somit, diesen Bewusstwerdungsprozess zu initiieren und für die gesellschaftspolitischen Selbstreflexions- und Bewältigungsprozesse die erprobten Konzepte und neuesten

Preußischer Kulturbesitz", https://www.preussischer-kulturbesitz.de/schwerpunkte/provenienzforschung-und-eigentumsfragen/eigentumsfragen/umgang-mit-ns-raubgut.html (25.11.2021).

43 Vgl. Drexler (2013), die sich auf Seite 111 in einer Fußnote auf einen Text von Daniel Libeskind selbst bezieht: Daniel Libeskind (1997): „trauma/void", in: Elisabeth Bronfen/Birgit R. Erdle/Sigrid Weigel (Hg.): *Trauma. Zwischen Psychoanalyse und kulturellem Deutungsmuster*, Köln, Weimar und Wien: Böhlau.

44 Süddeutsche Zeitung (2021): „Jüdisches Museum zeichnet Knobloch und Libeskind aus", https://www.sueddeutsche.de/kultur/architektur-juedisches-museum-zeichnet-knobloch-und-libeskind-aus-dpa.urn-newsml-dpa-com-20090101-211114-99-991822 (25.11.2021).

45 Vgl. Korbinian Böck (2021): „‚Schamloser Totentanz'? Zur Diskussion über Tanzveranstaltungen auf der Erinnerungsstätte Frankfurter Großmarkthalle", https://www.juedischesmuseum.de/blog/tanzen-auf-erinnerungsstaette/ (22.11.2021).

46 Siehe zahlreiche Debatten zum Umgang mit Denkmälern im öffentlichen Raum, z. B. Standard (2021): „Marlene Streeruwitz zu Karl Lueger: ‚Das Denkmal gehört weg'", https://www.derstandard.at/story/2000121290236/marlene-streeruwitz-zu-karl-lueger-das-denkmal-gehoert-weg, oder Hedwig Richter (2020): „Rassismus-Protest und die Denkmalstürmer. Hol den Vorschlaghammer!", https://www.spiegel.de/geschichte/ehren-denkmaeler-fuer-rassisten-hol-den-vorschlaghammer-a-4e8b4f89-5d35-4bb7-a063-42cc6854d657 (25.11.2021).

47 Vgl. Lena Schneider (2021): „Das Perfide an dieser Art Mann ist, dass er sich die Schwachen aussucht", https://www.tagesspiegel.de/kultur/metoo-vorwuerfe-an-der-berliner-volksbuehne-das-perfide-an-dieser-art-mann-

wissenschaftlichen Erkenntnisse zur Traumabearbeitung zugänglich zu machen. Dabei wird mit Rückbezug auf aktuelle neurowissenschaftliche Forschung deutlich, dass die in der westlichen Medizin dominierende Trennung von Empfindungen und Kognitionen eine konstruierte Trennung darstellt, die auf tradierten wissenschaftlichen Erkenntnissen beruht.[50] Insofern geht es darum, die Intelligenz des Körperempfindens und die bereits etablierten, wirkungsvollen körperfokussierten Methoden – nicht nur – zur Traumabewältigung für die gesellschaftliche Entwicklung fruchtbar zu machen. Eine solche körperbasierte Herangehensweise, neben vielen weiteren, ist die Methode der Systemaufstellung, die sich in zahlreichen Anwendungsbereichen bewährt hat.[51] In einer Gruppenarbeitsform kann räumlich über Wahrnehmungen ein szenischer und sinnlicher Zugang zu körperbasiertem, unbewusstem Wissen geschaffen und so die Informationsverarbeitung und Reflexion von Konstellationen und Dynamiken in einem System erfahrbar werden.[52]

Letztlich bedeutet es auch, das kollektive Verlernen von überkommenen Denkmustern und Konzepten zu fördern. Eine Äußerung von Anastassia Pletoukhina, eine Überlebende des Attentats von Halle vom 9. Oktober 2019, im Interview mit Mohamed Amjahid möchte ich an dieser Stelle teilen:

> „Wir müssen offen über Verletzungen der deutschen Mehrheitsgesellschaft sprechen, über die mehrfachen Traumata im Dritten Reich, in der DDR und bis heute in der Bundesrepublik. Es braucht einen gesunden Umgang mit der eigenen Geschichte und für jeden Deutschen eigentlich auch mit der eigenen Familiengeschichte. Denn diese historischen Traumata, sie führen dazu, dass sich einige Menschen in diesem Land radikalisieren."[53]

Dabei hat sie die kolonialistische Vergangenheit noch nicht einmal erwähnt. Aus neurowissenschaftlicher Perspektive beschrieben bedeutet dies, dass wir Rationalität stärken, indem wir die Verletzlichkeit unserer Innenwelt einbeziehen.[54]

Kollektive Prozesse für diese Aufarbeitung einzuüben, die eine körperbetonte Praxis berücksichtigen, wäre daher ein wichtiger Beitrag traumasensibler Kulturpolitik. Gedenktafeln und Trauerfeiern reichen meiner Ansicht nach für einen kollektiven Heilungsprozess ebenso wenig aus wie ein „Calming Room"; so nennt das Denver Art Museum einen Raum, in dem Menschen, deren Traumata durch die ausgestellten Objekte getriggert werden, zur Ruhe kommen und in dem sie ihre Gefühle aufarbeiten können.[55] Wird dadurch ein Raum geschaffen, in dem Wahlmöglichkeiten, Gestaltungsfähigkeit und Eigenverantwortung gestärkt werden?[56]

ist-dass-er-sich-die-schwachen-aussucht/27016880.html (22.11.2021).

48 Vgl. Dirk Baecker (2019): „Kulturpolitik als Gesellschaftspolitik?" (2013), in: Martin Tröndle/Claudia Steigerwald (Hg.): *Anthologie Kulturpolitik*, Bielefeld: Transcript, S. 109–129, S. 114.

49 Ebd.

50 Vgl. Antonio R. Damasio (1994): *Descartes' Irrtum. Fühlen, Denken und das menschliche Gehirn*, München: Paul List, S. 218.

51 Vgl. Kirsten Nazarkiewicz/Kerstin Kuschik (Hg.) (2015): *Handbuch Qualität in der Aufstellungsleitung*, Göttingen: Vandenhoeck & Ruprecht, S. 14f.

52 Aus eigener Anwendungspraxis und positiver Erfahrung weise ich zudem auf das „Social Presencing Theater" hin, eine körperbasierte Methode, die ihren Ursprung nicht im therapeutischen Kontext hat, siehe dazu Arawana Hayashi (2021): *Social Presencing Theater: The Art of Making a True Move*, New York: PI Press.

53 Amjahid (2021), S. 146.

54 Vgl. Damasio (1994), S. 327.

55 Vgl. New York Times (2021): „What a Museum Wants to Be in the 21st Century", https://www.nytimes.com/2021/10/19/arts/denver-art-museum.html (25.11.2021).

56 Vgl. Gunthard Weber/Gunther Schmidt/Fritz B. Simon (2005): *Aufstellungsarbeit revisited ... nach Hellinger?*, Heidelberg: Carl Auer, S. 116.

Zu Beginn habe ich formuliert, dass die heilende Kulturpolitik Prozesse der Integration, Partizipation und Traumasensibilisierung initiiert und begleitet:

- Eine integrierende Kulturpolitik schafft die Voraussetzung für die Vernetzung verschiedener Menschen, Gesellschaftsbereiche und Disziplinen.
- Die partizipative Kulturpolitik ermöglicht die Teilhabe an und die Mitgestaltung von kultureller Infrastruktur und von Kulturangeboten.
- Die traumasensible Kulturpolitik fördert seelische Gesundheit sowie persönliche und gesellschaftliche Entwicklung.

Die nächste große Investition in ein Prestigeprojekt könnte diese Bausteine einer heilenden Kulturpolitik unter einem Dach vereinen, damit Transformation, antirassistische Öffnung, Diskurs, Innovation, kreative Räume für interdisziplinäres und vernetztes Arbeiten Realität werden. Ein Ort, an dem gesellschaftlicher Diskurs gelernt wird, der Kontroversen zulässt, Selbstermächtigung ermöglicht – und der nicht erziehen will. Ein Raum, in dem gelernt wird, wie Heilung von Wunden und Verstrickungen für die Gesellschaft gelingt. Und der Gestaltungsmöglichkeiten im Hier und Jetzt schafft.

Damit bin ich wieder am Anfang meines Textes und bei der persischen Lyrik von Rumi angelangt. Rezitiert wurden die Verse zu Beginn einer Meditation in einem nach benediktinischen Regeln geführten Kloster im Rahmen meiner Weiterbildung zur Systemaufstellerin. Der Text machte mich neugierig, da ich ihn nicht im Zusammenhang mit der christlichen Tradition des Klosters sah, auch wenn Meditation im Benediktinischen durchaus verbreitet ist. Bei meinen Nachforschungen stellte sich heraus, dass dieser Text Rumi zuzuordnen ist. In einem Zeitungsartikel las ich über die „Auslöschung des Islams aus der Poesie von Rumi“[57] und wurde schließlich bei Ibrahim M. Abu-Rabi[58] auf das Konzept des intellektuellen und spirituellen Kolonialismus von Sayyid Qutb aufmerksam. In Bezug auf die Lyrik von Rumi bedeutet spiritueller Kolonialismus, dass in amerikanischen Übersetzungen die Bezüge zum Islam systematisch entfernt wurden. In dem Buch „Muslimaniac“ von Ozan Zakariya Keskinkılıç entdeckte ich das Beispiel wieder sowie den Wunsch, dass wir als Gesellschaft lernen, mit Pluralität, Widersprüchen und Ambivalenzen umzugehen.[59]

In der Kolonialismus- und Restitutionsdebatte sind Begriffe wie Heilung, Wunden, Verstrickung häufiger zu lesen, so als gäbe es eine allgemeine Verständigung darüber. Mit meinem Konzept der heilenden Kulturpolitik möchte ich zu einer Verständigung darüber anregen, was Heilung in diesen Zusammenhängen bedeuten kann.

57 Rozina Ali (2017): „The Erasure of Islam from the Poetry of Rumi“, https://www.newyorker.com/books/page-turner/the-erasure-of-islam-from-the-poetry-of-rumi (22.11.2021).

58 Vgl. Ibrahim M. Abu-Rabi (1995): *Intellectual Origins of Islamic Resurgence in the Modern Arab World* (Suny Series in Near Eastern Studies), New York: State University of New York Press, S. 133.

59 Vgl. Ozan Zakariya Keskinkılıç (2021): *Muslimaniac. Die Karriere eines Feindbildes*, Hamburg: Körber.

Zu einer neuen Agenda der Kulturpolitik? Schluss mit dem Kulturgericht!

Tomas Zierhofer-Kin

Ein kleiner polemischer Text, der dazu anregen soll, einiges in unserer künstlerischen wie kulturellen Praxis zu verändern ...

Die missbräuchliche Instrumentalisierung von Kunst zur Demonstration kultureller Vormachtstellungen, zur Repräsentation der einen und Repression der anderen gesellschaftlichen Gruppe hat System, in jedem Fall in Europa, ganz sicher in Österreich! In diesem Zusammenhang war die These, die in Zeiten pandemischer Orientierungslosigkeit immer wieder auftauchte, die Kunst sei systemrelevant, ja sogar systemerhaltend, gleichermaßen interessant wie befremdlich.

Wir können sie als Hilfeschrei von einigen angesichts ihrer existenziellen Bedrohung lesen, sie aber auch als Ausdruck eines systematischen Missverständnisses auffassen. Ein Missverständnis, das in einer langen Tradition der bewussten Verwirrung der Begriffe Kunst und Kultur liegt. Schon anlässlich des Slogans „Theater muss sein!“, der vor vielen Jahren durch die deutschsprachige Theaterwelt geisterte, hätten wir uns sehr grundsätzliche Fragen zu hegemonialen Strukturen, zu kulturellen Deutungshoheiten durch die Institutionalisierung und Musealisierung von Kunst und nicht zuletzt dazu stellen müssen, wer hier wen repräsentiert und wer nicht repräsentiert wird!

Bevor ich zwei poetische Narrative heranziehe, die zur Verdeutlichung meiner spekulativen Thesen zu einer neuen Agenda der Kulturpolitik in postcoronalen Zeiten dienen sollen, möchte ich einen Allgemeinplatz bemühen: Die gängige Definition von Kultur als Summe des Ausdrucks menschlichen Lebens. Abstrakt und einfach! So sind im Guten wie im Schlechten Landwirtschaft, Essen und Trinken, Technologie, Politik, Religion, Wirtschaft, Kapitalismus, Kolonialismus etc. ebenso Ausdrucksformen unseres Lebens wie auch die Kunst. Anhand meines ersten poetischen Exkurses möchte ich ganz gerne das hervorheben, was die Kunst von allen anderen kulturellen Erscheinungsformen unterscheidet: Sie dient keinem materiellen oder ideologischen Zweck und sie stellt Kultur infrage, öffnet einen Freiraum, der uns von allen kulturellen Zwängen und realen Notwendigkeiten befreit. Und sie schafft dadurch Utopie.

Gehen wir zu diesem Zweck 1.000.059 Jahre zurück in der Geschichte, zur Geburtsstunde der Kunst: „Alles begann an einem 17. Januar vor 1.000.000 Jahren. Ein Mann nahm einen trockenen Schwamm und ließ ihn in einen Eimer Wasser fallen. Wer dieser Mann war, ist nicht wichtig. Er ist tot, aber die Kunst ist lebendig." 1963 hat der französische Künstler Robert Filliou mit dieser Aussage nicht nur einen Score des Fluxus, sondern auch eine der tiefgründigsten und poetischsten Definitionen vom Wesen der Kunst erschaffen. In dem beschriebenen Akt, der so beiläufig wie unwichtig erscheint, passiert etwas ganz Entscheidendes: Er erlaubt sich, etwas zu tun, was keinem materiellen wie ideologischen Zweck, keinem Systemerhalt oder keiner Systemstabilisierung dient. Ganz im Gegenteil: Diese Handlung verweigert sich dem Realitätssinn und verschreibt sich dem Möglichkeitssinn. Unser Schwammwerfer setzt temporär Strukturen und kulturelle Zwänge außer Kraft, erschafft eine Art utopischen Möglichkeitsraum. Das ist die Verweigerung eines Wertesystems gleichermaßen wie eine Hymne an die Schönheit, die Erlangung einer Idee von Unschuld wie ein Schlag der Befreiung; so gesehen eine Sinnesrevolte gegen eine vorproduzierte Weltsicht. Und die Handlung wird durch all das zu einer Projektionsfläche für Utopie.

Von diesem poetischen Narrativ der 1960er, das den Akt des Erschaffens von Kunst als eine kulturelle Leistung des Hinterfragens und Verweigerns von Kultur definiert, möchte ich ein anderes poetisches wie historisches Narrativ bemühen, das zumindest dem europäischen Kulturverständnis als Erlebnismodell eingebrannt zu sein scheint.

Die biblische Vorstellung (und da sind sich die beiden anderen geografisch nahe liegenden monotheistischen Weltreligionen sehr ähnlich) von der Geburt der Kultur, der Zivilisation und vom Selbstbild der Menschen beruht auf zwei bemerkenswerten Bildern: einerseits der Unschuldsverlust, die Vertreibung aus dem Paradies, und andererseits die Vorstellung eines Gottes, der uns nach seinem Ebenbild erschaffen habe. Daraus resultiert eine gedankliche Trennung vom Rest der Natur und der Auftrag, sich diesen Planeten untertan zu machen. Ein seltsames Bild des Verlustes einerseits und der maßlosen Anmaßung und Überhöhung andererseits – so hat also Kultur, menschliche Zivilisation begonnen! Dass diese tragische Situation in einem permanenten Kampf gegen ein Monster namens Natur (dessen Teil wir selbst sind) endet und dass jede kulturelle Leistung in einer gewissen Sehnsucht begründet ist, aus eigenem Antrieb wieder ein Paradies zu erschaffen, ist klar. Interessant dabei ist – und das sehen wir im weiteren Verlauf der abendländischen Geschichte leider nur zu deutlich –, dass der Schmerz der Trennung, der

Verlust des Paradieses scheinbar ein Trauma ausgelöst hat. Die Kultur der Krone der Schöpfung besteht in Eroberung und Unterwerfung, aber auch in einer seltsamen Kultur des Erschaffens von Identität: Wenn die Menschen schon den Trennungsverlust von dem idealen Zustand des Paradieses erfahren mussten, dann wird Trennung, Aus- und Abgrenzung zum obersten Prinzip einer Kultur. Was mit Eroberungsprozessen der nichtmenschlichen Natur begann und heute zu einem nahezu unumkehrbaren Desaster geführt hat, zieht sich wie ein blutroter Faden durch die Geschichte der Kultur des Abendlandes: Kolonialismus, Faschismus, Ausbeutung, Sexismus etc.

Bei so viel Scheußlichkeit waren und sind kulturelle Marketing-ExpertInnen gefragt: Irgendwie muss man doch so eine Kultur wieder reinwaschen, schön werden lassen. Klarerweise musste da in Unkenntnis ihrer wahren Beschaffenheit als imaginierter Freiraum und als Projektionsfläche für Utopien jenseits kultureller Systeme die Kunst herhalten.

Viel später in der Geschichte wurde dieser Prozess von Vereinnahmung und Missbrauch dann auch noch sprachlich untermauert. Plötzlich stand das Wort Kultur nicht mehr für alles, was wir so angestellt haben, sondern für die Kunst – besser gesagt für die sogenannten schönen Künste! Kultur wurde also das Synonym für Kunst, natürlich nicht für jede Kunst, sondern nur jene, die der Deutungshoheit der Mächtigen entsprochen hat, eine, die es wert war, sie als größten, hehrsten und feinsten Ausdruck eines kulturellen Systems zu verwenden. So wurde die Kunst bereits systemrelevant gemacht und alle, denen etwas an der Kunst und den KünstlerInnen liegt, müssen sie schnellstmöglich aus dieser Geiselhaft befreien.

Aus dieser Zeit stammen nicht nur unsere sonderbaren Ausdrücke wie Kulturland, Kulturmensch, Kulturpolitik und Kulturmontag, es hat sich auch ein hegemoniales Kunst- und Kultursystem etabliert, das mithilfe des „schönen Scheins" die Idee von Abgrenzung, Ausgrenzung, Aufwertung und Abwertung perfide weiterführt.

So weit der poetische wie polemische Exkurs. Nun zur aktuellen Situation: Durch die Auswirkungen der Pandemie sind nun einige inhaltliche und strukturelle Probleme des Kulturbetriebs, der leider nicht immer ein Kunstbetrieb ist, sehr deutlich ans Licht getreten.

Die meisten renommierten und somit finanziell hoch dotierten Kulturbetriebe sind in Zeiten entstanden, die gesellschaftspolitisch nichts mit der heutigen Situation zu tun haben. Daraus resultiert auch, dass sich eher überschaubare gesellschaftliche Gruppen (nach wie vor) von Programm, Inhalten und Kommunikation dieser Betriebe repräsentiert fühlen. Da sich aber die Gesellschaft in vergleichsweise rasantem Tempo verändert (im Vergleich zum Tempo der Kulturtanker könnte man von Überlichtgeschwindigkeit sprechen!), wachsen diese Gruppen auch nicht mehr nach. Wir leben also in einem System hegemonialer kultureller

Repräsentation kleiner gesellschaftlicher Gruppen in Kunstinstitutionen. Die Idee der Deutungshoheit von Kunst, in diesem Fall auch von Kunst als kulturellem Wert (siehe vorher im Text) durch kleine Gruppen, zieht sich allerdings von den Schlachtschiffen nationaler Repräsentation bis in die kleineren Player und auch in die Institutionen, die sich als zeitgenössisch definieren. Da ist eine gewaltige Blase entstanden, die die ThemenführerInnenschaft für sich beansprucht, in diesem Akt aber in eine alte Falle westlicher kultureller Praxis getappt ist: Abwertung und Ausgrenzung!

Indem wir zu sehr in den Genres der Vergangenheit leben und uns noch immer erwarten, dass wir durch sie Utopien entwickeln können, indem wir zu selten neue künstlerische Ansätze, Fragen und mögliche Antworten zu Themen entwickeln, werden immer weniger Menschen das in der Kunst suchen und finden, was ich eingangs mit einem Möglichkeitsraum, einer von tradierten und kulturellen Strukturen befreiten Projektionsfläche für persönliche wie kollektive Utopien beschrieben habe.

Die Last der Kultur und ihre Vereinnahmung von Kunst lähmt uns! Das liegt in Österreich durch eine zweifelsfrei große künstlerische Vergangenheit auf all unseren Schultern, besonders schwer ist sie dadurch geworden, dass sie zum kulturellen Erbe ernannt wurde. Was wir nun brauchen, ist eine Befreiung der Kunst aus den Fängen der Kultur, wir müssen den Mut haben, alles neu zu denken, und wir müssen die KünstlerInnen wieder offiziell mit der ThemenführerInnenschaft beauftragen. Wir werden Institutionen umbauen oder schließen müssen, dafür aber hundertfach neue Orte schaffen, an denen KünstlerInnen mit der Gesellschaft in Kommunikation und Interaktion treten. Sehr mutig war in dieser Hinsicht die Kultursprecherin der Grünen, Eva Blimlinger, in einem Interview Ende 2021. Wir vervielfältigen Institutionen und ihre inhaltlichen Setzungen, ohne zu merken, dass diese uns im Sinne von Kunst und der menschlichen Sehnsucht nach Austausch über zentrale Überlebensfragen nichts mehr zu bieten haben. Kunst darf nicht systemrelevant sein – sie muss lebensrelevant sein!

Da gibt es hunderte Millionen von jungen Menschen auf dieser Welt, die mal extrem ernsthaft, mal eher aus modischer Attitüde eine ökologische wie soziale Wende fordern. Seltsam, dass die nicht unsere Theater, Konzertsäle und Museen dazu auserkoren haben, die Orte ihrer inhaltlichen Verortung zu sein?! Theater muss wirklich nicht sein, aber Kunst muss sein, die jenseits unsäglicher Verbindungen zur Macht eine wesentliche Aufgabe übernimmt: eine kollektive Projektionsfläche für einen radikalen sozialen wie ökologischen, also kulturellen Wandel zu sein!

Und die wird sicherlich neben ihrer analogen Wirkmacht auch digital sein. Und dabei meine ich nicht die Form einer digitalen Kommunikation, die so viele vergangenheitsfitte Institutionen in hektisch-rührender Weise Dekaden zu spät für sich entdeckt haben und trotz ihres Etats noch immer Jahre hinterherhinken. Es geht vor allem darum, den räuberischen, menschenverachtenden Konzernen die ThemenführerInnenschaft auch im Bereich digitaler Medien zu entreißen und die Kunst dort – mit vehementer Förderung – ihre Kraft entfalten zu lassen. Aber das macht eine Generation von KünstlerInnen ohnehin seit vielen Jahrzehnten, komisch, dass sie noch nicht zu den Stars unserer „Kultur" zählen?!

„Schluss mit dem Gottesgericht" hat der große Antonin Artaud einen seiner fiebertraumartigen, spekulativen, anklagenden wie visionären Texte einst genannt. Ich würde den Appell gerne in „Schluss mit dem Kulturgericht" umbenennen, um einen Umbruch einzuleiten, der die KünstlerInnen wieder zurück in die Institutionen bringt. Wir brauchen eine Kraft, die diese Kultur, die gerade nicht nur sich selbst, sondern womöglich alles menschliche Leben (und nicht nur das) an die Wand fährt, und uns dazu ermutigt, wieder der Kunst die Setzung der Themen, der Visionen und Utopien zu überlassen.

50

Die Kunst im Wohlfühltaumel

Michael Wimmer

Was alles das Leben verlängert

Ein Lagebericht

Frage an Thomas Hampson: Macht Kunst die Welt besser, oder macht Politik die Welt besser?

Antwort: Menschen machen die Welt besser.[1]

In den letzten Jahren mehren sich Beiträge, die die Mitwirkung an kulturellen Aktivitäten wahlweise mit einer Verbesserung des individuellen Wohlbefindens oder der kollektiven sozialen Verfasstheit (Integration, Kohäsion ...) begründen wollen.

Bereits 2013 waren die europäischen Kulturminister*innen zu einem Treffen in Moskau[2] zusammengekommen, um Belege dafür zu sammeln, dass kulturelle Teilhabe notwendigerweise zu einer Vertiefung demokratischer Errungenschaften führen müsse.[3] Während aber die damalige sozialdemokratische österreichische Kulturministerin Claudia Schmied noch auf den Unterschied zwischen Arm und Reich hinwies,[4] dem es wegen des dadurch verursachten ungleichen Zugangs zu Kunst und Kultur mit politischen Mitteln zu begegnen gälte, beauftragte der Europarat den deutschen Soziologen Helmut Anheier von der Hertie School of Governance, anhand eines „Indicator Framework“ einen thematischen Bericht zum Verhältnis von kultureller Partizipation und sozialer Kohäsion zu erstellen. An den Ergebnissen sollten sich, so die Kulturminister*innen, künftige kulturpolitische Maßnahmen orientieren. Die kulturpolitischen Wirkungen des 2016 veröffentlichen Berichtes[5] waren enden wollend. Immerhin veröffentlichte 2019 eine EU-Expert*innen-Gruppe zum Thema „Kultur und soziale Inklusion“ eine Reihe an Good Practices samt Handlungsempfehlungen.[6] Dazu verabschiedete die Weltgesundheitsorganisation WHO ebenfalls 2019 einen ersten Weltbericht zu „Kunst und Gesundheit“,[7] der einen kausalen Zusammenhang zwischen der Beschäftigung mit Kunst und körperlichem und geistigem Wohlbefinden plausibel machen möchte.

1 https://www.derstandard.at/story/2000043092464/die-freie-entwicklung-ist-ein-goettliches-recht.

2 https://www.coe.int/en/web/portal/-/europe-s-ministers-of-culture-look-to-the-future.

3 Council of Europe (2013): „Final Statement. 10th Council of Europe Conference of Ministers of Culture“, 7. – 16. April 2013, https://rm.coe.int/CoERMPublicCommonSearchServices/DisplayDCTMContent?documentId=09000016806a2de6.

4 https://www.ots.at/presseaussendung/OTS_20130415_OTS0135/teilnahme-an-kunst-fuer-alle-darf-nicht-das-privileg-der-reichen-sein-ministerin-dr-claudia-schmied-im-moskauer-bolschoi-theater.

5 Council of Europe (2016): „Cultural participation and inclusive societies. A thematic report based on the Indicator Framework on Culture and Democracy, December 2016“, https://rm.coe.int/cultural-participation-and-inclusive-societies-a-thematic-report-based/1680711283.

6 Europäische Union (2019): „From social inclusion to social cohesion – the role of culture policy“, https://kultur.creative-europe-desk.de/fileadmin/user_upload/OKM_social inclusion.pdf.

7 WHO (2019): „Welche Erkenntnisse gibt es über die Rolle der Künste bei der Verbesserung von Gesundheit und Wohlbefinden? Eine Bestandsaufnahme“, Zusammenfassender Bericht Nr. 67 des Health Evidence Network, https://www.euro.who.int/de/data-and-evidence/evidence-informed-policy-making/publications/2019/what-is-the-evidence-on-the-role-of-the-arts-in-improving-health-and-well-being-a-scoping-review-2019.

Als extern Mitwirkender an diesem Bericht erschienen mir die dadurch geweckten Erwartungen ziemlich überzogen, darüber hinaus (kultur-) politisch gefährlich. So verständlich mir der politische Wunsch erschien, nach den ernüchternden Befunden im Bereich der Wirtschaftspolitik („Cultural and Creative Industries“ als neue Wachstumsmotoren in Europa) nunmehr die Sozialpolitik als neues Legitimationsangebot in Stellung zu bringen, so wenig hatten diese affirmativen Behauptungen mit den gesellschaftlichen Realitäten zu tun. In dieser steht eine wachsende Kunstproduktion (samt damit verbundenen Konkurrenz- und Verdrängungsverhältnissen) einer mindestens ebenso wachsenden sozialen Verungleichung gegenüber. Also versuchte ich, ein Minderheitenvotum[8] zu formulieren, das aber keinen Eingang in das offizielle Dokument finden sollte.

Mozart, Schubert und Presley zum Trotz – je mehr Kunst, umso länger das Leben

Jetzt gibt es also neue Anläufe. So erschien 2019 etwa eine Studie von Wissenschaftler*innen des University College London, die den Zusammenhang zwischen dem Umgang mit Kunst und der Langlebigkeit untersuchten und zur Erkenntnis kamen, dass je häufiger Menschen mit Kunst in Kontakt treten würden, umso geringer wäre das Risiko für einen frühzeitigen Tod.[9] Schön für alle, die daran glauben, könnte man meinen – und es ansonsten dabei belassen. All den Künstler*innen, die früh gestorben sind,[10] wird es egal sein.

Die Geschichte geht aber mittlerweile weiter: In Finnland wurde im Rahmen einer interministeriellen Zusammenarbeit Kunst nicht nur als Mittel zur Lebensverlängerung, sondern zur Verbesserung der Lebensqualität in Anschlag gebracht. Kunst solle fürderhin als vorbeugende Maßnahme der Vorsorge dienen – als Teil der Sozialarbeit sowie als Teil des Gesundheitswesens und der Rehabilitation. Und auch in Großbritannien gibt es Bestrebungen, „Kunst auf Verschreibung“ zu verordnen. Kein Wunder also, dass vor allem die kulturelle Standesvertretung der Versuchung nachzugeben droht, Kultur künftig auch in Rezeptform unter die Leute zu bringen und so neue Einnahmequellen zu lukrieren.[11]

Der Kampf gegen strukturelle Ungleichheit – Schnee von gestern?

Es gibt in den nationalen Statistiken eine Reihe von signifikanten Faktoren,[12] die die Lebenserwartung zu beeinflussen vermögen: Genetische Ausstattung, Gesundheit, Ernährung, Geschlechts- oder Familienzugehörigkeit sind nur einige davon. Mindestens ebenso relevant erscheinen die geografische Herkunft, der Bildungsgrad, die Wohnungsverhältnisse, Arbeitszufriedenheit oder die Einkommenshöhe. Die meisten davon

8 Michael Wimmer (2016): „Thematic Report on Cultural Participation and Social Cohesion based on the Indicator Framework for Culture and Democracy“, http://educult.at/wp-content/uploads/2011/08/Cultural-Participation-and-Social-Cohesion-04092016.pdf.

9 Daisy Fancourt/Andrew Steptoe (2019): „The art of life and death: 14 year follow-up analyses of associations between arts engagement and mortality in the English Longitudinal Study of Ageing“, in: BMJ 2019/367:l6377, https://doi.org/10.1136/bmj.l6377.

10 https://www.taschenhirn.de/geschichte/jung-gestorben.

11 https://igkultur.at/artikel/kultur-als-rezept.

12 https://www.rki.de/DE/Content/Service/Presse/Pressemitteilungen/2019/03_2019.html.

lassen sich auf bestehende Macht- und Einflussverhältnisse beziehen und sind so Gegenstand (gesellschafts-)politischer Auseinandersetzungen. Es macht eben einen Unterschied in der Lebenserwartung, ob ein Mensch in einem behüteten urbanen Wohlstandsmilieu aufwächst oder in devastierten Familienkonstellationen, die ihm keine Lebensperspektive zu bieten vermögen, ob er zufällig auf der Flucht aus der Sahelzone geboren wird oder in einer Villa in Hietzing, in der alles zur Verfügung steht, das sein Herz begehrt (übrigens auch das keine Garantie für *gutes* kulturelles Verhalten).

Diese strukturelle Ungleichheit der Startbedingungen ins Leben war lange Zeit zentraler Gegenstand des politischen Kampfes. Er richtete sich vorrangig gegen die ungerechte Selektion einiger weniger zuungunsten der vielen oder zugunsten der Integration derer, die mit der Zufälligkeit ihrer Geburt gesellschaftliche Nachteile in sich trugen, die – neben vielem anderen – auch ihre Lebenschancen reduzierte.

Kulturpolitik war einmal die Fortsetzung von Sozialpolitik – tritt sie jetzt an ihre Stelle?

Kulturpolitische Maßnahmen zielten die längste Zeit darauf ab, diesen existenziellen Skandal wenn schon nicht zu eliminieren, so doch zumindest zu relativieren. Darauf nahm noch einmal Claudia Schmied in ihrer Moskauer Rede Bezug, wenn sie meinte, es wäre die Aufgabe von Kulturpolitik, möglichst allen Menschen, ungeachtet ihrer sozialen Zugehörigkeit, gleiche Zugangschancen zu Kunst und Kultur zu eröffnen.

Diverse Kulturstatistiken machen deutlich, dass die diesbezüglichen guten Absichten auch nach 40-jährigen Bemühungen bestenfalls sehr beschränkt eingelöst werden konnten. Nach wie vor bestimmt die Zugehörigkeit zu bestimmten sozialen Milieus und damit der Zugang zu materiellen und immateriellen Ressourcen wesentlich Art und Umfang der kulturellen Teilhabe. Allenfalls geändert hat sich das Image von Kunst und Kultur, deren Nutzung immer weniger in der Lage ist, soziale Hierarchien zu begründen: Die einen können es sich leisten, teilzunehmen, und tun das auch, die anderen eben nicht; wo liegt das Problem in einer Zeit, in der Pluralität und Diversität das kulturpolitische Anspruchsdenken dominieren?

Die besondere Faszination der neuen kulturpolitischen Argumentationslinie liegt darin, dass damit versucht wird, die Verhältnisse auf den Kopf zu stellen. Nicht mehr die Aufgabe von Kulturpolitik soll es sein, die Voraussetzungen dafür zu schaffen, dass sich Menschen ungeachtet ihrer sozialen Stellung instand gesetzt fühlen, an Kunst und Kultur zu partizipieren. Jetzt soll sie sich dafür starkmachen, (unter Absehung der sich aktuell immer weiter verschärfenden sozialen Ungleichheit) den Zugang zu Kunst und Kultur zu fördern, auf dass sich das individuelle

Wohlbefinden ebenso wie die soziale Verfassung verbessern. Kunst und Kultur werden also in Dienst genommen, um das zu leisten, was eine auf Sozialstaatlichkeit gerichtete Politik bislang nicht zu leisten vermag.

Und so werden wir unversehens Zeug*innen einer besonders infamen Form der Kulturalisierung der gesellschaftlichen Verhältnisse, diesmal von vermeintlich fortschrittlicher Seite, die nolens volens darauf abstellt, die herrschenden sozialen Konfliktlinien mit kulturellen Mitteln zu kaschieren. Nicht mehr der mühevolle Kampf um individuelle und kollektive Emanzipation aus strukturell benachteiligten Verhältnissen steht auf dem Programm, sondern die Beschäftigung mit Kunst und Kultur, die künftig die anstehenden sozialen Probleme lösen soll. Beides probiert, kein Vergleich, könnte man sagen. Um dann noch hinzuzufügen, dass man sich mit solchen Argumentationen auf eine gleiche Ebene begibt mit dem Rechtspopulismus, der seinen Anhänger*innen verspricht, die bedrückende soziale Perspektivlosigkeit mit dem Versprechen des kulturellen Wohlfühlens zu kompensieren.

Die besondere Eigenart dieser Initiative besteht für mich darin, dass es sich bei ihren Befürworter*innen mehrheitlich um eine sozial besonders an den Rand gedrängte Gruppe handelt: Es sind die Künstler*innen, denen ein Bericht zur sozialen Lage attestiert hat, dass sie mit einem Einkommen von durchschnittlich 5.000 Euro/Jahr aus ihren künstlerischen Tätigkeiten auskommen müssen,[13] und die jetzt an die Mehrheitsgesellschaft appellieren, sich mehr mit Kunst zu beschäftigen, in der Erwartung, damit ihre Lebensqualität zu steigern. Es steht zu befürchten, dass sie als typische Role Models damit nur wenig Überzeugungskraft entwickeln werden.

13 Bundeskanzleramt (2018): „Studie zur Sozialen Lage der Kunstschaffenden in Österreich 2018 veröffentlicht", https://www.bundeskanzleramt.gv.at/bundeskanzleramt/nachrichten-der-bundesregierung/2017-2018/studie-zur-sozialen-lage-der-kunstschaffenden-in-oesterreich-2018-veroffentlicht.html.

Kunst ist nicht dazu da, sich in der Welt wohlzufühlen, sondern der Welt ins Auge zu blicken

Vielleicht liegt das Dilemma aber einfach nur darin, dass wir im Zuge der Verschlampung von Sprache, die unter anderem die zunehmend inhaltslose Formel „*KunstundKultur*"[14] hervorgebracht hat, vergessen haben, wovon wir überhaupt reden. Es ist hier nicht der Ort, den kunsttheoretischen Diskurs der Moderne in seiner ganzen Vielfältigkeit nachzuzeichnen. Eine Funktion aber war der Kunst dezidiert nicht mitgegeben: das Leben von Menschen zu verlängern. Die lange Ahnenreihe von Künstler*innen, die im wahrsten Sinne ihr Leben für ihre Kunst gegeben haben, mag dafür Beweis genug sein.

14 Michael Wimmer (2021): „Noch ein Unwort des Jahres: KunstundKultur – Über eine spezifische Form der Denkfaulheit im Kunstbetrieb", Blogbeitrag, https://michael-wimmer.at/blog/noch-ein-unwort-des-jahres-kunstundkultur-ueber-eine-spezifische-form-der-denkfaulheit-im-kunstbetrieb.

Weit eher wurde mit der Kunst als sinnliches Medium der Aufklärung der Anspruch verbunden, gesellschaftliche Wahrheiten zum Ausdruck zu bringen, die von wissenschaftlichen Erkenntnisprozessen, wenn überhaupt, dann nur sehr unzureichend erfasst werden können. Also eröffnete Kunst die Chance auf ein erkenntnisreicheres, intensiveres, allenfalls auch wahreres Leben. Dabei verstand sich – jedenfalls gute –

Kunst nie als ein Medizinersatz, der irgendetwas zum Besseren zu richten vermag; ganz im Gegenteil, sie brachte ansonsten unterdrückte, tabuisierte, unerträgliche bzw. unter anderen Bedingungen unaushaltbare Unvollkommenheiten menschlicher Existenz zum Vorschein und provozierte die Produzent*innen ebenso wie die Rezipient*innen, sich damit auseinanderzusetzen – auch auf die Gefahr hin, damit an Lebensqualität einzubüßen.

Möglichkeiten, die eigene Lebensqualität zu verbessern – und dabei allenfalls sogar das Leben (in welchem gesundheitlichen Zustand eigentlich?) zu verlängern –, gibt es viele: Die Ärzte empfehlen viel Bewegung in guter Luft oder gesunde Ernährung. Ich kann meinen Job wechseln, allenfalls auch meinen Aufenthaltsort, ich kann unglückliche Beziehungen beenden und mir ein sinnstiftendes Hobby suchen. Und natürlich kann ich auch in Museen gehen, ins Konzert oder Theater, mich bei einem Gesangsverein anmelden oder für einen Kurs für Hinterglasmalerei. Und vielleicht erfährt damit mein Leben einen neuen Sinn, erlebe ich mich auf überraschende Weise neu und/oder gehe in einer Gruppe Gleichgesinnter auf.

Das utopische Potenzial von Kunst liegt in der Notwendigkeit des Unnotwendigen

Kunst braucht gar nichts zu können. Soziale Probleme, und darauf will ich hinaus, können mit ihr nicht einmal ansatzweise gelöst werden. Mit einer solchen, auf Affirmation der bestehenden Herrschaftsverhältnisse gerichteten Argumentation wird bloß eines erreicht: die Pervertierung des letzten eigensinnigen Mediums, das damit einem utilitaristischen Anspruchsdenken unterworfen wird, das mittlerweile in die engsten Ritzen unserer Lebens- und Arbeitsverhältnisse gedrungen ist. Vereinzelte individuelle Geschichten von Künstler*innen oder auch Rezipient*innen, deren Leben sich in der Beschäftigung mit Kunst zum subjektiv empfundenen Besseren (oder auch Schlechteren) gewendet hat, ändern nichts an diesem Befund.

Vor diesem Hintergrund stellt das, was da passiert, eine weitere Etappe im Zuge einer umfassenden neoliberalen Kolonialisierung dar. Mit diesbezüglichen – auch noch wissenschaftlich untermauerten – Behauptungen soll der Anspruch auf umfassende Durchsetzung einer Wohlfühlgesellschaft umgesetzt werden, in der „*KunstundKultur*“ ein ganz besonderer Platz eingeräumt wird. Dass damit das universelle Prinzip der unbedingten Nutzenorientierung auf angenehme, weil heilsversprechende Weise umgesetzt werden kann, macht einen solchen Kausalzusammenhang besonders verführerisch.

Dass existenziell gefährdete Künstler*innen in ihrer oft mehr als prekären Situation verzweifelt nach jedem Strohhalm greifen und so auch bereit sind, sich als Medium zur Steigerung des Wohlbefindens all derer, die einer solchen Argumentationslinie aufsitzen, zur Verfügung zu stellen, erscheint nur allzu verständlich. Und auch einer Kulturpolitik, die sich in Konkurrenz mit anderen, mächtigeren Politikfeldern immer wieder an den Rand gedrängt weiß, kann man es nicht verdenken, wenn sie händeringend nach Argumenten greift, von denen sie glaubt, sie würden dort verstanden, wo man bislang meinte, ohne Kunst auskommen zu können.

Der Kunstbetrieb als Teil einer umfassenden Glücksindustrie?

Die israelische Soziologin Eva Illouz hat 2019 gemeinsam mit ihrem Kollegen Edgar Cabanas den Essay „Das Glücksdiktat – und wie es unser Leben beherrscht"[15] veröffentlicht. Darin untersucht sie das Hochkommen einer milliardenschweren Glücksindustrie, die die Menschen auf ihre teure Mitgliedschaft in einer umfassenden Wohlfühlgesellschaft (ungeachtet der jeweiligen sozialen oder sonstigen Zugehörigkeit) vorbereiten will. Ihre Angebote etwa in Form von Glücksseminaren, Glücksratgebern, Happiness-Indizes, aber auch neuen Schulfächern[16] zielen darauf ab, alle negativen Gefühle zu blockieren und stattdessen sich selbst zu optimieren. Illouz' Analyse nach läuft diese Entwicklung auf eine ultra-individualistische Gesellschaft hinaus, in der sich der Staat immer weniger für soziale Gerechtigkeit oder ein funktionierendes Gesundheitssystem zuständig fühlt und stattdessen den Bürger*innen die Aufgabe zuweist, sich – koste es, was es wolle – selbst die Bedingungen zu schaffen, um glücklich zu sein. Wesentlich mitgeholfen bei diesem Transformationsprozess hat die universitäre Aufwertung der neuen Disziplin der Positiven Psychologie, die wiederum auf der ideologischen Grundlage von Positivem Denken ruht.[17] Ihre Vertreter*innen werden nicht müde zu behaupten, die nötigen psychologischen Voraussetzungen für ein gesundes, erfolgreiches, langlebiges, in jedem Fall optimal funktionierendes Individuum bereitstellen zu können. Da darf die Beschäftigung mit „*KunstundKultur*" natürlich nicht fehlen.

Spät, aber doch ist mit dem Anspruch einer „Kultur auf Rezept" auch der Kulturbetrieb in diesem ideologischen Glücks-Nirvana angekommen. Aber wir sollten aufpassen: Man kann sich darin nur zu leicht verlieren bzw. im allgemeinen Glückstaumel Wege beschreiten, deren Wegweiser weit hinter bereits errungene Erkenntnisgewinne über ungebrochen fortbestehende gesellschaftliche Konfliktlinien zurückführen.

Kunst hatte einst Avantgarde-Funktion im Sichtbarmachen gesellschaftlicher Widersprüche inne. Ihre Vertreter*innen sollten noch einmal gut überlegen, ob sie im Zeichen neoliberal getönter Glücksversprechen (und sei es der Lebensverlängerung) künftig die Rolle einer verdummenden Arrièregarde übernehmen wollen.

15 Edgar Canabas/Eva Illouz (2019): *Das Glücksdiktat. Und wie es unser Leben beherrscht*, Berlin: Suhrkamp.

16 Nicole Walter (2012): „Glück als Schulfach", in: *Fluter*, 19. November 2012, https://www.fluter.de/glueck-als-schulfach.

17 Siehe dazu etwa Barbara Ehrenreich (2010): *Smile or Die: Wie die Ideologie des positiven Denkens die Welt verdummt*, München: Antje Kunstmann.

Ein Sommer macht noch keine Politik

Anke Schad-Spindler, Stefanie Fridrik

Warum Kulturpolitik auch Konflikte braucht

Kulturpolitische Forschung als Notwendigkeit und Chance

Österreich präsentiert sich gern als Kulturnation in kaiserlichem Glanz. Die gegenwärtigen kulturpolitischen Auseinandersetzungen in der demokratisch verfassten föderalen Republik, in denen Geld und Aufmerksamkeit mühevoll errungen werden müssen, finden dagegen weitestgehend hinter den Kulissen statt. Kulturpolitik ist in Österreich – worauf Michael Wimmer immer wieder hinweist – auch nur selten Gegenstand politikwissenschaftlicher Forschung. Aus diesem Grund begreifen wir es als Glücksfall, dass wir uns zumindest projektbezogen vertiefend der Frage widmen können, wie Kulturpolitik verhandelt wird. Dass dies in einer Zeit stattfindet, in der die Corona-Pandemie die Möglichkeiten und Grenzen von kultureller Produktion, Distribution, Vermittlung und Rezeption neu verschiebt und dabei verdeutlicht, dass die Rahmenbedingungen für diese Prozesse nicht nur sehr vielfältig und höchst unterschiedlich sind, sondern auch sehr wenig Wissen darüber verfügbar ist, bekräftigt den Bedarf an kulturpolitischer Forschung. In einer Zeit, in der gesellschaftliche Konflikte aufbrechen und zu eskalieren drohen, stellt sich zudem die Frage, ob und inwiefern Kultur(politik) einer Gesellschaft noch andere Möglichkeiten bieten kann als eskapistische Glücksversprechen und harmonisierende Gemeinschaftserlebnisse.

Im Forschungsprojekt „Agonistische Kulturpolitik (AGONART) – Fallstudien zur konfliktiven Transformation von Kulturstandorten“[1] widmen wir uns dem Feld der Kulturpolitik auf städtischer Ebene. Wir untersuchen kulturpolitische Dynamiken und Logiken in der Programmierung,

[1] Das Forschungsprojekt AGONART ist am Institut für Politikwissenschaft der Universität Wien (Projektleitung Oliver Marchart, Post-Doc-Forscherin Anke Schad-Spindler, Prae-Doc-Forscherin Stefanie Fridrik, wissenschaftliche Beratung Friederike Landau) verortet, mit einer Laufzeit von Dezember 2020 bis August 2022. Es wird gefördert durch den Jubiläumsfonds der Österreichischen Nationalbank (OeNB).

Verwaltung und Kulturfördermittelvergabe in den Städten Wien, Graz und Linz. Dabei verortet sich unsere Projektarbeit im transdisziplinären Bereich der anwendungsorientierten sozialwissenschaftlichen Grundlagenforschung in Politikwissenschaft und politischer Theorie und setzt einen Schwerpunkt auf Konflikttheorie und agonistische Demokratietheorie. Im vorliegenden Text stellen wir neben den theoretischen Grundlagen eine Zwischenbilanz unseres laufenden Forschungsprozesses vor und greifen zur Veranschaulichung exemplarisch auf die Untersuchung der Fallstudie in Wien – dem Kultursommer Wien 2020/21 – zurück. Auf diese Weise können wir nicht nur erste Erkenntnisse aus der übergreifenden Analyse teilen, sondern diese auch anhand konkreter Beispiele lokaler, kulturpolitischer Konflikte verdeutlichen.

Konflikttheoretische Perspektiven

Unsere Forschung baut auf dem radikaldemokratischen Verständnis auf, dass Konflikte an sich nicht als problematische oder destruktive Momente gesehen werden müssen,[2] sondern tatsächlich eine Notwendigkeit für demokratiebildende Prozesse darstellen.[3] Politisches (Ver-)Handeln schließt demzufolge Konflikte als konstitutive Komponente mit ein und verlangt von den politischen Subjekten geradezu, immer wieder aufs Neue in Konfrontation zueinander und zu den strukturellen Gegebenheiten zu treten. Eine offene, konfliktive Auseinandersetzung zwischen den unterschiedlichen Akteur*innen ist also von zentraler Bedeutung für demokratische Öffentlichkeiten, was natürlich auch das Feld der Kulturpolitik umfasst.[4] Gerade hier steht ein derartiger konfliktorientierter Zugang aber in einem (vermeintlichen) Widerspruch zu den dominierenden, auf Konsens und Kooperation setzenden politischen Ansätzen. Partizipation, Inklusion und Teilhabe sind gängige und wichtige Zielsetzungen im Bereich der kulturpolitischen Produktion,[5] müssen aber auch im Kontext machtpolitischer Setzungen gelesen werden. Das heißt: Ob bei der Verhandlung von Kulturstrategien, der Vergabe von Fördermitteln oder der Besetzung von Beiräten und Jurys auch positiv besetzte Begriffe wie die eben genannten eine Rolle spielen, gilt es im Nexus von Macht und Normierung zu beleuchten. Der Konsens, über den solche Begriffe interpretiert und legitimiert werden, ist immer wieder infrage zu stellen. Ein konfliktives Verständnis von Kulturpolitik steht nicht in Opposition zu derartigen Zielsetzungen, sondern legt vielmehr eine politische Auseinandersetzung um deren prinzipiell veränderliche Bedeutung und Bewertung nahe. Das bedeutet, dass so die Ursprünge vermeintlicher sozialer wie politischer Gegebenheiten sichtbar gemacht werden und diese dadurch erneut verhandelbar werden.[6] Hierin liegt das Potenzial einer konfliktorientierten Perspektive für eine demokratische(re) Kulturpolitik.

2 Chantal Mouffe (2005): *On the Political. Thinking in Action*, London und New York: Routledge; Chantal Mouffe (2013): *Agonistics: Thinking the World Politically*, Londonund New York: Verso; Friederike Landau (2019): *Agonistic articulations in the „creative" city: on new actors and activism in Berlin's cultural politics*, New York: Routledge (1. Ausgabe); Oliver Marchart (2020): *Der demokratische Horizont: Politik und Ethik radikaler Demokratie* (suhrkamp taschenbuch wissenschaft 2158), Berlin: Suhrkamp (Originalausgabe).

3 Friederike Landau/Anke Schad-Spindler (2021): „Konfliktuelle Kooperation. Gegenwärtige Kulturpolitik zwischen notwendigen und verhandelbaren Konflikten", in: Christian Steinau/Christina Kockerd/Johanna Vocht (Hg.): *Staging the Lab, Schriftenreihe des Cultural Policy Labs 1*, http://www.culturalpolicylab.com/publications/staging-the-lab/forschungsperspektiven-im-rahmen-des-cultural-policy-lab-for/konfliktuelle-kooperation.

4 Oliver Marchart (2008): *Cultural Studies* (UTB Kulturwissenschaft, Politikwissenschaft 2883), Konstanz: UVK.

5 Julian Nida-Rümelin (2001): *Strukturelle Rationalität. Ein philosophischer Essay über praktische Vernunft* (Universal-Bibliothek), Stuttgart: Reclam; Deutscher Bundestag, 16. Wahlperiode (2007): *Schlussbericht der Enquete-Kommission „Kultur in Deutschland"*, Drucksache 16/7000, Berlin; European Union (Hg.) (2012): *Policies and Good Practices in the Public Arts and in Cultural Institutions to Promote Better Access and Wider Participation in Culture*, https://ec.europa.eu/assets/eac/culture/policy/strategic-framework/documents/omc-report-access-to-culture_en.pdf.

6 Oliver Marchart (2013): *Das unmögliche Objekt. Eine postfundamentalistische Theorie der Gesellschaft*, Frankfurt am Main: Suhrkamp; Oliver Marchart (2016): *Der demokratische Horizont. Politik und Ethik radikaler Demokratie*, Berlin: Suhrkamp.

Auch wenn man Bestrebungen nach Inklusion und Teilhabe also prinzipiell befürwortet, gilt es diese dennoch kritisch zu hinterfragen. Wer lässt wen woran teilhaben? Was bedeutet die Teilhabe an bestehenden Machtverhältnissen für diejenigen, denen sie erst gewährt werden muss? Was verändert eine Eingliederung in ein bestehendes System tatsächlich an der Marginalisierung betroffener Gruppen und Personen? Welche andere Art des Umgangs mit Marginalität gibt es, die nicht aus dem (Macht-)Zentrum heraus prädeterminiert ist? Aus dieser Perspektive heraus identifizieren wir bei AGONART mittels empirischer Fallstudienarbeit einerseits kulturpolitische Steuerungsmechanismen, Leitwerte, Handlungsmaxime und Prioritätensetzung städtischer Kulturpolitik in Österreich. Andererseits fragen wir gezielt nach Konflikten, die im Bereich kulturpolitischer Produktion und Agitation be- bzw. entstehen. Anders gesagt: Indem wir sowohl latente als auch manifeste Konfliktlinien innerhalb verschiedener Konstellationen von Akteur*innen ausloten, setzen wir uns mit dem Verhältnis von Konflikt/Dissens und Kooperation/Konsens und damit dem Spielraum politischer Aushandlungsprozesse im kulturpolitischen Feld auseinander.

Empirische Erforschung von Konflikten

Diesen Grundannahmen folgend, knüpft unsere Forschungsperspektive an agonistische Ansätze zu Kulturproduktion, -politik und -aktivismus an.[7] In unserer Interpretation der Entstehung, Entfaltung und Äußerung von Konflikten bedienen wir uns eines vorläufigen Modells, das diese (politischen) Dynamiken in unterschiedlichen Modi typologisiert. Wir skizzieren diese als Phasen und/oder Momente der Prä-, De- und Re-Antagonisierung. In diesem Sinne bezeichnen wir das Anschwellen und die Mobilisierung (noch) latenter Konflikte, also die Atmosphäre vor dem Ausbruch eines Konflikts, als Prä-Antagonisierung, während wir eine (zwischenzeitliche) Entspannung von Konflikten durch ein Zurückziehen aus der antagonistischen Konfrontation als De-Antagonisierung beschreiben. In dieser Phase kann es auch zu einer Verlagerung einer Konfliktsituation hin zu einer moderaten Form der Auseinandersetzung oder des Agonismus kommen. Anders als in antagonistischen Konfliktsituationen, die unüberwindbare, zuweilen zerstörerische Konfrontationen zweier verfeindeter Lager implizieren, ermöglichen agonistische Konstellationen Formen des konfliktuellen Konsens bzw. der konfliktuellen Kooperation zwischen als legitim wahrgenommenen Gegner*innen.[8] Auf diese Weise können Akteur*innen mehrheitlich konstruktiv mit bestehenden Konflikten umgehen. Als Re-Antagonisierung beschreiben wir eine Wiederaufnahme oder erneute Intensivierung von Konflikten, die sich zuvor schon manifestiert hatten. Dies kann z. B. durch eine veränderte Konstellation der Akteur*innenkonstellation oder Ressourcenverteilung

7 Marchart (2008); Claire Bishop (2012): *Artificial Hells. Participatory Art and the Politics of Spectatorship*. London und New York: Verso; Nora Sternfeld (2018): *Das radikaldemokratische Museum* (Schriftenreihe curating. ausstellungstheorie & praxis, Band 3), Berlinund Boston: De Gruyter; Landau (2019).

8 Friederike Landau (2021): „Agonistic Failures: Following Policy Conflicts in Berlin's Urban Cultural Politics", in: *Urban Studies 58(12)*, S. 2531–2548, https://doi.org/10.1177/0042098020949080; Landau/Schad-Spindler (2021).

provoziert werden. Wesentlich bei diesem Typologisierungsmodell bleibt allerdings, dass die beschriebenen Dynamiken weder als linear noch als jemals abgeschlossen gedacht werden bzw. überlappend und in unterschiedlicher Intensität auftreten können.

Als analytisches Kernmoment dient uns außerdem das Konzept der Arena[9] als öffentlicher Austragungsort politischer Auseinandersetzung und Verhandlungsprozesse. In dem von uns verfolgten Ansatz wird die Arena – nicht nur territorial, sondern auch diskursiv und räumlich gedacht – zum Schauplatz und Kampffeld[10] des Agons (griech. Kampf, Wettkampf, Wettstreit). In diese einzutreten bedeutet, mit den eigenen Anliegen aus der Privatsphäre herauszutreten und so die Formierung kollektiver Anliegen zu ermöglichen.[11] Hier, im Licht der Öffentlichkeit, kann dann politisch gestritten und Konflikte können ausgetragen werden. In kulturpolitischen Arenen treffen Positionen aus (Partei-)Politik und Verwaltung, Kulturbetrieben und -vereinen, zivilgesellschaftlicher Interessenvertretung, dem akademischen Feld u. v. m. aufeinander, um dort zu verhandeln. Diese demokratischen Prozesse bzw. die Arenen, in denen sie stattfinden, sind nicht auf institutionalisierte Räumlichkeiten von Politik (z. B. Parlamente) beschränkt, sondern sie sind umfassender und vielerorts anzutreffen. Bei der Auseinandersetzung mit ihnen beschäftigen uns einige zentrale Fragestellungen: Wie wird aus einem latenten ein manifester Konflikt – oder auch umgekehrt? Wie können kulturpolitische Agenden aussehen, deren Zielsetzungen nicht von Konsensbildung, sondern dem Austragen und Aushalten von Konflikten getragen werden? Gibt es einen strategischen Umgang mit Konflikten im Spannungsfeld zwischen Konflikt und Kooperation? Welche Räume bzw. Arenen sind nötig, um das Verhandeln von Konflikten zu ermöglichen?

9 Adele E. Clarke (2012): *Situationsanalyse. Grounded Theory nach dem Postmodern Turn. Interdisziplinäre Diskursforschung*, Wiesbaden: Springer VS.

10 Chantal Mouffe (2008): „Art and Democracy", in: *Art as a Public Issue 14*, S. 6–15.

11 Hannah Arendt (2003): *Was ist Politik? Fragmente aus dem Nachlass*, München: Piper; Anke Simone Schad (2019): *Cultural Governance in Österreich. Eine interpretative Policy-Analyse zu kulturpolitischen Entscheidungsprozessen in Linz und Graz* (Edition Politik, Band 70), Bielefeld: Transcript.

Der Wiener Kultursommer 2020/21

In AGONART fokussieren wir uns bei der empirischen Erforschung solcher kulturpolitischer Konfliktlinien bzw. Antagonisierungsdynamiken auf je eine konkrete Fallstudie innerhalb der ausgewählten Städte. Unsere Hypothese ist dabei, dass sich hier konflikthafte Momente in ihrer Entwicklung konkret fassen lassen – und dass in diesen situativen Konflikten auch Spuren zu umfassenderen Konflikten gelegt sind. Im Fall von Wien und Graz handelt es sich dabei um groß angelegte Kulturprogramme – das Grazer Kulturjahr 2020/21 und den Wiener Kultursommer 2020/21 –, deren Umsetzung wesentlich von den Auswirkungen der Covid-19-Pandemie beeinträchtigt bzw. dadurch bedingt war. In Linz liegt unser Fokus auf der Initiative Mural City – und damit dem Bereich Graffiti und Street Art im öffentlichen Raum – als Schwerpunktsetzung des Kulturprogramms der Stadt für 2021. Wie eingangs erwähnt, konzentrieren wir uns im vorliegenden Beitrag vor allem auf den Kultursommer Wien 2020/21, weshalb dessen Hintergründe, Eckdaten und Genese zunächst dargelegt werden.

Der Kultursommer 2020 wurde im Mai desselben Jahres unter dem Motto „Wien dreht auf!" als unmittelbare kulturpolitische Reaktion vonseiten der Wiener Stadtregierung auf die massiven Einschränkungen des Kulturbetriebs durch die Covid-19-Pandemie initiiert. Federführend war hier die Kulturstadträtin Veronica Kaup-Hasler, die aufgrund ihrer umfassenden kuratorischen und managerialen Erfahrung aus dem Festivalbetrieb die Machbarkeit dieses Experiments einschätzen konnte und sich in der Wiener Kunst- und Kulturszene Vertrauen erarbeitet hatte. Die ursprüngliche Idee war ein einmaliges bezirks- und spartenübergreifendes Open-Air-Festival bei freiem Eintritt, das im Juli und August 2020 immer von Donnerstag bis Sonntag stattfinden sollte. Für dessen Umsetzung war die stadt wien marketing gmbh als offizielle Veranstalterin zuständig. Insgesamt wurden 25 öffentlich zugängliche Spielstätten an verschiedenen Schauplätzen der Stadt aufgebaut, darunter unter anderem Pensionist*innenheime, und mit ca. 1.000 Aufführungen bespielt. Ziel des dezentral angelegten Festivals war es, als Gegenmaßnahme zu den coronabedingten Einschränkungen zum einen entlohnte Auftrittsmöglichkeiten für Künstler*innen und Performer*innen zu generieren und zum anderen die „kulturelle Nahversorgung" für das Wiener Publikum zu sichern.[12] Die Kuratierung übernahm ein eigens dafür berufenes künstlerisches Board mit Vertreter*innen diverser Genres der Wiener Kulturszene. Um ein möglichst breites Publikum erreichen zu können, bemühte man sich um ein vielseitiges inhaltliches Spektrum und einen „niederschwelligen Zugang".[13] Neben der dezentralen Programmierung war eine festgesetzte, egalitäre Bezahlung für alle Auftretenden ein elementarer Aspekt des Projekts. Prinzipiell galt: Jede Person bekam pro 50-minütigem Auftritt 500 Euro Gage, unabhängig von Genre und Renommee.

Im Jahr 2021 kam es, anders als ursprünglich geplant und bedingt durch die weitere Beeinträchtigung des kulturellen Lebens durch die Pandemie, zu einer erweiterten Neuauflage des Kultursommers mit nunmehr 40 Spielorten. Damit einher ging eine Erhöhung des Budgets von vier auf sechs Millionen Euro. Für die Begründung der Fortsetzung berief sich die Stadtregierung medial auch auf den Erfolg des Festivals im Vorjahr mit einem Publikum von rund 50.000 Besucher*innen.[14] Die Grundidee blieb gleich und auch im zweiten Jahr wurde das Programm bei weitestgehend freiem Eintritt angeboten. Allerdings verfügten die Veranstalter*innen diesmal aufgrund des früheren Beginns der Planungsphase über etwas größere zeitliche Ressourcen. Anders als im Vorjahr konnte man nun also einen Call für Künstler*innen starten und so strukturierter hinsichtlich der eingereichten Bewerbungen und der Kuratierung vorgehen.

12 Presse- und Informationsdienst der Stadt Wien (2020): „Wien dreht auf! Mit dem ‚Kultursommer 2020' wird die Stadt zur Bühne", Pressemeldung, APA-OTS, https://www.ots.at/presseaussendung/OTS_20200605_OTS0102/wien-dreht-auf-mit-dem-kultursommer-2020-wird-die-stadt-zur-buehne.

13 Veronica Kaup-Hasler (2021): „Der Kultursommer ist ein Paradebeispiel für Solidarität", Interview mit LEADERSNET, https://www.leadersnet.at/news/51595,der-kultursommer-ist-ein-paradebeispiel-fuer-solidaritaet.html.

14 Der Standard (2021): „Stadt Wien plant heuer noch größeren ‚Kultursommer'", 9. März, https://www.derstandard.at/story/2000124794005/stadt-wien-plant-heuer-noch-groesseren-kultursommer.

Ein neues, erweitertes künstlerisches Board wurde dafür eingeladen, Veranstalter und Projektkoordination blieben gleich. Da das Programm 2021 schon vor Beginn des Festivals feststand und nicht wie 2020 Woche für Woche parallel zu den laufenden Veranstaltungen geplant werden musste, konnte es gezielter kommuniziert und vermarktet werden. Zusätzlich wurde das Angebot für Familien, Kinder und Jugendliche sowie für Pensionist*innen ausgebaut. Die Stadtregierung reagierte zudem auf den Vorwurf der Clubkultur, dass diese bei der ersten Auflage des Festivals übergangen worden sei, und initiierte eine eigene Outdoor-Clubschiene. Laut offizieller Presseaussendung der stadt wien marketing gmbh (2021) verzeichnete das „Erfolgsmodell" Kultursommer im zweiten Jahr 100.000 Besucher*innen und „spiegelte das starke Bedürfnis der Bevölkerung nach Live-Kulturerlebnissen wider".[15] „Für eine Zeit, in der es fast schon Privileg ist, Livekultur zu produzieren und zu konsumieren, fungierte der Wiener Kultursommer als unabdingbares Grundnahrungsmittel, welches sich den Menschen recht zielsicher und selbstbewusst in den Weg gestellt hat",[16] äußert sich das künstlerische Board dazu. Das Festival stieß durchaus nicht nur vonseiten des Publikums auf positive Resonanz. Auch Künstler*innen zeigten sich sehr interessiert, dabei mitzuwirken und das Format als Auftrittsmöglichkeit zu nutzen. Dies mag dazu beigetragen haben, dass allen voran die Wiener Kulturstadträtin Veronica Kaup-Hasler den Wunsch äußerte, den Kultursommer in Zukunft weiter stattfinden und damit zu einem festen Teil des städtischen Kulturprogramms werden zu lassen.

15 stadt wien marketing gmbh (2021): „Kultursommer war's und 100.000 Gäste feierten mit!", Pressemeldung, APA-OTS, https://www.ots.at/presseaussendung/OTS_20210815_OTS0015/kultursommer-wars-und-100000-gaeste-feierten-mit.

16 Ebd.

Die Kultursommer-Arena

In allen drei Städten findet die Datenerhebung mithilfe von Interviews mit unterschiedlichen Akteur*innen sowie der Sammlung von Policy-Dokumenten und medialer Berichterstattung statt. Dabei interessiert uns neben den Erfahrungen und (kritischen) Einschätzungen der Befragten zu den jeweiligen Fallstudien auch deren Sicht auf umfassendere Thematiken bzw. Problematiken städtischer Kulturpolitik in Österreich. Der von uns erstellte Datenkorpus zur Arena des Kultursommers generiert sich zum Großteil aus 60- bis 90-minütigen Interviews mit teilnehmenden und beobachtenden Akteur*innen aus der städtischen Kulturpolitik, dem Koordinationsteam sowie dem künstlerischen Board und zivilgesellschaftlichen Interessenvertretungen. Bei der Auswahl der Gesprächspartner*innen ist es uns wichtig, nicht nur einen Einblick in interne Handlungsabläufe und Entscheidungsfindungsprozesse zu erhalten, sondern auch (kulturpolitische) Einschätzungen von nicht unmittelbar eingebundenen Personen. Zusammen mit einer diskursanalytischen Aufarbeitung der gesammelten Quellen und Dokumente ermöglicht uns eine interpretative Analyse dieser Gespräche die Identifikation konfliktueller Leitthemen.

Im Folgenden sollen zwei der Konfliktfelder diskutiert werden, die aus der situativen Arena des Kultursommers Wien hinausweisen und damit über eine besondere kulturpolitische Relevanz verfügen.

Wie generell im Bereich der Kulturpolitik, spielt der *Konflikt um Geld bzw. die Verteilung finanzieller Ressourcen* eine zentrale Rolle. Bei diesem Konflikt geht es vordergründig oft um Probleme der Praktikabilität, Bürokratie oder Ressourcenknappheit im Förderwesen, die aus der Begrenztheit der finanziellen Mittel resultieren. Es stellt sich die Frage, welcher Förderlogik die öffentliche Hand folgt. Sollen sich Fördergelder auf wenige institutionalisierte Einrichtungen konzentrieren oder – nach dem Gießkannenprinzip – möglichst viele Organisationen bzw. künstlerische Einzelpersonen erreichen? Sollen alle gleich viel Honorar bekommen oder soll sich das Honorar an anderen Faktoren bemessen – und was ist dann ausschlaggebend, die soziale Bedürftigkeit oder die künstlerische Exzellenz? Im Falle des Kultursommers einigten sich das künstlerische Board und die Kulturstadträtin auf eine einheitliche Bezahlung aller auftretenden Künstler*innen von 500 Euro. Mit dieser Einigung wurde vor allem in der öffentlichen Darstellung an das zentrale Thema der #fairpay-Debatte, die Forderung nach angemessener Bezahlung künstlerischer und kreativer Arbeit, angeknüpft. Zugleich entstand diese Entscheidung aber auch aus einer administrativen Pragmatik heraus, da man für einzelne Gehaltsverhandlungen „nicht die Kapazität und Geduld“ hatte.[17] An diese gleiche Bezahlung gekoppelt war der Wille, Auftrittsmöglichkeiten für Kulturproduzent*innen zu schaffen und damit nicht nur einen finanziellen, sondern auch einen existenziellen Engpass zu überbrücken: „Das ist oft die Vorstellung von Menschen, die nicht in der Kulturpolitik verankert sind: Na ja, gebt's ihnen das Geld und die Förderung und das passt dann schon. Unglücklich sind Menschen, die Kunst und Kultur produzieren wollen, trotzdem, wenn sie nicht Kunst und Kultur produzieren können, egal ob sie das Geld bekommen oder nicht […].“[18] Doch angesichts dessen, dass zumindest die Finanzierung der beiden ersten Auflagen aus dem Kulturbudget der Stadt abgeleitet wurde, gibt es Vorbehalte gegenüber dieser Art der kulturpolitischen Handlungslogik. Sowohl vonseiten der Interessenvertretung als auch der oppositionellen Kulturpolitik wird kritisiert, dass der Kultursommer kein nachhaltiges Konzept darstelle, um den Strukturproblemen der Kulturförderung zu begegnen. Es wird der politische Wille infrage gestellt, die „miserablen Rahmenbedingungen“ für Kulturakteur*innen zu ändern, und den Entscheidungsträger*innen vorgeworfen, die Szene stattdessen mit Überbrückungshilfen über Wasser zu halten: „[…] man befriedet mit Geld.“[19] In einem anderen Gespräch wird weiters betont: „Aber seien wir uns ehrlich, ein, zwei Auftritte in einem Sommer werden dir nicht deine Wohnung zahlen. Deshalb kann das nicht die Antwort sein auf die Fragen, die wir haben und die durch Corona noch stärker

17 Interview Nr. 29, 1.12.2021.

18 Interview Nr. 10, 31.5.2021.

19 Interview Nr. 8, 25.5.2021.

geworden sind."[20] Auch wenn die Stadt Wien und andere Fördergeber durch die Pandemie sehr großzügig mit Arbeitsstipendien umgingen und über andere Fonds Hilfsmittel lukriert werden konnten, fehlten den Künstler*innen wesentliche kontinuierliche Auftritts- und Interaktionsmöglichkeiten mit Publikum.

[20] Interview Nr. 18, 26.8.2021.

Im Zusammenhang mit dem Konflikt um Geld steht auch Kritik an der Besetzung des Themas „Fair Pay" durch die Programmierung des Kultursommers. Aus unseren Interviews geht u. a. die Sichtweise hervor, dass die Zielsetzungen der zivilgesellschaftlich schon lange erkämpften Forderungen von der Politik medial instrumentalisiert werden. Zum einen wird darauf hingewiesen, dass in Österreich die Voraussetzungen für eine faire Bezahlung bisher lediglich für den Bereich Tanz, Theater, Performance geschaffen wurden. Zum anderen empfindet man die Bezugnahme auf eine einmalige, einheitliche Gagenhöhe als zu eng angesetzt, wenn man mit „Fair Pay" argumentiert:

> „Also wir müssen diesen Gedanken ‚Fair Pay' weitaus darüber hinausdenken, d. h. es muss möglich sein, dass ich als normaler Veranstalter ein Konzert organisiere, ein Festival organisiere, Ausstellungen organisiere, eine Lesung, was auch immer und dass ich auch die nötigen Mittel bekomme, vonseiten des Fördergebers, das auch realisieren zu können. Aktuell ist das leider noch immer nicht der Fall."[21]

[21] Interview Nr. 16, 27.7.2021.

An diesem Beispiel zeigt sich, wie politische Forderungen von bestehenden hegemonialen Ordnungen übernommen und einverleibt werden können. Während diese Art der Anerkennung positiv sein kann, kann sie auch zur Überschreibung, Verwässerung oder Kooptation von ehemals gegenhegemonialen Positionen führen. Eine komplexe Debatte um Fairness und faire Bezahlung von Künstler*innen, aber auch den Arbeiter*innen hinter den Kulissen erschöpft sich sicher nicht in effizienter gleicher Bezahlung für alle. Hier entscheidet sich, wie sich latente Konflikte um die Existenzsicherung künstlerischer Arbeit antagonisieren. Schon das Gefühl fehlender Berücksichtigung bzw. Einbeziehung betroffener Akteur*innen kann zu einer Re-Antagonisierung des Konflikts führen. Der an sich de-antagonisierende Effekt einer (kulturpolitischen) Maßnahme wie egalitärer Bezahlung aus öffentlicher Hand wird somit unterminiert, wenn nicht gar infrage gestellt. Handelt es sich dabei um eine politische Alibi-Handlung? Wäre es wichtiger, sich der Frage zu widmen, wie eine faire Bezahlung von Kulturarbeiter*innen sichergestellt werden kann, ohne Kulturbetrieben dabei unüberwindbare Hürden in Form von Personalkosten aufzuerlegen?

Das zweite strittige Feld umfasst einen *Konflikt um Aufmerksamkeit*, wobei gleich vorweg festgehalten werden muss, dass sich dieser nicht trennscharf von Konflikten um Raum und Organisationsformen abgrenzen lässt – die beiden Letzteren sollen allerdings nicht Teil der folgenden Ausführungen sein. Eine wesentliche Zielsetzung des Kultursommers war, wie gesagt, die Bereitstellung der Rahmenbedingungen für die „kulturelle Nahversorgung". Man verschrieb sich dabei dem Credo der Niederschwelligkeit, sowohl auf Seiten der Rezeption als auch der Produktion: „[...] wir haben gesagt, wir versuchen etwas zu schaffen, wo möglichst viele Künstlerinnen und Künstler dieser Stadt partizipieren können. [...] und das hat auch endlich mal Publikum zu den Künstlern geführt und umgekehrt. Also beide waren hungrig aufeinander."[22] Das bedeutete auf der einen Seite, eine Nähe zum Publikum herzustellen. Um dies zu erreichen, setzte man mit der dezentralen Programmierung unterschiedlichster Kunstformen – von Wienerlied und Austropop über zeitgenössischen Zirkus bis hin zu Performancekunst –, dem kostenfreien Eintritt und den Angeboten für unterschiedliche Altersgruppen Maßnahmen im Sinne der geografisch-räumlichen, sozialen und ökonomischen Zugänglichkeit. Auf der anderen Seite galt es auch, eine möglichst breite und bürokratisch möglichst unaufwendige Teilnahme für einzelne Künstler*innen bzw. limitierte Künstler*innengruppierungen anzubieten. Dafür wurde gerade im Verwaltungsbereich, wo es darum ging, Genehmigungen für Veranstaltungen im öffentlichen Raum etc. einzuholen, schnell agiert. Am Beispiel des Kultursommers zeigt sich, wie bürokratische Hürden – angesichts des Drucks, den die Pandemie auf den Kulturbetrieb und damit die Kulturpolitik ausübte – überwunden werden können, sofern man als Veranstalter (in diesem Fall die Stadt Wien) über die nötige politische Souveränität verfügt. Wo andernorts Bühnen und Räume geschlossen werden mussten oder nur unter laufend aktualisierten Sicherheitsvorkehrungen von Publikum betreten werden durften, wurden hier neue Räume eröffnet und (ebenfalls unter Sicherheitsauflagen) zugänglich gemacht. Der kultur- bzw. demokratiepolitisch an sich begrüßenswerte Begleitumstand, den öffentlichen Raum für Formen der künstlerischen Intervention und Interaktion mit Publikum zugänglicher zu machen, ist in diesem Zusammenhang ambivalent zu betrachten. Denn gerade wenn wir annehmen, dass der Kultursommer von nun an jährlich stattfinden soll, erwächst daraus eine Konfliktsituation.

Unsere Interviewpartner*innen merkten an, dass die Stadt Wien – ausgestattet mit hohen finanziellen Ressourcen und dem eben beschriebenen bürokratischen Agitationsraum – ein Konkurrenzprogramm organisiere, mit dem andere Akteur*innen des Kulturbetriebs nicht mithalten könnten. Von diesem Konflikt um Aufmerksamkeit betroffen wären vor allem etablierte Veranstalter*innen, existierende Spielorte wie Lokale oder Off-Spaces und Clubs oder kurz „alle, die versuchen im freien Bereich etwas auf die Beine zu stellen".[23] Auch wenn diese öffentliche Förderungen erhielten, seien sie dennoch auf die Einnahmen aus Ticketverkäufen und Gastronomie angewiesen und könnten daher nicht die

22 Interview Nr. 23, 21.9.2021.

23 Interview Nr. 8, 25.5.2021.

gleichen Konditionen wie das Gratis-Programm Kultursommer anbieten. Es stellt sich die Frage, ob das Angebot unentgeltlicher kultureller Veranstaltungen, die von der Stadt Wien finanziert werden – man denke an das Donauinselfest oder das „Wir sind Wien"-Festival der Basis.Kultur. Wien –, nicht ohnehin schon gesättigt ist. „Das ist das Problem, das die freie Szene, das wir, die Lokale haben, dieses Nichteingebundenwerden [...]. Es muss möglich sein, dass ein Platz wie der Karlsplatz von normalen Kulturveranstaltungen bespielt wird und nicht nur vom Kultursommer. Oder andere Plätze. Und da macht uns auf einmal die Kulturabteilung Konkurrenz."[24] Kultur an dezentrale Orte zu bringen heißt auch, sich mit den Bedürfnissen der dort Lebenden auseinanderzusetzen – „die Seestadt ist sehr lärmempfindlich".[25] Während viele einzelne Akteur*innen also einbezogen werden, verschieben sich Konfliktachsen zu anderen Akteur*innen. Ambivalenzen wie diese sind antagonisierende Momente, wenn es um (kultur-)politisches Verhandeln geht. Je nachdem, wie mit dieser Kritik umgegangen wird, können sich daraus neue Konflikte entwickeln.

24 Interview Nr. 16, 27.7.2021.

25 Interview Nr. 29, 1.12.2021.

Fazit

Der Kultursommer mag oberflächlich betrachtet kein besonders umstrittenes Projekt darstellen, vor allem im Vergleich mit kulturpolitisch weit umkämpfteren Schauplätzen wie dem WUK oder dem Wiener Nordbahnhof. Doch auch die überwiegend positive mediale Berichterstattung, die gleichzeitig Öffentlichkeit konstituiert, erschwert die Formulierung von Kritik. Die dezentrale Programmierung des Festivals, der Diversitätsanspruch, sowohl bei der Besetzung des künstlerischen Boards als auch bei kuratorischen Entscheidungen, und die Geltendmachung eines Gleichheitsprinzips bei der Auszahlung der Künstler*innen-Gagen entsprechen einem Prioritätenkatalog, den kulturpolitische Akteur*innen mehrheitlich vertreten. Für eine neue kulturpolitische Agenda sind dies notwendige Maßnahmen und wurden als solche schon lange von zivilgesellschaftlicher Seite gefordert. Die Stadt macht hier vordergründig vieles richtig. Warum also daran rühren? Ursprünglich „aus der Not(wendigkeit)" geboren, könnte der Wiener Kultursommer zu einem fixen Bestandteil des Kulturangebots der Stadt werden und damit keinen unwesentlichen Anteil des städtischen Kulturbudgets in Anspruch nehmen. Dies wirft jedoch eine Reihe von Fragen auf, die auf potenzielle neue Konfliktfelder hinweisen.

Unsere Forschung bringt keine neuen Antworten, wie Kulturpolitik noch besser gelingen könnte. Vielmehr wollen wir mit einer Reihe von Fragen, die uns in den Interviews und ihrer Reflexion und Analyse begegnet sind, die Arena (wieder-)eröffnen:

Wie wird das Budget des Kultursommers künftig generiert, wie wird es verteilt (was bleibt bei den Künstler*innen, was fließt über die stadt wien marketing gmbh an die Stadt Wien zurück)? Was bedeutet die Etablierung eines solchen Veranstaltungsprogramms faktisch für die strukturellen Bedingungen für lokale Kulturakteur*innen der freien Szene, Künstler*innen wie Veranstalter*innen, Auftretende wie Techniker*innen? Inwiefern wirkt es sich nachhaltig auf Verteilungslogiken des Förderwesens aus, das chronisch an Ressourcenknappheit leidet? Kann ein Festival dieser Art auch eine Plattform für kritische Auseinandersetzung mit Kultur und innovativen, ambitionierten Kunstformen bieten oder soll es vor allem zu Unterhaltung und Spaß für möglichst viele unterschiedliche Menschen beitragen – ein Bereich, der traditionell eher marktförmiger organisiert ist? Wie verschieben sich hier allenfalls öffentliche Förderlogiken? Wie lässt sich ein weiteres Gratis-Großfestival, das Donauinselfest, noch rechtfertigen? Sollte der Kultursommer zukünftig tatsächlich ein breiteres, diverseres Publikum erreichen, bedarf es dann nicht noch stärkerer Vermittlungskonzepte zusätzlich zu zielgruppenorientiertem, aufsuchendem Marketing? Sollen weitere Kooperationen mit etablierten Kulturinstitutionen eingegangen werden, wie es beim Tanz- und Performance-Festival ImPulsTanz der Fall war? Sollen die Programme etablierter Kultureinrichtungen künftig vermehrt dezentral und Open Air stattfinden oder sollen neue Bühnen auch bevorzugt neuen Szenen offen stehen? Kann der Kultursommer neue Publikumssegmente für die Spielstätten generieren, für die er als „Teaser" funktionieren soll? Brauchen wir überhaupt noch so viele Spielstätten an zentralen Orten und wer finanziert den Erhalt dieser Häuser? In welchem Bezug stehen die bestehenden Angebote zur Entwicklung neuer kultureller Ankerzentren als kulturelle Nahversorger im Grätzl?

Die Liste der Fragen als Schlüssel zu neuen Arenen ist noch lange nicht erschöpft.

Kunst, Kultur, Arbeitswelt

Herbert Nichols-Schweiger

Aus dem seit sehr langer Zeit wachsenden, früh diversifizierten künstlerischen Reichtum haben sich wenig überraschend Formen ergeben, worüber die „oberen Zehntausend“ (heutzutage auf Milliardäre umzuwerten) nicht einmal die Nase rümpfen. Aber auch nur deshalb, weil sie diesen Zweig von Liebhaberei nur als steuerrechtlichen Begriff verstehen und wahrnehmen (wollen). Gemeint ist jedoch – von einem breiten und tieferen Wissen ausgehend –, künstlerische Artefakte usw. anzuschaffen und zur persönlichen Wissensvermehrung beitragen zu lassen. Damit ernsthaft Beschäftigte erhalten einen zusätzlichen, eher immateriellen Gewinn: das Gestalten und Arrangieren der Ergebnisse geistigen, vor allem künstlerischen Sammelns – in einem Ausbruch von Schönheit aus dem schnöden Dasein in vor zu viel Licht schonenden dunklen Keller- und Archivräumen. Ihr motivischer Hintergrund kann gar nicht groß und wichtig genug eingeschätzt werden – unabhängig vom vergleichsweise geringen wirtschaftlichen (!) Einsatz.

Ihr oft nur im Gedächtnis landendes Sammeln und ein darauf aufbauendes Gestalten belebt nicht nur methodisch entstandenes Wissen, sondern akzentuiert ästhetischen Reichtum. Andererseits haben sich von derartiger Intensität nicht nur mittlerweile Millionär*innen gewordene Zeitgenoss*innen weitgehend abgewandt, sondern auch solche, denen die Ablehnung oder sogar Verachtung der pekuniären Seite angeblich angelegen ist. Sie könnten es besser wissen.

Dabei hat dieses unbändige Ziel des Sammelns insgesamt längst einen Umfang erlangt, der nicht mehr auf individuelle Beschäftigung, bloße Wahrnehmung oder – auch zu registrieren – bornierten Stolz reduziert sein sollte. Im noch immer gefeierten globalisierten und (neo-)liberalisierten

Wirtschaftsblasendenken werden als „Kulturverliebte" (Copyright: der zur Seite und mittlerweile Zurückgetretene) abgewertet, die zum Ziel haben: in und mit der Kunst leben. Wenn das für Einzelne (jedenfalls in der Breite der Arbeitswelt) kaum mehr möglich erscheint, sollte es als Ziel mit besonderer sozialer Wirkung niemandem abgesprochen werden. Schon gar nicht im Gegensatz zu dem in diesen Sphären nur mehr schwer überblickbaren Interessensdschungel aus öffentlichen, privaten oder gar bandenartig betriebener Vermögensgestaltung. Noch einmal: Liebhabereien in selbstbezogener Attitüde oder in – nobilitär bzw. plutokratisch forcierter – Überheblichkeit sind bei diesen Überlegungen ausgenommen. Auch wenn sie wieder Konjunktur zu haben scheinen. Nicht zu unterschätzen ist dabei der geistige und ethische Zustand der sie umgebenden Gesellschaft – und zwar nicht nur innerhalb der taktisch manipulierbaren Perspektiven von Wahlperioden. Was also in solchen (leider ziemlich einflussreichen) Kreisen des Sammelns dann als würdig und wert auftaucht, muss uns zu denken geben. Es beschreibt den sich ausdehnenden kulturellen Standard wenig schmeichelhaft. Vielleicht wird uns deshalb – von gut geschmierten Meinungsmaschinerien angekurbelt – ständig das (garstige, weil nicht differenzierende) Lied vom höchsten Wohlstand ever vorgeträllert.

Dessen Qualitäten und Gravitationsorte ernsthaft und wahr zu bewerten, durchaus einem rationalen und sozial intendierten Pluralismus folgend, werden die Füllhörner der Meinungsvernebelung schon lange nicht mehr gerecht. „Hinsichtl", „Rücksichtl" und ebenso fragwürdiges „Nachsichtl" verbiegen das methodische Rückgrat. Und wesentliche Teile der aktuellen Politik sehen das nicht skeptisch und begegnen ihm auch nicht mit Veränderungswillen, sondern lassen sich davon sogar noch verformen. Dabei ist die Befriedigung des Hungers auf soziale Qualität ihre ursächliche Aufgabe. Sie müssten beispielsweise nur einmal daran denken, wie oft sie Kultur und wie selten sie Kunst sagen. Jene wird inflationär über das tägliche Leben als Qualitätschimäre ausgebreitet, diese in den latenten Verdacht der Unverständlichkeit und der beliebigen Bewertung samt Manipulation verstoßen. Im Sinne des konsequent angewendeten – und nicht inflationär ausgestreuten – Begriffs Nachhaltigkeit muss auch Kunst als geistiges Lebensmittel erkannt werden und möglichst schnell die saloppe Abwertung als wichtig(st)e Nebensache der Welt verlieren.

Diesem Faktum müssten auch die meist sogar gesetzlichen Vertretungskörper und Interessensvereinigungen folgen. Für die längst geforderte größere geistige Reife, für mehr Übersicht und für ein sinngeleitetes Engagement ihrer Mitglieder und Anvertrauten im Heute müssten auch sie einigermaßen adäquate Kunstvermittlungs- und Kunstangebote erarbeiten lassen und bereitstellen. Zumindest zwei solcher (im Übrigen demokratischen Wahlen unterliegende) Einrichtungen hätten dafür beispielsweise in der Steiermark eine passable Basis: Die Arbeiterkammer betreibt eine weithin anerkannte Bibliothek. Deren Bestückung wäre durchaus geeignet, über (Fach-)Literatur hinaus künstlerische Angebote für die für sie Pflichtbeiträge zahlende arbeitende Bevölkerung zu entwickeln – womöglich auch in Zusammenhang mit ihren gelegentlichen Ausstellungen im eigenen Haus. Weit über ihr Metier hinaus bereitet die Landwirtschaftskammer für Steiermark in ihrem groß angelegten Bildungszentrum fast schon beispielgebend der bildenden Kunst im großen Stil und anderen Kunstzweigen einen akzeptablen Rahmen.

Deutlich mehr Ambitionen müsste die steirische Wirtschaftskammer (inklusive Banken- und Industriesektionen) aufbieten: Sie könnte, nein: sie sollte, ihre umfangreiche, seinerzeit vorbildliche, aber seit Längerem leider eingemottete Kunstsammlung aus der zweiten Hälfte des 20. Jahrhunderts wieder erwecken und vielleicht sogar zum Ausgangspunkt eines zeitgenössischen Kunstangebots ausbauen. Mit ihrer lokalen Nachbarin Fachhochschule Campus 02 böten sich in beide Richtungen – produzierende und reproduzierende Kunst – Ausbreitungsmöglichkeiten an. Gar nicht zu reden davon, dass viele Künstler*innen, wenn schon nicht wirklich Unternehmer*innen, so doch Versicherte der gewerblichen SVA sind.

Auffallend ist dabei die weitgehende Absenz jener (steirischen) Kammern und deren Backgrounds, bei deren Mitgliedern akademische Abschlüsse Voraussetzung sind: Von den Ärzt*innen über die Rechtsanwält*innen bis zu den Zivilingenieur*innen ist – trotz verschiedener Assoziationen zum diverser gewordenen Kunstleben – wenig Engagement sichtbar.

Tatsächlich wäre für die Bewältigung eines emanzipierten und innovativen Berufs- und Alltagslebens ihrer Mitglieder und Adorant*innen nichts wichtiger als ein Refreshing und Update ihrer Gedanken- und Handlungsbasis. Sollte bei den Genannten angenommen werden, dafür gäbe es kein differenziertes Angebot, dann hilft – nicht nur, aber für den Anfang auch – eine Suche in verschiedensten Aviso-Spalten!

Das hilft sicherlich auch bei einem Einstieg in die Komplexität heutiger Wahrnehmungsmöglichkeiten und Notwendigkeiten abseits (ungeliebter?) Berufe und fremdbestimmter Alltagszwänge. Durchaus lässt sich sagen: Eine Welt täte sich auf. Von da aus würden Besucher*innen, Interessierte, Forschende usw. zum Ausbau nicht nur ihres Wissens verführt. Sie könnten erhellende Querverbindungen, Kombinationen und/oder Welträtsel in den vielen Einzelelementen und ihrem Ganzen für sich eruieren, entfalten und auch zum analysierenden Einblick herausschälen. – Allerdings tun sie das in einer Welt, die gegenwärtig nicht in bester Form ist: „Die höchstentwickelten, reichsten, komplexesten Gesellschaften", sagt Philipp Blom, ein weitreichend gebildeter Zeitanalytiker und Essayist, angesichts der Corona-Pandemie 2020 ff., „die der Planet je gesehen hat, der größte globale Markt, ist innerhalb von Tagen still gestanden." So einer gebrechlichen Konstellation wird man zur wesentlichen Veränderung nicht mit der punktuellen Änderung von Paragrafen oder der Reformulierung von Stehsätzen beikommen. Der Blick muss also größer werden und neue, ungewohnte, vielleicht noch nicht gesehene Situationen erkennen wollen. Das kann Kunst mit erstaunlich bescheidenen Mitteln leisten, jedenfalls verstärken. Und sie muss nicht nur aus Hunderten und Tausenden Schriften und Katalogen erfahren werden, sondern ist aus dem unmittelbaren, persönlichen Zugang womöglich anhaltend zu erwerben.

Bedenkliche Analyseunfähigkeiten und barbarisches Urteilen in den sogenannten sozialen Medien sind dafür keine Alternative, sondern nur irrlichternde Menetekel von vielen offen sichtbaren Gefahren. Sie enthüllen vor allem deutliche Hinweise auf ein notwendiges und bislang eher unterdrückt vorhandenes Korrektiv für ein vielen unverständlich gewordenes, auf große Zahlen verkleinertes Erleben. Es wird umso prekärer, als auf die meisten Menschen zunehmend (noch) mehr schwierige und wachsende Erkenntnis- und Entscheidungserwartungen zukommen. Über diese sollte endlich weniger ausuferndes Detailwissen aus dem reichen und weiten Feld der Kunst gestülpt werden, sondern an ihm sollten vielmehr deren alternative und humanisierende Orientierungsmöglichkeiten erkannt werden. Besonders nach Krisenzeiten hat sich das sehr häufig bewährt – was ja kein schlechtes Kriterium ist.

Technologie macht Kultur

Michael Wimmer

Mitten in der Pandemie traf ich einen langjährigen Weggefährten im Kulturbetrieb vor der Anrichte eines Fischgeschäftes. Wie es denn so gehe, fragte ich. Skeptisches Murren war die Antwort: Vor allem das Live-Erlebnis in Konzert und Theater ginge ihm ab. Dieses könne durch diverse Streaming-Dienste in keiner Weise kompensiert werden. Als Leiter einer prominenten Künstler*innenorganisation biete er zwar auch digitale Formate an, weil das halt jetzt alle machen; er selbst aber halte nichts davon, nach zehn Stunden vor dem Bildschirm weiter davor sitzen zu bleiben, um jetzt auch noch Kunst zu erfahren.

Persönlich halte ich diese Position für mehr als nachvollziehbar. Als eine in die Jahre gekommene Generation haben wir uns an bestimmte künstlerische Rezeptionsweisen gewöhnt. Diese wollen wir nur ungern aufgeben; stattdessen hypostasieren wir unser kulturelles Verhalten als das einzig mögliche. Dabei sind wir freilich nicht gegen die Versuchung gefeit, alle anderen als inadäquat oder irrelevant abzuwerten. Die Frage, ob die eigene kulturelle Wirklichkeit nun tatsächlich die einzig richtige Kunsterfahrung darstellt oder ob da auch der Wunsch mitspielt, in der sozialen Gruppe von Gleichgesinnten der eigenen Einsamkeit zu entgehen und dafür die Kunst in Dienst zu nehmen, braucht dann gar nicht mehr beantwortet werden.

In der Funktion als Interessenvertreter einer Kunsteinrichtung aber scheint mir die Haltung meines Kollegen bedenklich. Und eigentlich unverständlich, wenn dieser ein Berufsleben lang für verbesserte Realisierungsbedingungen des österreichischen Films gekämpft hat. Denn er weiß nur zu gut, dass Film selbst im gemeinsamen Kinoerlebnis einer technischen Vermittlung bedarf und vor einer Leinwand (bzw. zunehmend oft auch auf Bildschirmen) erfahren wird.

Je länger die Pandemie andauert, desto größer werden die Befürchtungen, die Nutzung des von meinem Kollegen favorisierten Settings des „richtigen" Umgangs mit Kunst könnte angesichts der Schließungen des Kulturbetriebs massenhaft „verlernt" werden. In einer Studie des WIFO[1] wird sogar davon ausgegangen, dass zwischen 25 und 40 % der Besucher*innen die Lust verloren haben, ihre kulturellen Gewohnheiten nach dem Ende des Lockdowns wieder aufzunehmen. Das Ausbleiben von internationalen kulturaffinen Tourist*innen, von denen die großen österreichischen Einrichtungen gelebt haben, ist da noch gar nicht mit einberechnet. Die Zeit der Blockbuster-Events, bei dem sich die Besucher*innen in überfüllten Einrichtungen gegenseitig auf die Zehen gestiegen sind, wird also so schnell nicht mehr wiederkehren.

Dabei sollten wir nicht übersehen, dass die großen Technologie-Konzerne gerade eine Hochzeit erleben und drauf und dran sind, mit vielfältigen digitalen Innovationen unser aller Lebens- und Arbeitswelt nachhaltig aufzumischen.[2] Smartphones waren gestern. Mit dem Ausschöpfen ihrer wirtschaftlichen Potenziale wird der Markt schon bald mit allen möglichen Instrumenten zur Schaffung von „Augmented Reality" überschwemmt werden. Geht es nach dem Wirtschaftsmagazin „Brand eins", dann werden Daten-Brillen schon bald aus unserem Alltag nicht mehr wegzudenken sein: beim Kommunizieren, bei Reparaturen, beim Einkaufen, in der Bildung, Gesundheit, Pflege, im Home-Office etc.[3]

Und in der Kultur? Kann da irgendjemand noch glauben, eine solche umfassende technologische Entwicklung würde just vor dem Kulturbetrieb haltmachen? Weil dort eine eingeschworene Truppe an Kulturbewahrer*innen nur das als „Kultur" anerkennt, was zwischen einer begrenzten Anzahl Menschen in repräsentativen Gebäuden des 19. Jahrhunderts, streng geteilt zwischen vielen im Publikum und wenigen auf der Bühne, verhandelt wird? Das mag für eine kleine Minderheit weiterhin stimmen. Von ihnen gehen aber keinerlei dynamische Impulse zur gesellschaftlichen Weiterentwicklung mehr aus. Sie sind voll mit der Musealisierung ihrer selbst beschäftigt.

In deren konservativem Verständnis wird „Kultur" gerne als der beharrende Gegenpol einer modernen, von technologischen Innovationen getriebenen Entwicklung gesehen. Mit einer solchen Sehnsucht nach ewiger Gültigkeit bleibt freilich der Umstand verborgen, dass der Kulturbetrieb, wie wir ihn heute kennen, selbst in weiten Teilen das Ergebnis eines dynamischen gesellschaftlichen Transformationsprozesses darstellt. Einen entscheidenden Hinweis dafür hat mir Alfred Pfosers Rezension „Ein Requiem für Europas Kultur"[4] eines Bandes des britischen Historikers Orlando Figes[5] geliefert.

1 WIFO (2020): „Ökonomische Bedeutung der Kulturwirtschaft und ihre Betroffenheit in der COVID-19-Krise. Endbericht", im Auftrag des Bundesministeriums für Kunst, Kultur, öffentlichen Dienst und Sport, https://www.ots.at/redirect/Kulturwirtschaft.

2 https://www.derstandard.at/story/2000123135729/kommt-jetzt-das-buero-auf-der-nase.

3 https://www.brandeins.de/magazine/brand-eins-wirtschaftsmagazin/2020/kommunikation/virtual-reality-schoene-neue-welten.

4 Alfred Pfoser (2020): „Ein Requiem für Europas Kultur", Rezension, in: *Falter 43/2020*, S. 50, siehe auch https://shop.falter.at/detail/9783446267893.

5 Orlando Figes (2020): *Die Europäer. Drei kosmopolitische Leben und die Entstehung europäischer Kultur*, Berlin: Hanser.

Die Kulturgeschichte des 19. Jahrhunderts am Beispiel dreier Künstler*innen

Vordergründig geht es in dieser umfassenden Kulturgeschichte des 19. Jahrhunderts um drei zutiefst ineinander verstrickte Künstler*innenbiografien – um den russischen Autor Iwan Turgenjew, die Opernsängerin Pauline Viardot und den Kulturmanager Louis Viardot. Nach Figes repräsentiert deren kosmopolitisches Leben den Beginn eines europäischen Kulturbetriebs, der die Grundlagen für ein bis heute gültiges und maßstabsetzendes Geschäftsmodell der kulturellen Produktion, Vermittlung und Rezeption gebildet hat. Möglich wurde das durch eine Reihe bislang beispielloser technologischer Innovationen, vor allem durch den Eisenbahnbau. Pauline Viardot, immer wieder von Turgenjew begleitet, tourte als gefeierte Sängerin permanent durch ganz Europa. Ihrem Beispiel folgte eine Vielzahl von Kolleg*innen, die mit ihrem Repertoire in London, Paris, Berlin, Budapest oder in St. Petersburg auftraten. Aber auch das Publikum wurde mobiler, reiste seinen Stars nach und schuf damit die Voraussetzung für ein in ganz Europa goutiertes Repertoire. Auf seiner Grundlage entstanden rasch attraktive kulturelle Szenen, die sich in diversen europäischen Hotspots mit ihren neu errichteten, repräsentativen Opern- und Konzertsälen zusammenfanden. Zur Gestaltung unerlässlicher Hausmusik standen für Dilettant*innen spielbare Vereinfachungen der großen Werke zur Verfügung.

Galten zuvor Kompositionen, die in den regionalen Fürstenhöfen zur Aufführung gebracht worden waren, einmal abgespielt als nicht mehr aufführungsrelevant, so bildete sich in den neuen Strukturen ein Kanon von Werken heraus, die in allen Teilen des Kontinents immer wieder auf die Bühne gebracht werden konnten. Entsprechend den liturgischen Traditionen der Kirchen sollte der Kulturbetrieb künftig von einem fixen Bestand herausragender Werke getragen sein, an dem sich alles Neue zu messen hatte. Das große Geschäft wurde damit vor allem mit „Reduktionen" gemacht, d. h. mit der Produktion und dem Vertrieb von kammermusikalischem Notenmaterial, das wesentlich dazu beitrug, die Nutzer*innen selbst musikalisch aktiv werden zu lassen und damit ein kundiges Publikum zu schaffen. Mit der Erzeugung elektrischer Lichtquellen eröffneten sich zudem ganz neue Möglichkeiten der Abendgestaltung, was u. a. die Bereitschaft, zu lesen, aber auch zu musizieren, sprunghaft begünstigte.

Technologische Innovationen veränderten die Aufführungspraxen aber nicht nur der performativen, sondern auch der visuellen Künste in ihren Grundfesten. Neue Drucktechniken und die Fotografie stellten Künstler*innen vor ganz neue Herausforderungen. Die neue Mobilität bot den Künstler*innen zudem die Chance, ihre neuen Arbeitsweisen im Rahmen von Weltausstellungen einem Millionenpublikum zugänglich zu machen.

Mit der lebendigen Erzählung einer Vielzahl von konkreten Begebenheiten gelingt es Figes, zumindest zwei zentrale Aspekte des Kulturbetriebs auf den Punkt zu bringen. Da ist zum einen der technologische Wandel als Triebfeder einer kapitalistischen Dynamik, der fundamentale Auswirkungen auf das Kunstgeschehen hatte. Anstatt sich auf ewige Werte zu berufen, veränderten sich künstlerische Produktions- und Rezeptionsbedingungen in einer Weise, wie es zuvor unvorstellbar war. Das betraf auch den Status der Künstler*innen, die als erfolgreiche selbstständige Unternehmer*innen auftraten und sich als solche auf Du und Du mit der herrschenden Aristokratie wussten.

Der andere Aspekt betrifft den Stand der Europäisierung, der im 19. Jahrhundert seine herausragende Repräsentation gerade im internationalen Kulturbetrieb fand. Wie in keinem anderen Bereich wussten die Viardots zusammen mit Turgenjew die bestehenden Landesgrenzen zu überwinden und in ihren künstlerischen Beziehungen einer europäischen Idee Ausdruck zu geben. Diese Form der frühen kulturellen Vergemeinschaftung sollte erst mit Bismarcks deutschem Einigungskonzept (inklusive des deutsch-französischen Krieges 1870/71) einen empfindlichen Dämpfer erhalten und als Reaktion darauf von einer Welle der Nationalisierung abgelöst werden. Die damit verbundene Zerrissenheit kann vor allem anhand von Turgenjew nachvollzogen werden. Als Russe, der auf dem Gut seiner Mutter noch das Ende der russischen Leibeigenschaft (die offiziell erst 1861 abgeschafft wurde) miterlebt hat, mutierte er in seiner Beziehung zu Pauline Viardot zu einem überzeugten Europäer, der die damit verbundenen kulturellen Errungenschaften in sein Land hineintragen wollte. Er stieß dabei auf ganz handfeste Probleme, etwa im Zusammenhang mit dem noch sehr jungen, heftig umkämpften und schließlich zuerst in Frankreich eingeführten Urheberrecht. Trotz der daraus resultierenden ungleichen Austauschverhältnisse gelang es Turgenjew als einem der Ersten, russische Literatur in Europa bekannt zu machen. Mehr noch als ein rudimentäres Urheberrecht machte ihm der Anspruch eines wahren Russentums[6] zu schaffen, deren Vertreter sich auf der Suche nach dem wahren Glauben vom Rest Europas abzugrenzen versuchten, um damit den Grenzgänger Turgenjew als Verräter zu brandmarken.[7]

Nationalisierung als Konsequenz künstlerischer Zurückweisung

Nicht allzu gut weg kommen bei Figes diejenigen, die sich im Zuge der Renationalisierung auf die Suche nach ihrem ethnisch reinen Kulturgut machen sollten. In den meisten Fällen handelt es sich nicht um originale Manifestationen einer sozialen Gruppe, sondern um Neuschöpfungen einer jungen Komponistengeneration wie Antonín Dvořák oder Friedrich Smetana – in der Hoffnung, damit den Nationalisierungsbestrebungen

6 Mit seiner Europa-Orientierung mutierte Turgenjew trotz aller Vermittlungsversuche zunehmend zu einem Antipoden von Leo Tolstoi und Fjodor Michailowitsch Dostojewski.

7 In diesem Zusammenhang sei noch auf das Buch „Sibiriens vergessene Klaviere“ von Sophy Roberts verwiesen. Die britische Reisejournalistin unternimmt darin den Versuch, verschollenen Klavieren jenseits des Urals nachzugehen. Dabei macht sie deutlich, dass die von ihr entdeckten Klaviere, die zum Teil äußerst mühevoll in entfernte Gegenden Sibiriens gebracht wurden, bereits im 19. Jahrhundert eine entscheidende Rolle bei der Europäisierung ganz im Sinn Turgenjews gespielt haben. Dass sich die Klavier-Besitzer vor allem aus vom Zaren Verbannten einer kleinen bürgerlich-liberalen Schicht rekrutierten, macht diesen Prozess nur umso verwirrender. Siehe Sophy Roberts (2020): *Sibiriens vergessene Klaviere*, Wien: Zsolnay.

einer aufstrebenden politischen Elite kulturelle Munition liefern zu können. Wie sehr bei diesen Renationalisierungsbemühungen auch Zufälle eine Rolle spielen können, beweist der Fall Richard Wagners, der sich als junger Komponist mit großer Begeisterung am gerade im Entstehen begriffenen europäischen Kulturbetrieb beteiligen wollte. Erst die Zurückweisung seiner frühen Oper an der Pariser Oper ließ ihn zum herausragenden Apologeten eines Deutschtums werden, dessen historischer Auftrag darin bestehen sollte, sich kulturell und damit auch politisch über alle anderen Völker zu erheben.

Wenn Pfoser seine Besprechung von Figes Studie mit „Ein Requiem für Europas Kultur“[8] betitelt, dann macht er damit wohl auch aufmerksam, wie europäisch der Kulturbetrieb schon einmal angelegt war. In der Welt der Viardots hätte man wenig Verständnis für einen kulturellen Suprematieanspruch einer sozialen bzw. ethnischen Gruppe gehabt. Sie waren eingebunden in permanente Austauschverhältnisse, um sich trotz der zum Teil heftigen Konkurrenz gegenseitig zu stützen, zu bereichern und zu stärken. Dass sie sich in ihrer „Ménage-à-trois“ über die herrschenden Moralvorstellungen hinweggesetzt haben, um sich den ehernen Familienstrukturen samt allen Vereinnahmungsversuchen durch die in Europa dominierenden christlichen Kirchen zu verweigern, verleiht dieser Kulturgeschichte anhand der Biografien dreier wichtiger Akteur*innen einen besonderen Reiz.

8 Pfoser (2020).

Viele Errungenschaften dieser ersten Welle der Europäisierung haben den Ersten Weltkrieg nicht überlebt. Daran ändert auch der Umstand nur wenig, dass Teile des Kulturbetriebs nach 1945 mit der Etablierung eines internationalen Kunstmarkts noch einmal einen beträchtlichen Internationalisierungsschub erfahren haben. Ihm entgegen stehen freilich die permanenten Versuche einer rechtspopulistischen Politik, die nicht müde wird, die Nationalisierungsoffensiven des 19. Jahrhunderts wieder aufzugreifen. Sie spricht ungebrochen von der angeblichen Unversöhnlichkeit unterschiedlicher kultureller Zugänge, um die daraus resultierenden Haltungen auf ihre politischen Mühlen zu lenken.

Spätestens hier rächt sich die kulturelle Ignoranz des europäischen Einigungsprozesses, wie er in den 1950er-Jahren aufgesetzt wurde. Die Gründungsväter konnten oder wollten nicht dort anschließen, was für die Viardots und Turgenjew bereits eine Selbstverständlichkeit war. In der Konsequenz verfügt die EU bis heute über keinerlei originäre kulturpolitische Zuständigkeit. Stattdessen begnügt sie sich mit Verweisen auf eine nationale kulturelle Souveränität, die im Kontext des längst international gerichteten Kulturbetriebs porös geworden ist. Die daraus resultierende Leerstelle dient vor allem rechten Kräften zur Profilierung, die – siehe Polen oder Ungarn – den Kulturbetrieb dazu missbrauchen, die europäische Idee zu desavouieren.[9]

9 Die Europäische Union könnte sich in diesem Zusammenhang durchaus ein Beispiel an der Erfolgsgeschichte der österreichischen Kulturpolitik nach 1945 nehmen, die wesentlich zur Rekonstruktion eines nationalen Selbstverständnisses beigetragen hat.

Es gibt keine künstlerische Erfahrung ohne technische Implikationen

Wenn mein Freund aus dem Filmgeschäft in den Tagen der Pandemie nochmals seiner Sehnsucht nach einem vermeintlich authentischen, weil technisch-unverstellten Kulturerlebnis Ausdruck verleiht, dann negiert er, dass dieses selbst Ergebnis eines umfassenden technologischen Transformationsprozesses ist. Das beginnt bei der Architektur als Ausdruck eines spezifischen Herrschaftsgefüges und endet bei der Einsicht, dass es diejenigen, die in vermeintlich authentischer Weise an einem Kunstgeschehen teilnehmen, gar nicht gibt. Stattdessen sind wir in unseren Wahrnehmungen immer schon das Ergebnis technisch vermittelter Einflüsse, die unser kulturelles Verhalten nachhaltig bestimmen. Und so kommen wir um den Umstand nicht herum, dass die digitale Revolution, die wir gerade erfahren, unser kulturelles Verhalten nachhaltig beeinflusst – egal ob wir bereits zehn Stunden vor der Kunsterfahrung vor dem Bildschirm gesessen sind oder nicht.

Eine entscheidende soziologische Dimension soll freilich in diesem Zusammenhang nicht unerwähnt bleiben. All das, was Figes berichtet, bezieht sich auf eine vergleichsweise kleine Gruppe eines aufstrebenden und zu Wohlstand gekommenen europäischen Bürgertums. Für deren Mitglieder war die aktive und passive Teilnahme am kulturellen Leben[10] unmittelbarer Ausdruck ihrer neuen, sich sukzessive von allmächtigen Herrschaftsansprüchen der Aristokratie emanzipierenden Stellung. Entsprechend groß war ihr Bedarf, sich gegenüber allen anderen abzugrenzen, die es nicht geschafft haben, in ihrer Gesellschaftsschicht aufzusteigen.

10 Nach Figes stand in zumindest jedem zehnten bürgerlichen Wiener Haushalt ein Klavier.

Damit aber fand innerhalb des Kulturbetriebs ein soziales Gefälle einen dauerhaften Ausdruck, den Figes nicht thematisiert. Dies ist umso verwunderlicher, als ein solcher trotz aller soziologischer Veränderungen im Laufe des 20. Jahrhunderts bis heute besteht. So zeigen alle verfügbaren Datenlagen, dass der von Figes beschriebene auf uns gekommene Kulturbetrieb trotz einer Reihe von kulturpolitischen Maßnahmen bis heute bloß eine kleine Minderheit von 5 bis 8 % der nationalen Bevölkerungen anspricht, während der große Rest daraus keinen nennenswerten Nutzen zu ziehen vermag. Entsprechend groß erscheint heute eine neue kulturpolitische Prioritätensetzung. Dabei könnten sich die digitalen Medien als entscheidender Hebel erweisen. Immerhin setzen diese die bestehenden quantitativen Beschränkungen[11] außer Kraft.

11 In der gegebenen kulturellen Infrastruktur können Produktionen immer nur von einer kleinen Minderheit wahrgenommen werden.

„Kultur für alle" – was die Politik vor 50 Jahren nicht geschafft hat, macht Technik heute möglich

Erstmals kann digital vermitteltes Kulturgeschehen im wahrsten Sinn „von allen" erfahren werden. Damit ermöglicht die technologische Entwicklung nicht nur – wie im 19. Jahrhundert – einer Elite ein höheres

Ausmaß an Mobilität und damit die Anteilnahme an einem vielfältigen Kulturangebot, erstmals eröffnet sie allen (bzw. allen Nutzer*innen digitaler Geräte) neue kulturelle Räume, in die alle weitgehend barrierefrei einzutreten vermögen, nicht nur um bestehende Kulturangebote wahrzunehmen, sondern um an „Kultur“ in ihren verschiedensten Erscheinungsformen ungeachtet der sozialen, ethnischen oder sonstigen Hintergründe mitzuwirken. Wenn das keine Kulturrevolution ist, von der wir in den 1970er-Jahren immer geträumt, aber sie nie eingelöst haben, dann weiß ich auch nicht.

Solidarität – ein schwacher Begriff mit viel Potenzial

Michael Wimmer

> „Es geht nicht um unterschiedliche Auffassungen, wie man mit Migranten- und Flüchtlingsbewegungen umgehen soll. Es geht nicht darum, dass man ‚nicht alle aufnehmen' kann. Es geht schlicht um ein Mindestmaß an Zivilisiertheit: Wer gerade dabei ist, zu ertrinken, der ist weder Flüchtling noch Migrant, der ist weder Afrikaner noch Europäer, weder Muslim noch Christ, der ist ein Mensch, der gerade dabei ist, zu ertrinken, und man muss alles unternehmen, um ihn zu retten."[1]
>
> Wolfgang Luef

Ein Spaziergang durch die Salzburger Landschaft macht unmittelbar deutlich, welchen Zugewinn an Wohlstand viele Menschen in den letzten Jahren erfahren haben. Da reihen sich große schmucke Häuser aneinander; daneben erheben sich Kräne, um die nächsten Bauvorhaben zu realisieren. Das alles in einer rundum idyllischen Landschaft, in der nichts mehr vom entbehrungsreichen Kampf all der früheren Generationen erzählt, die gezwungen waren, der Natur mühsam ihre Lebensgrundlagen abzuringen. Alles in bester Ordnung, könnte man meinen; den Menschen geht es so gut wie nie zuvor und sie können ihre – noch vor wenigen Jahrzehnten undenkbar – privilegierten Lebensverhältnisse, die sie sich geschaffen haben, in vollen Zügen genießen. Das tun sie aber nicht. Geht es nach dem aktuellen Wahlverhalten dieser neuen Wohlstandsgeneration, dann grassiert eine Angst, die von einer diffusen Ahnung gespeist wird, der erreichte Wohlstand könnte schon bald wieder verloren gehen.

Dafür verantwortlich gemacht wird nicht die prekäre Logik einer Form des Wirtschaftens, die in der permanenten Verschärfung sozialer Ungleichheit ihre eigenen Grundlagen untergräbt. Verantwortlich gemacht werden jene, die es nicht so weit gebracht haben und jetzt nach

1 Wolfgang Luef (2018): „Der Untergang", Abschiedskolumne, in: *Süddeutsche Zeitung Magazin*, 5. Juli 2018, https://sz-magazin.sueddeutsche.de/abschiedskolumne/seenotrettung-eu-fluechtlinge-85837.

Österreich drängen. Unterstellt wird ihnen, sie würden sich all das nehmen wollen, was man sich selbst geschaffen hat: In der Rollenzuschreibung als Ausländer*innen, Fremde, Flüchtlinge, Eindringlinge oder Feinde werden sie nur zu rasch zu Gruppen zusammengefasst, gegen die man sich, wenn notwendig, mit allen gebotenen Mitteln zur Wehr zu setzen hat. Da spielt es keine Rolle, dass einzelne Vertreter*innen im oben geschilderten Ambiente physisch gar nicht in Erscheinung treten.

Es ist, als würde eine historische Ausnahmesituation individueller Wohlstandsgenerierung von einer wachsenden Verunsicherung begleitet, das alles würde so nicht ewig weitergehen (man stelle sich für einen Moment vor, Menschen hätten mit vergleichbarer Anstrengung versucht, in den Verhältnissen des 13. Jahrhunderts ihr Leben individuell zu verbessern). Wichtige Munition dafür bilden tägliche mediale Botschaften, die darauf hindeuten, das Kartenhaus „Wohlstand durch Leistung" könnte schon bald zusammenfallen. Und was danach kommt, dafür fehlt jeglicher Plan – außer der Schimäre von den Schuldigen in Gestalt von Fremden, deren miserable Lebensverhältnisse die eigene Privilegierung nur zu deutlich vor Augen führt.

Beim Spaziergang durch dieses Wohlstandsterrain aus – übrigens zumeist völlig menschenleeren – herausgeputzten Häuserzeilen überkam mich die Frage, wo und zu welchem Anlass die Bewohner*innen noch etwas von der Idee der Solidarität erfahren. Ich nehme an, dass die Kirche als verbindliche moralische Instanz zuletzt beträchtlich an Einfluss verloren hat. Aber auch die traditionellen politischen Parteien haben ihre Ansprüche auf eine solidarische Vergemeinschaftung zunehmend aufgegeben und sind in unterschiedlicher Intensität auf den neoliberalen Zug der Individualisierung („Jeder ist seines Glückes Schmied") aufgesprungen. Darüber hinaus versuchen sie, auf dem Trend wachsender sozialer Polarisierung zu surfen, selbst dann, wenn sie dabei elementare ideologische Wertvorstellungen verraten.

Und so ist es alles andere als verwunderlich, wenn in Umfragen wie jener des Wochenmagazins Profil 2016 rund 67 % der befragten Österreicher*innen meinen, der gesellschaftliche Zusammenhalt in Österreich sei gefährdet.[2]

2 https://www.profil.at/oesterreich/umfrage-zusammenhalt-6191667.

Solidarität als Allerweltsbegriff

Die Indizien einer kollektiven Vereinzelung bedeuten nicht, dass der Begriff der Solidarität seine positive Aufladung verloren hätte. Solange man nicht genau sagen muss, was man darunter versteht, eignet er sich nach wie vor gut für Sonntagsreden. Es gibt wohl kaum jemanden, der von sich sagen möchte, er oder sie lege Wert darauf, unsolidarisch zu handeln. Und doch: Trotz der Reihe von NGOs, die in Ausübung ganz praktischer Hilfeleistung für in Not geratene Menschen dem Begriff im wahrsten Sinn Leben einhauchen (und dabei zunehmend Kritik aus dem rechtspopulistischen Eck einstecken müssen), verschwimmt zunehmend der Inhalt dessen, was gemeint sein könnte. In einem Klima zunehmender gesellschaftlicher Fragmentierung, dessen einzig verbleibender Klebstoff in einer nationalistischen Rhetorik besteht, spricht viel für die Vermutung, dass den europäischen Gesellschaften mit dem Verlust einer konkreten Ausgestaltung von Solidarität ein zentrales Bestimmungsstück abhanden zu kommen droht.

Doch zuerst die Frage, worüber wir eigentlich reden: Handelt es sich bei Solidarität um einen Moralbegriff, der sich in einer Linie mit Hilfsbereitschaft, Mitmenschlichkeit oder paternalistischer Barmherzigkeit begreift? Geht es um kluges politisches Handeln, für das ein egalitäres und wechselseitiges Miteinander die unabdingbare Voraussetzung bildet? Werden damit soziale Bindekräfte benannt, mit deren Hilfe vielfältige Interaktionsformen für eine gelingende Lebensführung realisiert werden können? Oder beschränkt sich Solidarität auf die Existenz von wirksamen Institutionen, die Menschen vor den wachsenden Verlust- und Verunsicherungserfahrungen in einer komplex und unübersichtlich gewordenen Welt schützen sollen?

Bei der Auflistung der unterschiedlichen Interpretationsmöglichkeiten von Solidarität fällt auf, dass das Wort zu einem Allerweltsbegriff („Containerbegriff") zu verkommen droht, in der jede*r alles Mögliche hineindeuten kann, ohne sagen zu müssen, um was es konkret geht. Hermann-Josef Große Kracht spricht in diesem Zusammenhang von einer „Untertheoretisierung" eines großen Hoffnungs- und Sehnsuchtswortes, die der Beliebigkeit seiner Interpretation Tür und Tor öffnen würde.[3] In seiner großen Studie „Solidarität und Solidarismus" begibt sich Große Kracht auf eine historische Spurensuche und kommt dabei zu überraschenden Ergebnissen. Ihm zufolge steht am Beginn von elaborierten Solidaritätskonzepten nicht die Französische Revolution, sondern – ganz im Gegenteil – die ins Abseits gedrängte katholische Reaktion, die in den 1820er-Jahren dazu aufrief, sich mit den feudalen Unrechtsverhältnissen des Ancien Régime zu solidarisieren. Es würde dem göttlichen Bauplan der Gesellschaft zuwiderlaufen, die ständisch-ungleichen Verhältnisse mit revolutionären Mitteln verändern zu wollen. Stattdessen gälte es, sich in die bestehenden Ausbeutungsverhältnisse, weil gottgewollt, zu fügen.

Als womöglich einflussreicher könnten die Diskurse um die Solidarität – als einem „späten, spezifisch postliberalen Kind der europäischen Moderne", wie Große Kracht meint – im Rahmen des aufkommenden industriellen Zeitalters eingeschätzt werden. Als zentraler Ausgangspunkt sollte sich einerseits die systemische Produktion sozialer Ungleichheit, die mit der Durchsetzung der kapitalistischen Ökonomie verbunden war und ist, erweisen. Sie schrie förmlich nach sozialen Ausgleichsverfahren, die nur in gemeinsamer Anstrengung der Benachteiligten implementiert

3 Hermann-Josef Große Kracht (2017): *Solidarität und Solidarismus. Postliberale Suchbewegungen zur normativen Selbstverständigung moderner Gesellschaften*, Bielefeld: Transcript.

werden konnten. Mit dem Wegfall einer gottgegebenen Ordnung stand andererseits das Verhältnis von Individuum, Staat und Gesellschaft auf neue Weise zur Disposition, wofür mit Konzepten von Auguste Comte und Émile Durkheim eine damals aufkommende Soziologie neue, auf Solidarität begründete Antworten zu finden suchte.

Der französische Solidarismus

Im Mittelpunkt der Überlegungen von Große Kracht steht eine französische Sonderentwicklung in Form des „*solidarisme*".[4] Es waren die Philosophen und Politiker wie Alfred Fouillée, Charles Gide und Léon Bourgeois,[5] die versucht haben, mit ihrem Konzept des Solidarismus einen „dritten Weg" jenseits von Individualismus und Kollektivismus einzuschlagen. Zwischen unbeschränkter Freiheit kapitalistischen Wirtschaftens und der Unterordnung unter das Fantasma beliebiger Planbarkeit des gesellschaftlichen Zusammenlebens schufen sie die wesentlichen solidaritätstheoretischen Grundlagen moderner Wohlfahrtsstaatlichkeit.

Ihre zentralen Akteure scheinen heute weitgehend vergessen, obwohl ihren Überlegungen viel Anregungs- und Innovationspotenzial innewohnt, das bis heute uneingelöst geblieben ist. Und so müssen wir uns mit einer weitgehend entleerten Worthülse begnügen, die trotz vielfachen Missbrauches durch Gewaltregime und ihrer Versuche der Legitimation von allen möglichen Menschenrechtsverletzungen weitgehend unreflektiert ein Überleben in den europäischen Wortschätzen gefunden hat. Umso erstaunlicher, dass der französische Präsident Emmanuel Macron in seinen sozialpolitischen Überlegungen nochmals Bezug auf dieses historische Phänomen genommen hat.[6]

Wenn Große Kracht auf „warme" und „kalte" Assoziationen zum Solidaritätsbegriff hinweist, so verbindet er das spezifisch Warme mit einem Gefühl von Nähe und Gemeinschaft, von Mitgefühl für die Armen und Schwachen und einem dementsprechenden Zusammenhalt und so mit einer besonderen politisch-moralischen Aufladung weitgehend unübersetzbarer Wunschvorstellungen eines gelingenden Zusammenlebens. Diese Dimension konnte im Kontext der „Willkommenskultur" gut ausgelebt werden.

Im Unterschied dazu ortet er im Solidarismus eine Hinwendung zu einer moral- und tugendfreien inhaltlichen Ausgestaltung von „Solidarität", die sich im Rahmen „unerbittlich geltender Naturgesetze" auf einen streng sozialwissenschaftlichen Begriff bringen lassen sollte. In den Augen ihrer Proponenten lag die besondere Bedeutung von Solidarität darin, ein ebenso unhintergehbares wie wissenschaftlich begründetes postliberales Komplement des kapitalistisch verfassten Industriesystems zu bilden, ohne dass ein solches rasch zusammenbrechen würde. Dieser Anspruch findet sich in der rechtlichen Normierung des Wohlfahrtsstaates wieder.

4 https://fr.wikipedia.org/wiki/Solidarisme.

5 Léon Bourgeois war Minister mehrerer französischer Regierungen, Friedensnobelpreisträger 1920 und einer der Väter des Völkerbundes.

6 http://www.lefigaro.fr/economie/le-scan-eco/explicateur/2018/06/13/29004-20180613ARTFIG00232-qu-est-ce-que-le-solidarisme-evoque-par-macron-dans-son-discours-social.php.

Im Gegensatz zur in der Französischen Revolution gefeierten „Fraternité", die Léon Bourgeois als Akt der Freiwilligkeit kläglich gescheitert sieht, setzte er auf das Prinzip einer „*dette sociale*" (soziale Schuld) als notwendige Voraussetzung für klar definierbare Rechtsvorschriften zur Herstellung eines umfassenden sozialen Ausgleichs. Dazu definiert er jeden Menschen von Geburt an als „Schuldner der Gesellschaft", ohne die er nicht einen Tag lang in der Lage wäre zu überleben:

> „Jeder Mensch ist Nutznießer der Ergebnisse vergangener und gegenwärtiger Mühen der Menschheit. Ohne diese könne er seine Bedürfnisse nicht befriedigen und keine seine Fähigkeiten entfalten, ohne aus dem unermesslichen Reservoir der von der Menschheit zusammengetragenen Nützlichkeiten zu schöpfen."[7]

Zum Abtragen dieser „Schuld" würden jedem Individuum Einschränkungen seiner Freiheiten abverlangt, und zwar kompensatorisch zur jeweiligen sozialen Konstellation des einzelnen Individuums, die die einen aufgrund ihrer sozialen Ausstattung davon profitieren ließe, während die anderen darunter zu leiden hätten.

Es gehört zu den unterschätzten Infamien der Ideologie einer „Konkurrenzgesellschaft"[8] mit ihren unentwegten Appellen an individuelle Selbstentfaltung, den Umstand sozialen Eingebettetseins mit allen sich daraus ergebenden Rechten und Pflichten ins Hintertreffen treten zu lassen. Immerhin könnte es sein, dass mit einem diesbezüglichen Wissen die neue Generation der Salzburger Hausbesitzer*innen darauf gestoßen wäre, dass sich ihr wohlerworbener Wohlstand nicht ausschließlich individueller Leistung verdankt, sondern mindestens in gleicher Weise dem angesprochenen Reservoir geschuldet ist, an dem alle Menschen, freilich in sehr ungleicher Weise, partizipieren.[9] Diese Erkenntnis, richtig interpretiert, könnte in dem Maß zu einer Verringerung von Angst der neuen Wohlstandsbürger*innen führen, in dem die Einsicht steigt, im Kampf um Aufstieg ebenso wie gegen den potenziellen Niedergang nicht – wie ein hypertropher Individualismus suggeriert – ausschließlich auf sich allein gestellt zu sein.

Wenn es stimmt, dass zu dieser „*dette sociale*" auch gehört, dass die einen von der gesellschaftlich angehäuften „sozialen Ausstattung" („*l'outillage social*") profitieren, während andere diese nicht oder nur sehr unzureichend zu nutzen vermögen, dann liegt die Frage der solidarischen Umverteilung auf der Hand. Immerhin kommen wir angesichts des Flüchtlingselends um die Einschätzung nicht herum, dass die Welt per se nicht gerecht ist, sondern mit uns als völlig zufällig in dieses oder jenes soziale Milieu Hineingeborenen Lotto spielt, dessen Ausgang wir individuell nur höchst unzureichend zu beeinflussen vermögen.[10]

7 Große Kracht (2017), S. 242.

8 Siehe dazu Hartmut Rosa (2006): „Wettbewerb als Interaktionsmodus. Kulturelle und sozialstrukturelle Konsequenzen der Konkurrenzgesellschaft", in: *Leviathan 34*, S. 82–104.

9 Der Mär von der individuellen Leistung, die entscheidend sei für Art und Ausmaß individuellen Wohlstands, ist beispielsweise Nina Verheyen auf den Grund gegangen, siehe Nina Verheyen (2018): *Die Erfindung der Leistung*, Berlin: Hanser.

10 Dass mit diesem Zufallsprinzip sehr unterschiedlich umgegangen werden kann, bewies beispielsweise der Presse-Querschreiber Christian Ortner, der in einem Kommentar empfiehlt, aufgrund der wachsenden sozialen Heterogenität das System der repräsentativen Demokratie gleich ganz hinter sich zu lassen und stattdessen bei der Auswahl künftiger Generationen politischer Entscheidungsträger*innen einfach zu würfeln, siehe Christian Ortner (2018): „Muss Demokratie ‚durch anderes ersetzt' – oder nur anders werden?", Kommentar, in: *Die Presse*, 9. August 2018, https://www.diepresse.com/5477990/muss-demokratie-durch-anderes-ersetzt-oder-nur-anders-werden.

Auf der Suche nach einer neuen „sozialen Vernunft“, die Individualität und Soziabilität, personale Freiheit und soziale Verpflichtung in einem zeitgemäßen Konzept der Solidarität zu verbinden vermag, ist zu berücksichtigen, dass sich die Väter des Solidarismus auf die Durchsetzung einer industriellen Produktionsweise beziehen konnten, die heute an ihr historisches Ende gerät. Die Frage ist, wie sich ursprünglich für das industrielle Zeitalter konzipierte Solidaritätsvorstellungen in eine gleichermaßen global und digital ausgerichtete Wissens- und Dienstleistungsgesellschaft hinüberretten und weiterentwickeln lassen, in der die Lebensverhältnisse zunehmend auseinanderklaffen und traditionell Beschäftigte, Arbeitslose und Beschäftigungslose, Menschen, die ums nackte Überleben kämpfen, neue Selbstständige, Anspruchnehmer*innen von Grundeinkommen und Besitzer*innen ungeheurer Reichtümer die Szene bestimmen.

In Erinnerung an die Solidaritätsvorstellungen der katholischen nachrevolutionären Reaktion ist es wahrscheinlich, dass freiwillige „Charity“-Events der kleinen Gruppe der Reichen und Wohlhabenden, die darauf hinauslaufen, die bestehenden sozialen Unterschiede zur Schaffung sozialer Distinktionsgewinne zu vertiefen, das von den Solidaristen ursprünglich eingeforderte Recht auf umfassende soziale Teilhabe nicht werden ersetzen können. Eher schon werden sich die Bedürftigen von heute selbst auf die Suche nach neuen Solidargemeinschaften machen müssen. Zusammenschlüsse von sozial Benachteiligten waren immer schon die Voraussetzung dafür, gemeinsam erkannte Interessen in einem solidarischen Gefüge zu artikulieren und institutionell durchzusetzen.

National sticht sozial – auf immer neue Weise. Aber wie lange noch?

Diese Suche wird nicht nur aufgrund wachsender Segmentierung erschwert. Neue Problemlagen zeigen sich auch anhand der Auswirkungen einer Globalisierung, die nicht nur beim Geld-, Waren- und Dienstleistungsverkehr nicht mehr vor nationalen Grenzen Halt macht, sondern uns das Schicksal von Menschen auf der ganzen Welt so nahe bringt, dass wir uns der Anerkennung ihres Einschlusses in die eine Menschheit und ihrem Recht auf gegenseitigen Respekt und Anerkennung[11] immer schwerer verschließen können.

Wenn schon vor mehr als hundert Jahren der Ruf eines unterdrückten Proletariats „Hoch die internationale Solidarität!“ erschallte, so verwies das auf ganz bestimmte soziale Loyalitäten, bereits damals weit über die nationalen Grenzen hinweg. Diesbezüglichen Hoffnungen transnationaler Solidarisierung auf der Basis spezifischer sozialer Interessenslagen im internationalen Klassenkampf wurde immer wieder mit nationalstaatlichen bzw. nationalistischen Konzepten zur gewaltsamen Eliminierung von sozialen Widersprüchen erfolgreich Einhalt geboten.[12] Das gilt bis

[11] In Bezug auf die Anerkennung gemeinsamer Technologiestandards, wo auch immer die Produkte herkommen, tun wir das längst.

[12] Siehe dazu Otto Bauers wegweisende Schrift „Über die Nationalitätenfrage und die Sozialdemokratie“: Otto Bauer (1907): *Über die Nationalitätenfrage und die Sozialdemokratie*, Wien: Verlag der Wiener Volksbuchhandlung Ignaz Brand, in der Transkription des Marxists' Internet Archive, https://www.marxists.org/deutsch/archiv/bauer/1907/nationalitaet/index.html.

heute, wenn Nationalstaaten ungebrochen als erste Adresse für wohlfahrtstaatliche Umverteilung gelten[13] und sich bis dato keine überzeugende Alternative, etwa in Form einer Sozialunion Europa, anbietet.[14]

Mit wem können, wollen bzw. müssen wir also in Zukunft solidarisch sein, um sowohl unseren individuellen Ambitionen als auch den sich aus der „*dette sociale*“ ergebenden Verpflichtungen an der Gesellschaft in zeitgemäßer Weise nachkommen zu können? Welche Loyalitäten zählen mehr, die mit den „eigenen Leuten“, die zu Hause etwas zu verlieren haben, oder mit den „Fremden“, wo immer sie auch herkommen, die unsere Solidarität am dringendsten brauchen? Fragen, anhand derer heute Politik gemacht wird.

13 Siehe dazu den Sozialforscher Wolfgang Streeck in einem Beitrag zu Angela Merkels Migrationspolitik: Wolfgang Streeck (2016): „Merkels neue Kleider“, Gastbeitrag, in: *FAZ*, 3. Mai 2016, https://www.faz.net/aktuell/feuilleton/debatten/regierungsstil-merkels-neue-kleider-14212048.html.

14 Zur zumindest symbolischen Erinnerung an diesbezügliche Ansprüche organisierte der Autor Robert Menasse gemeinsam mit Ulrike Guérot und einer Reihe von Gesinnungsfreund*innen im November 2018 mit dem „European Balcony Project“ die Ausrufung einer Europäischen Republik. Siehe dazu https://www.diepresse.com/1379843/manifest-fuer-die-begruendung-einer-europaeischen-republik und https://kurier.at/politik/inland/die-ausrufung-der-europaeischen-republik/400318617.

„Solidarität“ als Thema der kulturellen Bildung

Weit entfernt davon, dafür handlungsleitende Antworten bieten zu können, fallen mir zwei Bestimmungsstücke für eine neue Durchdringung der Gesellschaften mit solidarischem Gedankengut ein. Das eine besteht darin, das Prinzip der Solidarität als eine genuin kulturelle Leistung wieder stärker ins öffentliche Interesse zu rücken. Wir müssen in der Öffentlichkeit einfach wieder mehr über unterschiedliche Konzepte von Solidarität, ihre Umsetzungsformen und die damit verbundenen Konsequenzen reden. Die dem Kapitalismus immanenten Individualisierungsstrategien, die zurzeit unser Handeln bestimmen, haben es an sich, „*Idiotes*“[15] zu produzieren, die sich im Glauben wiegen, keinerlei Verantwortung für das soziale Gefüge, in dem sie eingebettet sind, übernehmen zu müssen. Daraus ergibt sich für mich eine zentrale Aufgabenstellung künftiger kultureller Bildung, das Bemühen um kreative Selbstverwirklichung an die jeweiligen sozialen Bedingungen zu knüpfen. Dies scheint mir die Voraussetzung, um mit durchaus ästhetischen Mitteln einer weiteren sozialen Verdummung entgegenzuwirken. Wir hätten es dann mit einer besonderen Qualität von kultureller Bildung zu tun, die bereit ist, sich mit den kulturellen Grundwerten einer Gesellschaft zu beschäftigen. Als solche knüpft sie die individuelle Entwicklung der Lernenden an ihren jeweiligen sozialen Kontext, um so die jungen Menschen – zusammen mit gleich- bzw. ähnlich Gesinnten bzw. Betroffenen – gerade in dem sozialen Feld handlungsfähig zu machen, in dem über ihr Schicksal entschieden wird.

15 https://de.wikipedia.org/wiki/Idiotes.

Das andere Bestimmungsstück besteht in der Vermutung, dass Solidarität nicht umsonst zu haben ist. Jede Version der Geschichtsinterpretation erzählt uns, dass „Solidarität immer ein Ergebnis von Kämpfen“[16] war , die erst ein Gefühl von Zusammengehörigkeit entstehen lassen. Diesen kämpferischen Gestus orte ich in Zeiten wachsender Verunsicherung nicht bei denen, die Beistand in besonderer Weise brauchen, sondern bei denen, die glauben, als isolierte Individuen nur mehr verlieren zu können.

16 http://www.sueddeutsche.de/politik/ungleichheit-solidaritaet-war-immer-das-ergebnis-von-kaempfen-1.3962607.

Einen Ausdruck der Solidarität kann ich darin nicht erkennen, wohl eher den einer Entsolidarisierung[17] als eine negative Begleiterscheinung einer schleichenden Refeudalisierung von Ökonomie.[18]

Diese Form der Entsolidarisierung ist auch das Ergebnis der angesprochenen theoretischen Unterbestimmtheit dessen, worum es bei Solidarität geht. Offenbar ist es den herrschenden politischen Kräften der Nachkriegszeit gelungen, die Theorieansätze des Solidarismus im ausgehenden 19. Jahrhundert ins kollektive Vergessen zu drängen. Sie wären wichtige Anknüpfungspunkte dafür, die wohlfahrtsstaatlichen Errungenschaften des industriellen Zeitalters für die globalisierten und digitalisierten Gegebenheiten des 21. Jahrhunderts weiterzuentwickeln.

Weil das bisher nicht geschehen ist, ist es wenig sinnvoll, den Begriff der Solidarität in Beziehung zu setzen mit den aktuellen Flüchtlings- und Migrationsbewegungen. Flüchtlinge und Migrant*innen vertreten fürs Erste auch keine spezifischen Interessen außer denen, als Menschen behandelt zu werden. Dazu braucht es aber – wie Wolfgang Luef meint – gar keine Solidarität; es genügt Zivilisiertheit. Alles andere ist Barbarei.

17 https://www.deutschlandfunkkultur.de/soziologe-beklagt-entsolidarisierung-in-der-gesellschaft.100.de.

18 Siehe dazu Sighard Neckel (2010): *Refeudalisierung der Ökonomie. Zum Strukturwandel kapitalistischer Wirtschaft* (MPIfG Working Paper 10/6), Köln: Max-Planck-Institut für Gesellschaftsforschung.

Solidarität und Unübersetzbarkeit

Monika Mokre

Die Grenzen und Versprechen von Solidarität

Im Jahr 2018 schrieb Michael Wimmer den Blogbeitrag über Solidarität,[1] der den Ausgangspunkt meiner Überlegungen hier bildet. Schon ein paar Jahr zuvor habe ich selbst über Solidarität anhand meiner Erfahrungen im Refugee Protest Camp Vienna nachgedacht.[2] Die Erfahrung der Covid-Pandemie, die uns von diesen Publikationsdaten trennt, lässt befürchten, dass unsere Texte zu diesem Thema mittlerweile zumindest teilweise überholt sind. Daher bin ich über die Möglichkeit einer Reflexion dazu dankbar.

1 Michael Wimmer (2018): „Solidarität", Blogbeitrag, https://michael-wimmer.at/blog/solidaritaet/ (27.10.2021), der Beitrag ist auch in diesem Band abgedruckt. Im Folgenden wird auf den Beitrag in diesem Band verwiesen: Wimmer (2022).

2 Monika Mokre (2015): *Solidarität als Übersetzung. Überlegungen zum Refugee Protest Camp Vienna*. Wien: Transversal.

Covid: Die vergebene Chance für globale Solidarität

Es gibt wohl kaum einen besseren Anlassfall für Solidarität als eine Pandemie, die per definitionem weltweit auftritt und daher sinnvollerweise weltweit gemeinsam bekämpft werden sollte. Und wenn wir den Begriff der Solidarität auf seinen etymologischen Ursprung *in solidum* zurückführen, dann geht es ja genau darum, ein Problem, das uns alle (potenziell) trifft, nicht individuell, sondern gemeinsam zu bearbeiten – *in solidum* bedeutete in der Rechtsordnung des alten Rom, dass jede_r Einzelne für die gesamten Schulden und die Gesamtheit für die Schulden jedes_r Einzelnen haftet.[3] In Bezug auf die Pandemie stellte das ursprüngliche Konzept der WHO-Impfplattform Covax eine transnationale, solidarische Antwort dar:[4] Alle Länder kaufen gemeinsam Impfstoff ein und einigen sich über die Verteilung, wobei reichere Länder für ärmere Länder mitzahlen. Der einzige Makel dieser Idee besteht darin, dass sie nie funktioniert hat. Reiche Nationalstaaten haben sich 75 % des weltweit verfügbaren

3 Hauke Brunkhorst (2002): *Solidarität. Von der Bürgerfreundschaft zur globalen Rechtsgenossenschaft*. Berlin: Fischer, S. 10.

4 Vgl. https://www.who.int/initiatives/act-accelerator/covax (27.10.2021).

Impfstoffs gesichert; in ärmeren Ländern ist bis jetzt nicht einmal das Gesundheitspersonal geimpft, geschweige denn Risikogruppen.[5]

Der Nationalismus als gesellschaftlicher Klebstoff[6] ist also auch im Kampf gegen Covid wirkmächtiger als jede transnationale Strategie. Diese spezifische Form der Solidarität beruht auf dem Konstrukt der Nation als Kultur- und Schicksalsgemeinschaft, die allen theoretischen Dekonstruktionsbemühungen in ihrer politischen Effektivität widerstanden hat. Mindestens ebenso wichtig wie das Gemeinsame, das – über die Nation beschworen – Solidarität erzeugt, ist hier die Abgrenzung von denen, die nicht zur Nation gehören; jede Definition eines „wir" impliziert die Definition derer, die nicht zu „uns" gehören. Insofern war Covax vielleicht von Anfang an naiv gedacht, ging diese Plattform doch von einem gemeinsamen globalen Interesse aus. Im politischen Gerangel um Impfstoff – und schon davor um Masken und andere Schutzausrüstung – spielte natürlich auch eine Rolle, dass Demokratie national verfasst ist und es daher durchaus rational im Sinne des Eigennutzens ist, dass jede_r Politiker_in sich um seine/ihre Wähler_innen bemüht.

Die Pandemie stellt aber auch den gesellschaftlichen Konsens im nationalen Kontext immer mehr infrage. Hier haben wir es allerdings nicht mit einer Überwindung des Nationalismus zu tun, sondern mit der Schaffung immer engerer und aggressiverer Kollektividentitäten, die sich durchaus auch nationalistischer Mythen bedienen, wenn es ihrer Sache dient. Dies zeigt sich in den zutiefst respektlosen Auseinandersetzungen zwischen Impfbefürworter_innen und -gegner_innen. Kennzeichnend ist für diese Debatte, dass keinerlei Differenzierung zwischen den unterschiedlichen Motiven in beiden Lagern stattfindet (etwa zwischen Verschwörungstheoretiker_innen, Covidleugner_innen und Impfskeptiker_innen) und dass die rigide Ablehnung der jeweiligen Feindbilder Hand in Hand mit immer stärkerer Solidarisierung im Inneren der jeweiligen Lager geht.

Die Unübersetzbarkeit von Solidarität

In den Texten von Michael Wimmer und mir ging es selbstverständlich nicht um Covid (auch wenn wir uns beide auch später zu diesem Thema geäußert haben), wohl aber um Nationalismus, nämlich im Umgang mit Geflüchteten. Michael Wimmer beschreibt in diesem Zusammenhang das Fehlen der Solidarität „einer neuen Wohlstandsgeneration", der er „Mitgefühl für die Armen und Schwachen und eine[n] dementsprechenden Zusammenhalt und so mit einer besonderen politisch-moralischen Aufladung weitgehend *unübersetzbar[e]* Wunschvorstellungen eines gelingenden Zusammenlebens"[7] gegenüberstellt, die in der Willkommenskultur des Jahres 2015 deutlich wurden. Genau an diesem Verständnis von Solidarität habe ich mich in meinem Beitrag zu einer gemeinsamen Bewegung von Geflüchteten und Unterstützer_innen gerieben.[8] Dort ging

5 Vgl. https://data.undp.org/vaccine-equity/accessibility/ und https://www.aljazeera.com/news/2021/9/5/rich-countries-will-have-1-2bn-vaccine-dose-surplus-data-firm (27.10.2021).

6 Wimmer (2022).

7 Wimmer (2022), eigene Hervorhebung MM.

8 Mokre (2015).

es uns nicht um Mitgefühl oder Moral, sondern um einen gemeinsamen politischen Kampf um Rechte, in dem alle in der Bewegung auf Augenhöhe agieren sollten. Dass der Anspruch auf Übersetzung von Solidarität in diesen Zusammenhang scheiterte, zeigt die Präzision von Wimmers Verdikt der Unübersetzbarkeit, auch wenn es m. E. nicht den Versuch abwertet – das Unübersetzbare ist laut Spivak nicht etwas, das man nicht übersetzen kann, sondern etwas, das man niemals aufhört (nicht) zu übersetzen.[9] Solidarität als Übersetzung, Solidarität als Aufgabe.

Diese Übersetzungsversuche führen zu zahlreichen, durchaus widersprüchlichen Ergebnissen – Große Kraft zitierend spricht Wimmer hier von einer „Untertheoretisierung" des Begriffs.[10] Eine andere Form, diese Qualität des Begriffs der Solidarität zu beschreiben, bietet das Konzept des „leeren Signifikanten" von Ernesto Laclau.[11] Ein leerer Signifikant ist genau deshalb leer, weil er mit einer Fülle unterschiedlicher und teils widersprüchlicher Inhalte aufgefüllt wird und es ihm gelingt, diese unterschiedlichen Inhalte in einem Diskurs zu verbinden. Und laut Laclau sind leere Signifikanten die Voraussetzung des Politischen, das er als die Veränderung des sedimentierten Sozialen versteht. Wimmer schreibt dazu, „Solidarität [war] immer ein Ergebnis von Kämpfen, die erst ein Gefühl von Zusammengehörigkeit entstehen lassen".[12] Ich würde hinzufügen, dass Solidarität ebenso die Voraussetzung von Kämpfen ist, wobei diese Voraussetzung oft zeitgleich mit dem Kampf im gemeinsamen Kampf entsteht. Hier kann Rosa Luxemburgs Diktum angeführt werden, dass „Klasse für sich" erst im Kampf entsteht.[13] Grundbedingung dafür, dass sich aus der objektiv beschreibbaren „Klasse an sich" ein Verständnis der Klasse für die eigene Position entwickelt, ist die Klassensolidarität.

Der Klassenkampf war ebenso wie sein Ziel, eine kommunistische Gesellschaft, immer transnational gedacht, hier wurden „soziale Loyalitäten [...] weit über die nationalen Grenzen hinweg"[14] entwickelt. Dabei ging es um eine Solidarität *gegen* ein System und seine Vertreter_innen – gegen den Kapitalismus und die kapitalistischen Ausbeuter_innen, die von diesem System profitieren. Wenn Michael Wimmer in seinem Konzept der Solidarität[15] in Anlehnung an Große Kraft von einer *dette sociale*, einer Schuld an die Gesellschaft, spricht, der sich individueller Wohlstand verdankt, so wäre dieser Einschätzung klassisch marxistisch wie auch postkolonial hinzuzufügen, dass sich diese Schulden klassenspezifisch sowie geografisch sehr ungleich verteilen.

Individualisierung in allen Lagern

Diese Schuld wird derzeit häufig individualisiert, etwa von Vertreter_innen einer spezifischen Lesart von *Critical Whiteness*, gemäß derer Personen, die sich selbst als weiß identifizieren, kontinuierlich Rechenschaft über ihre Privilegien ablegen und daraus eine spezifische moralische Haltung

9 Gayatri S. Spivak (2010): „Translating in a World of Languages", in: *Profession (2010)*, S. 35–43, S. 39.

10 Wimmer (2022).

11 Vgl. etwa: Ernesto Laclau (1996): „Why Do Empty Signifiers Matter to Politics?", in: Ernesto Laclau (Hg.): *Emancipation(s)*, London und New York: Verso, S. 36–46.

12 Wimmer (2022).

13 Rosa Luxemburg (1910): „Der politische Massenstreik und die Gewerkschaften. Rede in der Generalversammlung der Freien Gewerkschaften in Hagen, 1. Oktober 1910", http://www.mlwerke.de/lu/luc.htm (27.10.2021).

14 Wimmer (2022).

15 Ebd.

ableiten sollen. Diese extreme Verkürzung der hochrelevanten Studien in diesem Bereich laufen „darauf hinaus, die Menschen zu etwas Unmöglichem aufzufordern: Sie sollen die akkumulierten Schulden, die sich in ihren Körpern und in der Symbolik ihrer Existenz materialisieren, in dem, wer sie sind – Mann/Frau, weiß/schwarz usw. – sie sollen diese Materialität durch das nivellieren, was sie als Einzelne tun."[16]

In der Kunst – wie auch in der Wissenschaft – führt diese Individualisierung struktureller Ausbeutungs- und Unterdrückungsverhältnisse zu einem neueren Phänomen, das von seinen Kritiker_innen *Cancel Culture* genannt wird. Dieser ideologische Kampfbegriff bezieht sich kritisch bis polemisch auf den Entzug von Aufmerksamkeit für Personen, die sich rassistisch, sexistisch oder homophob geäußert haben oder geäußert haben sollen. Denjenigen, die sich dafür aussprechen, den Privilegierten der Gesellschaft das Recht auf öffentliche Artikulation abzusprechen, fehlt es an einem entsprechenden Gegenbegriff, nicht aber an punktuellen Erfolgen, insbesondere im Bereich der Kunst- und Kulturproduktion, wie etwa die Ausladung von Axel Krause von der Leipziger Jahresausstellung[17] und Lisa Eckhart vom Harbour-Literatur-Festival in Hamburg zeigen.[18]

Diese Beispiele zeigen die Individualisierung politischer Kritik, die Karakayali kritisiert. Individualisierung entspricht der Tradition wie auch der gegenwärtigen Verfasstheit des Kunstfelds. Nicht nur wirkt das traditionelle Bild des einsamen Geniekünstlers immer noch nach; die extreme Erweiterung des Verständnisses dessen, was Kunst ist und sein kann, hat die öffentliche Aufmerksamkeit für die Persönlichkeit des/der Künstler_in noch einmal verstärkt, denn nur diese Figur kann noch eine Antwort darauf bieten, was Kunst eigentlich ist: Kunst ist, was der/die Künstler_in schafft. Und zugleich entsprich diese Individualisierung auch der Verfasstheit unserer neoliberalen Gesellschaft im Allgemeinen, „[d]er Mär von der individuellen Leistung, die entscheidend sei für Art und Ausmaß individuellen Wohlstands".[19] In diesem Sinne wird die *Cancel Culture* auch von der politischen Linken kritisiert. „The cancel culture, a witch hunt by self-appointed moral arbiters of speech, has become the boutique activism of a liberal class that lacks the courage and the organizational skills to challenge the actual centers of power – the military-industrial complex, lethal militarized police, the prison system, Wall Street, Silicon Valley, the intelligence agencies that make us the most spied upon, watched, photographed and monitored population in human history, the fossil fuel industry, and a political and economic system captured by oligarchic power."[20]

Das Versagen der Zivilisiertheit

Wenn wir an diesem Punkt zu Wimmers Text aus dem Jahr 2018 zurückkehren, zur fehlenden Solidarität mit Geflüchteten, so wird deutlich,

16 Serhat Karakayali (2021): „Gleichheit muss in der Praxis hervorgebracht werden. Serhat Karakayali im Gespräch mit Niki Kubaczek und Monika Mokre", in: Niki Kubaczek/Monika Mokre (Hg.): *Die Stadt als Stätte der Solidarität*. Wien: Transversal, S. 123–140, S. 135.

17 Vgl. etwa: Charlotte Theile (2019): „Axel Krause: Die Absage der Absage", in: *Die Zeit Online*, 08. August 2019, https://www.zeit.de/kultur/kunst/2019-06/axel-krause-maler-afd-leipziger-jahres ausstellung-ausladung-kunstszene (27.10.2021).

18 Vgl. etwa: https://www.diepresse.com/5849389/kabarettistin-lisa-eckhart-von-hamburger-literatur festival-ausgeladen (27.10.2021).

19 Wimmer (2022).

20 Chris Hedges (2021): „The contradictions of 'cancel culture': Where elite liberalism goes to die", in: *salon*, 18. Februar 2021, https://www.salon.com/2021/02/18/the-contradictions-of-cancel-culture-where-elite-liberalism-goes-to-die/ (28.10.2021).

dass einer solchen Solidarität viel entgegensteht. In erster Linie das neoliberale Prinzip der Belohnung individueller Leistung und Fähigkeit gemeinsam mit dem verwandten Konzept individueller Schuld. Dann aber auch die seit dem 19. Jahrhundert wirksamste Form der Solidarität zumindest im globalen Norden, die nationale Solidarität mit ihren mehr oder weniger offenen Untertönen von Rassismus und kultureller Abgrenzung. Und schließlich als neueres Phänomen die Absage an diese nationale Solidarität zugunsten noch engerer und aggressiverer Formen der Solidarität mit politisch Gleichgesinnten mit ebenfalls rassistischen, aber auch klassistischen Untertönen. Wimmers pessimistische Einschätzung, dass es vor diesem Hintergrund wenig erfolgversprechend ist, „den Begriff der Solidarität in Beziehung zu setzen mit den aktuellen Flüchtlings- und Migrationsbewegungen",[21] scheint hier ebenso plausibel wie seine Absage an „ein neues Zeitalter der Solidarität"[22] als Folge der Covid-Krise – und deutlich plausibler als meine optimistischeren Ansätze in Bezug auf beide Aspekte.[23]

Doch wie lassen sich dann die Grundrechte von Geflüchteten, allen voran das Recht auf Überleben, verteidigen? Wimmer zitiert hier Wolfgang Luef: „Es geht schlicht um ein Mindestmaß an Zivilisiertheit: Wer gerade dabei ist, zu ertrinken, der ist weder Flüchtling noch Migrant, der ist weder Afrikaner noch Europäer, weder Muslim noch Christ, der ist ein Mensch, der gerade dabei ist, zu ertrinken, und man muss alles unternehmen, um ihn zu retten."[24] Noch kürzer hat dies die hannoversche Pastorin Sandra Bils formuliert: „Man lässt keine Menschen ertrinken. Punkt."[25] Doch man lässt Menschen ertrinken, ständig, 23.000 Fälle wurden seit 2014 registriert, 1.600 von ihnen im Jahr 2021.[26] Die Dunkelziffer ist selbstverständlich deutlich höher. Und diejenigen, die diese Tode verhindern wollen, werden kriminalisiert, wie etwa die Syrerin Sarah Mardini, die 2015 gemeinsam mit ihrer Schwester das sinkende Boot, auf dem sich die beiden Leistungsschwimmerinnen gemeinsam befanden, in Lesbos an Land zog und damit 18 Menschenleben rettete. Danach half sie anderen Geflüchteten auf Lesbos und wurde deshalb wegen Spionage, Verletzung des Staatsgeheimnisses und krimineller Machenschaften angeklagt; ihr droht eine Gefängnisstrafe von bis zu 25 Jahren.[27] Sarah Mardini ist eine von vielen, die Geflüchtete unterstützen – und auch eine von zahlreichen, die deshalb lange Gefängnisstrafen fürchten müssen. Im Unterschied zu den meisten anderen ist sie selbst eine Geflüchtete; das Konzept von Solidarität als einer Beziehung auf Augenhöhe lässt sich hier also eher anwenden als bei anderen. Trotzdem gilt auch für Mardini, dass sie aus einer privilegierten Situation heraus denen geholfen hat, für die das Recht auf Überleben bereits ein Privileg bedeutet, dass sie das einfache Diktum, man lässt keine Menschen ertrinken, ernst genommen hat. Und die absurde rechtliche Vorgangsweise gegen Mardini und zahlreiche andere zeigt, dass die EU-Staatsgewalten Angst vor der

21 Wimmer (2022).

22 Michael Wimmer (2020): „Über das große Stottern – Warum die Hoffnungen auf eine solidarische Gesellschaft nach der Krise verfrüht sein könnten", Blogbeitrag, https://michael-wimmer.at/blog/ueber-das-grosse-stottern-warum-die-hoffnungen-auf-eine-solidarische-gesellschaft-nach-der-krise-verfrueht-sein-koennten/ (27.10.2021).

23 Mokre (2015); Monika Mokre (2020): „Pandemie bietet Chance auf neue Formen der Solidarität", Interview, https://www.oeaw.ac.at/detail/news/pandemie-bietet-chance-auf-neue-formen-der-solidaritaet/ (27.10.2021).

24 Wolfgang Luef, zitiert nach Wimmer (2022).

25 Vgl. etwa: https://www.kirche-nf.de/man-laesst-keine-menschen-ertrinken-punkt/ (27.10.2021).

26 https://missingmigrants.iom.int/region/mediterranean (27.10.2021).

27 https://www.globalcitizen.org/de/content/how-sarah-mardini-saved-lives-of-fellow-refugees/ (27.10.2021).

Verbreitung solcher Aktivitäten und Haltungen haben und sie mit allen Mitteln verhindern wollen.

Ist diese Angst aber berechtigt? Wimmer meint: „Immerhin kommen wir angesichts des Flüchtlingselends um die Einschätzung nicht herum, dass die Welt per se nicht gerecht ist, sondern mit uns als völlig zufällig in dieses oder jenes soziale Milieu Hineingeborenen Lotto spielt, dessen Ausgang wir individuell nur höchst unzureichend zu beeinflussen vermögen.“[28] Dies würde für eine umfassende Verbreitung von Solidarität mit Geflüchteten sprechen – im Sinne einer Vorstellung von Gerechtigkeit, nach der Entscheidungen über die Verteilung von Möglichkeiten und Ressourcen hinter „dem Schleier des Unwissens“[29] über unsere eigene Position in einem System getroffen werden sollen. Doch einerseits befinden wir uns nicht hinter diesem Schleier des Unwissens, denn wir kennen das Milieu, in das wir geboren wurden – und nur wenige können oder wollen die gleiche Leistung der Vorstellungskraft aufbringen, die den protestantischen Prediger John Bradley im 16. Jahrhundert dazu brachte, beim Anblick von Gefangenen auf dem Weg zur Hinrichtung auszurufen, „there, but for grace of God, go I“.[30] Und andererseits meinen wir zu wissen, dass uns die Stellung, in die wir geboren wurden, zusteht und nicht genommen werden kann. Dies hat mit dem Paradigma zu tun, das uns ständig gepredigt wird und in das jüngere Generationen geboren wurden, „ich leiste was, ich leiste mir was“, aus dem sich im Gegenzug auch ergibt, dass diejenigen, die sich nichts leisten können, die keine Chancen haben, daran selbst Schuld tragen, eine „Lebensführungsschuld“.[31] Dazu gehört durchaus auch die Vorstellung, dass wir zu einer Gesellschaft gehören, die höherwertig ist als die anderer Menschen und uns daher sowohl absichert als auch vor denen, die nicht dazugehören, gesichert werden muss. Der Rückgriff von Luef und Wimmer auf „Zivilisiertheit“ erscheint aus dieser Perspektive nicht unproblematisch – Zivilisiertheit impliziert, dass es auch Unzivilisiertheit und Unzivilisierte gibt, und diese werden häufig als „kulturell“ anders definiert.

[28] Wimmer (2022).

[29] John Rawls (2001): *Justice as Fairness: A Restatement*. Cambridge, Massachusetts: Belknap Press, S. 11.

[30] Die Quelle ist nicht gesichert, siehe etwa: https://www.phrases.org.uk/meanings/there-but-for-the-grace-of-god.html (28.10.2021).

[31] Helga Cremer-Schäfer/Heinz Steinert (2014): *Straflust und Repression. Zur Kritik der populistischen Kriminologie*, Münster: Westfälisches Dampfboot, S. 74.

Das Versagen der Menschenrechte

Zu unserer Vorstellung der eigenen Zivilisiertheit gehören Grundwerte, die sich insbesondere in der Deklaration der Menschenrechte finden. Mindestens ebenso relevant wie der Inhalt dieser Deklaration ist die Tatsache, dass die in ihr deklarierten – individuellen – Rechte universell gelten sollen, im Unterschied zu den meisten anderen Rechten, die für Bürger_innen der jeweiligen politischen Einheit gelten.

Zweifellos war und ist die Deklaration der Menschenrechte ein entscheidender Beitrag zu der Frage, wie Menschen zu behandeln sind. Juridisch bleiben Menschenrechte allerdings zahnlos, solange sie nicht eingefordert werden können. Darauf hat Hannah Arendt aufgrund ihrer

Erfahrungen mit Flucht und Staatenlosigkeit im Zweiten Weltkriegt hingewiesen. „Die Welt hat an der abstrakten Nacktheit des Menschseins an sich nichts Ehrfurchterregendes finden können."[32] „[D]ie abstrakte Nacktheit ihres Nichts-als-Menschseins [war] ihre größte Gefahr. Sie waren damit in das zurückgefallen, was die politische Theorie den ‚Naturzustand' und die zivilisierte Welt die Barbarei nannte."[33] Aus diesem Satz, der durchaus im Hinblick auf die zeitgenössischen Bilder verzweifelter Geflüchteter auf überfüllten Booten hätte geschrieben werden können, ergibt sich vielleicht, warum Luefs Appell an Zivilisiertheit im Umgang mit Geflüchteten ins Leere geht. Diejenigen, die nichts aufzubieten haben als ihr Menschsein, werden nicht als Teil der Zivilisation anerkannt.

Rechte, die sich aus dem bloßen Menschsein ableiten, bleiben zahnlos, denn nur Rechte, die politisch verteidigt werden können, werden wirkmächtig. Das einzig vorstellbare wirksame Menschenrecht ist daher das „Recht, Rechte zu haben".[34] Dies verweist darauf, dass Rechte garantiert werden und einklagbar sein müssen, eine Forderung, die juridisch durch die Aufnahme der Menschenrechte in manche nationale Verfassungen sowie in den EU-Vertrag von Lissabon und die Schaffung des Europäischen Gerichtshofs für Menschenrechte zum Teil erfüllt wurde – auch wenn sich in der juridisch-politischen Realität nach wie vor die Schwäche dieser Rechte kontinuierlich zeigt. Auch dies wurde von Arendt vorausgesehen, wenn sie das „Recht, Rechte zu haben" damit gleichsetzt, „in einem Beziehungssystem zu leben, in dem man aufgrund von Handlungen und Meinungen beurteilt wird",[35] also mit dem „Recht, einer politisch organisierten Gemeinschaft zuzugehören".[36] Ohne diese Zugehörigkeit zu einer politischen Gemeinschaft werden die Menschenrechte in der unauflösbaren Spannung zwischen universellem Anspruch und individueller Gültigkeit aufgerieben. Dies beschreibt auch Derrida, wenn er von „Politik der Freundschaft" spricht.[37] „Für Derrida gibt es keine Demokratie ohne Akzeptanz für Singularität und Alterität, allerdings gibt es ebenso wenig eine Demokratie ohne die ‚Gemeinschaft der Freunde' (*koína ta philōn*)."[38]

Die Chance des Neubeginns

Singularität, Alterität und Gemeinschaft stehen im Mittelpunkt von Arendts Philosophie. Jeder Mensch ist einzigartig, daher kommt mit jeder Geburt Neues in diese Welt. „Initium ut esset, creatus est homo, ante quem nullus fuit", zitiert Arendt an mehreren Stellen[39] Augustinus – damit ein Beginn sei, wurde der Mensch geschaffen, vor dem es niemanden gab. Doch dieser stete Neubeginn durch die Geburt jedes Menschen ist nicht mit einem absoluten Anfang zu verwechseln, der einem radikalen Individualismus das Wort reden würde. „Der Mensch ist *in die* Welt geboren, die ihm vorausgeht"[40] und diese Welt ist bevölkert

32 Hannah Arendt (2009): „Es gibt nur ein einziges Menschenrecht", in: *Hannah Arendt.net*, Ausgabe 1, Band 5, November 2009, http://www.hannaharendt.net/index.php/han/article/view/154/273 (28.10.2021), S. 9.

33 Hannah Arendt (2001): *Elemente und Ursprünge totaler Herrschaft*, München und Zürich: Piper, S. 620.

34 Arendt (2009), S. 7.

35 Ebd.

36 Ebd.

37 Jacques Derrida (2002): *Politik der Freundschaft*. Frankfurt am Main: Suhrkamp.

38 Cornelia Bruell/Monika Mokre (2018): *Postmarxistisches Staatsverständnis*, Baden-Baden: Nomos, S. 122.

39 Siehe etwa: Hannah Arendt (2000): „Freiheit und Politik", in: Hannah Arendt (2000): *Zwischen Vergangenheit und Zukunft*, herausgegeben von Ursula Ludz, München: Piper, S. 201–226, S. 220.

40 Oliver Marchart (2005): *Neu beginnen. Hannah Arendt, die Revolution und die Globalisierung*, Wien: Turia + Kant, S. 32.

von anderen Menschen. Menschen sind nur im Plural zu denken, das Dasein ist stets ein Sein unter vielen und die Welt ist stets Mit-Welt.[41] Der Mensch muss sich also mit anderen Menschen auseinandersetzen; diese Auseinandersetzung ist das Politische und damit das, was Arendt als Handeln bezeichnet. In diesem Handeln können Menschen diese Welt mitschaffen, mitgestalten, da der Mensch ein Wesen ist, „das selbst im Besitz der Fähigkeit ist anzufangen, es ist der Anfang eines Anfangs oder des Anfangens selbst".[42]

Die Gemeinsamkeit in der Vielfalt ist also nach Arendt Teil der *conditio humana*. In der Verteidigung dieses Prinzips kritisiert sie ihren Lehrer Heidegger für die „Selbstischkeit" seines Menschenbilds und führt dessen Verirrungen in die nationalsozialistische Ideologie auf seine radikal individualistische Philosophie zurück. „Heidegger hat dann später in Vorlesungen versucht, seinen isolierten Selbsten in mythologisierenden Unbegriffen wie Volk und Erde wieder eine gemeinsame Grundlage nachträglich unterzuschieben."[43]

Diese Bewegung vom radikalen Individualismus zur künstlichen Schaffung von hermetischen Gemeinschaften lässt sich auch in der aktuellen Politik beobachten, etwa bei rechten Bewegungen gegen Geflüchtete. Diese Gemeinschaften sind durchaus von starker Solidarität der Mitglieder untereinander geprägt, einer *poisonous* Solidarität,[44] die diejenigen, die von dieser Solidarität ausgeschlossen sind, ihrer Menschenwürde beraubt.

Dagegen werden von den Verteidiger_innen der Rechte Geflüchteter einerseits die universellen Menschenrechte und andererseits die individuellen Schicksale und Entwicklungswege einzelner Geflüchteter ins Treffen geführt. Als Reaktion auf die Krise 2015 wurden etwa in so gut wie jedem deutschsprachigen Theater, das sich als politisch relevant definieren wollte, Geflüchtete auf die Bühne gebracht, als Thema und zum Teil auch als Darsteller_innen von Stücken. Dies entspricht selbstverständlich dem Anspruch der Kunst, in der Gesellschaft zu intervenieren, indem etwa – im Sinne von Hegel[45] – Situationen geschaffen werden, in denen das gerade politisch Relevante auf andere, verfremdete Weise verhandelt werden kann. Doch kann einige Jahre nach diesen künstlerischen Interventionen klar konstatiert werden, dass sie politisch folgenlos geblieben sind. Eventuell lag das daran, dass Verfremdung für ein – nie eingelöstes und auch nicht einlösbares – Versprechen von Authentizität aufgegeben wurde. Vielleicht wurden gerade damit die politischen Möglichkeiten des Theaters verspielt, wenn Hans-Thies Lehmann zuzustimmen ist: „Das Politische kommt im Theater zum Tragen, wenn und nur wenn es gerade auf keine Weise übersetzbar oder rückübersetzbar ist in die Logik, Syntax und Begrifflichkeit des politischen Diskurses der gesellschaftlichen Wirklichkeit."[46] In seinem Bemühen um direkte politische Intervention fand sich das Theater in der Falle zwischen Universalismus

41 Ebd., S. 39.

42 Hannah Arendt (1992): *Vita activa oder Vom tätigen Leben*, München und Zürich: Piper, S. 166.

43 Hannah Arendt (1990): *Was ist Existenz-Philosophie?*, Frankfurt am Main: Hain, S. 38.

44 Hedges (2021).

45 Georg F. Hegel (1826): „Die Idee des Kunstschönen oder das Ideal. Vorlesung über Ästhetik", https://www.textlog.de/4325.html (28.10.2021).

46 Hans-Thies Lehmann, zitiert nach: Azar Mortazavi (2011): „Über das Bekenntnis zur Uneindeutigkeit", in: Wolfgang Schneider (Hg.): *Theater und Migration. Herausforderungen für Kulturpolitik und Theaterpraxis*, Wien: Transcript, S. 73–76, S. 75.

und Individualisierung gefangen, zwischen der Darstellung leidender Massen von Geflüchteten und individueller Lebensgeschichten, ohne damit Solidarität erzielen zu können. Die Frage, ob es politisch und ästhetisch korrekter ist, „echte" Geflüchtete auf die Bühne zu bringen oder diese von Schauspieler_innen verkörpern zu lassen, spielte dabei in den zeitgenössischen Kunstdebatten und -kritiken eine zentrale Rolle.[47] Diese Frage ist auch vor dem Hintergrund des Anspruchs auf politisch korrekten Antirassismus nicht zu unterschätzen, doch an der politischen Folgenlosigkeit dieser Aufführungen änderten unterschiedliche Darstellungsformen nichts.

Diese politische Folgenlosigkeit teilen künstlerische Aktivitäten in diesem Bereich mit den Bemühungen von Aktivist_innen und Helfer_innen – ohne dass mit diesem Verdikt die unschätzbaren Leistungen für einzelne Geflüchtete kleingeredet werden sollen. Grenzenlose Solidarität ist – zumindest noch – unmöglich, da sie einer globalen politischen Gemeinschaft bedürfen würde. Die Zugehörigkeit zu einer solchen Gemeinschaft ist die Bedingung der Möglichkeit, Rechte zu haben und diese Rechte auch einzufordern, sich als gleichberechtigtes menschliches Wesen verständlich machen zu können. Subalterne können nicht zu der Gemeinschaft sprechen.[48] Eine universelle politische Gemeinschaft ist nicht abzusehen, weswegen sich auch Arendt in ihren konkreten politischen Überlegungen auf bestehende und zu gründende staatsähnliche Gemeinschaften bezog.

Doch politische Gemeinschaften sind veränderbar, sie müssen nicht national gedacht und gelebt werden, dies zeigen nicht nur die Risse in nationalen Gemeinschaften durch neue politische Zusammenhänge, sondern auch inter- und transnationale Bewegungen, wie die traditionelle Arbeiter_innenbewegung oder auch die zeitgenössische „Fridays for Future"-Bewegung. Auch wenn sich Solidarität nicht universell übersetzen lässt, so lässt sie sich doch neu verstehen. Badious Setzung „tous, qui sont ici, sont d'ici",[49] alle, die hier sind, sind auch von hier und sollten so behandelt werden, kann ebenso einen Ausgangspunkt für solche Überlegungen darstellen wie die Forderung der Charta von Palermo,[50] das Aufenthaltsrecht in seiner Beschränktheit zugunsten eines Menschenrechts auf Mobilität aufzugeben. Diese Forderungen erscheinen ebenso unrealistisch wie ungenügend – ein Aufenthaltsrecht von all denen, die schon hier sind, ist politisch nicht durchsetzbar und rettet zugleich nicht diejenigen, die im Mittelmeer ertrinken. Trotzdem dienen sie der Erweiterung statt der Beschränkung existierender Solidaritäten und sind vielleicht im besten Falle Vorzeichen einer „solidarité-en-venir", einer kommenden Solidarität, die ebenso wie die Demokratie im Verständnis von Derrida[51] stets unabgeschlossen, doch als Versprechen wirkmächtig bleibt in ihrer Berufung auf die Menschenrechte, die den gleichen, freien, selbstbestimmten Menschen als Souverän setzen und unterstellen.

47 Monika Mokre/Christoph Leitgeb (2021): „Staging Participation. Cultural Productions with, and about, Refugees", in: *AmeriQuests 16(1)*, https://ejournals.library.vanderbilt.edu/index.php/ameriquests/article/view/4844 (28.10.2021).

48 Gayatri C. Spivak (1993): „Can the Subaltern Speak", in: Patrick Williams/Laura Chrisman (Hg.): *Colonial Discourse and Post-Colonial Theory. A Reader*, New York, S. 66–111.

49 Alain Badiou (2004): „Huit thèses sur l'universel", https://www.lacan.com/baduniversel.htm (28.10.2021).

50 https://www.comune.palermo.it/js/server/uploads/iosonopersona/charta_von_palermo_2015.pdf (28.10.2021).

51 Derrida (2002), S. 116.

zeit des ver-lernens!

Aslı Kışlal

aaaalles wächst über unseren kopf hinaus.

was darf ich auf der bühne, hinter der bühne. wer darf auf die bühne, hinter die bühne.
für wen machen wir kunst. für uns selbst.
für die, die nicht für sich selbst sprechen, sprechen können.
darf ich für „andere" sprechen. ob wir sowieso alle künstler*innen sind.
ob das sternchen die sprache verschandelt.
ob leitungspositionen mehr an die frauen gehen sollen, oder an die doppelspitzen, und ob überhaupt leitung.
sind frauen gerecht bezahlt im theater.
sind die positionen gerecht verteilt.
wer entscheidet für wen was.
was machen machtstrukturen in einem theater hinter der bühne, das auf der bühne machtstrukturen auseinandernimmt und sich als allwissend positioniert.
warum sagt mir ein junger schauspieler: „du kannst mich auch anschreien, ich bin dran gewöhnt."
bin ich kein*e gute*r schauspieler*in, wenn ich demütigung nicht aushalte, weil ich grenzen hab.
können männer transpersonen darstellen, können homosexuelle männer oder frauen darstellen, dürfen türk*innen nur türk*innen spielen, kann ich auch einen tisch darstellen.

ist diskriminierung im theater normal.
was ist überhaupt normal im theater.
wer darf genie sein.
darf ich mich auch genie nennen oder sind das die zuschauer*innen oder die presse oder jurys, kritiker*innen.
ist theater nur eine reproduktion der stoffe, ideen.
ist es elitär.
warum sollen taxifahrer*innen auch ins theater gehen, was sehen sie da, bringt es ihnen was.
muss man deshalb ein stück über taxifahrer*innen machen, damit ihr interesse erweckt wird.
müssen taxifahrer*innen auf der bühne stehen, damit für sie eine begegnung mit kunst stattfindet.
oder sollten wir lieber ein stück beim taxistand machen.
wo sind denn die autorinnen, die mann/frau inszenieren kann.
und sind es dann nicht nur die bürgerlichen frauen, die schreiben.
kann ein mann ein feministisches stück inszenieren.
erzählt uns das theater noch geschichten oder brüllt es uns an.
hat jemand noch interesse an geschichten oder gibt es nur geflüchtete geschichten, die von geflüchteten auf der bühne erzählt werden, oder ist das inzwischen eh auch schon passé.
wie kann man im theater von zukunft träumen.
wer darf hier von der zukunft träumen.
warum dürfen die regieassistent*innen nicht bei der premiere zur verbeugung auf die bühne gehen.
warum müssen schauspieler*innen immer auf der bühne rappen.
kann man kunst für die betrachter*innen machen oder ist es dann anbiedern.
sind alle, die im theater arbeiten, eigentlich links.
gibt es dann trotzdem rassistische haltungen.
und sexismus.
gibt es eine cancel culture.
oder schreien nur die, deren stimmen das erste mal infrage gestellt werden.
kann man mit kunst polarisieren.
leben wir wirklich unter der diktatur der linken identitären, der ewig beleidigten.
wie viel POC verberge ich in mir.
darf eine bindung mit mir sich als divers darstellen.
muss ich schon strukturell diskriminiert sein, um meine stimme zu erheben, oder ist es überheblich, dass ich mich erhebe.
wo bleibt die kunst, wenn ich all das beachten muss.
oder ist das dann erst kunst, wenn ich mich mit all diesen fragen zuerst mal beschäftige.
ist kunst deshalb elitär, weil man sich mit diesen fragen nicht beschäftigt.

warum diskutieren wir über kunst, anstatt zu tun.
oder haben wir genug getan und jetzt ist die zeit zu reflektieren, was bisher nicht getan wurde.
gibt es freie kunst.
ist die kunst, die mit zuschauer*innen-zahlen bemessen wird, noch frei.
oder ist sie erst dann, wenn jemand sie beachtet.
haben sie auch die vögel von wajdi mouawad gesehen und wie ich gedacht, jetzt weiß ich, warum ich theater liebe.
sprechen wir über die strukturen mehr als über den inhalt.
kann man überhaupt über inhalte sprechen, wenn die struktur sich von den inhalten entfernt.
war theater jemals mit inhalten in der öffentlichkeit.
schäme ich mich, wenn ich jeden tag einen neuen bericht über die missstände im theaterbetrieb lese.
oder höre ich ein aufatmen, ein endlich.
wie könnte eine besetzung einer stelle aussehen, wenn man den umgang mit einer machtposition zuerst testen würde.
warum gibt es überhaupt machtpositionen.
kann kunst ohne einen begleittext existieren.
kann man die kunst von ihren schöpfer*innen trennen.
darf ich filme von polanski gut finden, michael jackson ohne schlechtes gewissen hören.

Gibt es auf all das eine Antwort oder bleiben wir lieber bei den Fragen.
Ist die Zeit nicht reif für das Verlernen.
Können wir bitte damit anfangen.
Denn all diese Fragen haben mit eigenen Erfahrungen im Kunstbetrieb zu tun.

Kapitel 2

Wandel im Kunstfeld

110

Wozu eigentlich Kunst?

Michael Wimmer

„Ich würde gerne Geld in Kunst, Kultur und Bildung fließen lassen. Der Beweis der Richtigkeit dafür hingegen, dass es den ÖsterreicherInnen dadurch in Zukunft besser ginge als heute, müsste erst erbracht werden.“[1]

Susanne Jerusalem

1 Susanne Jerusalem am 14. Mai 2020 in einem mittlerweile gelöschten Facebook-Posting, vgl. https://twitter.com/GebMoped/status/1261019782347964416.

Für dieses Statement wurde die frühere Politikerin der Grünen in den sozialen Medien heftig gerügt. Der Anwurf, bei ihr selbst sei „Bildung wohl nicht sehr zielführend gewesen“, war noch einer der harmloseren. Die meisten Schmähungen wollten aber einfach zum Ausdruck bringen, dass sich Kunst, Kultur und Bildung als Zentralanstalten gesellschaftlicher Verbesserung quasi von selbst zu verstehen hätten. Ein*e Ignorant*in, wer da nicht in den Affirmationschor einstimmen wollte.

Und doch ist alles nicht so einfach. Schon darüber ließe es sich trefflich streiten, was Österreicher*innen unter „besser gehen“ verstehen: einen besseren (oder überhaupt einen) Job, mehr Urlaub, eine Eigentumswohnung, ein Auto oder doch eher Gesundheit und Wohlergehen, friedliches Zusammenleben, mehr politische Mitbestimmung oder Zuversicht in einer rundum verunsicherten Welt – oder einfach ein Kulturangebot, das ihren Erwartungen entspricht. Die Liste ließe sich noch lange fortsetzen und stellte angesichts eines ebenso umfassenden wie unbestimmten Erwartungshorizonts eine beträchtliche Überstrapazierung von Kunst, Kultur und Bildung dar. Noch gravierender aber sind die Einwände dort, wo es empirisch zur Sache geht. Dazu hat Bildungsforscher Aladin El-Mafaalani in seiner Studie „Mythos Bildung: Die ungerechte Gesellschaft, ihr Bildungssystem und seine Zukunft“[2] nachgewiesen, dass die gegenwärtige Verfassung des Bildungssystems das schiere Gegenteil dessen leistet, was es an Verbesserungen verspricht: Mit seiner Tendenz, bestehende soziale Ungleichheiten zu verschärfen, verschlechtert es die Lebens- und Karrierechancen der Betroffenen nachhaltig.

2 Aladin El-Mafaalani (2020): *Mythos Bildung. Die ungerechte Gesellschaft, ihr Bildungssystem und seine Zukunft*. Köln: Kiepenheuer & Witsch.

Kann Kunst die Lebensverhältnisse verbessern – aber auch verschlechtern?

In den politischen Auseinandersetzungen der letzten Jahre rund um Migration wurde deutlich, dass auch der Kultur eine stark ausgrenzende Tendenz innewohnt. Als solche ist zuletzt ein kulturpolitischer Trend dominant geworden, der Menschen entlang ethnisch-kultureller Grenzziehungen in Zugehörige und Nichtzugehörige trennt. Zweitere werden dann auch gleich mit dem Stigma der Verschuldensträger*innen für alles Schlechte in der Welt versehen und damit Gegenstand jeder Art von Diskriminierung. Strategien zur Verbesserung ihrer schlechten Verhältnisse sehen anders aus.

In diesem Beitrag aber will ich mich auf Kunst und ihre potenziellen gesellschaftlichen Wirkungen beschränken, darauf, ob Kunst ein probates Mittel darstellt, die Lebensverhältnisse von Menschen zu verbessern. Ein kleiner Teil der Bürger*innen – 5 bis 8 %, dieser Prozentsatz erweist sich in den europäischen post-industriellen Gesellschaften seit vielen Jahren weitgehend unverändert – wird diese Frage uneingeschränkt mit Ja beantworten: Sie können (und wollen) sich ein Leben ohne Kunst gar nicht vorstellen, für sie bildet Kunst ein unverzichtbares Lebensmittel. Der Befund dieser kleinen, aber öffentlichkeitswirksamen sozialen Gruppe ist eindeutig: Das erzwungene Schließen des Kulturbetriebs durch die Pandemie habe ihre Lebensbedingungen nachhaltig verschlechtert.

Ähnliches lässt sich für den großen Rest der Bevölkerung – trotz mannigfacher kultureller Bildungs- und Vermittlungsbemühungen – freilich nicht sagen. In seinem Essay „Warum eigentlich Kultur?“[3] spricht

3 Michael Köhlmeier (2021): „Warum eigentlich Kultur? Ein Gesellschaftsbrief“, in: Manfried Rauchensteiner/ Michael Gehler (Hg.): *Corona und die Welt von gestern*. Wien: Böhlau, S. 127–136.

der Autor Michael Köhlmeier von den anderen, von der großen Mehrheit der „Männer und Frauen, die sich nie um Kunst, nie um Literatur und so weiter gekümmert haben, die weder Musik hören noch ein Buch auch nur besitzen, geschweige denn lesen, die nie ein Theater von innen gesehen haben, und die trotzdem liebevolle, empathische, interessante Menschen sind, die lachen, wenn man sie kitzelt, die weinen, wenn man sie sticht". Und er fügt hinzu: „Ich schätze, dass die Zahl der Arschlöcher, statistisch gesehen, bei den Kulturmenschen gleich groß ist wie bei den Banausen."[4]

Nicht eben ein starkes Argument, das Kunst noch einmal zu einem umfassenden Verbesserungsmittel der gesellschaftlichen Verhältnisse zu erheben versucht. Vielleicht aber ein geeigneter Ausgangspunkt, um nochmals über das prekäre Verhältnis von Kunst, Politik und Gesellschaft nachzudenken, das sich historisch nie darauf hat beschränken lassen, gesellschaftliche Reparaturleistungen zu erbringen. Und doch tut sich in der Diskussion ein unüberbrückbarer Widerspruch auf, wenn sich just die Anwält*innen der Haltung, Kunst als Verbesserung von was auch immer zu verhandeln, an vorderster Front im Kampf um deren Autonomie finden. Ihr Sieg sollte der Kunst den unbestreitbaren Status zuweisen, der sie instand setzt, sich jeglicher politischer und damit indirekt auch gesellschaftlicher Instrumentalisierung zu verweigern. Gleichzeitig pochten ihre Wortführer*innen ungebrochen auf eine Wichtigkeit von Kunst für die Gesellschaft, die unvermeidlich einen Diskurs über eine Funktion der Kunst zur Verbesserung der Gesellschaft befördert.

Ihr Hauptargument begründet sich bis heute auf der – in Österreich erst sehr spät erkämpften – kulturpolitischen Errungenschaft der Freiheit der Kunst.[5] Davor zeigte die Politik oft wenig Hemmung, sich in die inhaltliche Ausgestaltung des Kunstschaffens einzumischen und diese – etwa im Anspruch der Aufrechterhaltung sittlicher Ordnung – zu beeinflussen. Dies zeigte sich an einer immer wieder aufflackernden Zensurdebatte, die vor allem von katholisch-konservativer Seite mit immer neuem Zündstoff versorgt wurde. Danach musste sich eine sozialdemokratisch geführte Kulturpolitik, die eine Reihe neuer Fördermaßnahmen ins Leben rief, immer wieder den Vorwurf gefallen lassen, damit zumindest indirekt bestimmte (gesellschafts-)politische Ziele zu verfolgen.

Formal aber war die Politik mit der Verabschiedung des Bundeskunstförderungsgesetzes 1988[6] angehalten, sich auf die Bereitstellung förderlicher Arbeitsbedingungen von Künstler*innen abseits der herrschenden Marktkräfte zu beschränken. Sie war peinlich darauf bedacht, verständnisvolle Distanz zu wahren und keinerlei Versuch mehr zu unternehmen, Kunst für gesellschaftspolitische Ziele, welcher Art auch immer, in den Dienst zu nehmen. In dieser Konstellation fungiert Kunst besonders seit dem Aufkommen populistischer, illiberaler politischer Kräfte als ein Lackmus-Test für den Zustand liberaler Demokratien, der sicherstellt, dass Kunst frei von äußeren Interessen stattfinden kann.

4 Ebd., S. 128.

5 Seit 1982 als ein Grundrecht in der österreichischen Bundesverfassung verankert, siehe https://www.ris.bka.gv.at/eli/rgbl/1867/142/A17a/NOR12010327.

6 Bundeskunstförderungsgesetz (1988), https://www.ris.bka.gv.at/GeltendeFassung.wxe?Abfrage=Bundesnormen&Gesetzesnummer=10009667.

Die gesetzlich auferlegte Enthaltsamkeit von Politik und Staat in ihrem Verhältnis zum Kunstschaffen hindert aber Künstler*innen nicht, ihrerseits als politische Akteur*innen aufzutreten. Immer wieder haben sich prominente Künstler*innen als politische Parteigänger*innen erwiesen.[7] Bis heute zieren die Namen prominenter Künstler*innen die Wahlkomitees aller Parteien.

[7] Manche von ihnen haben es später bedauert, andere haben ihr Leben dafür gelassen.

Die Geschichte der Künstler*innen, die sich dazu entschlossen haben, selbst Politik zu machen, ist lang und reicht von André Malraux im Frankreich der Nachkriegszeit bis zum Schauspieler und Sänger Franz Morak als ressentimentgeladenen Kunststaatssekretär in der blau-schwarzen Regierung Schüssel I. In Ermangelung der „richtigen" politischen Partner haben Künstler*innen wie Karlheinz Hackl oder Roland Düringer sogar versucht, eigene politische Bewegungen ins Leben zu rufen. Ihre politischen Erfolge hielten sich freilich in Grenzen. Eine größere Öffentlichkeit hat zuletzt das Zentrum für politische Schönheit erhalten, das seine Aufgabe darin sieht, mit ästhetischen Mitteln politische Verhältnisse „zur Kenntlichkeit zu verzerren" und sich damit unmittelbar am politischen Machtkampf zu beteiligen.[8]

[8] Nils Kühl (2018): „Gibt es politische Kunst? Zur Kritik am Zentrum für politische Schönheit", in: *Zeitschrift für angewandte Diskurstheorie 75(2)*, S. 39–47.

Die Initiative ordnet sich ein in die Geschichte der künstlerischen Avantgarden mit ihren vielfältigen Versuchen, „Kunst und Leben" miteinander zu versöhnen. Versehen mit einem solchen Anspruch kann die Geschichte weiter Teile der modernen Kunst als eine einzige Bewegung des Kunstschaffens verstanden werden, die danach sucht, wie es gelingen kann, der Kunst (gesellschafts-)politische Wirkmächtigkeit zuzusprechen und dieser in strategischen Allianzen mit politischen Akteur*innen – innerhalb und außerhalb der repräsentativen Demokratie – zum Durchbruch zu verhelfen. Voraussetzung dafür ist freilich die Anerkenntnis, dass Kunst nicht im luftleeren Raum stattfindet, sondern nicht darum herumkommt, sich mit den jeweiligen (gesellschafts-)politischen Kontexten, in denen sie stattfindet, auseinanderzusetzen.

Von der Ästhetisierung der Politik zur Politisierung der Ästhetik

Eine theoretische Basis dafür liefert u. a. Walter Benjamin in seinen Überlegungen zu „Das Kunstwerk in Zeiten seiner technischen Reproduzierbarkeit"[9] aus dem Jahr 1936. Angesichts des Überhandnehmens totalitärer Herrschaftsformen sprach er damals von der Notwendigkeit, einer faschistisch motivierten „Ästhetisierung der Politik" eine „Politisierung der Ästhetik" entgegenzusetzen: „Der Faschismus läuft folgerecht auf eine Ästhetisierung des politischen Lebens hinaus. [...] So steht es um die Ästhetisierung der Politik, welche der Faschismus betreibt. Der Kommunismus antwortet ihm mit der Politisierung der Kunst." Die Tatsache selbst, dass Kunst und Politik in einer engen

[9] Walter Benjamin (2007): *Das Kunstwerk in Zeiten seiner technischen Reproduzierbarkeit*, Berlin: Suhrkamp.

Wechselbeziehung zueinander stehen, stand für Benjamin und seine Apologet*innen also nie zur Frage.

Auch wenn der Faschismus fürs Erste niedergerungen werden konnte, so steht es doch heute außer jedem Zweifel, dass eine umfassende Ästhetisierung nicht nur die Politik, sondern auch die letzten Winkel unserer Lebens- und Arbeitsbereiche erreicht hat. Den Regierenden ist diese Entwicklung nur zu bewusst: Sebastian Kurz und seine Entourage beispielsweise beherrschten die Methoden der Ästhetisierung der Politik aus dem Effeff. Im Vergleich dazu beschränken sich die Ansprüche einer „Politisierung der Ästhetik" bislang auf die eine oder andere kabarettistische Einlage vom Schlag Lukas Resetarits, die aufgrund außerordentlicher Umstände schon einmal zum Rücktritt der für das Kunst- und Kulturressort zuständigen Staatssekretärin führen kann.[10]

[10] https://orf.at/stories/3165804.

Künstler*innen als die besseren Politiker*innen?

Wahr ist, dass sich ein großer Teil der Künstler*innen nur in dem Maß für Politik interessiert, als diese für in der Regel unzureichende Arbeits- und Präsentationsbedingungen verantwortlich gemacht wird. Darüber hinaus zeigt sich gerne eine nicht unbedenkliche Hybris, die die Macht der Kunst als weit wirkmächtiger einschätzt als die der Politik. Während sich in der Regel unfähige Politiker*innen in den Niederungen der Machtverhältnisse mit dem Feilschen von Kompromissen herumschlagen müssten, verfügten Künstler*innen über ein besseres Sensorium für die politischen Stimmungslagen. Ausgestattet mit dem Charisma von zumindest potenziellen Publikumslieblingen schätzen sich allzu viele Künstler*innen nur zu leicht als die „besseren" Politiker*innen ein, die weit eher in der Lage wären, die Verhältnisse zum Besseren zu wenden, als die meisten trögen, wenn auch gewählten Politiker*innen – wenn man sie nur ließe. Dass sich dahinter ein gerütteltes Maß an Verachtung gegenüber demokratisch verfasster Willensbildung verbirgt, bleibt in einem solchen Spannungsverhältnis zwischen „hoher Kunst" und „niederer Politik" nur zu gerne unbemerkt.

Ein Blick in Martin Warnkes Band „Der Hofkünstler"[11] macht deutlich, dass die Ursprünge einer solch manisch-depressiven Grundhaltung von Künstler*innen gegenüber Politik und Gesellschaft lange zurückreichen. Warnke zufolge habe sich mit dem Aufkommen absolutistischer Herrschaftsformen der Typ des „Hofkünstlers" herausgebildet. Als solcher wusste er sich herausgehoben aus den zünftischen Zwängen der Stadtgesellschaften, an deren demokratische Aushandlungsprozesse er als Teil der Bürgerschaft gebunden war. Als „Hofkünstler" wusste er sich als privilegierter Teil absoluter Herrschaftsansprüche, deren Durchsetzung auf keinerlei Mitbestimmungsansprüche städtischer Gemeinschaften Rücksicht nehmen mussten. Einmal vom Herrscher beauftragt, sollten

[11] Martin Warnke (1996): *Der Hofkünstler. Zur Frühgeschichte des modernen Künstlers*, Köln: DuMont (2. Auflage).

sich die Hervorbringungen von Künstler*innen fortan als sakrosankt erweisen, jedenfalls als immun gegenüber all denen, die demokratische Ansprüche an das Kunstsystem richten sollten.

Daraus erkläre ich mir jedenfalls die dominierende Skepsis, die weite Teile der Künstler*innen bis heute gegenüber demokratischen Aushandlungsprozessen umtreiben. Mit der kollektiven Erinnerung an einen privilegierten Status des „Hofkünstlers" müssen sie heute ganz kreatürlich die demokratisch legitimierten Teilhabeansprüche als eine narzisstische Kränkung erfahren, die ihnen die Deutungshoheit über den Diskurs um die Stellung der Kunst in der Gesellschaft sowie um die Wirksamkeit der Verbesserung zu untergraben droht.

Der Verlust des Politischen und der Gewinn des Kulturellen

Eine zusätzliche Note erhielt diese schiefe Bahn zwischen Kunst und Politik noch einmal im neoabsolutistischen Österreich des ausgehenden 19. Jahrhunderts, als dem aufstrebenden Bürger*innentum nach dem Scheitern der Bürgerlichen Revolution 1848 die politische Teilhabe versagt wurde. Als repräsentatives Ersatzfeld bot sich der Kulturbetrieb an, der sich als ein exklusiver Ort der wenn schon nicht politischen, so doch symbolischen Repräsentation erweisen sollte. Auch in diesem Setting kam den Künstler*innen die Aufgabe zu, sich (und mit ihnen ihr Publikum) positiv gegenüber dem politischen Geschehen abzugrenzen, das sie ohnehin nicht beeinflussen konnten. Und so erhielten sie einmal mehr den Auftrag, mit ihrer hehren Kunst den Verlust politischer Teilhabe vergessen zu machen. Dafür durften sie sich als die eigentlichen, weil wesentlich attraktiveren Repräsentant*innen der Gesellschaft, jedenfalls der „besseren", feiern lassen – und das ganz ohne demokratische Abstimmung.

Diese Entwicklungen können mit erklären, warum sich die Behauptung einer mit einer demokratischen Verfasstheit nur sehr schwer kompatiblen Sonderstellung des Kulturbetriebs bis heute als so dominant zu erweisen vermag. Die Konsequenzen zeigen sich u. a. in der Herausbildung eines Künstler*innen-Typs, der erfolgreich von sich behaupten konnte, mit Politik aber auch schon rein gar nichts zu tun zu haben. Und doch war es gerade diese antipolitische Haltung, die die Kulturpolitik der Nachkriegsjahre in besonderer Weise bestimmen sollte. So haben namhafte Künstler*innen mit einer solchen Argumentationslinie wesentlich dazu beigetragen, die österreichische Bevölkerung von der aktiven Mitwirkung an der nationalsozialistischen Diktatur zu exkulpieren. Obwohl viele von ihnen ein ausgesprochenes Naheverhältnis zum Nazi-Regime pflegten, übten sie sich in der Rechtfertigung, sich dabei ausschließlich um „ihre Kunst" gekümmert zu haben. Diese habe jedenfalls für sie einen wesentlich höheren Stellenwert eingenommen als das politische Geschehen.[12]

12 Dass diese Diskussion bis heute nicht beendet ist, haben beispielsweise Klaus Hochgatterer und Nikolaus Habjan gezeigt. In ihrem bejubelten Puppentheaterstück „Böhm" erzählen sie die Geschichte des Dirigenten Karl Böhm, der seine Kunst mit anderen Maßstäben gemessen haben wollte als die ihn umgebenden politischen Verhältnisse. Siehe dazu https://schauspielhaus-graz.buehnen-graz.com/play-detail/boehm.

Kunst ist ein Format, das jegliches Format übersteigt

Gegen diese Form der politischen Realitätsverweigerung hat der Schweizer Autor Adolf Muschg einen Gegenentwurf entwickelt, der Kunst als einen Freiraum definiert, in dem sich Ambivalenzen zu entfalten vermögen.[13] In einem Spannungsverhältnis von Politik, die notwendigerweise auf Vereindeutigung gerichtet ist, und Kunst, die sich ebendieser durch die Schaffung von Vieldeutigkeit immer wieder zu entziehen trachtet, konstruiert Muschg einen Beziehungsrahmen, der beide Seiten in produktiver Weise aufeinander Bezug nehmen lässt.

13 Adolf Muschg (2014): *Lebensrettende Phantasie. Ein biographisches Porträt*, München: C. H. Beck.

Wenn Kunst und Politik dergestalt als Gegenpole aufeinander verwiesen werden, dann führt das notwendigerweise zur Akzeptanz dessen, was Kunst, die sich ihres gesellschaftspolitischen Kontextes bewusst ist, immer schon wesentlich mitbestimmt hat: die Fähigkeit, als Teil der gesellschaftlichen Wirklichkeit einen Möglichkeitsraum zu eröffnen, in dem alles auch ganz anders sein kann. Dazu schreibt Muschg: „Das Kunstwerk spielt nicht nur mit der Ambivalenz, es besteht aus ihr."[14] Als solches aber verweigert Kunst jeglichen „rettenden Gedanken", etwa in Form eindeutiger künstlerischer bzw. literarischer Aussagen, die geeignet wären, in einen notwendigerweise auf Vereindeutigung, weil auf Entscheidung drängenden politischen Diskurs eingebracht zu werden.

14 Ebd.

In einer solchen Interpretation erweist sich Muschg in der Gefolgschaft eines prinzipiellen Widerspruchsverhältnisses im Umgang mit Kunst. Nach ihm besteht die besondere Qualität der Kunst gerade darin, keinerlei Ansprüchen folgen zu müssen (und seien es solche einer wie immer gearteten Verbesserung). Das aber bedeutet, dass Kunst alles sein kann, politisch, nicht-politisch, apolitisch und antipolitisch, realistisch, utopisch, affirmativ oder kritisch, in der persönlichen Erfahrung erschütternd oder belanglos und wohl noch vieles mehr. Sie steht für das Offenhalten eines Denk- und Erfahrungsraums, der auf immer neue Weise darüber hinausweist, was wir uns in unseren Wirklichkeiten vorstellen können.

Geht es also nach Muschg, dann können wir uns die Hoffnung, die Kunst wäre in der Lage, das Leben von Menschen zu verbessern, abschminken. Mit seinem Anspruch an die Kunst, einen Freiraum für das Aushalten von Ambivalenzen bereitzustellen, verweist er ungewollt auf einen Zustand der Welt, die selbst wie nie zuvor von Ambivalenzen geprägt erscheint. Der Umgang mit Kunst wäre dann nicht mehr eine hochmütige Verweigerungshaltung, die sich noch einmal gegen eine desavouierte Politik abzugrenzen hofft, sondern der Versuch, sich in einer Welt mit all ihren Widersprüchen und Verunsicherungen zurechtzufinden, um daraus allenfalls (politische) Schlussfolgerungen zu ziehen, die wir uns ohne das Medium Kunst erst gar nicht vorstellen könnten. Ob diese in weiterer Folge zu Verbesserungen bzw. zu dem, was Menschen als solche empfinden, führen werden, das weiß der Himmel ...

Kunst & Kultur ins Zentrum der Gesellschaft

Doris Rothauer

7 Empfehlungen für mehr Wirkungsorientierung und Social Impact im Zeichen gesellschaftlicher Veränderung

Als mich Michael Wimmer einlud, zur vorliegenden Publikation beizutragen, meinte er, dass mir die Frage des „Impacts“ ein besonderes Anliegen sein könnte, die sich ja „eng mit der Frage neuer kulturpolitischer Legitimationsstrategien verknüpfen lässt“. Und dann hängte er noch an: „Aber fühlen Sie sich fürs Erste frei.“ Damit hatte er mich zweifach geködert, mit dem Impact und dem Freifühlen. Warum das Thema Impact? Und was bedeutet eigentlich Impact, auf deutsch „Wirkung“, im Kontext von Kunst und Kultur?

Impact beschreibt grundsätzlich die Auswirkung, die eine Aktivität, ein Handeln verursacht und die im besten Falle auf eine positive Veränderung abzielt. Wirkungsorientiertes Handeln wird gegenwärtig zumeist mit dem Ziel nach mehr Nachhaltigkeit verbunden, sei es sozial, ökologisch oder ökonomisch motiviert. Es geht darum, einen Beitrag zu einem positiven gesellschaftlichen Wandel zu leisten.

Wirkungsorientierung geht damit gegenüber reiner Leistungsorientierung einen oder auch mehrere Schritte weiter. Ziel ist nicht die Leistung per se, sondern was die Leistung bewirkt bzw. verändert. Und das kann zu einem entscheidenden Unterschied, auch in der Leistungserbringung, führen. Denn es geht nicht um *„profit for the profit's sake“*, um eine überholte Haltung aus der Wirtschaft zu zitieren, sondern es geht um Visionen, Sinnstiftung und eine klare Mission als Haltung und Ziel.

Wir leben allerdings in einer Gesellschaft, die nach wie vor weitgehend über reine Leistungen definiert wird, über „Output“. Damit einher gehen Leistungsdruck, Quotendruck, Ressourcenausbeutung, Massenproduktion, Massenkonsum. Sackgassen, aus denen wir nun mühsam wieder rausfinden müssen. Und dies nicht nur in der Wirtschaft.

Sackgassen, in die der Kulturbetrieb ebenfalls getappt ist und die einen Teufelskreis produziert haben: Immer mehr Ausstellungen, immer mehr Veranstaltungen, immer mehr Produktionen, und das alles, um immer mehr BesucherInnen anzulocken. Legitimations- und Erfolgskriterien, die allerdings wenig darüber aussagen, ob die vielen Leistungen auch etwas bewirken bei den BesucherInnen, im Umfeld, in der Gesellschaft. Ein Teufelskreis, den die Kulturpolitik eifrig befeuert, indem sie Subventionen mit quantitativen Output-Kriterien legitimiert.

Es ist doch aber die eigentliche Rolle von Kunst und Kultur, gesellschaftliche Weiterentwicklung zu ermöglichen und gesellschaftlichen Wandel mitzugestalten, was sich gegenwärtig mit dem umfassenden Schlagwort der Nachhaltigkeit beschreiben lässt, sei es auf sozialer, ökologischer oder ökonomischer Ebene. Daran lassen sich im Kulturbereich Themen und Ziele wie Inklusion, Partizipation, hochwertige Bildung, Gleichheit, Diversität oder Klimaschutz anknüpfen, um nur einige zu nennen.

Was müssen wir also tun, als Kulturinstitutionen ebenso wie als Stakeholder – zu denen auch die Kulturpolitik gehört –, um den zentralen gesellschaftlichen Herausforderungen unserer Zeit gerecht zu werden und zu einem positiven Wandel beizutragen? Um den sozialen Impact unseres Tun und Handelns zur Maxime zu machen? Ausgehend von drei Projekten, die aus dem Bedürfnis nach mehr gesellschaftlicher Wirkung im Kulturbereich entstanden sind, möchte ich die dabei gemachten Erfahrungen zu einem Empfehlungskatalog für mehr Impact verbinden, als Basis und Zielsetzung einer neuen Agenda der Kulturpolitik.

Das erste Projekt, *Cultural Impact,* war ein FFG-gefördertes Forschungsprojekt, das ich mit meinen Kolleginnen Tina Trofer und Kerstin Hosa 2018/2019 durchgeführt habe. In Interviews, Workshops und einem begleitenden Blog sind wir der Frage nachgegangen, welche Angebote, Methoden und Tools es zur Planung und Darstellung der gesellschaftlichen Wirkung von Kunst- und Kultureinrichtungen braucht.

Das Folgeprojekt ist dann mitten im ersten Corona-Lockdown entstanden. In einem umfangreichen Stakeholder-Dialogprozess unter dem Motto *Back to Unusual*, begleitet von einer Kampagne unter dem Titel *Kunst Muss*, wurden in Interviews und Workshops, auf Social Media sowie einer Webplattform gemeinsam Visionen und Strategien entwickelt, um das „Hochfahren" der Kunst- und Kulturorganisationen nach dem Lockdown zukunftsorientiert zu gestalten. Initiiert wurde der Prozess in Eigenregie und unter meiner Projektleitung von einer Gruppe engagierter und kunstaffiner „Change-Maker" aus unterschiedlichsten Bereichen.

Das dritte Projekt, *17 Museen 17 SDGs Ziele für eine nachhaltige Entwicklung*, ist 2021 in Kooperation und auf Initiative von ICOM Österreich ins Leben gerufen worden und hat erstmals und umfassend die Rolle von Museen zur Erfüllung der UN-Agenda 2030 aufgezeigt. 17 österreichische Museen wurden eingeladen, sich aktiv, konkret und sichtbar mit den 17 von den Vereinten Nationen verabschiedeten SDGs (Sustainable Development Goals) auseinanderzusetzen. In prozessbegleitenden Workshops konnte ich gemeinsam mit den teilnehmenden Museen deren Strategien, Maßnahmen und Aktivitäten zur Umsetzung eines jeweils zugelosten SDGs erarbeiten.

Was alle Projekte verbindet und sich wie ein roter Faden durchzieht, ist ein Bewusstseinswandel im Kulturbereich, durchaus selbstkritisch und selbstreflexiv, dass Nachhaltigkeit und Impact die Zukunftsagenden sind. Um aber vorhandene Chancen für eine stärkere gesellschaftliche Wirkung und Vorbildrolle wahrnehmen zu können, braucht es neue Zugänge, Prozesse, Strukturen. Dieser Veränderungsbedarf muss von der Kulturpolitik mitgetragen und unterstützt werden.

Folgende Empfehlungen im Rahmen einer neuen kulturpolitischen Agenda lassen sich daher aus meiner Sicht aus den Projekterfahrungen ableiten:

1. Eine neue Erfolgsdefinition

Erfolg kann aufseiten der Kulturpolitik nicht mehr ausschließlich über Quoten definiert und kommuniziert werden. Frei nach Stella Rollig, Generaldirektorin der Österreichischen Galerie Belvedere, aus einem meiner Interviews mit ihr zitiert, kann es nicht mehr darum gehen, wie viele BesucherInnen in eine Ausstellung reingehen, sondern wie sie herauskommen, was mit ihnen im Museum passiert. Das zeigt, dass auch die großen Kulturtanker, denen gerne unterstellt wird, nur auf Blockbuster und Massenpublikum aus zu sein, sich ebenfalls ein Umdenken in Bezug auf den Quotendruck wünschen. Der eigentliche Erfolg kann nur im Impact liegen.

2. Neue Erfolgskriterien

Bei aller Wichtigkeit und Notwendigkeit quantitativer Erfolgskriterien und belastbarer Zahlen braucht es ergänzend qualitative Indikatoren, die auf den Impact abzielen. Was hat der Besuch einer Kulturinstitution oder einer Veranstaltung bewirkt in Hinsicht auf Bewusstseinsbildung, Orientierung, Reflexion, Wohlbefinden, die Aneignung neuen Wissens und neuer Fähigkeiten oder gar Anregungen zu einem neuen Denken und Handeln? Fühlen sich Menschen mit Behinderungen oder anderen Barrieren unterschiedlichster Art inkludiert und wertgeschätzt? Fördern partizipative Angebote die Kreativität und Gestaltungslust der BesucherInnen? Hat der interne Umgang mit Ressourcen und damit auch der ökologische Fußabdruck der Institution Vorbildcharakter, wenn er entsprechend kommuniziert wird?

Dazu braucht es freilich klar formulierte Wirkungsziele – eine strategische Aufgabe der Kulturinstitutionen –, die von der Kulturpolitik neben den üblichen Programmplanungen in Zukunft mit eingefordert werden sollten. Um solche formulieren zu können, gibt es bereits eine Reihe tauglicher Instrumente und Methoden zur Orientierung, wie etwa die sogenannte Wirkungstreppe, die im Sozial- und NGO-Bereich, im Nachhaltigkeitsmanagement oder im sozialunternehmerischen Bereich eingesetzt werden.

3. Neue Evaluierungsmethoden

Hier ist durchaus methodische Kreativität gefragt und erlaubt. Teilnehmende Beobachtungen bei Vermittlungsprogrammen, Fragebögen, strukturierte Interviews, Foto- und Videodokumentationen können nicht nur aussagekräftige Informationen und Feedback liefern, sondern auch wertvolle emotionale Einblicke. Größeren Ressourceneinsatz erfordern Fokusgruppen, standardisierte Interviews oder auch Studien mit Kontrollgruppen. Ein internationales Beispiel dazu ist etwa die Studie des MoMA (Museum of Modern Art New York) in Kooperation mit der New York University, die die positiven Auswirkungen von Kunstvermittlungsprogrammen auf Patienten mit Alzheimer untersucht und belegt hat. Die Kulturpolitik kann und muss neue Evaluierungsmethoden unterstützen durch Beistellung von ExpertInnen und anderen Ressourcen.

4. Eine neue Kommunikation

Kulturpolitik kann und muss dazu beitragen, dass der Teufelskreis des Quotendrucks in der öffentlichen Kommunikation und Wahrnehmung durchbrochen wird. Erfolgsgeschichten müssen auf ihrer gesellschaftlichen Vision und Wirkung aufgebaut werden. Es kann nicht mehr nur um die Darstellung von Fakten und Zahlen gehen, sondern um emotionale Teilhabe und Identifikation, um Gestaltungskraft und Partizipation, um Empowerment und Wirkungsmacht. Das sind die Elemente eines erfolgreichen Storytellings. Das ist es, was Kunst und Kultur so faszinierend und unentbehrlich macht. Das ist es, was eine visionäre Kulturpolitik einfordern und weitererzählen muss.

5. Neue Anreizsysteme

Seien es die SDGs der UN, das Österreichische Umweltzeichen, Österreichs Beste Arbeitgeber oder andere Programme, Auszeichnungen und Preise – es braucht kulturpolitische Anreizsysteme, wie wirkungsorientiertes und nachhaltiges Agieren unterstützt, belohnt und auf die öffentliche Bühne gehoben werden kann. Hier ist noch viel Luft nach oben, neue Programme, Auszeichnungen und Preise zu schaffen und zu vergeben.

6. Neue Ökosysteme

Eine in allen Projekten und Gesprächen immer wiederkehrende Forderung sowohl der Akteure selbst als auch ihrer Stakeholder ist das „Raus aus der Bubble“. Auch hier hilft ein Blick auf andere Nachhaltigkeitsbereiche, etwa auf die sogenannten Social-Impact-Ökosysteme, in denen Politik, Zivilgesellschaft und die Privatwirtschaft gemeinsam an einer nachhaltigen Zukunft arbeiten. Was braucht es, um geschlossene Systeme – konkret die Kunst-Blase – zu öffnen?

Das Abbauen hierarchischer Strukturen in den Kunstbetrieben, das Abbauen von Bereichs- und Verständnisgrenzen, das Vernetzen mit visionären, einflussreichen Change-Makern aus anderen Bereichen der Gesellschaft, das Schaffen von Synergien und co-kreativen Prozessen der AkteurInnen untereinander und das Gewinnen neuer Impact-Stakeholder aus dem Finanzierungsbereich (Stiftungen, Impact-Investoren etc.). Das erfordert ein professionelles Stakeholder-Management. Der Kulturpolitik kann hier eine wichtige unterstützende Rolle zukommen, etwa durch die Bereitstellung und/oder Finanzierung entsprechender Professionalisierungsprogramme und Stakeholder-Management-Prozesse.

7. Eine visionäre Kulturpolitik

Das Wichtigste zuletzt: Visionen! Sie sind die Klammer über einer neuen kulturpolitischen Agenda. In einer Zeit gesellschaftlichen Wandels brauchen wir mehr denn je Visionen, um zukunftsfähig zu bleiben. Eine visionäre Kulturpolitik ermöglicht es dem Kunst- und Kulturbetrieb und all seinen AkteurInnen, ihre Visionen zu entwickeln und in erfolgreiche Strategien umzusetzen. Eine visionäre Kulturpolitik kann neue Spiel- und Freiräume eröffnen und so Veränderung und Entwicklung vorantreiben, Kräfte bündeln und Ausrichtung schaffen. Visionen erfordern Mut, Kreativität, Weitsicht und einen langfristigen Horizont. Wie könnte man schöner beschreiben, was eine Vision ist, als durch die Worte eines Künstlers:

„Wenn Du ein Schiff bauen willst, dann trommle nicht Männer zusammen, um Holz zu beschaffen, Aufgaben zu vergeben und die Arbeit einzuteilen, sondern lehre sie die Sehnsucht nach dem weiten, endlosen Meer.“

Antoine de
Saint-Exupéry

Kunst zeigt Wirkung

Michael Wimmer

Im November 2019 lud die Klasse „transarts“ an der Universität für angewandte Kunst Wien den Kunsttheoretiker Wolfgang Ullrich zu einem öffentlichen Gespräch mit dem Philosophen Franz Schuh.[1] Ihr Thema war das Verhältnis von Kunst, die auf Märkten gehandelt, und jener, die im öffentlichen Museum verhandelt wird.

Ullrich hat 2016 den Band „Siegerkunst. Neuer Adel, teure Lust“[2] herausgebracht, in dem er in pointiert zugespitzter Manier die ästhetische Moderne zu Grabe trägt. Anhand der Analyse konkreter Beispiele nachmoderner Künstler*innen-Strategien kommt Ullrich zum Schluss, dass wir nicht darum herumkommen werden, uns von lieb gewordenen Vorstellungen über Kunst zu verabschieden. Angesichts der aktuellen Entwicklungen am Kunstmarkt hätte Kunst als Instanz der Aufklärung ihre kritische und damit die Gesellschaft (im Positiven) verändernde Funktion verloren. Künstler*innen würden sich vom Auftrag, am gesellschaftlichen Fortschritt mitzuwirken, verabschieden und im Zuge der sich immer weiter verschärfenden Konkurrenzkämpfe neue Allianzen mit den Gewinner*innen der aktuellen Krisenerscheinungen (vulgo den „Superreichen“) eingehen. Damit würden alle bisherigen, nicht marktbezogenen künstlerischen Qualitätsvorstellungen über Bord geworfen; was bliebe, das wäre der schiere Besitz. Dieser erlaube es den Begünstigten, über den (in den meisten Fällen rational nicht nachvollziehbaren) Preis des erworbenen Kunstwerkes nicht nur den materiellen, sondern auch den sozialen Distinktionsgewinn zu maximieren.

In dieser neuen Phase der individuellen Reichtumsrepräsentation durch Kunst würde der kunsttheoretische Diskurs weitgehend obsolet: Künftig über Kunst reden bedeutet für Ullrich über den Preis reden oder allenfalls noch über die Beweggründe derjenigen, die die zum Teil irrwitzigen Preise für die Kunst bezahlt haben, um sie zu besitzen. Dass

1 https://www.dieangewandte.at/jart/prj3/angewandte-2016/main.jart?rel=de&content-id=1453068412106&artikel_id=1571915006869.

2 Wolfgang Ullrich (2016): *Siegerkunst. Neuer Adel, teure Lust*, Berlin: Klaus Wagenbach Verlag.

eine solche Refeudalisierung des Verhältnisses zu Kunst beträchtliche Auswirkungen auf den Kulturbetrieb im Allgemeinen und seine Vermittlungsbemühungen hat, stellte bei der Diskussion nur ein Randthema dar. Deswegen möchte ich mich hier etwas intensiver damit beschäftigen.

Als die Künstler*innen wieder in den Schoß der Kultur zurückkehrten

Ein anderer Kunsttheoretiker und selbst gerne provozierende Künstlerfigur, Bazon Brock, hat im Rahmen einer ORF-Veranstaltung[3] noch einmal darauf hingewiesen, dass es sich bei Künstler*innen um eine historische Rolle handelt, der erst im späten 13. Jahrhundert – nur in Europa – eine eigenständige Funktion zukommt. Davor ausschließlich den handwerklichen Tätigkeiten zugeordnet, emanzipierte sich seit damals – zusammen mit den Wissenschaftler*innen (Naturphilosoph*innen) – die neue gesellschaftliche Figur der Künstler*innen, die für sich eine radikale Individualität beanspruchten: Ihre „Autorität durch Autor*innenschaft" erfüllte sich nicht im Nachvollzug der jeweiligen kulturellen Gegebenheiten. Ganz im Gegenteil beanspruchten sie für sich, den kulturellen Kontext, aus dem heraus sie agierten, zu überwinden und sich mit ihrer Kunst in ein zumindest distanziertes Verhältnis zu dem zu begeben, was sie umgibt. Es blieb jeweils künftigen Generationen vorbehalten, diese künstlerischen Hervorbringungen in die kulturellen Gegebenheiten zu integrieren und damit ein prekäres Verhältnis von Kunst und Kultur zu begründen, das wir bis heute nicht gelöst haben.

3 ORF1 (2019): „Bazon Brock – Kunst als geistiges Lebensmittel", Radio-Café Im Zeit-Raum, https://oe1.orf.at/artikel/661799/Bazon-Brock-Kunst-als-geistiges-Lebensmittel.

Nun war dieser frühe Künstler*innentyp nicht völlig autonom. Er war in der Regel angewiesen auf kundige Auftraggeber*innen, mit denen zusammen die jeweiligen künstlerischen Äußerungen ausverhandelt wurden. Dazu kamen zum Teil umfangreiche Werkstätten, in denen weiterhin kundige Handwerker*innen das umsetzten, was zwischen Künstler*in und Auftraggeber*in in allen Details vertraglich vereinbart wurde. Daraus ergab sich eine spezifische Wahrnehmungsweise von Kunst, die jedenfalls im Bereich der bildenden Künste eng an die Besitzverhältnisse geknüpft war. Aristokrat*innen und wohlhabende Bürger*innen konnten es sich leisten, Kunst auf kundige Weise zu beauftragen. Mit dem Besitz von derart zustande gekommener Kunst definierte sich der soziale Status; entsprechend war die Rezeption unmittelbar an das Bemühen um Distinktionsgewinn geknüpft.[4]

4 Michael Baxandall hat die engen Verbindungen von Kunstproduktion und -rezeption der frühen Moderne im Detail analysiert, siehe Michael Baxandall (2013): *Die Wirklichkeit der Bilder. Malerei und Erfahrung im Italien der Renaissance*, Berlin: Wagenbach.

Mit den Versuchen, das „Ancien Régime" und seinen selektiven, an Besitz geknüpften Zugang zu Kunst zu überwinden, deutet sich eine neue Funktion von Kunst und damit eine neue Aufgabenstellung für Künstler*innen in der Gesellschaft an. Wolfgang Ullrich führt dafür Immanuel Kants Prinzip des „interesselosen Wohlgefallens" an, demzufolge die Anschauung von Kunst – ähnlich der Natur – unparteiisch sein sollte. Dies aber war gleichbedeutend mit der Bemühung, Kunst aus den Zwängen der Besitzverhältnisse zu befreien. Nur so könnte der ästhetische Gehalt jeglicher künstlerischer Äußerung adäquat beurteilt werden. Auf dieser Basis entwickelte sich ein modernes Kunstverständnis, das – abseits unmittelbarer Marktinteressen von Händler*innen, Käufer*innen oder Sammler*innen – einen reflexiv-kontemplativen Umgang erlaubte. Nicht zufällig bildete dieser Zugang den Ausgangspunkt öffentlicher Kunsteinrichtungen, in die alle Menschen – ungeachtet ihrer Finanzkraft am Kunstmarkt – eingeladen waren, eine von jeglichem Besitzdenken befreite Kunst zu genießen.

Richtete sich Kants „interesseloses Wohlgefallen" noch auf das Schöne, so sollten die revolutionären Versuche eines an die politische Macht strebenden Bürger*innentums die Kunst schon wieder bald auf neue Weise kontextualisieren. Wenn Friedrich Schiller in seinen „Briefen zur ästhetischen Erziehung"[5] fordert, der Künstler habe sich von seiner Zeit (und damit auch von seinen Auftraggebern) radikal zu emanzipieren, dann erhoffte er sich damit eine besondere „Reinigungskraft" von Kunst als einer Voraussetzung zur Verbesserung der Gesellschaft. Schillers Erwartungen an die Kunst entsprangen einerseits dem Freiheits-Pathos der ersten Generation der europäischen Aufklärung und waren andererseits eng verbunden mit dem Schock über die weitere Entwicklung der zunächst durchaus sympathisierend beobachteten Französischen Revolution. Der deutsche Erziehungswissenschaftler Johann Bilstein hat in einem Vortrag an der Universität Bamberg 2019[6] mit einigem Recht darauf hingewiesen, dass die Vorstellungen Schillers und seiner Zeitgenossen über das moderne Künstler*innentum auf das Engste verknüpft waren mit den Erschütterungen der nachrevolutionären Restaurationszeit: Schiller spricht von Kunst; worum es ihm aber eigentlich geht, das sind die auf der Strecke gebliebenen Freiheitsansprüche, die ihm angesichts der restaurativen Tendenzen der 1790er-Jahre politisch wieder weit in die Ferne gerückt schienen. Also soll die Kunst einspringen und eine ästhetische Erziehung das leisten, was einer politischen Erziehung verwehrt bleiben musste.

5 Friedrich Schiller (1973–1975): „Ueber die ästhetische Erziehung des Menschen, in einer Reihe von Briefen", https://www.projekt-gutenberg.org/schiller/aesterz/aesterz.html.

6 https://www.uni-bamberg.de/zlb/k-r/kultur-und-bildung/kllb-tagung-2019/programm.

Die öffentliche Kunsteinrichtung als Ort, in dem sich die Kunst nicht mehr von selbst versteht

Aus dieser idealistischen Aufladung eines Kunstverständnisses zum Beginn des aufgeklärten Zeitalters ergeben sich meines Erachtens zwei Konsequenzen. Sie bestimmen alle Bemühungen um Bildung und Vermittlung bis heute: Da ist zum einen der Anspruch auf allgemein zugängliche öffentliche Räume, in denen Kunst abseits individueller Besitzverhältnisse wahrgenommen und verhandelt werden kann. Anhand der musealen Prachtbauten des 19. und ihren Nachfolgern im 20. Jahrhundert lässt sich anschaulich nachvollziehen, dass diese im Zuge der Entwicklung der Moderne sukzessive ihrer eigenen gestalterischen Ansprüche beraubt wurden, um schließlich im „White Cube“ eine völlig ablenkungsfreie Konzentration auf die Kunst zu ermöglichen.

Die anhaltende Idee, an diesen Orten Kants interesseloses Wohlgefallen zu zelebrieren, wurde mittlerweile freilich durch eine wachsende Zwischeninstanz von Expert*innen relativiert, die den Betrachter*innen ganz unterschiedliche Brillen verpasst haben, um ihnen die aus ihrer Warte *richtige* Anschauung zu ermöglichen. Ihren Mitgliedern kam die weithin unhinterfragte Aufgabe zu, ein dem Kunstmarkt enthobenes Qualitätsverständnis weiterzuentwickeln, das für alle an Kunst Interessierten Verbindlichkeit beansprucht. Ullrich spricht im Kontext zunehmender Musealisierung von Kunst von einer besonderen Erklärungs- und Vermittlungsbedürftigkeit, ohne die Kunst nicht (mehr) verstanden werden könne.

Der zweite Anspruch bezieht sich auf die von Schiller behauptete reinigende Kraft von Kunst. Daher rühren wohl bis heute alle Hoffnungen, der Kunst käme eine besondere Funktion bei der gesellschaftlichen Weiterentwicklung zu. Sie agiere gleichsam als eine bessere Alternative zur Politik, deren Freiheits- bzw. Autonomieansprüche nicht nur den Kunstbeflissenen mit dem Backlash der Französischen Revolution desavouiert erscheinen mussten. In einem solchen Kontext verweist Vermittlung notwendigerweise auf eine kathartische Wirkung von Kunst, die es erlaube, bei den Betrachter*innen Potenziale freizusetzen, die unter den gegebenen politischen Verhältnissen sonst keinen adäquaten Ausdruck finden würden.[7]

Anhand einer Reihe von Beispielen weist Ullrich nach, dass es nicht allzu weit her ist mit der Kraft der Kunst zur Lösung gesellschaftlicher Problemlagen. Stattdessen vermittelt er eine Ahnung von den Paradoxien eines Kunstmarktes, der es mittlerweile virtuos gelernt hat, auch noch so kritische Kunstströmungen in einen Mainstream zu integrieren und damit in Bezug auf die Aufrechterhaltung der bestehenden Verhältnisse zu neutralisieren.

[7] Darauf beruhen übrigens bis heute die wesentlichen Legitimationsgrundlagen eines öffentlichen Engagements zur Finanzierung und Aufrechterhaltung des Kulturbetriebs.

Wird im Kunstbetrieb gerade das Rad der Geschichte zurückgedreht?

Die eigentliche Volte von Ullrichs Überlegungen aber besteht darin, das gerade skizzierte Kunstverständnis einer der Aufklärung verpflichteten Moderne noch einmal grundsätzlich infrage zu stellen: Der Stand der aktuellen sozialen Verungleichung habe dazu geführt, dass eine kleine Anzahl von Superreichen, die ansonsten nicht mehr wüssten, was sie mit ihrem Reichtum anfangen sollten, eine neue Allianz mit dem Kunstbetrieb eingegangen sei. Damit würden sie versuchen, ihr Standing symbolisch zu verbessern. Dort, wo Künstler*innen als Celebrities sagenhafte Preise erzielen würden, begännen diese, ihre Werke aus den öffentlichen

Einrichtungen abzuziehen und sich ausschließlich auf die Marktkräfte zu beziehen. Unter Druck gerieten damit öffentliche Kunsteinrichtungen, die sich bisher als entscheidende Kräfte bei der Aufrechterhaltung eines „besitzlosen" Qualitätsverständnisses und dessen Vermittlung gesehen hatten und nun zusehen müssten, wie sie zunehmend von Besitzansprüchen einer neu entstehenden feudalen Kaste dominiert werden.

Ein daraus resultierender *neuer* Umgang mit Kunst erinnere stark an vormoderne Zeiten, in denen die Beschäftigung mit Kunst weitgehend ihrem Besitz geschuldet war und keiner weiteren Bildungs- oder Vermittlungspraxis bedurft hatte. Zu den Besonderheiten eines solchen neuen Kunstbegriffs gehört auch die Rückkehr zu alten Auftragsverhältnissen inklusive von Werkstätten, in denen all die neue Kunst bzw. das neue Design produziert wird, das in den neuen Allianzen zwischen Künstler*innen und reichen Auftraggeber*innen konzipiert wurde. Kurz, es könnte sein, dass sich das Zeitalter einer Kunst der Moderne dem Ende zuneigt und damit – jedenfalls fürs Erste – all die Hoffnungen auf die Kraft der gesellschaftlichen Veränderung durch Kunst an der Logik des Kunstmarktes zerschellen. Immerhin konzediert Ullrich, dass sich ein solch fundamentaler Wandel nicht auf alle Kunstsparten bzw. nicht auf individuellen Besitz reduzierbare Kunstsparten umlegen ließe. Immerhin deuten sich im Bemühen um mehr Exklusivität auch hier Individualisierungsstrategien an, die in eine ganz ähnliche Richtung umfassender Vermarktwirtschaftlichung weisen.

Es trifft sich, dass just zum Zeitpunkt der Diskussion zwischen Ullrich und Schuh im deutschen Feuilleton ein Diskurs um eine überfällige „Demokratisierung von Kunst" entbrannte. In einem Gastbeitrag in der Zeit hatten Stefan Heidenreich und Magnus Resch gefordert: „Schluss mit dem Kult der Exklusivität! Die Kunstwelt muss endlich demokratisch werden."[8] Erwidert wurde diese Position von Christian Kaspar Schwarm mit „Kunst für alle? Ja, aber nicht so!".[9] Zuletzt schaltete sich auch noch der Feuilletonchef der Zeit Hanno Rauterberg ein, der in seinem Kommentar von einem unauflöslichen „Teufelskreis demokratischer Kunst" spricht.[10]

Im Grunde bestätigen Heidenreich und Resch Ullrichs Befund, wonach sich außerpreisliche Qualitätsurteile für Kunst nicht mehr finden ließen. „Gute Kunst" existiere nicht, meinen die beiden und reduzieren diesbezügliche Ansprüche auf eine Marketingphrase, mit deren Hilfe Exklusivität hergestellt werden soll. Im Unterschied zu Ullrich aber wollen sie das, was Kunst heute ausmacht, weder der kleinen Gruppe von Superreichen am Markt noch einem Expert*innen-Klüngel in öffentlichen Kunsteinrichtungen überlassen. Dabei feuern die Autoren auch gleich eine Breitseite gegen Vermittlung, die ihrer Meinung nach eher dazu angetan wäre, die Schranke zwischen Betrachter*innen und Künstler*innen zu zementieren. Mit ihrem Ruf nach Demokratisierung nehmen sie sich vor, beide Seiten so unmittelbar wie möglich zusammenzubringen: Künstler*innen sollen

8 Stefan Heidenreich/Magnus Resch (2019): „Schluss mit dem Kult der Exklusivität! Die Kunstwelt muss endlich demokratisch werden. Ein Aufruf zum Neuanfang – für Künstler und Betrachter", in: *Die Zeit 45/2019*, https://www.zeit.de/2019/45/kunst-kunstszene-kunstwelt-exklusivitaet.

9 Christian Kaspar Schwarm (2019): „Kunst für alle? Ja, aber nicht so! Eine Erwiderung", in: *Die Zeit 46/2019*, https://www.zeit.de/2019/46/kunstmarkt-museen-publikum-zugaenglichkeit.

10 Hanno Rauterberg (2019): „Der Teufelskreis demokratischer Kunst. Das Publikum will mehr Mitsprache, zu Recht. Der Preis aber ist hoch", in: *Die Zeit 47/2019*, https://www.zeit.de/2019/47/kunstmuseen-aufklaerung-diskriminierung-protest-mitbestimmung.

sich verstärkt den Betrachter*innen zuwenden und „kundenfreundlicher" agieren. Mit solchen Haltungen würde es gelingen, Kunst günstiger zu machen und die Märkte transparenter, um so den Kunstbetrieb von seiner elitären Aura zu befreien. Nicht weniger, sondern mehr Menschen sollen künftig Kunstwerke kaufen und sich damit als Besitzende auseinandersetzen. Darüber hinaus sollen sie sich – mit all ihren Diversitäten – auch aktiv an der Programmierung des öffentlichen Kunstbetriebs beteiligen: Geht es nach Heidenreich und Resch, dann wird künftig das Publikum darüber entscheiden, was in öffentlichen Kunsteinrichtungen gezeigt wird. Kurator*innen werden sich darauf beschränken müssen, das zu realisieren, was das Publikum bestimmt hat.

Kein Wunder, dass ihnen von Schwarm und wohl noch vielen anderen Beobachter*innen Quotenhörigkeit vorgeworfen wird. Darauf bezogene Modelle der Publikumsbeteiligung hätten im Medienbereich vor allem zu einer Verflachung und Verbeliebigung der Inhalte geführt. Darüber hinaus würde eine „volksnähere" Kunst die allseits grassierenden Konsumgewohnheiten verfestigen und bestehende Ungleichheiten nur noch weiter vertiefen. Im Gegensatz dazu müsse es gelingen, mehr Menschen dafür zu gewinnen, sich auch mit anspruchsvolleren Inhalten auseinanderzusetzen.[11] In enger Anlehnung an die oben skizzierten Ansprüche an moderne Kunst postuliert Schwarm im Geist einer Katharsis evozierenden Aufklärung nochmals, dass es gerade „das Neue, das Unbekannte und das noch Ungelernte der Kunst"[12] sei, das uns Menschen in zum Teil mühsamen und schmerzhaften Veränderungsprozessen wachsen lasse, um uns auf diese Weise einen ungeahnten Raum ihres Seelenlebens zu eröffnen, der uns ohne (von einem kundigen Betrieb vorgeschlagene) Kunst verschlossen bliebe.

11 In diesem Zusammenhang hat sich der Journalist Holger Noltze bereits vor einiger Zeit mit einer von ihm vermuteten „Leichtigkeitslüge" im Vermittlungsbereich auseinandergesetzt, siehe dazu: https://www.spiegel.de/kultur/literatur/leichtigkeitsluege-autor-noltze-kultur-muss-wehtun-duerfen-a-732208.html.

12 Schwarm (2019).

Was wir vom Journalismus lernen können

In dieser Kontroverse lassen sich Parallelitäten mit dem Medienbetrieb finden: Immerhin sah es der Qualitätsjournalismus die längste Zeit als seine zentrale Aufgabe, aus der unüberschaubaren Fülle an Informationen diejenigen auszuwählen und für ein Publikum aufzubereiten, die diesem Orientierung bieten konnten. Es galt, Wesentliches von weniger Wesentlichem zu unterscheiden und damit die Erfahrung von Welt vorzustrukturieren. Eine ganz ähnliche Aufgabe könnte man einem Kulturbetrieb zuschreiben, der es einem Publikum erleichtert, sich einen Weg durch das Dickicht einer umfassend ästhetisierten Welt zu bahnen, der man ansonsten haltlos ausgeliefert wäre. Mit dem Aufkommen der sozialen Medien, die einen unmittelbaren Kontakt zwischen Produzent*innen und Rezipient*innen erlauben, stehen die genannten Türhüter aber unter dem Generalverdacht, umfassenden Demokratisierungsansprüchen entgegenzuwirken.

Kunst im Teufelskreis autonomer Kunstansprüche und demokratischer Mitwirkung

Darauf beziehen sich vor allem die Überlegungen von Hanno Rauterberg. Ihm zufolge wäre es in all den Jahren nicht gelungen, diesen Zwischeninstanzen eine hinreichende gesellschaftliche Repräsentanz zu verleihen: Nach wie vor würde der Kunstbetrieb von einem weißen Old-Boy-Network dominiert, das mit der vielfältigen Zusammensetzung moderner Gesellschaften nur wenig gemein hat. Darüber hinaus sieht er diese Kunstnomenklatura zunehmend anfällig, wenn es darum geht, sich dem Druck diverser gesellschaftlicher Gruppen zu beugen und damit genau das zu verraten, wofür sie vorgeblich existiert: für die unbedingte Verteidigung der Freiheit einer – wenn es sein muss – auch unbequemen, kritischen, provokativen und damit radikalen Kunst. Rauterberg konzediert, dass sich diese zu einer Idee unter vielen relativiert hätte; mehr noch, die Idee der unbedingten Autonomie moderner Kunst ziehe zunehmend den Vorwurf auf sich, einem alten autoritären Weltbild anzuhängen und die Kränkung marginalisierter Gruppen billigend in Kauf zu nehmen.

Der Teufelskreis ergäbe sich aus dem Widerspruch des Kunstbetriebs, einerseits aufgrund besonderer Expertise weiterhin als Gralshüter moderner Kunst gelten zu wollen und sich andererseits der Idee einer Gerechtigkeit verpflichtet zu wissen, mit der alle gleichermaßen eingeladen sind, mitzuwirken und mitzugestalten, und niemand zurückgelassen wird: Also müsse die Kunst ebenso divers sein wie das Publikum. Alle Menschen, ungeachtet ihres Geschlechts, ihrer Hautfarbe oder Herkunft sollten sich in ihr wiedererkennen können. Ein solcher Anspruch ist notwendigerweise ein Angriff auf die Autonomie der Kunst und kann auch durch noch so gut gemeinte Vermittlungsbemühungen nur unzulänglich kompensiert werden.

Und so sehen wir heute die Ansprüche moderner Kunst und ihre Vermittlung von zwei Seiten unter massiven Druck gesetzt: Nach Ullrich sind es die Superreichen, die drauf und dran sind, das Geschäft der Kunst zu übernehmen und sie so als prestigeträchtige Bestätigerin der herrschenden Verhältnisse zu vereinnahmen. Bildung und Vermittlung scheinen ihm in einem Setting, in der ausschließlich der Besitz zählt und nicht Theorie, Reflexion oder Bekenntnis, nicht mehr notwendig.

Und da sind zum anderen radikale Demokratisierungsansprüche, die die Menschen dazu einladen, ihre ästhetischen Vorlieben ungeachtet ihrer Bildungsvoraussetzungen auszuleben inklusive des Anspruchs, diese in öffentlichen Kunsteinrichtungen zu finden. Ob es dem Kunstbetrieb und da vor allem den Vermittler*innen, die in ihrer Existenz gefordert sind, noch einmal gelingt, ein solches Spannungsverhältnis produktiv zu machen, bleibt abzuwarten. Rauterberg ist optimistisch: So wie ausgewählte Künstler*innen wieder genauer hinhören müssen, was ihre

Auftraggeber*innen erwarten, so muss sich wohl auch der öffentliche Kunstbetrieb genauer mit den Erwartungen seines Publikums beschäftigen. Nur so wird er in der Lage sein, noch einmal eine von ästhetischen Ansprüchen getragene Antwort auf die wachsenden ethischen Erwartungen an Demokratisierung und Beteiligung zu geben. Es wäre dies eine mögliche Wiedergewinnung eines Profils von Kunsteinrichtungen als Orte der Politik mit ästhetischen Mitteln – womit wir wieder bei Schiller und seiner Aufklärungseuphorie mit ästhetischen Mitteln wären ...

Bleibt noch die Kunst als radikaler Selbstentwurf

Das erinnert mich an den Film „Lara" von Jan Ole Gerster, der Ende 2019 in die Kinos kam.[13] Erzählt wird die Geschichte einer alternden Frau, die ihr eigenes künstlerisches Scheitern auch im Leben ihres Sohnes zu sehen scheint. Am Ende eines ereignisreichen Tages, an dem ihr Sohn einen öffentlichen Auftritt als Pianist und Komponist absolviert – ein Ereignis, das die Heldin (dargestellt von der grandiosen Corinne Harfouch) nicht verkraftet –, setzt sie sich nach vierzig Jahren Abstinenz an ein Pianino und spielt die unspielbare Toccata von Robert Schumann. Sie spielt nicht für die Superreichen, sie spielt auch nicht, um Demokratisierungsansprüchen gerecht zu werden – nein, sie spielt um ihr Leben. Und führt uns zurück zu Bazon Brock, der der Kunst den Charakter eines geistigen Lebensmittels zuschreibt. Wenn der Tod auch zum Leben gehört, dann hat er recht.

13 Trailer des Films „Lara" von Jan Ole Gerster: https://www.youtube.com/watch?v=An56w4GQ9zM.

Wer ist ein*e Künstler*in?

Michael Wimmer

Ende Mai 2020, seit über zwei Monaten ist Österreich im Pandemie-Krisenmodus. Die neue Staatssekretärin Andrea Mayer kündigt einen Künstler*innenfonds in der Höhe von 90 Mio. Euro an,[1] um freischaffende Künstler*innen in der aktuellen Corona-Krise zu unterstützen. Die Durchführungsbestimmungen würden Mitte Juli veröffentlicht, ab dann könnten Anträge gestellt werden. Die Hoffnungen von rund 15.000 Künstler*innen, die bei der Künstlersozialversicherung angemeldet sind, sind groß, dass sie sich mit dieser für sie maßgeschneiderten Maßnahme über die nächsten Monate retten können. Während unselbstständig tätige Künstler*innen dank einer starken gewerkschaftlichen Vertretung seit Beginn der Corona-Krise von Kurzarbeit-Programmen erfasst werden, wurden selbstständig tätige Künstler*innen bislang auf Notfall- bzw. Härtefallfonds verwiesen; trotz aufwendigen Antragsverfahrens wurden sie vielfach mit beschämenden Bagatellbeträgen abgespeist. Die Lebens- und Arbeitsgrundlagen vieler Betroffener sind unsicherer denn je.

1 https://orf.at/stories/3167498.

Wer in den Genuss dieser neuen Förderschiene kommen wird, wer damit vom Staat als selbstständig tätige*r Künstler*in anerkannt wird, das entscheidet der Künstlersozialversicherungsfonds (ksvf).[2] Begünstigte müssen Einnahmen aus selbstständiger künstlerischer Tätigkeit, die im Bereich zwischen gewissen Unter- und Obergrenzen liegen, nachweisen.[3] Es entscheiden verschiedene Fachkommissionen des ksvf, wer die Künstlersozialversicherung in Anspruch nehmen kann und wer nicht. Die Besonderheit des Fonds liegt darin, dass der fiktive Arbeitgeberanteil, der für unselbstständig Erwerbstätige in allen anderen Branchen von Unternehmensseite beigesteuert wird, für Künstler*innen vom Staat übernommen wird.

2 https://www.ksvf.at.

3 https://www.igkultur.at/sites/default/files/posts/downloads/2016-09-29/KSVG.pdf.

Keine Probleme hat die Kommission in der Regel mit Anwärter*innen, die über eine qualifizierte künstlerische Ausbildung, etwa einen

Abschluss an einer Kunstuniversität, verfügen. Auch die Mitgliedschaft bei staatlich anerkannten Künstler*innen-Vereinigungen gilt gemeinhin als ein ausreichender Nachweis von Künstler*innenschaft. Dazu bieten Institutionen in einzelnen Metiers eigene Prüfungen an, etwa die Paritätische Kommission der younion (als Teilorganisation des Österreichischen Gewerkschaftsbundes), im Rahmen derer sich Bühnenangehörige in den Fächern Schauspiel, klassisches Ballett, Oper, Operette, Chor oder Musical zertifizieren lassen können.[4]

Vergleichsweise liberal beantworteten die verschiedenen Stellen der staatlichen Kunstförderung die Frage, wer Künstler*in ist und wer nicht. Im Vordergrund steht jeweils die vermutete Qualität des eingereichten künstlerischen Projektes. Nicht unwichtig aber ist, ob die begünstigten Künstler*innen einen Bezug zum geografischen Zuständigkeitsbereich der vergebenden Stelle herzustellen vermögen. Diese weite Auslegung einer Zuschreibung als Künstler*in gilt wohl auch in dieser ersten Phase der Pandemie, in der vor allem für die jüngere Künstler*innen-Generation eine Reihe von Stipendien vergeben wird, in der Hoffnung, damit die Existenzgrundlagen zumindest einiger Antragssteller*innen aufrechterhalten zu können.[5]

Die Auswirkungen der Krise haben einmal mehr die Fragwürdigkeit der Einteilung künstlerischer Tätigkeiten in unselbständige und (neue) selbstständige gezeigt. Künstler*innen berichten, wie sie permanent gezwungen sind, zwischen verschiedenen Beschäftigungsverhältnissen hin und her zu pendeln, um dann zu bemerken, dass ihnen dies den Zugang zu Unterstützungsmaßnahmen – die sich entweder an die eine oder an die andere Gruppe richten – nachhaltig erschwert.[6]

Dazu beigetragen hat auch die kleine Schar an erfolgreichen Künstler*innen, die in der Regel nicht bereit sind, sich den Zwängen des Repertoirebetriebs zu beugen, und es wesentlich lukrativer finden, sich als Freischaffende im internationalen Betrieb ihre Engagements selbst aussuchen zu können, und in der Corona-Krise feststellen müssen, dass sich das in Form von beträchtlichen Ausfällen auch negativ auswirken kann. Der Chef der Bundestheater-Holding Christian Kircher hat für seinen Bereich dazu in der ersten Pandemie-Phase Kompromiss-Angebote entwickelt, um den Ansprüchen der „Freien", ihren Verdienstentfall wegen der Schließungen zu kompensieren, zumindest partiell zu entsprechen.[7] Dass Bühnenstars wie Angelika Kirchschlager von einer Rückkehr zu einem Repertoirebetrieb träumen, könnte zu denken geben.[8]

Auf diese unbefriedigende Situation hat in den 1970er-Jahren bereits der Kulturfunktionär Rössel-Majdan hingewiesen. Zur Überwindung der damals schon überkommenen Trennung zwischen selbst- und unselbstständig tätigen Künstler*innen schlug er als Ergänzung zur Sozialpartnerschaft eine Kulturpartnerschaft vor. Diese sollte freischaffende und angestellte Künstler*innen unter ein gemeinsames Dach bringen, um

4 https://www.younion.at/ueber-uns/bundeslaender/wien/hauptgruppe-viii---kunst--medien--sport--freie-berufe.

5 In der ersten Arbeitsstipendien-Phase 2020 wurden 2.310 Künstler*innen mit einer einmaligen Soforthilfe unterstützt, siehe https://www.ots.at/presseaussendung/OTS_20210510_OTS0084/kaup-hasler-stadt-wien-kultur-baut-stipendien programm-aus.

6 https://www.sueddeutsche.de/kultur/corona-krise-und-schauspieler-das-ende-des-schmetterlingshaften-1.4926846.

7 https://www.derstandard.at/story/2000118253995/bundestheater-blicken-in-unsicheren-herbst.

8 Siehe dazu das Video ab Minute 28, https://youtu.be/KCHYIORqj7U.

deren Interessen in organisierter Form zu vertreten. Im Zuge der immer weiteren Ausdifferenzierung auch des österreichischen Kulturbetriebs ist davon nichts übrig geblieben.[9]

Zwar versucht auch in Österreich ein spartenübergreifender Kulturrat,[10] die unterschiedlichen Interessen von Künstler*innen zu bündeln. An Einflusskraft kann er sich aber nicht einmal in Ansätzen mit seinem deutschen Pendant[11] vergleichen. Dort gelang es der Standesvertretung, eine wesentlich stärkere Struktur aufzubauen, um so von kulturpolitischen Entscheidungsträger*innen ernst genommen zu werden.[12]

9 Ein Defizit, das u. a. die prekären Einkommensverhältnisse eines Großteils der freischaffenden Künstler*innen, deren Individualisierungsansprüche jede Form der Vergemeinschaftung erschweren, mit erklärt. Die Schwäche der vielen, nur wenig aufeinander bezogenen Interessengemeinschaften im Kulturbereich macht dieses strukturelle Defizit überdeutlich.

10 https://kulturrat.at.

11 https://www.kulturrat.de.

12 Fast schon kabarettreif wirkte hingegen die Entscheidung in Österreich, nach dem „Sieg" einzelner Kabarettisten über die glücklose Staatssekretärin Ulrike Lunacek (sie trat Mitte Mai 2020 zurück) gleich eine eigene IG Kabarett (https://igkabarett.at/) zu gründen. Dieser neue isolierte kulturpolitische Akteur wird – so steht zu befürchten – zu einer weiteren Zersplitterung der Szene führen und es damit einer konzeptlosen Divide-et-impera-Taktik staatlicher Kulturpolitik leicht machen.

Künstler*innen sind anders

Die aktuell neu aufgeflammte Diskussion um die Frage, wer sich als Künstler*in bezeichnen darf, hängt mit einer spezifischen, historisch gewachsenen Privilegierung zusammen, die sich u. a. im Anspruch auf staatliche Fördermittel äußert.[13] Sie wird aber auch durch Stimmen aus der Künstler*innenschaft genährt, die in der Krise noch einmal auf einer spezifischen Sonderstellung bestehen, die sie kategorial von allen anderen Berufsgruppen unterscheiden würde. Dies wurde noch einmal deutlich anhand der Diskussion um die Einführung eines voraussetzungslosen Grundeinkommens, das speziell für Künstler*innen reklamiert wird, ohne überzeugend sagen zu können, warum alle anderen Berufsgruppen angesichts explodierender Arbeitslosenzahlen von diesbezüglichen sozialpolitischen Maßnahmen nicht in gleicher Weise begünstigt werden sollen.[14]

Der permanente Klärungsbedarf des Status „Künstler*in" hängt aber auch eng mit einer zunehmenden Verunsicherung gegenüber dem Ureigensten zusammen, was diese hervorbringen: also mit der Kunst selbst und damit, welche Vorstellungen bzw. Erwartungen wir damit verbinden. Das Problem: Uns sind die kategorialen Unterscheidungsmerkmale, was Kunst ist und was nicht, abhandengekommen. Niemand kann mehr eindeutig sagen, was Kunst ist, was sie zu leisten vermag, und folglich, wer dafür zuständig ist. In Österreich hat es vergleichsweise lange gedauert, bis sich der Staat im Rahmen einer quälenden Zensurdebatte von seinem Anspruch, als letzte Instanz zu entscheiden, was Kunst ist und was nicht, zurückgezogen hat.[15] Davor war es oft Gerichten überantwortet, in Abwägung unterschiedlicher Grundrechtsansprüche zu entscheiden, ob es sich bei beanstandeten Artefakten um Kunst handelt oder eben nicht.

Diesen Anspruch auf eine hinlänglich nachvollziehbare Definition von Kunst hatten zuvor freilich schon mehrere Avantgarde-Wellen in Zweifel gezogen. In ihrem Anspruch, „Kunst und Leben" noch einmal zu versöhnen, erklärten sie die kategoriale Differenz zwischen Kunst und Nicht-Kunst einfach für obsolet. Spätestens mit Marcel Duchamp konnte im Prinzip alles Kunst sein. Angesichts dieser weitgehenden Auflösung

13 Der Umstand, dass mittlerweile das Gros der Künstler*innen ohne Fördermittel auskommen muss, um sich stattdessen auf Gedeih und Verderb am Kunstmarkt zu bewähren, bleibt dabei gerne ausgespart.

14 https://igbildendekunst.at/bildpunkt_/kuenstlerinnen honorare-und-das-bedingungslose-grundein kommen-durchzusetzen.

15 Siehe dazu das Staatsgrundgesetz über die Freiheit der Kunst 1982, https://www.ris.bka.gv.at/eli/rgbl/1867/142/A17a/NOR12010327.

eines formal verbindlichen Kunstbegriffs mussten neue Unterscheidungsmerkmale gefunden werden. Fündig wurde man im jeweiligen Kontext, in dem das eine zur Kunst und das andere zur Nicht-Kunst erklärt werden konnte. Also arrogierten die führenden Vertreter*innen des Kunstbetriebs den Definitionsanspruch, der das eine Objekt – völlig ungeachtet seiner inhaltlichen und formalen Ausgestaltung – zur Kunst erklärte und das andere zur Nicht-Kunst. Auf diese Weise fand Duchamps Pissoir 1917 mit dem Titel „Fountain" als Foto in ein New Yorker Kunstmagazin, um zu einer Ikone des modernen Kunstbetriebs zu werden.

Kunst ist, was Künstler*innen zur Kunst erklären

In diesem Zusammenhang erinnere ich mich an heftige Diskussionen an Schulen mit Vertreter*innen der Initiative Wochenklausur,[16] unter ihnen der spätere Kultursprecher der Grünen Wolfgang Zinggl. Sie zogen in den 1990er-Jahren durch die Schulen, um den Schüler*innen zu erklären, dass alles Kunst sein kann, was Künstler*innen zur Kunst erklären.[17] Dabei spielten sie nur zu gerne mit so manchen Stereotypen, die ratlose Besucher*innen vor Exponaten moderner Kunst schon mal sagen lassen: „Das ist ja doch nur Kritzi-Kratzi. Das kann ich auch." – „Ja, schon", antworteten darauf Zinggl und Co., „aber dieses Kritzi-Kratzi ist von einem Künstler oder einer Künstlerin geschaffen und folglich Kunst."

Wenn bei dieser Gelegenheit noch einmal der Status „Künstler*in" als die letztverbleibende Instanz zur Klärung der Frage, ob etwas Kunst ist oder nicht, herangezogen wird, so haben bereits zuvor ausgerechnet Künstler*innen diesbezügliche Alleinvertretungsansprüche in Zweifel gezogen. Bereits in der Romantik heißt es bei Novalis, dass im Prinzip jeder Mensch ein*e Künstler*in sein kann. Joseph Beuys ging da noch einen Schritt weiter mit der seither vieldiskutierten Behauptung, jeder Mensch wäre ein*e Künstler*in.[18] In der weiteren Konkretisierung dieser Aussage findet Beuys durchaus Relativierungen, wenn er interpretierend hinzufügt: „Damit sage ich nichts über die Qualität. Ich sage nur etwas über die prinzipielle Möglichkeit, die in jedem Menschen vorliegt. [...] Das Schöpferische erkläre ich als das Künstlerische, und das ist mein Kunstbegriff."[19]

Hinter dieser Proklamation ist unschwer ein umfassender Demokratisierungsanspruch auch und gerade im Bereich der Kunst erkennbar. Dieser zielt darauf ab, die kategoriale Trennung zwischen Künstler*innen und Nicht-Künstler*innen aufzuheben und allen Menschen das Potenzial zuzusprechen, an der Gestaltung der Welt in kreativer Weise mitzuwirken. Beuys steht damit in zum Teil diametralem Gegensatz zur historischen Entwicklung des Künstler*innenberufes, dessen überkommene Abgrenzungsbedürfnisse bis heute das Kunstgeschehen wesentlich bestimmen.

16 https://wochenklausur.at.

17 Die Initiative betrieb etwa einen Bus zur gesundheitlichen Erstversorgung von Obdachlosen in Wien, erklärte den Betrieb zu einer Kunstaktion und nahm dafür öffentliche Kunstfördermittel in Anspruch.

18 https://modernperformanceart.wordpress.com/joseph-beuys-jeder-mensch-ist-ein-kuenstler.

19 Ebd.

Für mich hat dazu der deutsche Kunsthistoriker Martin Warnke in seinem Band „Der Hofkünstler“[20] viel zu sagen. Darin beschreibt er den Übergang des Künstlers von einem zünftisch organisierten Handwerker als Teil des städtischen Bürgertums zu einem privilegierten Mitglied einer elitären Aristokratie, das seine Aufgabe vorrangig in der Befriedigung der Repräsentationsbedürfnisse seiner Auftraggeber sah. Diese Form der Überhöhung setzte den Künstler hinlänglich vom großen Rest der Bevölkerung ab, dem er sich bestenfalls indirekt verpflichtet fühlte.

Eine andere Interpretation, die vor allem mit der Romantik bedeutsam wurde, sieht Künstler*innen in der Nachfolge der Priesterschaft, die für ihre Tätigkeit eine spezifische Berufung erfahren. Dieser zufolge ist es eine transzendente Macht (und sei es in Gestalt einer „inneren Stimme“), die einzelne Auserwählte zu Künstler*innen bestimmt. Als solche verpflichten sie sich, diese Bestimmung anzunehmen und sich ganz in den Dienst der ihnen übertragenen Aufgabe des Kunstmachens zu stellen. Sie folgen damit einem Wahrheitsanspruch, der quer zu allen Versuchen steht, Menschen außerhalb eines elitären Zirkels an Kunstkenner*innen einzubeziehen. Darin liegt wohl ein entscheidender Unterschied zwischen Priesterschaft und Künstler*innenschaft, die sich beide auf eine transzendente Wahrheit beziehen. Während die Priesterschaft sich mit ihrer Aufgabe, einen göttlichen Willen zu repräsentieren, auch gefordert sieht, diesen unter die Gläubigen zu bringen und den diesbezüglichen Austausch zu befördern, beschränkt sich die Künstler*innenschaft nur allzu gerne auf erratische Manifestationen ihres künstlerischen Schaffens, die selbst Kunstinteressierte gerne mit der Losung „Vogel, friss oder stirb“ ratlos zurücklässt.[21]

Die Selbstzuschreibung, auserwählt zu sein, bedingt freilich auch die Idee des Opfers, zu dem Normalsterbliche nicht fähig sind. Während sich in der christlichen Religion Jesus Christus für alle Menschen aufopferte, übernehmen diese Aufgabe in ihrer säkularen Spielart Künstler*innen, die sich selbst „Übermenschliches“ abverlangen. Und wir erleben Marina Abramović in ihrer Performance „The Artist Is Present“ (2010), in der sie über Wochen viele Stunden täglich Menschen bewegungslos in die Augen schaute,[22] oder Igor Levit, der mit einem Spielmarathon mit Eric Saties etwa 20-stündigem Werk „Vexations“ auf die verzweifelte Lage viele Künstler*innen in der Corona-Krise aufmerksam machen wollte.[23]

Diese Exaltationen tragen wesentlich zur ungebrochenen Überhöhung des Kunstgeschehens bei, das damit zu suggerieren versucht, nicht ganz „von dieser Welt zu sein“. Umgekehrt lassen sich diese „auratischen“ Umgangsformen mit Kunst – die nach Walter Benjamin im Zeitalter der technischen Reproduzierbarkeit von Kunst seit fast einem Jahrhundert gar nicht mehr existieren sollten[24] – als ein spezifischer Widerstand gegen die grassierende Nutzenorientierung spätkapitalistisch verfasster Gesellschaften interpretieren: In ihrer behaupteten Einmaligkeit postulieren

[20] Martin Warnke (1996): *Der Hofkünstler. Zur Frühgeschichte des modernen Künstlers*, Köln: DuMont (2. Auflage).

[21] Vielleicht ist das der entscheidende Grund, warum es im demokratischen Zeitalter in Gestalt von Kunstvermittler*innen eines neuen Berufsstands bedarf, um die althergebrachten Kommunikationsbarrieren zwischen Kunstschaffenden und Publikum zu überwinden.

[22] https://www.moma.org/learn/moma_learning/marina-abramovic-marina-abramovic-the-artist-is-present-2010.

[23] https://www.br.de/kultur/igor-levit-eric-saties-vexations-livestream-100.html.

[24] https://de.wikipedia.org/wiki/Aura_(Benjamin).

sie ihre Nichtsnutzigkeit und finden ihre Begründung wider besseren Wissens in sich selbst.

Es gibt also eine Menge ideologisch begründeter Abgrenzungsbedürfnisse, die weiterhin auf einer kategorialen Trennung zwischen Künstler*innen und allen anderen Menschen bestehen. Dabei sollte nicht vergessen werden, dass dies für die Betroffenen oft von früher Jugend an eine andere Lebens- und Arbeitsweise darstellt. So gehört es etwa im Bereich der klassischen Musikpflege zur Grundvoraussetzung, von klein auf am Instrument handwerkliche Fähigkeiten in einer Weise und in einem Umfang zu erwerben, der ein spielerisches Hineinwachsen ins Leben weitgehend verunmöglicht. Erst diese vieljährige Mühe schafft selbst bei sogenannten Wunderkindern die notwendigen Voraussetzungen, eine auch nur halbwegs erfolgversprechende Karriere als Berufsmusiker*in einzuschlagen.[25]

25 Dass auch in diesem Zusammenhang Brückenschläge möglich sind, hat beispielsweise 2020 eine Aufführung der „Corona Meditation" von Gerd Kühr, bei der Profimusiker*innen und interessierte Laien miteinander musizierten, gezeigt. Siehe dazu https://styriarte.com/mediathek/corona-meditation.

Der Markt als emanzipatorische Kraft – und als Kunstvernichtungsmaschine

Die neoliberale Wende, die in den letzten Jahren auch den Kulturbetrieb durchdrungen hat, hat – auch – die emanzipatorischen Potenziale des Kapitalismus ans Licht gebracht. Mit dem Hype rund um den neuen Wirtschaftszweig „Cultural and Creative Industries" relativierten sich auch anhand der geänderten Produktions- und Konsumptionsverhältnisse die etablierten Grenzziehungen zwischen Kunst und Nicht-Kunst bzw. zwischen Künstler*innen und Nicht-Künstler*innen. Entstanden ist eine Vielzahl neuer kunstnaher bzw. kunstbezogener Berufsgruppen, deren Erfolg sich ausschließlich am Markt und damit im Verhältnis zwischen Anbieter*innen und Nachfrager*innen ergibt. Darüber hinausgehende kunstideologisch gestützte Behauptungen zur Beibehaltung überkommener Trennungen erweisen sich für die meisten Marktakteur*innen als weitgehend irrelevant. Entscheidend ist nicht, ob es Kunst ist oder Nicht-Kunst, von Künstler*innen gemacht oder nicht, sondern ob es anspricht, ob es gefällt und ob es in Zusammenhang gebracht werden kann mit den eigenen Lebens- bzw. Freizeitbedürfnissen.

War Beuys Aussage noch gedacht als ein politisches Statement, um damit das Kunstsystem für das demokratische Zeitalter tauglich zu machen, so ist dieser Anspruch mit dem Verlust politischer Utopien irgendwo auf halber Strecke stecken geblieben. Heute zeigen sich vor allem die wirtschaftspolitischen Auswirkungen auf das Kunstsystem, die mit einer weitgehenden Entauratisierung der Akteur*innen und ihrer Hervorbringungen einhergehen.

Übrig geblieben ist ein Sektor, der sich am besten mit „weder Fisch noch Fleisch" charakterisieren lässt. Da sind zum einen all die neuen Selbstständigen im Bereich der „Cultural and Creative Industries", die mit der Krise den Hype – mit Ausnahme einzelner Sektoren der Medienindustrie – unvermittelt zusammenbrechen sehen und denen es als Wirtschaftstreibende in zunehmend verzweifelter Lage ziemlich wurscht ist, ob sie innerhalb oder außerhalb des Kunstbetriebs an ihrer Situation leiden. Und da sind zum anderen all diejenigen, die sich verzweifelt an althergebrachte Kunst- und Künstler*innen-Definitionen krallen – in der Hoffnung, sich damit bei den politisch Verantwortlichen noch einmal ein besseres Gehör zu verschaffen. Immerhin steht zu befürchten, dass sich die Solidaritätsbereitschaft bei all jenen, von denen sich ein traditioneller Künstler*innen-Typ immer wieder mit aller Kraft abzugrenzen versucht hat, angesichts der auf uns zukommenden weiteren Verschlechterungen der Lebens- und Arbeitsverhältnisse vieler Menschen in Grenzen halten wird.

Wann, wenn nicht jetzt: kulturelle Bildung in den Schulen

Als entscheidender könnte sich erweisen, inwieweit es gelingt, Beuys Anspruch im Rahmen neuer Konzepte einer breitenwirksamen kulturellen Bildung wahrzumachen. Immerhin wird es gerade jetzt einer Vielzahl kreativer Kräfte bedürfen, um die Folgen der Krise zu meistern. Die Schubladen der Bildungspolitik gehen mittlerweile über mit gut begründeten Ergebnissen zur Bedeutung ästhetischer Ausdrucksformen bei jeder Form des Lernens.[26] Sie alle belegen, dass die Auseinandersetzung mit allen ästhetischen Ausdrucksformen, sei es mit dem Label Kunst versehen oder nicht, die beste Voraussetzung dafür bilden, individuelle ebenso wie kollektive Veränderungsprozesse zu stimulieren und damit der Krise neue Perspektiven abzugewinnen.

Ob es künftig eine Berufsgruppe Künstler*in braucht, wird nicht zuletzt davon abhängen, ob ihre Träger*innen bereit sind, sich mit ihren spezifischen ästhetischen Kompetenzen einzubringen in das, was Menschen außerhalb des Kunstsystems umtreibt – indem sie ihre Relevanz für die Gesellschaft entlang der entscheidenden Themen dieser Tage unter Beweis stellen. Alles andere ist Behübschung, die uns davon ablenkt, was wirklich der Fall ist. Und folglich entbehrlich.

26 Gerald Bast/Elias G. Carayannis/David F. J. Campbell (Hg.) (2019): *The Future of Education and Labor*, Berlin: Springer.

Where Are the Artists?

Gloria Benedikt

Looking at the pandemic through a cultural lens reveals both systemic failures and great potentials for vital contributions to the challenges we face in the next decade(s)

The art and power of public assembly

The COVID-19 pandemic has not been the biggest disruption in the past hundred years or so. There were two world wars. The first coincided with the Spanish flu, which—by itself—cost ten times more lives than the current pandemic.[1] Yet, for the performing arts world, 2020/21 has been the biggest disruption so far. During both world wars, performances continued even as bombs were falling. For example, in the 1940s theater tickets in London were in such high demand that they had to be rationed like other essential goods.[2] Theater was food for the soul. In the Soviet Union, artists performed for the troops and in hospitals and factories to inspire hope.[3] There are many more similar stories, and they are not surprising. In times of hardship, in times of crisis, people assemble. And within the practice of assembly, music, dance, and storytelling—later known as the performing arts—have evolutionary significance: they create a sense of meaning and belonging;[4] they enhance cooperation and solidarity by building trust to master challenges that cannot be mastered individually.[5]

The anomaly caused by the current pandemic is that it has prevented humans from doing what is inherent in human nature, even more so during a time of crisis. Humans are social creatures. Wanting to share something, be it food around the fire while telling stories or a theater performance or a conference, is a natural impulse and part of human nature. Even more, the ability to meet, touch, assemble, think, and experience together has inspired humans for thousands of years. The practice of assembly has bound societies together, enabled them to experience awe, and has given individuals a sense of being part of something greater than themselves.[6]

1 The death toll of the Spanish flu pandemic is estimated to be 50 million; the world pollution in 1920 is estimated at 1.86 billion. The death toll of the Covid-19 pandemic as of October 2021 is nearly 5 million.

2 Homans, 423

3 Homans, 361

4 See e.g. Mithen, 215

5 See e.g. Mithen, 213, 236

6 Benedikt, 152

In short, the art of assembly has transformative power. As we will see later, this power will be crucial in the next decade, as the next decade—science tells us—will be critical for the future of humanity. But let us first look at what can be learned from the pandemic.

Having temporarily lost the ability to assemble, we have urgently sought alternative ways to connect beyond the digital. Within a week of Italy's lockdown, videos of neighbors singing and dancing together from their respective balconies went viral, and the trend continued across countries. A few weeks later, people started assembling and marching for racial justice in the United States. Soon people in countries worldwide followed suit. "Amid the horrors of the COVID-19 pandemic," psychologists Greenberg and Gordon have observed, "we are experiencing a global social-psychological experiment that is giving insight into what lies at the core of our humanity." Lockdowns across the world highlighted humans' drive to connect with others to reduce the physiological and psychological stress of isolation.[7]

The historian William McNeill, who devoted the later years of his career to this topic, showed that the muscular and rhythmic dimension of human nature, both practiced and observed, has been a powerful tool in shaping social solidarity and spurring progress.[8] Therefore people's first response to the pandemic does not come as a surprise: they bonded through music and movement. The momentum could not be sustained indefinitely, but many of us may remember what it felt like to assemble in public again after months of isolation. May we not experience such a disruption and such need for isolation in our lifetimes again. Moreover, may we no longer take collective assembly for granted. Now is the time to think about how we can harness the potential of the art of assembly in future. A closer analysis reveals that what the pandemic took from us—the practice of assembly—is also the key to future progress.

7 Greenberg, Gordon (2020); Benedikt, 152f

8 See e.g. McNeill (1995)

HiStory

We seem to be back. But just as 100 years ago, the threat is not over. Some historians even observe that the Spanish flu was the reason World War I ended. But from a historical perspective we also know that the contracts negotiated back then laid the foundations for World War II, and that what started in 1914 only ended in 1945. It took horrendous atrocities to generate some progress. "Never again" was to be ensured by a new supranational institution designed to prevent another world war: the United Nations. In the future, the signing of the Paris Agreement under the auspices of that same institution may be seen as another turning point in history, one that put a process in motion that could fulfill its promise around 2045 and prevent enormous ecological destruction and the death of millions of people. In December 2015 the world's leaders agreed to change course and give humanity a chance of survival beyond a few generations by limiting global warming to well below 2—preferably to 1.5—degrees Celsius. Time will tell. For now it remains a commitment that lacks decisive action. Today the existential threat to humanity and much other life on our planet has become more evident than ever before.

The second pandemic summer coincided with wildfires, floodings, cyclones, and heatwaves intensifying—as scientists predicted they would. In August 2021 the *New York Times* published an article entitled "Can a Covid Mask Protect Me from Wildfire Smoke?"[9] Anyone hoping to read an analysis about the interconnectedness of multiple crises that prevent us from breathing healthy air and their implications for humanity and the state of the world was disappointed. Instead it reported on a new study, which "found that weakened immune response caused by exposure to wildfire smoke last summer could be associated with thousands of additional infections and hundreds of deaths from Covid-19," and that, no, a different mask was required for protection against wildfire smoke. Losing breath seems to have become the new normal. Still, the pandemic experience coupled with the intensifying consequences of global warming may have a similar effect as one hundred years ago. This time it may lead to the realization that we cannot continue and need to act. If we act now, science tells us, the next thirty years or so up to 2050 will be a challenging period of transition until we have stabilized the climate, are on a sustainable track for humans and all other life on this planet, and end up in a world that is healthier, safer, and more just.[10]

This is the best meta-narrative scientists can give us. There is a vision, and there is hope. Now we need artists to break this meta-narrative down into smaller, more concrete stories that help us get there. Why stories? Because, as I wrote with Martin Puchner, professor of drama, English, and comparative literature at Harvard University in 2019, "Humans are storytelling animals. We tell stories to make sense of the world and our place in it. Stories connect us to the past, to great causes beyond ourselves, and they offer glimpses of the future. They have mobilized individuals and groups into action across the span of human history and contributed to reshaping the world."[11] And because, as Puchner points out in his upcoming book, "climate scientists have woken up to the power of stories. For the past forty years, their strategy had been to do better climate science, assuming that improved models and more accurate predictions would translate into appropriate changes in policy and behavior. The strategy hasn't worked, and now scientists are asking for stories that pinpoint agency, that capture complexity, that make ten thousand years seem like a millisecond collision. What is needed are new stories as well as new ways of understanding old ones."[12] What is thus also needed is for leaders of art institutions and art policymakers to join forces and create structures that support artists to make it happen. The

9 https://www.nytimes.com/article/covid-mask-smoke-fire-protection.html

10 This conclusion, which is based on scientific papers published over the past decades, has recently been illustrated for a non-expert audience by e.g. Christiana Figueres and Tom Rivett-Carnac in the book *The Future We Choose* (2020) and Johan Rockström with David Attenborough in the documentary *Breaking Boundaries* (2021).

11 Benedikt, 99

12 Puchner, 8f

future is now. After thirty years in relative diffidence, scientists warn us that the 2020s are the make-or-break decade.

Theater in—and for—a brave new world

"The scientists have given us 15 years to literally create a new civilization, an ecological civilization. So where are the artists?" the theater director Peter Sellars asked at the opening of the Salzburg Festival in 2019.[13] A closer analysis of his question reveals that a few systemic issues need to be overcome so performing artists can fulfill their potential in the next decade and beyond.

Today's predominant performing-arts model (measured by funding allocation) is to preserve the cultural heritage by gathering large audiences who passively listen to/watch the work of predominantly dead composers, dead choreographers, and dead playwrights. This is a recent phenomenon. Even in the past 500 years, and the rise of "high art," artists have created original work that inspired awe, transcended politics by fostering empathy, expressed essential human truths with a force that words alone cannot convey, embodied fundamental scientific developments, inspired hope, and bound people together across Cold War divides.[14] "Theater has never stopped being a nonhierarchical tool of the people. The early 20th-century movement we now call Theater of the Avant-Garde or 'experimental theater' emerged from the wreckage of the World Wars as a deliberate alternative to and condemnation of the institutions that held power over people and art. It demolished traditional forms to reflect better the unjust society that was revealed by war and genocide", the theater maker Jeremy Pickard writes. "Most theater that is made is never seen by tourists but exists as it did thousands of years ago as a public service intrinsically tied to the communities it serves and as a tool for actively responding to the political moment."[15]

It is not surprising that this kind of art is equipped to meet the current moment. Yet, surprisingly, this kind of art with a clear public value proposition finds itself on the fringes of the funding landscape. This is even more surprising given that art as a force to help strengthen democracy and support sustainable development (SD) is increasingly encouraged on the policy level. For instance, in 2015 culture's importance to SD was recognized in the preamble of the United Nations 2030 Agenda.[16] In 2017 the European Council stated in its strategic approach to international relations: "Culture is an essential part of EU's international relations."[17] In 2018 the EU adopted a New European Agenda for Culture.[18] In the work plan for culture 2019–22, "the subsequent Council conclusions emphasize culture's potential to foster SD and peace."[19] Yet, to date, artists wanting to grapple with SD or work on cultural-diplomacy initiatives have access to structural funding neither on global, nor European,

13 https://www.salzburgerfestspiele.at/en/blog/keynote-address-peter-sellars

14 See e.g. Benedikt, Chapter I

15 Benedikt, 143

16 de Vries (2020), 10

17 https://data.consilium.europa.eu/doc/document/ST-7935-2017-INIT/en/pdfhttps://www.consilium.europa.eu/en/press/press-releases/2017/05/23/conclusions-culture/#

18 https://ec.europa.eu/culture/document/new-european-agenda-culture-swd2018-267-final

19 de Vries (2020), 20

nor national levels. Why is the link between policy intention and artistic implementation broken?

On a global level, C (Culture) within UNESCO is not set up to support artists. It is mainly focused on heritage preservation. (If we take the reports published by another United Nations body, namely that for assessing the science related to climate change (IPCC) into consideration, we increasingly may have to ask ourselves: preserve for whom?) On a European level, 0.19 percent of the multi-annual budget is allocated to culture through its flagship cultural program, Creative Europe.[20] Its funding schemes are designed to connect cultural actors across Europe. It is not structured to enable artists to work on the pressing problems of our time. On the national level, while having committed to enhancing the contribution of culture to SD through the Agenda 2030 and the European Council resolution on the cultural dimension of SD,[21] cultural ministries have failed to turn what is on paper into policy that provides a notable funding stream. Their funding remains focused on supporting what Gijs de Vries calls "national high art."[22]

Finally, and perhaps most importantly, it is time to turn to performing-arts institutions themselves. After all, they are the ultimate gatekeepers of what is performed for wider audiences. Why are they not encouraging work that grapples with the most pressing problems of our time? Partially, they are restricted by a cultural policy that still promotes the preservation of the cultural-heritage model, which is considered commercially viable. In addition, artists are hindered by a conservative assumption within the theater world that the role of theater is not to create a better world. At a time when the contribution of all disciplines is needed to guide humanity through the make-or-break decade, this attitude seems somewhat quixotic.

Despite all systemic difficulties, a new generation is rising. For instance, Climate Change Theater Action, initiated by the Canadian playwright Chantal Bilodeau, encourages plays about climate change to be written around the world. Likewise, the Brooklyn-based Superhero Clubhouse Ecotheater "creates theater to enact climate and environmental justice, cultivate hope, and inspire a thriving future."[23] The classical-music establishment recently discovered Vivaldi's *Four Seasons* as a work that can easily be connected to climate change. But the Dutch composer Merlijn Twaalfhoven has shown how this can be done on a much deeper level. He composed the piece *Four Drifting Seasons* based on temperature-rise data from 1880 to the present. The composition is accompanied by video graphs and sung by a children's choir. His motivation is to make the abstract data of temperature rise audible and felt while giving a voice to the next generation, who will have to live with the consequences of temperature rise. Meanwhile Jessie Jeanne Stinnett, the artistic director of Boston Dance Theater, tackles sea-level rise, an issue that will affect the local population in coastal cities, such as the company's home base.

20 On December 14, 2020, the European Commission welcomed the political agreement reached between the European Parliament and EU Member States on the new Creative Europe program (2021–2027). It will receive 2.4 billion, 0.188% of the overall budget, which is 1,279.4 billion.

21 https://eur-lex.europa.eu/legal-content/EN/TXT/PDF/?uri=CELEX:42019Y1206(01)&qid=1610484078516&from=EN

22 de Vries (2019), 90

23 http://www.superhero clubhouse.org/

These are a few examples of performing artists involved in the *Science and Art Project,* which I lead at the International Institute for Applied Systems Analysis (IIASA). Dozens of artists and scientists worked together on performances that fused science, music, dance, theater, and visual art for over five years to figure out how partnerships between artists and scientists can inspire a cultural shift toward sustainable thought and action. The initiative has generated a framework and method for artists who seek to engage with scientific findings that are relevant to the public.

Meanwhile, in the world of literature, the Indian writer Amitav Ghosh made a first attempt to grasp the possibilities of engaging with climate change in *The Great Derangement* (2016). Martin Puchner now follows suit with *Literature for a Changing Planet* (2022). Within the six years that have passed in between, a few novels have emerged, most notably *The Overstory* (2019), *The Ministry for the Future* (2020), and *Bewilderment* (2021). With *The Ministry of the Future,* a new genre, climate fiction, seems to be emerging. It takes science as a basis and then tells a realistic story about the future. All the aforementioned work has emerged from the Anglosphere. But the issue is now also coming to the fore in continental Europe. For instance, in October 2021 Bernd Ulrich, deputy editor in chief of *Die Zeit,* published an essay entitled "Why, the hell? We live in an ecological crisis, but the world of literature leaves us alone with it. Even though we need it. Now!"[24]

24 "Warum, zur Hölle? Wir leben in einer ökologischen Krise, aber die Literatur lässt uns damit allein. Dabei brauchen wir sie. Jetzt!" *Die Zeit*, no. 43, October 21, 2021

Moving forward

We need new stories—both written in books and performed on stages—that give us a vision of the better world we can create and how we can get there. We need experiences that create meaning and belonging to help us overcome tremendous challenges like in the old days. Back then we had to defend ourselves against creatures that were much larger than us. We did so successfully because we had the ability to cooperate. And eventually, a few ten thousand years later, we became so powerful we now determine the future of the planet. Whether we can save ourselves from making it uninhabitable will yet again depend on our ability to cooperate, this time not in groups but on a global scale. It will depend on whether we can convince enough earthlings to join the quest to transform our life on earth so that we can sustain the ecosystem and the ecosystem can sustain us.

Gestural, muscular communication bonds humans together into emotionally connected groups, and this emotional connection is what, for millennia, has given meaning and purpose to the human experience. "Our contemporary disregard of this aspect of human sociality is unwise and probably also unsustainable over the long haul. Time will tell," McNeil wrote twenty-six years ago.[25] Time has told. The current pandemic has

25 McNeill, 157

reminded us. We need artists to step in for harnessing human potential. Beyond preserving our cultural heritage, we also need them to help shape our future. Recommendations have been made at the highest policy levels. At the implementation level the know-how is now there, and artists are ready to contribute. But we lack commitment from the gatekeepers of art—that is, the governments allocating funding and those responsible for programming within arts institutions—to support artists so they can engage in the transformative quest ahead.

"When future generations look back upon the Great Derangement, they will certainly blame the leaders and politicians of this time for their failure to address the climate crisis. But they may well hold artists and writers to be equally culpable—for the imagining of possibilities is not, after all, the job of politicians and bureaucrats," Ghosh wrote in 2016.[26] Let us now work together to make sure this will not be the case. The artists are here. They are ready.

26 Ghosh, 135

ACKNOWLEDGMENT

This chapter was written as part of a visiting fellowship at the Institute for Human Sciences (IWM).

REFERENCES

Benedikt, G. (2020). *Science and Art for Life's Sake: How partnerships between artists and scientists can support the transformation toward sustainability.* Laxenburg: IIASA.

Ghosh, A. (2016). *The Great Derangement.* University of Chicago Press.

Greenberg, D. M., Gordon, I. (May 1, 2020). Lockdown Singing: The science behind why music helps us connect in isolation. *The Conversation.*

Homans, J. (2010). *Apollo's Angels: A History of Ballet.* Granta Books/Random House.

McNeill, W. (1995). *Keeping it Together in Time: Dance and Drill in Human History.* Harvard University Press.

Mithen, S. J. (2005). *The Singing Neanderthals: The Origins of Music, Language, Mind and Body.* London: Weidenfeld & Nicolson.

Puchner, M. (2022). *Literature for a Changing Planet.* Princeton University Press.

Vries, G. d. (2019). *Cultural Freedom in European Foreign Policy* (ifa Edition Culture and Foreign Policy). Stuttgart: ifa.

Vries, G. d. (2020). *Culture in the Sustainable Development Goals: The Role of the European Union* (ifa Edition Culture and Foreign Policy). Stuttgart: ifa.

150

Qualität im Kunstfeld

Michael Wimmer

Eine demokratiepolitische Provokation

1 https://wien.orf.at/stories/3091033.

Im Februar 2021 wurden die Ergebnisse der Wiener Theaterjury[1] veröffentlicht – einem Gremium, das Gutachten mit Förderempfehlungen für die Kulturabteilung der Stadt Wien erstellt, das diese bei der Neuverteilung von Fördermitteln berücksichtigen solle. Erstaunt nahm die interessierte Öffentlichkeit zur Kenntnis, dass sich die Runde nicht einmal mehr auf einen kleinsten gemeinsamen Nenner geeinigt hat, sondern mit ihren Entscheidungen durchaus Profil zu zeigen versuchte. Sie kam zum Entschluss, dass die Wiener Tanz- und Performance-Szene ihren Qualitätsansprüchen wesentlich eher entsprechen würde als der Bereich des Musiktheaters, dem sie insgesamt „niedrige Standards und eine besorgniserregende Tendenz zur Stagnation" attestierte.

Die Jury bestand aus gestandenen Fachleuten, allesamt ausgewiesene Künstler*innen, Manager*innen oder Kritiker*innen. Sie kennen den Betrieb und seine Akteur*innen seit vielen Jahren, wissen um die Umsetzbarkeit von Projektbeschreibungen und waren wohl auch mit den Antragsteller*innen im engen Austausch. Systematisch ausgeschlossen aber blieben die Nutzer*innen und damit all diejenigen, für die all die eingereichten Projekte wirklich – oder auch nur vermeintlich – realisiert werden sollen. Und in deren Auftrag (und mit deren Steuerleistungen) die öffentliche Hand auf der Grundlage der getroffenen Juryentscheidungen die dafür notwendigen Mittel bereitstellen soll.

Das Verfahren, mit dem sich hier Macher*innen und fachlich legitimierte Entscheider*innen ausmachen, was in der jeweiligen Kunstsparte realisiert werden kann und was nicht, hat sich zumindest im freien Bereich weitgehend durchgesetzt. Alternative Entscheidungsmodelle wie das Intendant*innen-Prinzip,[2] der Anspruch auf Selbstverwaltung

2 Siehe die Bundeskurator*innen der 1990er-Jahre.

oder – in Ermangelung hinreichend nachvollziehbarer Qualitätskriterien – gar die Forderung nach Auslosung sind bislang die Ausnahme geblieben. All diesen Szenarien ist gemeinsam, dass eine Gruppe von Produzent*innen samt ihrem unmittelbaren Umfeld für verbindlich erklärt, was ihren künstlerischen Qualitätsansprüchen entspricht, während der große Rest der Bevölkerung von dieser Entscheidungsfindung systematisch ausgeschlossen bleibt.

Die Nutzer*innen haben nichts mitzureden

Was wir hier – im besten Fall – erleben, das ist die Widerspiegelung von Verfahren der repräsentativen Demokratie, in der die einen – durch Wahlen legitimiert – Entscheidungen für die anderen übernehmen. Im Kulturbereich ist das nicht so einfach; hier gilt die Kraft der gesellschaftlichen Stellung. Im Fall von Jury-Entscheidungen werden Fachleute auf Zeit von gewählten Kulturpolitiker*innen bestellt, um mit ihrem spezifischen Qualitätsverständnis die Politik zu beraten, die dann letztendlich entscheidet. Den Nutzer*innen kommt beim Auswahlverfahren keine aktive Stimme zu; ihre einzige Möglichkeit, in dieses Spiel einzugreifen, besteht darin, das Angebot (über dessen Qualität bereits vorab entschieden worden ist) anzunehmen – oder nicht. Die Mitwirkung an der Entscheidung selbst, was und in welcher Form angeboten werden soll, bleibt ihnen verwehrt; jede Publikumsresonanz bleibt – mit Ausnahme der Referenzfilmförderung,[3] bei der gute Auslastungszahlen die Chancen auf Förderung der nächsten Vorhaben erhöhen – ohne Wirkung.

EDUCULT[4] hat sich in seinen diversen Evaluierungsprojekten immer wieder mit der Frage der Qualitätsentwicklung im Kulturbetrieb auseinandergesetzt. Seitens der Auftraggeber*innen waren wir immer wieder mit der Anforderung konfrontiert, eindeutige Aussagen zur Qualität des einen oder anderen Vorhabens zu treffen. Umso größer war die Enttäuschung, wenn wir uns geweigert haben, dieser Erwartung zu entsprechen, und darauf bestanden haben, dass über *Qualität an sich* nicht gesprochen werden kann. Es bedurfte zum Teil eines beträchtlichen Überzeugungsaufwands, um zu erklären, dass der Auseinandersetzung mit Qualität immer die explizite oder implizite Definition von Zielen vorausgehen muss. Nur wenn diese Ziele transparent gemacht werden, kann sinnvollerweise diskutiert und letztlich beurteilt werden, ob und in welcher Hinsicht ein Vorhaben erfolgreich war bzw. welche Wirkungen sich direkt oder auch indirekt nachweisen lassen. Aber auch diese Ziele haben eine Vorgeschichte, denn sie sind – jedenfalls in demokratisch verfassten Strukturen – immer Gegenstand eines diskursiven Kommunikations- und Aushandlungsprozesses, in dem sich die einzelnen Akteur*innengruppen auf eine gemeinsame Ergebniserwartung einigen. Wenn damit die Voraussetzung für Zielvorstellungen eine Qualitätsbewertung ist, so haben

3 https://filminstitut.at/foerderung/antragstellung/referenzfilmfoerderung.

4 http://www.educult.at.

auch die jeweiligen Umstände, Strukturen und Rahmenbedingungen, in denen diese Ziele erreicht werden sollen, einen ebenso großen Einfluss. Das Ergebnis für EDUCULT war die Erstellung eines ganzen Qualitätsrasters, in der die wesentlichen Faktoren, die erst in einer Gesamtschau Qualität bestimmen, Eingang gefunden haben.[5]

5 Michael Wimmer/Anke Schad/Tanja Nagel (2013): *Ruhratlas Kulturelle Bildung. Studie zur Qualitätsentwicklung kultureller Bildung in der Metropole Ruhr*, herausgegeben von Stiftung Mercator, Essen, https://www.educult.at/wp-content/uploads/2011/08/Ruhratlas-Kulturelle-Bildung.pdf, S. 22.

Qualität als Ergebnis eines permanenten Aushandlungsprozesses

Was also bedeutet der Umstand, dass unsere Qualitätsvorstellungen das Ergebnis eines permanenten Aushandlungsprozesses darstellen und nicht einseitig dekretiert werden können? Gerade ein Blick auf den Bereich der kulturellen Bildung könnte hier etwas mehr Klarheit schaffen. Immerhin sollen mit den diversen Programmen die Beteiligten zum Singen, Tanzen, Musizieren, Malen oder Schreiben ermutigt werden, aber nicht nur – denn mindestens ebenso wichtig erscheint die Entwicklung eines auf die jeweiligen künstlerischen Tätigkeiten bezogenen Geschmacksurteils: Kann ich mitreden dabei, was ich gut finde und was ich für nicht gut finde? Oder finde ich mich damit ab, dass andere mir ihre Qualitätsvorstellungen dekretieren? Es ist die Lernbereitschaft, Geschmacksurteile nicht nur abzugeben, sondern auch zu begründen, die die Teilnehmer*innen kultureller Bildungsprogramme aus ihrer ästhetischen Unmündigkeit befreit und sie ermächtigt, mitzureden, welche künstlerischen Ziele mit welchen Mitteln in welchen Umständen erreicht werden sollen.

Von einer Situation, in der sich alle in gleichberechtigter Weise an der Qualitätsdiskussion im Bereich der Künste beteiligen wollen und dies auch können, sind wir noch weit entfernt. Das ist eigentlich erstaunlich, wenn wir davon ausgehen können, dass das Phänomen ein Gemeinschaftserlebnis darstellt, an dem sich – im Idealfall – alle aktiv beteiligen können sollen.

Zur Erinnerung: Im Zuge wachsender gesellschaftlicher Arbeitsteilung hat sich auch im Feld der Künste eine Gruppe von Expert*innen herausgebildet, die für sich das Monopol beansprucht hat, über die Qualitätsvorstellungen zu verfügen. Im Zuge der Ausdifferenzierung des Kulturbetriebs kam ihnen eine besondere Türwächter*innen-Funktion zu, um mithilfe mehr oder weniger transparenter Kriterien darüber zu entscheiden, was künstlerische Qualität ausmacht und was nicht. Weitgehend informell und hoch personalisiert, erwiesen sich diese Kriterien in einer breiteren Öffentlichkeit freilich nur schwer vermittelbar: Um sich trotzdem hinreichend zu legitimieren, mussten die selbst ernannten Auserwählten zu zwei Totschlagargumenten greifen: Das eine nahm Anleihe an religiösen Traditionen und ließ sie in das säkular verbrämte Kleid des Kunstpriestertums schlüpfen. Ihren Apologet*innen, so die Begründung, ginge es ja gar nicht um die Erringung und um den Erhalt einer herausragenden Position in der Gesellschaft, vielmehr stünden sie im Dienst einer höheren Wahrheit, die – aufgrund von Berufung samt spezifischer Ausbildung – halt nur einer kleinen Gruppe zugänglich sei. Diese Wahrheit zu erkennen, sie zu pflegen und in ausgewählten Öffentlichkeiten zu vermitteln, sei ausschließlich als ein Dienst an der Gesellschaft zu bewerten. Dass hier eine Elite einseitig einen Machtanspruch realisierte, indem sie versuchte, kraft ihres Amtes die Qualität von Kunst zu dekretieren und damit die öffentliche Meinung zu dominieren, gehörte zum Geschäft dazu. Aus dieser Selbsterhöhung folgte notwendigerweise eine Abwertung aller anderen, die über kein vergleichbares Rüstzeug zur Einschätzung künstlerischer Hervorbringungen verfügen würden und denen man folglich vorschreiben könne bzw. müsse, was künstlerisch Sache ist. Wer sich aber in diesem Spiel diesbezüglichen Belehrungen zu entziehen trachtete, der brauchte gleich gar nicht mehr seine Stimme zu erheben: Stigmatisiert als „kulturlos“ hatte er oder sie jedes Recht verwirkt, am – den verordneten Qualitätsansprüchen entsprechenden – kulturellen Geschehen teilzunehmen. Gerne als „Nicht-Besucher*innen“ stigmatisiert, werden sie bis heute auf ein beliebiges Freizeitangebot verwiesen, wo unter dem Diktat des Marktes jede*r schauen kann, wo er/sie bleibt. Ihnen verstärkt eine Stimme zu geben, so die große Befürchtung der Kunstmandarine, würde eine weitgehende Korrumpierung des Kulturbetriebs bedeuten, der sich immer weniger an den von ihm selbst auferlegten Qualitätskriterien messen ließe, sondern an einem kleinsten gemeinsamen Nenner, der Quote bringt.

Die Überheblichkeit der Auserwählten

Ich selbst bin im Frühjahr 2021 Zeuge dieser ungebrochenen Traditionen geworden. Beim Spazierengehen fiel mir eine Inschrift auf dem Wiener Konzerthaus auf, die da lautet: „Ehret die Deutschen Meister – dann bannt ihr die guten Geister“. Es handelt sich dabei um ein Zitat aus Wagners Oper „Die Meistersinger von Nürnberg“, das so eingeleitet wird: „Habt Acht! Uns dräuen üble Streich’: zerfällt erst deutsches Volk und Reich, in falscher wälscher Majestät kein Fürst bald mehr sein Volk versteht, und wälschen Dunst mit wälschem Tand sie pflanzen uns in deutsches Land; was deutsch und echt, wüsst’ keiner mehr, lebt’s nicht in deutscher Meister Ehr’.“[6] Als ich mein ungläubiges Erstaunen auf Facebook zur Diskussion stellte, erreichte mich unmittelbar eine Vielzahl von Rückmeldungen, die unisono davon sprachen, dass dieser Spruch – als eine historische Reminiszenz – tunlichst beizubehalten wäre. Mein Einwand, dass sich die Mehrheit der diversen Wiener Stadtgesellschaft mit der ganzen Vielfalt ihrer unterschiedlichen kulturellen Haltungen mit einer solchen Zurschaustellung eines überkommenen (wie wir wissen, mittlerweile auch politisch höchst gefährlichen) Elitismus nicht

6 Richard Wagner (1868): *Die Meistersinger von Nürnberg*, Arie: „Verachtet mir die Meister nicht“. https://opera-guide.ch/highlights/show_highlight.php?id=924&oper_id=413.

wirklich eingeladen fühlen würde, das Haus zu ihrem zu machen, traf auf nur wenig Verständnis. Offenbar ist selbst in liberalen Kulturmilieus die Sorge zu groß, eine auch nur symbolische Infragestellung historisch gewachsener (in dem Fall mit altdeutscher Suprematie durchtränkter) Dominanzvorstellungen könnte – auch wenn die geänderten gesellschaftlichen Verhältnisse noch so sehr darauf pochen – gleich den gesamten Betrieb in den Niedergang reißen.

Kunst hat sich längst über die engen Grenzen bestehender Qualitätserwartungen hinweggesetzt

Diese zugegeben recht holzschnittartig dargestellte Gegenüberstellung derer, die über Qualität verfügen, und derer, die mit den Ergebnissen konfrontiert werden, hat zuletzt eine Reihe von Rissen bekommen. Der tiefste kommt direkt aus dem Herzen des Kunstbetriebs, wenn eine künstlerische Avantgarde seit mehr als hundert Jahren versucht, die mühsam immer wieder neu errichteten Grenzziehungen zwischen Kunst und Nicht-Kunst niederzureißen. Wenn Kunst im Prinzip alles kann, dann helfen auf Dauer selbst ausgefeilte konzeptionelle Korsette nur mehr wenig, um an solchen permanenten Überschreitungen eines gesellschaftlich zugewiesenen Geländes noch einmal auch nur halbwegs plausible Qualitätskriterien anzulegen. Das Ergebnis zeigt sich in einer großen Ratlosigkeit des Publikums, das die konzeptionellen Grundlagen nicht zu lesen weiß und im bloßen Augenschein die kategoriale Differenz zwischen Kunst und Nicht-Kunst nicht nachzuvollziehen vermag. Bestenfalls bleibt die in Worte gefasste Resignation: „Das kann ich auch."

Aber auch dort, wo etablierte institutionelle Grenzziehungen wie im Theater, Konzert oder Ausstellungsbereich noch einigermaßen intakt erscheinen, ist es zuletzt zu unübersichtlichen Ausfransungen gekommen. So kümmern sich Vermittler*innen in nahezu allen Genres, dem Kulturbetrieb bislang fern stehende Menschen für ihr Angebot zu gewinnen. Noch können sie dabei auf die den Institutionen inhärenten Qualitätsmaßstäbe setzen, die sie den Neuankömmlingen im künstlerischen Feld zu vermitteln trachten. Aber nur zu bald könnte sich herumsprechen, dass diese über eigene Qualitätsvorstellungen verfügen und diese auch aktiv einbringen wollen – dies umso mehr, als sich in den letzten Jahren neben einem (in der Regel staatlich alimentierten) Kulturbetrieb eine Vielfalt weiterer kultureller Ausdrucksformen etabliert hat. Diese orientieren sich immer weniger an einem institutionell verordneten Qualitätsverständnis, sondern erlauben den Macher*innen ebenso wie den Nutzer*innen wesentlich mehr Souveränität bei der Bewertung ihrer Hervorbringungen. Hier haben sich ganz andere auf vielfältige Mitwirkung bezogene Qualitätsvorstellungen breitgemacht, die den Akteur*innen sowohl beim Machen als auch beim Bewerten einen aktiven Part zuweisen. Mit der massenhaften Durchsetzung einer solchen auf umfassende Mitwirkung angelegten kulturellen Praxis gibt es wenig Grund zur Annahme, diese ließe sich an anderer Stelle noch einmal in ein hierarchisches Gefüge zwängen, in der *die da oben* wissen, was gut ist, und *die da unten* das akzeptieren.

Dass diese neue Vielstimmigkeit im Netz auch Gefahren birgt, wenn dort neben wohlüberlegten Positionen haltlos auch jeder Unsinn verbreitet werden darf, sollte dabei allerdings nicht übersehen werden. Und natürlich ist mit einer solchen medialen Ausweitung des öffentlichen Gesprächs nicht jeder Wunsch nach Orientierung abhandengekommen. Autoritär fixierte Rechtspopulist*innen wissen über diese Bedürfnisse nur zu gut Bescheid und vermögen ebenso wie „Influencer*innen" samt den dahinterstehenden Wirtschaftsinteressen davon zu profieren. Auch wenn wir uns dieser Gefahren bewusst sind – wir kommen kulturpolitisch um den Umstand nicht herum, dass die Büchse der Pandora vielfältiger Mitsprache geöffnet ist: Alle können, ja sollen mitreden in ästhetischen Fragen, die sie ganz persönlich betreffen, und damit in einer demokratisch verfassten Kultur, deren Qualitätsvorstellungen sich an den vielen und nicht an den wenigen orientieren können.

Ästhetische Urteile sind immer subjektiv

Wenn heute vor allem die sozialen Medien ganz neue Möglichkeiten eröffnen, am kulturellen Geschehen aktiv mitzuwirken und damit auch eigene Qualitätsansprüche durchzusetzen, so sei an dieser Stelle daran erinnert, dass uns die Frage, wer über künstlerische Qualität zu verfügen vermag und wer nicht, spätestens seit der Aufklärung begleitet. Immerhin hat sich bereits Immanuel Kant in seiner Kritik der Urteilskraft sehr wegweisend über den Geltungsanspruch ästhetischer Urteile geäußert.[7] Ihm zufolge handle es sich hierbei ausschließlich um subjektive Geschmacksurteile, die sich nicht beliebig auf andere übertragen lassen: „Das Geschmacksurteil ist also kein Erkenntnisurteil, mithin nicht logisch, sondern ästhetisch, worunter man dasjenige versteht, dessen Bestimmungsgrund *nicht anders* als *subjektiv* sein kann."[8] Damit macht Kant auch den kategorialen Unterschied zwischen Wissenschaft und Kunst deutlich, da Erstere die Gewinnung verallgemeinerbarer Erkenntnisse zum Ziel hat, während sich die Kunst aus ihren subjektiven Bezügen (der Künstler*innen ebenso wie aller anderen, die mit ihren Ergebnissen konfrontiert werden) speist.

Aus Kants Überlegungen zur Subjektivität ästhetischer Urteile folgt – jedenfalls für mich – eine sehr radikale Erkenntnis: Dass es nämlich keine gesellschaftliche Instanz geben kann, die nachvollziehbar darüber verfügen könnte, was von künstlerischer Qualität ist und was nicht. Stattdessen kommen wir um die Aufgabe nicht herum, uns ein eigenes

7 Immanuel Kant (1977): „Kritik der Urteilskraft", in: Wilhelm Weischedel (Hg.): *Immanuel Kant: Werke in zwölf Bänden* (Band X), Frankfurt am Main: Suhrkamp, https://literaturkritik.de/public/artikel.php?art_id=119.

8 Kant (1977), S. 115, Hervorhebung im Original.

Urteil zu machen. Dafür lohnt es sich freilich, dass wir uns mit einem hinreichenden Rüstzeug ausstatten, um unseren Geschmack zu bilden.

Die Frage, wer unter welchen Bedingungen über Qualität mitentscheiden darf, verweist damit auf die Infragestellung bestehender Machtstrukturen – auch und besonders im Kulturbereich –, die den einen eine herausragende Stellung bei der Beurteilung von künstlerischer Qualität zuspricht und diese anderen verweigert. Wenn wir aber im Rahmen unserer demokratischen Verfasstheit allen Menschen eine ihnen eigene Subjektivität zusprechen, dann gilt das auch und gerade in Bezug auf ihre Mitsprache bei der ästhetischen Urteilsbildung. Mit einem solchen Anspruch auf Emanzipation auch und gerade in Fragen der Beschäftigung mit Kunst müssen wir uns von der Erwartung, die Qualität künstlerischer Äußerungen ließe sich verallgemeinern oder gar objektivieren, verabschieden. Qualitätsansprüche erwachsen vielmehr aus einem vielstimmigen Aushandlungsprozess, der vielleicht zu temporär intersubjektiven Entscheidungen aller Beteiligten führt.

Eine solche Suche nach der Einbeziehung möglichst vieler Stimmen bei der Qualitätsbeurteilung hat gravierende Auswirkungen auf die Ausgestaltung künftiger kulturpolitisch relevanter Settings. Mit neuen Programmen zur „kulturellen Partizipation“[9] wird hier ein Trend gesetzt, der auf die Durchsetzung einer staatlich verordneten Kultur verzichtet und stattdessen darauf abstellt, mehr Menschen ihr kulturelles Schicksal in die eigenen Hände nehmen zu lassen. Das hat Auswirkungen auf den Aspekt der Vermittlung, der sich immer weniger darauf wird beschränken können, institutionell vorgegebene Qualitätsvorgaben an *Unkundige* weiterzugeben, sondern diese zu ermächtigen, sich ihrer kulturellen Erwartungen bewusst zu werden und diese auch zu artikulieren.[10]

9 Einen Überblick mit Fallbeispielen siehe Yvonne Fietz (2009): „Partizipation durch Kultur“, Blogbeitrag, Bundeszentrale für politische Bildung, https://www.bpb.de/gesellschaft/bildung/kulturelle-bildung/59951/partizipation-durch-kultur.

10 Diesbezügliche Erfahrungen können dann auch für die inhaltlich-programmatische Weiterentwicklung der Institutionen genutzt werden.

Kulturelle Bildung als eine Einladung, zu *machen* und auch *mitzureden*

Eine zentrale Aufgabe käme in diesem Zusammenhang sicher der kulturellen Bildung als ein Verfahren zur individuellen und auch kollektiven Emanzipation zu, die die Lernenden aus der Abhängigkeit ihnen fremder Geschmacksurteile entlässt und sie ermächtigt, sich aktiv am Gespräch über ein gemeinsames Qualitätsverständnis zu beteiligen. Künstler*innen, sofern sie bereit sind, ihre geschützten Räume der Repräsentation zu verlassen, könnte dabei eine stimulierende Rolle zukommen. Immerhin verfügen sie kraft ihrer Ausbildung und professionellen Erfahrung über ein ganz besonderes Sensorium, wenn es darum geht, diffus Empfundenem, Ungedachtem, Ungezeigtem bzw. Ungesagtem eine Form zu geben und damit Menschen zu ermutigen, sich und damit ihre subjektive Befindlichkeit zum Ausdruck zu bringen. Aber natürlich hat eine solche Trendwende auch mit verbesserten Datenlagen zu tun, die mithilfe einer zeitgemäßen Kulturpolitikforschung erarbeitet werden können. Überlegungen, den jährlichen Kunst- und Kulturberichten der Gebietskörperschaften, die die Produktionsseite detailreich beleuchten, „Publikumsberichte“ beizugeben, um damit die Nutzer*innen auch empirisch zu stärken, weisen in die richtige Richtung.

Neben dem Mut, noch einmal inhaltlich-politische Schwerpunkte vor allem zugunsten der Menschen, die in der Gesellschaft keine Stimme haben, zu konzipieren und umzusetzen, liegt der Dreh- und Angelpunkt jeglicher Weiterentwicklung in der Bereitschaft, die kulturpolitische Dominanz der Repräsentation zu überwinden und sich verstärkt Aspekten der Konfrontation und Kooperation zuzuwenden.[11] Statt mit der traditionellen Produktionsorientierung immer weiter ins Abseits zu geraten, ist es höchste Zeit, kulturelle Öffentlichkeiten wiederzubeleben, in denen Menschen mit ganz unterschiedlichen Hintergründen sich selbst ermächtigen, um mit ihren jeweiligen Befindlichkeiten, Erwartungen, Interessen, Sehnsüchten und Hoffnungen aktiv am kulturellen Geschehen teilzunehmen.[12] Eine darauf basierende Kulturpolitik würde über das Instrumentarium verfügen, Menschen einen aktiven Part im kulturellen Geschehen zuzuweisen und sie als Mitgestalter*innen bei der kulturellen Entwicklung unseres Gemeinwesens in den bislang so hermetischen Kreis der Entscheidungsträger*innen, die über Qualität und einiges mehr entscheiden, aufzunehmen.

Das Gremium, das über die Qualität der freien Wiener Theaterszene verfügt, würde dann wohl noch einmal ganz anders ausgestattet sein – und wahrscheinlich auch zu anderen Ergebnissen kommen.

11 Dazu fand am 20. Mai 2021 das europäische Symposium „Konfrontation und Kooperation statt Repräsentation – eine neue Agenda für Kulturpolitik“ statt, das sich aktuellen Fragen der Kulturpolitik widmete, siehe https://www.dieangewandte.at/konfrontation_und_kooperation_statt_repraesentation.

12 Dies setzt eine geänderte Zusammensetzung der Gremien zur Qualitätsfeststellung voraus, in denen sich neben Expert*innen auch künstlerische Laien zusammenfinden. Siehe dazu auch den Beitrag „Lasst sie mitreden!“ von Michael Wimmer in diesem Band.

Damit zusammenwächst, was zusammengehört?!

Michael Wimmer

Warum die künstlerische Ausbildung wesentlich darüber (mit-)entscheidet, ob der Kulturbetrieb eine Zukunft hat

Im Herbst 2019 war ich von der Regierung Taiwans zu einem Studienaufenthalt eingeladen. Die Reise führte mich auch an einige Kunstuniversitäten, unter anderem an die National Taiwan University of Arts.[1] Wie einige andere Kunstuniversitäten des Landes auch bietet der Campus ein umfassendes Angebot zur Auseinandersetzung mit allen künstlerischen Ausdrucksformen. Die Einrichtungen sind breit aufgestellt und versuchen, die Vermittlung künstlerischer Kompetenzen mit handwerklichen Fähigkeiten zu kombinieren. So wird neben der Ausbildung an den klassischen Musikinstrumenten die Ausbildung zum/zur Instrumentenbauer*in angeboten. Berücksichtigt werden aber auch die neuesten Technologien und die damit verbundenen Kommunikationsformen inklusive des Einflusses von künstlicher Intelligenz auf die zeitgenössische Kunstszene. Kein Wunder, dass sich unmittelbar nach mir Gerfried Stocker, der langjährige künstlerische Leiter des Ars Electronica Centers in Linz, als Gast angesagt hatte.

In den Gesprächen mit der Universitätsleitung wurde bald klar, wie schwer es ihr fällt, dieses vielfältige Angebot zu einem gemeinsamen Profil zu verbinden. Nach wie vor bestehen beträchtliche Hemmnisse beim Versuch, die Institute für mehr Kooperationen zu gewinnen. Ganz offensichtlich herrscht in den Köpfen aller Beteiligten noch ein enges Spartendenken vor und es fällt ihnen schwer, sich gegenüber anderen Disziplinen zu öffnen. Das Management sieht sich immer wieder vor scheinbar unüberwindbaren Hürden, wenn es darum geht, die herrschenden Strukturen eines in die einzelnen Kunstsparten parzellierten Kulturbetriebs zu überwinden und ihn auf eine zeitgemäße Grundlage zu stellen.

1 https://www.studyintaiwan.org/university/info/20.

„Gelernt" hat Taiwan diese Form der rigiden Arbeitsteilung im Kulturbetrieb von seinen westlichen Vorbildern. Und es sind gerade die Folgen der Pandemie, die noch einmal überdeutlich gemacht haben, wie stark weite Teile des europäischen Kulturbetriebs nach wie vor überkommenen Organisationsmodellen folgen. Streng voneinander getrennt, dazu hierarchisch und arbeitsteilig ausgerichtet, erweisen sie sich als nur wenig offen nach innen und nach außen – um jetzt bitter darauf gestoßen zu werden, wie weit sich die Akteur*innen in den letzten Jahren, unterstützt durch stabilisierende Maßnahmen der Kulturpolitik, von den gesellschaftlichen Realitäten entfernt haben. Und wie blind sie geworden sind gegenüber allem, was außerhalb ihrer Kontinuitätsfantasien („Das haben wir immer so gemacht!") passiert.

Der Dienst an der Kunst steht über allem

Die Hauptleidtragenden dieser institutionellen Beharrungstendenzen sind die Studierenden. Vor allem im musikalischen und darstellenden Bereich orientiert sich ihre Ausbildung ungebrochen an den Vorbildern einer überkommenen Epoche, die in der Zelebration einer vermeintlich besseren Vergangenheit in die Gegenwart hineinreicht. Als stünde die Zeit still, werden die begabtesten Studierenden auf den Dienst an „ihrer" Kunst vorbereitet. Alles, was darüber hinausweist, wird als Störung bzw. Ablenkung vom Eigentlichen empfunden. Ihr Wunsch nach einem darüber hinausgehenden Bildungsanspruch, der sie in die Lage versetzt, „ihre" Kunst in Beziehung zu setzen zu alldem, was sonst noch in der Welt passiert, muss innerhalb der bestehenden rigiden Strukturen unberücksichtigt bleiben. In ihrem Bestreben, über den Bühnenraum hinaus Wirksamkeit zu entfalten in die Welt, sich mit den realen Gegebenheiten auszutauschen und in Interaktion zu treten, bleiben die meisten von ihnen auf sich allein gestellt. Sie müssen erfahren, dass ihre mit so großer Mühe erworbenen hochspezialisierten künstlerischen Qualifikationen außerhalb des Schonraums Kulturbetrieb als weitgehend wertlos erachtet werden. Die Vielzahl an jungen Künstler*innen, deren prekäre Arbeitsverhältnisse sie an die Existenzgrenzen bringen, ist dafür ein beredter Ausdruck.

Zumindest einer der Gründe liegt in den gängigen Rekrutierungsstrategien von Kunstuniversitäten. Die meisten der dort tätigen Lehrenden bilden ihre Studierenden an den ihnen eigenen Maßstäben aus: Ihre Schützlinge sollen früher oder später werden wie sie und damit eine erfolgreiche Tradition fortsetzen. Die Entwicklung einer eigensinnigen Subjekthaftigkeit der Studierenden, die sich auch schon einmal gegen die Maßstäbe der Lehrenden richten kann, steht dabei nicht im Vordergrund.[2]

Die dafür Verantwortlichen perpetuieren damit ein rigides Berufsbild selbst dann noch, wenn sich zumindest an den Rändern des Kunstbetriebs

2 Ganz im Gegenteil: Ich getraue mir das vor allem deshalb zu sagen, weil ich unter dem Eindruck von Gesprächen mit Lehrenden einer Kunstuniversität stehe, die mir berichtet haben, dass das Unterrichtsprinzip, wonach Studierende in den klassischen Musikfächern zuerst einmal „gebrochen" werden müssten, um dann entlang der Vorstellungen der Lehrenden neu aufgebaut zu werden, nach wie vor Gültigkeit hat. Weinende Studierende, die orientierungslos in den Gängen herumirren, weil ihnen gerade ihre Vorstellungswelt zerstört worden ist, bilden also bis heute keine Ausnahme.

längst ein ganz anderes Künstler*innen-Bild abzeichnet. Dieses hat nicht den unbedingten Dienst an der Kunst, sondern den Dienst an den Menschen zum Ziel. Die dafür notwendigen kommunikativen und kooperativen Fähigkeiten stehen in der Regel nicht in den Curricula, sie müssen in einem „Training on the Job“, verbunden mit vielfältigen Frustrationen und Rückschlägen, erworben werden.

Die „Stalltänze“ von Barbara Maria Neu – oder als eine junge Künstlerin auszog, um ihr enges Ausbildungskorsett abzustreifen

Als Beispiel möchte ich über den Werdegang der jungen Klarinettistin Barbara Maria Neu berichten. Ich habe sie im Zuge einer Aufführung ihrer „Stalltänze“[3] im Grazer Schaumbad kennengelernt. In einem Vorgespräch berichtete sie von ihrer Ausbildung, die sie für eine Stelle in einem der führenden klassischen Orchester prädestiniert hat. Als Hochbegabte in einer der zwei dafür maßgeschneiderten Klarinetten-Klassen des Landes schien ihr Weg als Orchestermusikerin in einem der führenden europäischen Ensembles vorgezeichnet. Doch spätestens bei ihrer Tätigkeit als Substitutin im Orchester einer Opernproduktion wurde ihr bewusst, dass das für sie trotz all des Übungsaufwands über viele Jahre hinweg keine erstrebenswerte Zukunft darstellt.

Als anonymes Mitglied des Ensembles fühlte sie sich zunehmend fehl am Platz, meinte sie. Die Aussicht, in einem solchen beruflichen Setting ihr Arbeitsleben dauerhaft zu verbringen, erschien ihr mit jedem Dienst weniger erstrebenswert. Im selben Ausmaß wuchs der Wunsch, den Orchestergraben zu überwinden und sich selbst darstellerisch auf der Bühne zu erfahren. Dies umso mehr, als sie im Zuge ihrer Engagements als Einspringerin auf immer mehr Kolleg*innen traf, die – ähnlich wie sie – mit der Situation nur schwer zurande kamen, mit ihrer antrainierten einseitigen Spezialisierung für sich aber keine Vorstellung von einer befriedigenden Veränderung zu entwickeln vermochten und so zunehmend frustriert ihre Routinen nur mithilfe von diversen Aufputschmitteln aufrechterhielten.

Anstatt den institutionellen Zwängen zu folgen, begann die junge Künstlerin, sich in anderen künstlerischen Feldern umzusehen, um als Performerin ihre spartenübergreifenden Projekte selbst auf die Bühne zu bringen. In ihrer Erzählung ließ sie nochmals ihre Erfahrungen in der Ausbildung Revue passieren; sie berichtete über die frühen Einschränkungen der Disziplinen, die als notwendige Voraussetzungen jeglichen künstlerischen Erfolgs vermittelt wurden. Sie wären halt die unumgängliche Voraussetzung dafür, um in einem hochkompetitiven Markt reüssieren zu können.

Sie aber sei neugierig gewesen auf Menschen mit ihren unterschiedlichen Hintergründen, sie hätte den Kontakt mit Kolleg*innen anderer

3 https://www.barbaramarianeu.at/work/stalltaenze.

künstlerischer Fächer gesucht und sei nach Abschluss ihres Musikstudiums schließlich an der Akademie der bildenden Künste Wien gelandet, wo sie sich mit performativen Praktiken beschäftigt hat. Auch dort habe sie so manche Engsicht erfahren. Als Außenseiterin hatte sie manchmal den Eindruck, als seien für die Studierenden in den für sie inszenierten Schonräumen noch einmal die 1970er auferstanden. Kultiviert würde auch dort ein weitgehend hermetischer Lifestyle, der zumindest für eine gewisse Zeit die Illusion suggeriert, damit noch einmal die harte Differenzerfahrung zwischen künstlerischem Anspruch und Lebensrealität vergessen machen zu können. Um dieser Schimäre nicht völlig aufzusitzen, blieb ihr die Ausbildung zur professionellen Musikerin ein wichtiger Haltegriff. Immerhin verfügt sie als erfolgreiche Absolventin einer Konzertfachklasse über ganz konkrete Fähigkeiten an ihrem Instrument, die ihr im verunsichernden Metier der künstlerischen Performance und ihrem Ringen um Nichtbeliebigkeit sehr geholfen haben.

Die Aufführung der „Stalltänze“ durch Barbara Maria Neu stellte sich am Ende als ein klug durchdachtes choreografiertes Konzert heraus, in dem die junge Künstlerin ihre vielfältigen Fähigkeiten konzeptuell, musikalisch, theatralisch und mit einem politischen Auftrag ausgestattet zu einer stimmigen Gesamtpräsentation zu verknüpfen vermocht hat. In ihrer spezifischen Herangehensweise gelang es ihr, verschiedene künstlerische Ausdrucksformen zueinander in Beziehung zu setzen und zu einer sinnlich-ästhetischen Gesamterfahrung zu machen.

Barbara Maria Neu repräsentierte mit ihrer subjektiven Gestaltungskraft, die weit über die gängigen künstlerischen Disziplinen hinausweist, einen neuen Künstler*innen-Typus, der sich weitgehend im Alleingang gegen die herrschenden Vorstellungen künstlerischer Ausbildungseinrichtungen durchgesetzt hat. Die Publikumsreaktionen haben gezeigt, dass ein solcher mehr als gefragt ist.

Das Strenge und das Freie – es braucht beides, um der künstlerischen Eigensinnigkeit Ausdruck geben zu können

Im Zusammenhang mit der aktuellen Weiterentwicklung unserer Vorstellungen von Künstler*innen in der Gesellschaft möchte ich noch von der jungen Künstlerin Xenia Ostrovskaya[4] berichten, mit der wir vor einigen Jahren eine Ausstellung bei EDUCULT[5] ausrichten durften. Sie wurde stilbildend und solide in St. Petersburg in Keramik ausgebildet und erhielt dort nach einem strengen Auswahlverfahren eine gute handwerkliche Ausbildung im Umgang mit dem Material. Daraufhin wechselte sie an die Universität für angewandte Kunst Wien. Nach den Jahren einer sakrosankten Traditionen folgenden Ausbildung genoss sie dort vor allem das freie Arbeiten. Ihren kreativen Ambitionen wurden nach Jahren der oft schmerzenden Beschränkungen kaum Schranken auferlegt.

4 https://xeniaostrovskaya.com/index.php/en.

5 https://educult.at/veranstaltungen/salon-der-kulturen-zone2.

Es war für sie nicht leicht, mit dieser neuen Freiheit produktiv umzugehen. Dabei halfen ihr die in Russland erworbenen technischen Kenntnisse als stabile Haltegriffe sehr, etwa wenn es darum ging, ihre konzeptionellen Vorstellungen in eine professionelle Praxis umzusetzen.

Als sie sich dann irgendwann der Musik zuwandte und sich als Sängerin und auch als DJane erprobte, waren diese Ausbrüche selbst ihrem Professor zu viel. Er befürchtete, sie würde mit diesen neu aufgeflammten musikalischen Ambitionen allzu sehr von ihrer eigentlichen Tätigkeit abgelenkt. Die junge Künstlerin ließ sich freilich von diesen gut gemeinten Mahnungen nicht abbringen. Ihr Bedürfnis, die engen Spartengrenzen zu sprengen und stattdessen alles zu nutzen, was in der Lage ist, ihre künstlerische Subjektivität wiederzugeben, war stärker. Als Phänotyp einer neuen Künstler*innen-Generation des 21. Jahrhunderts zwingt sie die Kunstuniversitäten, noch einmal genauer darüber nachzudenken, wie lange sich ihr Ausbildungsangebot noch an den Maßstäben einer vermeintlich besseren Epoche orientieren möchte – oder doch eher an den Erfordernissen einer Gegenwart, die sich mitten im Umbruch befindet. Vereinfacht gesagt: ob sie die Studierenden vergangenheits- oder zukunftstauglich, weil wirkmächtig, ausbilden möchten.

Vermittlung – ein neues Berufsbild oder ein Qualitätsmerkmal jeglicher künstlerischen Tätigkeit

Es ist erfreulich, dass in den letzten Jahren der Vermittlungsaspekt nicht nur Einzug in weiten Teilen des Kulturbetriebs, sondern auch in den Kunstuniversitäten gehalten hat. Eigene Ausbildungslehrgänge wie der ecm-Lehrgang an der Angewandten[6] oder der Lehrgang Musikvermittlung an der Bruckner-Uni[7] bzw. der Schwerpunkt Musikvermittlung an der Grazer Musikuniversität[8] erzählen davon.

Oft noch sehr am Rand der universitären Curricula oszillieren die Angebote zwischen der Entwicklung eines neuen Berufsbildes der Vermittler*innen, die mithilfe eines Methodensets in der Lage sein sollen, eine produktive Verbindung zwischen der Kunst, den Künstler*innen und dem Publikum herzustellen, und der Qualifizierung der jungen Künstler*innen selbst, die künstlerisches Tun immer auch als Akt der Vermittlung begreifen lernen. Dabei können sie sich durchaus auf eine mittlerweile mehr als hundertjährige Avantgarde-Tradition beziehen, die allesamt versucht haben, die Beziehungen zwischen Künstler*innen und dem Publikum als einen gemeinsamen künstlerischen Prozess zu begreifen. Ziel ist auch hier die Weiterentwicklung des Profils des/der Künstler*in, der/die sich selbst als Vermittler*in begreifen lernt und so willens und in der Lage ist, in Kommunikation und allenfalls auch Kooperation mit den Menschen, die sich für seine/ihre Arbeit interessieren, zu treten.

6 https://www.dieangewandte.at/ecm.

7 https://www.bruckneruni.at/de/studium/universitaetslehrgang.

8 https://www.kug.ac.at/kunst/kunstvermittlung/schwerpunkt-musikvermittlung.

So oder so – das Ende der Selbstreferenzialität ist nah

Einer der Gründe, warum der Kulturbetrieb während der Pandemie so sehr an den Rand gedrängt wurde, bestand wohl darin, dass immer weniger Menschen ihm zutrauen, etwas zur Krisenbewältigung beitragen zu können – dies womöglich auch deshalb, weil sich seine führenden Vertreter*innen in einer breiteren Öffentlichkeit mit der Forderung zufriedengegeben haben, möglichst bald und möglichst unbeschadet wieder in die alten selbstreferenziellen Verhältnisse zurückkehren zu können. Und auch die Lehrenden an Kunstuniversitäten fielen vor allem dadurch auf, dass die einen für die ehestmögliche Wiederaufnahme des Präsenzunterrichtes plädierten, während die anderen einen Vorteil darin sahen, möglichst lange per Home-Teaching in sicherer Distanz von den Studierenden agieren zu können. Eine breitere Diskussion über künstlerische Projekte, die sich explizit mit den Folgen der Pandemie nicht nur „für ein paar Kulturverliebte" (Sebastian Kurz) selbst, sondern für das Gros der zum Teil existenziell betroffenen Menschen beschäftigt hätten, fand – von einigen wenigen erfreulichen Ausnahmen abgesehen, wie etwa 2020 die Kunstaktion von Kunststudierenden in Mexiko, mit der sie das Pflegepersonal ehrten[9] – nicht statt.

Nach dem Ende der Pandemie stehen die künstlerischen Ausbildungseinrichtungen vor der Entscheidung, sich weiterhin als retardierende Anhängsel des Kulturbetriebs zu bewähren oder sich mit der Eröffnung mannigfacher Experimentierräume zum Anwalt der Kreativität einer jungen Künstler*innen-Generation zu machen und damit dem Kulturbetrieb neues Leben einzuhauchen.

So oder so, Barbara Maria Neu oder Xenia Ostrovskaya werden als die nächste Generation von Künstler*innen wesentlich entscheiden, wohin die Reise des Kulturbetriebs geht. Mit ihren gebrochenen Biografien machen sie deutlich, dass den künstlerischen Ausbildungseinrichtungen mehr denn je eine zentrale Verantwortung zukommt, Kunststudierende nicht nur mit hochspezialisierten künstlerischen Techniken, sondern darüber hinaus in gleicher Weise auch mit dem für die absehbaren Veränderungsprozesse notwendigen Rüstzeug auszustatten.

Kann Kulturpolitik noch einmal Gestaltungskraft erlangen – oder überlässt sie die öffentliche Meinung populistischen Demagog*innen?

Die Konsequenzen für die Kulturpolitik liegen auf der Hand. Ungeachtet des hohen Werts der Kunst- und Wissenschaftsfreiheit wird sie nicht umhinkommen, klarer als bisher zu sagen, worin sie die künftige Aufgabe der künstlerischen Ausbildungseinrichtungen sieht und welche gesellschaftliche Wirkmächtigkeit sie ihnen in einer zunehmend unvorhersehbaren Zukunft[10] zumisst. Für die Studierenden wird vor allem

9 https://www.youtube.com/watch?v=WufxscrCSQ4.

10 https://www.festwochen.at/suche?q=Labor+Predictably+Unpredictable.

entscheidend sein, wie es ihnen mit geeigneten Maßnahmen gelingen kann, sich auf eine unsichere Zukunft bestmöglich vorzubereiten und den Übergang von der Ausbildung zu ersten beruflichen Bewährungsproben zu schaffen. Dies umso mehr, als sich diese nicht auf die hehren Hallen des Kunstbetriebs werden beschränken lassen.

Bleibt die Kulturpolitik weiterhin so passiv wie bisher, so steht zu befürchten, dass schon bald die Stimmen überhandnehmen könnten, die öffentlichkeitswirksam die Frage aufwerfen, ob es eine derart große Anzahl an Studierenden an den Kunstuniversitäten überhaupt noch braucht, zumal diese keinen signifikanten Beitrag zur Lösung der mannigfachen gesellschaftlichen Krisenerscheinungen mehr zu leisten vermögen. Die Konsolidierungserfordernisse der öffentlichen Haushalte sowie das schwindende Publikumsinteresse werden weitere Argumente für all diejenigen sein, die künstlerische Ausbildung als einen entbehrlichen Luxus propagieren und damit die Einrichtungen aus der Komfortzone weitgehender Selbstreferenzialität holen.

Barbara Maria Neu und Xenia Ostrovskaya sind mit ihren Suchbewegungen lebendige Beispiele dafür, dass es eine Zukunft des Kulturbetriebs gibt. Es wird Zeit, dass auch die künstlerischen Ausbildungseinrichtungen ihrem Beispiel folgen und sich auf die Reise machen.

Kapitel 3

Von der Angebots- zur Nachfrageorientierung

„Wir beherrschen das 19. Jahrhundert noch nicht; es beherrscht zum großen Teil uns“

Michael Wimmer

Kurt Wesphal (1928): „Das neue Hören“, in: *Melos 7(7)*, S. 352–354, S. 354.

Eine Studierende meiner Lehrveranstaltung „Kunst, Kultur und Publikum" berichtete einmal von ihren Erfahrungen als Organisatorin einer Tournee eines österreichischen Orchesters in Indien. Als ein Konzert in Lucknow beginnen sollte, wurde das Publikum mit dem Beginn der Aufführung nicht, wie zu Hause gewohnt, still, um sich auf das Bühnengeschehen zu konzentrieren. Stattdessen setzte sich mit Einsetzen der Musik das rege Treiben unter den Besucher*innen fort; das Bühnengeschehen spielte während der gesamten Aufführung nur eine untergeordnete Rolle. Die Menschen standen auf, vertraten sich die Beine, telefonierten lautstark mit ihren Handys oder unterhielten sich mit ihren Nachbar*innen. Für die Studierende war das ein Schockmoment. Sie konnte die scheinbare Respektlosigkeit gegenüber den Musiker*innen kaum fassen. Sie fühlte sich für „ihre" Musiker*innen verantwortlich, forderte die Menschen rund um sich auf, sich ruhig zu verhalten, was jedoch keine Änderung der Situation zur Folge hatte.

Ganz Ähnliches berichtet der deutsche Historiker Sven Oliver Müller in seiner groß angelegten Studie „Das Publikum macht die Musik"[1] zum Publikumsverhalten zu Beginn des 19. Jahrhunderts in den europäischen Theater- und Opernsälen. Die Menschen ließen ihren Emotionen freien Lauf; ihnen war die Unterhaltung untereinander wesentlich wichtiger als das, was ihnen die Künstler*innen auf der Bühne boten. Das galt insbesondere für das Verhalten der Aristokrat*innen. Sie konnten schon einmal die Musiker*innen ermahnen, leiser zu spielen, damit sie sich beim Kartenspiel konzentrieren können. Es gehörte zu den selbstverständlichen Gewohnheiten, während der Aufführung zu essen, zu trinken und dabei, wenn es denn sein sollte, auch über die Logenbrüstungen

1 Sven Oliver Müller (2014): *Das Publikum macht die Musik. Musikleben in Berlin, London und Wien im 19. Jahrhundert*, Göttingen: Vandenhoeck & Ruprecht.

hinweg laute Konversationen zu führen. Die Besucher*innen nahmen die Aufführung von musikalischen Werken zum Anlass, einander zu treffen, ihre aufwendige Garderobe auszuführen, geschäftliche und private Beziehungen zu pflegen und ihren sozialen Status zur Schau zu stellen. Die Aufführungen der Musiker*innen auf der Bühne waren dafür ein guter Anlass, wichtiger aber war das Interesse an den sozialen Aufführungen, die sich im Zuschauer*innenraum ereigneten.

Zu dieser Zeit existierten nur wenige öffentliche Orte, an denen die Menschen über die Standesgrenzen hinweg zusammenkommen und sich als eine soziale Gruppe erfahren konnten. In der Regel beschränkten sich diese auf Repräsentationsräume der herrschenden Aristokratie, die musikalisch unterhalten werden und in ihren exklusiven Ansprüchen von Menschen niederen Standes nicht gestört werden wollten. Müller erzählt über den Kampf des aufstrebenden Bürger*innentums, diese Enklaven zu öffnen und für sich verfügbar zu machen. Seine vorrangige Strategie dabei war es, das musikalische Geschehen selbst in die Hand zu nehmen und im Wesentlichen für allgemein verbindlich zu erklären, was wie von wem gespielt, aber auch gehört wird.

Die Musikgeschichte wurde bislang ohne das Publikum geschrieben

Vor diesem Hintergrund ist es eigentlich völlig unverständlich, dass sich die gängigen Musikgeschichten völlig darauf beschränken, den Blick auf die musikalische Aufführungspraxis zu richten. Im Gegensatz dazu versucht sich Müller in einer Sozial- und Kulturgeschichte, die das Geschehen im Zuschauer*innenraum in den Fokus rückt.[2] Geht es nach Müller, dann beschränkt sich das, was den Musikbetrieb ausmacht, nicht auf eine Auseinandersetzung mit den Komponist*innen, den Interpret*innen und allenfalls mit dem Bühnengeschehen. Als einer der wenigen im Bereich der Musik versierten Historiker*innen weist er dem Publikum eine aktive Rolle zu, die im historischen Verlauf wesentlich an der inhaltlichen und formalen Ausrichtung des musikalischen Geschehens mitgewirkt hat. Dafür skizziert er eine soziale Praxis, die dem Publikum als eine entscheidende Öffentlichkeit einen aktiven Part zugewiesen hat, da es wesentlich das musikalische Geschehen beeinflusst hat.

Eine der Hypothesen Müllers läuft darauf hinaus, dass das Publikumsverhalten nicht historisch unveränderlich bestanden, sondern sich im Verlauf des 19. Jahrhunderts beträchtlich verändert hat. Rein äußerlich zeigte sich das im zunehmenden Verstummen der Zuhörer*innen. Zum Ausdruck kommt die wachsende Bereitschaft, sich einer umfassenden Disziplinierung der Körper zu unterziehen, um die Konzentration von sich weg auf das Bühnengeschehen zu richten. Anstatt sich als Teil eines gemeinsamen Unterhaltungsgeschehens zu begreifen, galt es fortan, die eigenen Emotionen zu zügeln, sich zu entkörperlichen und sich dabei

2 Für mich erscheint es nach wie vor unglaublich, dass es in der für den Musikbetrieb bis heute verbindlichen Enzyklopädie *MGG (Musik in Geschichte und Gegenwart)* in der gebundenen Ausgabe auf mehr als 30.000 Seiten keinen einzigen Eintrag zum Publikum gibt.

von der Kontrolle der anderen abhängig zu machen. Als Lohn dieser Form der Sublimierung winkte eine soziale Distinktion, die die derart Transformierten als neue, nicht nur musikalisch tonangebende Elite ausweisen sollte.

Diese Form der kollektiven Selbstbeschränkung, die auch als eine Art der freiwilligen Unterwerfung unter das Diktat eines neuen Künstler*innentyps zu verstehen ist, hatte große Auswirkungen auf die Vorstellungen des Musikbetriebs als Ort von Öffentlichkeit. Mit der zunehmend einseitigen Ausrichtung auf das Bühnengeschehen verlor sich der Charakter des Opern- und insbesondere des Konzertbetriebs als eines repräsentativen Versammlungsortes, in dem Menschen einander begegnen, sich austauschen, sich unterhalten, ihre Wünsche und ihr Begehren artikulieren und sich dabei ihres sozialen Ranges versichern. Fortan sollten sie sich – jede*r für sich – in den Dienst zur bestmöglichen Realisierung des Bühnengeschehens einüben, um so in der Erfahrung ein ebenso stummer wie kundiger Teil des musikalischen Geschehens zu sein und daraus individuellen Mehrwert zu ziehen.

Müller lässt die Frage, warum sich seit dem Beginn des 19. Jahrhunderts – dem Jahrhundert einer aufstrebenden neuen Klasse – mit dem kollektiven Einüben des Schweigens ein neues Hörverhalten durchgesetzt hat, offen. Umso detaillierter schildert er die vielfältigen Kämpfe, die inner- und außerhalb der Veranstaltungsorte in Berlin, London und Wien stattfanden und die unschwer als Spiegelbild der sich wandelnden sozialen Grenzziehungen zwischen der Aristokratie und dem aufkommenden Bürger*innentum, die im Laufe des 19. Jahrhunderts die Stadtgesellschaften erschütterten, gelesen werden.

Zumindest für das kaiserliche Wien habe ich bislang die These verfolgt, das zu Wohlstand gekommene und politischen Einfluss fordernde Bürger*innentum habe versucht, das kulturelle Verhalten der Aristokratie zum Maßstab zu nehmen und zu versuchen, es ihm gleichzutun und damit an sozialem Prestige zu gewinnen – dies umso mehr, als das feudale System dem Bürger*innentum eine unmittelbare politische Beteiligung verweigert hat. Es war gezwungen, für sich attraktive Ersatzfelder zu schaffen und in einem von ihm dominierten Kulturbetrieb seinen gesellschaftlichen Aufstieg wenn schon nicht realpolitisch, so zumindest symbolisch zu zelebrieren.

Nach der Lektüre von „Das Publikum macht die Musik“[3] gilt es, diesen Befund der bedingungslosen Nachahmung zumindest zu relativieren. So berichtet Müller von der Schaffung einer europäischen kulturellen Infrastruktur, deren imposante Neubauten – wie im Fall der Royal Albert Hall[4] in London – schon aus wirtschaftlichen Gründen wesentlich größer dimensioniert sein mussten als die intimen Veranstaltungsräume in den fürstlichen Residenzen. In diesem neuen Ambiente fand nicht nur Aristokratie, sondern auch das gehobene Bürger*innentum Zutritt,

3 Müller (2014).

4 https://www.royalalberthall.com.

wenn auch Preise, Eintrittskarten, Eintrittstüren, Platzverteilung oder getrennte Pausenräume die kategorialen sozialen Trennungslinien weiterhin sichtbar machten. Dass hier immer wieder Übertretungen versucht wurden, erzählt vom Anhalten des sozialen Spannungsverhältnisses, das in diesem gemischten Ambiente zum Ausdruck kommt.

Von der Bedeutsamkeit der jeweiligen Rangordnung zeugen u. a. Zeitungsberichte der damaligen Zeit, die zu Saisonbeginn nicht etwa über den Programmverlauf und auftretende Künstler*innen berichteten, sondern darüber, wer welche Loge bzw. welchen Sitzplatz zu welchem Preis gekauft habe und was das für die jeweilige Reputation bedeute. Also war es für Menschen, die in der Stadt etwas gelten wollten, schlicht ein Muss, als regelmäßige Besucher*innen in Erscheinung zu treten. In den neu gegründeten Musikvereinen gab es „ein heftiges Griss" um die Mitgliedschaft, die oft mühsam nicht nur mit viel Geld, sondern mit dem Nachweis einer gehörigen gesellschaftlichen Reputation erkauft werden wollte. Dabei war es ebenso wichtig, sich gegen die Unterhaltungsbedürfnisse der Aristokratie abzugrenzen wie gegen die vermeintliche Kulturlosigkeit der einfachen Leute, die tunlichst ausgeschlossen bleiben sollten.[5]

Auf diese Weise sah sich das Bürger*innentum zwar in die Lage versetzt, die soziale Praxis von Musikaufführung zumindest indirekt nachhaltig zu beeinflussen, es war dabei aber auf eine *stumme* Rolle verwiesen. Um ihren Führungsanspruch sichtbar zu machen, beschränkten sich die derart Benachteiligten nicht darauf, es der bestimmenden aristokratischen Elite möglichst gleichzutun, sondern legten ein neues kulturelles Verhalten an den Tag und erklärten dieses für verbindlich. Zu Hilfe kam ihnen dabei die soziale Rolle der damals wohl nicht zufällig besonders gehypten Virtuos*innen, die über überragende musikalische Fähigkeiten verfügten und auf diese Weise in der Lage waren, die volle Konzentration des Publikums auf sich zu lenken.[6]

Viele Berichte weisen nach, wie das bürgerliche Publikum auf immer neue Weise versucht hat, das selbstbezogene aristokratische Verhalten in die Schranken zu weisen, Essen und Trinken, laute Unterhaltungen zu diskreditieren und einen neuen Verhaltenskodex durchzusetzen, der das künstlerische Geschehen in den Mittelpunkt rückt. Auch die zu Genies aufgewerteten Künstler*innen taten das Ihre, das Publikum so lange zu disziplinieren, bis sich sein bürgerlicher Anteil in Spott über das unzivilisierte Verhalten der Aristokrat*innen erging.

Im Versuch, fortan den kulturellen Führungsanspruch zu stellen, wollte sich das Bürger*innentum nicht mehr darauf beschränken, mit Musik unterhalten zu werden, sondern stellte für sich den Anspruch, das Dargebotene zu verstehen bzw. sich sowohl formal als auch inhaltlich zueigen zu machen. Dazu bedurfte es umfassender Vorbereitungen, sowohl vonseiten der ausübenden Künstler*innen als auch vonseiten

5 Müller erzählt in diesem Zusammenhang von langwierigen Verfahren, in dem ein Betriebsbesitzer nachweisen musste, dass er den Betrieb wirklich besitzt und dort nicht nur als Subalterner beschäftigt ist, um als Mitglied eines Musikvereins akzeptiert zu werden.

6 Dazu haben sich eine Reihe von Begebenheiten erhalten, wonach einzelne Virtuos*innen auf ihre überragende Rolle im jeweiligen sozialen Setting bestanden haben. So soll Franz Liszt bei einem Konzert in St. Petersburg sein Spiel abrupt beendet haben, weil der anwesende Zar ein Gespräch unbeeindruckt fortsetzte. Auf die Frage, warum er denn aufhöre, soll Liszt gesagt haben: „Wenn der Zar spricht, haben alle anderen zu schweigen."

„Wir beherrschen das 19. Jahrhundert noch nicht; es beherrscht zum großen Teil uns"

des Publikums. Während sich dank neu gegründeter Ausbildungseinrichtungen die Qualität der Aufführungspraxis nachhaltig verbesserte, unterzogen sich auch die Besucher*innen umfassender Lernprozesse, um der Komplexität des Dargebotenen gewachsen zu sein. Vieles spricht für die Vermutung, dass damit eine Art Wettlauf zwischen den Musikschaffenden und dem Publikum eingesetzt hat, im Rahmen dessen die Musikstücke in ihrer zunehmenden Komplexität immer höhere Ansprüche an das Hörverständnis des Publikums stellten und dieses immer größere Bildungsanstrengungen unternahm, um dem Hörerlebnis gewachsen zu sein.[7]

Um die Rolle des kundigen Publikums glaubhaft einnehmen zu können, wollte man sich freilich nicht mehr beliebig überraschen lassen. Das war die Geburtsstunde eines musikalischen Kanons, der fortan das Repertoire der europäischen Opern- und Konzerthäuser dominieren sollte. Herausgebildet hat sich dabei eine begrenzte Anzahl an musikalischen Werken, die immer wieder das musikalische Selbstverständnis der neuen aufstrebenden Klasse wiederholen, die bereit war, den Erwerb der damit verbundenen Kenntnisse für die einzig richtige Rezeptionsweise auf sich zu nehmen. Als ein wichtiges Hilfsmittel dienten dabei die sogenannten *Reduktionen*. Das waren kammermusikalische Versionen der kanonisierten großen Werke, die vom Publikum zu Hause einstudiert werden konnten, um bestmöglich auf die nächste Aufführung vorbereitet zu sein.

Ich habe anlässlich der Rezension von Orlando Figes Studie „Die Europäer"[8] bereits darauf hingewiesen, dass diese Form der Selbstbeschränkung große Auswirkungen auf den Europäisierungsprozess des Musikbetriebs hatte.[9] So wurde in ganz ähnlich gestalteten Konzerthäusern und Opernsälen in ganz Europa dasselbe Repertoire von denselben Künstler*innen gespielt, die damit wesentlich zur Bildung einer gemeinsamen europäischen Identität der bürgerlichen Klasse beitrugen. Der Umstand, dass die auf italienische Musik fixierte Aristokratie im Zuge der wachsenden, auch musikalisch begleiteten Nationalisierungsbewegungen zusätzlich unter Druck geriet, wirkte sich bis zu Beginn des Ersten Weltkriegs auf diesen Trend nur geringfügig aus.

Die Übernahme des Kulturbetriebs durch ein bürgerliches Publikum verlief nicht friktionsfrei. Müller berichtet von der Wirkung der Präsenz von Familienmitgliedern der Herrscherhäuser, die es darauf anlegten, die aristokratische Herrscherfraktion wider den Zeitgeist zu stärken. Für sie wurden zum Teil bombastische Logeninszenierungen angefertigt; mit dem Abspielen von Hymnen, wann immer der Einzug erfolgte, erzwang man, das Bühnengeschehen an den Repräsentations- ebenso wie Unterhaltungsbedürfnissen der Herrschaft auszurichten. Auch die politischen Auseinandersetzungen rund um die bürgerliche Revolution 1848 ragten tief in den Kulturbetrieb hinein – musikalische Spielstätten wurden zu politischen Kampfstätten, in denen sich Herrschende und Beherrschte

7 Vereinzelte Saalschlachten gegen Ende des Jahrhunderts zeugen davon, dass dieser beide Seiten an den Rand der Erschöpfung bringende Wettlauf schon einmal aus dem Ruder laufen konnte.

8 Orlando Figes (2020): *Die Europäer. Drei kosmopolitische Leben und die Entstehung europäischer Kultur*, Berlin: Hanser.

9 Siehe dazu auch den Beitrag „Technologie macht Kultur" von Michael Wimmer in diesem Band.

in einer asymmetrischen Beziehung gegenüberstanden. Auch außerhalb der Konzertsäle formierte sich der Führungsanspruch einer bürgerlichen Öffentlichkeit, die in diversen Druckschriften die Bildungsanstrengungen des Publikums unterstützte. Die Autor*innen sparten dabei nicht, wenn es darum ging, sich über das kulturelle Verhalten der Aristokratie lustig zu machen, die einem vorgeblich peinlichen, verweichlichten und letztlich *falschen* Musikkonsum anhängen würde.

Jagen wir seit nunmehr hundert Jahren einer Schimäre nach?

Im abschließenden Kapitel gibt Müller einen kurzen Ausblick auf das 20. Jahrhundert. Spätestens mit dem Ende des Ersten Weltkriegs ortet er jedenfalls für den bürgerlichen Kulturbetrieb erste Auflösungserscheinungen zwischen den Macher*innen und dem Publikum. Mit dem Aufkommen neuer sozialer Gruppen, die im Rahmen der sozialistischen Bewegungen ihrerseits einen politischen Führungsanspruch zu stellen begannen, vergrößerte sich die Furcht beim etablierten bildungsbürgerlichen Publikum vor einem Niedergang der von ihnen etablierten musikalischen Ordnung. An die Seite der repräsentativen Kultureinrichtungen trat ein abwechslungsreiches Kulturangebot, das den vielfältigen Unterhaltungsbedürfnissen weiter Teile der Bevölkerung sehr viel eher gerecht zu werden versprach als das rigide bürgerliche Regime in Opern- und Konzertsälen. Dem dortigen Stammpublikum muss diese Entwicklung wie ein Rückfall in vorbürgerliche Zeiten erschienen sein, wenn an den neuen Orten die Unterhaltungsbedürfnisse in den dafür neu gebauten Etablissements fernab jeglicher emotionalen Disziplinierung wieder ganz unmittelbar, voraussetzungslos und unverstellt ausgelebt werden konnten.

Wenn sich heute eine neue Generation von Musikvermittler*innen auf den Weg macht, das klassische Musikangebot möglichst allen Menschen verfügbar zu machen, und erklärt wird, diese Musik könne von allen – ungeachtet ihres Bildungsstands und ihrer sozialen Stellung – erfahren werden („Musik ist eine Sprache, die jeder versteht"), dann werden alle Erkenntnisse negiert, die Müller in „Das Publikum macht die Musik" ausbreitet. Geht es nach seiner Analyse, dann ist es nahezu fahrlässig, die Bedeutung klassischer Musik (samt den mit ihr verbundenen Hörgewohnheiten) von ihren sozialen Entstehungsbedingungen zu abstrahieren; sie ist vielmehr das Resultat eines Sozialkonflikts, mit dem das Bildungsbürger*innentum hoffen konnte, zumindest auf kulturellem Terrain an die Macht zu gelangen. Diese spezifischen Entstehungsbedingungen sind dem klassischen Repertoire eingeschrieben; sie zu negieren würde bedeuten, sie in einem Akt gewaltsamen Gedächtnisverlustes ihrer ursprünglichen gesellschaftspolitischen Kraft zu berauben und den Rezipient*innen die Möglichkeit zu nehmen, sich mittels musikalischer Erfahrungen des eigenen sozialen Status bewusst zu werden.

In einer Ära demokratischer Verfasstheit, in der sich soziale Kämpfe in ganz andere Räume verlagern und folglich Menschen ganz unterschiedliche kulturelle Gewohnheiten entwickeln, scheint der Führungsanspruch des Bildungsbürger*innentums des 19. Jahrhunderts, das in den Opern- und Konzerthäusern zu seiner symbolischen Repräsentation gefunden hat, weitgehend gebrochen. In einer auf Diversität und Pluralität basierenden Gesellschaft müssen sich die verbleibenden Zugehörigen mit einer Minderheitenposition zufriedengeben. Es spricht wenig dafür, dass sich an dieser demografischen Entwicklung so schnell etwas ändern wird.[10]

Wenn Müller in der Darstellung des sich radikal wandelnden Publikums und seines Einflusses auf das Musikgeschehen von einer sozialen Praxis berichtet, die im Konzertsaal durch soziale Kämpfe geprägt ist, dann verweist er noch einmal auf die Bedeutung (kultureller) Öffentlichkeiten. Im frühen 19. Jahrhundert gab es nur wenige öffentliche Orte, in denen Vertreter*innen unterschiedlicher sozialer Gruppen aufeinandertreffen konnten, um sich anhand ihrer Interessen zu messen. Die Bereitschaft zur emotionalen Selbstfesselung des Bildungsbürger*innentums ergab sich in der Absicht, mit dem daraus resultierenden Verhalten die Hegemonie antreten zu können. Das ist nur sehr partiell gelungen, auch wenn die größtenteils aus dem 19. Jahrhundert stammenden großen Kulturbauten etwas anderes suggerieren. Zu Schaden gekommen aber ist die Bedeutung (kultureller) Öffentlichkeiten, in denen nicht nur ungestört Kunst rezipiert, sondern in denen soziale Unterschiede verhandelt werden können.

10 Daran knüpft auch, dass die Forderung der klassischen Musikszene an die Schule, für einen musikalisch gebildeten Publikumsnachwuchs zu sorgen, vergeblich ist. Zu beklagen ist da schon eher die gesamte Infragestellung eines Bildungsverständnisses, das mehr zu leisten vermag als die kompetenzorientierte Zurichtung auf den Arbeitsmarkt; ein Zugang, der mittlerweile auch die klassischen kulturvermittelnden Gegenstände der Kunst- und Musikerziehung erreicht hat.

Eine neue Kulturpolitik, die vom Publikum aus konzipiert wird

Wenn uns die Geschichte des 19. Jahrhunderts etwas lehrt, dann dass die Kraft sozialer Veränderungen eng an die Existenz kultureller Öffentlichkeiten gebunden ist. Diesen Zusammenhang hat die produktionslastige Kulturpolitik der letzten Jahre sträflich vernachlässigt. Ganz offensichtlich meinte sie, sich darauf beschränken zu müssen, einen Auftrag des Kulturbetriebs des 19. Jahrhunderts zu erfüllen, und dabei ihre ganze Aufmerksamkeit der künstlerischen Produktion zu widmen – dass dabei das Publikum, das hoffen durfte, mit dem Dienst an der Kunst seinen sozialen Status zu verbessern, in weiten Teilen abhandengekommen ist, wurde schlicht ignoriert. Jetzt – mitten in der Pandemie – stehen wir vor der kulturpolitischen Herausforderung, dass Menschen mehr denn je den Wunsch haben, zusammenzukommen, miteinander in Kontakt zu treten, Konflikte auszutragen, sich zu vergemeinschaften. Schon lange war wohl der Wunsch nicht mehr so groß, einfach gut unterhalten zu werden, ohne sich dabei gleich einem rigiden Kunstexerzitium unterziehen zu müssen.

Also wäre eine an der Kommunikation mit Menschen ausgerichtete Musikproduktion in herausragender Weise geeignet, den Unterhaltungsbedürfnissen einer tief verunsicherten Gesellschaft zu entsprechen. Musiker*innen des 19. Jahrhunderts machen unmittelbar klar, dass ein solches neues Miteinander von Produzent*innen und Rezipient*innen das künstlerische Schaffen nicht notwendigerweise kompromittieren muss. Ganz im Gegenteil, hier eine neue Balance zu finden, macht die Qualität der Künstler*innen aus.

Müllers herausragende Leistung liegt darin, für die außergewöhnliche Bedeutung des Publikums für den Musikbetrieb zu sensibilisieren und damit aufzuhören, ihn noch einmal vom Schwanz her aufzuzäumen. Der erste Auftrag einer Kulturpolitik nach der Pandemie wird nicht darin bestehen, früher oder später zu alten Verhältnissen zurückzukehren; stattdessen gilt es, neue kulturelle Öffentlichkeiten zu schaffen, in denen Kunst und Musik eine herausragende Bedeutung bei der Vergemeinschaftung von Menschen unterschiedlicher sozialer Hintergründe zukommt. Müller macht klar, wie dynamisch sich das Publikum in seinen Erwartungen und Auftritten entlang sozialer Konfliktlinien zu entwickeln und zu verändern vermag. Noch einmal zu versuchen, kulturelles Verhalten nach den Vorgaben des Bildungsbürger*innentums des 19. Jahrhunderts einüben zu müssen, weil angeblich nur so Musik und Kunst adäquat rezipiert werden können, könnte da schnell ins Leere gehen. Als wesentlich ergiebiger könnte sich eine neue kulturpolitische Schwerpunktsetzung erweisen, die sich um die Schaffung von Öffentlichkeiten als Orten sozialer Ausverhandlungen bemüht, an denen teilzunehmen für unterschiedliche soziale Gruppen interessant und attraktiv sein könnte.[11]

Auch wenn Menschen unterschiedlicher sozialer Hintergründe heute ein völlig anderes Selbstverständnis vor sich hertragen, können sie dabei dennoch anknüpfen an die Umgangsformen im Kulturbetrieb in vorbürgerlichen Zeiten, wo sich eine Elite begegnen wollte und sich unterhalten, sich erkennen, sich austauschen, sich abgrenzen und dabei gemeinsame Erfahrungen machen konnte. Solche Erfahrungsräume sollten heute nicht nur einer kleinen Elite, sondern allen Menschen zur Verfügung stehen. Musik konnte und kann dabei eine ganz wichtige Katalysator-Funktion einnehmen. Wenn das Publikum dann dort die Unterhaltung[12] findet, die es sucht, dann wird es den Ausführenden gerne ihre Reverenz erweisen und ihnen mehr Aufmerksamkeit schenken als jenes Publikum, das die Studierende in Indien vergeblich zu beruhigen suchte.

11 Wie wichtig das gesellschaftspolitisch ist, zeigen u. a. die Rechtspopulist*innen, die nur allzu bereit sind, das zunehmende Vakuum zu besetzen.

12 Vielleicht sollten wir uns bei der Gelegenheit darauf besinnen, dass das Wort „Unterhaltung" über mehrere Bedeutungen verfügt und damit sowohl existenziell als auch spielerisch auf die für den Menschen elementaren Existenzgrundlagen verweist, siehe dazu https://www.duden.de/rechtschreibung/Unterhaltung.

180

Kultur IST Vermittlung

Michael Wimmer

Eine kleine Reise durch das aktuelle Vermittlungsgeschehen

Vor einiger Zeit war ich in ganz unterschiedlicher Weise mit dem Thema „Vermittlung" konfrontiert – Grund genug, dem Phänomen genauer nachzugehen. Es begann alles bei einem Besuch des Unteren Belvedere. Im Hof war ein Mittelaltermarkt aufgebaut. Menschen in mittelalterlicher Verkleidung verkauften Essen und Trinken sowie allen möglichen Trödel, der sonst zu den Attraktionen von Weihnachtsmärkten zählt. Man konnte auf diesen typischen Heurigenbänken Platz nehmen und sich von mittelalterlicher Musik aus der Konserve berieseln lassen. Im Keller traf man auf andere mittelalterlich Verkleidete, diesmal zusammen mit einer Schar von Kindern, die inmitten der zahlreichen Tourist*innen selbst gebastelte Kronen und Burgen vor sich hertrugen.

Von diesem Szenario etwas irritiert, machte ich mich auf der Website des Belvedere kundig und fand dort einen Vermittlungsschwerpunkt „Leben im Mittelalter",[1] der immerhin Bezug nimmt auf die eigene Sammlung mittelalterlicher Kunstwerke im Prunksaal, aber Schüler*innen doch etwas ganz anderes vermitteln will. Geht es nach den Vermittler*innen, dann erfahren die Kinder „mehr über fromme Herrscher und fleißige Bauersleute, seltsame Tischmanieren und eigenwillige Modetrends". Seither hadere ich mit der Frage, ob es wirklich die Aufgabe eines der führenden österreichischen Museen ist, eine derart klischierte Inszenierung von tradierten Vorstellungen über das Mittelalter zu beherbergen, und was ein allfälliger, durch Kunst ermöglichter Bildungsgewinn für die Kinder sein könnte, die an solchen Programmen teilnehmen.

1 https://www.belvedere.at/veranstaltung/leben-im-mittelalter.

Wahr ist, dass insbesondere öffentlich finanzierte Kultureinrichtungen heute nicht mehr darum herumkommen, ein Vermittlungsprogramm anzubieten. Kulturpolitisch wird dieses gerne begründet mit der Notwendigkeit, sich neuen, bislang vernachlässigten Zielgruppen zuzuwenden und ihnen die Welt der Kultur zu eröffnen. Pragmatisch läuft dieser Auftrag gerne auf das Bemühen hinaus, junge Menschen (samt ihren Angehörigen) enger an die Institution zu binden, in der Hoffnung, sie als regelmäßige Besucher*innen gewinnen zu können. Dafür erscheint es sinnvoll, einen positiven Bezug zum aktuellen Programmangebot und darüber hinaus zur gesamten Institution zu ermöglichen.[2]

2 Im besten Fall erlaubt diese Strategie auch einen positiven Effekt für die Institution in Form einer zusätzlichen Legitimierung staatlicher Privilegierung: Wir bieten ein Angebot für alle Menschen!

Werden Kultureinrichtungen à la longue die Aufgaben der Schule übernehmen?

In der Vermittler*innen-Szene wächst aber noch ein weiterer Anspruch. Dieser besteht im Glauben, die wachsenden Defizite in der schulischen kulturellen Bildung kompensieren zu müssen. Jungen Menschen sollte in einem außerschulischen und damit besonders attraktiven Ambiente ein ästhetisches Grundrüstzeug vermittelt werden, um so deren kreative Potenziale entwickeln zu helfen. Dabei geht es bestenfalls peripher um das, was die jeweilige Einrichtung künstlerisch ausmacht. Hauptsache, die jungen Menschen arbeiten sich an den Bekleidungsformen und Tischmanieren des Mittelalters ab[3] und schaffen dafür „eigene" Darstellungsformen, wie konventionell diese dann im Detail auch ausfallen mögen. Sicher spielt hier auch ein tief verinnerlichter Befund eine zentrale Rolle, wonach „Kunst" im Vollsinn nur einer kleinen Elite zugänglich sei und daher unabweisbar auf soziale Ausgrenzung hinziele. Alltagsästhetische Fragen hingegen beträfen alle Menschen und sollten somit auch mit allen verhandelt werden. Dass die Beschäftigung damit gleich auf dem Niveau des beschriebenen Mittelaltermarktes verhandelt werden muss, um nur ja „alle" zu erreichen, könnte durchaus zu gegenteiligen Effekten führen.[4]

In diese Richtung agitiert seit Jahren der Bildnerische Erzieher Franz Billmayer am Mozarteum.[5] Aber auch Großprojekte anderswo wie „Education, Culture and Creativity"[6] in England stellen darauf ab, „Kunst" (als Repräsentation eines überkommenen Kulturbetriebs) zu verabschieden, weil sie notwendigerweise soziale Differenzen vertiefen und über keinerlei gesellschaftspolitische Kraft mehr verfügen würde, die notwendig wäre, um über den Status quo hinauszuweisen.

3 Siehe oben.

4 Ein diesbezüglicher Trend der wachsenden Neo-Segregation kann anhand des aktuellen Hypes rund um Privatschulen, die sich gegen das vermeintlich zu niedrige Niveau der öffentlichen Schulen abzugrenzen versuchen, gut nachvollzogen werden.

5 http://www.bilderlernen.at.

6 https://www.creativityculturceducation.org.

Vermittlung als Kontextualisierung des Kunstbetriebs

Etwas anders mein Eindruck bei der Eröffnung der Ringvorlesung „Tuning up!",[7] die sich vorgenommen hat, einen praktikablen Begriff der Vermittlung vor allem aus der Sicht des klassischen Konzertbetriebs zu entwickeln. Meine Frau Constanze Wimmer, zurzeit Professorin für Kunstvermittlung an der Kunstuniversität Graz, bot einen Einstieg in die Thematik und warb vor allem um eine „Kontextualisierung" der Musiken,

7 Ringvorlesung „Tuning up! Innovative Potentiale der Kulturvermittlung", Institut für musikpädagogische Forschung, Musikdidaktik und Elementares Musizieren, Universität für Musik und darstellende Kunst Wien, Wintersemester 2019/20, https://www.mdw.ac.at/imp/tuning-up.

die in Konzerthäusern verhandelt werden, um so ein neues, auf wechselseitige Wahrnehmung gerichtetes Verhältnis zwischen Produzent*innen und Rezipient*innen (Publikum) zu ermöglichen.

Sowohl der Initiator Axel Petri-Preis als auch Constanze Wimmer verwiesen auf einen Schlüsselmoment der Popularisierung des Vermittlungsgedankens in Gestalt des Projektes „Rhythm is it"[8] von Simon Rattle und den Berliner Philharmonikern im Jahr 2003. Vor allem Jugendliche aus Berliner Brennpunktbezirken wurden damals in aktiver Weise in die Produktion von Igor Strawinskys „Le Sacre du Printemps" einbezogen, ohne die hohen künstlerischen Ansprüche, für die das Ensemble steht, in irgendeiner Weise infrage zu stellen. Der Film setzte damals neue Maßstäbe und machte das neue Berufsbild Musikvermittler*in populär, das es sich zur Aufgabe gemacht hat, die Beschäftigung mit (klassischer) Musik auf die aktuellen gesellschaftspolitischen Verhältnisse zu beziehen und in diesem Sinne auch die Institutionen als Ganze strategisch weiterzuentwickeln (Stichwort: Relevanz). Dass diese Bemühungen noch sehr stark dem Engagement einzelner Personen geschuldet sind, zeigte sich beim Wechsel der Chefdirigenten: Kirill Petrenko, der 2019 die künstlerische Leitung von Simon Rattle übernahm, zeigt bislang nur wenig Ambition, die Vermittlungspraxis seines Vorgängers in diesem Ausmaß fortzuführen.

8 https://www.moviepilot.de/movies/rhythm-is-it/trailer.

Also kommen wir auch um den politischen Kontext nicht herum

Im Zuge der weiteren Diskussion wurde mir klar, dass im Bemühen um aktuelle Klärungsversuche – worüber wir denn reden, wenn wir über Vermittlung reden – die politische Dimension zu kurz zu kommen droht. Immerhin sind die Versuche, neue Beziehungen zwischen Künstler*innen und Rezipient*innen zu stiften, ja die für den bürgerlichen Kulturbetrieb konstitutive Trennung zwischen beiden zu überwinden, möglicherweise älter. Dazu wird gerne auf die diversen künstlerischen Avantgarden des 20. Jahrhunderts verwiesen, die sich dem Anspruch verpflichtet wussten, die kategoriale Differenz zwischen Produzent*innen und Rezipient*innen zu überwinden und stattdessen Kunst und Leben auf immer neue Weise miteinander zu versöhnen.[9]

Persönlich kann ich mich noch an die kulturpolitische Aufbruchsstimmung der 1970er-Jahre erinnern, die zu einem wesentlichen Teil davon geprägt war, den traditionellen Kultureinrichtungen und damit auch den etablierten Konzerthäusern den Kampf anzusagen. „Schlachtet die heiligen Kühe!", meinte damals nicht nur Pierre Boulez, um auf diese Weise die herrschende Hierarchie zwischen genialischen Künstler*innen auf der hellen und einem stumm-andächtigen Publikum auf der dunklen Seite des Geschehens einzuebnen.[10] An dessen Stelle sollten Orte der gegenseitigen Verständigung, des Miteinander-Denkens und -Handelns,

9 Dass diese Bewegung zeitgleich mit der Überwindung feudaler Strukturen und damit der Durchsetzung demokratischer bzw. sozialistischer Verfassungen einherging, war wohl nicht allen Akteur*innen gleichermaßen bewusst und stellte doch keinen Zufall dar.

10 Michael Wimmer (2014): „Vom Werden und vom Zustand österreichischer Kulturpolitik anhand des MuseumsQuartiers Wien", in: Maria Welzig/Anna Stuhlpfarrer (Hg.): *Kulturquartiere in ehemaligen Residenzen. Zwischen imperialer Kulisse und urbaner Neubesetzung*, Wien, Köln und Weimar: Böhlau.

ja des Miteinander-Lebens treten, wie es für wenige Wochen in der Arena-Besetzung[11] exemplarisch zum Ausdruck kam. Dazu kam, dass sich jede Art von Kunstausübung in diesem Kontext als ein Mittel der politischen Emanzipation empfahl, das dazu führen sollte, einen aktiven Part im gesellschaftlichen und damit auch kulturellen Leben zu spielen.

Vermittler*innen im eigentlichen Sinne hat es dafür nicht gebraucht – schon deshalb nicht, weil diese Form der Kunst nicht missionarisch unter die Leute gebracht werden wollte. Dafür sorgten schon die Besucher*innen der Arena (die sich im Übrigen aus allen Bevölkerungsschichten rekrutierten), die den Slogan skandierten: „Die Kunst gehört uns allen!"[12]

11 Siehe etwa die Dokumentation in der Zeitschrift *Wespennest* (1976), „Arenadokumentation", Nr. 23, http://www.wespennest.at/w_zeitschrift.php?id=MjM=.

12 Michele Kirchweger (2015): „Freiräume für Kultur in Wien. Proletenpassion und die Arena-Besetzung als kulturpolitischer Umbruch 1976", Diplomarbeit, Universität Wien, https://utheses.univie.ac.at/detail/32040#.

Wir brauchen schon lange einen anderen Umgang mit Kunst

Was sich da kulturpolitisch mit der Arena und in der Folge anhand einer Reihe weiterer alternativer Kulturorte zeigte,[13] war nicht mehr und nicht weniger als ein Gegenmodell des altehrwürdigen Kulturbetriebs mit seinem Anspruch auf eine reine, entkontextualisierte Kunst. Die neuen Settings des Miteinander von Macher*innen und Nutzer*innen sahen in den existierenden Institutionen ihre großen Gegner, die sie mit einem neuen Verständnis von Kunst als einem Medium der wechselseitigen Kommunikation zu überwinden trachteten. Als Hüter einer konservativen kulturellen Hegemonie sollten sie ihre Dominanz als zentrale Vermittlungsinstanzen eines von ihnen zuvor festgelegten engen Kunstbegriffs verlieren und einem egalitären Kunstverständnis Platz machen, das alle Beteiligten zu gleichberechtigten Co-Autor*innen macht.

13 Am nachhaltigsten wirksam sollte sich das Wiener WUK erweisen, https://www.wuk.at.

Es ist anders gekommen: Während sich die alternativen Kulturinitiativen zunehmend professionalisierten und um den Preis des Überlebens zunehmend Anleihen am etablierten Betrieb nicht nur bei der neuerlichen Trennung von Künstler*innen (zu bezahlende Akteur*innen) und Konsument*innen (zahlende Akteur*innen) machen mussten, erwies sich der etablierte Betrieb gegenüber gesellschaftlichen Veränderungen offener als ursprünglich gedacht. Als Ergebnis lassen sich interessante Annäherungsprozesse beobachten: Die ehemaligen Kontrahenten zielen heute auf zum Teil ganz ähnliche Zielgruppen (Omnivores[14]). Beide haben ihre ursprünglich diametral entgegengesetzten (gesellschafts-) politischen Ansprüche weitgehend aufgegeben und orientieren sich vorrangig an den Anforderungen des Marktes als einzig verbleibendem Erfolgskriterium. Um diesem zu entsprechen, sind sie auch bereit, ihrem Personal den Wechsel über die Institutionengrenzen zu erlauben und sogar neue Kooperationsformen anzudenken, wenn sie Vorteile bei der Publikumsansprache bieten.

14 Die sogenannten „Omnivores" vermögen es, sich in ihrem kulturellen Verhalten über soziale Grenzen hinwegzusetzen. Siehe auch Katharina Kunißen/Debora Eicher/Gunnar Otte (2018): „Sozialer Status und kultureller Geschmack. Ein methodenkritischer Vergleich empirischer Überprüfungen der Omnivore-Univore-These", in: Julia Böcker/Lena Dreier/Melanie Eulitz/Anja Frank/Maria Jakob/Alexander Leistner (Hg.): *Zum Verhältnis von Empirie und kultursoziologischer Theoriebildung. Stand und Perspektiven*, Weinheim: Beltz Juventa, S. 209–235, https://sozialstruktur.soziologie.uni-mainz.de/files/2019/04/Kuni%C3%9FenEicherOtte2018-Omnivore-Univore-These.pdf.

Vielleicht ergibt sich ja gerade aus dieser historischen Entwicklung eine Neuinterpretation von Vermittlung, die nicht nur neue Brücken zwischen ihren Institutionen und einem (potenziellen) Publikum schafft, sondern als „Drehpunkte bzw. „Übersetzer*innen" Kooperationsräume eröffnet, die bislang ungenutzt geblieben sind. Die institutionellen Metaphern dazu lauten „Outreach" oder „Schaffung Dritter Orte".

Warum beschäftigt sich ausgerechnet ein Ensemble für Gegenwartsmusik mit aktuellen gesellschaftspolitischen Problemen?

Einen Vermittlungsversuch der besonderen Art unternimmt seit geraumer Zeit das Klangforum Wien, das führende österreichische Ensemble zur Aufführung von Gegenwartsmusik. Mit dem Projekt „Happiness Machine"[15] schufen die Musiker*innen die nicht nur ausschließlich ästhetisch definierten Voraussetzungen, um sich selbst entlang aktueller gesellschaftspolitischer Fragen neu zu verorten und das Publikum daran teilhaben zu lassen. Dazu haben sie sich intensiver mit dem Thema „Gemeinwohlökonomie" befasst.[16] Im Oktober 2019 fand schließlich ein 24-Stunden-Happening an verschiedenen Kulturorten Wiens statt, das es den Teilnehmer*innen erlaubte, sich gleichermaßen mit ausgewählten Werken der Gegenwartsmusik wie mit einer Kritik an den herrschenden ökonomischen Verhältnissen auseinanderzusetzen.

15 https://klangforum.at/happiness-machine-das-programmheft.

16 Siehe dazu auch den Beitrag „Kunst und Gemeinwohl" von Michael Wimmer in diesem Band.

Und natürlich stand bald die Frage im Raum, ob es denn ausgerechnet die Aufgabe eines hochspezialisierten Musikensembles wäre, das Publikum mit der Thematik der aktuellen wirtschaftlichen Verfasstheit unserer Gesellschaft zu konfrontieren, für das die Musiker*innen kein elaboriertes Fachwissen einbringen könnten. Immerhin luden sie Expert*innen ein, die sich im Rahmen einzelner „Philippika" zum Teil heftige Kontroversen boten. Entscheidender aber war wohl die Vorbildwirkung einzelner Musiker*innen – diese behaupteten nicht, es besser zu wissen oder gar die besseren Lösungen anbieten zu können. In ihren zum Teil sehr persönlichen Präsentationen beschränkten sie sich darauf, aufzuzeigen, dass wir alle – egal ob zufällig Musiker*in oder nicht – gefordert sind, uns einzumischen. Dass wir ans Ende einer lieb gewordenen Arbeitsteilung gekommen sind, in der die einen ausschließlich Musik machen und die anderen in ihren jeweiligen beruflichen Feldern schon dafür sorgen werden, dass *es* irgendwie weitergeht. In den abschließenden Gesprächen herrschte unter den Besucher*innen weitgehend Einigkeit darüber, dass die besondere Qualität der Veranstaltung darin gelegen habe, im Rahmen eines musikalischen Settings mit gesellschaftspolitischen Fragen in Berührung gekommen zu sein und so „mit allen Sinnen" angesprochen zu werden.

Die digitalen Medien als die neuen Avantgarden?

Den Abschluss meines kleinen Erfahrungsberichts in Sachen Vermittlung bildet ein Besuch im Wiener Haydn Kino, in dem eine Aufführung von

„A Midsummer Night's Dream" des Londoner Bridge Theatre übertragen wurde.[17] Sonntagnachmittag, draußen strahlendes Wetter und doch war der Kinosaal mit überwiegend jungen Menschen voll, die sich in den folgenden Stunden köstlich amüsieren sollten. Möglich wurde diese Übertragung durch Sky Arts,[18] ein britischer Bezahlsender, der ausgewählte Aufführungen in Kinosäle der ganzen Welt überträgt.

Ganz offensichtlich wird hier ein nochmals neuer Vermittlungsgedanke, diesmal in digitaler Verpackung, eingebracht, der die physische Anwesenheit nicht nur bei visuellen,[19] sondern auch performativen Produktionen weitgehend obsolet macht und es so einer bislang undenkbar großen Anzahl an Menschen erlaubt, am Kulturgeschehen zumindest virtuell teilzunehmen – und in der Folge auch aktiv mitzugestalten.[20] Dieser Vermittlungsversuch eines Events aus London im Herzen Wiens – vorrangig an eine junge englische Community – verweist noch auf zwei Besonderheiten: Da ist erstens die Einschätzung von Sky Arts, dessen Macher*innen die Marktlogik verinnerlicht haben und doch (oder gerade deshalb?) mit ihren Vermittlungsbemühungen des klassischen kulturellen Erbes kommerziell erfolgreich sein können. Als von öffentlichen Förderungen Verwöhnte nehmen wir Österreicher*innen staunend zur Kenntnis: Mit „Shakespeare Around the Globe" lässt sich auch heute Geld verdienen.

Die zweite Besonderheit verweist darauf, dass ökonomischer Erfolg wohl nicht für jeden Vermittlungsversuch der Werke Shakespeares garantiert werden kann. Immerhin hat sich das Bridge Theatre mittlerweile als eine innovative Bühne einen besonderen Namen gemacht: In ihm treten berühmte Stars aus Film und Fernsehen auf – in diesem Fall Gwendoline Christie („Game of Thrones") als Titania oder Oliver Chris („Green Wing") als Oberon. Diese werden zudem „zum Anfassen" präsentiert, wenn das Publikum unmittelbar am Geschehen beteiligt wird und quasi zusammen mit ihren Stars spielt. Vielleicht aber noch entscheidender sind die gewählten Ästhetiken, wenn der Regisseur Nicholas Hytner keinerlei Scheu zeigt, musikalisch tief in den Schmalztopf des Musicalrepertoires zu greifen, und zugleich dem Ensemble höchste akrobatische Leistungen abverlangt, wenn es sich nicht gerade in allen Arten von zum Brüllen komischen Travestien überschlägt. Was da zustande gekommen ist, ist eine Art modernes Gesamtkunstwerk, das wahrscheinlich weit näher an den Produktionsverhältnissen von Shakespeares Globe-Theater ist als das, was ein akademischer Theaterbetrieb daraus gemacht hat ...

... womit wir wieder beim Mittelalter angelangt wären. Mittelalter als Thema ist schon in Ordnung. Um dieses jedoch in zeitgemäßer Weise – und damit in einer für das Publikum attraktiven Weise – abzuhandeln, genügt es wohl nicht, in eigenen Stereotypien zu baden. Da bedarf es schon eines spezifischen künstlerischen Könnens, an dem auch Vermittlung nicht vorbeikommt.

17 https://bridgetheatre.co.uk/whats-on/a-midsummer-nights-dream.

18 https://www.sky.com/watch/channel/sky-arts.

19 Die meisten Museen verfügen mittlerweile über umfassende digitale Sammlungen.

20 Folgt man dem Gedanken, dass vor allem bei jungen Menschen die Grenzen zwischen physisch und virtuell zunehmend obsolet werden, so befand ich mich im Haydn Kino nur auf einer Zwischenstation einer Rezeptionsreise, an dessen Ende ein neues Miteinander von Ausübenden und Beobachter*innen in einem (dritten) Raum steht, der sich nicht mehr eindeutig als physisch oder virtuell zu erkennen gibt.

Vielleicht sollten wir also zuerst die Frage beantworten, *welche Ziele* wir mit Vermittlung erreichen wollen, um dann besser sagen zu können, *mit welchen Mitteln* (Formaten der Vermittlung) wir das bestmöglich tun können. Wie wär's also, im Zuge der weiteren Vermittlungsbemühungen nicht nur darüber nachzudenken, was es alles sein kann, sondern sich bei der Gelegenheit auch intensiver darüber zu verständigen, welche Qualitätsansprüche wir mit den vielfältigen Vermittlungsbemühungen verfolgen? Mehr denn je bin ich davon überzeugt, dass wir erst dann, wenn wir uns klarer darüber sind, welche Ziele wir mit den unterschiedlichen Methoden und Settings verfolgen, hinreichende Aussagen über die besonderen Qualitäten dieser oder jener Form der Vermittlung treffen können. Einfach gesagt: Wir wüssten dann besser, was Vermittlung ist und was sie (eher nicht) kann.

Kunst-, Kultur- und Wissenschafts-vermittlung für Kinder

Michael Wimmer

Im Sommer 2020 war ich zu einem Führungskräftetreffen der niederösterreichischen Kulturbetriebe eingeladen, um mit den Teilnehmer*innen das Thema „Kunst-, Kultur- und Wissenschaftsvermittlung für Kinder" zu verhandeln. Ein wenig hatte ich befürchtet, mit meiner Präsentation Eulen nach Athen zu tragen. Immerhin hatte mittlerweile eine Reihe von Kultureinrichtungen Programme für Kinder aufgelegt, Festivals für Kinder fanden statt; es gab bereits ein eigenes Kinderkulturmagazin[1] und ein KinderKunstLabor[2] war in Vorbereitung.

In meinen Überlegungen beziehe ich mich vor allem auf Erfahrungen des deutschen Programms „Kunst und Spiele".[3] Bereits 2012 hat die deutsche Robert Bosch Stiftung dieses Programm ausgelobt, um eine Reihe von Kultureinrichtungen[4] zu ermutigen, ihre Häuser für Kinder zu öffnen und sie zu den Erwachsenen gleichgestellten Nutzer*innen zu machen. Die einzelnen Projekte erfolgten in Zusammenarbeit der Kultureinrichtungen mit Kindertagesstätten und Primarschulen und erstreckten sich jeweils über mehrere Jahre. Finanziell gut ausgestattet, sollten die Aktivitäten nicht am Rande des Betriebs stattfinden, sondern einen integralen Bestandteil der gesamten Unternehmenskultur bilden. Die Leitungen mussten sich dazu verpflichten, die Ergebnisse in ihre strategischen Planungen aufzunehmen und den Schwerpunkt über das offizielle Ende von „Kunst und Spiele" hinaus beizubehalten. Im Frühjahr 2019 fand in Berlin eine große Abschlussveranstaltung statt, bei der alle Direktor*innen über ihre diesbezüglichen Schwerpunkte berichteten und ihre Selbstverpflichtung erneuerten.

In der Präambel zur Projektbeschreibung findet sich der Leitsatz, wonach

> „Kultureinrichtungen den Auftrag [haben], Menschen unabhängig von Alter und gesellschaftlicher Herkunft kulturelle Teilhabe zu ermöglichen. Die Anwesenheit der Allerkleinsten ist deshalb keine Frage des Ob, sondern des Wie. Daher sollte Kindern von Anfang an die Möglichkeit geboten werden, vielfältige kulturelle Kompetenzen

1 Das niederösterreichische Kulturmagazin KISCH für Kinder, https://www.bhw-n.eu/fileadmin/root_bhw/Publikationen/Kisch/KISCH_2020_WEB.pdf.

2 https://www.ots.at/presseaussendung/OTS_20200617_OTS0132/kunst-und-kulturschwerpunkt-st-poelten-2024-praesentiert.

3 https://www.bosch-stiftung.de/de/projekt/kunst-und-spiele-phantasievolle-kulturvermittlung-fuer-kinder.

4 Etwa die Bayerischen Staatsgemäldesammlungen – Pinakotheken München, Deutsche Oper am Rhein, DFF – Deutsches Filminstitut & Filmmuseum, Kammerakademie Potsdam, Klimahaus Bremerhaven 8° Ost, Kunsthalle Bremen, Museum Ostwall im Dortmunder U, Münchner Philharmoniker, Nationaltheater Mannheim, Rundfunk-Sinfonieorchester Berlin (RSB), Staatliche Museen zu Berlin – Preußischer Kulturbesitz und Staatsoper Hamburg.

zu entwickeln. In Bildern, Geschichten, Liedern und Tänzen finden sich kulturelle Sinnhorizonte, die für das Selbsterleben und Verstehen von Menschen zentral sind. Theater, Bildende Kunst, Musik und Tanz stellen ganz eigene Ausdrucksformen dar, die Kinder kennenlernen sollten, um das jeweilige Erfahrungspotenzial ausloten und weitere Möglichkeiten entfalten zu können."[5]

EDUCULT kam die Aufgabe zu, herauszufinden, ob und wenn ja in welcher Weise diese Grundidee im Projektverlauf eingelöst wurde, welche Chancen sich dabei aufgetan haben, aber auch welche Schwierigkeiten aufgetaucht sind. Der Evaluierungsbericht des Gesamtprogramms[6] ist öffentlich zugänglich. Dazu war EDUCULT beauftragt, an einzelnen Standorten wie dem Dortmunder U Wirkungsanalysen[7] vorzunehmen, die u. a. über den Unternehmenswandel berichten. Neben der Durchführung einzelner Projekte war es der Stiftung ein großes Anliegen, grundsätzliche Veränderungsprozesse anzustoßen. Dazu wurden Initiativen zur Förderung des theoretischen Diskurses gesetzt oder Fortbildungsmaßnahmen befördert. Die Stiftung gab ein Handbuch „Positionen frühkindlicher Bildung"[8] in Auftrag und ließ den aktuellen Forschungsstand zu frühkindlicher kultureller Bildung erheben.[9]

Wie wär's, wenn nicht nur Kinder von Erwachsenen, sondern auch Erwachsene von Kindern lernen?

Im Verlauf des Projektes wurde mir klar, dass dieses Projekt nicht nur ein Lernprogramm für Kinder darstellt. Vielmehr wurde mir sukzessive bewusst, dass es bei der Neupositionierung des Kulturbetriebs gegenüber Kindern zuallererst um die Lernfähigkeit beteiligter Erwachsener wie mich geht, die bereit sind, noch einmal lieb gewordene Vorstellungen von Kindern in einer Welt der Erwachsenen infrage zu stellen. Für die meisten von uns besteht kein Zweifel, dass sich die Position von Kindern besonders in den (post-)modernen Gesellschaften zuletzt nachhaltig verändert hat. Die Gründe liegen einerseits in einem unstillbaren Verlangen kapitalistischer Verwertungslogik, die Kinder als zunehmend wichtige Konsument*innen erkannt hat. Sie beziehen sich aber auch auf Dynamiken im Verhältnis von Kinder- und Erwachsenenwelt, das – geht es jedenfalls nach dem nach wie vor sehr lesenswerten Buch „Geschichte der Kindheit" von Philippe Ariès[10] – in jeder historischen Phase neu verhandelt werden will.

Also sind wir als Erwachsene auch heute gefordert, unsere Vorstellungen vom Kindsein zu verhandeln (und dabei nicht zuletzt das Gespräch mit den Kindern zu suchen). Ich möchte in diesem Zusammenhang auf zwei Spannungsfelder hinweisen, die möglicherweise ganz konkrete Auswirkungen auf Aktivitäten für und mit Kindern im Kulturbetrieb haben.

5 Robert Bosch Stiftung (Hg.) (2019): *Kunst und Spiele. Phantasievolle Kulturvermittlung für Kinder. Programmeinblicke*. Stuttgart, S. 5.

6 EDUCULT (2019): „Kunst und Spiele. Ein Programm der Robert Bosch Stiftung und der Stiftung Brandenburger Tor. Evaluationsbericht 2015–2017", Zusammenfassender Bericht, https://www.bosch-stiftung.de/sites/default/files/documents/2019-11/Kunst und Spiele_Programm evaluierung_Zusammen fassender Bericht.pdf.

7 EDUCULT (2020): „Das Museum als (Erfahrungs-) Raum frühkindlicher Lebenswelten. Wirkungsanalyse von ‚Weltentdecker und Farbmischer. Drei- und Vierjährige im Museum Ostwall im Dortmunder U'", Wirkungsanalyse, https://www.bosch-stiftung.de/sites/default/files/documents/2020-02/KuS2020_WirkungsanalyseEducult.pdf.

8 Robert Bosch Stiftung (Hg.) (2020): *Positionen frühkindlicher kultureller Bildung. Handbuch*, München: kopaed.

9 Lina Kirsch/Ursula Stenger (2020): „Frühkindliche Kulturelle Bildung – Stand der Forschung", im Auftrag der Robert Bosch Stiftung, https://www.bosch-stiftung.de/sites/default/files/documents/2020-01/Fr%C3%BChkindliche Kulturelle Bildung_Stand der Forschung.pdf.

10 Philippe Ariès (2007): *Geschichte der Kindheit*, München: dtv (16. Auflage).

Da ist zum einen der alte Gegensatz, der exemplarisch zwischen den beiden Philosophen John Locke und Jean-Jacques Rousseau ausgetragen wurde. War dem einen das Kind ein leeres Gefäß, das von Erwachsenen so lange mitbefüllt werden wollte, bis es am Ende selbst in den Status des „fertigen" Erwachsenen zu kommen vermochte, so war für den anderen dem Kind bereits alles in die Wiege gelegt, was es für sein künftiges Erwachsenenleben brauche. Den Erwachsenen kam bestenfalls die Aufgabe zu, das Kind in seiner Selbstwerdung zu begleiten. Für Locke war das Kind eine leere Schale, in die die Erwachsenen ihre Vorstellungen vom Kindsein hineinzuprojizieren vermochten, während Rousseau den Eigenwert des Kindes postulierte und damit gleichberechtigt neben das Erwachsenensein stellte. In der aktuellen Diskussion lässt sich dieser Gegensatz gut anhand der kulturbetrieblichen Zuschreibungen von Kindern entweder als „Publikum von morgen" oder „Publikum von heute" verdeutlichen.

Und zum anderen ist da das hybride Verhältnis, das wir gegenüber der Kunst, eigentlich der Kunsterfahrung gegenüber, entwickelt haben. Es gehört zu den Grundsätzen aufklärerischen Fortschritts, ein elaboriertes Kunstsystem entwickelt zu haben. Dies zeigt sich als ein gesellschaftliches Subsystem mit spezifischen Traditionen, Theorieansätzen, Logiken und Ausdrucksformen, die selbst einem kundigen Erwachsenen-Publikum nur in Teilaspekten zugänglich sind. Entlang langjähriger Erfahrungen zeichnet es sich durch spezifische Reflexionsfähigkeit und konzeptionell geleitete Zugänge (Insiderwissen) aus, deren Kenntnis gerne als ausschließende Vorbedingung für eine „richtige" Rezeptionsweise herhalten muss. Ihren Ort findet sie schließlich in einer Architektur, die hinreichend Kontemplation, Ruhe, Disziplin und Muße verspricht, alles Voraussetzungen, die von den Gralshüter*innen der Kunst als unabdingbar angesehen werden, um der dort verhandelten Kunst gerecht zu werden, und damit genau die Qualitäten, die Kindern, die erst am Anfang ihres Zivilisierungsprozesses stehen, gerne abgesprochen werden.

Kunst aber kann auch ganz anders gelesen werden: als Ausgangspunkt einer sinnlichen Erfahrung, die zuallererst wahrgenommen werden will – ungeachtet der Voraussetzungen, die die Rezipient*innen mitbringen. In dieser Voraussetzungslosigkeit kann Kunst natürlich auch von Kindern wahrgenommen werden, umso mehr manchmal, da diese noch nicht beeinflusst sind von den ebenso einschränkenden wie bereichernden Brillen von Erwachsenen. Während also Kinder in einer weitgehend unvermittelten Art auf Kunst treffen, entkommen Erwachsene nur selten ihren in vielen Jahren aufgehäuften Erfahrungspanzern. Man muss nicht unbedingt Picasso mit „Ich konnte schon früh zeichnen wie Raffael, aber ich habe ein Leben lang dazu gebraucht, wieder zeichnen zu lernen wie ein Kind" zitieren, um jedenfalls deutlich zu machen, dass das Kindsein kein Ausschließungsgrund vom Kunstbetrieb sein kann, ganz im Gegenteil.

Ich selbst konnte im Bode-Museum in Berlin dabei sein, wie eine Gruppe aus einem islamischen Kindergarten die dortige „Basilika" eroberte und sich mit großer Freude diesen Raum aneignete. Zuvor waren sie zusammen am Boden der Eingangshalle gelegen, um sich von der Grandiosität der Kuppel überwältigen zu lassen. Naturgemäß ging es dabei nicht um Einzelheiten der Rezeptionsgeschichte dieses oder jenes ausgestellten Kunstwerks. Aber die Versuche des Nachstellens diverser Skulpturen machten deutlich, wie es den Kindern in einer ganzkörperlichen Erfahrung gelingen kann, die Idee der Artefakte selbst auszudrücken und damit die Räume mit ihrer Gegenwart zu imprägnieren. Und es sage niemand, die Kinder hätten keine spezifische Kunsterfahrung gemacht: Noch nach vielen Monaten konnten sich die Kinder ganz genau erinnern, was sie erlebt, was sie erfahren und was sie sich dazu überlegt hatten. Und sie bestanden darauf, eine – nämlich ihre – Kunsterfahrung gemacht zu haben.

Ohne an dieser Stelle ins Detail zu gehen, aber vielleicht zeigt sich hier auch eine kategoriale Differenz zwischen unseren Ansprüchen an Kunst und an Wissenschaft. Immerhin verweist der hier nur andeutbare hybride Charakter von Kunsterfahrung auf einen Gegensatz im Umgang mit Wissenschaftlichkeit, die noch einmal auf eine andere Art auf kundige Erwachsene beschränkt wird. Immerhin haben sich aber auch in diesem Metier zuletzt verstärkt Methoden der Wissenschaftsvermittlung durchgesetzt, im Rahmen dessen auch Kinder als „kleine Forscher*innen" auftreten dürfen.

Wenn sich also in den letzten Jahren unsere Vorstellungen über das Kindsein gewandelt haben, so hat das auch in der Politik seinen Niederschlag gefunden. Dies zeigt sich in neuen kulturpolitischen Schwerpunktsetzungen (nicht zuletzt in Niederösterreich), die vor allem von staatlich (mit-)finanzierten Einrichtungen eine stärkere Berücksichtigung eines Kinder-Publikums fordern. Das Dilemma: Obwohl sich – etwa im Bereich des klassischen Musikbetriebs – mittlerweile rund ein Drittel des Angebots an Kinder richtet, tragen diese aufgrund der besonderen Kostenstruktur bislang nur sehr bescheiden zu den Umsatzzielen bei. Entsprechend groß ist die Erwartung an die öffentliche Hand bzw. an Sponsoren, helfend einzuspringen.

Drei Versuche des Kulturbetriebs, Kindern Kulturräume zu eröffnen

Beobachtet man den Status quo etwas genauer, so lassen sich unschwer drei verschiedene Zugänge gegenüber Kindern erkennen. Da sind erstens eigene Einrichtungen, die ihr Programm speziell auf Kinder ausrichten. Zumindest einige von ihnen[11] haben zuletzt durchaus eine öffentliche Aufwertung erfahren. Und doch leiden viele von ihnen traditionell an einem schlechten Image. Kunsteinrichtungen, deren Angebot sich vorrangig an ein erwachsenes Publikum richtet, rümpfen da schon mal die

11 Etwa das ZOOM Kindermuseum (https://www.kindermuseum.at/) oder Dschungel Wien (https://www.dschungelwien.at/).

Nase: An diesen Orten würde keine „richtige" Kunst verhandelt; Künstler*innen, die dort tätig sind, hätten es nicht geschafft, im „richtigen" Kunstbetrieb Fuß zu fassen, und jetzt „müssten" sie sich halt mit Kindern beschäftigen. Und so schaut dann auch das Image und die Bezahlung aus, die die Akteur*innen in der Regel wesentlich schlechter stellt als ihre Kolleg*innen in den nicht auf Kinder spezialisierten Einrichtungen.[12]

12 Die strukturellen Nachteile zeigen sich nicht zuletzt im Rahmen der öffentlichen Kunst- und Kulturförderung, die diese Einrichtungen systematisch benachteiligt und im Vergleich mit auf ausschließlich Erwachsene zugeschnittenen Einrichtungen mit Almosen abspeist.

Bereits in den 1980er-Jahren und dann nochmals dank eines kulturpolitischen Schwerpunkts in der Ära Claudia Schmied (2007–2013) machte sich im Kulturbetrieb der Gedanke der Vermittlung breit. Daraus resultierte die Implementierung von Bildungs- und Vermittlungseinrichtungen in größeren Kultureinrichtungen aller Sparten. Herausgebildet hat sich mittlerweile ein ausdifferenziertes Methodenset, das – zusammen mit einer Reihe von Aus- und Fortbildungen – den Anspruch eines neuen Fachzusammenhanges begründet, der sich nicht mehr mit dem Status eines parasitären Anhängsels am „eigentlichen" Betrieb abspeisen lassen möchte. Ungeachtet dessen fristen viele Vermittler*innen nach wie vor ein recht randständiges Dasein, im Rahmen dessen sie sehr darum kämpfen müssen, Einfluss auf die künstlerische und betriebliche Gesamtausrichtung zu nehmen. Stattdessen wird ihnen nur allzu oft nach Festlegung des künstlerischen (oder auch wissenschaftlichen) Programms die Aufgabe übertragen, „die Hütte – und sei es mit Besuchen von Schulklassen – vollzubekommen". Im Vergleich dazu bleibt nur allzu leicht unberücksichtigt, die Kompetenzen der Vermittler*innen und die Erwartungen/Bedürfnisse junger Menschen adäquat in die Gesamtentwicklung des Unternehmens einfließen zu lassen und damit die Programmgestaltung von Anfang an mitzuentscheiden.

Die strukturelle Prekarität des Vermittlungsbereichs zeigt sich vor allem dort, wo Vermittlungsangebote als additiv und nicht als eine der Kernaufgaben und damit essenziell für das Unternehmen angesehen werden. Ihre Durchführung hängt dann gerne an der Akquisition von Drittmitteln, die Art und Ausmaß des Vermittlungsangebots bestimmen.

Programme wie „Kunst und Spiele" zielen hingegen darauf ab, die Kommunikation mit Kindern nicht von externen Sponsor*innen abhängig zu machen, sondern in ihr eine Kernaufgabe und damit einen eminenten Auftrag an die gesamte Institution, der nicht beliebig auf- oder zugedreht werden kann, zu sehen. Dazu bedarf es freilich einer institutionellen Schwerpunktverlagerung samt einer Ressourcenumverteilung innerhalb des Unternehmens. Bei all dem kommt dem Management eine zentrale Funktion zu, wenn es nicht nur darum geht, die Arbeit mit Kindern nach innen und nach außen hin selbst zu vertreten, sondern dafür auch alle Abteilungen und damit künstlerisches und wissenschaftliches Personal, Kuration, kaufmännische Betriebsführung, Raum und Technik, Marketing und Öffentlichkeitsarbeit bis hin zur Aufsicht für eine gemeinsame Haltung gegenüber Kindern zu gewinnen.

Vorteile für die Institution

Auf die Frage, was die Institution davon hat, die Arbeit mit Kindern zu einer Kernaufgabe zu machen, lassen sich sowohl idealistisch-normative als auch pragmatische Antworten finden. Da ist allen voran die begründete Vermutung, mit einer stärkeren Berücksichtigung aller Altersgruppen und damit insbesondere der Kinder würde sich die Akzeptanz und die Relevanz des Kulturbetriebs in der Gesellschaft erhöhen lassen. Dies gilt ebenso für die staatliche Kulturpolitik, die eine weitere Privilegierung „ihrer" Kultureinrichtungen nicht zuletzt mit den geänderten politischen Kräfteverhältnissen neu legitimieren muss.

Eine stärkere Berücksichtigung von Kindern als Publikum lässt aber auch einen neuen Wind im Betrieb wehen. Mit Kindern kann sich eine neue Art von Unmittelbarkeit und damit Lebendigkeit breitmachen, die auf Erwachsene (sei es in Gestalt von Betriebsangehörigen oder als Publikum), die den unmittelbaren Reaktionen der Kinder etwas abgewinnen können, zurückzuwirken vermag.

Die Arbeit mit Kindern erlaubt außerdem neue institutionelle Anbindungen. Mit ihnen finden sich bislang unberücksichtigt gebliebene Gesprächspartner*innen bei der Realisierung künstlerischer (und wissenschaftlicher) Qualitätsansprüche. Die können sich freilich nicht mehr im selbstreferenziellen Kreis von Spezialist*innen erschöpfen, sondern sind gefordert, zumindest Bezug zu nehmen auf die kulturellen Bildungsansprüche derer, die ihre eigenen Dispositionen gegenüber Kunst mitbringen (und es sage niemand, dies sei bei Kindern nicht der Fall). Aber natürlich kann es so auch gelingen, die eigenen künstlerisch-ästhetischen Ansprüche mit Kindergärtner*innen und Lehrer*innen so zu verhandeln, dass deren pädagogische Fähigkeiten im Umgang mit künstlerischen Phänomenen gestärkt werden können.

Auf diese Weise können sich Kultureinrichtungen als Akteure von „Cultural Government" wiederfinden, wenn sie sich stark genug fühlen, sich von bewährten Top-down-Methoden der Vermittlung zu verabschieden und sich auf neue Formen der kulturellen Partizipation einzulassen. Das im Rahmen der Bewerbung St. Pöltens zur Europäischen Kulturhauptstadt konzipierte KinderKunstLabor[13] scheint hierfür ein herausragendes Experimentierfeld, in dem Kinder selbst eine Stimme erhalten und dabei lernen, sich mit ihren Ambitionen an betrieblichen Change-Prozessen zu beteiligen.

Zuletzt hat das Projekt „Kunst und Spiele" deutlich gemacht, dass es bei den Versuchen der Kultureinrichtungen, Kinder ins Zentrum ihrer strategischen Überlegungen zu holen, nicht nur um diese selbst geht, sondern auch um die vielen anderen, die hinter den Kindern stehen, nicht zuletzt Eltern und Familienangehörige, die auf Wunsch der Kinder zu einer relevanten Publikumsgruppe wurden.

13 https://www.st-poelten2024.eu/de/kinderkunstlabor/konzepte.

Was man aus den bisherigen Erfahrungen im Umgang mit Kindern lernen kann

Aus den Erfahrungen, die wir bei EDUCULT in der Begleitung von „Kunst und Spiele“ gemacht haben, lässt sich eine Reihe von Qualitätsaspekten ableiten, die abschließend noch einmal anhand konkreter Handlungsanleitungen[14] zusammengeführt werden sollen:

14 EDUCULT (2019).

- Gruppengröße: Interaktive Angebote brauchen kleine Gruppen von 6 bis 12 Kindern.
- Alter: Die Formate müssen den Entwicklungsstand der Kinder berücksichtigen, sei es hinsichtlich Sprache, Bewegungsdrang oder der Möglichkeit, Dinge anzufassen. Formate für Dreijährige müssen deshalb ganz anders gestaltet werden als für Sechsjährige.
- Bezugspersonen: Gerade für die Jüngsten ist eine vertraute Bezugsperson sehr wichtig. Die beteiligten Erwachsenen sollten deshalb möglichst aktiv in das Format einbezogen werden. Ebenfalls hilfreich ist es, wenn die Vermittler*innen und Künstler*innen vor Ort bei mehrtägigen Formaten immer wieder dieselben sind, um den Kindern Sicherheit zu geben.
- Rituale: Rituale (gemeinsame Lieder, wiederkehrende Spiele) haben sich als sehr wichtig erwiesen, nicht zuletzt weil eine Ausgewogenheit zwischen Neuem und Vertrautem für die Kinder hilfreich ist.
- Zeit: Die junge Zielgruppe erfordert eine andere Zeitplanung. Formate müssen entschleunigt werden, die Vermittler*innen und Künstler*innen brauchen viel Geduld. Hinzu kommt, dass die Zeitfenster, in denen die Kinder konzentriert mitmachen können, begrenzt sind. Während bei Sechs- bis Achtjährigen mehr Flexibilität möglich ist, sind Dreijährige noch sehr vom gewohnten Rhythmus abhängig.
- Wiederholter Kontakt: Mehrmalige Besuche in der Kultureinrichtung bzw. auch Gegenbesuche in Kindergarten/Schule haben sich in den Projekten bewährt. Dies ermöglicht ein langsames, schrittweises Vertrautmachen mit den Räumlichkeiten, den Personen und der Kunst und trägt zur Nachhaltigkeit der Erfahrung bei.
- Räume: Die Arbeit mit jungen Kindern erfordert entsprechende Räume, bisweilen sogar eigene Möbel.
- Material: Kinder müssen ihren haptischen Bedürfnissen nachkommen können. Deshalb ist es wichtig, dass entsprechendes, unterschiedlich beschaffenes Material zum Anfassen, Spielen und Gestalten in ausreichender Menge zur Verfügung steht.
- Grenzen: Eine der großen Herausforderungen in der Arbeit mit sehr jungen Kindern ist der Umgang mit Grenzen. Es gibt zahlreiche Dinge, die die Kinder in einer Kultureinrichtung nicht anfassen oder nicht tun dürfen. Das Einhalten der Grenzen muss immer wieder geübt werden.

- Techniken: Von der Vielzahl der Gestaltungsmöglichkeiten können die Einrichtungen je nach Rahmenbedingungen passende Techniken auswählen. Es geht nicht darum, alles anzubieten, sondern die Kinder dabei zu unterstützen, Schritt für Schritt ein ästhetisches Gestaltungsvokabular aufzubauen.
- Echtheit: Den Kindern soll „Erwachsenenkunst" vermittelt werden. Sie sollen mit Originalen (Werke, Instrumente) sowie mit Künstler*innen und Musiker*innen in Berührung kommen.
- Wertschätzung der Werke der Kinder: Gleichzeitig erschaffen Kinder eigene Werke, auch wenn in den Vermittlungsformaten der Prozess und nicht das Produkt im Vordergrund steht. Diese Werke müssen wertgeschätzt werden.
- Balance zwischen Eindruck und Ausdruck: Es ist wichtig, dass im Format sowohl rezeptive als auch gestalterische Elemente ihren Platz haben. Beides soll in den Vermittlungsformaten gefördert werden.
- Zutrauen: Es erfordert von allen Beteiligten Mut, den Kindern etwas zuzutrauen, sie zu fordern, sie mit Neuem und Ungewohntem zu konfrontieren.
- Partizipation: Mehrere Befragte teilen die Erfahrung, dass die Angebote dann besonders erfolgreich sind, wenn die Kinder ihren Möglichkeiten entsprechend mitgestalten und mitbestimmen können und die Aktivitäten von den Fragen der Kinder (mit-)geleitet sind.
- Zusammenarbeit mit den Bildungseinrichtungen: Das Nutzen der unterschiedlichen Expertisen aus Kultur- und Bildungsbereich ist ein wesentlicher Qualitätsaspekt. Gemeinsame Workshops, Handreichungen und diverse Materialien können die Zusammenarbeit unterstützen.
- Sensibilisierung des Personals: Für einige Kultureinrichtungen sind junge Kinder eine ganz neue und mitunter herausfordernde Zielgruppe. Dies gilt besonders für Aufsichtspersonal, das für die Sicherheit der Werke zuständig ist, aber auch viel Kontakt mit Besucher*innen hat. Es ist deshalb wichtig, das Personal, das mit den Kindern zu tun hat, gut vorzubereiten und für die Besonderheiten zu sensibilisieren.
- Dokumentation: Die Prozessorientierung, an deren Ende nicht unbedingt eine Ausstellung oder Aufführung stehen muss, macht es notwendig, den Prozess gut zu dokumentieren, etwa in Form von Filmen, Blogs, Fotobüchern. Die Dokumentation ist v. a. für die Kommunikation nach außen wichtig, etwa in Richtung weiterer Bildungsakteur*innen oder Eltern.
- Elternarbeit: Die Einbeziehung der Eltern ist für die Qualität frühkindlicher Kulturvermittlung essenziell. Zum Einsatz kommen etwa Elternabende, Einladungen in die Kultureinrichtung oder gemeinsame Feste.

Kinder gehen den ganzen Betrieb etwas an, denn all diese Handlungsanleitungen können ihre Wirkung nur im Rahmen einer strategischen Weiterentwicklung des gesamten Unternehmens entfalten. Dafür steht zuallererst eine ermutigende und motivierende Haltung der Leitung. Modellhafte Erfahrungen von Einrichtungen wie dem KinderKunstLabor können bei der Generierung neuer Erfahrungen und ihrer möglichen Umsetzbarkeit hilfreich sein. Dazu gehört aber auch ein vermehrtes Angebot an Aus- und Fortbildung, zumal sich der Umgang mit Kindern nur in den seltensten Fällen von selbst versteht. Nicht zu unterschätzen bei einer solchen Schwerpunktbildung ist der Aspekt der Öffentlichkeit, die mithelfen kann, den Kulturbetrieb auf neue Weise nicht nur gegenüber Kindern, sondern in der Gesellschaft als Ganzes neu zu positionieren.

Aus der Krise kommen – das Publikum ins Zentrum rücken

Die coronabedingten Shut-downs haben noch einmal in aller Form die Fragilität eines Kulturbetriebs deutlich gemacht, der meint, mit Kontinuitätsvorstellungen über die Runden zu kommen. Ihnen hat zuletzt Andrew McIntyre mit seinen „7 Pillars of Audience-focus"[15] eine Direktive an die Hand gegeben, die einen – vielleicht den einzigen – Weg in eine prosperierende Zukunft weist. McIntyre zufolge stünde der Kulturbetrieb vor der Herausforderung, vom Produkt über das Marketing nunmehr das Publikum als solches stärker in das kulturelle Geschehen einzubeziehen. Während eine traditionelle Kulturbetrieblichkeit sich darin erschöpfte, das Produkt „Kunst" in den Mittelpunkt der institutionellen Aufmerksamkeit zu stellen und darauf zu hoffen, dass die Nutzer*innen schon davon Gebrauch machen würden, versuchte man in der Folge, sich mithilfe neuer Marketingstrategien die Marktkräfte zunutze zu machen und mit den potentiellen Nutzer*innen ein Produzent*innen-Konsument*innen-Verhältnis aufzubauen.

Mit der zunehmenden Individualisierung (samt kultureller Emanzipation) sei es nunmehr an der Zeit, das Publikum ins Zentrum zu rücken und ihm nicht nur als Konsument*in, sondern als Mitakteur*in auf Augenhöhe zu begegnen. Spätestens mit den vielfältigen Interaktionsformen im digitalen Raum lässt sich dieses nicht mehr auf eine passive Haltung beschränken; das Publikum aller Altersgruppen will stattdessen mitreden, mitgestalten, als „Co-Kreator" auftreten. Einen solchen umfassenden Transformationsprozess umzusetzen, ist nicht einfach und stellt alle Beteiligten vor große Herausforderungen. Das Schöne: Mit keiner sozialen Gruppe kann er auf eine so spielerische und lustvolle Weise eingeübt werden wie mit Kindern. Nutzen wir die darin liegenden Chancen!

15 Andrew McIntyre (2020): „Culture in Lockdown. Part 2: The 7 Pillars of Audience-focus", Blogbeitrag, https://mhmandrew.medium.com/culture-in-lockdown-part-2-the-7-pillars-of-audience-focus-1a0cb57b9ab5.

198

Der Musik-unterricht als Publikums-produzent?

Axel Petri-Preis

In einem informellen Gespräch am Rande eines Symposiums sagte mir der Geschäftsführer eines großen österreichischen Festivals vor zwei Jahren: „Die Zusammenarbeit zwischen Kulturinstitutionen und den Musikschulen ist deshalb so wichtig, weil die Musikschulen das zukünftige Publikum produzieren." Abgesehen von der unglücklichen Wortwahl – Musikschulen „produzieren" natürlich nichts und niemanden – scheint mir hinter dieser Aussage ein gewaltiges Missverständnis zu stecken. Das Zitat ist symptomatisch für einen Kulturbetrieb, der in seiner Produktionsorientierung davon ausgeht, dass Menschen sein bestehendes Angebot entweder in Anspruch nehmen oder herangeführt werden müssen. In diese Logik passt die Vorstellung, dass Musikunterricht – sei es in der Musikschule oder in der allgemeinbildenden Schule – im Wesentlichen dazu dient, junge Menschen zu Besucher_innen (hoch-)kultureller Veranstaltungen zu formen. Dass sich der Kulturbetrieb im Kern verändern muss, wenn er junge Menschen unterschiedlicher (musik-)kultureller Sozialisation ansprechen will, und wo das eigentliche Potenzial in der Zusammenarbeit zwischen Kulturbetrieb und Musikunterricht läge, werde ich im vorliegenden Text zeigen.

Die Hoffnung, über den Musikunterricht junge Menschen an das bestehende Programm ihrer Einrichtungen heranführen zu können, zeigte sich zuletzt auch trefflich, als zahlreiche Intendant_innen von klassischen Kulturbetrieben Statements für die Petition „Musik braucht eine Stimme" formulierten. Hintergrund dieser an sich wichtigen und von mir auch unterzeichneten Petition war, dass die Position der Fachinspektor_innen für Musik – zuständig für Qualitätssicherung und Vernetzung in der musikalischen Bildungslandschaft – eingespart wird. Dies ist nur eines von vielen Indizien dafür, wie gering das derzeitige politische Interesse am Thema kulturelle Bildung ist. Bemerkenswert und entlarvend ist jedoch, dass in vielen Statements die Vorstellung durchschimmert, die Fachinspektor_innen seien vor allem ein Sprachrohr der Kulturinstitutionen hinein in den schulischen Musikunterricht, um bestehende Angebote für Schulen zu bewerben. Lediglich in wenigen Statements wie jenem vom Staatsoperndirektor Bogdan Roščić wurde angedeutet, dass Musikbetriebe auch Bedarf an fachlicher Beratung, an der gemeinsamen Entwicklung von Konzepten und damit an der Weiterentwicklung im Hinblick auf Kooperationen mit Schulen haben.[1] Dabei ist es aus einer kulturbetrieblich produktionsorientierten Denkweise heraus durchaus nachvollziehbar, dass klassische Kulturinstitutionen – zumal in Zeiten abnehmenden Interesses an klassischen Konzertangeboten[2] – versuchen, den Musikunterricht dafür zu instrumentalisieren, ihr Publikum zu „produzieren". Dass sie dabei allerdings das eigentliche Potenzial einer Zusammenarbeit nicht im Blick haben und gleichzeitig sich selbst aus der Verantwortung nehmen, nötige Transformationsprozesse angesichts einer immer diverseren spätmodernen Gesellschaft durchzuführen, ist evident. Aus Studien wie jener von Michael Huber über das Musikhören im Zeitalter Web 2.0[3] ist bekannt, dass der Besuch von kulturellen Angeboten maßgeblich davon abhängt, ob Menschen selbst musikalisch aktiv sind. Der Musikbetrieb muss also ein großes Interesse daran haben, dass junge Menschen in den Genuss guten Musikunterrichts kommen.[4] Allerdings ist es nicht die Aufgabe dieses Musikunterrichts, das klassische Konzertpublikum der Zukunft zu formen (das ist allenfalls ein positiver Nebeneffekt). Vielmehr zielt er darauf ab, junge Menschen dabei zu begleiten und zu unterstützen, einen mündigen und emanzipierten Umgang mit unterschiedlichen Musiken sowie musikalischen und musikbezogenen Praxen zu erwerben. Dieser Zielvorstellung liegt ein Verständnis von Musik als soziale Praxis zugrunde, als etwas, das Menschen gemeinsam tun. Ganz in diesem Sinne lautete das Thema der letzten Tagung der European Association for Music in Schools (EAS), der europäischen Vereinigung von Forschenden und Lehrenden im Bereich der Musikpädagogik: „Music is what people do". Kristallisationspunkt eines so gedachten Musikunterrichts sind nicht musikalische Werke, wie sie noch bei Michael Alt in der ersten bedeutenden musikdidaktischen Konzeption nach dem Zweiten Weltkrieg, seiner am Kunstwerk orientierten „Didaktik der Musik"[5], im Zentrum standen. Diese Konzeption prägte die deutschsprachige Musikpädagogik und damit den schulischen Musikunterricht nachhaltig (zum Teil durchaus bis heute) und ist historisch als Auseinandersetzung mit den Schriften Theodor W. Adornos und der Abgrenzung zur nationalsozialistisch missbrauchten musischen Erziehung und ihrem bis weit in die 1960er-Jahre gültigen Primat des Singens zu sehen. Im darauffolgenden Jahrzehnt entstanden einige der bedeutsamsten und

1 Der Petitionstext und die Statements sind hier einzusehen: https://www.openpetition.de/petition/online/musik-braucht-eine-stimme-im-bildungswesen#petition-main.

2 Vgl. dazu zum Beispiel: Heiner Gembris/Jonas Menze (2018): „Zwischen Publikumsschwund und Publikumsentwicklung. Perspektiven für Musikerberuf, Musikpädagogik und Kulturpolitik", in: Martin Tröndle (Hg.): *Das Konzert II. Beiträge zum Forschungsfeld der Concert-Studies*, Bielefeld: Transcript, S. 306–331.

3 Michael Huber (2018): *Musikhören im Zeitalter Web 2.0: Theoretische Grundlagen und empirische Befunde*, Wiesbaden: Springer.

4 Leider ist es vor allem in Volksschulen oder Mittelschulen nicht mehr selbstverständlich, dass Musikunterricht stattfindet, geschweige denn mit dazu ausgebildeten Lehrer_innen.

5 Michael Alt (1968): *Didaktik der Musik*, Düsseldorf: Schwan.

einflussreichsten musikdidaktischen Konzeptionen, die nun einerseits eine stärkere Subjektorientierung propagierten und andererseits einen weiten Musikbegriff entwickelten, der alle klanglichen Phänomene umfasst. Mit David Elliotts „Praxial Music Education"[6] und Hermann J. Kaisers „Konzept der Verständigen Musikpraxis"[7] fand schließlich in den 1990er-Jahren ein Denken in die Musikpädagogik Einzug, das Musik nicht vorrangig als Artefakt, sondern als Praxis versteht, als ein gemeinschaftliches, tätiges Umgehen mit Musik. Mit der Forderung Kaisers, der Musikunterricht solle die musikalischen Gebrauchspraxen der Schüler_innen zum Ausgangspunkt nehmen, wurde die Tür zu vielfältigen musikalischen Praxen und Musiken abseits klassischer Musik, auf der bis zu diesem Zeitpunkt im Musikunterricht immer noch das Hauptaugenmerk lag, noch weiter aufgestoßen. Populäre und traditionelle Musiken sind seither neben klassischer Kunstmusik selbstverständlicher und gleichberechtigter Teil im Musikunterricht.

Bei der bereits erwähnten Tagung der EAS, an der über 300 Musiklehrende und Forscher_innen aus ganz Europa teilnahmen, waren die Überwindung des klassischen Kanons im Musikunterricht, die Dekolonialisierung des Curriculums und die heterogenen Erscheinungsformen von Musik zentrale Themen. Dass eine Heranführung der Schüler_innen an einen Kulturbetrieb, in dem der klassische Kanon „als Hort der Ausgrenzung" und „Verteidigungsraum des konservativen Bürgertums" – wie Berthold Seliger 2017 in seinem Buch „Klassikkampf"[8] schreibt – perpetuiert wird, vor diesem Hintergrund kein Ziel darstellen kann, ist einleuchtend.

Für den Kulturbetrieb bedeutet das aus meiner Sicht, dass er selbst Verantwortung dafür übernehmen muss, jungen Menschen unterschiedlicher (musik-)kultureller Sozialisation einen Zugang zum kulturellen Erbe zu ermöglichen.[9] Dazu reicht jedoch kein affirmatives Heranführen, um das bestehende Angebot zu legitimieren, sondern er muss sein Selbstverständnis im Kern kritisch reflektieren und bereit sein, sich zu transformieren.

Seit etwas mehr als zwei Jahrzehnten versuchen Konzerthäuser, Orchester und Ensembles verstärkt, in mittlerweile zum Teil umfangreichen Angeboten der Musikvermittlung Menschen anzusprechen, die traditionelle Konzertformate nicht besuchen (können). Das Herzstück bilden dabei spezielle Präsentations- und Partizipationsformate für Kinder, die vor allem auf einer langen Tradition von „Children's Concerts" im englischsprachigen Raum aufbauen. Wenngleich sich die Zahl musikvermittelnder Konzerte und Workshops in den vergangenen Jahren vervielfacht hat[10] und Kinder mittlerweile zu einem selbstverständlichen Publikumssegment wurden, so stellt die Musikvermittlung doch allzu häufig (auch in den personellen Strukturen der Häuser) ein Paralleluniversum zum Kernbetrieb dar, der im Wesentlichen so traditionell

6 David Elliott (1995): *Music Matters. A New Philosophy of Music Education*, New York: Oxford University Press.

7 Hermann Josef Kaiser (2010): „Verständige Musikpraxis. Eine Antwort auf Legitimationsdefizite des Klassenmusizierens", in: *Zeitschrift für Kritische Musikpädagogik*, herausgegeben von Jürgen Vogt, S. 47–68.

8 Berthold Seliger (2017): *Klassikkampf: Ernste Musik, Bildung und Kultur für alle*, Berlin: Matthes und Seitz.

9 Dieses Argument steht im Kontext der Notwendigkeit, dass (vor allem öffentlich finanzierte) Kulturbetriebe sich einer superdiversen spätmodernen Gesellschaft öffnen, anstatt die Gesellschaftsordnung des 19. Jahrhunderts samt ihren Exklusionsmechanismen und Machtverhältnissen zu reproduzieren.

10 Die Konzertstatistik des deutschen Musikinformationszentrums zeigt beispielsweise, dass sich die Anzahl der musikvermittelnden Konzerte von öffentlich finanzierten Orchestern und Rundfunkorchestern in Deutschland zwischen 2003/04 und 2017/18 verdreifachte und dabei die Anzahl klassischer Chor- und Orchesterkonzerte sogar übertraf.

weiterläuft wie eh und je. Während im Bereich der Musikvermittlung bisweilen Experimente gewagt werden, indem Konzerte inszeniert werden, unterschiedliche Musiken in einer Aufführung erklingen, Möglichkeiten der Partizipation geschaffen und inklusive Settings erarbeitet werden, ist das traditionelle Orchester- oder Kammermusikkonzert immer noch Standard und Orientierungspunkt für den klassischen Konzertbetrieb.

Man möge mich an dieser Stelle nicht falsch verstehen. Musikvermittelnde Angebote sind ein bedeutender Bestandteil eines zeitgenössischen Konzerthauses, Orchesters oder Ensembles, sofern sie nicht lediglich als Feigenblatt für Fördergeber_innen dienen, affirmativ an Bestehendes heranführen sollen oder allgemeine Zugänglichkeit lediglich suggerieren. Die wirkliche Herausforderung für Konzerthäuser, Orchester und Ensembles bestünde allerdings darin, die Ermöglichung kultureller Teilhabe nicht in die Musikvermittlung auszulagern, sondern einen umfassenden Transformationsprozess durchzumachen, um – wie Mark Terkessidis[11] es formuliert – fit für die Vielheit der Gesellschaft zu sein und damit potenziell alle Menschen anzusprechen. Dazu müssten die Institutionen echtes Interesse an einem Wandel haben, im Laufe dessen sie sich selbst kritisch befragen, um sich beständig weiterzuentwickeln.[12] Auf diese Art und Weise können kollaborative Handlungsräume eröffnet und jene gesellschaftliche Relevanz entfaltet werden, die während der Corona-Pandemie von einigen Proponenten der sogenannten Hochkultur im Zuge der Diskussion um Systemrelevanz lautstark behauptet wurde. Was könnte also konkret getan werden? Kollaborative Musikformate könnten an den usuellen Musikpraxen des Publikums ansetzen, das solcherart die Rolle von passiven Zuhörer_innen eines musikalischen Kunstwerkes gegen die Rolle von gleichberechtigten Akteur_innen einer sozialen Praxis tauschen würde. Ein Aufbrechen des klassischen Kanons und die kritische Reflexion der hegemonialen Position von klassischer Musik könnte Musiken aus unterschiedlichen Zeiten, Kulturen und Genres in einen Austausch bringen und würde neue Perspektiven ermöglichen. Neue Modi des Hörens könnten mit der körperlichen Disziplinierung im Konzertsaal brechen, indem beispielsweise ein leiblicher Mitvollzug oder Positionen wie das Liegen oder Stehen ermöglicht werden. Konzertsettings, in denen die Trennung zwischen Bühne und Publikumsraum aufgehoben wird, könnten neue Beziehungen zwischen Zuhörer_innen und Künstler_innen stiften. Kooperative Projekte außerhalb der etablierten Häuser könnten einen Beitrag zu sozialem Wandel leisten. Konzerthäuser könnten sich räumlich auch außerhalb von Konzerten öffnen und als sozialer Treffpunkt zum Verweilen einladen. Um nah an den Bedürfnissen der Communitys zu sein, in die ein Konzerthaus oder Orchester eingebettet ist, könnte ein wechselnd besetzter Publikumsbeirat gebildet werden, der die Diversität der Gesellschaft abbildet und im Sinne des Konzepts einer „Open Democracy" von Hélène Landemore[13]

11 Mark Terkessidis (2015): *Kollaboration*, Frankfurt am Main: Suhrkamp.

12 Ein vielversprechendes Projekt in dieser Hinsicht ist die strategische Partnerschaft, die der Musikverein Wien für die kommenden Jahre mit der Brunnenpassage eingeht. Auf der Website des Musikvereins ist unter anderem zu lesen, dass als Zielsetzung verfolgt wird, „Kulturangebote der gesamten Bevölkerung in ihrer Vielfalt zugänglich zu machen und aktive Teilhabe zu fördern", www.musikverein.at/schwerpunkte-2122/tueren-auf.

13 Hélène Landemore (2020): *Open Democracy*, Princeton: Princeton University Press.

als „Mini-Public" ein entscheidendes Mitspracherecht in der Gestaltung des Programms hat.

Ja, es gibt sie, die vereinzelten Beispiele (vor allem von Festivals und jungen Ensembles), die sich als Ganzes in diese Richtung bewegen und manche dieser Ideen bereits umsetzen. Ob die Corona-Pandemie diesen Prozess noch beschleunigt hat, wie allenthalben vermutet wurde, scheint zum momentanen Zeitpunkt, wo viele große Häuser offenbar lieber früher als später zum Status quo ante zurückkehren wollen, allerdings fragwürdig.

Die provokante Frage im Titel dieses Textes, ob der Musikunterricht Publikumsbeschaffer für den Kulturbetrieb sei, ist natürlich – so viel sollten meine Ausführungen gezeigt haben – rhetorisch gemeint. Doch worin läge nun das Potenzial in der Zusammenarbeit zwischen Musikunterricht und Kulturbetrieb, zwischen Schulen und Kultureinrichtungen? Mark Terkessidis beschreibt „Kollaboration" als besondere Form der Kooperation, bei der die Akteur_innen nach einer Zusammenarbeit nicht wieder in intakte Einheiten zurückkehren, sondern einen Transformationsprozess durchmachen, bei dem sie „einsehen, dass sie selbst im Prozess verändert werden, und diesen Wandel sogar begrüßen".[14] Musikinstitutionen und Schulen könnten in einer auf diese Weise verstandenen Zusammenarbeit nicht nur anlassbezogen kooperieren, weil eine Generalprobe geöffnet wird, die Schüler_innen auf einen Konzertbesuch vorbereitet werden oder weil im schlimmsten Fall nicht verkaufte Plätze durch Schulklassen aufgefüllt werden sollen. Vielmehr bildete eine Begegnung auf Augenhöhe den Nukleus einer Kollaboration, in der beide Seiten voneinander lernen, einander beeinflussen und verändern. Dazu würden Schulen und Kulturinstitutionen langfristig miteinander arbeiten und Projekte von Grund auf gemeinsam entwickeln und durchführen. Ein Einbeziehen von Schüler_innen auf allen Ebenen – von der Programmierung über die Konzertgestaltung bis zum Marketing – ließe eine Win-win-Situation entstehen, in der alle beteiligten Akteur_innen voneinander profitieren. Die Folge für Musikinstitutionen könnte ein erweitertes Verständnis von ästhetischer Praxis sein, das den auf Phänomene der sogenannten Hochkultur verengten Kulturbegriff modifiziert. Dies wiederum könnte zu einem vielfältigeren Kulturangebot führen, das auch inter- und transkulturelle Angebote umfasst.[15] Natürlich bedeutet das, dass Musikinstitutionen dazu bereit sein müssen, die Deutungshoheit darüber abzugeben, was „legitime" Kunst ist. Die Schüler_innen würden wiederum ganz im Sinne meines zu Beginn des Aufsatzes formulierten Zieles von Musikunterricht dabei gefördert werden, bestehende kulturelle Werturteile nicht einfach zu reproduzieren, sondern die Fähigkeit zu entwickeln, eigene kulturelle Werturteile zu bilden. Eine so verstandene Zusammenarbeit hätte nicht zum Ziel, die Schüler_innen zu zukünftigen Besucher_innen klassischer

14 Terkessidis (2015), S. 11f.

15 Vgl. dazu auch: Birgit Mandel (2016): *Teilhabeorientierte Kulturvermittlung*, Bielefeld: Transcript.

Konzerte zu formen, sondern eine gemeinsame Community[16] zu kreieren, die für alle Beteiligten gewinnbringend ist.

Im Hinblick auf jene neue Agenda der Kulturpolitik, der sich dieses Buch widmet, möchte ich – abgeleitet von meinen Ausführungen – zum Schluss drei Denkanstöße formulieren:

1. Damit Kooperationsprojekte im oben beschriebenen Sinne möglich sind, benötigen Kulturinstitutionen personelle Ressourcen. Nicht nur quantitativ herrscht hier Handlungsbedarf, denn institutionelle Musikvermittlung ist immer noch zumeist eine One-Woman-Show[17]. Es werden also mehr Stellen benötigt, nicht nur um das Angebot auszubauen, sondern auch um Freiräume für die zeitintensive kooperative Planung und Durchführung zu haben. Inhaltlich werden Personen benötigt, die über ihr fachliches Wissen hinaus über Expertise in partizipativen Prozessen, symmetrischen Kommunikationsabläufen und Community-Arbeit verfügen. Darüber hinaus sollten sie einen möglichst diversen kulturellen und sozialen Hintergrund aufweisen, der die Vielfalt der Gesellschaft widerspiegelt. Fördergelder könnten dezidiert an die Bedingung gebunden sein, in diesen Bereich zu investieren.

2. Die strukturellen Rahmenbedingungen in Schulen sind für Kooperationen mit Kulturinstitutionen denkbar schlecht geeignet. In einer oder zwei Wochenstunden lassen sich kaum befriedigend Projekte durchführen. Lehrer_innen sind auf das Entgegenkommen von Direktor_innen, Administrator_innen und Kollegium angewiesen, um Stunden blocken zu können oder zusätzliche Projektstunden zu erhalten. Anzudenken wäre ein Modell, in dem ein Tag in der Woche geblockt der kulturellen Bildung vorbehalten ist, zum Beispiel in einer Kombination von Musik-, Kunst- und Deutschunterricht. Die Stunden dieses Tages werden dann je nach Bedarf zwischen den beteiligten Fächern und Kolleg_innen aufgeteilt. Kulturinstitutionen wiederum wären angehalten, stärker auf langfristige Kooperationen als auf punktuelle Events zu setzen, um nachhaltige Beziehungen zu stiften.

3. Und letztlich ist es längst an der Zeit, dass in der Aus- und Weiterbildung von Musiker_innen neue Entwicklungen stattfinden. Denn ihnen kommt in kooperativen Projekten eine ganz bedeutende Rolle zu. Sie interagieren und musizieren mit Kindern in Kontexten, die sich vom klassischen Konzertbetrieb deutlich unterscheiden. Entsprechendes Wissen und Können müssen sie sich jedoch selbst in informellen Settings aneignen, weil bis dato weder die Musikuniversitäten noch die Kulturinstitutionen ihrer Verantwortung in ausreichendem Maße nachkommen, für eine entsprechende Aus- und Weiterbildung zu sorgen. Konkrete Maßnahmen kann ich an dieser Stelle aus Platzgründen

16 Doug Borwick spricht von „Community Building", vgl. Doug Borwick (2012): *Building Communities, not Audiences: The Future of the Arts in the United States*, Winston-Salem: ArtsEngaged.

17 Vgl. dazu die Studie „Arbeitsbedingungen für Musikvermittler*innen", https://www.jungeohren.de/downloads/ergebnisse-der-umfrage-arbeitsbedingungen-fuer-musikvermittlerinnen.

nur andeuten:[18] In Curricula von Instrumentalstudien sollten entsprechende Inhalte (Musizieren mit heterogenen Gruppen, Moderieren ...) implementiert werden. Es sollte personalpolitisch darauf geachtet werden, dass nicht nur Hauptfachlehrende mit klassischen Karriereverläufen aufgenommen werden, sondern auch solche mit Portfolio-Karrieren, die auch musikvermittelnde Tätigkeiten umfassen. Schließlich sollten in Kooperation mit Kulturinstitutionen spezifische Weiterbildungsangebote entwickelt werden. Vor allem in Orchestern könnten sie Teil einer weiter reichenden Personalentwicklungsstrategie sein, die auch ein Onboarding, ein Mentor_innensystem und Coachings für Akademist_innen umfassen könnte.

18 Ausführliche Handlungsempfehlungen vgl. Axel Petri-Preis (2022): *Musikvermittlung lernen. Analysen und Empfehlungen zur Aus- und Weiterbildung von Musiker*innen*, Bielefeld: Transcript.

206

Der Raum und die Kultur

Michael Wimmer

Wie die Architektur von Kultureinrichtungen unser kulturelles Verhalten beeinflusst

Der Komponist und Posaunist Bertl Mütter hat 2021 mit seinem Projekt „aus|cul|ta|tio|nes"[1] eine „trombonautische Raumvermessung"[2] des Wiener Stephansdoms versucht. Mütter, einer der ersten Absolvent*innen eines künstlerischen Doktoratsstudiums vor bereits mehr als zehn Jahren, nutzte die Zeit des Lockdowns, um den leeren Dom von den Katakomben bis hoch oben zur Türmerstube mit seinem Instrument darauf hin zu untersuchen, welchen Einfluss der Raum auf seine Musik hat und wie seine Musik die Raumerfahrung verändert. Er wollte herausfinden, was in der Posaune und im Raum „drinnen" ist, um besser zu verstehen, was der Raum und die Posaune von ihm wollen.[3]

Mütter wollte sich in der Zeit der Pandemie nicht darauf beschränken, auf die Rückkehr des Normalbetriebs zu warten. Stattdessen machte er sich auf die Suche nach neuen Formen des Musikmachens, um u. a. draufzukommen, welche zentrale Bedeutung dem Raum sowohl für die Produktion als auch für die Rezeption von Musik zukommt.

Ganz anders der Pianist Marino Formenti, der mit seinem Instrument immer wieder versucht, den räumlichen Zwängen zu entkommen. Stattdessen begibt er sich schon mal ins Freie, um für und mit den „einfachen Menschen" – zuletzt in einer Arbeiter*innensiedlung in Graz – zu spielen.[4] Die Parkbesucher*innen sind eingeladen, ihre Instrumente mitzubringen und mit ihm zu musizieren. Auf der Suche nach immer neuen Formaten, etwa den „One-to-One-Konzerten" in privaten Wohnungen, schafft er ungewöhnliche künstlerische Räume, die die Hierarchie des klassischen Konzerts aufheben, erweitern oder in Zweifel ziehen. Er verbindet damit den Wunsch, seinen Zuhörer*innen die Angst vor den traditionellen Räumen des Musikbetriebs zu nehmen und sie an ihnen vertrauten Orten aktiv ins musikalische Geschehen einzubeziehen.[5]

1 https://www.muetter.at/cms/b/audio/auscultationes-2020.

2 https://www.wienerzeitung.at/nachrichten/kultur/klassik/2099021-Posaunen-Projekt-Ich-wuerde-gern-den-ganzen-Dom-vermessen.html.

3 Bertl Mütter berichtet, dass er sich gewissermaßen als Seefahrer sehe, denn „es ist wie eine große Reise, bei der ich mich auf einen unbekannten Ozean begebe, horche, was ist in der Posaune drinnen, was ist im Raum drinnen, was will der Raum, was will die Posaune von mir. Es ist ein Wollen, ein Geben, ein Nehmen. Ein In-Klang-Bringen und Mich-in-den-Klang-Hineinstellen", siehe ebd.

4 https://www.sn.at/kultur/musik/musikalische-freuden-in-einem-leben-ohne-schlagobers-106119025.

5 https://www.meinbezirk.at/tag/marino-formenti.

Noch finden diese Suchbewegungen fernab des klassischen Musikbetriebs statt, der auf die Referenzarchitektur des Konzertsaals ausgehend vom 19. Jahrhundert besteht und diese auch in Krisenzeiten nicht infrage gestellt wissen will. Dies betrifft das Gros der ausübenden Musiker*innen ebenso wie ein Stammpublikum, das sich angesichts der durch die Schließungen intensivierten medialen Vermittlungsformen mit Behauptungen zu überbieten trachtet, nur die lebenslang eingeübte persönliche Anwesenheit in den heiligen Hallen des Konzert- und Theaterbetriebs ermögliche den wahren Kunstgenuss und nur der physische Eindruck des Originals im Museum stelle die richtige Form der Kunstrezeption dar. Dass diese Architekturen die Produktions- und Rezeptionsbedürfnisse einer an die Macht drängenden bürgerlichen Gesellschaft vor nunmehr rund 150 Jahren perpetuieren, nicht aber den Diversitätsansprüchen einer pluralen Gesellschaft gerecht werden, muss bei den diesbezüglichen Bekundungen freilich ein Tabu bleiben.

Was der Kulturbetrieb von den laufenden Änderungen der Schularchitektur lernen könnte

Vielleicht hilft uns ein Blick in den benachbarten Bildungsbereich weiter. Auch hier findet sich eine mächtige institutionelle Traditionspflege, die bis heute das scheinbar unsterbliche, dem aufkommenden Industrialismus entsprungene Klassenzimmer mit seinen strikt genormten neun mal sieben Metern und seiner militärischen Ausrichtung der Möblage samt seinem unverrückbaren Waschbecken-Schwamm-Ensemble zum Maß aller Dinge erklärt. Mitten in diesem vorherrschenden Ambiente aber tritt immer deutlicher die Erkenntnis zutage, dass dieses Setting den Lehr- und Lernerfordernissen moderner Gesellschaften immer weniger entspricht und also grundsätzlich überdacht werden sollte. Den Anfang diesbezüglicher Überlegungen machte bereits vor mehr als hundert Jahren Loris Malaguzzi und die von ihm mitbegründete Reggio-Pädagogik.[6] Er hat die große Bedeutung des Raums als „dritten Pädagogen" einsichtig gemacht, wenn er maßgeblich darüber entscheidet, wie die dort tätigen Lehrer*innen und Schüler*innen miteinander umgehen. Als solcher bestimmt er wesentlich über den Lernerfolg der jungen Menschen. Seither finden sich immer wieder neue Anläufe, die räumlichen Gegebenheiten von Schule weiterzuentwickeln und den pädagogischen Erfordernissen moderner Schulentwicklung anzupassen. Die institutionellen Widerstände sind beträchtlich und doch haben verschiedene internationale Schulbauprogramme[7] unter Beweis gestellt, dass eine andere, stärker auf die Bedürfnisse der Schüler*innen ausgerichtete Schularchitektur möglich ist.

In diesem Zusammenhang erinnerte die Bildungswissenschaftlerin Beate Weyland in einem Artikel an die Bedeutung der Schularchitektur

6 https://docplayer.org/33034623-Der-raum-ist-der-dritte-paedagoge.html.

7 U. a. auch die Stadt Wien mit einer Reihe von Schulneubauten im Zuge des Schulbauprogramms 2000, https://www.wien.gv.at/stadtentwicklung/studien/pdf/b007446.pdf.

für erfolgreiches Lernen: „Schulen erleben heute einen Moment großer Veränderung. Galt es früher, das kulturelle Erbe an möglichst viele Menschen weiterzugeben, geht es heute vor allem darum, gemeinsame Bedeutungssysteme aufzubauen und Selbstverantwortung zu stärken."[8] Damit wird für sie das Schulgebäude zu einem „Lebensort, zu einem Ort des Wohlbefindens, zu einem kulturellen Wohnzimmer". Das zu erkennen, erscheint ihr umso wichtiger, als der (Schul-)Raum implizite und explizite Haltungen beschreibt und damit Werte und Machtgewichte widerspiegeln würde. Um auf die besondere Bedeutung der Architektur für schulisches Lernen hinzuweisen, haben sich die Architekturtage 2021 dazu entschlossen, ihr Jahresprogramm dem Thema „Architektur und Bildung: Leben Lernen Raum" zu widmen.[9]

8 Beate Weyland (2021): „Das Schulgebäude als kulturelles Wohnzimmer", Kommentar, https://www.derstandard.at/story/2000127312494/start-der-oesterreichischen-architekturtage-die-dritten-paedagogen.

9 https://architekturtage.at/2021.

Weylands Befund zur geänderten Aufgabenstellung einer zeitgemäßen Schule des 21. Jahrhunderts ließe sich eins zu eins auf den Kulturbetrieb übertragen. Auch hier verschieben sich gerade die Gewichtungen von der Weitergabe eines – kulturpolitisch für alle als verbindlich erklärten – kulturellen Erbes zugunsten der Weiterentwicklung von auf zeitgemäße Kulturvorstellungen gerichteten Bedeutungssystemen. Dass der Umgang mit auf Vielfalt gerichteten Kulturvorstellungen auch neuer räumlicher Voraussetzungen bedarf, versteht sich fast von selbst. Und doch orientieren sich weite Teile des (klassischen) Kulturbetriebs ungebrochen an einer normierenden Prunkarchitektur des Spätfeudalismus, die von ihren Betreiber*innen bis heute zum Maß aller Dinge erklärt wird. In der ungebrochenen Priorisierung eines kulturellen Erbes inmitten einer nicht nur dieses beherrschenden Monumentalarchitektur wird nur zu leicht vergessen, dass damit in erster Linie ein herausragender Status einer bestimmten sozialen Gruppe perpetuiert wird. Hinter ihren dicken Mauern bleiben die Machtansprüche, die streng zwischen denen, die sich eingeladen fühlen, und denen, die tunlichst draußen bleiben sollen, zu unterscheiden vermögen, verborgen. Zu ihrer Verschleierung sollen Vermittlungsprogramme suggerieren, eine solche auf Repräsentation gerichtete Architektur wäre doch ohnehin für alle sozialen Schichten gleichermaßen zugänglich. Allerdings würde auch nur ein Blick in die Statistiken zur kulturellen Beteiligung[10] rasch klar machen, dass die mannigfachen Vermittlungsbemühungen der letzten Jahre zu keiner signifikanten Veränderung der Benutzer*innen-Strukturen geführt haben.

10 Statistik Austria (2018): „KP7. Besuch von Live-Veranstaltungen bzw. Kulturstätten 2015 nach Häufigkeit und soziodemographischen Merkmalen", https://pic.statistik.at/web_de/statistiken/menschen_und_gesellschaft/kultur/kulturelle_beteiligung/074769.html.

Über einen zugemauerten Kulturbegriff

Die nach wie vor herrschenden Architekturen haben aber auch entscheidende Auswirkungen im Inneren von Kulturräumen. Sie bestimmen wesentlich das Verhältnis von Produzent*innen und Rezipient*innen, vor allem dort, wo sie jede Form der Interaktion der beiden beteiligten Akteur*innengruppen zu verhindern trachten. Dafür sorgen klare architektonische Trennlinien zwischen denen, die die Kunst auf der Bühne machen, und denen, die diese in disziplinierter Weise rezipieren. Eine darüber hinausgehende persönliche Begegnung über den Graben hinweg ist nicht vorgesehen. Wie mit den Chorschranken in der Kirche wird die unterschiedliche Rollenzuweisung bei der rituellen Handlung räumlich-gestalterisch sichergestellt. Selbst für den Eintritt und den Austritt der Künstler*innen und des Publikums sind getrennte Wege vorgesehen.

Christopher Small in „Musicking“[11] und noch detaillierter Anna Bull in „Class, Control, & Classical Music“[12] haben deutlich gemacht, welch wichtige Funktion der überkommenen Architektur von Kulturbauten einerseits zur Beibehaltung sozialer Hierarchien und andererseits zur Aufrechterhaltung eines überkommenen klassenspezifischen Produktions- und Rezeptionsverhaltens zukommt, selbst wenn es den wachsenden Diversitätsansprüchen demokratisch verfasster Gesellschaften widerspricht.

In ihren tiefgehenden Untersuchungen vor allem des Musikbetriebs weisen die beiden Musiksoziolog*innen auf die hohe ideelle Aufladung dieser rituellen Form der musikalischen Auseinandersetzung hin – und kommen doch zum Schluss, dass es sich dabei um die Durchsetzung beinharter Geschäftsmodelle handelt. Diese wurden freilich mit den durch die Pandemie verursachten Einschränkungen auf eine harte Probe gestellt. Immerhin war es nur für kurze Zeit möglich, die engen räumlichen Gegebenheiten aufzulösen und dem Publikum mehr Freiheit zu gewähren. Eine aufgelockerte Sitzanordnung sollte die Ansteckungsgefahr zu vermeiden helfen und sorgte doch für einen unverhofften Freiraum beim Publikum, den es dankbar in Anspruch nahm. Und doch wurde die Versuchsanordnung aus schieren Geschäftsinteressen schon bald wieder zurückgenommen, um eine maximale Auslastung zu gewährleisten. Der langfristige Erfolg einer solchen „Resardinisierung“ des Publikums könnte nicht nur daran scheitern, dass die Angst vor Ansteckung noch lange nicht ausgestanden ist. Ihre mit Rechenstiften bewehrten Betreiber*innen müssen auch mit einem geänderten kulturellen Verhalten rechnen, wenn eine wachsende Anzahl an Programminteressierten während der diversen Lockdowns die Vorteile digitaler Vermittlungsformate erfahren und dabei erkannt hat, dass für sie die schiere Anwesenheit in den ehrwürdigen Repräsentationsarchitekturen weniger Bedeutung hat als das Zusammensein mit Freund*innen und Bekannten, mit denen sie sich in den eigenen vier Wänden in einer angenehmen, bequemen und gesprächsoffenen Gesellschaft ganz auf das – wenn auch medial vermittelte – künstlerische Geschehen konzentrieren können. In solche Settings passen dann auch die persönlichen Besuche von Künstler*innen, die bereit sind, ihr Programmangebot dort zu realisieren, wo sich Menschen am wohlsten fühlen.[13]

11 Christopher Small (1998): *Musicking. The Meanings of Performing and Listening*, Middletown: Wesleyan University Press.

12 Anna Bull (2019): *Class, Control, & Classical Music*, Oxford: University Press, https://oxford.universitypressscholarship.com/view/10.1093/oso/9780190844356.001.0001/oso-9780190844356.

13 https://www.faz.net/aktuell/rhein-main/kultur/back-to-live-hauskonzerte-in-corona-zeit-16868107.html.

Warum die Architektur von Kultureinrichtungen in besonderer Weise dazu neigt, sich an der Vergangenheit zu orientieren

Die Aufrechterhaltung traditioneller Settings in dafür optimierten Räumen erfolgt freilich nicht zufällig. Sie ist Ausdruck ungebrochener kulturpolitischer Machtverhältnisse, die darauf abstellen, privilegierte Teile der Gesellschaft zu begünstigen, während die Interessenvertreter*innen eines alten Kulturregimes meinen, auf die kulturellen Bedürfnisse der anderen weitgehend verzichten zu können. Diese Form der Ungleichbehandlung lässt sich zurzeit anhand von Plänen zur Errichtung eines neuen Konzerthauses im Münchner Werksviertel[14] miterleben. Just am Ende des Orchester-Zeitalters, das den Kulturbetrieb seit dem 19. Jahrhundert beherrscht, drängen die drei großen Ensembles klassischer Musik der Stadt vehement darauf, noch einmal einen gigantomanischen Konzertsaal alten Zuschnittes zu errichten. Geht es nach den Erfahrungen mit der Elbphilharmonie in Hamburg, dann wird der Bau am Ende weit über eine Milliarde Euro gekostet haben, um damit ein Musikproduktions- und Rezeptionsverhalten zu perpetuieren, das auf eine kleine Minderheit zugeschnitten ist. Die Frage, was mit diesen Mitteln an partizipativer Kulturarbeit abseits eines solchen kulturpolitischen Größenwahns geleistet werden könnte, wird selbst von den Benachteiligten gar nicht mehr gestellt.

14 https://www.konzerthaus-muenchen.de.

Dass es auch anders geht, zeigen Neubauten wie das Kulturzentrum Sage Gateshead[15] im britischen Newcastle, das sich im Wunsch, kulturelle Öffentlichkeit herzustellen, in erster Linie als ein Begegnungszentrum sieht, in das sich ganz unterschiedliche Gruppen der Stadtgesellschaft zusammenfinden, um ihrem Bedürfnis nach Vergemeinschaftung rund um das Programmangebot nachzugehen – nur einer der Versuche, nicht nur Schule, sondern auch Kulturbetriebe zu Lebensorten, zu Orten des Wohlbefindens, des Erfahrungsaustausches, der Kooperation und der Interaktionen und damit zu einem herrschaftsfreien kulturellen Wohnzimmer zu machen.

15 https://sagegateshead.com/read-watch-listen.

Freilich lässt sich dieser Gedanke auch noch radikaler fassen, wenn etwa die Initiative ĀRT HOUSE 17,[16] eine Gruppe rund um das ehrwürdige Festival styriarte, das ansonsten gerne prestigeträchtige Architekturen im Grazer Raum wie das Schloss Eggenberg bespielt, sich entschlossen hat, ihre künstlerischen Zelte in einem Einkaufszentrum am Grazer Stadtrand aufzuschlagen. In dieser ganz anderen Architektur wollen sie – dem Outreach-Gedanken folgend – nicht nur die eine oder andere Aufführung präsentieren, sondern für einen längeren Zeitraum mit den Besucher*innen ebenso wie mit den dort Beschäftigten in Kontakt treten, sich austauschen und sich zu gemeinsamen Arbeitsprozessen zusammenfinden.

16 https://www.arthouse.community.

Über eine besondere Form der kulturpolitischen Ignoranz

Ein solcher Wille zur Herstellung einer auf Vielfalt gerichteten kulturellen Öffentlichkeit lässt sich rund um die Errichtung des Humboldt Forums in Berlin[17] bislang nicht erkennen. Stattdessen zeigt sich hier noch einmal völlig unverstellt ein maßloses Repräsentationsbedürfnis, das von sich behauptet, sich mit der Neukonstruktion einer schlechten Vergangenheit den Gestaltungswillen für eine bessere Zukunft sparen zu können. Selbst der neue Direktor des Ethnologischen Weltmuseums in Wien, Jonathan Fine, gesteht in einem Standard-Interview[18] ein, dass seinem ehemaligen Arbeitsplatz, dem Berliner Ethnologischen Museum, das einen zentralen Bestandteil des Humboldt Forums bildet, ein schlechter Dienst erwiesen wurde, nunmehr in einer Kopie feudaler Architektur untergebracht worden zu sein. Das erschwere die kritische Auseinandersetzung mit der deutschen Kolonialgeschichte, so der Kunsthistoriker.

Zugleich ließ er sich kommentarlos an seiner neuen Arbeitsstätte, dem Weltmuseum Wien, ablichten, das nach einer vieljährigen Diskussion[19] seinerseits eine mehr als zweifelhafte Heimstatt in einem der letzten Zeugnisse Habsburgischer Repräsentationsarchitektur – diesmal im Originalzustand – gefunden hat. Im Gespräch erwähnte er mit keinem Wort, dass die architektonischen Voraussetzungen auch in Wien massive Auswirkungen auf das Besucher*innenverhalten haben. Der Einschüchterungseffekt, der selbst mich als in die Jahre gekommenen erfahrenen Besucher jedes Mal aufs Neue trifft, zeigt eine Wirkung, der ich mich kaum zu entziehen vermag.

Noch vor ein paar Jahren tobte ein heftiger Streit darüber, was es bedeutet, eine aus der ganzen Welt zusammengeraffte ethnologische Sammlung samt breitenwirksamer Diskussion in die Gruft der Repräsentation einer vergangenen Herrschaftsform zu verbannen. Geht es nach Fine, dann kann diese als gegessen erachtet werden. Die Verantwortlichen haben sich offensichtlich eingefügt in die Räume, die man ihnen inmitten der imperialen Weite zugewiesen hat.

Die Ausgegrenzten auf der Suche nach neuen kulturellen Repräsentationsformen

Neben der Nutzung von architektonischen Versatzstücken eines vordemokratischen Zeitalters hat vor allem seit den 1970er-Jahren eine Reihe von Umwidmungen von Industriearchitekturen zur Entstehung neuer Kulturräume geführt: In Wien sind die Arena,[20] das WUK,[21] SOHO in Ottakring[22] oder zuletzt die Neugestaltung der ehemaligen Anker Brotfabrik in Favoriten beredte Zeugnisse davon. Ursprünglich als Gegenentwurf zu den bourgeoisen Kulturräumen entwickelt, sollte es hier ein alternatives, an ein kulturelles Selbstverständnis der

17 https://www.humboldtforum.org/de.

18 https://www.derstandard.at/story/2000128505427/neuer-weltmuseum-direktor-fine-der-kolonialismus-praegt-unsere-welt.

19 Ebd.

20 Siehe etwa die Dokumentation in der Zeitschrift *Wespennest* (1976), „Arenadokumentation", Nr. 23.

21 https://www.wuk.at/geschichte.

22 https://www.sohoinottakring.at.

Arbeiter*innenschaft anknüpfendes Verständnis zum Ausdruck kommen. Unverkennbar äußerte sich hier ein neuer Repräsentationsanspruch entlang wesentlicher Zeugnisse industrieller Produktionsweisen, diesmal all derer, die darin tätig waren und sich bislang vom herrschenden Kulturbetrieb ausgeschlossen fühlten. Sie sollten sich in den neuen Kulturräumen wiedererkennen. Dafür sollten sie so offen wie möglich sein, um neue, auf Gegenseitigkeit und mannigfache Interaktion gerichtete kulturelle Verkehrsformen realisieren zu können – diese sollten als Orte der lebendigen Auseinandersetzung den Produzent*innen ebenso wie den Rezipient*innen mehr entsprechen als die steifen Rituale des klassischen Betriebs. Darauf sollte auch eine sensible Innenarchitektur mit der Schaffung einer kulturellen Infrastruktur Bezug nehmen, wenn sie versuchte, der Vielfalt des kulturellen Geschehens zu entsprechen.

Noch mehr in den Hintergrund traten die Repräsentationsbedürfnisse bestimmter sozialer Gruppen in jugendkulturellen Szenen. Dementsprechend fällt es zumindest den Außenstehenden schwer, den Orten der Clubkultur einen eindeutigen sozialen Hintergrund zuzuweisen. Dies gilt wohl auch für die meisten Open-Air-Events, die den räumlichen Gestaltungswillen auf Funktionsnotwendigkeiten beschränken und damit die Beziehung der Besucher*innen untereinander zum entscheidenden Qualitätsmerkmal machen.

Je mehr Repräsentationsanspruch der Architektur, desto mehr kulturpolitische Aufmerksamkeit

Aus kulturpolitischer Sicht fällt auf, dass bis dato die Förderbereitschaft eng an den Repräsentationsanspruch gekoppelt erscheint. Anstatt den immer wieder neu entstehenden Experimentierräumen abseits der überkommenen Repräsentationsarchitektur besondere Aufmerksamkeit zukommen zu lassen, konzentriert sich kulturpolitisches Handeln ungebrochen auf die Aufrechterhaltung der traditionellen Kulturräume samt den ihnen innewohnenden Beharrungskräften im Umgang mit künstlerischen Phänomenen. Die lange Geschichte der Benachteiligung und Missachtung des freien Bereichs, der sich nicht auf repräsentative räumliche Voraussetzungen zu beziehen vermag (und das auch gar nicht will), spricht für sich.

Der Bedarf, diese Form der kulturpolitischen Priorisierung noch einmal grundsätzlich zu überdenken, scheint umso notwendiger, als die Durchdringung aller Arbeits- und Lebensbereiche durch digitale Medien zu einer weitgehenden Ortlosigkeit des kulturellen Angebots geführt haben. Dieses hat sich von seinen repräsentativen Zwängen weitgehend emanzipiert und kann mittlerweile weltweit in allen nur denkbaren räumlichen Gegebenheiten erfahren werden. Zugleich wird in den neuen digitalen Räumen ein kulturelles Verhalten erprobt, das den traditionellen Sender*in-Empfänger*in-Schemata immer weniger entspricht.

Der Kulturbetrieb steht heute inmitten eines radikalen Wandels. Dies wird früher oder später auch zu einer grundsätzlichen Infragestellung seiner architektonischen Voraussetzungen führen. Viele Kulturräume wurden errichtet, um der Kunst zu dienen, um den passiv rezipierenden Besucher*innen allenfalls einen peripheren Platz zuzuweisen. Geht es nach dem geänderten kulturellen Verhalten von immer mehr Menschen, dann sind diese drauf und dran, sich – auch – von den räumlichen Zwängen des traditionellen Kulturbetriebs zu emanzipieren. Sie wollen auch in den Räumen des Kulturbetriebs nicht nur geduldet, sondern wahrgenommen, wertgeschätzt und immer öfter auch aktiv einbezogen werden.

Den Raum des Kulturbetriebs neu denken – nicht mehr ausschließlich von der Kunst aus, sondern von den Menschen aus

Als in den 1970er-Jahren erstmals der repressive Charakter von Herrschaftsarchitekturen auch im Kulturbereich thematisiert wurde, antwortete eine junge Künstler*innen-Generation rund um Pierre Boulez mit dem Ruf: „Schlachtet die heiligen Kühe!“[23] Dazu ist es nicht gekommen, stattdessen zur Errichtung einer Vielzahl neuer kultureller Räume, die mittlerweile nicht mehr wegzudenkende Bestandteile der kulturellen Infrastruktur bilden.

Wahrscheinlich bedarf es heute eines ähnlichen Weckrufs, um den räumlichen Gegebenheiten die kulturpolitische Aufmerksamkeit zuzuweisen, die sie verdienen. Auf dem Prüfstand steht heute die gesamte kulturelle Infrastruktur, um befragt zu werden, ob und in welcher Weise sie in der Lage ist, zur Herstellung kultureller Öffentlichkeiten in dafür geeigneten Räumen beizutragen. Soll es für den Kulturbetrieb eine Zukunft geben, dann wird diese wesentlich davon abhängen, sie als Begegnungsorte unterschiedlicher sozialer Gruppen neu zu positionieren und diese einzuladen, nicht nur passiv Kunst zu konsumieren, sondern mit den Künstler*innen zu interagieren. Wie Mütter, Formenti und viele andere zeigen, sind die künstlerischen Experimente, die die Bedeutung des Raums verhandeln, in vollem Gang. In der Diskussion, was der Raum für eine zukunftsorientierte Kulturpolitik leisten kann,[24] sind wir noch ganz am Anfang. Vielleicht möchten sich die nächsten Architekturtage dem Kulturbetrieb zuwenden.

23 Michael Wimmer (2014): „Vom Werden und vom Zustand österreichischer Kulturpolitik anhand des Museums-Quartiers Wien“, in: Maria Welzig/Anna Stuhlpfarrer (Hg.): *Kulturquartiere in ehemaligen Residenzen. Zwischen imperialer Kulisse und urbaner Neubesetzung*, Wien, Köln und Weimar: Böhlau.

24 https://kupoge.de/blog.

Menschen zusammenbringen, die sich sonst nicht (mehr) begegnen würden

Birgit Mandel

Der Beitrag öffentlich geförderter Kultureinrichtungen zur gesellschaftlichen Integration

Obwohl die Bevölkerung Deutschlands schon immer in unterschiedliche Schichten bzw. Milieus ausdifferenziert war, wird aktuell in politikwissenschaftlichen Analysen eine zunehmende Spaltung der Bevölkerung nicht nur nach sozioökonomischen Lebenslagen, sondern insbesondere auch nach grundlegenden Werthaltungen diagnostiziert. In der deutschen Bevölkerung stehe ein globalisierungsfreundliches, kosmopolitisches Wertecluster einem globalisierungsskeptischen, kommunitaristischen Cluster gegenüber, wodurch zugleich eine gesellschaftliche Konfliktlinie markiert werde.[1] Der „normative Kern" des Kosmopolitismus sei Individualismus und Universalismus, verbunden mit einem Plädoyer für liberale Zuwanderung und kulturelle Diversität. Demgegenüber betone der Kommunitarismus eine Beschränkung der Zuwanderung und fokussiere auf Verantwortung gegenüber Gemeinschaften wie insbesondere Familie und Ethnie sowie eine nationale Identität. Kosmopolitische Wertvorstellungen sind häufiger anzutreffen bei Menschen in einer privilegierten als bei Menschen in einer prekären sozioökonomischen Lage, häufiger in Städten als auf dem Land. Mit diesen unterschiedlichen Werthaltungen verbunden sind auch Differenzen in Lebensstilen und kulturellen Präferenzen und letztlich Differenzen im symbolischen gesellschaftlichen Status.

1 Wolfgang Merkel (2021): „Wissenschaft, Moral und Demokratie. Zur Geneologie neuer Krisen", in: *Kulturpolitische Mitteilungen I/21*, S. 53–54.

In den Diskursen zwischen Menschen mit eher kommunitaristischer und jenen mit eher kosmopolitischer Orientierung fällt auf, dass diese mit hohem moralischem Impetus und Radikalität und weniger mit rationalem Austausch von Argumenten geführt werden: Dafür oder dagegen, dazwischen ist kaum etwas möglich. Dies macht es schwer, Zwischentöne, Schnittstellen, Kompromisse zu finden, wenn bereits ein falscher

Sprachgebrauch zum Gruppen-Ausschluss führen kann. So geben 45 % der Bevölkerung in Deutschland in einer repräsentativen Studie von Allensbach an, ihre Meinung nicht mehr offen sagen zu dürfen.[2] Während im öffentlich-rechtlichen Rundfunk und weiteren Leitmedien vor allem kosmopolitische Werthaltungen zu Wort kommen, verlagert sich die Kommunikation anderer Gruppen, vor allem der Rechtspopulisten, in vielfältige Foren ins Netz. Vor allem in digitalen Kulturräumen verfestigen sich voneinander abgeschottete „Blasen“ mit Kommunikationsforen, in denen ausschließlich die eigenen Ansichten und Werte einschließlich des jeweils opportunen Sprachgebrauchs bestätigt werden. Der Austausch von Menschen mit unterschiedlichen Meinungen und Werthaltungen findet kaum statt.

Auch staatlich geförderte Kultureinrichtungen wie Theater oder Museen haben ein eher homogenes Klientel und werden überwiegend von den höher gebildeten und ökonomisch besser gestellten Bevölkerungsgruppen besucht.[3] Jüngere Kulturschaffende mit kosmopolitischer Grundorientierung betrachten die ungleiche Teilhabe der Bevölkerung an öffentlichen Kulturangeboten vor allem unter einer identitätspolitischen Perspektive und führen diese auf einen latenten Rassismus in der Gesellschaft und in den Kultureinrichtungen zurück, der sich in Benachteiligungen aufgrund von Ethnie, Hautfarbe oder sexueller Orientierung äußere. Deutlich weniger werden ungleich verteilte Bildungschancen und damit einhergehend unterschiedliches ökonomisches und kulturelles Kapital als Ursachen für eine geringe kulturelle Teilhabe in den Blick genommen. Bildungsgrad und sozialer Status des Elternhauses erweisen sich jedoch in unterschiedlichen (Nicht-)Besucherstudien immer neu als zentraler Einflussfaktor für kulturelle Teilhabe an bestimmten, als hochkulturell definierten außerhäusigen Kulturveranstaltungen wie Theater, Konzerthäuser, Museen.[4] Auch wenn es notwendig ist, für Alltagsrassismus zu sensibilisieren, scheint die Fokussierung auf ethnisch-kulturelle Dimensionen als wichtigstes Kriterium für Diversität vom zentralen Problem abzulenken: dass es Bildungseinrichtungen in Deutschland noch immer nicht gelingt, ungleiche Chancen gesellschaftlicher Teilhabe über elternhausunabhängige (kulturelle) Bildungsimpulse auszugleichen. Und dass sich dies auch in den Kultureinrichtungen widerspiegelt.

Wie können öffentliche Kultureinrichtungen dazu beitragen, Menschen aus unterschiedlichen sozialen Schichten und mit unterschiedlichen Werthaltungen und kulturellen Interessen ins Gespräch und in Kontakt zu bringen, und dadurch einen Beitrag zur gesellschaftlichen Integration leisten? Tatsächlich werden viele der öffentlichen Kultureinrichtungen nach wie vor vielfach als Distinktions-Räume wahrgenommen, die Menschen gerade deswegen besuchen, um sich von anderen, in der Regel kulturell weniger Gebildeten, abzugrenzen. Hinzu kommt, dass diese Einrichtungen die kulturellen Interessen vieler anderer Bevölkerungsgruppen

2 Allensbach Institut für Demoskopie (2021): „Bevölkerungsbefragung zum Thema Meinungsfreiheit“, FAZ-Monatsbericht Juni 2021, https://www.ifd-allensbach.de/studien-und-berichte/faz-monatsberichte.html#y2021.

3 Birgit Mandel (2020): *Theater in der Legitimitätskrise? Interesse, Nutzung und Einstellungen zu den staatlich geförderten Theatern in Deutschland – eine repräsentative Bevölkerungsbefragung*, Hildesheim: Universitätsverlag, https://dx.doi.org/10.18442/077.

4 Thomas Renz (2015): *Nicht-Besucherforschung. Die Förderung kultureller Teilhabe durch Audience Development*, Bielefeld: Transcript.

Menschen zusammenbringen, die sich sonst nicht (mehr) begegnen würden

nicht repräsentieren. So werden in einer Bevölkerungsbefragung an erster Stelle bei der Frage nach kulturellen Interessen „Feste" genannt, gefolgt von „Popkultur", und bei der Frage nach Erwartungen an Theater an erster Stelle „Angebote für Kinder und Jugendliche gestalten", gefolgt von „Programme anbieten, bei denen man lachen kann".[5] Wenn mehr Diversität in den Kultureinrichtungen gefordert wird, müsste es also vor allem um kritisches Hinterfragen der Programmatik, der Programme, Formate und der Art der Kommunikation gehen wie auch um die Frage der Personalpolitik. So gibt es in einigen Kultureinrichtungen wie dem Maxim Gorki Theater Berlin Bemühungen, nicht nur Menschen unterschiedlicher ethnischer Hintergründe einzustellen, sondern auch Personen aus nicht-bildungsbürgerlichen Elternhäusern, um Perspektiven und Handlungsweisen zu verändern.

An die öffentlich geförderten Kultureinrichtungen wird zu Recht der Anspruch gestellt, dass sie durchlässig sind, dass sie für alle da sind, dass sie sich proaktiv um neue und andere Besucher*innen bemühen. Seit einiger Zeit werden dafür mit den Begriffen des „Community Building" und „Third Space" mögliche neue Leitbilder für Kultureinrichtungen entwickelt und in vielen Einrichtungen auch in der Praxis neue Arbeitsweisen erprobt. Kultureinrichtungen verfügen über Potenziale, um temporär neue Gemeinschaften zu bilden, wenn sie zu Orten werden, wo man sich in besonderer Atmosphäre treffen kann, auch ohne an einem künstlerischen Programm teilzunehmen, wenn sie zu hybriden „dritten Orten" (Homi Bhabha) werden, an denen traditionelle Hierarchien und Zuschreibungen sich auflösen und gemeinsam neue Ideen spielerisch verhandelt werden; wenn sie sich einbringen in gesellschaftliche Aufgaben ihrer Nachbarschaft oder Region.[6] Dafür braucht es Cross-over-Programme, in denen unterschiedliche Kulturformen zusammenkommen in der Verbindung zwischen klassischen Künsten, Soziokultur, Subkultur, Breitenkultur, Vereinskultur. Es braucht partizipativ mit unterschiedlichen Bevölkerungsgruppen entwickelte Programme, wie etwa jene in der Bürgerbühne Dresden, wo sehr gezielt Menschen ganz unterschiedlicher gesellschaftlicher Milieus als Darsteller*innen zusammengebracht werden, die sich sonst nicht begegnen würden. Es braucht Kooperationen mit unterschiedlichen Akteuren einer Stadt oder Nachbarschaft. Und es braucht eine klare Mission für die Wahrnehmung des Auftrags gesellschaftlicher Integration über den Kunstauftrag hinaus als Community Builder, als Akteur kultureller Stadtentwicklung und kultureller Bildung.

Öffentliche Kultureinrichtungen haben grundsätzlich gute Voraussetzungen, um diese integrativen Aufgaben wahrzunehmen: Sie haben ein positives Image als gesellschaftlich wertvolle Organisation auch bei denen, die diese Einrichtungen selbst bislang nie besucht haben;[7] sie sind oft an zentralen, gut erreichbaren Orten einer Stadt angesiedelt; sie sind gut ausgestattet mit Räumen, Infrastruktur und Personal. Und sie sind

5 Mandel (2020).

6 Doug Borwick (Hg.) (2012): *Building Communities, Not Audiences. The Future of the Arts in the United States*, Winston-Salem: Arts Engaged.

7 Vgl. u. a. Birgit Mandel (2021): „Legitimität der Stadt-, Staats- und Landestheater im Strukturwandel der Kulturnachfrage", in: Birgit Mandel/Charlotte Burghardt/Maria Nesemann (2021): *Das (un)verzichtbare Theater? Strukturwandel der Kulturnachfrage als Auslöser von Anpassungs- und Innovationsprozessen an öffentlich getragenen Theatern in Deutschland*, Hildesheim: Universitätsverlag, S. 6–32.

nur bedingt abhängig von wirtschaftlichen Erfolgen und können damit auch Experimente mit neuen Programmen und Formaten und einer Ausweitung ihres Auftrags in soziale Dimensionen wagen.

Vor allem für die großen, öffentlich geförderten Kultureinrichtungen mit langer Tradition sind solche Veränderungen jedoch besonders schwierig, denn an diese Einrichtungen werden vielfältige sehr unterschiedliche Erwartungen, Ansprüche und Vorstellungen von Qualität gestellt. Dabei ist vor allem die Legitimität bei ihren Peers, der Fachöffentlichkeit, sowie ihrem Kernpublikum von zentraler Bedeutung. Dieses plädiert zwar für mehr Diversität im Sinne künstlerischer Positionen und Akteur*innen über eurozentristische und westliche Programme hinaus ebenso wie für Teilhabeprogramme der sogenannte „Stadtgesellschaft“ in ihrer Vielfalt. Zugleich werden aber populäre Programme und die Bedienung eines Massengeschmacks abgelehnt. So zeigte eine Auswertung des Diskurses zur „Krise der Stadt-/Staatstheater im Wandel der Kulturnachfrage“, dass in der professionellen Theaterszene zwar für Teilhabebemühungen sozial benachteiligter Gruppen plädiert wird, nicht aber für eine stärkere Nachfrageorientierung.[8]

8 Ebd.

In einem Transformationsprozess der Einrichtungen mit dem Ziel gesellschaftlicher Integration würde es nicht nur darum gehen, den traditionellen westlichen bildungsbürgerlichen Kanon zu erweitern, sondern ebenso popkulturelle oder volkstümliche Interessen und Anknüpfungspunkte für andere Gruppen zu berücksichtigen, die bislang kaum als Besucher*innen in Erscheinung treten. Dabei ist danach zu fragen, welche Art von Programmen mit welchen Formaten tatsächlich für relativ viele, unterschiedliche Menschen gleichzeitig anschlussfähig sind, ohne dass deswegen Interessen und Qualitätsmaßstäbe der professionellen Kunstschaffenden außer Kraft gesetzt werden.

Die sinnvolle Debatte um mehr Diversität im Kulturbetrieb sollte erweitert werden um die Frage, wie dies zu mehr Gemeinsamkeit über Milieugrenzen und politische Einstellungen hinaus führen kann. Einen normativen Kulturbegriff überwinden, Parallelgesellschaften durchbrechen und Menschen zusammenbringen, die sich sonst nicht begegnen würden, das könnte eine zentrale Aufgabe für öffentlich geförderte Kultureinrichtungen werden.

Ich bin's, dein*e Nicht-Besucher*in

Michael Wimmer

Nachdenken über hinterfragenswerte Zuschreibungen

Wie geht es Ihnen, wenn man Sie als typische*n „Nicht-Besucher*in" anspricht? Fehlt Ihnen etwas, fühlen Sie sich defizitär, fühlen Sie sich überhaupt angesprochen? Oder sind Sie gar stolz darauf? Wie immer Sie zu dieser Zuschreibung stehen, als Nicht-Besucher*in befinden Sie sich in guter Gesellschaft. Sie teilen diese Schublade mit der großen Mehrheit der Bevölkerung.

Aber um was geht es eigentlich? Was wird hier nicht besucht? Die Rede ist vom sogenannten „Kulturbetrieb", damit einer spezifischen Infrastruktur, die unter dem schwammigen Label „*KunstundKultur*"[1] spezifische Angebote an die Öffentlichkeit richtet. Gemeinhin werden darunter Museen und Ausstellungen, Opern-, Tanz- und Theaterhäuser, Konzertsäle, darüber hinaus Kinos sowie Spezialeinrichtungen wie Literaturhäuser, Design- und Architekturzentren, aber auch nicht ortsgebundene Angebote von Kulturinitiativen zusammengefasst. Spätestens mit dem Aufkommen von sub- und alternativkulturellen, jedenfalls freien Kulturszenen lässt sich der „Kulturbetrieb" immer schwerer fassen; mit immer neuen Innovationen vor allem in den digitalen Medien fransen jegliche Systematisierungsversuche immer weiter aus und machen es schwer, noch einmal eine kategoriale Trennung von Besucher*innen und Nicht-Besucher*innen vorzunehmen. Und selbst profunde Kenner*innen der kulturellen Szene haben es schwer, Sie mit Ihrem kulturellen Verhalten entsprechend einzuordnen.

1 Michael Wimmer (2021): „Noch ein Unwort des Jahres: KunstundKultur – Über eine spezifische Form der Denkfaulheit im Kunstbetrieb", Blogbeitrag, https://michael-wimmer.at/blog/noch-ein-unwort-des-jahres-kunstundkultur-ueber-eine-spezifische-form-der-denkfaulheit-im-kunstbetrieb.

Audience Development – auf der Suche nach den idealen Besucher*innen

Gerade weil der Kultursektor und die mit ihm verbundenen Besucher*innen-Gewohnheiten in den letzten Jahren so unübersichtlich geworden sind, hat sich ein neuer Fachzusammenhang des „Audience Development"[2] herausgebildet. Ursprünglich entstanden im Bedarf, neue, möglichst zielgruppenspezifische Marketingstrategien zu entwickeln, repräsentiert Audience Development mittlerweile eine vorsichtige kulturpolitische Trendwende von der Angebotsseite hin zur Nachfrageseite. Das aber geht nur, wenn man mehr über die Nachfrager*innen weiß. Dazu gehört auch, sie nicht nur als eine anonyme Masse zu verhandeln, der bestimmte Eigenschaften zugesprochen werden, sondern sie als dynamische Co-Akteur*innen des kulturellen Geschehens zu begreifen. Entsprechend stieg der Bedarf an Daten, die begründbare Annahmen erlauben, wer warum und unter welchen Bedingungen bereit ist, das Angebot des Kulturbetriebs anzunehmen – und wer nicht.

Das Ergebnis war eine Vielzahl an Vorhaben zur „Besucherforschung",[3] die allesamt versuchten, die für die entsprechenden Kulturangebote typischen Besucher*innen zu identifizieren, um ihnen auf möglichst gesicherter Datengrundlage die bestmöglichen Bedingungen zu schaffen, damit sie ihre kulturellen Dispositionen möglichst einfach und bequem in der Realität umsetzen können. Sosehr sich die Studienergebnisse im Detail unterscheiden, so eint sie doch ein demokratisches Ärgernis: Sie weisen – übrigens seit vielen Jahren weitgehend ungebrochen – in ihrer Gesamtheit aus, dass sich die typischen Besucher*innen vor allem von öffentlich (ko-)finanzierten Kultureinrichtungen insbesondere in puncto Einkommen, Wohlstand, Bildungsvoraussetzung und zunehmend auch Genderzughörigkeit vom Rest der Gesellschaft deutlich abgrenzen. Daran haben ganz offensichtlich die vielfältigen Maßnahmen der kulturellen Bildung und Vermittlung nur peripher etwas zu ändern vermocht – ein durchaus prekärer Befund, der mittlerweile die Gefahr einer umfassenden Legitimationskrise, etwa im Theaterbereich,[4] erkennen lässt.

Wenn uns die Besucher*innen nichts Neues mehr erzählen, dann richten wir die Scheinwerfer eben auf die Nicht-Besucher*innen

Weil sich aus den gängigen Beforschungen der Besucher*innen nur mehr ein sehr bescheidener handlungsleitender Erkenntnisgewinn hat erzielen lassen, verlagerten sich zuletzt die Hoffnungen auf diejenigen, die das Angebot nicht wahrnehmen, die Nicht-Besucher*innen eben. Möglicherweise stehen sie ja einfach nur vor unüberwindbaren Barrieren, die sie davon abhalten, das Kulturangebot wahrzunehmen. Ausreichend Daten würden helfen, allfällige Hindernisse zu entfernen, um all diejenigen, die

[2] Birgit Mandel (2012): „Audience Development als Aufgabe von Kulturmanagementforschung", in: *Jahrbuch Kulturmanagement 2012(1)*, S. 15–27, http://www.fachverband-kulturmanagement.org/wp-content/uploads/2014/01/02_AudienceDevelopmentAlsAufgabeVonKulturmanagementforschung.pdf.

[3] https://www.fachverband-kulturmanagement.org/tag/besucherforschung.

[4] Birgit Mandel/Moritz Steinhauer (2020): *Theater in der Legitimationskrise? Interesse, Nutzung und Einstellungen zu den staatlich geförderten Theatern in Deutschland – eine repräsentative Bevölkerungsbefragung*, Hildesheim: Universitätsverlag, https://www.krisengefuege.theaterwissenschaft.uni-muenchen.de/news_events/legitimationskrise_/mandel-ergebnisse.pdf.

sich bislang nicht angesprochen oder gar ausgeschlossen gefühlt haben, doch noch als Besucher*innen gewinnen zu können.

Pragmatisch ist dieser Ansatz gut nachvollziehbar. Vergleichbar mit anderen Wirtschaftssektoren wird hier der Versuch einer Markterschließung unternommen, der darauf setzt, Bedürfnisse zu stimulieren, die von einem scheinbar maßgeschneiderten Angebot befriedigt werden können. Gesellschaftstheoretisch erweist sich dieser Versuch freilich als komplizierter, etwa wenn spätestens mit Pierre Bourdieus „Feinen Unterschieden“[5] unterschiedlichen sozialen Gruppen ein unterschiedliches kulturelles Verhalten (und damit auch unterschiedliches kulturelles Nachfrageverhalten) zugeschrieben wird, das sich mit dem Wegräumen der einen oder anderen Hürde nicht beliebig verändern lässt. Darauf verweisen durchaus auch marktkonforme Strukturierungsversuche wie die Sinus-Milieu-Studien,[6] die das jeweilige kulturelle Verhalten zu der Zugehörigkeit zu bestimmten Milieus in Beziehung setzen. Dass das zuletzt vielfach strapazierte Verhalten von sogenannten „Omnivores“,[7] die sich in ihrem kulturellen Verhalten über soziale Grenzen hinwegzusetzen vermögen, selbst einen Ausdruck eines spezifischen Milieus darstellt, sei an dieser Stelle nur am Rande erwähnt.

5 Pierre Bourdieu (2016): *Die feinen Unterschiede. Kritik der gesellschaftlichen Urteilskraft*, Frankfurt am Main: Suhrkamp, https://www.getabstract.com/de/zusammenfassung/die-feinen-unterschiede/6945.

6 https://www.sinus-institut.de/sinus-loesungen/sinus-milieus-oesterreich.

7 Katharina Kunißen/Debora Eicher/Gunnar Otte (2018): „Sozialer Status und kultureller Geschmack. Ein methodenkritischer Vergleich empirischer Überprüfungen der Omnivore-Univore-These“, in: Julia Böcker/Lena Dreier/Melanie Eulitz/Anja Frank/Maria Jakob/Alexander Leistner (Hg.): *Zum Verhältnis von Empirie und kultursoziologischer Theoriebildung. Stand und Perspektiven*, Weinheim: Beltz Juventa, S. 209–235, https://sozialstruktur.soziologie.uni-mainz.de/files/2019/04/Kuni%C3%9FenEicherOtte2018-Omnivore-Univore-These.pdf.

Muss der Kulturbetrieb seine Publikumsstrategien ganz neu denken?

Am Wunsch nach weitergehender Harmonisierung der Kulturmärkte in Bezug auf die Beeinflussbarkeit des Nutzer*innenverhaltens durch ausgefeilte Marketingstrategien sind diese theoretischen Überlegungen bislang weitestgehend abgeprallt. Beim Kulturbetrieb, der sich mit den Auswirkungen der Pandemie gezwungen sieht, seine Publikumsstrategien völlig neu zu denken, wächst jedoch die Angst, noch weiter an den Rand öffentlicher Aufmerksamkeit gedrängt zu werden. Immerhin stellen für ihn die Nicht-Besucher*innen ein riesiges Reservoir an zumindest potenziellen Nutzer*innen dar, das es gilt, nach dem Ende der Pandemie besser und umfassender als bisher abzuschöpfen.

Die Probleme dabei sind freilich nicht unerheblich. Da ist zum einen der weitgehend anonyme Charakter von Nicht-Besucher*innen, die als überwiegender Teil der Gesellschaft nur schwer zu fassen sind. Zu berücksichtigen ist aber auch der nicht zu unterschätzende Diskriminierungsaspekt: So verweist die Rede über Nicht-Besucher*innen unweigerlich auf bestehende Machtverhältnisse. Menschen deklarieren sich nicht selbst als Nicht-Besucher*innen. Ihnen wird diese Eigenschaft zugeschrieben, und zwar aus privilegierter Sicht derer, die sich als Teil des Kulturbetriebs sehen und aus ihrem kulturellen Verhalten Schlussfolgerungen in Bezug auf das kulturelle Verhalten aller anderen ziehen. Damit erhält der zugeschriebene Status als Nicht-Besucher*in nur allzu leicht eine denunziatorische Konnotation: Ihnen fehlte etwas, das der Kulturbetrieb hinsichtlich des Verhaltens für richtig und so für alle Menschen wichtig und erstrebenswert erachtet.

Alle bisherigen Versuche, das amorphe Feld der Nicht-Besucher*innen besser beschreibbar zu machen, sind rasch an ihre Grenzen gestoßen. Bislang existieren nur einige wenige Fallstudien wie die von Martin Tröndle,[8] der sich auf eine sehr eingeschränkte Gruppe wie die von Studierenden ausgewählter Universitäten und deren kulturelles Verhalten konzentriert. Wollen wir uns – über den einen oder anderen spezifischen Erkenntnisgewinn – über das Verhältnis von Besucher*innen und Nicht-Besucher*innen verständigen, dann kommen wir um die Frage der gesellschaftlichen Verfasstheit samt den damit verbundenen Kulturvorstellungen nicht herum.

8 Martin Tröndle (Hg.) (2019): *Nicht-Besucherforschung. Audience Development für Kultureinrichtungen*, Wiesbaden: Springer VS, https://doi.org/10.1007/978-3-658-25829-0.

Kultur als Ein- und als Ausschluss-Strategie: Die Geschichte der Nicht-Besucher*innen ist lang

Damit geraten wir unversehens in eine Traditionslinie, in der vor allem der etablierte Kulturbetrieb (in seinen architektonischen, programmatischen oder personellen Erscheinungsformen) einer Elite vorbehalten war, die sich in ihrem kulturellen Verhalten zumindest reserviert, wenn nicht ablehnend gegenüber dem großen Rest der Bevölkerung gezeigt hat – kein Wunder also, dass sich dieser für das Angebot des Kulturbetriebs nicht interessiert, Berührungsängste entwickelt hat und sich ausgeschlossen fühlt. Also kam es den Betroffenen – mit wenigen individuellen Ausnahmen – erst gar nicht in den Sinn, den Zugang zu suchen. Auf der Grundlage dieses Spannungsverhältnisses gab es immer wieder Versuche der kulturpolitischen Gegensteuerung, zuletzt vor allem entlang der Auflage, sich in besonderer Weise um „sozial Benachteiligte", „Bildungsferne" oder sonst wie „Randständige" zu bemühen. Gleich wie die Apostrophierten nicht heftig an den Toren des Kulturbetriebs klopften, um Einlass zu erhalten, kamen die kulturpolitischen Forderungen um den Verdacht des Paternalismus nicht herum. Der damit verbundene Unterton, diesen Gruppen fehle etwas bzw. sie müssten besonders betreut werden, blieb an ihnen kleben.

Für diesen vorsichtigen kulturpolitischen Paradigmenwechsel lassen sich mehrere Gründe festmachen: Sie liegen erstens in wachsenden Legitimationsproblemen vor allem der öffentlichen Kulturpolitik. Geht es nach den wenigen verfügbaren Daten,[9] dann ist eine Mehrheit der Bevölkerung der Ansicht, dass das staatlich geförderte Kulturangebot vorrangig den kulturellen Bedürfnissen derjenigen Rechnung trägt, die ohnehin zu den gesellschaftlich Privilegierten gehören, während diejenigen, die das öffentlich geförderte Kulturangebot nicht wahrnehmen, so auch nicht in den Genuss öffentlicher Maßnahmen kommen können. Damit sprechen sich ausgerechnet diejenigen, die als „sozial Benachteiligte" zuletzt in

9 IFS (2007): „Kultur-Monitoring. Bevölkerungsbefragung. Studienbericht 2007", Wien, https://www.ifes.at/sites/default/files/downloads/1192093299_23800007.pdf.

besonderer Weise in den Blick kulturpolitischer Maßnahmen genommen wurden, überproportional für ein Ende des staatlichen Engagements im Kulturbereich aus.[10]

Der zweite Grund ist der zunehmenden Vermarktwirtschaftlichung des Kulturbetriebs geschuldet. Als solcher geriet auch er in den Sog einer umfassenden Wachstumsideologie, die professionelle Beobachter*innen zuletzt sogar von einer „Überhitzung" bzw. einem „Überangebot des Kulturbetriebs"[11] haben sprechen lassen. In dem Maß, in dem sich die Konkurrenzverhältnisse samt beträchtlicher Steigerung des Kulturangebots verschärften, intensivierte sich auch der Bedarf nach mehr Besucher*innen und – damit verbunden – mehr Einnahmen. Ein darauf bezogenes Bewertungssystem wurde durch eine zunehmend ökonomisch gelenkte Kulturpolitik noch einmal befördert: Dort, wo sich künstlerische Qualität immer mehr objektivierbaren Bewertungsverfahren entzog, kamen zunehmend quantifizierbare Kriterien wie Quoten oder die Höhe der Drittmittelakquisition ins Spiel.

Den vergleichsweise geringsten Stellenwert fand zuletzt der demokratiepolitische Begründungszusammenhang, dem noch in den 1970er- und 1980er-Jahren eine herausragende Bedeutung für die Öffnung des Kulturbetriebs – „Kultur für alle" – zukam. Immerhin verstand sich damals Kultur als ein Konstitutiv demokratischer Öffentlichkeit, an der alle in gleichem Maße teilhaben sollten.

Die Trennung zwischen Besucher*innen und Nicht-Besucher*innen ist eng an die gesellschaftliche Gesamtverfassung geknüpft

Eine adäquate Diskussion um die Bedeutung von Nicht-Besucher*innen wird um die Berücksichtigung der gravierenden Änderungen der gesellschaftlichen Verfassung nicht herumkommen. Immerhin fällt die Gründung weiter Teile des etablierten Kulturbetriebs, der bis heute die größte kulturpolitische Aufmerksamkeit erfährt, in die Phase einer spätfeudal organisierten Klassengesellschaft. Die bereits angedeuteten wenigen gut Gebildeten waren die kulturaffinen Träger*innen des staatlich alimentierten Kulturbetriebs. Ihnen gegenüber stand ein größerer Teil der Gesellschaft, der mit diesem Angebot nur sehr peripher in Berührung kam und dies auch nicht als ein soziales Manko erlebte – und sei es, weil das Gros der Menschen andere Sorgen hatte.

Im Versuch, die Klassengesellschaft zu überwinden, arbeitete sich ab den 1970er-Jahren eine (stark sozialdemokratisch geprägte) Reformpolitik ab, die à la longue zu einer weitgehenden Harmonisierung der Gesellschaft führen sollte. Die Grundannahme dabei war, dass eine auf Dauer gestellte wirtschaftliche Prosperität zu einer allgemeinen Vermittelständigung führen würde. Damit ließe sich auch die kulturelle Differenz der Klassengesellschaft einebnen. Vor allem mit dem Ausbau

10 Diese Ansicht stimmt in besonderer Weise überein mit der Argumentationslinie der Rechtspopulist*innen, die sich für einen Rückzug des Staates aussprechen, vgl. https://nachtkritik.de/index.php?option=com_content&view=article&id=19376:wie-die-rechtsparteien-mit-kuerzungsantraegen-und-drohungen-die-kultur-attackieren-beispiele-aus-ostdeutschland&catid=101&Itemid=84.

11 https://www.wienerzeitung.at/meinung/gastkommentare/2090159-Der-Kulturbetrieb-muss-in-der-Krise-umdenken.html.

des Bildungsangebots für alle würde sich unter dem Dach des Kulturbetriebs früher oder später die gesamte Gesellschaft versammeln, um dort gemeinsame kulturelle Werte zu teilen. Also entwickelte sich auf der Grundlage eines ausgebauten Wohlfahrtsstaates seit den 1970er-Jahren eine „neue Kulturpolitik“, die zu einer beträchtlichen Ausweitung des Angebots, das diese kulturellen Werte repräsentierten sollte, führen würde; die Nutzer*innen würden sich dann quasi automatisch einstellen.

Spätestens in den 1980er-Jahren war dieser Traum der gesellschaftlichen Harmonisierung ausgeträumt. Es kam zu einer neuerlichen Vertiefung sozialer Ungleichheiten, die sich nicht mehr allein auf den Grundwiderspruch verschiedener Klassen zurückführen ließen. Eine Reihe neuer Bruchlinien wurde sichtbar. Sie verliefen aber nicht mehr nur entlang der Klassenlage, sondern entlang vielfältiger sozialer, ethnischer, religiöser, sprachlicher, gender- und generationenspezifischer, aber auch geografischer Grenzziehungen, die zurzeit in der Neuauflage des Identitätsdiskurses ihren beredtsten Ausdruck finden.

Begleitet wird diese Fragmentierung von der Durchdringung des Kulturbetriebs mit einer marktwirtschaftlichen Logik, die die Konkurrenzverhältnisse stimuliert. Auf dieser Grundlage werden ständig neue Gewinner*innen und Verlierer*innen produziert, die ein gesellschaftliches Auseinanderdriften befördern, das mit staatlichen Mitteln nicht mehr hinreichend kompensiert werden kann. Das Ergebnis zeigt sich in einer wachsenden Pluralisierung, Heterogenisierung und Diversifizierung der Gesellschaften. Dies drückt sich u. a. in der Entwicklung unterschiedlicher Milieus mit jeweils unterschiedlichen kulturellen Interessen, Haltungen und Erwartungen aus. In diese neue kulturelle Vielfalt ragt erratisch ein historisch gewachsener Kulturbetrieb, der noch nicht in vollem Ausmaß antizipiert hat, dass sich die Gesellschaft rund um ihn seit seiner Entstehung fundamental geändert hat. Entsprechend hallen seine Appelle zur Bedeutung seines Angebots für den Zusammenhalt und für die Weiterentwicklung der Gesellschaft zunehmend ins Leere.

Um die diesbezüglichen Auswirkungen auf den Kulturbetrieb besser verstehen zu können, schlage ich ein Vier-Phasen-Modell vor, bei dem jede Phase durch eine andere Charakteristik von Besucher*innen und Nicht-Besucher*innen geprägt ist. Aus historischer Sicht fügen sich diese Phasen freilich nicht nahtlos aneinander; in ihrer Verlaufsgeschichte stellen sie heute ein vielschichtiges Konglomerat dar, deren Akteur*innengruppen die kulturpolitische Entscheidungsfindung auf dem Weg einer Demokratisierung – auch des Kulturbetriebs – je nach den Stärkeverhältnissen zu beeinflussen trachten.

Den Anfang macht ein *Ständisches Prinzip*: In diesem stellt eine vergleichsweise kleine Elite den kulturellen Führungsanspruch. Aufgrund ihres ausgezeichneten sozialen Standings hat sie eine Deutungshoheit für kulturbetriebliche Entwicklungen inne. Ausgestattet mit den dafür notwendigen Bildungsvoraussetzungen verfügen jene über die für die Nutzung des kulturellen Angebots notwendigen materiellen und immateriellen Ressourcen. Mit ihrer Teilnahme verschaffen sie sich beträchtliche Distinktionsgewinne, indem sie sich gegenüber dem großen als weitgehend „kulturlos" eingeschätzten Rest der Gesellschaft abzugrenzen vermögen.

Spätestens mit der Teilnahme Österreichs am europäischen Integrationsprojekt hat auch im Kulturbereich das *Markt-Prinzip* die Oberhand gewonnen. Sein spezifisches emanzipatorisches Potenzial liegt darin, dass jeder Mensch ungeachtet seiner sozialen Zugehörigkeit das Angebot wahrnehmen kann. Umgekehrt zeigen sich die Nachteile in einer weitgehenden Kommodifizierung des kulturellen Angebots, das die Nutzer*innen auf ihre Rolle als passive Konsument*innen reduziert. Mit seinem Auftreten auf dem Markt bringt der Kulturbetrieb die Begründung für seine staatliche Priorisierung massiv unter Druck. Können sich Kunst- und Kulturförderung eine Zeit lang noch als „wertorientierte Marktkorrektur"[12] legitimieren, so bringt die Auflösung eines allgemein verbindlichen Qualitätsbegriffs (getrieben durch den Kampfbegriff der Avantgarde, wonach alles Kunst sein kann) diesbezügliche Argumentationen an die Grenzen. Sie beschränken sich dann auf unterschiedliche Produktionsbedingungen, aber auch auf einen unterschiedlichen Publikumszuspruch (Quoten).

12 Kurt Blaukopf (1982): *Musik im Wandel der Gesellschaft. Grundzüge der Musiksoziologie*, München: Piper.

Die noch größere Herausforderung sowohl für den Kulturbetrieb als auch die Kulturpolitik stellt das *Diversitäts-Prinzip* dar. Dieses trägt dem Umstand Rechnung, dass die wachsende Heterogenisierung und Pluralisierung der Arbeits- und Lebenswelten der Menschen auch zur Ausbildung ganz unterschiedlicher, auch kulturell definierter Szenen führt, die einem permanenten Wandel unterworfen sind. Als solche lassen sie sich nicht mehr in ein gewohntes hierarchisches Gefüge pressen. Ob sie wollen oder nicht, stehen sie in vielfältigen Bezügen zueinander, überlappen sich, konkurrieren sich, bilden temporäre Überschneidungen oder versuchen sich voneinander abzugrenzen.

Das sind eigentlich gute Voraussetzungen, um dem *Demokratie-Prinzip*, das den Kulturbetrieb seit mehr als hundert Jahren begleitet und provoziert, gerade jetzt zum Durchbruch zu verhelfen. Und doch finden sich auf die Frage, wie eine demokratisch legitimierte Kulturpolitik darauf reagieren könnte oder sollte, bislang nur sehr wenige wegweisende Antworten. Als das künftige kulturpolitische Handeln leitend könnte sich die These erweisen, dass die nationalen Gesellschaften nach der Phase der Produzent*innen in die Phase der Rezipient*innen bzw. Nutzer*innen[13] eintreten. Dies könnte bedeuten, die Bestandsinteressen des Kulturbetriebs mit der Neugierde für das Publikum zu verknüpfen. Kultureinrichtungen könnten sich so nicht nur als Orte der Kulturproduktion, sondern darüber hinaus zu Orten der kulturellen Öffentlichkeit

13 Engl. *spectator*, siehe dazu u. a. Anna R. Burzynska (Hg.) (2016): *Joined Forces. Audience Participation in Theatre* (Performing Urgency #3), Berlin: Alexander Verlag.

weiterentwickeln, die attraktiv sind für Menschen unterschiedlicher Milieus, die dort aufeinandertreffen, einander etwas zu sagen haben, sich austauschen und allenfalls auch ganz konkret etwas miteinander zu tun bekommen.

„Der Bedarf an Interaktion nach der Pandemie wird gigantisch sein"

Geht es nach dem US-Medizinsoziologen Nicholas Christakis, dann wird „der Bedarf an Interaktion nach der Pandemie gigantisch sein".[14] Dementsprechend könnte sich – so viel lässt sich jetzt schon sagen – das Profil des Kulturbetriebs von einer Kunst-Produktionsstätte zu einem Ort der Vermittlung weiterentwickeln. Dieser Vermittlungsaspekt wird sich freilich nicht darauf beschränken können, junge Menschen als „Publikum von morgen" in ein spezifisches kulturelles Verhalten einzuüben, sondern es geht vielmehr darum, die zum Teil sehr unterschiedlichen kulturellen Selbstverständnisse sozialer Gruppen auch in diversen kulturellen Angeboten widerzuspiegeln und diese so möglichst vielen in gleicher Weise zugänglich zu machen. Die dort verhandelte Kunst wäre nicht mehr auf ihre Repräsentationsfunktion beschränkt, sondern könnte als Katalysator kultureller Aushandlungsprozesse genutzt werden, in denen sich Künstler*innen und ihr Publikum auf Augenhöhe begegnen. Das hätte wohl auch Auswirkungen auf das künftige Profilbild von Künstler*innen, die sich viel mehr als bisher im Spannungsverhältnis von Kunstproduktion und Kommunikation mit ihren Nutzer*innen verorten müssen. All das ist nicht neu, sondern von den diversen Strömungen der künstlerischen Avantgarden seit dem Beginn des vorigen Jahrhunderts vorgedacht und somit zumindest am Rand des Kulturbetriebs erprobt worden.

Eine darauf basierende Transformation des Kulturbetriebs hätte beträchtliche Auswirkungen auf eine neue Agenda der Kulturpolitik,[15] der zuletzt die politischen Ziele abhandengekommen sind und die somit gemeint hat, auf eine genauere Kenntnis des jeweiligen (Nicht-) Nutzer*innen-Verhaltens verzichten zu können. Ausgestattet mit einem neuen Interesse für das kulturelle Verhalten der Bevölkerung könnte eine bessere Kenntnis und eine stärkere Einbeziehung des Publikums zu einem Demokratisierungsschub führen; diverse Experimente um Beteiligungsmodelle wie *Cultural Government* oder die Einrichtung von Bürger*innenforen zeigen die Bereitschaft zu einem breiten kulturpolitischen Diskurs, der weit über das eingeübte Konsument*innen-Verhalten hinausweist. Schon jetzt entstehen in einigen künstlerischen Experimenten neue Orte des öffentlichen Gesprächs, das andernorts weitgehend zum Erliegen gekommen ist. Zugleich setzen sie umfassende Lernprozesse bei den Beteiligten frei, um das Publikum wieder in sein Recht als Co-Akteur, als Co-Kreateur des Kulturbetriebs[16] zu setzen.

14 https://www.theguardian.com/world/2020/dec/21/epidemiologist-1918-flu-pandemic-roaring-20s-post-covid.

15 Wie etwa im Europäischen Symposium „Konfrontation und Kooperation statt Repräsentation – eine neue Agenda für Kulturpolitik" zu aktuellen Fragen der Kulturpolitik am 20. Mai 2021 an der Universität für angewandte Kunst Wien verhandelt wurde, vgl. https://www.dieangewandte.at/konfrontation_und_kooperation_statt_repraesentation.

16 https://www.mdw.ac.at/magazin/index.php/2021/04/22/musik-kommt-von-uns-allen.

Am Ende dieser Überlegungen soll noch einmal darauf hingewiesen werden, dass technologische Entwicklungen schon immer entscheidende Triebkräfte für die Weiterentwicklung des Kulturbetriebs gewesen sind.[17] Als solche haben sie immer wieder zu einer Neujustierung des Verhältnisses von Produzent*innen und Rezipient*innen geführt, ja sich als entscheidendes Movens bei der Demokratisierung des Kulturbetriebs verstanden. Dies gilt auch und gerade in der gegenwärtigen Phase der Digitalisierung aller Arbeits- und Lebensbereiche, die – verschärft durch die Pandemie – auch vor dem Kulturbetrieb nicht Halt machen wird. In den unendlichen Weiten der digitalen Räume, die mittlerweile von (fast) allen Menschen genutzt werden, verschwimmen die Trennlinien zwischen Besucher*innen und Nicht-Besucher*innen. Ob sie sich im realen Raum noch einmal in diese überkommene Kategorisierung werden einteilen lassen wollen, das wage ich zu bezweifeln.

[17] Siehe dazu auch den Beitrag „Technologie macht Kultur" von Michael Wimmer in diesem Band.

232

Über die Wut

Thomas Höft

Streitverkündung

Es ist ein seltsamer Nebeneffekt der singulären Schrecken der Nazizeit und des Holocausts, dass dahinter die anderen Untaten unserer Geschichte verblassen. Verglichen mit dem beispiellosen Massenmord erscheinen die Untaten der Kaiserreiche der Habsburger und Hohenzollern in einen gnädigen Nebel des Vergessens getaucht, und deren kulturelle Zeugnisse gelten vielen weiterhin als taugliche Basis kultureller Identität. Unwidersprochen prangen Richard Wagners nationalistische Überhöhungen „deutscher Kunst" am Wiener Konzerthaus und an der Grazer Oper. Und erst langsam wird am Beispiel des Streits um die Wiedererrichtung des Berliner Stadtschlosses als Hülle für die ethnologischen Sammlungen Preußens deutlich, was wir da eigentlich geschichtsvergessen feiern. Wer das jüngst erschienene Buch des Historikers Götz Aly über die systematische Vernichtung und Plünderung der polynesischen Kultur durch Deutsche, Engländer und Holländer gelesen hat,[1] der kann diese Räume nicht mehr guten Gewissens betreten. Wir leben in einer grundsätzlichen, massiven, verlogenen Geschichtsklitterung – und wenn ich mir das als Deutscher zu sagen erlauben darf, das scheint hier in Wien keinen Deut besser als in Berlin.

1 Götz Aly (2021): *Das Prachtboot. Wie Deutsche die Kunstschätze der Südsee raubten*, Frankfurt am Main: S. Fischer.

Doch endlich wird von vielen Seiten der Mantel des Schweigens gelüftet, der die Diskurse über die Notwendigkeit eines grundsätzlich anderen Blicks auf Gesellschaft bisher erstickt hat. Das geschieht im Namen des umstrittenen Begriffs der „Identitätspolitik". Identität ist eine mächtige Waffe. Sie kann, zugegeben, gefährliche, aggressive In-Groups schaffen. Sie kann aber auch Marginalisierten aller Arten dabei helfen, sich nicht mehr als vereinzelte Opfer der Verhältnisse zu betrachten, sondern als gleichberechtigte viele, die ein Anrecht auf Teilhabe an der gesellschaftlichen Entwicklung haben. Das wird als bedrohlich empfunden – und deshalb massiv diskreditiert.

Ein spannendes, aktuelles bundesdeutsches Beispiel dafür ist die im Februar 2021 gestartete Aktion „ActOut" von 185 deutschsprachigen Schauspieler_innen, die sich als lesbisch, schwul, bisexuell, trans, queer oder nicht-binär outeten und darüber berichteten, dass sie bis heute aufgrund ihrer Identität mit massiver Ausgrenzung und Diskriminierung zu kämpfen haben und dass ihnen deshalb immer wieder Rollen verweigert werden. Die Aktion hatte insofern Konsequenzen, als dass die Feuilletonchefin der FAZ, Julia Encke, zu einer Generalabrechnung mit der ihrer Meinung nach völlig übertriebenen Anspruchshaltung von Minderheiten in der aktuellen Diskussion über Diversität und Gleichberechtigung ausholte, in der sie eine ganz typische Establishment-Entgegnung auf Partizipationsforderungen formulierte: „Bei einer Rolle übergangen zu werden mag ärgerlich sein und sicherlich auch kränkend, aber lebensgefährlich ist das nicht." Mit anderen Worten: Die Marginalisierten sollen sich einfach nicht so anstellen, schließlich würden sie ja nicht mehr eingesperrt oder umgebracht.

So weit, so schrecklich. Aber wirklich entlarvend war dann, dass sich unter anderem Gesine Schwan, die Vorsitzende der SPD-Grundwertekommission, und Ex-Bundestagspräsident Wolfgang Thierse, ebenso SPD, auf die Seite der FAZ stellten: „beleidigte Minderheiten" würden immer mehr versuchen, den Diskurs zu dominieren, immer „skurrilere Minderheiten" (Sahra Wagenknecht, Partei Die Linke) würden Ansprüche formulieren. Dabei sei, so Thierse, Zitat: „[...] der unabdingbare Respekt vor Vielfalt und Anderssein nicht alles. Er muss vielmehr eingebettet sein in die Anerkennung von Regeln und Verbindlichkeiten, übrigens auch in die Akzeptanz von Mehrheitsentscheidungen." Und das aus dem Munde eines Sozialdemokraten ...

Es sind solche Sätze, die die Wut überkochen lassen. Immer mehr Menschen entdecken, dass sie in dem einen oder anderen Sinne ganz selbstverständlich gering geschätzt werden. Und ich habe zum ersten Mal das Gefühl, dass die Empörung darüber Konsequenzen hat. Ich selbst bin schwul, in Norddeutschland groß geworden zu einer Zeit, als Homosexualität nach Paragraph 175 noch strafbar war. Ich könnte also der FAZ zustimmen und froh und dankbar sein, dass ich hier frei reden kann und nicht im Gefängnis sitze. Ich habe sogar eine Karriere hingelegt. Unter welchen Umständen? Hier ein kleines Beispiel: Als ich anfing zu schreiben, sagte eine gute Freundin, die Autorin Jutta Heinrich, zu mir: „Thomas, pass bloß auf, dass du nicht zu schwul schreibst. Wenn du einmal in der Minderheitenschublade steckst, kommst du da nicht mehr raus. Dann stehst du, wenn überhaupt, mit dem Stempel ‚Minderheitenliteratur' ganz hinten im Bücherregal der Buchhandlung, da wo auch die ‚Frauenliteratur' zu finden ist und niemand was kauft. Das macht dich ökonomisch fertig. Du musst dich tarnen. Unsereins nimmt man Kunst nicht ab." Und so ist das. Bis heute. Ich habe mich ganz gut getarnt, dann immer mehr getraut, habe die Rolle des Clowns für mich adaptiert und die Hoffnung völlig begraben, dass irgendjemand mir etwas Eigentliches abkaufen würde, ohne dass ich es ihm hineinschummle oder unterschiebe.

Da ist so viel Zorn, so viel Wut, die sich jetzt Bahn bricht. Ich habe mich mit meiner Wut auf die Zustände eingerichtet. Ich war wirklich froh, nicht eingesperrt zu werden oder jeden Tag geschlagen wie in der Schule. Jüngere begnügen sich damit nicht mehr und sie haben recht. Wenn wirklich endlich zur Sprache kommt, wie es vielen ergeht, den Frauen, den „Menschen mit Migrationshintergrund", den Menschen mit Handicap, der LGBTQ-Community, den People of Color – dann ist der Aufschrei nicht mehr zu überhören. Und er wird politische Konsequenzen haben. Aber welche?

Je grundsätzlicher, desto besser. Denn noch glauben viele, kosmetische Aktionen würden reichen und könnten helfen, den Status quo zu erhalten. Aber das wäre falsch. Denn die kulturellen Institutionen, die wir mit Steuergeld bewahren und von denen wir glauben, sie seien das Wesen unserer Kultur, sind komplett überkommen. Sie sind System gewordene Ideologie einer Zeit, die Frauenfeindlichkeit, Antisemitismus, Ausbeutung, Diskriminierung, Unterdrückung und Raub maßgeblich kultiviert hat. Es nützt nichts, wenn wir jetzt versuchen, die Intendant_innenstrukturen der Stadttheater und Staatsopern aufzubrechen, denn das Stadttheater oder die Staatsoper sind in sich Relikte einer unterdrückerischen, ausbeuterischen bürgerlichen Gesellschaft, die das „Theater als moralische Anstalt" postuliert, aber in Wirklichkeit einem rigoros autoritären Regime unterwirft. In ihnen exekutieren Kulturbeamt_innen die Kunst als Selbstvergewisserung, täuschen die Chimären der Relevanz vor und bauen Potemkinsche Dörfer des schönen Scheins. Wir müssen sie rausschmeißen. Alle. Die Häuser entleeren. Produktionsorte aus ihnen machen, offene Räume ohne feste Ensembles, ohne die überbordende Verwaltung. Natürlich werden die Profiteure um ihre Position kämpfen und dieses im Grund verrottete System am liebsten als Weltkulturerbe konservieren. Das dürfen wir nicht zulassen.

Das meine ich ernst. Und ich meine es noch ernster in Bezug auf die heilige Kuh der Musikkultur. Ich war vor einiger Zeit auf Einladung von Constanze Wimmer bei einer Podiumsdiskussion über die Zukunft der klassischen Musik im Wiener Musikverein. Da habe ich mit einem bekannten Dirigenten (eh einer von den Guten) über neue Konzertformen diskutiert. Er hat viel Richtiges gesagt von Teilhabe, offenen Formen, Individualität und so weiter und so fort, schloss dann aber die Diskussion mit: „Natürlich darf das alles den homogenen Orchesterklang nicht gefährden. Wir alle lieben ja den homogenen Orchesterklang!" Wie bitte?

Vielleicht ist es von einem Dirigenten zu viel verlangt, sich selbst infrage zu stellen. Okay, dann mache es eben ich. Wir können noch so sehr Frauenquoten für Dirigentinnen fordern, People of Color in die Streicher setzen und einen schwulen Dramaturgen engagieren, das ändert nichts daran, dass das Orchester AN SICH eine Form der Unterordnung, des Anpassungsdrucks und der Entindividualisierung ist. Ein Orchester ist eine militärisch organisierte Truppe im Frack als Uniform. Befehl und Gehorsam sind ihm eingeschrieben. Das Orchester verkörpert den Geist des 19. Jahrhunderts *sui generis*. Den Soundtrack von Nationalismus, Konformismus, Unterdrückung und Abrichtung.

Ja, das beeindruckt. Auch Versailles ist schön. Aber es bleibt das Symbol einer glücklicherweise weggefegten Gesellschaft. Man reißt es nicht ab, sondern achtet und pflegt es. Aber wir halten Versailles nicht mehr für den Inbegriff unserer Kultur. Mit dem Orchester ist es ganz und gar dasselbe. Warum sehen wir ihm das eingeschriebene Elend nicht an? Warum halten wir es immer noch für den Höhepunkt unserer Kultur? Warum um Himmels willen leisten wir uns Hunderte, bilden Tausende von jungen Menschen jährlich aus – nein, besser: richten sie ab, deformieren sie, passen sie ein in etwas, das uns eben nicht mehr entsprechen sollte? Weil es nun mal da ist? Weil so viele davon leben? Weil wir geschichtsvergessene, bequeme Vasall_innen des Establishments sind? Das mag sich jede_r selbst aussuchen. Und dann beginnen, das Selbstverständliche zu hinterfragen. Zeit wird's.

Kapitel 4

Transformation des Kulturbetriebs

Ein Kulturbetrieb für die Kunst oder für die Menschen

Michael Wimmer

Die Kulturpolitik hat die Wahl

In seiner lesenswerten Studie „Musicking"[1] geht der neuseeländische Musiklehrer, Chorleiter und Komponist Christopher Small der Frage nach der Bedeutung von Musik in der Gesellschaft nach. Darin geht er von der These aus, dass man nicht wirklich über „Musik" als etwas in sich Abgeschlossenes und damit für sich Stehendes sprechen kann. Mit diesem Ansatz, Musik in den gesellschaftlichen Verhältnissen zu verankern, war er mir bei meinem Bemühen, mich selbst im Musikgeschehen zu verorten, eine große Argumentationshilfe.[2]

In seinen Überlegungen beschreibt er „Musik" als Prozess, der es Menschen ermöglicht, miteinander zu kommunizieren: „There is no such thing as music. Music is not a thing at all but an activity, something that people do. The apparent thing 'music' is a figment, an abstraction of the action, whose reality vanishes as soon as we examine it at all closely."[3] Was Menschen machen, wenn sie in eine Beziehung zu Musik treten, das nennt Small „to music", damit spricht er von etwas, was weit über „to make music" oder – in seiner deutschsprachigen Entsprechung – „Musizieren" hinausreicht.

Eine solche Sicht auf Musik bricht sich freilich fundamental an einem (klassischen) Musikbetrieb, der seit über hundert Jahren das musikalische Werk zum Maß aller Dinge erklärt hat. In seinen Settings bleibt es einer säkularen Priesterkaste vorbehalten, Hand an dieses Werk zu legen, es zum Klingen zu bringen, während alle anderen auf die stumme Rolle von Zuhörer*innen verwiesen sind. Small aber möchte alle, nicht nur die Musiker*innen, in den Akt des „Musickings" mitdenken und einbeziehen.

Um den nach wie vor vorherrschenden kategorialen Unterschied zwischen Ausführenden und Publikum auch räumlich deutlich zu machen, hat

1 Christopher Small (1998): Musicking. *The Meanings of Performing and Listening*. Middletown: Wesleyan University Press.

2 Michael Wimmer (2021): „Warum wir nicht (mehr) über die Musik reden können", Blogbeitrag, https://michael-wimmer.at/blog/warum-wir-nicht-mehr-ueber-die-musik-reden-koennen.

3 Christopher Small (1998), zitiert nach: W. Fuhrmann (2018): „Musicking", in: D. Morat/H. Ziemer (Hg.): *Handbuch Sound*, Stuttgart: J.B. Metzler, https://doi.org/10.1007/978-3-476-05421-0_11.

der Kulturbetrieb eine strenge architektonische Trennung vorgenommen. Diese stellt sicher, dass beide Seiten einander physisch tunlichst nicht begegnen. Ihre gegenseitige Wahrnehmung beschränkt sich auf den Blickkontakt über die unübersteigbare Bühnenrampe hinweg. Sie soll sicherstellen, dass die beiden Akteur*innengruppen einander nicht zu nahe kommen. Selbst für das Betreten und Verlassen des Gebäudes, in dem „Musik" stattfindet, sind unterschiedliche Ein- und Ausgänge vorgesehen; Künstler*innen und Nicht-Künstler*innen sollen dauerhaft auf Distanz gehalten werden, um so den unterschiedlichen Zugang zu Musik zu betonen.

Es war einmal: Über eine vergessene Tradition der Geselligkeit, bei der sich Künstler*innen und Nicht-Künstler*innen auf Augenhöhe begegnet sind

Das war nicht immer so. Aber es gehört offenbar zur vorherrschenden Erzählung über die einzig und daher scheinbar ewig gültige Art und Weise, vor allem klassische Musik aufzuführen. Und doch war es noch vor 200 Jahren selbstverständlich, dass den Besucher*innen ein wesentlich aktiverer Part zugedacht war. In diesen Settings war Musik ein Bestandteil der Kommunikation in einer Gruppe, die zusammengekommen ist, um miteinander zu sprechen, zu feiern, miteinander in Beziehung zu treten und sich dabei musikalisch oder theatralisch zu unterhalten. Eine strikte räumliche Trennung zwischen ihnen und den Musiker*innen wäre ihnen befremdlich, wenn nicht gar ausschließend vorgekommen. Dazu kommt, dass die dargebotene Musik den meisten Besucher*innen nur zu vertraut war. Die meisten verfügten selbst über musikalische Fähigkeiten, viele spielten selbst ein Instrument oder sangen. Entsprechend sahen es Komponisten als ihren ersten Auftrag, ihre Stücke an die Möglichkeiten dieser Dilettant*innen anzupassen und bei den Aufführungen nicht ausschließlich auf einige wenige Profi-Künstler*innen zu vertrauen. Ensembles, die sich aus Dilettant*innen und Profis zusammensetzten, waren an der Tagesordnung. Musik zu machen und Musik zu rezipieren waren also alles andere als unüberwindbare Gegensätze.

„Musicking" im 18. Jahrhundert war also ein Akt der Geselligkeit und Vergemeinschaftung, dessen besonderer Reiz in der permanenten Vertauschung von Rollen lag, jedenfalls allen Beteiligten die Möglichkeit bot, am musikalischen Geschehen aktiv mitzuwirken und dieses mitzugestalten.

Von dieser Attitüde ist – zumindest im verbleibenden hegemonialen Anspruch des klassischen Kulturbetriebs – kaum etwas übrig geblieben. Spätestens mit dem Überhandnehmen eines Virtuosentums begann ein sozialer Entfremdungsprozess, der die einen ins gleißende Bühnenlicht tauchen wollte, während sich all diejenigen, die bislang die Hauptrolle gespielt hatten, in Reih und Glied eingezwängt wiederfanden und sich fortan mit ihrer stummen Rolle im Dunklen zufriedengeben sollten.

Für die Befriedigung ihrer kommunikativen Bedürfnisse wurden „kunstfreie“ Foyers geschaffen. Dort durften die Besucher*innen in den Pausen zwar *über* die Künstler*innen sprechen, in keinem Fall jedoch *mit* ihnen. Dass für die Organisation dieser künstlerischen Ereignisse noch eine Menge weiterer Menschen sorgen müssen, bleibt in der öffentlichen (und damit auch kulturpolitischen) Wahrnehmung bis heute gleich ganz ausgeklammert – und doch leisten sie hinter der Bühne entscheidende Arbeit, um die Begegnung zwischen Künstler*innen und Nicht-Künstler*innen zu ermöglichen, und sind somit Teil von „Musicking“.

Die Welt von gestern revisited: Klassische Formate sind für eine bürgerliche Gesellschaft von gestern geschaffen worden

Nun mag eine solche Form der gewaltsamen Trennung zwischen Künstler*innen und Nicht-Künstler*innen den Bedürfnissen eines aufkommenden Bürgertums im 19. Jahrhundert entsprochen haben, das sich in seinen Held*innen auf der Bühne wiedererkennen wollte. In der zunehmend alle Lebensbereiche beherrschenden Logik der Arbeitsteilung kam einer prädestinierten Gruppe von Künstler*innen die Aufgabe zu, Kunst zu machen. Um das Geschehen auf der Bühne hinreichend rezipieren zu können, mussten die Bürger*innen im Zuge der familiären und schulischen Erziehung immer spezifischer vorbereitet, diszipliniert, konditioniert und trainiert werden. Nur so war es möglich, das Rezeptionsvermögen an die jeweils aktuelle, immer komplexer werdende Kunstpraxis anzupassen und sich gegenüber den „kulturlosen Ignorant*innen“ als kundiges Publikum auszuweisen.

In der Rückschau ist nur schwer verständlich, wie sich der Anspruch einer kategorialen Trennung zwischen aktiv Gestaltenden und passiv Rezipierenden ausgerechnet im Kulturbetrieb unter demokratischen Vorzeichen so lange halten konnte. Und doch funktionieren bis heute weite Teile des Kulturbetriebs ungebrochen nach den Regeln des 19. Jahrhunderts, die in (fast) allen anderen Teilen der Gesellschaft weitgehend überwunden erscheinen.

Autoritäre Regime als Nutznießer und Verstärker des bürgerlichen Kulturbetriebs

Einer der Gründe könnte die nie überwundene Produktionslastigkeit einer Kulturpolitik sein, die bislang wenig Initiative gezeigt hat, wenn es darum ging, den Beharrungskräften eines überkommenen Kulturbetriebs Paroli zu bieten. Jene strukturelle Schwäche mag darin liegen, dass sich die autoritären Regime des 20. Jahrhunderts nur zu gerne eines Kulturbetriebs bedienten, dessen Betriebsgrundlagen mit seiner Gründung darin bestanden, sich demokratischen Errungenschaften zu verweigern.

Immerhin eignete sich das feudale Gedankengut einer naturgegebenen Trennung zwischen einigen wenigen Repräsentant*innen von Kultur und den vielen Kulturlosen in herausragender Weise für die Legitimation autoritärer Herrschaftsformen.

Dies kann idealtypisch am Beispiel der Begriffsbildung und Verankerung von sogenannten „Kulturorchestern" in der nationalsozialistischen Kulturpolitik verdeutlicht werden. Versehen mit dem Auftrag, eine alle anderen überragende deutsche Musikkultur zu pflegen, dienten sie den nationalsozialistischen Ideolog*innen als eine naturhaft vorgegebene Trennlinie, um alle anderen musikalischen Ausdrucksformen zu diskriminieren. Den führenden Kulturpolitiker*innen war es ein besonderes Anliegen, mit der systematischen Bevorzugung der auf (politisch ungefährliche) klassische bzw. romantische Musik festgelegten „Kulturorchester" den Großteil des übrigen Musiklebens abzuwerten bzw. als „entartet" zu diskriminieren.[4]

Eine solche politisch motivierte Privilegierung einiger weniger Ausgewählter war umso mehr im Sinne der nationalsozialistischen Ideolog*innen, als bereits in der Zwischenkriegszeit eine Vielzahl neuer Formen des gleichberechtigten Zusammenwirkens von Musiker*innen außerhalb hierarchischer Orchesterstrukturen erprobt wurde, deren Intention es war, dem unbedingten Führerprinzip im Verhältnis zwischen Dirigent*innen und Orchestermusiker*innen ein auf Egalität beruhendes Gegenmodell – etwa im Jazz – entgegenzusetzen. Dazu gehörte in der Regel auch ein anderes, auf gegenseitige Stimulierung gerichtetes Verhältnis zum Publikum. Dieses wollte schon damals aktiv ins musikalische Geschehen einbezogen werden, um so seine stumme und passive Rolle innerhalb des Musikbetriebs zu überwinden – ein Verhalten, das einem autoritären und ordnungsversessenen Regime mit klarer Rollenverteilung von „oben" und „unten" ein Dorn im Auge sein musste.

Umso erstaunlicher erscheint es heute, dass eine darauf basierende Tarifordnung nach dem Ende der Nazi-Herrschaft weitgehend unverändert fortgeschrieben wurde. Das Ergebnis war eine in zwei Klassen geteilte Musikszene, für die das kulturpolitische Interesse nicht ungleicher hätte verteilt sein können. Und so wird bis heute unter dem Titel E-Musik das Gros der öffentlichen Mittel, darüber hinaus der überwiegende Anteil an öffentlicher Wertschätzung samt Zuschreibung eines herausragenden Bildungsanspruchs, einem kleinen musikalischen Segment rund um die „Kulturorchester" zugesprochen, während jegliche nicht-klassische Musik als U-Musik allenfalls Brosamen erhält, um ansonsten als Teil der Unterhaltungsindustrie auf den Markt verwiesen zu werden.[5]

Spätestens mit den Auswirkungen der Pandemie mehren sich die Zweifel, ob eine solche Priorisierung knapp 80 Jahre nach der Niederringung eines nationalsozialistischen Hegemonieanspruchs noch gerechtfertigt werden kann – zumal die Kulturpolitik zunehmend darunter

4 Der deutsche Musikwissenschaftler Lutz Felbick hat dazu intensiv geforscht, siehe Lutz Felbick (2015): „Das ‚hohe Kulturgut deutscher Musik' und das ‚Entartete'. Über die Problematik des Kulturorchester-Begriffs", in: *Zeitschrift für Kulturmanagement 2/2015*, S. 85–115, http://www.fachverband-kulturmanagement.org/wp-content/uploads/2015/11/85-115_Felbick_Das-hohe-Kulturgut-deutscher-Musik-und-das-Entartete_ZKM15.2.pdf.

5 Der Begriff „Kulturorchester" sollte sich schließlich in den geltenden Tarifordnungen bis 2019 halten, danach wurde er halbherzig durch „Konzert- und Theaterorchester" ersetzt, die Abkürzung „TVK" aber beibehalten, vgl. https://de.wikipedia.org/wiki/Tarifvertrag_f%C3%BCr_die_Musiker_in_Konzert-_und_Theaterorchestern.

leidet, dass sie über keinerlei Handlungsspielräume mehr verfügt, und stattdessen gezwungen ist, einen Großteil der öffentlichen Mittel ohne jegliche Gestaltungsspielräume an die Begünstigten aus einer Zeit, in der sich jede Idee von demokratischer Mitgestaltung verboten hat, einfach weiterzuleiten.

Damit ich nicht missverstanden werde: Im großen Reigen des Musikbetriebs einer diversen, auf Vielfalt begründeten Gesellschaft soll natürlich auch klassische Musik ihren Platz haben. Dass aber ausgerechnet eine Monopol beanspruchende musikalische Organisationsform, die jegliche Ansprüche eines zeitgemäßen demokratischen Zusammenlebens fast schon ostentativ verhöhnt, ungebrochen darauf pocht, das Maß jeglicher Kulturpolitik darzustellen, sollte nach den Erfahrungen der letzten Monate klar und deutlich zurückgewiesen werden. Dies entspricht auch einer zunehmenden Erwartungshaltung selbst innerhalb der klassischen Musikszene. Immer mehr der dort Beschäftigten (und an den hierarchischen Verhältnissen Leidenden) sind drauf und dran, sich von den aus vordemokratischen Zeiten stammenden Arbeitsbedingungen zu lösen und einen für das 21. Jahrhundert fitten Kulturbetrieb neu zu denken.

Ein zeitgemäßer Kulturbetrieb auf dem Weg vom „Dienst an der Kunst" zum „Dienst an den Menschen"

Eine solche von tradierten institutionellen Zwängen befreite Kulturpolitik könnte sich noch einmal an die Bedeutung künstlerischer Avantgarden erinnern, die seit mehr als hundert Jahren versuchen, die hierarchischen Verhältnisse des Kulturbetriebs zum Tanzen zu bringen und sich in der Gesellschaft neu zu verorten. Im Grunde laufen viele ihrer Intentionen darauf hinaus, den Dienst an der Kunst, der das bürgerliche Zeitalter bestimmt hat, durch einen Dienst an den Menschen zu ersetzen.

Dabei erscheint es erfreulich, dass sich diesbezügliche Haltungen mittlerweile nicht mehr nur am Rand des Kulturbetriebs finden, sondern mittlerweile tief selbst in ehemalige Horte des Kulturkonservativismus eingedrungen sind. So meinte etwa der Intendant der styriarte[6] Mathis Huber anlässlich der Vorstellung des Festival-Durchgangs 2021, der Kulturbetrieb stünde vor einer tiefgreifenden Wende, die ihn zwinge, sich im Spannungsverhältnis zwischen „im Dienst der Kunst" und „im Dienst des Publikums" neu zu verorten.

Seine Analyse läuft darauf hinaus, dass das klassische Repertoire für eine bürgerliche Welt verfasst worden ist, die heute einfach nicht mehr existiert. Zeitgenoss*innen von heute würden über ein anderes Wissen verfügen, andere Erwartungen pflegen und ein anderes kulturelles Verhalten an den Tag legen, das es institutionell und auch kulturpolitisch zu berücksichtigen gelte. Aber anstatt das zu tun, würden weite Teile des Kulturbetriebs alles daransetzen, die alten Verhältnisse so schnell wie

6 https://styriarte.com/festivals/styriarte.

möglich wiederherzustellen. Und darauf hoffen, das Publikum würde es sich im „Dienst an der Kunst" noch einmal gefallen lassen, in Sardinenschachteln gezwungen zu werden, sich einem überkommenen Zeitregime zu fügen und sich darüber hinaus noch einmal mundtot machen zu lassen angesichts dessen, was ihnen auf den (oft nur schlecht einsehbaren) Bühnen vorgemacht wird.

Der Kulturbetrieb als Experimentierraum zur spielerischen Bearbeitung gesellschaftlicher Probleme

Huber ist mit seinem Problembewusstsein bei Weitem nicht der Einzige. Auf der Suche nach der Bespielung neuer „kultureller Öffentlichkeiten" hat sich mittlerweile eine Vielzahl von Künstler*innen auf die Suche nach neuen Experimentierräumen gemacht, in denen mit neuen Settings und Formaten der traditionellen Produktionslastigkeit entgegengewirkt werden soll. Sie verstehen sich als Anstifter*innen neuer Partizipations- und Interaktionsformen, die allesamt die Logik einer kulturellen Klassengesellschaft, die scharf zwischen Produzent*innen und Nutzer*innen zu trennen versucht, unterlaufen.[7]

Dass eine solche, auf Egalität beruhende Herangehensweise nicht nur an die Architektur zeitgemäßer Kulturbauten, sondern auch an die künftigen Ausbildungserfordernisse einer nächsten Künstler*innen-Generation neue Anforderungen stellt, darauf kann an dieser Stelle nur hingewiesen werden.

Geben wir dem Publikum eine Stimme in kulturellen Öffentlichkeiten

Dass es bis dahin noch ein weiter Weg ist, lässt allein ein Blick in die gängigen Medien vermuten. Wann immer wir den Kulturteil einer Zeitung aufschlagen, dann ist der Bericht über die jüngsten Hervorbringungen dieses oder jener Künstler*in nicht weit – was er oder sie fertiggestellt, auf die Bühne gestellt oder sonst wie in die Öffentlichkeit gebracht hat. Als Produzent*in nimmt er bzw. sie dann auch gleich zu allen möglichen Themen der Zeit Stellung, ganz so, als ließe die Fähigkeit zur Kunstproduktion eine tiefere Sicht ins Weltgeschehen als bei allen anderen Normalsterblichen zu. Selbst die Zelebration von Ignoranz – wie im Fall von Hermann Nitsch[8] – wird als Mittel der Überhöhung eingesetzt, um uns am Glauben über die kategoriale Differenz zwischen Künstler*innen, die etwas – egal was – zu sagen haben, und Nicht-Künstler*innen, die nichts zu sagen haben, festhalten zu lassen.

Was aber ist eigentlich mit all denen, für die – angeblich – all diese Kunst produziert wird? Sie bleiben – ganz ähnlich wie in den Auditorien der Kultureinrichtungen – weitgehend im Dunklen. Bestenfalls erhalten sie von darauf spezialisierten Kritiker*innen mehr oder weniger

7 Als Beispiel kann das „Mitspielorchester" der Elbphilharmonie genannt werden, wo Dilettant*innen und Profi-Musiker*innen zum gemeinsamen Musizieren zusammenfinden (https://www.elbphilharmonie.de/de/mitmachen/publikumsorchester/754). Ein ähnliches Projekt, „Open Philharmonics", gab es 2014 und 2016 auch an der Oper Graz (https://oper-graz.buehnen-graz.com/production-details/open-philharmonics-1).

8 https://www.wienerzeitung.at/nachrichten/kultur/kunst/2099030-Die-Gesellschaft-interessiert-mich-nicht.html.

fachkundige Anweisungen, was es mit ihren Kunsterfahrungen auf sich hat – nicht eben ein Ausdruck von Gleichberechtigung zwischen Produktion und Rezeption, die sich im Umgang mit Kunst begegnen. Stattdessen wird selbst in liberal-demokratischen Öffentlichkeiten die eine Seite ebenso stereotyp wie systematisch auf stumm geschaltet. Aber es ist auch nicht wirklich eine probate Haltung, um Kunst in einer diversen Gesellschaft noch einmal Bedeutung zu verleihen. Und wahrscheinlich auch nicht sehr erfolgversprechend im Anspruch der Wiedergewinnung des Publikums, das seine kulturellen Haltungen während der Pandemie nachhaltig verändert hat.

Wie wäre es also mit dem Vorschlag, jede Kunstproduzent*innen-Stimme um eine Rezipient*innen-Stimme zu erweitern? Auch Menschen, die Kunst-Machen nicht zu ihrem Hauptberuf gewählt haben, haben spezifische Zugänge zu Kunst, verbinden damit Erwartungen, zeigen Wirkungen, haben Ambition, mitzuwirken, und sehen sich so als Mitgestalter*innen dessen, was wir als Kultur verhandeln. Und es könnte interessant sein, mehr von ihnen zu erfahren.

Warum also nicht Besucher*innen auf den Kulturseiten vorstellen und sie fragen, welches Verhältnis sie zur Kunst haben, warum sie Veranstaltungen besuchen, warum und wie sie gerne mit Künstler*innen in Beziehung treten würden, wie sie ihre Kunsterfahrungen in ihrem Alltags- und Arbeitsleben integrieren und welche Utopien sie diesbezüglich entwickeln? Ich könnte mir vorstellen, die Leser*innen würden mit vielfältigen und auch überraschenden Einblicken belohnt. Und nicht zuletzt erhielten die Produzent*innen ein öffentlichkeitswirksames Feedback.

Am Ende könnte der/die Interviewer*in ja auch noch subjektive Einblicke ins Weltgeschehen erfragen – es könnte ja sogar sein, dass die eine oder andere Antwort klüger, weil erfahrungsgesättigter, ausfällt als bei denen, die noch immer behaupten, sie und nur sie machten die Kunst.

Für eine institutions-orientierte Kulturpolitik

Christian Steinau

Bedeutung von Begriffen, Geschichte und Theorie der Kulturpolitik

Der Einladung, einen Beitrag für einen programmatischen Band mit dem Titel „Für eine neue Agenda der Kulturpolitik" zu verfassen, bin ich gerne gefolgt. Gerade der Veröffentlichungskontext der im vorliegenden Band versammelten Impulse ist von Bedeutung. Diesen möchte ich kurz hervorheben und im Anschluss um einige institutionell orientierte Bemerkungen ergänzen. Die anstehenden kulturpolitischen Herausforderungen setzen voraus, die wichtige Funktion von Hochschulen und Universitäten zu betonen. Dies gilt für Forschung, Ausbildung und Vermittlung.[1]

Das politische Tagesgeschäft ist heutzutage schnelllebig. Einzelne Kulturpolitiker*innen mögen Zeit und Muße finden, Essays und Bücher zu schreiben. Man denke etwa an den ambitionierten Hamburger Kultursenator Carsten Brosda. Die Realität gegenwärtiger Tätigkeiten in Kulturpolitik, aber auch in Kulturverwaltung oder -management, sieht jedoch wie folgt aus: zu viele Aufgaben, zu wenige Mitarbeiter*innen und viel zu wenig Zeit. In Folge wird Expertise – dort, wo es möglich ist – teuer eingekauft oder auf begriffliche und theoretische Fundierung des eigenen Handelns verzichtet. Ein strategischer Aufbau, geschweige denn eine Internalisierung von Transformationskompetenzen, findet zu selten statt.

Auch dort, wo Förderung inhaltliches Arbeiten ermöglicht – z. B. bei Kultur- und kulturpolitischen Verbänden – fallen Begriffe ad hoc und oft unkritisch. Dabei wird die Komplexität der aktuellen Situation dadurch erhöht, dass kulturpolitische Debatten vor der Folie multipler, ineinandergreifender Krisen stattfinden.[2] Aus diesem Grund ist die Einmischung von Wissenschaftler*innen wichtig. Aber welchen Beitrag können die

[1] Zu den möglichen Herausforderungen zähle ich z. B. 1) die digitale Transformation von Kulturorganisationen, 2) datengestütztes Kulturmanagement und datengestützte Kulturpolitik, 3) die Implementierung von nachhaltigen Betriebs- und Arbeitsstrukturen, 4) Diversität im Hinblick auf Programm, Personal, Publikum und Zugangsmöglichkeiten von Kulturorganisationen, 5) die Neudefinition des Verhältnisses von Kultur- und Kreativwirtschaft, 6) die Entwicklung eines nicht-technischen, offenen Innovationsbegriffs sowie 7) die Entwicklung neuer kulturpolitischer Leitbilder und Visionen.

[2] Die Umsatzeinbrüche und Verheerungen der Pandemie treffen auf Gesellschaften, die mit der Klimakrise konfrontiert sind und vor gerade mal einem Jahrzehnt eine große Weltfinanzkrise überstanden haben. Zum Zusammenschluss multipler Krisen im Kontext der Pandemie siehe Adam Tooze (2021): *Welt im Lockdown. Die globale Krise und ihre Folgen*, München: C. H. Beck.

Kunst- und/oder Geisteswissenschaften zu den aktuellen Herausforderungen leisten? Wie können Wissenschaftler*innen anwendungsorientiert arbeiten, ohne ihren Markenkern, das unabhängige, freie Denken, zu vernachlässigen?

Gerade aufgrund dieser Distanz bedarf es des wissenschaftlichen Blicks in die Praxis der Kulturpolitik und des Kulturmanagements. Dies ist leider nicht selbstverständlich, da auch die Produktion wissenschaftlicher Erkenntnis in einem herausfordernden Umfeld stattfindet. Wenn dies aber geschieht, ist es wichtig, wie im Fall des Herausgebers Michael Wimmer und der Angewandten Wien, Gesprächsangebote und Reflexionsräume zu eröffnen, in denen Begriffe, Geschichte und Theorie der Kulturpolitik zur Diskussion stehen. Was Kulturpolitik nicht braucht, sind den Status quo stabilisierende Ordnungsbehauptungen, wie ich unter Bezugnahme auf eine institutionell orientierte Betrachtung in meinem Beitrag zu zeigen versuche.

Nicht nur müssen heutige Studierende bestmöglich auf komplexe Herausforderungen vorbereitet werden. Der grenzüberschreitende Austausch bedarf zudem wissenschafts- und datengestützter Experimentier- und Gesprächsräume, um Pfadabhängigkeiten und Begründungszusammenhänge zu identifizieren. Denn erst das Verständnis dieser Zusammenhänge ermöglicht Fortschritte. Wie ist das heutige System der öffentlichen Kulturförderung entstanden? Welche weltanschaulichen Legitimationsstrategien haben zu seiner Weiterentwicklung geführt? Und welche Schlüsse können heute gezogen werden, um den nächsten Schritt in Richtung Zukunft zu gehen?[3]

Die Legitimation der Institutionen

Um diese Fragen anzugehen, lohnt ein Blick in die Institutionstheorie. Diese fragt nach zugrundeliegenden Werten und Normen, die soziales Handeln strukturieren. Versucht man sie auf den Kulturbetrieb anzuwenden, eröffnet sich ein komplexes Gefüge, in dessen Zentrum die Frage der Legitimation von Institutionen steht. Stark vereinfacht ausgedrückt ist Legitimation das Habenkonto der Kultur. Sie wird als wichtig, geschichtsträchtig und identitätsstiftend erachtet. Gleichzeitig sind Kunst und Kultur hochgradig dynamisch, mit immaterieller Wertschöpfung vertraut und Träger nicht-technischer Innovationen. Dieses Spannungsverhältnis von Institutionen sowie Kunst und Kultur wird in der Forschungsrichtung der Institutionellen Ästhetik untersucht.[4] Sie versucht aufzuzeigen, dass eine institutionell orientierte Forschungsperspektive kulturell-ästhetische Untersuchungsansätze (z. B. die Analyse eines einzelnen Stücks) gewinnbringend ergänzen kann.

Ich halte die Theorie der Institutionellen Ästhetik für vielsprechend, da kulturelle Ordnungsbehauptungen aktuelle kulturpolitische Debatten

[3] Dies sind selbstverständlich sehr große Fragen, die weder abschließend noch zufriedenstellend beantwortet werden können. Sie nicht zu stellen, würde aber bedeuten, Institutionen nicht als das zu sehen, was sie sind: Ausdrücke immer neu umkämpfter und zeitweise durchgesetzter Ordnungsbehauptungen. Mein Beitrag bietet in diesem Sinne keine finalen Antworten, versucht jedoch auf mögliche Arbeitsaufträge hinzuweisen.

[4] Eine solche Forschungsperspektive wird am Institut für Theaterwissenschaft der LMU München entwickelt, siehe Christopher Balme (2021): „Grußwort zur Veröffentlichung der ersten Schriftenreihe des Cultural Policy Labs. Cultural Policy als Denkprozess zukünftiger politischer Strategien", in: Christian Steinau/Christina Kockerd/Johanna Vocht (Hg.): *Staging the Lab. Schriftenreihe des Cultural Policy Labs 1*, http://www.culturalpolicylab.com/publications/staging-the-lab.

[5] Annette Zimmer (2019): „Kultur als Politik", Paper Nr. 3/2019, DFG Forschungsgruppe „Krisengefüge der Künste. Institutionelle Transformationsdynamiken in den darstellenden Künsten der Gegenwart".

prägen. Hier lohnt ein Blick auf die Argumente und Diskussionen zugrundeliegenden Werte und Normen. In einer E-Mail an mich spricht Michael Wimmer davon, „dass die Begründungszusammenhänge staatlicher Kulturförderung zur Aufrechterhaltung [der *Kulturnation* Österreich] heute ziemlich ausgeleiert sind“. Dieser Eindruck verdeutlicht, dass die Frage der Institution ins Zentrum der gegenwärtigen kulturpolitischen Debatten gerückt werden muss. Wie und zu welchem Zweck betreiben wir ein Theater? Welche Funktion erfüllt ein Museum heute? Die Politikwissenschaftlerin Anette Zimmer geht sogar so weit, zu sagen, dass es „unklar“ sei, worum es sich bei „Kultur“ „eigentlich handelt und wem die Kulturproduktion nützt oder eben auch nicht nützt“. Deswegen „unterliegt die Politik hier einem besonderen Legitimationsdruck“.[5]

Vom lateinischen *lex* (= Gesetz) abgeleitet, verweist die Legitimation auf Rechtfertigungen, etwas zu tun oder auch nicht zu tun. Die Legitimation einer Organisation oder einer (institutionell gefestigten) Ordnung führt zu ihrer öffentlichen Akzeptanz. Sie ist von zentraler Bedeutung, um Autorität herzustellen, zu sichern oder zu begründen.[6] Dabei ist Legitimation keine feststehende Kategorie. Vielmehr ist davon auszugehen, dass Legitimation von Kulturorganisationen oder kulturpolitischen Entscheidungen vor dem Hintergrund gegenwärtiger sozialer und technologischer Umbrüche neu verhandelt wird.[7] In öffentlichen Debatten erleben wir, dass die Frage der Legitimation der Institutionen gestellt wird. Das diesem Band zugrundeliegende Symposium „Konfrontation statt Repräsentation“ hat dies deutlich gezeigt.

Die Legitimation von Institutionen zu befragen, mündet in die Problemstellung, warum wir als Gesellschaft öffentliche Kultureinrichtungen und die Produktion von Kunstwerken fördern und wie wir diese Förderung im Detail sowie in ihrer Gesamtheit begründen. Auf welcher Grundlage treffen wir die Entscheidung, manche Kultureinrichtungen (z. B. Opern, Stadt- und Staatstheater sowie Museen) *zu* fördern und andere Einrichtungen (z. B. Kinos, Clubs, Musicals oder Konzertsäle) *nicht*? Die Antwort auf diese Fragen wird zu oft als selbstverständlich vorausgesetzt, weswegen zuletzt die Kulturpolitische Gesellschaft die Frage nach „neuer Relevanz“ ins Zentrum ihrer Aktivitäten stellte.[8] Im Kontrast dazu wird allenthalben nach neuen Begründungen gefragt, also nach einem Legitimationsupdate bestehender Institutionen.

Institutioneller Wandel?

Das Attribut „neu“ der Suche nach „neuer Relevanz“ zeigt bereits, dass nach bestehende Legitimationsstrategien unterstützenden Erklärungen gesucht wird.[9] Institutionen haben es an sich, dass sie ihre Kontingenz durch die Behauptung von Dauer verdecken. Sie erwecken den Eindruck, die gegenwärtige Ordnung bestehe seit Ewigkeiten.

6 In anderen Kontexten wird der Herrschaftsbegriff verwendet, auf den hier aus Komplexitätsgründen verzichtet wird. Zur Frage der Herrschaft siehe Christopher Balme (2019): „Die Krise der Nachfolge: Zur Institutionalisierung charismatischer Herrschaft im deutschen Stadt- und Staatstheater“, in: *Zeitschrift für Kulturmanagement 2/2019*, S. 37–54.

7 Siehe Christopher Balme (2021): „Legitimationsmythen des deutschen Theaters: eine institutionsgeschichtliche Perspektive“, in: Birgit Mandel/ Annette Zimmer (Hg.): *Cultural Governance. Legitimation und Steuerung in den darstellenden Künsten*, Wiesbaden: Springer VS, S. 19–42.

8 In einem einleitenden Essay der gleichnamigen Reihe schreibt Henning Mohr in einem „Zeit für Transformation(en). Notwenige [sic] Paradigmenwechsel in der Kulturpolitik“ überschriebenen Text: „Angesichts einer Zunahme existentieller Krisen (Klimawandel, Corona-Pandemie) und sich verändernder Produktions- oder Rezeptionsgewohnheiten im Kontext vielfältiger, digitalisierter Lebenswirklichkeiten, können wir uns die Aufrechterhaltung eines veralteten Status quo im Handlungsfeld der Kultur schlicht nicht mehr erlauben“, https://kupoge.de/blog/2021/09/30/zeit-fuer-transformationen.

9 Annette Zimmer unterscheidet zwischen ökonomischen, einer sozialdemokratisch-partizipativen und einer ideell-normativen Legitimationsstrategie öffentlicher Kulturförderung, siehe Zimmer (2019). Christopher Balme geht sogar so weit, von „Legitimationsmythen von Theater“ zu sprechen, also den Erzählungen der Notwendigkeit des Theaters. Diese entstehen Balme folgend, „wenn Institutionen unter Druck geraten und versuchen, sich als zentral für die kulturellen Traditionen ihrer Gesellschaften zu etablieren, um offiziellen Schutz zu erhalten“, siehe Balme (2021).

Was zunächst wie eine abstrakte Gegebenheit klingt, trifft die gegenwärtige Auseinandersetzung um den kulturbetrieblichen und somit auch kulturpolitischen Status quo ins Mark. Die Dauer von Institutionen ist anfällig. Das Wissen, dass auch alles anders sein könnte, befördert Ängste. Die Stabilität der bestehenden Ordnung fußt auf der Behauptung ihrer Dauer. Verstärkt zeigen sich jedoch Risse im institutionellen Gefüge. Diese äußern sich durch Infragestellung der Legitimation, die sich beispielsweise im Nachdenken über *ein anderes Theater* sowie in den Fragen nach Zusammensetzung des Publikums oder Machtstrukturen ausdrückt. Mit der Suche nach „neuer Relevanz“ versuchen Akteur*innen hier gegenzusteuern.

Aber wie verändert man Institutionen, die dem Namen nach bereits auf Dauer gestellte soziale Ordnungen sind? Zunächst einmal gilt es ein Verständnis davon zu entwickeln, was Institutionen sind und warum es sich lohnt, gegenwärtige kulturpolitische Debatten institutionstheoretisch zu betrachten. Institutionen sind Zwänge und Regeln wie z. B. Verfassungen, Vorschriften, Normen oder Konventionen. Sie sind die Grundprinzipien, nach denen Akteur*innen, ob Organisationen oder Individuen, handeln. Institutionen werden dabei Eigenschaften wie Regelmäßigkeit, Gleichförmigkeit, Bestand und Festigkeit zugesprochen. Sie zielen auf Verstetigung und Dauerhaftigkeit sozialer Gefüge.[10] Diese Begriffe umreißen das einer Organisation zugrundeliegende sowohl formale als auch informelle Regelsystem, aus dem auch die Legitimation öffentlicher Kulturförderung entspringt. Verändern sich Normen, Werte oder Konventionen, kann es zu Legitimationsverlust oder -konflikten kommen. Gleichzeitig entstehen neue Legitimationsstrategien, die bestehende Regeln vor Herausforderungen stellen.

Eine Unterscheidung ist zwischen Institutionen und Organisationen zu treffen. Der Wirtschaftswissenschaftler Douglass North bringt diese Unterscheidung wie folgt auf den Punkt: Institutionen sind die *Spielregeln*, während Organisationen die *Spieler* sind. „The interaction between the two shapes institutional change.“[11] Eine Organisation operiert innerhalb institutioneller Ordnung, mehr noch, sie funktioniert nur vor dem Hintergrund der Institution. Deswegen können Institutionen auch als „symbolisch [...] durchgesetzte Ordnungsarrangements“[12] bezeichnet werden. Gleichzeitig haben Organisationen oder Individuen die Möglichkeit, bestehende Regel- und Wertsysteme zu verändern. Darauf verweist die Formulierung der *Interaktion*, die institutionellen Wandel möglich macht. Folglich steht die Frage der Legitimation einzelner Organisationen mit der Institution, d. h. den zugrundeliegenden Werten und Normen, in Zusammenhang. Dabei sind Institutionen und die mit ihnen verbundenen Ordnungen ambivalent.[13] Institutionen stiften auf der einen Seite Zusammenhänge und Orientierung, die menschliches Handeln anleiten können. Auf der anderen Seite setzen sie Normen

10 Siehe Gert Melville (1992): „Institutionen als geschichtswissenschaftliches Thema. Eine Einleitung“, in: Gert Melville (Hg.): *Institutionen und Geschichte. Theoretische Aspekte und mittelalterliche Befunde*, Köln, Weimar und Wien: Böhlau, S. 1–24, S. 4.

11 Douglass North (1995): „Five Propositions about Institutional Change“, in: Jack Knight/Itai Sened (Hg.), *Explaining Social Institutions*, Ann Arbor: University of Michigan Press, S. 15–26, S. 15.

12 Karl-Siegbert Rehberg (1994): „Institutionen als symbolische Ordnungen. Leitfragen und Grundkategorien zur Theorie und Analyse institutioneller Mechanismen“, in: Gerhard Göhler (Hg.): *Die Eigenart der Institutionen. Zum Profil politischer Institutionstheorie*, Baden-Baden: Nomos, S. 47–84, S. 67.

13 André Brodocz (2005): „Behaupten und Bestreiten. Genese, Verstetigung und Verlust von Macht in institutionellen Ordnungen“, in: André Brodocz/Christoph Oliver Mayer/Rene Pfeilschifter/Beatrix Weber (Hg.): *Institutionelle Macht. Genese, Verstetigung, Verlust*, Weimar und Wien: Böhlau, S. 13–38, S. 13.

und Werte, um ihre Existenz und Strukturierungsleistung auch gegen Widerstand sicherzustellen.

Die Theorie des institutionellen Wandels stellt die Frage nach der Legitimation der auf Dauer gestellten Ordnung. Diese Frage betrifft in besonderem Maß die Kulturpolitik, da sie mit der Steuerung und Verwaltung, aber auch der Bewahrung und Weiterentwicklung von Theatern, Museen und vielen weiteren öffentlich geförderten Kultureinrichtungen konfrontiert ist. Es gilt, zu identifizieren, dass es mit Institutionen verbundene Interessens- und Zielkonflikte gibt. Eine Vielzahl der konkreten Gegenstände der Kulturpolitik sind historisch gewachsene Institutionen, deren Legitimation öffentlich verhandelt wird. Dies gilt für das Stadt- und Staatstheatersystem, aber auch für das Museum. Denn um Anerkennung zu finden, müssen Geltungsgründe sichtbar und „in spezifischer Weise öffentlichkeitsorientiert“[14] sein, um eine „Verkörperung“ der Geltungsgründe der vorherrschenden Ordnung zu schaffen. Geltungsgründe müssen in der Öffentlichkeit Anerkennung finden. Dabei zeichnen sich institutionelle Ordnungen dadurch aus, ihre Geltung immer auch selbst zu erzeugen.[15] Auf diese Weise steht der Legitimationsbedarf institutioneller Ordnungen mit Machtbeziehungen in Zusammenhang. Wie diese Machtbeziehungen zum Beispiel in der Funktion der Intendanten an ihre Grenzen kommen, zeigt sich regelmäßig in Besetzungs- und kulturpolitischen Personalfragen.[16] In der Theorie führt das so weit, dass Institutionen die „symbolische Verfestigung bestimmter (und nicht anderer) Ordnungsprinzipien aufgrund bestimmter Leitideen [...] auf eine bestimmte Art und Weise stabilisieren.“[17] Karl-Siegbert Rehberg spricht gar davon, dass Institutionen geradezu „dauerhaft gewordene Machtbeziehungen“ darstellen.[18]

14 Karl-Siegbert Rehberg (1995): „Die ‚Öffentlichkeit‘ der Institutionen. Grundbegriffliche Überlegungen im Rahmen der Theorie und Analyse institutioneller Mechanismen“, in: Gerhard Göhler (Hg.): *Macht der Öffentlichkeit – Öffentlichkeit der Macht*, Baden-Baden: Nomos, S. 181–211, S. 183.

15 Vgl. Brodocz (2005), S. 16.

16 Die Personalisierung der Legitimationsfrage zur Aufrechterhaltung von Institutionen kann als Zeichen ihres Legitimationsverlusts gedeutet werden, siehe Balme (2019).

17 Vgl. Brodocz (2005), S. 17.

18 Rehberg (1994), S. 72.

Die Pandemie als exogener Schock

Solch eine Perspektive geht über die Betrachtung der unmittelbaren Folgen der Pandemie hinaus und steht doch mit ihr in Verbindung. Vielfach wurde die Formulierung des „Brennglases“ bemüht, in dem sich paradigmatisch Missstände des Kulturbetriebs offenbaren. Die Formulierung hebt hervor, dass zwischen der Zeit vor und nach dem Ausbruch der Pandemie eine Kontinuität festzustellen ist. Die Qualität der beobachteten Kontinuität habe sich, so das Bild des Brennglases, jedoch verstärkt.[19]

Die Pandemie der Jahre 2020/21 stellt einen exogenen Schock dar, der die kulturpolitischen Ordnungsprinzipien ins Wanken brachte. Anders als die Weltfinanzkrise der Jahre 2008/09 entstand die Pandemie nicht systemimmanent – das Virus ist exogen, insofern da seine Herkunft äußerlich ist. Einer Theorie des institutionellen Wandels folgend, können Veränderungen innerhalb institutioneller Ordnungen entweder *endo*gene

19 Die Kunstwissenschaftlerin Birte Kleine-Benne argumentiert, dass Covid-19 „keine Zäsur in einem regelmäßigen Lauf der Zeit“ darstellt. Vielmehr sei Covid-19 „eine Perspektivierungsmaschine für schon längst operierende kunstsystemische Prozesse, Routinen und Apparate“, siehe Birte Kleine-Benne (2021): „Wir sind schon längst pandemisch gewesen“, in: Birte Kleine-Benne (Hg.): *Everything is live now. Das Kunstsystem im Ausnahmezustand*, http://www.culturalpolicylab.com/publications/everything-is-live-now.

oder *exo*gene Ursachen haben.[20] Douglass North nennt beispielsweise Wettbewerb als eine Möglichkeit endogener (d. h. systemimmanenter) Veränderung. Die Dampfmaschine ersetzt Wasserräder, das iPhone revolutioniert die Telekommunikation und aktuell prägt ein ergebnisoffener Antriebstechnologie-Wettbewerb die Automobilindustrie. Im Gegensatz zu den genannten wirtschaftlichen Umbrüchen mutet die Verfasstheit des Kulturbetriebs aufgrund stabilisierender öffentlicher Förderung beschaulich an. Wie ich unter Hinweis auf den Zusammenhang von Legitimation und Institution zu zeigen versucht habe, ist dies jedoch nicht so. Die Pandemie stellt ein Musterbeispiel eines exogenen Schocks dar. Als Folge einer von außen erzwungenen Veränderung der Rahmenbedingungen geht es um nichts weniger als das Überleben von Organisationen. Dieses setzt das Erlernen neuer Fähigkeiten oder Wissenserwerb voraus. Ein prägnantes Beispiel stellt hier die mittlerweile allgegenwärtige Videotelefonie über Dienste wie Zoom, Webex oder Teams dar. Auch sind digitale Vermittlungs- und Inszenierungsformate mittlerweile allgegenwärtig. Dabei zeigt sich, dass in Ländern ohne üppige Finanzierung (zum Beispiel Großbritannien) Akteur*innen der Kulturwirtschaft sehr viel stärker auf die Anpassung von bestehenden Geschäftsmodellen angewiesen waren.

20 Siehe North (1995), S. 15.

Zweifelsohne stellt die Pandemie die Kulturpolitik vor bis dato ungeahnte Folgen. Mit einem Mal geht es darum, unmittelbare Folgen der staatlich angeordneten Schließungen von Theatern, Museen und Veranstaltungsorten abzudämpfen. Die tatsächlichen Auswirkungen der Corona-Pandemie auf den Kultursektor, aber auch die mit diesen verbundene Krisenrhetorik verdecken, dass die Diskussionsgegenstände seit langer Zeit im Zentrum kulturpolitischer Debatten stehen. Dies gilt für die prekäre Situation von Kulturschaffenden ebenso wie für die soziale Sicherung von Selbstständigen. Auch ist die ungleiche Verteilung von Ressourcen innerhalb des Kulturbetriebs offen zutage getreten. Ebenso ist die Frage der grundlegenden Funktionsweise und Zielstellung von Kulturorganisationen nicht neu. Die Ebene der Institution ist sogar grundsätzlich aufgerufen, da nach den Schließungen von Theatern und Museen die Frage im Raum steht, ob das entsprechende kulturelle Angebot überhaupt vermisst wurde. Wer hat sich für geschlossene Theater und Museen zu Wort gemeldet?

Fazit: Notwendigkeit, Institutionen in den Blick zu nehmen

Die Geschwindigkeit und Intensität gegenwärtiger Krisen sind ein Stresstest für Institutionen. Je mehr sie im Angesicht einer sich rasant verändernden Welt auf die Behauptung ihrer Dauer stützen, desto mehr wird ihre Legitimation infrage stehen. Im Abstract zum vorliegenden Band spricht der Herausgeber Michael Wimmer von „zum Teil dramatischen

Veränderungsprozessen der gesellschaftlichen Gesamtverfassung [...], die kulturpolitisch und kulturbetrieblich bislang nur unzureichend aufgegriffen worden sind". Wimmer konkretisiert seine Beobachtung mit dem Hinweis, dass „überfällige Änderungen der kulturbetrieblichen Strukturen zugunsten ihrer Öffnung gegenüber einer diversen Gesellschaft" vonnöten seien, was einen „damit verbundene[n] Paradigmenwechsel von der Aufgabe der Repräsentation von Kunst hin zur Ermöglichung von Kommunikation mit Hilfe von Kunst" bedeute.

Insbesondere die Öffnung von Kulturorganisationen für neue Formate hat hier in den letzten Jahren schon zu Änderungen geführt. So finden in Theatern beispielsweise vermehrt Veranstaltungen statt, die keine Inszenierungen sind. Auch gibt es zunehmend Kooperationen zwischen Theatern mit ihren Ensemble- und Repertoirestrukturen sowie Akteur*innen der *Freien Szene*. Am prägendsten zeigt sich jedoch die Debatte um die Vielfalt der (Stadt-)Gesellschaft, von der eine institutionelle Erweiterung zu erwarten ist. Hier geht es darum, nicht nur Kommunikation mithilfe von Kunst zu ermöglichen, sondern tiefgreifende ästhetische und strukturelle Neuerungen vorzunehmen, die kulturbetriebliche Selbstverständnisse auf fundamentale Weise verschieben. Allmählich setzt sich ein Verständnis durch, Kulturorganisationen, Theater und Museen weiterzuentwickeln. Diese Entwicklung soll mit einem Zitat aus dem Finanzdaten- und Beteiligungsbericht der Landeshauptstadt München über das größte Stadttheater, die Münchner Kammerspiele, unterstrichen werden: Das Theater solle „nicht länger nur ein Ort der kulturellen Selbstbestimmung eines überwiegend deutschstämmigen Publikums [bleiben], sondern auch für Zuschauerinnen und Zuschauer mit migrantischem Hintergrund zugänglich [werden] und damit der demographischen Entwicklung innerhalb der Stadt München und des Landes Bayern Rechnung" tragen.[21] Auch der Finanzdaten- und Beteiligungsbericht 2018 spricht von einer fundamentalen Verschiebung der „inhaltliche[n] und ästhetische[n] Parameter, auf denen das Selbstverständnis eine[s] Stadttheaters beruht".[22]

Die genannten Begriffe „Selbstverständnis", „Parameter", „fundamentale Weise", der „Entwicklung [...] Rechnung tragen", „strukturelle Neuerungen" zeigen deutlich, dass die Frage nach der Institution kulturpolitische Realität ist. Vor diesem Hintergrund möchte ich zur Diskussion stellen, aktuelle kulturpolitische Diskussionen im Hinblick auf institutionellen Wandel zu deuten. Denn ein Verständnis, was eine Institution ist, ermöglicht gleichzeitig, die Frage nach den Möglichkeiten von Strukturänderungen oder einem kulturpolitischen Paradigmenwechsel zu stellen. In diesem Sinne versteht sich mein Beitrag als Wegmarke, die institutionell orientierten Fragen in die anstehenden Debatten um neue kulturpolitische Leitbilder aufzunehmen und den Austausch zwischen Wissenschaft und Praxis zu stärken.

21 Landeshauptstadt München Stadtkämmerei: *Finanzdaten- und Beteiligungsbericht 2017*, S. 13.

22 Landeshauptstadt München Stadtkämmerei: *Finanzdaten- und Beteiligungsbericht 2018*, S. 13.

Neben der Vielfalt der (Stadt-)Gesellschaft erwarte ich auch im Hinblick auf die Auseinandersetzung mit der Klimakrise eine institutionelle Weiterentwicklung bestehender kulturpolitischer Legitimationsstrategien. Zwar wird ohne Handeln der internationalen Staatengemeinschaft die Bewältigung der Klimakrise nicht möglich sein, dennoch stellt sich die Frage nach der Verantwortung und den Möglichkeiten öffentlicher geförderter Kultureinrichtungen. Sollen Theater und Museen bei der Mobilisierung der öffentlichen Meinung helfen, wie es der amerikanische Kulturberater Adrian Ellis in einem Beitrag zur UN-Klimakonferenz COP26 in Glasgow vorschlägt?[23] Zuletzt hat auch nach viel zu langem Stillstand diese Debatte an Fahrt aufgenommen. Es wurden Aktionsnetzwerke und Beratungsstrukturen gegründet sowie Klimarechner und -labels entwickelt. Bis zur Implementierung nachhaltiger Strukturen ist es aber noch ein langer Weg. Hier gilt es, nicht nur Debatten zu gestalten oder zu begleiten, sondern auch im eigenen Handeln voranzugehen.

Im Angesicht anstehender Herausforderungen gilt es günstige Chancen auf *institutionelle Weiterentwicklung* von Kulturorganisationen und Kulturbetriebsorganisationsstrukturen zu identifizieren – gerade da Institutionen ihre Dauer immer auch behaupten. Denn „Institutionen sind keine erstarrten Ordnungen, deren Geltung unumstößlich ist. Vielmehr sind sie Ausdruck umkämpfter und immer neu vorübergehend durchgesetzter Ordnungsbehauptungen."[24] Die Frage nach der Institution berührt, so zumindest die Hoffnung, die Ebene der tiefverwurzelten Legitimation des gegenwärtigen Kulturbetriebs, die es 1) nicht nur freizulegen, sondern auch 2) in ihrer historischen Genese nachzuvollziehen und 3) im Angesicht gegenwärtiger Herausforderungen weiterzudenken gilt. Dabei beschreibt die Idee des institutionellen Wandels genau jene Veränderung, die entsteht, wenn neue oder veränderte Möglichkeiten wahrgenommen werden. Nur wenn es gelingt, auf der Ebene der Institutionen Wandel herzustellen oder nachzuvollziehen, wird eine nachhaltige Anpassung von Organisationsstrukturen Erfolg haben. Ein solcher Wandel beschreibt Veränderung, die entsteht, wenn neue oder veränderte Möglichkeiten wahrgenommen werden. Aus den zugrundeliegenden Werten entspringt z. B. auch die Legitimation der öffentlichen Kulturförderung. Befinden sich diese jedoch im Wandel, besteht die Möglichkeit von Legitimationsverlust oder -konflikten. Aber nicht nur dies: Denn so eröffnen sich verändernde Normen, Werte oder Konventionen auch Raum für neue Legitimationsstrategien, die wiederum eine Herausforderung für bestehende Strukturen darstellen. Mit einer solchen Situation waren wir vor Corona bereits konfrontiert. Durch den exogenen Schock der Pandemie wird diese bestehende Transformationsdynamik verstärkt, die es aktiv zu gestalten gilt.

23 Adrian Ellis (2021): „'We don't know when last orders will be called at the last chance saloon': how culture is feeling the climate change heat", in: *The Art Newspaper*, 2. November 2021, https://www.theartnewspaper.com/2021/11/02/we-dont-know-when-last-orders-will-be-called-at-the-last-chance-saloon-how-culture-is-feeling-the-climate-change-heat.

24 Brodocz (2005), S. 32.

Über den Wert der Kunst

Michael Wimmer

Auf welcher Grundlage sollen Künstler*innen bezahlt werden? In marktwirtschaftlich verfassten Gesellschaften wird die Antwort darauf lauten: Entsprechend dem Prinzip von Angebot und Nachfrage. Stellen Künstler*innen begehrte Produkte und Dienstleistungen her, dann werden sie dafür hohe Erlöse erzielen bzw. gut entlohnt werden. Stellen Sie aber Kunst her, die niemanden interessiert, dann wird es wohl auch mit dem daraus lukrierbaren Einkommen nicht weit her sein.

Genau so funktionieren weite Teile des Kulturbetriebs.[1] Seine Aufgabe erschöpft sich mittlerweile weitgehend darin, auf den Kunstmärkten zwischen Produktion und Konsumption zu vermitteln. Die Umsetzungsformen bewirken – entsprechend der Logik der Konkurrenzgesellschaft –, dass die Schere zwischen einigen wenigen hochbezahlten, weil besonders nachgefragten Künstler*innen und dem großen Rest, der sich mit seiner künstlerischen Produktion irgendwie durchzuwurschteln versucht, immer weiter auseinandergeht. Und breite Teile der Gesellschaft sehen darin kein spezifisches Problem, wenn mit den aktuellen Krisenerscheinungen über (fast) alle Sektoren hinweg immer weniger Menschen Verständnis dafür aufbringen, warum es Künstler*innen anders gehen soll als jeder anderen Berufsgruppe, die sich auf den höchst ungleich organisierten Arbeitsmärkten behaupten muss.

1 https://www.tagesspiegel.de/kultur/braucht-die-klassik-einen-new-deal-geringe-besucherzahlen-wenig-nachhaltigkeit-obszoene-spitzengagen/26762196.html.

Der Staat als Garant ausgewählter Kultureinrichtungen

Und doch lassen sich zumindest zwei Gründe festmachen, warum gerade im Kunstbereich der Markt nicht alles ist. Ganz pragmatisch gibt es in der österreichischen Bundesverfassung einen Auftrag an den Staat, eine Reihe von Kultureinrichtungen zur Wahrung des kulturellen Erbes zu betreiben, egal ob es dafür eine ausreichende Nachfrage gibt oder nicht.

Ausgestattet mit einer solchen Bestandsgarantie wussten sich Bundestheater und Bundesmuseen die längste Zeit den Zwängen der Kulturmärkte enthoben; als nachgeordnete Dienststellen der Bundesverwaltung konnten sie im letzten Jahrhundert in einer Art Dornröschenschlaf vor sich hin dämmern, ohne jede erkennbare Absicht, mit ihren Aktivitäten über einen kleinen Kreis von Expert*innen hinauszuweisen. Die dort Beschäftigten genossen eine Art Beamtenstatus, der sie im Rahmen eines sakrosankten Gehaltsschemas den konjunkturellen Schwankungen des Arbeitsmarktes dauerhaft entzog und ihnen gesicherte Einkommensverhältnisse bescherte. Sie wussten sich damit in eklatantem Gegensatz zu all denen, die in privaten Kulturunternehmen tätig waren und als solche – oft nur minimal abgesichert – bis heute von den rasch wechselnden konjunkturellen Schwankungen der Konsument*innen-Interessen abhängig sind.

Dieses Privileg sollte sich mit der sukzessiven Überführung in die wirtschaftliche Selbstständigkeit seit den 2000er-Jahren ändern.[2] Auch staatliche Kultureinrichtungen sollten sich künftig stärker an den Marktverhältnissen orientieren und Besucher*innen-Kennzahlen sollten somit als zentrale Messgrößen über den Erfolg (und damit die Höhe des öffentlichen Engagements) Auskunft geben. Im selben Ausmaß begannen die Gehaltsverhältnisse auch in diesem Sektor auseinanderzudriften. Und schon bald standen einige wenige hochbezahlte Kulturmanager*innen, die für jährlich steigende Auslastungszahlen sorgen sollen, einem Personal vor, an dessen unterem Ende sich – vor allem im Vermittlungsbereich – immer mehr prekär Beschäftigte versammelten. Abgemildert wurde diese Entwicklung allenfalls durch einigermaßen starke Personalvertretungen. Aber allein der Umstand, dass die Verhandlungen zur Errichtung eines gemeinsamen Kollektivvertrags für die rund 2600 Mitarbeiter*innen der Bundesmuseen sich über Jahre erfolglos dahinzogen,[3] verweist auf deren sinkenden Einfluss.

2 Siehe dazu Peter Tschmuck (2006): *Die ausgegliederte Muse. Budgetausgliederungen von Kulturinstitutionen in Österreich seit 1992*, Innsbruck: Studien Verlag.

3 https://wirgehenleeraus.at/index.html.

Kulturpolitik als wertorientierte Marktkorrektur

Die zweite Besonderheit liegt in der Natur der Kunst selbst begründet. Zumindest in der kulturpolitischen Theorie erschöpft sie sich nicht in ihrem Waren- und Dienstleistungscharakter. Sie konnte sich dabei auf eine der Frankfurter Schule abgerungene antikapitalistische Haltung der Mehrzahl der Künstler*innen nach 1945 beziehen, die dem Markt – einem Tummelplatz einer kommerzialisierten Unterhaltungsindustrie – eine insgesamt kunstfeindliche Haltung unterstellt haben. Das hat sich in den letzten Jahren beträchtlich geändert; die meisten Künstler*innen haben ihre Ressentiments aufgegeben und sich die Marktlogik als entscheidende Messlatte des Erfolgs zu eigen gemacht. Und doch bestehen die meisten weiterhin darauf, dass sich ihre Hervorbringungen nicht auf beliebige Tauschobjekte auf Märkten reduzieren lassen.[4] Der Kunst soll neben ihrem Geldwert auch ein Wert als ein sogenanntes meritorisches Gut zugesprochen werden, dessen Qualitäten über das tagesaktuelle Verhältnis von Angebot und Nachfrage hinausweisen würden.

Um aber diese Qualitäten sicherzustellen, bedarf es gezielter staatlicher Eingriffe. Der Musiksoziologe Kurt Blaukopf hat in diesem Zusammenhang bereits in den 1980er-Jahren von einem staatlichen Auftrag zur „wertorientierten Marktkorrektur"[5] gesprochen. Damit stellte er die These auf, dass es ein gesellschaftliches Interesse an Kunst gibt, das sich nicht in den privaten Austauschbeziehungen am Markt erschöpft, um daraus den Auftrag an den Staat abzuleiten, ihre Existenz als ein öffentliches Gut zu gewährleisten. Mit der Beschlussfassung des Bundeskunstförderungsgesetzes 1988[6] wurde dieser Auftrag von einer parlamentarischen Mehrheit beschlossen. Es legitimiert seither den Betrieb eines ausdifferenzierten Kunstfördersystems, das die Marktgesetze zumindest partiell außer Kraft setzt, indem es einzelne Formen der künstlerischen Produktion gegenüber anderen privilegiert.

Nun kennen wir andere Bereiche, die – ungeachtet des Primates der Marktverhältnisse – traditionell vom Staat betrieben werden: Bildung, Gesundheit und Soziales als die Wichtigsten. Für sie alle gibt es einen breiten Konsens, dass sie etwas herstellen bzw. ermöglichen, das sich nicht einfach kaufen bzw. verkaufen lässt und wofür daher der Staat als Garant der Durchsetzung gesellschaftlicher Interessen Sorge zu tragen hat. Daran ändern auch alle Versuche eines neoliberalen Mainstreams, zumindest Teile der staatlich betriebenen Infrastruktur zu privatisieren und damit einer kommerzialisierbaren Kosten-Nutzen-Logik zu unterziehen, bislang nur wenig. Die verheerenden Folgen diesbezüglicher staatlicher Kindesweglegungen konnten im Umgang mit den Folgen der Pandemie etwa am Beispiel Griechenland, England, aber auch Frankreich eindrucksvoll studiert werden.[7]

Nun lassen sich die gesellschaftlichen Werte, die im staatlich betriebenen Bildungs- oder Gesundheitsbereich sichergestellt werden, vergleichsweise einfach argumentieren. Dies umso mehr, als alle Bürger*innen zum Teil sehr einschneidende persönliche Erfahrungen machen und daher aus unmittelbarer Anschauung über deren Bedeutung wissen. Ganz anders im Umgang mit dem „klassischen" Kulturbetrieb. Die fallweisen Theater-, Konzert- oder Kinobesuche einer Minderheit von Kulturinteressierten machen ihn nicht zu einem essenziellen Bestandteil der Lebensverhältnisse selbst der regelmäßigen Nutzer*innen. Allenfalls ermöglicht er Erfahrungen, die als ein Nice-to-have für einen ausgewählten Kreis über die Routinen des Alltags hinausweisen, um so dem Leben in ausgewählten Momenten eine besondere Note abzugewinnen. Aber für breite Mehrheiten der Bevölkerung drängt sich beim Konsum des Angebots nicht der Verdacht auf, bei diesen Gelegenheiten

[4] https://www.handelsblatt.com/arts_und_style/kunstmarkt/kunstmarkt-im-umbruch-galeristen-star-johann-koenig-es-ist-einiges-schiefgegangen/26857666.html.

[5] Kurt Blaukopf (1982): *Musik im Wandel der Gesellschaft. Grundzüge der Musiksoziologie*. München: Piper.

[6] Bundesgesetz vom 25. Feber 1988 über die Förderung der Kunst aus Bundesmitteln (Kunstförderungsgesetz). BGBl. Nr. 146/1988, https://www.ris.bka.gv.at/GeltendeFassung.wxe?Abfrage=Bundesnormen&Gesetzesnummer=10009667.

[7] https://www.ipg-journal.de/rubriken/europaeische-integration/artikel/der-wahre-patient-4228.

würden unverzichtbare Werte verhandelt, die nicht mithilfe anderweitiger Angebote der Freizeitindustrie kompensiert werden könnten. Es sei denn, es geht um einige wenige herausragende Momente im Laufe des Lebens, wenn zu Hochzeiten oder anderen festlichen Gelegenheiten privat bezahlte Künstler*innen für Stimmung sorgen.

Der Kulturbetrieb als Produzent eines Nationalbewusstseins

Und doch stand der Kulturbetrieb die längste Zeit für die Produktion höchst wichtiger Wertvorstellungen, die sich nicht in Veranstaltungsbesuchen einer Minderheit erschöpften. Gerade die österreichische Kulturpolitik nach 1945 ist ein herausragendes Beispiel dafür, dass der Kulturbetrieb äußerst erfolgreich in Dienst genommen werden konnte für die Produktion zentraler gesellschaftlicher Werte – etwa für die Herstellung internationaler Reputation, die die ikonische Behandlung ausgewählter Artefakte wie die Musik von Mozart oder Strauss oder das weltweit übertragene Neujahrskonzert aus dem Goldenen Saal des Wiener Musikvereins zur beschönigenden „nationalen Identität" zu verklären vermochte.

Mit der weitgehenden Außerfragestellung einer österreichischen Nation in einer breiten Bevölkerungsmehrheit spätestens in den 1980er-Jahren relativierte sich freilich der staatliche Bedarf einer kunstgetriebenen ideellen Werteproduktion. Also mussten neue Argumentationsgrundlagen gefunden werden, um – auch vor dem Hintergrund des Beitritts Österreichs zur Europäischen Union – staatliche Interventionen auf den nationalen Kulturmärkten weiterhin legitimieren zu können. Die zunehmende Durchdringung der gesellschaftlichen Beziehungen mit eindimensionalen Kosten-Nutzen-Überlegungen ließen außermarktwirtschaftliche Argumentationsgrundlagen zunehmend in die Defensive geraten. Kein Wunder, dass sich der kulturpolitische Diskurs spätestens zu Beginn der 2000er-Jahre in Richtung Kultur- und Kreativwirtschaft verlagert hat. Ihm zufolge sollte der Staat gezielt neuen Wirtschaftssektoren im Bereich der symbolischen Produktion unter die Arme greifen, um damit für wirtschaftliche Prosperität im Übergang von den alten zu den neuen Industrien zu sorgen. Sowohl auf nationalstaatlicher als auch auf europäischer Ebene[8] werden wir seither mit entsprechendem Datenmaterial versorgt, das die herausragende Bedeutung des Kultursektors für die wirtschaftliche Prosperität insgesamt zusammen mit dem dafür notwendigen staatlichen Engagement belegen soll.

Ziel war und ist es, gerade rund um die großen medientechnologischen Innovationen neue Kulturmärkte zu generieren, verbunden auch mit der Hoffnung, damit neue Beschäftigungsverhältnisse zu schaffen. Dass viele davon mit hoher Unsicherheit, Individualisierung, Pseudo-Selbstständigkeit, Selbstausbeutung und Prekarität einhergingen, wurde

8 Siehe dazu Michael Wimmer (2021): „Die Zukunft der Kulturpolitik im Kultur-Montag", Blogbeitrag, https://michael-wimmer.at/blog/die-zukunft-der-kulturpolitik-im-kultur-montag.

nicht nur staatlicherseits, sondern auch seitens der traditionellen Arbeitnehmer*innen-Vertretungen in Kauf genommen. Eine nennenswerte Interessenvertretung der vielen Ich-AGs zeichnet sich bis heute nicht ab. Alle bisherigen Versuche, diese zum Teil höchst volatilen Märkte zu bändigen, hinken zulasten der Produzent*innen (etwa im Bereich der Urheberrechte) ebenso wie der Nutzer*innen (Datenschutz) den kommerziell angetriebenen, längst über alle nationalen Grenzen hinweg tätigen großen Playern weitgehend hinterher. Dies auch deshalb, weil unter den Betroffenen das Bewusstsein über die Notwendigkeit kollektiver Interessenvertretung sich nie richtig hat durchsetzen können. Der Hang zur Individualisierung der Problemlösungskompetenzen auch im Kulturbereich kann aktuell an der mangelnden Bereitschaft, sich zugunsten eines fairen Urheberrechts zu solidarisieren,[9] studiert werden. Kritische Beobachter*innen sprechen mittlerweile von einem kulturpolitischen „Massenbetrug“.[10]

Das Kunstfördersystem fördert Kunst, nicht Künstler*innen

Hinter diesen aktuellen kulturpolitischen Entwicklungen lief das seit den 1970er-Jahren sich immer weiter ausdifferenzierende System staatlicher Kunstförderung weiter, auch wenn es in all den Jahren nicht gelungen ist, dieses in weiten Teilen der Bevölkerung zu legitimieren.[11] Geht es nach dem geltenden Kunstfördergesetz als einer Form staatlicher Selbstbindung,[12] dann verpflichtet sich der Staat, Kunst zu fördern; die handelnden Akteur*innen, seien das die Künstler*innen selbst, aber auch Vermittler*innen und vor allem Rezipient*innen, finden nur insofern Erwähnung, als sie für die Erfüllung dieser Aufgabenstellung unabdingbar erscheinen. Gegen manches Vorurteil wurde 1988 kein „Künstler*innen-Fördergesetz“ beschlossen, wohl auch deshalb, um die Antragsteller*innen (und das sind ausschließlich Künstler*innen) auf den Ermessenszusammenhang verweisen zu können, der ihnen kein individuelles Recht auf Förderung zuweist. Umso weniger gilt das für alle anderen Akteur*innen.

Zu lesen ist der Text im Zusammenhang mit der Verankerung der „Freiheit der Kunst“, die wenige Jahre zuvor (1982) in den österreichischen Verfassungsrang erhoben wurde, um Künstler*innen nicht nur inhaltlich, sondern auch organisatorisch volle Autonomie bei der Ausrichtung ihrer Produktionsbedingungen zu suggerieren. Dies brachte den langjährigen Leiter der IG Autor*innen Gerhard Ruiss schon damals zur Bemerkung, mit der Beschlussfassung dieses Verfassungszusatzes hätten Künstler*innen endlich die Freiheit erworben, unter der Brücke zu schlafen.

Der sukzessive Ausbau staatlicher Kunstförderung in einem elaborierten System erfolgte streng entlang der Behauptung, künstlerische Qualität ließe sich im Zuge von Verwaltungshandeln hinlänglich glaubwürdig

9 Eine Petition zur Urheberrechtsgesetz-Novelle 2021, mit der ein faires Recht für österreichische Künstler*innen gefordert wird, wurde im September 2021 gestartet und konnte bis Februar 2022 erst etwas mehr als 3.000 Unterstützungserklärungen von 18.000 benötigten sammeln, vgl. https://www.openpetition.eu/at/petition/online/urhg-novelle-2021-faires-urheberrecht-fuer-oesterreichische-kuenstlerinnen.

10 Gerald Raunig (2007): „Kreativindustrie als Massenbetrug“, Blogbeitrag, https://transversal.at/transversal/0207/raunig/de.

11 https://www.zeit.de/2007/42/Kulturverhalten.

12 Kunstförderungsgesetz 1988 idgF.

feststellen. Ob die ausgewählten Antragsteller*innen mit den gewährten Mitteln ihr Auslangen finden bzw. damit wenn schon nicht faire, so doch ausreichende Arbeitsbedingungen sicherstellen könnten, blieb im Auswahlverfahren in der Regel eine bestenfalls zweitrangige Frage.[13] Stattdessen schien es den kulturpolitisch Verantwortlichen wesentlich einfacher, mithilfe einer mittlerweile völlig unübersichtlich gewordenen Anzahl an Preisen, Ehrungen und Stipendien den Betrieb am Laufen zu halten und ansonsten die Risiken der Arbeitsbedingungen bei den von staatlichem Lob Überhäuften zu lassen. Immerhin ließen sich so – zumindest in den einschlägigen Szenen – auf beiden Seiten leicht Prestigegewinne erzielen, auch wenn der Preis dafür in der Aufrechterhaltung eines „vormodernen Künstlerideals“[14] besteht.

13 Gerne sprach man in diesem Zusammenhang von einem „Gießkannenprinzip“, dessen Anwendung erst gar nicht den Verdacht aufkommen lassen sollte, der Staat wäre für eine den geltenden arbeitsmarktrechtlichen Standards entsprechende professionelle Durchführung des geförderten Vorhabens zumindest mitzuständig.

14 https://www.derstandard.at/story/2000130559026/germanistin-literaturpreise-foerdern-ein-vormodernes-kuenstlerideal.

So viel Kunst war nie – und so viel Prekarität im freien Bereich auch nicht

Bereits vor Corona gab es eine Reihe von Umständen, die das staatliche Kunstfördersystem zunehmend unter Druck gesetzt haben. Da ist einmal die eigene Erfolgsgeschichte. Sie hat den Adressat*innen-Kreis in seiner nunmehr 50-jährigen Geschichte erheblich ausweiten lassen. Die Ausweitung der Anzahl der potenziellen Antragsteller*innen hat das Standing der Kunstverwaltung innerhalb der staatlichen Kulturbürokratie nicht wirklich nachhaltig verbessert, eher schon hat sie die Handlungsspielräume im Rahmen langer Zeit stagnierender Budgets zunehmend eingeschränkt. Dazu kam der unerfreuliche Nebeneffekt, dass die wachsende Differenz zwischen ausschüttbaren Mitteln und der rapid steigenden Nachfrage die Konkurrenzverhältnisse (samt begleitender Entsolidarisierung) innerhalb der Künstler*innenschaft massiv verschärft hat.

Diese Entwicklung fiel zusammen mit einer traditionell gewachsenen ungleichen Gewichtung innerhalb des Kunstfördersystems. Dieses privilegiert institutionell verankerte Einrichtungen – umso mehr, wenn diese als „pragmatisierte Subventionsempfänger“ mit einer starken Personalvertretung ausgestattet sind, die den Konflikt mit dem Management wie mit den Fördergebern nicht zu scheuen brauchen. Sie verteidigen in der Regel gut abgesicherte Beschäftigungsverhältnisse zumindest in ihren Kernbereichen und können zumindest mittelfristig von einer unangreifbaren Absicherung ausgehen. Dabei finden sie nur zu leicht gleichgesinnte Partner*innen im Bereich der Kunst- und Kulturverwaltung, die darauf getrimmt sind, das komplexe Feld des Kulturbetriebs in einzelne, so leicht handhabbare, scheinbar beziehungslos nebeneinander existierende Silos zu unterteilen, auch dann noch, wenn dies den Arbeitsrealitäten vieler Künstler*innen,[15] die mittlerweile regelmäßig zwischen dem freien und dem institutionellen Bereich hin und her pendeln, überhaupt nicht mehr entspricht.

15 https://www.sueddeutsche.de/kultur/corona-krise-und-schauspieler-das-ende-des-schmetterlingshaften-1.4926846.

Ganz anders der freie Bereich, in dem in den letzten Jahren prekäre, oft sogar selbstausbeuterische Arbeitsbedingungen zur beherrschenden Arbeitsnorm wurden, über die die staatliche Kulturpolitik nur zu gerne hinwegsah. Fast schien es, als hätte staatliche Kulturpolitik diesen Bereich weitgehend aufgegeben,[16] um sich ganz auf die den internationalen Tourismus stimulierenden Teile des Kulturbetriebs zu konzentrieren. Allenfalls versuchte sie, immer mehr Anträge einzelner Förderwerber*innen auf die Landesebene zu übertragen, um freilich damit das Problem nicht zu lösen, sondern von sich wegzuschieben. Gut gemeinte Zurufe beschränkten sich gerne auf den Rat, mit Forderungen zur Umverteilung nur ja keine „Neiddebatte" zu beginnen. Der freie Bereich sollte sich einfach einreihen in den Ruf nach mehr öffentlichen Mitteln; im gegebenen Fall würden dann schon ein paar Brosamen auch für ihre Vertreter*innen abfallen.

Spätestens mit der Veröffentlichung der letzten Studie zur sozialen Lage von Künstler*innen 2018[17] mussten der Kulturpolitik die desaströsen Arbeitsbedingungen bekannt sein. Aber alle Versuche der Interessengemeinschaften,[18] die Arbeitsbedingungen sukzessive zu verbessern, stießen damals auf hartnäckiges staatliches Desinteresse.

Dies sollte sich erst mit dem Ausbruch der Pandemie ändern, als staatliche Kulturpolitik rasch an das Ende ihrer Möglichkeiten kam, das hoch ausdifferenzierte Feld künstlerischer Tätigkeiten in bewährt obrigkeitsstaatlicher Manier zu bewirtschaften. Auf der Suche nach Überlebensstrategien und den dafür notwendigen Unterstützungsmaßnahmen öffnete sich staatliche Kunstverwaltung zumindest partiell gegenüber den Akteur*innen im Feld. Damit kam der eine oder andere Dialog in Gang, der rasch das seitens der IG Kultur schon lange zuvor vergeblich lancierte Thema „Fair Pay"[19] zu einem zentralen Verhandlungsgegenstand machen sollte. Auch der österreichische Kulturrat hat sich diese Stimmung zunutze gemacht und einen „Fair Pay Reader"[20] herausgebracht, der die aktuellen Arbeitsbedingungen samt daraus resultierenden Forderungen aus den unterschiedlichen Branchen zusammenführt.

Faire Arbeitsbedingungen – ein staatliches Förderkriterium

Im Herbst 2021 organisierte das Bundeskanzleramt dazu ein internationales Symposium „Fairness in Kunst und Kultur".[21] Auch wenn die Programmierung in Teilen der freien Szene als vermutete Alibiaktion auf Kritik stieß und das Fairness-Manifest der IG Kultur[22] außerhalb der Veranstaltungsräume präsentiert werden musste, so zeichneten sich doch kulturpolitische Veränderungen ab, die die Arbeitsverhältnisse im freien Bereich nachhaltig verändern könnten. Immerhin hat die amtierende Kunst- und Kulturstaatssekretärin Andrea Mayer angekündigt, faire Arbeitsbedingungen künftig zu einem Entscheidungskriterium der

16 https://www.igkultur.at/artikel/alternative-realitaets wahrnehmung-statt-politik.

17 L&R Sozialforschung (2018): „Soziale Lage der Kunstschaffenden und Kunst- und Kulturvermittler/innen in Österreich. Ein Update der Studie ‚Zur sozialen Lage der Künstler und Künstlerinnen in Österreich' 2008", im Auftrag des Bundeskanzleramtes – Sektion Kunst und Kultur, https://www.bmkoes.gv.at/Service/Publikationen/Kunst-und-Kultur/berichte-studien-kunst.html.

18 https://igbildendekunst.at/bildpunkt_/pay-the-artist-now.

19 https://www.igkultur.at/projekt/fair-pay.

20 https://kulturrat.at/fair-pay-reader.

21 https://www.fairness-symposium.at.

22 https://www.igkultur.at/artikel/praesentation-fair-pay-manifest.

Förderung machen zu wollen. Sie vollzog damit einen entscheidenden Schwenk, der ihr als Fördergeberin künftig im Fall einer Förderzusage das Recht zuweist – „Freiheit der Kunst" hin oder her –, zumindest indirekt Einfluss auf die Arbeitsverhältnisse auch im freien Bereich zu nehmen, um faire Arbeitsbedingungen sicherzustellen.

Von zumindest einem der Sprecher*innen beim Symposium wurde eine zentrale kulturpolitische Herausforderung angesprochen, die bislang gern unter den Teppich gekehrt worden ist. Sie besteht schlicht darin, dass eine faire Bezahlung der beteiligten Akteur*innen beträchtlich mehr Geld kostet und es im Fall, dass keine außerordentlichen Budgeterhöhungen vorgesehen werden, zu einer nochmaligen Verschärfung der Konkurrenzverhältnisse kommen wird. Um diese abzumildern, wird es zu kulturpolitischen bzw. inhaltlichen Schwerpunktbildungen kommen müssen. „Fair Pay" wird damit für die Kulturpolitik zu einem nicht zu unterschätzenden Instrument, mit dem einem weiteren stetigen Anwachsen von Förderwerber*innen entgegengewirkt werden kann.

Das Land Salzburg hat rasch reagiert und eine außertourliche Erhöhung seiner Fördermittel vorgenommen,[23] auch die Kulturabteilung der Stadt Wien versucht, dem Anspruch nach „Fair Pay" mit einer Erhöhung der Förderbudgets Rechnung zu tragen.[24] Darüber hinaus ist es der Kunst- und Kulturstaatssekretärin Andrea Mayer gelungen, eine signifikante Steigerung ihres Budgets für 2022 zu erreichen und Mittel für den „Fair Pay"-Prozess zu reservieren.[25]

„Fair Pay" braucht eine Neukonzeption der Kulturpolitik

Den interessantesten Beitrag für die Diskussion am Symposium hat die niederländische Theaterwissenschaftlerin Marijke Hoogenboom geliefert. Sie hat auf eine Reihe ähnlicher Prozesse hingewiesen, die in der Schweiz, in Deutschland, Belgien und auch in den Niederlanden zur Beschlussfassung verbindlicher „Fair Practice Codes"[26] geführt haben. Geht es nach ihr, dann braucht Österreich das Rad nicht neu zu erfinden.

Hoogenboom hat vor allem den „Fair Pay"-Prozess in den Niederlanden genauer beschrieben und dabei gewarnt, sich allzu engsichtig auf die Verankerung des einen oder anderen Förderkriteriums zu beschränken. Aus ihrer Sicht hätte eine fast zehn Jahre dauernde Entwicklung – nachdem die freie Szene dank einer neoliberalen Kulturpolitik bereits völlig am Boden zerstört schien – die kollektive Einsicht aller Beteiligten gestärkt, dass eine nachhaltige Verbesserung der Arbeitsverhältnisse von Künstler*innen ohne eine umfassende Neukonzeption der Kulturpolitik nicht zu haben ist. Auf der Suche nach solidarischen Handlungsformen sollte der grassierenden Fragmentierung ebenso entgegengewirkt werden wie dem traditionellen Rollenverhalten als Bittsteller*innen gegenüber einer mehr oder weniger wohlwollenden Kunstverwaltung.

23 https://www.sn.at/kultur/allgemein/salzburg-allein-weit-vorne-bei-fair-pay-land-foerdert-ab-2022-faire-loehne-in-der-kulturszene-110413663.

24 https://www.ots.at/presseaussendung/OTS_20210528_OTS0048/fair-pay-strategie-der-wiener-kulturpolitik-gemeinderat-beschliesst-substantielle-foerderungen-fuer-die-freien-darstellenden-kuenste.

25 https://www.derstandard.at/story/2000130416897/kulturbudget-steigt-um-60-millionen-wohin-die-summen-fliessen.

26 https://fairpracticecode.nl/nl/aan-de-slag/fair-practice-code-english-version.

Entlang zentraler Werte wie Solidarität, Diversität, Transparenz, Nachhaltigkeit und Vertrauen entstand erst ganz allmählich im Rahmen vielfältiger Aushandlungsprozesse ein neues Bewusstsein für den nicht ausschließlich marktwirtschaftlich legitimierbaren Wert künstlerischer Arbeit, die – weil relevant für die gesamte Gesellschaft – über die traditionellen Produzent*innen- und Konsument*innen-Verhältnisse hinausweist. Es geht um nicht mehr und nicht weniger als um die Erneuerung eines Werteverständnisses, das der Kunst als ein meritorisches Gut eine Relevanz bei der Ausgestaltung des gesellschaftlichen Zusammenlebens zuweist, die künftiges kulturpolitisches Handeln nicht nur für die unmittelbar Betroffenen überzeugend legitimiert. Jüngste Entwicklungen innerhalb der Kunstszene, die nicht mehr die individuelle Selbstverwirklichung, sondern kollektives Handeln im Dienst der Gesellschaft in den Mittelpunkt stellen,[27] könnten dabei handlungsleitend sein.

Es trifft sich, dass wenige Tage nach dem Fairness-Symposium ein erstes öffentliches Treffen zur Erarbeitung einer neuen Kunst- und Kulturstrategie für Österreich[28] stattgefunden hat. Die Erfahrungen, die Hoogenboom eingebracht hat, machen deutlich, dass das eine nicht ohne das andere zu haben sein wird.

27 https://www.zeit.de/2021/43/kunstkollektive-kunst-documenta-turner-preis-kunstmarkt-identitaetspolitik-kapitalismus.

28 https://www.bmkoes.gv.at/Kunst-und-Kultur/Strategie-Kunst-Kultur.html.

Existenzkrise des Kulturbetriebs

Sven Hartberger

> Kultur ist die unverzichtbare Grundlage menschlichen Zusammenlebens und nicht schmückendes Beiwerk, das als Abfallprodukt einer Überproduktion materieller Güter in Form der Schönen Künste zur Bekämpfung von Langeweile und Überdruss hergestellt werden kann, aber keineswegs muss. Die vornehmste Aufgabe einer neuen Agenda der Kulturpolitik ist es deshalb, die gemeinsame europäische Kultur als Richtschnur staatlichen Handelns zu reklamieren und die derzeit bestimmenden wirtschaftlichen Partikularinteressen an ihren Platz im gesellschaftlichen Gesamtgefüge zu verweisen. Das ist ihre erste und wichtigste Pflicht. Die Sorge um den sogenannten Kulturbetrieb ist gegenüber dieser Hauptaufgabe nachrangig.

Vor der „größten Existenzkrise seit dem Beginn der Zweiten Republik" steht der österreichische Kulturbetrieb nach eigenem Bekunden „nach einem Jahr Pandemie". Der sich auftuende Abgrund hat das bis dahin nur latent vorhandene Gefühl, es wäre an der Zeit, wieder einmal über eine Agenda der Kulturpolitik nachzudenken, in den Rang einer (zumindest in den interessierten Kreisen) allgemein anerkannten dringlichen Notwendigkeit gehoben. An der Unglücksstelle Existenzkrise eingelangt, kann man das Dilemma nachvollziehen, mit dem Helfer nach Unfällen mit mehreren Schwerverletzten regelmäßig konfrontiert sind: Wem soll zuerst aufgeholfen werden? Dem Kulturbetrieb, der Kulturpolitik oder am Ende gar der Kultur, die zwar Gegenstand sowohl des Kulturbetriebs wie der -politik ist, die aber – wie zu zeigen sein wird – keine Hiesige ist und mit der sowohl Betrieb wie Politik, die sich mit ihrem Namen schmücken, in Wahrheit nur sehr am Rande zu tun haben.

Wer über eine *neue* Agenda der Kulturpolitik nachdenken will, kommt an der Notwendigkeit einer Bestandsaufnahme, also an der Frage nach ihrer *aktuellen*, nicht vorbei. Diese Agenda ist so gut wie ausschließlich auf Kunst konzentriert, was nicht überraschend ist, weil das, was wir als den Kulturbetrieb bezeichnen, ein vor allen Dingen dem Schöngeistigen, dem Ästhetischen und dem Philologischen verpflichteter Kunstbetrieb ist. Das trifft ohne Frage auf seine von der öffentlichen Hand mit Abstand am höchsten dotierten Institutionen zu, die schon qua Größe und Sichtbarkeit nun einmal den bestimmenden Teil des Betriebs ausmachen. An diesem in Hinblick auf Fragen der Kultur traurigen Befund ändert auch das Engagement, das einige freischaffende und marginalisierte KünstlerInnen und Gruppierungen für das eigentliche Anliegen der Kultur zeigen, nichts.

Es gibt in Österreich (so wie in anderen Staaten Europas und des globalisierten Nordens auch) Kunstpolitik, aber keine nennenswerte Kulturpolitik, weil es in diesen Staaten, und in Österreich zumal, zwar jede Menge Kunst, aber Tag für Tag weniger Kultur gibt. Aktuell dringliche Kulturfragen sind nämlich nicht die nach einer zeitgemäßen Interpretation von Beethovens letzten Klaviersonaten oder nach der Nutzbarmachung der Neuen Medien im künstlerischen Kontext, sondern jene nach unserem Umgang mit der Schöpfung; nach unserem Verhältnis zu unseren Mitmenschen und besonders zu den schwächsten unter ihnen; nach den von uns geschaffenen Regeln über die Verteilung von Gütern und Macht; nach unserer Verantwortung gegenüber in fernen Ländern oder in ferner Zukunft lebenden Menschen; nach der 30-Stunden-Woche, dem bedingungslosen Grundeinkommen, der Asylpolitik, der Polizeigewalt, dem Begriff des Eigentumsrechts, der Wohnsituation einkommensschwacher Gruppen, der Lebensmittelproduktion und dem Fleischkonsum. Zu solchen Themen, also den wesentlichen Problemfeldern unserer Kultur, hören wir von den führenden Häuptern des Kulturbetriebs und von den LeiterInnen der Kulturressorts bestenfalls (aber keineswegs immer) bei Eröffnungsansprachen. Ihre richtungsweisende Kompetenz in diesen entscheidenden Fragen wird weder vom Kulturbetrieb noch von der Kulturpolitik geltend gemacht und folglich im öffentlichen Diskurs auch nicht wahrgenommen. Als ihre Domäne gelten Spielpläne und Auslastungszahlen von Opernhäusern, Konzertsälen, Theatern, Museen, Ausstellungshallen, Festivals und der Fashion Week, also wesentlich Fragen der Kunst, die ein Ausdruck und auch ein Motor der Kultur sein kann und soll, aber die das nicht notwendiger Weise ist. Kunst ist kein ausreichendes Surrogat für Kultur, und die weitgehende Verdrängung der Kultur aus dem wirklichen Leben ins Kunstghetto ist nicht nur verkehrt, sondern tragisch und gefährlich, weil die ebenso wichtigen wie dringlichen praktischen Veränderungen im Leben des globalisierten Nordens ohne eine grundlegende Änderung unserer Kultur unmöglich gelingen können.

Wer Änderung verlangt, grundlegende zumal, und noch dazu eine Änderung jener Kultur, auf die sich Österreich als Kulturnation und Europa als Kulturgemeinschaft so viel zugutehalten und die sie gerne als ihre *raison d'être* und als die Grundlage all ihres Wollens und Tuns proklamieren, der wird angeben müssen, was genau an diesem Zentralgestirn unserer Gemeinschaften falsch sein soll. Das ist bedauerlicher Weise leicht getan, weil das, was wir unsere Kultur nennen, leider keine ist. Das müssen wir uns eingestehen, wenn wir bedenken, dass unter Kultur im Vollsinn des Begriffs jene Hervorbringungen menschlichen Daseins und Wirkens verstanden werden, die Ausdruck eines gefestigten Wertgefüges im Sinn humanistischer Ideen und Haltungen sind. Die Zumutung, diesem Verständnis von Kultur Rechnung zu tragen, ist zuletzt vor nunmehr bald 30 Jahren von der damals amtierenden Kulturstadträtin Wiens, Ursula Pasterk, formuliert worden. Ihre programmatische Ansage, das Kulturressort sei das Ideologieressort, hat heftigen und erfolgreichen Widerstand auf den Plan gerufen: Heute sind die Kulturressorts die Spektakelreferate der Republik. Sie sind verantwortlich für gefällige Vorstellungen in Theatern und bei Festivals, für Blockbuster-Ausstellungen und Philologisches aller Art. Keine Kompetenz wird ihnen für die sittlichen und moralischen Grundlagen ernsthafter politischer Entscheidungen zugebilligt.

Ideologien, also Kataloge benennbarer und verhandelbarer Werte, wie sie als Richtungsweiser für das gesellschaftliche und politische Handeln einer Kulturnation unverzichtbar sind, sind verunglimpft, als tendenziell totalitär, gefährlich und jedenfalls vollkommen verzichtbar gebrandmarkt worden. Die erfolgreiche Denunziation jeder Ideologie, und das bedeutet: die Verächtlichmachung der Orientierung von Gemeinwesen an einem Ensemble konkreter Werte, hat letztlich zum Verschwinden der Kultur aus allen relevanten Lebensbereichen und zu ihrem Rückzug ins Kunstghetto geführt. Ersetzt worden ist sie durch ein Bündel von simplen Wirtschaftlichkeits-, Rentabilitäts- und kurzfristigen Praktikabilitätsüberlegungen. Diese, und nicht irgendeine Kultur, bilden klar erkennbar die ausschließlichen Grundlagen aller irgend bedeutsamen Entscheidungen in unseren Gesellschaften. Hinter diesen platten Nützlichkeitskalkülen hat jede andere Erwägung der Selbstbeschränkung, der Mitmenschlichkeit, der Geschwisterlichkeit, der Solidarität, des respektvollen Umgangs mit Ressourcen und der simplen Schonung des Lebens der verschiedenen Arten auf der Erde zurückzustehen. Die Einforderung solcher Überlegungen, also die Anmahnung von Kultur als primäre Grundlage jeder Entscheidung, wird erfolgreich als NGO-Wahnsinn denunziert, ihre Vertreter werden als Advokaten eines Lebens wie in der Steinzeit verächtlich gemacht.

Die hier skizzierte Verfasstheit unserer Gesellschaften ist eine Unkultur – das Gegenteil dessen, was rechtens als Kultur bezeichnet werden kann: nämlich ein an humanitären Wertvorstellungen orientierter gemeinsamer, von breitesten Teilen der Bevölkerung akzeptierter, verinnerlichter und mitgetragener Kompass für die wesentlichen Fragen des Lebens in einer menschlichen Gemeinschaft. Aktuell ist dieser Kompass weiterhin auf Überproduktion, Überkonsum, Wachstum der Mobilitätsindustrie und die Akkumulation von Vermögen und Macht in den Händen eines immer kleiner werdenden Kreises von keineswegs nur in der russischen Föderation beheimateten Oligarchen ausgerichtet.

Ändern wird sich das nur, wenn es gelingt, in den Köpfen und Herzen der Menschen einen klaren Kulturbegriff zu verfestigen, der eine Abkehr von der sich zusehends verengenden und verhärtenden Logik und Doktrin der Nachkriegsära des vergangenen Jahrhunderts bedeutet. Da jene Unkultur, die die Ursache der bekannten Probleme und Verwerfungen darstellt, wesentlich auf den Vorgaben des Wirtschaftslebens beruht, muss die Implementierung von Kultur auch in diesem Bereich ansetzen. Gegenwärtig ist es so, dass die Kultur des globalisierten Nordens von wirtschaftlichen Interessen bestimmt und geprägt ist. Die als Mainstream-Ökonomen bekannten Vertreter der klassischen Theorie feiern diese beschämende Tatsache als den Sieg dessen, was sie allen Ernstes und mit Stolz den ökonomischen Imperialismus nennen: die Unterwerfung jeder menschlichen Lebensäußerung und die Unterordnung aller denkbaren ökologischen, sozialen oder humanitären Rücksichten unter das Diktat finanzieller Interessen. Aus der vollkommen kulturlosen Perspektive dieses ökonomischen Imperialismus gesehen, ist der Ersatz jeder menschlichen Kultur durch das kaufmännische Kalkül ein Triumph der rechnenden Vernunft. An genau diesem Punkt hat die Agenda einer Kulturpolitik, die diesen Namen (und nicht bloß jenen einer Kunstpolitik) verdient, anzusetzen und sich geltend zu machen. Die Ablöse des ökonomischen Imperialismus, sein Ersatz durch einen an kulturellen Werten orientierten Kompass und die Implementierung von Kultur im Alltagsleben sind ihre nobelsten und zugleich ihre dringlichsten Aufgaben. Das führt zu der Frage, in welche Richtung ein solcher Kompass zu weisen hätte und was eigentlich konkret geändert werden soll.

Die naturgemäß komplexe Antwort auf diese Frage kann hier nur andeutungsweise mit dem Schlagwort der *doppelten Entkoppelung* skizziert werden. Entkoppelt werden muss erstens die Wohlstandssicherung vom Ressourcenverbrauch – das ist im Wesentlichen eine Frage des technischen Fortschritts. Die zweite Bindung, die es aufzuheben gilt, ist jene des herrschenden Begriffs von Wohlstand an Güterakkumulation und ständig wachsenden Konsum – und das ist wesentlich eine Frage der Kultur.

Die vornehmlich technologische Frage der Güterversorgung bei sinkendem Ressourcenverbrauch muss im Zusammenhang mit einer neuen Agenda der Kulturpolitik nicht weiter vertieft werden. In Hinblick auf die ebenso abstrusen wie verantwortungslosen Einlassungen des damaligen österreichischen Bundeskanzlers Kurz, der noch im Juli 2021 allen

Ernstes öffentlich behauptet hat, der zerstörerische Klimawandel könne ohne jeden Verzicht, alleine durch neue Technologien und Innovation aufgehalten werden, muss hier dennoch knapp auf die Unmöglichkeit eines technischen Fortschritts hingewiesen werden, der die Erreichung der Klimaziele sicherstellen und gleichzeitig dem globalisierten Norden gleichbleibenden oder gar wachsenden Konsum von Gütern, Dienstleistungen und Mobilität ermöglichen könnte. Wer derlei behauptet, offenbart entweder eine an Dummheit grenzende Inkompetenz, oder er agiert als verantwortungsloser Wechselbetrüger, der Konsum auf Kredit verspricht, welcher in Zukunft von Dritten bedient werden soll, nämlich genau von jener Wissenschaft, die sich dazu seriöser Weise außerstande erklärt. Eine weitere Minimierung des aktuellen Ressourcenverbrauchs für die Güterversorgung durch technischen Fortschritt wird in Maßen möglich, aber ohne jeden Zweifel nicht ausreichend sein, um die Deckung der Bedürfnisse einer weiterhin wachsenden Weltbevölkerung gerecht zu werden. Es wird deshalb einer weiteren Entkoppelung bedürfen, eben jener unseres Wohlstandsbegriffs von Vermögen und Konsum, und an dieser Stelle kommen die Kultur und die Aufgaben der Kulturpolitik ins Spiel.

Entscheidend für diese zweite Entkoppelung ist die Etablierung eines Wohlstandsbegriffs, der sich von den historisch verständlichen, aber hoffnungslos überholten Akkumulationsidealen der Nachkriegsgesellschaften zu einem zukunftsorientierten und auf ideellen Werten aufbauenden Verständnis von Wohlstand wandeln muss. Ein solches Verständnis bemisst den Wohlstand von Individuen und Gesellschaften nicht nach Kontoständen und Bruttoinlandsprodukten (BIP), sondern an den für ein gelingendes Leben wesentlichen Kriterien: am Maß von Frieden; Sicherheit; Schutz der Menschenrechte; sauberer Luft; sauberem Wasser; Artenvielfalt; unverbauter und frei zugänglicher Natur; allgemeinem Zugang zu Stille und Bildung; verfügbarer Zeit für Familie, soziales Engagement und Nutzung des Kulturangebots; einigermaßen homogener Verteilung von Einkommen und gerechter Güterverteilung. Alle diese Faktoren – welche in der aktuell einzigen Form der Wohlstandsmessung, den Zahlen des Bruttoinlandprodukts (BIP), mit keinem Wort erwähnt werden, obwohl sie die für unseren Wohlstand entscheidenden sind – müssen in einer Kulturnation für alle Menschen gewährleistet sein und nicht nur für einen privilegierten Teil, und zwar nicht allein aus humanitären und sozialen Erwägungen heraus, sondern weil es nirgends einen echten und dauerhaften individuellen Wohlstand geben kann, wo es keinen allgemeinen gibt. Der Grad, in dem eine Gesellschaft diese Art von Wohlstand gewährleistet, ist zugleich der Grad, in dem sie als Kulturgesellschaft bezeichnet werden kann, während die Frage, ob in der Oper schön gesungen und in den Museen interessante Ausstellungen gezeigt werden, in Hinblick auf die Kultiviertheit einer Gemeinschaft weitgehend vernachlässigbar ist.

Theater, Konzerthäuser, Museen, Ausstellungshallen, Einrichtungen der Forschung und Lehre und verwandte Institutionen gelten gemeinhin gratis und franko, also ohne jede Prüfung und Wertung des Tatsächlichen, erstens als gemeinnützig und zweitens als Kulturbetriebe. Wer sich darüber belehren möchte, wie vollkommen unbegründet die stillschweigende Vermutung ist, wo Kunst und Wissenschaft ist, müsse auch Kultur sein, kann das einfach und schnell durch einen Besuch von Websites wie *voiceit.at* oder *artbutfair.org* tun. Noch viel eindrucksvoller wird die vollkommene Neutralität von Kunst in Sachen Kultur in der Ausstellung des Wien Museums „Auf Linie – NS-Kunstpolitik in Wien" (14.10.2021 – 24.04.2022)[1] erfahrbar. Die Schöpfer der gezeigten Werke mögen durchaus Künstler gewesen sein, Kulturschaffende waren sie hingegen mit Bestimmtheit nicht, sondern, ganz im Gegenteil, Advokaten der niedrigsten und widerwärtigsten Unkultur der Menschheitsgeschichte, in deren Dienst sie ihre Fertigkeiten gestellt haben.

1 Ingrid Holzschuh/Sabine Plakolm-Forsthuber (2021): *Auf Linie. NS-Kunstpolitik in Wien. Die Reichskammer der bildenden Künste*, Ausstellungskatalog, Wien Museum, Basel: Birkhäuser.

Wenn wir nun jene Kultur unserer Gemeinschaften betrachten, die nach Abzug der Kunstagenda noch übrig bleibt, werden wir uns eingestehen müssen, dass die Staaten der Europäischen Union vom Status von Kulturnationen sehr weit entfernt sind, und Österreich, das sich neuerdings in der Gesellschaft der kulturellen Schmuddelkinder Polen und Ungarn wohlfühlt, leider ganz besonders weit. Diese wenig erfreuliche Einsicht führt uns zu der Frage, wie es eigentlich mit der Bedeutung des Kulturbetriebs für die Kultur bestellt ist, nämlich: *für die Kultur*, und nicht nur (oder hauptsächlich) für die Kunst. „Wir haben im Zuge der Pandemie mit Entsetzen bemerkt, als wie randständig und unbedeutend unsere Arbeit als Kunstschaffende wahrgenommen wird." So und ähnlich lauteten die gekränkten Einlassungen der Branchensprecher, die das zumindest implizit ergangene Verdikt ihrer Bedeutungslosigkeit kurzweg zu einem Wahrnehmungsfehler einer unqualifizierten Öffentlichkeit erklärten und gar nicht auf den Gedanken kamen, dass die Pandemie nichts verändert, sondern nur etwas sichtbar gemacht haben könnte – das peinliche Faktum nämlich, dass die tatsächliche Bedeutung des Betriebs vielleicht wirklich nicht ganz so groß sein dürfte, wie wir das gerne hätten und wie wir es immer behaupten.

Vielleicht wäre es sinnvoll, das Nachdenken über die Notwendigkeit einer neuen Agenda für die Kulturpolitik mit jenem über eine neue Agenda für den Kulturbetrieb zu verbinden und dabei mit der schmerzhaften Frage zu beginnen, ob dieser in weiten Teilen nicht vielleicht genau so randständig und unbedeutend ist, wie er wahrgenommen wird. Ein solches Nachdenken über das Undenkbare könnte als eine wesentliche Ursache für den unleugbaren Bedeutungsverlust des Betriebs etwa die Verortung seiner Hauptbetriebsstätten im Kunstghetto ausmachen. Betriebszugehörige wie der legendäre Geschäftsführer der IG Autorinnen Autoren Gerhard Ruiss oder der Pianist Igor Levit, die ihren Einsatz für die Kultur regelmäßig und mit Nachdruck in eben jenen Bereichen zeigen, die dem bildungsbürgerlichen Kanon als kultur- weil kunstfremd erscheinen, die in Wahrheit aber den innersten Kern dessen bilden, was Kultur genannt werden kann, sind so selten wie weiße Raben. So außergewöhnlich, dass das staunenswerte Phänomen der Wiener Stadtzeitung jüngsthin Cover und Titelgeschichte wert war:[2] Ein weltweit führender Konzertpianist setzt sich doch tatsächlich für Anliegen der Kultur ein, für die Fragen nach unserem Umgang mit der Schöpfung; nach unserem Verhältnis zu unseren Mitmenschen und besonders zu den schwächsten unter ihnen; nach der Art, in der wir produzieren und konsumieren, nach den von uns geschaffenen Regeln über die Verteilung von Gütern und Macht; und nicht zuletzt: nach unserer Verantwortung gegenüber in beträchtlicher räumlicher oder zeitlicher Distanz von uns, das heißt in fernen Ländern oder in ferner Zukunft lebenden Menschen.

2 Miriam Danev (2021): „Igor Levit. Der politische Pianist. Die Welt steht kopf", in: *FALTER 38/21*, S. 28ff.

Wenn der Kulturbetrieb seine Kompetenz und seine Bedeutung für genau diese Anliegen nicht glaubhaft geltend machen kann, sondern stattdessen hauptsächlich die Mitglieder einer kunstinteressierten Oberschicht bedient, hat er sich über den geringen Grad an Bedeutung, der ihm nicht nur von ignoranten Politikern, sondern auch von einer breiten Mehrheit der Bevölkerung beigemessen wird, nicht zu beklagen. Die pflichtschuldige Wiederholung des Mantras von der Kunst als Grundnahrungsmittel, als unverzichtbarer Bestandteil der geistigen Hygiene und wie sonst all die in Kunstkreisen gängigen Beschwörungsformeln lauten, genügt einfach nicht mehr. Es ist bemerkenswert, dass dieser Umstand gerade in diesen Tagen im Zusammenhang mit der abstrakten Kunst katexochen, der Musik, und noch dazu gerade in ihrer aktuellsten, avantgardistischen und stets mit zeitkritischem Gestus vorgetragenen Form anlässlich des Hundertjahr-Jubiläums der Donaueschinger Musiktage im Feuilleton der FAZ sehr deutlich formuliert worden ist: „Das Relevanz- und Reichweitenproblem der Neuen Musik war so lange nicht existenziell, wie sie einem demokratischen Gemeinwesen weismachen konnte, dass die Erschließung neuen Materials und neuer Technologien per se kritisch sei, sich gegen gesellschaftliche Herrschaftsstrukturen, gegen den ‚totalen Verblendungszusammenhang' und die ‚Kulturindustrie' richten würde."[3]

3 Jan Brachmann (2021): „Von der Kunst, an der Macht zu bleiben", in: *FAZ*, 21. Oktober 2021.

Das Problem ist freilich weniger, dass der Kulturbetrieb, für den die Neue Musik hier stellvertretend in die Pflicht genommen wird, dem demokratischen Gemeinwesen etwas vormachen würde, sondern dass er sich selbst etwas vormacht, nämlich die Behauptung seiner gesamtgesellschaftlichen Bedeutsamkeit, die paradoxer Weise gleichzeitig von den meisten Kunstschaffenden reflexartig zurückgewiesen wird, sobald man ihnen da konkret nachfragend ein wenig auf den Zahn fühlt: Weltverbesserer wollen sie dann allesamt keinesfalls sein. Ein Kunstbetrieb aber, der sich eine Verbesserung unserer Gesellschaft im Sinne einer Implementierung von Kultur im Alltagsleben gar nicht zum Ziel setzt, dessen Hervorbringungen zu einem sehr beträchtlichen Teil als Accessoires für den verfeinerten Lebensgenuss konsumierbar sind und der keine über sich selbst hinausweisende Wirkung zu entfalten vermag, hat wenig recht, eine über den engen Kreise der an Kunst Interessierten hinausgehende Beachtung zu beanspruchen.

Ursula Pasterk hat recht gehabt. Das Kulturressort hat das Ideologieressort der Republik zu sein und eben nicht das Spektakelreferat. Eine neue Agenda der Kulturpolitik hat sich an diesem Anspruch zu orientieren, und auch wenn die Kulturpolitik nicht von heute auf morgen aus ihrem Dasein als hübsches Anhängsel ernsthafter Regierungsarbeit wird heraustreten können, kann sie sich allemal auf den Weg machen und auch unter den jetzigen Bedingungen das Feld für ihren künftigen Primat vor kulturfremden Partikularinteressen bereiten. Ein Mittel dazu ist die gezielte Forcierung soziokultureller Vorhaben: Projekte, die nicht bei einer absichtslosen Kunstproduktion stehen bleiben und in deren Fokus Bildung, soziales und ökologisches Bewusstsein, Etablierung von aktiver Teilhabe und gesellschaftlicher Zusammenhalt Vorrang vor den Interessen der Philologen, Connaisseure und Kunstkritiker haben. Die gezielte und budgetär spürbare Hinwendung zur Förderung solcher Aktivitäten, die Kunst als Mittel und nicht als Selbstzweck begreifen, wäre ein entscheidender Schritt vom Kunstförderungsdepartment zur Kulturpolitik. Natürlich soll dabei die Möglichkeit zu absichtslosem Kunstschaffen, zur reinen Form, zur Kunst um der Kunst willen, zur Abstraktion erhalten und ihrer Bedeutung entsprechend öffentlich finanziert bleiben. Die Agenda einer Kulturpolitik muss diesen Bereich aber als ein Segment ihrer umfassenden gesellschaftlichen Aufgabe begreifen und nicht als ihren Daseinszweck.

278

Kultur und Governance

Thomas Heskia

Versuch einer Einordnung

Eine neue Kulturpolitik definiert ein neues Verhältnis von Kulturbetrieb, Politik und Gesellschaft. Von einer neuen Kulturpolitik wird aber auch eine neue Beziehung zum Publikum – und zwar nicht nur zu denen, die aktuell Kultur in Institutionen konsumieren, sondern auch zu denjenigen, die den Weg dorthin noch nicht finden, und denjenigen, die Kultur außerhalb der traditionellen institutionellen Zusammenhänge konsumieren – erwartet.

Vielfach wird moniert, dass die Institutionen, wie sie aktuell aufgestellt sind, den Anforderungen an Inklusivität und Diversität in Personal, Publikum und Programm nicht gerecht werden. Transformation ist das Gebot der Stunde – in den Institutionen wie auch in der Kulturpolitik. „Institutionen" und „Politik" sind aber abstrakte Kollektivbegriffe. Wer ist aufgerufen, zu handeln, und wie kann kollektives Handeln angeregt werden? An erster Stelle steht das Führungspersonal: innovative und weitsichtige Leiter:innen von Kulturinstitutionen sowie entscheidungsfähige Kulturpolitiker:innen mit Regierungsverantwortung.

In einer postheroischen Welt hat es sich aber schon herumgesprochen, dass Wandel nicht im Alleingang verordnet werden kann. Einerseits müssen die Teams an einem Strang ziehen, andererseits braucht es politische Unterstützung, die wiederum von demokratischen Mehrheiten getragen werden muss. Im Endeffekt muss das gesamte soziale System mit all seinen unterschiedlichen Beteiligten in Bewegung kommen. Die Frage, wie Reform und Innovation, aber auch die tagtägliche Kommunikation und Steuerung zwischen den Sphären funktioniert, wird dadurch komplexer. Wie kann in diesem Beziehungsgeflecht ein Wandel auf gesellschaftlicher Ebene in die Kulturpolitik und dieser wiederum in den Kulturbetrieb übersetzt werden? Und wie können sich in Kulturbetrieben Innovationen durchsetzen?

Diese Frage lässt sich mit dem Konzept von Governance untersuchen. Das vielschichtige Wort Governance (von franz. *gouverner*) kann man in seiner einfachsten Form als Regierungs-, Verwaltungs- und Unternehmensführung bezeichnen. In diesem Sinne lässt sich natürlich auch eine absolutistische Herrschaft als eine Sonderform von Governance beschreiben. Wenn heutzutage aber von dem nicht eins zu eins ins Deutsche übertragbaren Begriff Governance gesprochen wird, denkt man jedoch in der Regel an netzwerkartige Steuerungs-und Regelungssysteme, die öffentlich-rechtliche Einheiten wie auch private Organisationen strukturieren und steuern.[1]

Politik, Markt, Institutionen oder Netzwerke können Träger von Governance sein. Governance selbst lässt sich in ihrer allgemeinsten Bedeutung als Gesamtheit der Interaktionsprozesse beschreiben, durch die soziale Systeme gelenkt werden – sei es durch geschriebene Gesetze, gesetzte Normen, manifeste Macht oder einfach faktisch durch Sprache und Handeln. Sie ist ein politisches und sozialwissenschaftliches Konstrukt kollektiven Handelns, das durch Akteure, Institutionen und die mit ihnen verbundenen Praktiken und Diskurse aufgespannt wird.[2] Dabei ist sie auch selbstreproduzierend, weil sie nicht nur bei der Steuerung eine wesentliche Rolle spielt, sondern bei der autopoietischen Schaffung und Transformation von Institutionen.

In der Verwaltungswissenschaft wird unter dem Begriff Governance ein partizipatives Reformprogramm verstanden, das heute in weiten Bereichen an die Stelle des New Public Management der 2000er-Jahre tritt. Beim New Public Management, eingedeutscht auch oft „neues Steuerungsmodell" genannt, ging es noch darum, dass der Staat und seine Glieder in einer Unternehmensmetapher als kundenorientierter Dienstleister und seine Bürger:innen als Kund:innen verstanden wurden.[3] Im Aufbrechen obrigkeitsstaatlicher Strukturen hatte dieser Ansatz durchaus seine Berechtigung: Der Bürger, die Bürgerin ist nicht mehr nur rechtsunterworfenes Subjekt, sondern der Staat soll sich – orientiert an der Unternehmensmetapher – als Dienstleister seiner Bürger:innen verstehen. Gleichzeitig wurde die Übernahme durchaus bewährter privatwirtschaftlicher Strukturen und Methoden verordnet: von privatwirtschaftlichen Rechtsformen bis hin zu unternehmerischer Rhetorik und Managementtechniken. Das New Public Management konnte gewissen Formen des Staatsversagens entgegenwirken und führte in vielen Bereichen zu einem Effizienzschub. Die Orientierung auf eine B2C(Business-to-Consumer)-Perspektive, also die Konzentration auf den individuellen Nutzen, lässt aber sowohl den Blick auf die gesamtgesellschaftliche Bedeutung außen vor als auch die gestalterische Kraft, die in den Bürger:innen steckt.

Im Kulturbereich war die Ausgliederung großer Kulturbetriebe aus der Verwaltung des Bundes und der Länder Ausdruck dieser Strömung.[4] Die

1 Arthur Benz (2004): *Governance – Regieren in komplexen Regelsystemen. Eine Einführung* (Governance 1), Wiesbaden: VS Verlag für Sozialwissenschaften; Arthur Benz (2007): *Handbuch Governance: theoretische Grundlagen und empirische Anwendungsfelder*, Wiesbaden: VS Verlag für Sozialwissenschaften (1. Auflage).

2 Schmitt (2011), zitiert nach: Anke Simone Schad (2009): *Cultural Governance in Österreich*, Bielefeld: Transcript.

3 Jürgen Kegelmann (2007): *New Public Management: Möglichkeiten und Grenzen des Neuen Steuerungsmodells*, Wiesbaden: VS Verlag für Sozialwissenschaften (1. Auflage); Kuno Schedler/Isabella Proeller (2011): *New Public Management*, Bern, Stuttgart und Wien: Haupt (5. überarbeitete Auflage).

4 Robert Knappe (2010): *Die Eignung von New Public Management zur Steuerung öffentlicher Kulturbetriebe*, Wiesbaden: Gabler.

Verselbstständigung von Theatern, Museen und Universitäten zielte auf die Schaffung von eigenständigen, unternehmerischen und effizienten Wirtschaftssubjekten mit stärker ausgeprägten Elementen von Eigenverantwortlichkeit und Selbststeuerung ab.[5] In diesem Licht ist ebenso die Betonung der Kundenorientierung in Kulturbetrieben zu sehen, die das individuelle Erlebnis und die Zugänglichkeit im Kulturbetrieb zwar entscheidend voranbrachte,[6] aber nichtsdestoweniger von einer stark unidirektionalen Konsumorientierung geprägt ist. Eine Interaktion findet vorerst nur auf Ebene des Leistungsaustausches, nicht jedoch auf inhaltlicher Ebene statt. Die gesellschaftliche Dimension und Verantwortung bleibt ausgeblendet, ebenso diejenigen, die durch das Angebot gar nicht erreicht werden.

Die Übertragung von Managementmethoden auf die öffentliche Verwaltung ebenso wie auf Kultureinrichtungen, die aus ihr hervorgingen, folgt der gleichen Logik. Insofern kann auch die Geburt und die Entwicklung des Kulturmanagements seit den 1990er-Jahren als Parallele zum New Public Management gesehen werden. Dabei soll keinesfalls abgestritten werden, dass Controlling,[7] Marketing[8] oder auch sehr spezifische quantitative Methoden wie etwa die Balanced Scorecard[9] einen positiven Beitrag zur Weiterentwicklung des Kulturbetriebs leisten können. Der Autor selbst hat zuletzt den Bereich des Qualitätsmanagements vorangetrieben, wo auch das Verhältnis zum Publikum thematisiert wurde.[10] Im Rahmen eines Workshops des Austrian Standards Institute im Jahr 2016, in dem Leiter:innen von zwei Dutzend österreichischen und deutschen Kulturbetrieben vertreten waren, wurde kontrovers diskutiert, ob man das Publikum von Kulturbetrieben im Rahmen der Prozessentwicklung als Kund:innen, Besucher:innen oder Nutzer:innen bezeichnen bzw. begreifen soll. Der Begriff „Nutzer:innen" setzte sich nur knapp gegenüber „Kund:innen" durch.

Tabelle 1: New Public Management und Governance als Reformkonzepte[11]

	Management 1990er Jahre	**Governance** 2000er Jahre
Schlagworte	- Neues Steuerungsmodell - Unternehmen Verwaltung - Bürokratiekritik - Dienstleistungskommune - Schlanker Staat	- Bürger-/Zivilgesellschaft - Sozialkapital - Gewährleistungsstaat - Aktivierender Staat
Probleme	- Staat/Bürokratie (-versagen) - Steuerungslücken - Organisierte Unverantwortlichkeit	- Gesellschaft (-versagen) - Fragmentierung - Externe Effekte - Exklusion
Ziele	- Effizienz, *value for money* - Dienstleistung - Kundenorientierung - Qualität	- Soziale, politische und administrative Kohäsion - Beteiligung - Bürgerschaftliches Engagement
Analysefokus	- Einzelne Organisationen - Binnensteuerung - Ergebnisorientiertes Management (z.B. einzelner Ämter) - Privatisierung, Outsourcing	- Koordination öffentlicher und gesellschaftlicher Akteure - Kombination verschiedener Steuerungsformen - Netzwerkmanagement - Steuerbarkeit

5 Peter Tschmuck (2008): *Die ausgegliederte Muse: Budgetausgliederungen von Kulturinstitutionen in Österreich seit 1992*, Innsbruck, Wien u. a.: Studienverlag.

6 Armin Klein (2011): *Der exzellente Kulturbetrieb*. Wiesbaden: VS Verlag für Sozialwissenschaften (3. Auflage); Irene Knava (2009): *Audiencing: Besucherbindung und Stammpublikum für Theater, Oper, Tanz und Orchester. Mit Interviews zahlreicher TheaterleiterInnen und Publikum*, Wien: Facultas.WUV.

7 Artemis Vakianis (2005): *Duales Controlling am Beispiel des Kulturbetriebes „Theater", Diskurs: Kultur – Wirtschaft – Politik*, Innsbruck, Wien u. a.: Studienverlag; Petra Schneidewind (2013): *Controlling im Kulturmanagement. Eine Einführung*, Wiesbaden: VS Verlag für Sozialwissenschaften, doi: 10.1007/978-3-531-93270-5.

8 François Colbert (1999): *Kultur- und Kunstmarketing. Ein Arbeitsbuch*, Wien und New York: Springer; Armin Klein (2001): *Kultur-Marketing: das Marketingkonzept für Kulturbetriebe* (Beck-Wirtschaftsberater im dtv: 50848), München: Dt. Taschenbuch-Verl. Beck (Originalausgabe).

9 Hanna Saur (2013): „Die Balanced Scorecard als Monitoring-, Steuerungs- und Evaluationsinstrument für den öffentlichen Theaterbetrieb in Deutschland", Diplomarbeit, Fachbereich Sozialwissenschaften, Medien und Sport, Johannes Gutenberg University Mainz.

10 Irene Knava/Thomas Heskia (2016): *Iso for culture. Qualitätsmanagement als Führungsinstrument. Standards in Kulturbetrieben praktisch umsetzen. Audiencing III*, Wien: Facultas.

11 Jann (2002), zitiert nach Benz (2004), S. 200.

Demgegenüber setzt die Idee einer umfassenden und vernetzten Governance stärker bei einer Einbeziehung der Bürgergesellschaft an, die nicht mehr nur als Konsument staatlicher Leistungen gesehen wird, sondern vielmehr als mitgestaltender Bestandteil eines Regelungsnetzwerks. Aushandlungsprozesse zwischen Staat und Zivilgesellschaft treten an die Stelle von direktivem Handeln. Für die Anwendung dieser Prinzipien im Kulturbereich etabliert sich der Begriff einer Cultural Governance,[12] der schon länger als ein neues Paradigma für die Kulturpolitik beworben wird.[13] Einmal mehr zeigt sich aber, dass der Kulturbetrieb, der im inhaltlichen Diskurs Vertreter einer gesellschaftlichen Avantgarde sein will, in seiner strukturellen Entwicklung kein Vorreiter ist. So wie gewisse Managementmethoden erst stark verzögert Eingang gefunden haben, so wie das Storytelling in der kommerziellen Werbung oft kulturell stärker aufgeladen ist als das inhaltssensible Kulturmarketing, so sind auch partizipative Steuerungs-, Regelungs- und Beteiligungsprozesse dieses Governance-Begriffs anderswo bereits Usus – seien es politische Beteiligungsprozesse oder auch die Co-Kreation,[14] die schon längst im Dienst der Start-up-Szene standen, bevor sie im Kulturbetrieb als Mittel gesellschaftlicher Partizipation aufgegriffen wurden.

Unabhängig davon, aber nicht ganz zusammenhanglos, hat sich in den Wirtschafts- und Rechtswissenschaften der Begriff der sogenannten Corporate Governance herausgebildet.[15] Darunter werden umfassende Steuerungs- und Kontrollmechanismen sowie die durch gesetzliche, satzungsmäßige, kapitalmarktinduzierte sowie auf freiwilliger Selbstbindung basierende Regulierung von Unternehmen verstanden.[16] Klassischerweise geht es um Vermittlung und Ausgleich zwischen Eigentümern und Management.[17] Ursprünglich vorrangig dem Schutz von Investoren verpflichtet,[18] geht es in der Diskussion um die Corporate Governance mittlerweile um weiter definierte Aushandlungsprozesse, bei denen auch Arbeitnehmer:innen- und Umweltinteressen berücksichtigt werden. Im Zentrum der Betrachtung stehen die Aufsichtsgremien, wie es sie in jedem mittleren und größeren Unternehmen gibt.[19]

Zu den zentralen Fragen der Corporate Governance gehört nicht nur, was die Aufsichtsgremien tun sollen, sondern auch, wer in ihnen vertreten sein sollte und, zu guter Letzt, wie die Berufung in das Gremium erfolgt – drei Fragen, die sich durchaus gegenseitig bedingen. In Praxis und Wissenschaft haben sich dazu unterschiedliche Ansichten herausgebildet. Der ursprünglichste Ansatz ist derjenige der Agency-Theorie:[20] Aufgabe eines Aufsichtsrats wäre es, das Management zu kontrollieren, damit es nicht seine Eigeninteressen in den Vordergrund stellt und Interessenskonflikte vermieden werden. Da es hier vorrangig um die Sicherstellung von regelkonformem Handeln geht, wird hier auch von einem Compliance Model gesprochen.[21]

12 Schad (2019).

13 Tobias J. Knoblich/Oliver Scheytt (2009): „Zur Begründung von Cultural Governance", in: *Aus Politik und Zeitgeschichte (8)*, S. 34–40.

14 Venkatram Ramaswamy/Francis J. Gouillart (2010): *The power of co-creation: build it with them to boost growth, productivity, and profits*, New York: Free Press.

15 Martin Hilb (2008): *New Corporate Governance: Successful Board Management Tools*, Berlin und Heidelberg: Springer (3. Auflage); Thomas Clarke/Douglas Branson (Hg.) (2012): *The SAGE handbook of corporate governance*, London: SAGE.

16 Jean J. Du Plessis (2012): *German corporate governance in international and European context*, Berlin: Springer (2. Auflage).

17 Beate Eibelshäuser (2011): *Unternehmensüberwachung als Element der Corporate Governance. Eine Analyse der Aufsichtsratstätigkeit in börsennotierten Unternehmen unter Berücksichtigung von Familienunternehmen*, Wiesbaden: Gabler.

18 Donald Nordberg (2020): *The Cadbury Code and Recurrent Crisis. A Model for Corporate Governance?*, Springer eBook Collection: Springer International Publishing (1. Auflage).

19 Jens Grundei/Peter Zaumseil (Hg.) (2011): *Der Aufsichtsrat im System der Corporate Governance: Betriebswirtschaftliche und juristische Perspektiven*, Wiesbaden: Gabler.

20 Kathleen Eisenhardt (1989): „Agency Theory: An Assessment and Review", in: *The Academy of Management Review 14(1)*, S. 57.

21 Chris Cornforth/Charles Edwards (1999): „Board Roles in the Strategic Management of Non-profit Organisations: theory and practice", in: *Corporate Governance: An International Review 7(4)*, S. 346–362.

Im Wesentlichen geht es darum, dass das Management seine Macht nur in den statutengemäßen oder vom Aufsichtsgremium gesetzten Grenzen ausübt. Gelingt eine solche Kontrolle nicht, spricht die Wissenschaft von Management Hegemony,[22] umgangssprachlich würde man sagen, dass das Management mit dem Aufsichtsrat Schlitten fährt. Ein kurzes Beispiel: In Österreichs Staatsholding ÖBAG, welche die Staatsbeteiligung der Republik Österreich an großen Unternehmen verwaltet, war kürzlich von der „Steuerbarkeit" von Aufsichtsratsmitgliedern die Rede. Eine solche herzustellen, war durch die Kollusion von öffentlichem Eigentümervertreter und späterem Management durchaus möglich: Der zuständige Beamte im Finanzministerium war mutmaßlich an der Auswahl der Aufsichtsräte beteiligt, bevor er sich von ihnen zum Vorstandsvorsitzenden wählen ließ.[23]

Die Agency-Theorie ist in Non-Profit-Organisationen (NPOs) jedoch nur von begrenztem Nutzen, weil diese in der Regel keinen beherrschenden Eigentümer haben bzw. unter den formalen Anteilseignern kein solcher identifizierbar ist. Auch widerspricht es einem modernen Governance-Verständnis, dass die ausschließliche Aufgabe eines Aufsichtsrats die Kontrolle sein soll. Damit vergibt man sich die Möglichkeit eines wertvollen partizipativen Diskursrahmens. Es ist nämlich ein weit größeres Feld an Stakeholdern vorhanden, deren Interessen genau an dieser Stelle zu artikulieren wären.[24]

Für NPOs wie für Kulturbetriebe gibt es daher verschiedene Ansätze, die weit über die Agency-Theorie hinausweisen.[25] Die Stewardship-Theorie sieht den Aufsichtsrat beispielsweise als Partner des Managements an, um ein gemeinsames Ziel zu erreichen.[26] Voraussetzung für ein solches Partnerschaftsmodell[27] sind jedoch Aufsichtsräte mit besonderem fachlichem bzw. sektoralem Wissen. In der Privatwirtschaft kommen hier oft ehemalige operative Manager:innen zum Zug. Es kann sich aber auch um Expert:innen für bestimmte Funktionsbereiche handeln, beispielsweise Expertise in Marketing, Finanzen, Recht oder Digitalisierung. Idealerweise entsteht so ein umfassender Wissenspool. Im Falle von Kulturorganisationen können es erfahrene Kulturmanager:innen oder profilierte Künstler:innen sein[28] oder Expert:innen aus der Privatwirtschaft und leitende Beamt:innen der öffentlichen Verwaltung. Ein kurzer Draht zum Fördergeber ist nämlich noch immer von zentraler Bedeutung. Dies geht schon in Richtung der Theorie der Ressourcenabhängigkeit.[29] Hier geht es nicht nur um die fachliche Expertise, sondern darum, was Mitglieder des Aufsichtsrats auch an materiellen Ressourcen für die Organisation in Bewegung setzen und wie sie darüber hinaus im Sinne von Advocacy als Fürsprecher „ihres" Betriebes auftreten können. Ein extremes Beispiel ist das im angloamerikanischen Raum verbreitete Modell der Supporters' Clubs,[30] das auf die Aktivierung von Honoratior:innen und Geldgeber:innen setzt[31] – und dementsprechend zur Verfestigung von Eliten beiträgt.

22 Chris Cornforth (2005): *The governance of public and non-profit organisations* (Routledge studies in the management of voluntary and nonprofit organizations 6), London: Routledge; Johanne Turbide (2012): „Can Good Governance Prevent Financial Crises in Arts Organizations?", in: *International Journal of Arts Management 14(2)*, S. 4–16.

23 https://www.derstandard.at/story/2000125474793/oebag-vorstand-schmid-und-sein-angeblich-steuerbarer-aufsichtsrat (31.10.2021).

24 Johanne Turbide/Claude Laurin/Laurent Lapierre/Raymond Morissette (2008): „Financial Crises in the Arts Sector: Is Governance the Illness or the Cure?", in: *International Journal of Arts Management 10(2)*, S. 4–13.

25 John Roberts/Terry McNulty/Philip Stiles (2005): „Beyond Agency Conceptions of the Work of the Non-Executive Director: Creating Accountability in the Boardroom", in: *British Journal of Management 16*, S. S5–S26; Morten Huse (2005): „Accountability and Creating Accountability: a Framework for Exploring Behavioural Perspectives of Corporate Governance", in: *British Journal of Management 16*, S. S65–S79; Wendy Reid/Johanne Turbide (2012): „Board/Staff Relationships in a Growth Crisis: Implications for Nonprofit Governance", in: *Nonprofit and Voluntary Sector Quarterly 41(1)*, S. 82–99.

26 James Davis/F. Schoorman/Lex Donaldson (1997): „Toward a Stewardship Theory of Management", in: *The Academy of Management Review 22(1)*, S. 20.

27 Cornforth/Edwards (1999).

28 Paola Dubini/Alberto Monti (2018): „Board Composition and Organizational Performance in the Cultural Sector: The Case of Italian Opera Houses", in: *International Journal of Arts Management 20(2)*, S. 56–70.

29 Ebd.

30 Cornforth/Edwards (1999).

Der andere Blick beschäftigt sich weniger mit der Frage, was Aufsichtsräte für die Organisation tun können, sondern was die Organisation für ihre Stakeholder tun kann. In einem echten Stakeholder-Modell entsenden Interessengruppen – in einem Theater beispielsweise die verschiedenen öffentlichen Finanziers, Bürger:innen, Publikumsvertreter:innen oder Künstler:innen – ihre Vertreter:innen direkt in den Aufsichtsrat.[32] In einem demokratischen Modell[33] wiederum werden politische Mehrheitsverhältnisse bei einem verantwortlichen öffentlichen Träger im Aufsichtsgremium im Proporz abgebildet. In der Regel sind das gewählte Mandatare von öffentlichen Trägern, die direkt für einen Kulturbetrieb verantwortlich sind, ein deutsches Stadttheater, das als Eigenbetrieb geführt wird, beispielsweise. Oft heißt so ein Aufsichtsgremium auch Betriebsausschuss oder Theaterausschuss und ist rechtlich gesehen ein ständiger Ausschuss einer Ratsversammlung oder eines deutschen Landesparlaments. In anderen Fällen, oftmals bei Stiftungen oder GmbHs, wird den gewählten Parteien ein satzungsmäßiges Entsenderecht zugestanden.[34] Solchen Aufsichtsorganen wird zwar oftmals die fachliche Expertise abgesprochen, sie sind jedoch aufgrund demokratischer Prozesse legitimiert und machen kein Hehl aus ihrem politischen Mandat. Politik setzt sich auf diese Art eins zu eins in den Institutionen fort, mit allen Begleiterscheinungen: Eine heftige Kontroverse entfachte sich etwa 2019 um einen AfD-Aufsichtsrat der Theater Halle/Saale.[35]

Die proporzmäßige Besetzung von Aufsichtsgremien öffentlicher Kulturbetriebe entsprechend den Mehrheitsverhältnissen in demokratischen Vertretungskörpern ist in Österreich unüblich. Das bedeutet aber nicht, dass die Mitglieder von Aufsichtsgremien unpolitisch wären. Sie sind mitunter politisch oft einseitiger, weil sie von zuständigen Politiker:innen der Exekutive ohne formelle Auswahlverfahren ernannt werden können. Bei Bundeskulturinstitutionen steht in der Regel dem/der Kultur- und dem/der Finanzminister:in eine bestimmte Zahl von Entsendungen zu. Zwar werden in den Ministerien hausintern Listen geeigneter Kandidat:innen erstellt, im Endeffekt kann aber der/die Minister:in selbst entscheiden. Im Kulturbereich steht dies nicht unter journalistischer Beobachtung, aber bei anderen größeren Staatsbetrieben wie etwa den Österreichischen Bundesbahnen oder der Autobahnverwaltung ASFINAG kommt es nach Regierungswechseln stets zu einem regelrechten Rennen um die Umbesetzung freier Aufsichtsratsmandate.[36] Dass dies ein potenzielles Einfallstor für Klientelpolitik und Korruption ist, wurde in den letzten Jahren nur zu deutlich. Somit gibt es in Österreich zwar keinen gesetzlichen Proporz nach parlamentarischen Mehrheiten, aber einen faktischen nach Regierungszusammensetzungen. Die Besetzungen eignen sich damit gut für eine politische Netzwerkanalyse.

31 Francie Ostrower (2004): *Trustees of culture: power, wealth and status on elite arts boards*, Chicago: Univ. of Chicago Press.

32 Thomas Clarke (1998). „The Stakeholder Corporation: A Business Philosophy for the Information Age", in: *Long Range Planning 31(2)*, S. 182–194; Tracey Coule (2015). „Nonprofit Governance and Accountability: Broadening the Theoretical Perspective", in: *Nonprofit and Voluntary Sector Quarterly 44(1)*, S. 75–97; Turbide (2012).

33 Cornforth/Edwards (1999); Coule (2015).

34 Thomas Heskia (2021): „Public Boards: Questions of Representation on Supervisory Boards of German, Austrian and Swiss Theatres", in: *International Journal of Arts Management 24(1)*, S. 32–47.

35 https://www.dokmz.com/2019/11/14/afd-stadtrat-als-aufsichtsrat-der-buhnen-halle-abgewahlt/ (31.10.2021).

36 https://www.trend.at/newsticker/oebb-aufsichtsrat-toechter-gremien-besetzung-9225572 (31.10.2021) und https://orf.at/stories/3179484/ (31.10.2021).

Der gute Wille von Minister:innen, Staatssekretär:innen, Landeshauptleuten und Landesrät:innen, gute Personen für Aufsichtsratsmandate zu finden, soll dabei gar nicht in Abrede gestellt werden. Allerdings verengt sich der Horizont bei einer solchen Form der Auswahl auf die immer gleichen Kandidat:innen, die sich dann immer wieder in verschiedenen Aufsichtsräten staatsnaher Unternehmen und eben auch der großen Kulturinstitutionen wiederfinden. Weiterbildungsangebote zur Professionalisierung der Aufsichtsratsarbeit von universitärer wie privater Seite sind zwar einerseits löblich,[37] tragen aber gleichzeitig zur Verfestigung von Eliten in diesem Aufsichtsratskarussell bei. Die Frage, wie es zu Ernennungen kommt, wäre noch genauer zu untersuchen. Die Befragung von Aufsichtsräten ist hierbei wenig hilfreich, geben sie sich doch in ihrer Qualifikation in der Regel überzeugt.

Einen wesentlichen Beitrag zur Regelung der Aufsichtsorgane öffentlicher Unternehmensbeteiligungen leistet der sogenannte „Bundes-Public Corporate Governance Kodex" (B-PCGK)[38], der seit 2017 für alle Unternehmen gilt, die von der Republik Österreich faktisch beherrscht werden. Das gilt bei den Kulturbetrieben für die Bundestheater ebenso wie für die Bundesmuseen – ganz unabhängig von der Rechtsform. Es gibt aber auch strittige Grenzfälle, beispielsweise die Salzburger Festspiele. Der Kodex ist insbesondere auf die von der OECD angeregten Prinzipien von Verantwortlichkeit (*accountability*) und Transparenz (*transparency*) im öffentlichen Sektor ausgelegt.[39] In der verpflichtenden Darstellung von Verantwortlichkeiten und möglichen Interessenskonflikten stellt er bereits einen wesentlichen Fortschritt dar. Dem ebenfalls von der OECD unterstützten Prinzip von Offenheit und Wertorientierung wird hingegen noch wenig Aufmerksamkeit geschenkt. Gerade dies wäre aber in Bezug auf Kulturbetriebe besonders spannend und würde stark zu einer positiven Legitimierung beitragen. Einstweilen lesen sich die jährlich zu publizierenden Public-Corporate-Governance-Berichte noch als nicht-negative Rechtfertigung, die in den Institutionen als Pflichtaufgabe wahrgenommen wird.[40]

Aus diesen Ausführungen erschließt sich auch, was der sozialwissenschaftliche und der betriebswirtschaftliche Governance-Begriff miteinander zu tun haben. Governance als politischer Aushandlungs- und Steuerungsprozess materialisiert sich in den staatlichen und staatsnahen Unternehmen als Corporate Governance. Analog dazu setzt sich Cultural Governance als Institutional oder Organizational Governance in den großen Kulturbetrieben fort.[41] Die Besetzung von Aufsichtsorganen erfolgt zu einem großen Teil politisch bzw. durch Politiker:innen oder – was häufiger in Deutschland oder in den österreichischen Bundesländern zu beobachten ist – Politiker:innen sind selbst in ihnen vertreten. Nicht selten nehmen Regierungsmitglieder sogar ex lege die Vorsitzfunktion wahr.[42] Die Kulturpolitik wird somit

37 Beispielsweise: https://www.incite.at/de/kurse-zertifikate/lehrgang-aufsichtsrat/ (31.10.2021) oder https://executiveacademy.at/de/programme/weiterbildung/management-leadership/governance-excellence (31.10.2021).

38 https://www.bundeskanzleramt.gv.at/dam/jcr:50217551-774e-4bbb-b355-1bbbf549d9fe/wCGK_Endfassung%202017.pdf (31.10.2021).

39 OECD (2015): *OECD Guidelines on Corporate Governance of State-Owned Enterprises*, Paris: OECD Publishing (2015 Edition).

40 Christian Kircher/Manfred Matzka (2019): *Corporate Governance Bericht der Bundestheater-Holding GmbH für das Geschäftsjahr 2017/18*. Wien: Bundestheater Holding.

41 Analog dazu: Benz (2004), S. 173ff.

42 Heskia (2021).

im Wesentlichen durch die Aufsichtsräte explizit oder implizit in die Organisationen hineingetragen.

Eine dynamische Governance geht über die statische Trägerschaft der öffentlichen Hand hinaus: Träger sind öffentliche Körperschaften, die entweder privatrechtliche Eigentümer sind, als Aufsichtsbehörde fungieren oder einen beherrschenden Einfluss ausüben, der satzungsmäßig verankert oder durch die Finanzierung faktisch gegeben ist. Bei der Untersuchung von Governance sind noch weitere Anknüpfungspunkte und Einflussfaktoren zu beachten. Demgegenüber betonen Kulturinstitutionen ihre künstlerische und wissenschaftliche Unabhängigkeit und versuchen sich von jeglichem beherrschenden Einfluss freizuspielen. Die Grenze zwischen künstlerischem und nicht-künstlerischem Wesen einer Kulturinstitution kann trotz gegenteiliger Binnensicht niemals vollkommen scharf gezogen werden: Wo endet die politisch-ökonomische Strategie, wo beginnt die inhaltliche Dimension? Oder anders gesagt: Wie weit darf Kulturpolitik gestalten und Governance aktiv an sich ziehen?[43] Ihre Verantwortlichkeit zur Gänze an verschiedene Gremien abzugeben, ist für einen Eigentümer bzw. schwergewichtigen Finanzier auch keine gangbare Option. In einer neuen Kulturpolitik muss es um eine bewusste Wahrnehmung von Governance gehen, die einen Mittelweg zwischen selbstbewusster Gestaltung und geteilter Verantwortlichkeit findet. Governance ist als partizipativer Prozess zu verstehen, um mit gesellschaftlicher Ambiguität und Ambivalenz umzugehen.

Die großen öffentlichen Theaterbetriebe sind in Österreich – mit Ausnahme des Klagenfurter Stadttheaters – als Gesellschaften mit beschränkter Haftung organisiert. Die uneingeschränkte Eigentümerschaft der öffentlichen Hand verspricht bei den Landestheatern in den österreichischen Landeshauptstädten – vergleichbar in etwa den deutschen Staatstheatern – eine klare Governance-Struktur, mitunter jedoch geteilt in Anteile des Landes und der Sitzstadt, die wie beispielsweise beim Landestheater Tirol auch mit Spitzenpolitiker:innen selbst im Aufsichtsrat vertreten sind. Hier ist es durch die Eigentumsverflechtung aber klarer, als wenn diese faktisch über millionenschwere kommunale Subventionen und bilaterale „Theaterverträge" zwischen Bundesland und Landeshauptstadt erfolgt, wie die Auseinandersetzung über das Linzer Landestheater – offiziell: Oberösterreichische Theater und Orchester GmbH – gezeigt hat.[44]

Auf den ersten Blick geradlinig ist die Governance der Österreichischen Bundestheater, die als GmbH im hundertprozentigen Eigentum der Republik Österreich, die auch der einzige Fördergeber ist,[45] stehen. Sie verfügen aber als großer Theaterkonzern über eine stärkere Binnengliederung und verzweigte Aufsicht. Als Holdinggesellschaft hat sie vier Tochtergesellschaften, die Wiener Staatsoper, das Burgtheater, die Volksoper und als gemeinsame Dienstleistungsgesellschaft die ART for ART

43 Birgit Mandel/Annette Zimmer (Hg.) (2021): *Cultural Governance: Legitimation und Steuerung in den darstellenden Künsten*, Wiesbaden: Springer, S. 165, doi: 10.1007/978-3-658-32159-8.

44 https://www.derstandard.at/story/2000091357952/streit-um-subventionen-in-linz-wer-bezahlt-fuer-das-landestheater (31.10.2021).

45 BTHOG (1998): „Bundesgesetz über die Neuorganisation der Bundestheater (Bundestheaterorganisationsgesetz – BThOG), BGBl. I Nr. 108/1998", https://www.bundestheater.at/documents/32/BThOG_Fassung_20180125.pdf (31.10.2021).

Theaterservice GmbH, die den Theatern als Werkstätten und Ticketingdienstleister dient. Insgesamt gibt es dadurch fünf Aufsichtsräte auf zwei Ebenen: den Konzernaufsichtsrat und vier Tochteraufsichtsräte.[46]

Ein Mitglied des Aufsichtsrats der Holding wird qua Funktion von dem/der für Kultur zuständigen Fachminister:in – aktuell der/die Bundesminister:in für Kunst, Kultur, öffentlichen Dienst und Sport (BMKÖS) – ernannt, ebenso drei weitere, die aber ausdrücklich Fachleute auf den Gebieten des Finanzwesens, des Bühnenwesens oder des Rechtswesens sein müssen, sowie zwei von dem/der Finanzminister:in.[47] Dazu kommen vier Personalvertreter:innen. Zu diesem zehnköpfigen Aufsichtsrat hat jedes einzelne Tochterunternehmen einen achtköpfigen Aufsichtsrat. Dies hat zu einer Verdoppelung, aber nicht zwingendermaßen zu einer Verbesserung der Kontrollprozesse geführt. Die Zuständigkeiten sind zwar geregelt, da der/die Geschäftsführer:in der Konzernmutter aber gleichzeitig Aufsichtsratschef:in aller Tochtergesellschaften ist, führt dies einerseits dazu, dass Management und Aufsicht nicht klar gegeneinander abgegrenzt sind, andererseits ergibt sich in den Aufsichtsräten eine deutliche Informationsasymmetrie zugunsten des/der immer gleichen Vorsitzenden. Die Kulturpolitik hat sich dafür über Jahre zurückgehalten und über rigide finanzielle Vorgaben gesteuert. Dies mögen vielleicht nur Mosaiksteinchen im massiven Management- und Aufsichtsversagen sein, das sich im finanziellen Zusammenbruch des Burgtheaters von 2014 äußerte. Reaktion auf dieses Systemversagen war eine weitere Stärkung der Muttergesellschaft als „strategische Management-Holding".[48]

Seit der Gründung der Bundestheater im Jahr 1999 waren verschiedene Zusammensetzungen des Aufsichtsrats erprobt worden. Nach der Ausgliederung bestand der Aufsichtsrat vorrangig aus Beamt:innen, was der neu gewonnenen Unabhängigkeit nicht wirklich entsprach. Unter den rechtskonservativen Regierungen in den 2000ern waren es verstärkt externe Mitglieder, die nach privatwirtschaftlichen Standards agierten und den Kostendruck erhöhten. Aktuell findet sich mit der ehemaligen Bundeskanzlerin einer Expertenregierung und Höchstrichterin die sicherlich höchstmögliche Verwaltungsexpertise an der Spitze, dazu ein langgedienter Spitzenbeamter, der selbst über Jahre den Vorsitz führte, sowie – abgesehen von den Personalvertretern – der Leiter eines vergleichbaren österreichischen Bühnenunternehmens, ein Vertreter der Musikwirtschaft, ein Ticketinganbieter und eine Schweizer Kulturexpertin[49]. Insgesamt ist das Gremium dadurch verwaltungs- und produktionslastig. Die Breite der Gesellschaft kommt hier noch nicht an, auch muss angemerkt werden, dass Internationalität noch keine Diversität abbildet.

Die Opernstiftung Berlin ist bei vergleichbarer Größe wesentlich schlanker organisiert.[50] Drei profilierte Opernhäuser kommen mit nur einem einzigen Rechtsträger und nur einem Stiftungsrat aus,[51] der

[46] Armin Lukas (2009): „Ausgliederung der Bundestheater – eine verfassungsrechtliche Betrachtung", Diplomarbeit, Rechtswissenschaftliche Fakultät, Karl-Franzens-Universität Graz; Vera Friederike Vieten (2016): „Die Ausgliederung der österreichischen Bundestheater und die Reorganisation der Berliner Opern im Vergleich", Dissertation, Wien.

[47] BTHOG (1998).

[48] Integrated Consulting Group (2014): „Optimierung der Struktur der Bundestheater-Holding GmbH", Projektbericht, Wien: Integrated Consulting Group.

[49] https://www.bundestheater.at/de/holding/aufsichtsrat-holding/ (31.10.2021).

[50] Zur Genese siehe: Sarah Zalfen (2011): *Staats-Opern? Der Wandel von Staatlichkeit und die Opernkrisen in Berlin, London und Paris am Ende des 20. Jahrhunderts* (Die Gesellschaft der Oper 7), München und Wien: Böhlau.

[51] https://www.berlin.de/sen/kultur/_assets/kulturpolitik/stiftung_oper.pdf (31.10.2021).

neben dem Berliner Kultur- und dem Finanzsenator mit einem anderen Bündel an Spezialistinnen besetzt ist: einer österreichischen Festspielintendantin, einer Rundfunkintendantin, der Rektorin der örtlichen Musikhochschule und einer Vertreterin eines Energieversorgers für die externe Wirtschaftskompetenz.[52]

Die Zusammenfassung mehrerer Kulturbetriebe in gemeinsame Unternehmen wird oft mit höherer Effizienz und Skaleneffekten begründet, sie hat aber – trotz regelmäßig betonter inhaltlicher Unabhängigkeit – auch direkte Auswirkung auf Autonomie der Teilbetriebe. Besonders ausgeprägt ist diese dort, wo Kulturbetriebe in große Kulturholdings zusammengefasst sind, zum Beispiel in der niederösterreichischen Kulturholding NÖKU, die mehr als 30 Kulturbetriebe unter ihrem Dach vereinigt.[53] Hier zieht sich eine stringente Governance-Linie vom Eigentümer Land weiter in die Holding und wieder in viele verschiedene Kulturbetriebe. Strukturen und das Reporting sind vereinheitlicht. Das, was im Sinne einer Effizienzüberlegung so organisiert wurde, ermöglicht natürlich auch eine leichtere Koordination und die Setzung strategischer Schwerpunkte. Die künstlerische Autonomie der verschiedenen künstlerischen Leiter:innen wird stets betont, in einer zentralisierten Organisation, die einem eher paternalistischen Verständnis von Kulturpolitik entspringt, lässt sich nicht abstreiten, dass dirigistische Steuerungsmaßnahmen leichter umgesetzt werden können. Es muss klar sein, dass die Selbstständigkeit in einer derart hierarchischen Struktur immer einer gewissen Einschränkung unterliegt und auch ein potenziell kreativer institutioneller Pluralismus unterbunden wird. Auch die Advocacy-Funktion von Aufsichtsräten wird eingeschränkt, weil hier die Identifikation mit dem einen Betrieb, für den sich Aufsichtsräte persönlich einsetzen, nicht wirklich entstehen kann.

Die Österreichischen Bundesmuseen sind um die Jahrtausendwende als jeweils selbstständige Anstalten öffentlichen Rechts konstituiert worden, einer Rechtsform, die Anfang des Jahrtausends eigens für diesen Zweck für sie geschaffen worden war.[54] Zwar wurde diese Rechtsform den Gesellschaften mit beschränkter Haftung nachgebaut, sie haben aber als Anstalten keinen Eigentümer, gehören also sich selbst.[55] Diese Eigentümerlosigkeit ist in Bezug auf die Governance ambivalent. Geht alles gut und fließen wie in Vor-Corona-Zeiten die doch recht hohen Eintrittserlöse, betonen die Museumsleitungen ihre Autonomie. Wird es finanziell knapp, so fordern sie Verantwortlichkeit der öffentlichen Hand ein. Aufsichtsorgan ist das Kuratorium, das aber trotz des wirtschaftsfremden Namens wie ein GmbH-Aufsichtsrat funktioniert und wie bei den Bundesmuseen von den Ministerien – Kultur und Finanzen – beschickt wird. Die Sammlungen wiederum stehen in direkter Eigentümerschaft des Bundes bzw. der Länder, ein weiterer die Governance beeinflussender Faktor.

52 https://www.berlin.de/rbmskzl/aktuelles/pressemitteilungen/2021/pressemitteilung.1070575.php (31.10.2021).

53 https://www.noeku.at/de (31.10.2021).

54 Thomas Heskia (2000): „Organisationaler Wandel im öffentlichen Kulturbetrieb. Der Prozeß der Ausgliederung der Österreichischen Bundesmuseen am Beispiel von Kunsthistorischem Museum und MAK", Diplomarbeit, Institut für Handels- und Wertpapierrecht, Wirtschaftsuniversität Wien.

55 Tschmuck (2008).

Neben den Aufsichtsgremien gibt es aber noch weitere Strukturen, die Mitsprache in öffentlichen Kulturinstitutionen haben. Insbesondere in Museen sind wissenschaftliche Beiräte zu erwähnen, denen eine viel stärkere inhaltliche Kompetenz zukommt, bei denen es aber – im Gegensatz zu den gesellschaftsrechtlich über den Geschäftsführungen verankerten Aufsichtsräten – stark darauf ankommt, wie sehr sie tatsächlich eingebunden werden.[56] In ihrer Rolle sind sie meist unverbindlich und zumeist von nicht definierter Größe. Ihre Partizipation kann von öffentlich wahrgenommenen Diskursen – wie beispielsweise beim Haus der Geschichte Österreichs[57] – bis hin zum Name-Dropping internationaler wissenschaftlicher Größen im anderen Extrem reichen.

56 Vgl. dazu die Partizipationspyramide im Beitrag „Heilende Kulturpolitik" von Ivana Scharf im gleichen Band.

57 http://icom-oesterreich.at/news/haus-der-geschichte-beirat-nominiert-eroeffnung-verschoben (31.10.2021).

Im Theaterbereich gibt es beim Wiener Volkstheater einen Beirat, der sich aus ausgewiesenen Theaterspezialist:innen zusammensetzt und das Theater berät. Satzungsgemäß ist der Beirat sogar das höchste Organ der relativ komplexen Stiftungskonstruktion, da er das Recht hat, den Stiftungsrat zu bestellen. Diese machtvolle Position bleibt aber eine rein formelle, da den großen Fördergebern Stadt Wien und Republik Österreich ein Vorschlagsrecht für die drei Vorstandspositionen eingeräumt wird und der Beirat selbst von Stadt und Bund paritätisch berufen wird (Stiftungsurkunde Volkstheater 2021). Ohne auf die jüngsten Entwicklungen beim Wiener Volkstheater einzugehen, lässt sich hier ablesen, wie die Ausübung von Governance ganz ohne direkte Eigentumsrechte vonstatten gehen kann.

Bei den bisher beschriebenen Aufsichtsgremien wie Beiräten blieb der vielleicht wichtigste Stakeholder außen vor: das Publikum. Die Vernetzung mit der Gesellschaft, der bürgerschaftliche Diskurs und die Kommunikation mit alten und neuen Zielgruppen wird in Zukunft eine zentrale Bedeutung in der Arbeit von Kulturinstitutionen haben. In Deutschland gibt es bereits eine Anzahl von Museen, die Publikumsbeiräte als Methode bürgerschaftlicher Beteiligung eingeführt haben. Vielfach sind sie aus der Outreach-Arbeit entstanden, um die durch die Öffnung des Museums erreichten Personen in die Arbeit des Hauses einzubinden.[58] Dabei ist die Abgrenzung zu Außenformaten des Community-Outreach, wie beispielsweise dem Nachbarschaftsforum des Museums Belvedere,[59] fließend.

58 https://www.stadtgeschichtliches-museum-leipzig.de/blog/2020/09/03/mitmachen-erwuenscht-stadtgeschichtliches-museum-leipzig-oeffnet-sich-fuer-mehr-beteiligung-seiner-besucherinnen-und-besucher/ (31.10.2021).

59 https://www.ots.at/presseaussendung/OTS_20190307_OTS0175/belvedere-21-setzt-auf-gute-nachbarschaft (31.10.2021).

Auch bei den Theatern gibt es teilweise schon länger zurückliegende Anläufe. Bei der Ausgliederung der Bundestheater 1999 gab es über die Verankerung eines Fach- und Publikumsbeirats massive parlamentarische Diskussionen. Während ihn der konservative Koalitionspartner vehement forderte, lehnte ihn das Liberale Forum als Eingriff in die künstlerische Freiheit ebenso vehement ab; schließlich wurde er zu einem Publikumsforum umgewandelt, um das es seither relativ still geworden ist. Auch andere Theater im deutschsprachigen Raum – beispielsweise das Theater Kiel – haben Beiräte, denen aber lange Zeit wenig Beachtung geschenkt wurde und die dementsprechend wenig gestalten konnten. Dies scheint sich aber – analog zu den Museen – langsam zu ändern, da die jungen Beiräte als Werkzeug der dringend notwendigen partizipativen Programm- und Organisationsentwicklung neu entdeckt werden.[60] Was den neuen Beiräten in Theatern wie Museen gemeinsam ist, ist die Einrichtung durch die Betriebsleitungen selbst, also auf freiwilliger Basis und ohne institutionelle Verankerung. Das schmälert die tatsächlichen Einflussmöglichkeiten und natürlich auch ihre Dauerhaftigkeit.

Governance kann somit als netzwerkartiges und partizipatives Steuerungssystem definiert werden, das dazu geeignet ist, die Kulturpolitik in die Kulturorganisationen zu übersetzen. Den formellen Auftrag der Politik dazu haben Aufsichtsräte und Kuratorien, die sich als juristisch verankerte Organe von Kulturinstitutionen im Spannungsfeld von wirtschaftlicher Kontrolle, strategischer Beratung und Advocacy bewegen. Aufgrund ihrer Besetzung durch Verwaltungsvertreter:innen wie Fachspezialist:innen können sie die Forderung nach multidimensionaler Diversität nicht erfüllen. Die notwendige Transformation wird daher in traditionellen Aufsichtsgremien kaum funktionieren.

Fachbeiräte sind dazu berufen, sich inhaltlich partizipativ einzubringen. Sie wären dazu geeignet, das Deutungsmonopol von Museumsdirektor:innen und Intendant:innen zu brechen, sind dafür aber meist zu schwach verankert und werden der Forderung nach Diversität nur geringfügig besser gerecht. Sie stellen eine Verbindung zur Fachwelt her, in Zukunft wird aber die interaktive Verbindung mit dem Publikum an Bedeutung gewinnen. Dabei können intelligent moderierte Publikumsbeiräte, die die gesamte Breite der Gesellschaft abbilden, eine bedeutende Rolle spielen. Eine Kulturpolitik der Zukunft, die auf Cultural Governance als Steuerungsprinzip setzt, wird solche Gremien transparent einsetzen, sie intelligent vernetzen und ihre Beiträge nachvollziehbar berücksichtigen müssen, um damit ein neues Verhältnis von Kulturbetrieb, Politik und Gesellschaft zu definieren.

60 https://www.lvz.de/Nachrichten/Kultur/Kultur-Regional/Das-Leipziger-TDJW-will-mit-einem-Beirat-das-Theater-der-Zukunft-entwickeln (31.10.2021).

292

Von wegen frei

Michael Wimmer

Im Frühjahr 2019 gab die freie Szene in Wien ein Lebenszeichen von sich: Die Interessengemeinschaften der verschiedenen Kunstsparten luden zum zweitägigen Symposium „Freie Szene – Freie Kunst. Soziale Gerechtigkeit – Fair Pay. Konkrete Strukturen und Ideen für Wien"[1] im Wiener Gartenbaukino. Viele von den kulturpolitischen Entwicklungen der vergangenen Jahre frustrierte Künstler*innen und Kulturschaffende waren gekommen; sie alle erhofften sich im Dialog mit der neuen Kulturstadträtin Veronika Kaup-Hasler eine Verbesserung ihrer prekären Arbeitsbedingungen. In der mehr als einjährigen Vorbereitungszeit hatten die Standesvertreter*innen u. a. eine Reihe deutscher Initiativen wie Ausstellungshonorare oder Mindesthonorare studiert, um nach Jahren der Marginalisierung die materiellen Voraussetzungen der freien Szene im Wiener Kulturleben im Zeichen einer „Utopie der Gerechtigkeit" noch einmal nachhaltig zu verbessern.

1 Interessengemeinschaft Freie Theaterarbeit (2019): „Freie Szene – Freie Kunst. Soziale Gerechtigkeit – Fair Pay. Konkrete Strukturen und Ideen für Wien", Dokumentation des Internationalen Symposiums, 8. und 9. April 2019, Gartenbaukino Wien, freietheater.at/wp-content/uploads/2019/07/20190701_Dokumentation_Symposium_freie_szene_freie_kunst_final.pdf.

In Österreich war das staatliche Interesse an der freien Szene in den Jahren vor dem Ausbruch der Pandemie – euphemistisch gesprochen – enden wollend. Die führenden Vertreter*innen der Kulturpolitik auf Bundesebene, aber auch in Wien zeigten immer weniger Bereitschaft, auch nur den regelmäßigen Dialog aufrechtzuerhalten. Stetig sinkende Fördermittel deuteten darauf hin, dass das kulturpolitische Potenzial des Sektors als weitgehend erschöpft eingeschätzt wurde und die Kulturpolitik sich zunehmend darauf beschränkte, seine Akteur*innen als lästige Bittsteller*innen mit Almosen abzuspeisen.

Was leistet die freie Szene (noch) für die Gesellschaft?

Im Mittelpunkt der Präsentationen aus den verschiedenen Fachbereichen stand der Anspruch der gerechten Bezahlung einer künstlerisch-kulturellen

Tätigkeit, die zumindest für sich selbst ungebrochen gesellschaftliche Relevanz beansprucht. Also ging es vordergründig ums Geld, konkret um mehr Geld, das nach Jahren der sukzessiven Kürzungen der öffentlichen Mittel ein Auskommen jenseits der Armutsgrenze ermöglichen soll. Und doch waberte über den einzelnen Präsentationen die unausweichliche Frage nach einer Erneuerung der von der freien Szene repräsentierten politisch-inhaltlichen Ansprüche, die Forderungen nach besserer materieller bzw. sozialer Absicherung überhaupt erst begründbar erscheinen lassen. Noch so berechtigte Forderungen nach mehr materiellen Ressourcen (Bezahlung, soziale Absicherung etc.) werden – so steht zu befürchten – ohne hinreichende Klärung der gesellschaftlichen Gegenleistungen in einem zunehmend umkämpften kulturpolitischen Kampffeld nicht ausreichen, um eine breite politische Zustimmung zu erfahren.

Ganz offensichtlich ist es im öffentlichen Bewusstsein zu einem schleichenden Paradigmenwechsel gekommen. Ein solcher führte dazu, die Arbeit in der freien Szene zu einer Privatsache zu erklären, ohne dass daraus nochmals eine Verpflichtung der öffentlichen Hand zu ihrer Ermöglichung bzw. Aufrechterhaltung abgeleitet werden könnte. Beispielhaft brachte dies die feministische Kulturtheoretikerin Bojana Kunst in ihrem Eingangsstatement zum Ausdruck, indem sie ein Porträt einer Künstlerin auf der Suche nach einer nichtentfremdeten und damit autonomen künstlerischen Existenz präsentierte. Diese bezahlt ihren Anspruch mit der Prekarität ihrer Arbeits- und Lebensverhältnisse, ohne dass eine öffentliche Instanz noch einmal bereit wäre, für dieses Auseinanderklaffen von ideellem Anspruch und realer Umsetzung zumindest Mitverantwortung zu übernehmen.

Die Geschäftsführerin der IG Kultur Österreich Yvonne Gimpel machte in ihrer Einführung[2] deutlich, dass Österreich bei diesem sukzessiven Bedeutungsverlust der freien Szene keine Ausnahme darstellt. Vielmehr ließe sich in fast allen westeuropäischen Staaten ein sinkendes Engagement der öffentlichen Hand für kulturelle Belange ganz insgesamt und für den freien Sektor im Besonderen feststellen.[3] Das verbleibende Engagement orientiere sich zunehmend an einer marktwirtschaftlichen Logik der Output-Orientierung und außerästhetischen Erfolgsbemessung; so seien strukturfördernde Maßnahmen zunehmend von Einzelprojektförderungen abgelöst worden. Wenn Gimpel angesichts eines solchen kulturpolitischen Mainstreamings noch einmal die Frage aufwarf, ob gerechte Bezahlung für künstlerische Arbeit im freien Bereich eine machbare Utopie darstellt, dann lohnt eine kurze historische Rückschau, um diese Frage besser beantworten zu können.

Dazu eine notwendige Vorbemerkung: Es schien lange Zeit zu einem konstitutiven Bestimmungsstück des bürgerlichen Kulturbetriebs zu gehören, das Thema Freiheit zu problematisieren. Ihre zentralen Funktionsträger*innen gingen von einer kategorialen Differenz zwischen

2 Yvonne Gimpel (2019): „Utopie des Möglichen", Einführungsvortrag, https://youtu.be/wFvssvyPEdE.

3 Eine Ausnahme bildeten einige osteuropäische Länder, die freilich von einem anderen Niveau aus starteten.

einem „Reich der Notwendigkeit" und einem „Reich der Freiheit" aus. Während in Ersterem mehr oder weniger mühsame (entfremdete) Arbeit geleistet wurde, sollte in Zweiterem der Mensch als kulturelles Wesen mithilfe der Künste zu sich kommen. Institutionalisiert wurde dieses Reich der Freiheit in einem Kulturbetrieb, der eigenen Regeln gehorchte und Produzent*innen ebenso wie Rezipient*innen als zentraler Ort der Selbstvergewisserung diente. Beide Seiten konnten hier – zumindest für die Dauer einer Aufführung – in eine utopische Welt eintauchen, um dort eine Ahnung eines Lebens als Ganzes zu erfahren.

Gegen diese Form der kollektiven Schizophrenie versuchten sich künstlerische Avantgarden im Verlauf des 20. Jahrhunderts immer wieder abzuarbeiten. Sie forderten eine Zusammenführung dieser beiden Reiche und damit eine Wiedervereinigung von Arbeit und Leben in Gestalt einer nicht entfremdeten Existenzweise, die mit vorrangig künstlerischen Mitteln geschaffen werden sollte. In den 1970er-Jahren sollte dieser Widerspruch kulminieren, wenn selbst prononcierte Vertreter*innen des traditionellen Kulturbetriebs seine weitgehende Erstarrung beklagten. Mit seinem strikt arbeitsteiligen Angebot würde er das Gegenteil von dem bewirken, was er einst versprochen hatte: die Trennung von Arbeit und Leben zu überwinden. Dazu würde er zu einer gesellschaftlichen Spaltung beitragen, indem er eine gut gebildete und in der Regel wohlhabende Minderheit, die als kulturell interessiert bezeichnet werden konnte, wertend einer großen Mehrheit, die als Nichtnutzer*innen als „kulturlos" etikettiert werden konnte, gegenüberstellte. „Schlachtet die heiligen Kühe!",[4] meinte damals Pierre Boulez und forderte, dass sich Künstler*innen auf die Suche nach alternativen kulturellen Ausdrucksformen machen.

4 Michael Wimmer (2014): „Vom Werden und vom Zustand österreichischer Kulturpolitik anhand des MuseumsQuartiers Wien", in: Maria Welzig/Anna Stuhlpfarrer (Hg.): *Kulturquartiere in ehemaligen Residenzen. Zwischen imperialer Kulisse und urbaner Neubesetzung*, Wien, Köln und Weimar: Böhlau.

Die freie Szene als treibende Kraft gesellschaftlicher Entwicklung

Dies war wohl die Geburtsstunde einer „freien Szene". Ihre Vertreter*innen wollten sich nicht mehr der überkommenen Logik des etablierten Betriebs unterwerfen. Stattdessen suchten sie Anschluss an bisher vernachlässigten Teilen der Gesellschaft, die in der damaligen Aufbruchsstimmung als Zukunftsträger gegen das rückwärtsgewandte Establishment angesehen wurden. In einer solchen Konstellation erwuchsen zumindest zwei Charakteristika, die für die freie Szene kennzeichnend werden sollten: Da war einerseits der Anspruch, eine neue Ästhetik zu entwickeln, die mit experimentellen Mitteln die erstarrten künstlerischen Ausdrucksformen des Betriebs konterkarieren sollte; künstlerische Produktion sollte nicht mehr auf Traditionen aufbauen, sondern sich neu erfinden und so vielfältige Gegenentwürfe gegen die Hegemonialansprüche eines künstlerischen Old-Boy-Network zu schaffen.

Und da war andererseits der Anspruch, mit anderen Menschen in Kontakt zu treten, vor allem mit versprengten Jugendszenen, die bislang als bestenfalls geduldete Subkulturen weitgehend isoliert mit städtischen Nischen Vorlieb nehmen mussten. Für diesbezügliche Begegnungen sollten neue Orte gefunden werden, die – möglichst nahe an den Arbeits- und Lebensverhältnissen der Menschen – neue Vorstellungen einer egalitären Kultur, in der die Grenzen zwischen Produktion und Rezeption verschwinden, möglich machen sollten.

Aufmerksame Kulturpolitiker*innen der damaligen Ära erkannten bald die Bedeutung dieser Entwicklungen und versuchten ihnen in verschiedener Weise Rechnung zu tragen. Die Wiener Kulturstadträtin Ursula Pasterk verzehnfachte in den 1980er-Jahren das Fördervolumen für die freie Theaterszene. Sie versprach sich von der freien Szene einen wichtigen Beitrag zur Realisierung eines Modernisierungskonzeptes der Stadt. Sie sollte ein nachhaltiges Gegengewicht gegen die dröge gewordenen Kulturtanker schaffen, von denen keinerlei ästhetische Innovationen mehr ausgingen. Auch auf Bundesebene kam es zu einer stetigen Ausweitung des Förderinstrumentariums, das neben der Bestandserhaltung der zentralen kulturellen Infrastruktur in zunehmendem Ausmaß auch die unterschiedlichen Sparten einer „freien" Kunstausübung miteinbezog. Mit der Implementierung der neuen Förderkategorie „regionale Kulturinitiativen" sollte vor allem dem Anspruch eines „breiten Kulturbegriffs" Rechnung getragen werden. Ihr Angebot sollte sich nicht nur an eine kleine kundige Elite richten, sondern – möglichst niederschwellig – möglichst viele Menschen in das kulturelle Geschehen einbeziehen, um so die traditionellen kulturellen Differenzen zumindest zu relativieren.

Aus heutiger Sicht lassen sich zwei Erfolgsgeschichten der freien Szene ausmachen: Da sind zum einen die nachhaltigen ästhetischen Impulse, die mittlerweile tief in den etablierten Bereich hineinwirken. Dies äußert sich auch in einer zunehmenden Durchlässigkeit: Immer mehr freie Künstler*innen sehen sich nicht mehr in unversöhnlicher Opposition gegen die überkommenen Institutionen, sondern wechseln ganz pragmatisch schon mal die Seiten, um die Vorteile institutioneller Sicherheiten zu nutzen. Dies bewirkt eine neue Gemengelage zwischen freier Szene und institutionellem Betrieb, in der keine Seite mehr das ästhetische Innovationsmonopol für sich zu beanspruchen vermag, im besten Fall gegenseitige Ergänzung stattfinden kann.

Und da ist zum anderen die schiere Vermehrung einer kulturinteressierten Öffentlichkeit: „So viel Kunst war nie." Und die freie Szene hat sicher wesentlich dazu beigetragen, um den Preis der eigenen Institutionalisierung das Kulturangebot nachhaltig auszuweiten und mehr Menschen dafür zu gewinnen. Die utopischen Erwartungen, mit Kunst ein neues Verhältnis zwischen Arbeit und Leben bei den großen Mehrheiten stiften zu können, blieben dabei weitgehend auf der Strecke. Als Möglichkeit einer angenehmen Freizeitgestaltung aber machten vor der Pandemie mehr Menschen denn je von einem vielfältigen Kulturprogramm

Gebrauch. Wer als Veranstalter*in jeweils dahintersteht, ist für sie in der Regel bestenfalls zweitrangig geworden.

Möglicherweise sind es gerade diese Erfolgsgeschichten, die fragen lassen, ob es eine freie Szene mit ihrem utopischen Anspruchsdenken heute noch braucht. Könnte es sein, dass die zum Teil skandalösen Arbeitsverhältnisse im freien Bereich Ausdruck von Marktverhältnissen sind, in denen von ihr erbrachten Leistungen nur mehr ein geringer Wert zugemessen wird? Dies umso mehr, als sich Politik (und damit auch Kulturpolitik) immer weniger als eine Form der „wertorientierten Marktkorrektur“[5] versteht, um so vor allem kulturellen Ausdrucksformen besondere Aufmerksamkeit zu widmen, die von sich aus nicht in der Lage sind, sich hinreichend am Markt zu realisieren.

5 Kurt Blaukopf (1982): *Musik im Wandel der Gesellschaft. Grundzüge der Musiksoziologie*, München: Piper.

Bereits die kulturpolitische Schwerpunktverlagerung zu Beginn der 2000er-Jahre zugunsten von „Cultural and Creative Industries“ hat den Auftrag des Staates, seine Förderpolitik komplementär zur herrschenden Marktlogik auszurichten, nachhaltig geschwächt. Dazu kommt die weitgehende „Vermarktförmigung“ selbst der großen öffentlichen Kultureinrichtungen, die als die zentralen Kulturanbieter immer weniger kulturpolitische Gegensteuerung erfahren. Als solche bestimmen sie unter Beibehaltung extrem ungleicher Wettbewerbsverhältnisse wesentlich das auch für die freie Szene existenzentscheidende Verhältnis von Angebot und Nachfrage.

Besonders deutlich wurde mir dieser umfassende gesellschaftliche Transformationsprozess just an der Figur der „freien“ Künstler*innen. Mit ihrer Selbstbeschreibung als besonders flexibel, mobil, kreativ, resilient gegenüber Unerwartetem und Frustrierendem, in der Regel kinderlos und alleinstehend, erweisen sie sich nicht mehr als besonders beispielhafter Ausdruck einer nichtentfremdeten Existenz. Sie fungieren vielmehr als Role Models eines neoliberalen Weltbildes, das jede verbindliche Regelung kollektiver Sicherung als hinderlich für eine bestmögliche Durchsetzung individueller Erfolgsstrategien erklärt.

Die besondere Infamie in der Zuschreibung einer solchen neuen Avantgarde liegt – nicht nur im freien Kulturbereich – in der besonderen Prekarität der damit verursachten Arbeits- und Lebensverhältnisse, die diesbezügliche Utopien der 1970er-Jahre in ihr schieres Gegenteil verkehren. Und so erfahren wir ungewollt von einem neuen Widerspruch, wonach die in freier künstlerischer Tätigkeit inkorporierte moderne Arbeits- und Lebensweise für immer mehr Menschen als einzig überlebensfähiges Zukunftsmodell gepriesen wird, aber genau dieses Modell immer mehr Menschen in Armut und Abhängigkeit von staatlicher Alimentierung führt.

So erfreulich die zumindest partielle Öffnung des etablierten Kulturbetriebs gegenüber nicht institutionalisierten künstlerischen Ausdrucksformen erscheinen mag, so sehr hat diese die freie Szene ihres

Alleinstellungsmerkmals als sowohl ästhetisch als auch sozial innovative Kraft beraubt. Zum Ausdruck kommt hier eine Ermüdung im permanenten Überlebenskampf, die es der freien Szene immer schwerer macht, ästhetisch mit dem institutionalisierten Sektor Schritt zu halten, der im Rahmen vielfältiger Bildungs- und Vermittlungsaktivitäten viel Energie darauf verwendet, sich auch sozial gegenüber neuen, bislang vernachlässigten sozialen Gruppen zu positionieren.

Die digitale Revolution als großer blinder Fleck

Noch wesentlich einschneidender aber scheinen die Folgen der aktuellen technologischen Revolution. Ihre Betreiber*innen verstehen es, mit ihren großen Zukunftsversprechen jene kreativen und innovativen Potenziale zu binden, die sich noch vor wenigen Jahren im freien Sektor engagiert hätten. Es war für mich faszinierend festzustellen, dass an beiden Tagen des Symposiums der Begriff der Digitalisierung kein einziges Mal fiel. Also erlebte ich eine freie Szene, die sich – noch vor der Pandemie – weitgehend unbeeindruckt von der Tatsache zeigte, dass sich da ein ganz neuer Kulturraum auftut, der alles, was bislang kulturell der Fall war, zur Disposition stellt. Und so wurde dieser blinde Fleck zum beredtsten Ausdruck für einen Wechsel von einer Avantgarde, die von neuen Lebens- und Arbeitsverhältnissen mit künstlerischen Mitteln zu berichten weiß, hin zu einer Derrieregarde, die aus einer Verteidigungshaltung heraus noch einmal versucht, zu retten, was zu retten ist.

Da half nur wenig, dass der langjährige Vorsitzende der IG Autor*innen Gerhard Ruiss in fast schon virtuoser Manier im Abschlussplenum nochmals 29 Forderungen zu erheben wusste, um kurzfristig zu einer pragmatischen Verbesserung der Arbeitsverhältnisse zu kommen. Entscheidender scheint mir zu sein, ob es der freien Szene als Repräsentationsform der „unbekannten Künste“[6] nochmals gelingt, überzeugende Referenzen als dynamische Kraft in der aktuellen gesellschaftspolitischen Verfasstheit beizubringen.[7]

Zumindest im europäischen Kontext haben sich Versuche, strategische Allianzen mit anderen Teilen der Zivilgesellschaft herzustellen, als besonders erfolgsversprechend erwiesen. Aus Sicht der staatlichen Kulturpolitik läge das besondere Asset der freien Szene in ihrer gewachsenen Fähigkeit, sich dem marktwirtschaftlichen Stachel zu widersetzen. Während die großen Tanker in den letzten Jahren ohne wesentliche staatliche Steuerung den Marktkräften überlassen wurden, wäre es naheliegend, auf eine „Neue Kulturpolitik“ zu setzen, die sich als ein Korrektiv eben dieser versteht. Dies aber setzte die Wiedergewinnung einer politischen Haltung im Bereich der Kulturpolitik ebenso wie im Bereich der freien Szene voraus, die darauf hinausläuft, nicht nur die (mehr als berechtigten) Interessen von freien Künstler*innen zu vertreten,

6 Selbstzuschreibung eines Szene-Mitglieds.

7 Anleihen dazu ließen sich etwa im Rahmen der Studie der Deutschen Kulturpolitischen Gesellschaft „Neue Formate und Methoden der soziokulturellen Arbeit“ nehmen, siehe https://kupoge.de/neue-formate.

sondern sich mit ihnen noch einmal an der Utopie besserer Arbeits- und Lebensverhältnisse zu versuchen.

Ich sage das mit aller gebotenen Mentalreservation, wenn sich zurzeit keine signifikanten politischen Kräfte abzeichnen, die willens und in der Lage wären, noch einmal in Allianz mit der freien Szene zu neuen gesellschaftlichen Ufern aufzubrechen. Beispielhaft dazu wurde 2019 eine Neuauflage des „Civil Society Index"[8] veröffentlicht, der u. a. eine nachhaltige Verschlechterung der Kommunikation zwischen Politik und Zivilgesellschaft (inklusive Kulturbereich) feststellt.

8 https://gemeinnuetzig.at/2019/04/civil-society-index-update-2019-ist-der-politische-klimawandel-noch-zu-stoppen-2.

Und doch: In ihren engagierten Stellungnahmen machte die Kulturstadträtin Kaup-Hasler deutlich, dass sie auf der Seite der freien Szene steht. In ihrer Herangehensweise schien es manchmal, sie hätte ihre Intendant*innen-Tätigkeit vom steirischen herbst auf die Stadt Wien verlagert, um sich auf diese Weise mit „ihren" Künstler*innen zu verbünden.

Kulturpolitik aber ist mehr: Sie zielt auf die Erneuerung einer kulturellen Hegemonie in einer Öffentlichkeit, die heute tief geprägt ist von einer Mischung neoliberaler Alternativlosigkeit und sozialer Desintegration. Das aktuelle Regierungsprogramm[9] bietet nur wenig Handhabe, in seiner Heterogenität diesem Anspruch entgegenzukommen. Auf eine diesbezügliche Profilierung werden wir wohl noch eine Weile warten müssen – und damit auf konzeptive Grundlagen für „Fair Pay", die über punktuelle Erhöhungen der Budgets hinausweisen, um die Existenzberechtigung des Sektors auch in Zukunft hinreichend zu begründen.

9 Regierungsprogramm 2020–2024, Kapitel „Kunst & Kultur", S. 46–52, https://www.wienerzeitung.at/_em_daten/_wzo/2020/01/02/200102-1510_regierungsprogramm_2020_gesamt.pdf.

Erste Lockenhauser Kulturgespräche

Michael Wimmer

Als die Musikszene erstaunt feststellte, wie viel sie einander zu erzählen hat, und sich auf die Suche nach gemeinsamen Interessen machte

Sommer 2020. Das Gefecht ist eröffnet: In beispielloser Manier fordert der Direktor der Albertina, Klaus Albrecht Schröder, die temporäre Schließung des Theaterbetriebs[1] (und meint damit wohl auch den Verzicht auf Musikveranstaltungen). Postwendend erhält er einen polemisch gespickten Ohrenreiber von Staatsoperndirektor Bogdan Roščić, der ihm schrankenlose Eitelkeit und darüber hinaus völlige Unkenntnis vorwirft.[2] Und wir dürfen nach Föttinger und Resetarits einmal mehr die für Österreich typische Art und Weise, sich kulturpolitisch zu verständigen, erleben: Platzhirsche, die sich in der Öffentlichkeit bekämpfen, während alle übrigen Akteur*innen der Szene mehr oder weniger gebannt und schweigsam den Ausgang verfolgen.

Diese Form der Delegation wollten die Veranstalter*innen der Ersten Lockenhauser Kulturgespräche[3] bewusst durchbrechen. Es sollte nicht nur *über* die Künstler*innen die Rede sein; stattdessen wollten sie sich selbst – tunlichst abseits jeglicher medialer Aufgeregtheit – zu Wortführer*innen machen, zumal fast alles dafürsprach, dass die Auswirkungen der Pandemie sie ganz persönlich betreffen würden (bzw. schon betrafen).

1 https://kurier.at/kultur/albertina-direktor-ich-darf-nicht-gegen-die-betonwand-rasen/400994240.

2 https://www.leadersnet.at/news/44984,schroeder-zu-commerzialbank-man-haette-mich-halt-vor-30-bis-50.html.

3 https://www.musicaustria.at/lockenhauser-kulturgespraeche-2020-kunst-kultur-in-zeiten-des-corona-virus.

Das Virus und der Kulturbetrieb

Erst jetzt wird vielen so richtig klar, dass in der Nachkriegszeit ein spezifisches Musikformat verbindlich gemacht wurde, das bis gestern den Musikbetrieb uneingeschränkt bestimmt hat. Als Inbegriff der „richtigen" Wahrnehmung von Musik galt das klassische Symphoniekonzert, bei dem eine Hundertschaft von höchst spezialisierten Musikern (erst viel später auch Musikerinnen) auf der Bühne rund 2000 Zuhörer*innen militärisch anmutend in Reih und Glied gegenübersaß. Seine Legitimation erhielt es nicht nur aus dem Umstand, dass hier eine höchst kultivierte

Musizierpraxis vor einem kundigen Publikum entfaltet wurde, sondern eng verbunden war damit auch das Selbstverständnis der Akteur*innen, mit ihrem Dabeisein einen Beitrag zur nationalen Identitätsversicherung zu leisten und damit den politischen (in Österreich traditionell konservativ ausgerichteten) Status quo zu verfestigen und zu vertiefen. Das offizielle Österreich bedankte sich dafür, indem es diesen musikalischen Hervorbringungen zuschrieb, dass jene in herausragender Weise die „Kulturnation Österreich" repräsentierten. Grund genug, damit die staatliche Privilegierung des Musikbetriebs in seiner für ewig gültig erklärten Gestalt zu begründen.

Und dann kam – für uns alle inklusive der Regierung unerwartet – der Tag X, von dem an alles anders sein sollte. Die Regierung verordnete Mitte März die Schließung des Kulturbetriebs, die Spielpläne wurden zur Makulatur und das Publikum musste zwangsweise zu Hause bleiben. Damit entging dem Musikbetrieb eine wichtige Einnahmequelle; schon rasch stellte sich ganz elementar die Sinnfrage, da der Lockdown in diesem Frühjahr ganz offensichtlich machte, dass die österreichische Gesellschaft auch ohne institutionelles Kulturangebot weiter funktionieren kann und sich der Aufschrei in der Bevölkerung (vor allem aber in der Politik) über sein fehlendes Angebot mehr als in Grenzen hielt. Wenn in den ersten Tagen beim überwiegenden Teil der Akteur*innen noch die Hoffnung überwogen hat, alsbald wieder in einen alten Zustand (so fragwürdig dieser immer schon sein mochte) zurückkehren zu können, so wird mittlerweile selbst den größten Optimist*innen immer deutlicher, dass die nach 1945 gezimmerten Grundlagen des Musikbetriebes drauf und dran sind, auseinanderzubrechen. Allein die Tatsache, dass die Gesundheitspolitik ihre Maßnahmen nahezu täglich anhand von Indikatoren zum Stand der Virus-Ausbreitung neu bemisst und neue Vorgaben erlässt, führt die Planungsbedürfnisse der großen Musikplayer, die zum Teil Jahre im Voraus disponieren, ad absurdum. Ein scheinbar unverwüstliches Geschäftsmodell ist zu einem abrupten Ende gekommen.

„Ich habe es satt, mir jeden Tag aufs Neue allein in meinen vier Wänden den Kopf darüber zu zerbrechen, wie es weitergehen könnte"

Es ist daher wahrscheinlich kein Zufall, dass das Angebot an die Szene, sich an den ersten Lockenhauser Kulturgesprächen zu beteiligen, breit angenommen wurde. Vertreter*innen großer Veranstalter aus ganz Österreich fanden sich ebenso ein wie freie Musiker*innen und Komponist*innen, die es offenbar leid waren, ihre Befürchtungen allein zu Hause zu wälzen, und sich stattdessen über Genre-Grenzen hinweg untereinander austauschen und allenfalls dabei auch Neuland betreten wollten. Eine gute, zur Diskussion einladende Vorlage dazu bot die

Produktion „COSÌ.20 – Liebe ist ansteckend!“,[4] die an den Vortagen der Gespräche von ÄRT HOUSE OPERA um Thomas Höft und Dietrich Henschel „virusgerecht“ in Szene gesetzt wurde.

Ohne große Eingangsstatements fanden sich die Teilnehmer*innen bald in intensiven Diskussionsrunden, die sich um die Themen Veranstaltungen, Formate, Publikum und Kulturpolitik rankten. Ich selbst durfte mich um den Gesprächsfaden beim Thema der Kulturpolitik kümmern. Ohne jeden Versuch der Vollständigkeit der verschiedenen Einschätzungen und Einsichten möchte ich in meiner Reflexion einige Punkte herausgreifen.

Naturgemäß richtete sich das erste Interesse auf das staatliche Handeln, dessen Wirksamkeit in diesem Frühjahr von vielen Künstler*innen schmerzlich vermisst wurde. Und doch spricht vieles dafür, dass dieser Mangel nicht nur dem gerade regierenden Personal angelastet werden kann, sondern dessen Ursprung sich weit in die 1990er-Jahre zurückverfolgen lässt. Wenn einer der Diskutant*innen, der selbst kulturpolitisch tätig ist, meinte, „Kulturpolitik ist in den letzten zwanzig Jahren systematisch heruntergewirtschaftet worden“, dann beschreibt er damit den schleichenden Rückzug des Staates als Garant des Musikbetriebs.[5] Im Zuge einer neuen Selbstständigkeit auf dem Markt haben dessen Vertreter*innen offenbar nur ungenügend antizipiert, dass man nicht beides haben kann: die Freiheiten des Marktes und die Sicherheit des Staates. Nur zu gerne hat man seit den 1990er-Jahren auf die neue Unabhängigkeit gepocht, um damit jede Art von staatlicher Einflussnahme abzuwehren. Jetzt, wo der Markt von einem Tag auf den anderen wegbricht, ist die Neigung groß, sich in die Arme des Staates zurückzusehnen. Der aber existiert – jedenfalls in seiner Eigenschaft als mächtiger kulturpolitischer Akteur – nicht mehr. Kulturpolitik ist innerhalb des Regierungsportfolios zu einem undankbaren Ausgedinge verkommen; wer immer sich als Politiker*in profilieren möchte, versucht es erst gar nicht, an dieses Politikfeld anzustreifen. Entsprechend schwer ist es geworden, mithilfe des Buzzwords „Kulturnation“ noch einmal Entscheidungsträger*innen hinter dem Ofen hervorzuholen, um ein Phantom zu retten, das für sie überhaupt nicht mehr existiert.[6]

Von der Kunst- und Kulturverwaltung gehen keine Initiativen aus

Neben der weitgehend devastierten Arena der Kulturpolitik existiert eine in die Jahre gekommene Kunst- und Kulturbürokratie, die sich an einem fast schon feudalen Gewährensmodus abarbeitet und wenig Interesse zeigt, entlang neuer Produktions- und Rezeptionsweisen selbst initiativ zu werden. Was dann aber bleibt, sind die schieren Marktkräfte, deren Logik (in Form von Quoten, Auslastungszahlen oder Drittmittelakquisition) mittlerweile bestimmenden Einfluss auch auf die staatliche

4 https://forum-lockenhaus.webnode.at/cosi-20.

5 Siehe dazu auch den Beitrag „Über den Wert der Kunst“ von Michael Wimmer in diesem Band.

6 Siehe das fast schon exemplarische Desinteresse am Kulturbetrieb von (mittlerweile ehemaligen) Politiker*innen wie Sebastian Kurz oder Gernot Blümel.

Förderpraxis nimmt. Auf der Grundlage kann sich staatliche Politik (die in Zeiten der Krise mit dem Slogan „Koste es, was es wolle" noch einmal versucht, sich gegen die Marktkräfte durchzusetzen) zwar dazu verständigen, nach einigem Zögern auch Hilfsprogramme für den Musikbetrieb aufzulegen; alle darüber hinausgehenden Hoffnungen, die darauf abzielen, den Musikbetrieb konzeptionell neu aufzusetzen oder ihm noch einmal eine Rolle in der Bewältigung der Krise zuzuweisen, werden wohl enttäuscht werden.

Natürlich kam auch wieder die Forderung nach einem eigenen Kulturministerium auf. Diese zielt wohl darauf ab, eine Kulturpolitik, die ihrem Gefühl nach zu einer inferioren Restkategorie verkommen ist, noch einmal aufzuwerten (und dabei selbst eine Aufwertung zu erfahren). In ihrer jetzigen Ausformung, so jedenfalls der Tenor, scheint sie kaum in der Lage zu sein, sich gegenüber den Interessen anderer, wesentlich mächtigerer Politikfelder durchzusetzen oder gar ressortübergreifende Maßnahmen zu stimulieren.

Wie kann ein Neuanfang gelingen?

Die Ausgangslage könnte also schwieriger nicht sein: Da ist einerseits der Markt als eigentlicher Hoffnungsträger der letzten Jahre von einem Tag auf den anderen zusammengebrochen. Und da sind wir andererseits mit den Folgen des Rückzugs des Staates konfrontiert, der jetzt einen Ausgleich zwischen den unterschiedlichen Anspruchsgruppen finden muss und aufgrund seiner kulturpolitischen Selbstabschaffung nicht in der Lage ist, auf die besonderen Bedürfnisse des Musikbetriebs gebührend Rücksicht zu nehmen, geschweige denn, dass nochmals signifikant steigende staatliche Mittel für den Kunst- und Kulturbereich zu erwarten sind. Die erwartbaren Folgen: eine schmerzhafte „Bereinigung des Marktes", was immer darunter zu verstehen sein mag. Die Hoffnungen, dass sich dabei ein neues Qualitätsverständnis etablieren könnte, das über quantitativ erfassbare Erfolgskriterien hinausweist, könnten sich als trügerisch erweisen, wenn – wie schon jetzt am Beispiel der Salzburger Festspiele beobachtbar[7] – die großen etablierten Einrichtungen ihre dominante Position bedenkenlos nutzen werden.

Es gibt aber auch Positives zu berichten: Die kulturpolitischen Akteur*innen aus Politik und Verwaltung sind angesichts des Ausmaßes der Herausforderung gezwungen, vor die gönnerhaften und besserwisserischen Fassaden ihrer Potemkinschen Dörfer zu treten. Sie sind mit ihrem Latein am Ende, noch bevor sie begonnen haben, die Krise zu managen. Dazu verfügen sie über keinerlei konzeptives Know-how, das der Krise gewachsen wäre. Also versuchen sie, mit Vertreter*innen des Musikbetriebs in ein neues Verhältnis zu treten, um so gemeinsam maßgeschneiderte Lösungen zu erarbeiten.

[7] Allein die zusätzlichen Kosten für den Corona-Sicherheitsdienst betrugen 300.000 Euro im Jahr 2020, siehe dazu: https://nachtkritik.de/index.php?option=com_content&view=article&id=18441:presseschau-vom-25-juli-2020-die-faz-portraetiert-helga-rabl-stadler-chefin-der-salzburger-festspiele-die-naechste-woche-starten-und-schon-jetzt-als-modellhaft-fuer-die-theaterszene-gelten.

So erfreulich diese neue Gesprächskultur erscheint, so verweist sie doch auf ein strukturelles Defizit der Szene, die sich bislang um die Frage herumgedrückt hat, ob sie überhaupt Interessen hat, und wenn ja, wie sich diese vertreten lassen. Immerhin hat sich erst kurz vor den Lockenhauser Kulturgesprächen die neue Interessensgemeinschaft Freie Musikschaffende[8] etabliert, die sich dort präsentieren konnte. Dieser erfreuliche Umstand konnte aber nicht verbergen, dass viele der vor allem freischaffenden Musiker*innen und Künstler*innen noch immer von einem völlig apolitischen Berufsbild geprägt sind und folglich an Politik überhaupt nicht anstreifen möchten. Alleine der Umstand, sie könnten eigene Interessen haben, geschweige denn diese mit anderen teilen, ließ zumindest einige der Teilnehmer*innen an ihrem Künstler*innenbild zweifeln, das sich erhaben weiß über die Niederungen des Politischen. Dass es eine Reihe von Teilnehmer*innen gab, die erstmals zur Kenntnis nahmen, dass es im Rahmen der younion[9] eine gewerkschaftliche Vertretung zumindest für abhängig erwerbstätige Musikschaffende gibt, hat mir zu denken gegeben.

8 https://igfmoe.at.

9 https://www.younion.at.

„Wir denken nicht politisch", meinte folgerichtig eine Teilnehmerin und wurde dabei unterstützt von einem Vertreter eines der großen österreichischen Orchester, der die Szene dazu einlud, sich bei aller künstlerischen Exzellenz auch als ganz normale Erwerbstätige samt spezifischen Berufsinteressen zu begreifen. „Abschiednehmen von einer manisch-depressiven Grundhaltung" habe ich das genannt, weil sie auf fast schon virtuose Weise den Anspruch, etwas Besonderes zu sein (und auch so behandelt werden zu wollen), mit der Einschätzung, besonders arm und missverstanden zu werden, zu verbinden weiß.

Die Chance, die in einer Politisierung des Musikbetriebs liegt, zeigt sich spätestens dort, wo sich die Kehrseite der Emanzipation von staatlicher Bevormundung, wie sie seit den 1990er-Jahren mit einer zunehmenden Marktdurchdringung des Musikbetriebs zu beobachten ist, zu einem Gefühl wachsender Irrelevanz verdichtet. Diese Angst war bei den Teilnehmer*innen spürbar. Immer mehr Menschen bis weit in den etablierten Mittelstand geraten zurzeit in existenzielle Krisen und lassen sich mit Appellen an die Kulturstaatlichkeit nicht mehr in die Konzertsäle zurückholen. Stattdessen war viel die Rede von einer neuen Sprache, die erst entwickelt werden muss – und die sowohl näher als auch konkreter verbunden sein muss mit den Menschen, mit denen es der Musikbetrieb in Zukunft zu tun haben will.

Kooperation in der Konkurrenzgesellschaft statt „Neiddebatte"

Wenn die Kulturpolitik der letzten Jahre etwas erreicht hat, dann ist es die Durchsetzung eines Systems des *Divide et impera*. Die Folge ist eine weitgehende Isolierung der Akteur*innen auch innerhalb des Musikbetriebs, die sich untereinander vor allem in gegenseitigen Konkurrenzverhältnissen empfinden. Abhanden gekommen ist dabei die Fähigkeit, sich bei aller Kompetitivität des Musikmarktes in zentralen Fragen zu verständigen und in Kooperation zu üben. Dies gilt nach innen über die Genre-Grenzen hinweg, aber auch nach außen, wenn sich erst in einer kooperativen Haltung neue Chancen des Zusammenwirkens mit anderen gesellschaftlichen Bereichen auftun. Dazu kommt, dass in dem Maß, in dem Kulturpolitik nicht mehr in der Lage ist, die Interessen des Kulturbetriebs hinreichend in anderen Politikfeldern zu vertreten, der Bedarf wachsen wird, selbst neue Kooperationen zu versuchen und dort die besonderen Fähigkeiten des Kulturbetriebs einzubringen. Eine solch neue kooperative Haltung, die sich nicht auf die unbedingte Verteidigung dessen, was vor der Krise bestand, beschränkt, führt notwendigerweise auch zu einer Erweiterung künstlerischer Berufsbilder, die Organisations- und Regionalentwicklung ebenso umfassen können wie Bildungs- und Sozialarbeit im Zusammenhang mit der zunehmenden Heterogenisierung der Gesellschaft. Dass dies keinerlei negative Auswirkungen auf die künstlerische Qualität haben muss, das haben vielfältige Beispiele eindrucksvoll gezeigt.

Wahrscheinlich nicht ungefährlich ist die Einschätzung, dass die aktuelle Krise auch den Kampf um eine neue Gewichtung der Akteur*innen innerhalb des Musikbetriebs wiedereröffnen konnte. „Nur ja keine Neiddebatte“ lautete die kulturpolitische Losung der letzten Jahre, die die Hierarchie zwischen einem privilegierten inneren Kreis und den vielen Freien auf Dauer stellte. Nach dem ersten Generalangriff auf die etablierten Gralshüter nach 1968[10] sollten sich die experimentierfreudigen Freien dank bescheidener Förderungen mit ihrer inferioren Rolle am Rand des Betriebs auf Dauer zufrieden geben. Die großen Player hingegen orientierten sich weiterhin an ihren gottgegebenen Formatvorgaben und ließen es mit kosmetischen Veränderungen bewenden. Für den Nachwuchs auf dem Weg ins Bestehende sollten Musikvermittler*innen sorgen. Dieweil übernahmen die Freien die Funktion einer wenig bedankten Forschungs- und Entwicklungsabteilung, machten sich auf die Suche nach neuen Publikumssegmenten, erprobten neue Interaktionsformen, experimentierten mit neuen Formaten und lieferten damit den Stoff, aus dem der Weg aus der Krise gebaut werden kann.

10 Siehe dazu auch die Beiträge „Über den Wert der Kunst“ und „Von wegen frei“ von Michael Wimmer in diesem Band.

Der freie Bereich als zentrale Ressource für die Neukonzeption des Musikbetriebs

Während in der Pandemie selbst Vertreter*innen des etablierten Konzertbetriebs danach fragen, ob große Orchesterformationen, die bislang den Betrieb dominiert haben, außerhalb einiger weniger musealer Nischen überhaupt noch eine Zukunft haben, hätte es der freie Bereich in der Hand, mit seinen vielfältigen Erfahrungen der letzten Jahre den

Musikbetrieb neu auszurichten und ihm damit noch einmal Bedeutung zu geben. Sie wissen wohl am besten über die Logik von Produktionszyklen, die jedes Geschäftsmodell bestimmen. Das Wissen liegt in ihren Genen, dass nicht die Wiederholung des „immer Gleichen" das Ziel sein kann, sondern die Mitwirkung an einer dynamischen Entwicklung von immer wieder neuen Angeboten, die einen Anfang, einen Höhepunkt, aber auch ein Ende kennen. Dazu gehört auch die Hoffnung auf neue Musiken, die in für die jeweiligen Interessierten adäquaten Settings zur Aufführung gebracht werden könnten.[11] Die Losung des Intendanten der styriarte Mathis Huber, sich dabei weniger an den Ansprüchen der Musik an das Publikum zu orientieren, sondern an den Ansprüchen des Publikums an die Musik, könnte hierfür eine gute Leitlinie bilden. In diesem Zusammenhang sehe ich eine zentrale Aufgabe der Kulturpolitik darin, solche „Open Labs" als Experimentier- und Entwicklungsräume zur Entwicklung künftiger Inhalte und Formate zu stimulieren.[12] Der Call „Corona Futures"[13] könnte hierfür beispielgebend sein.

Zumindest angesprochen wurde eine Reihe von notwendigen kulturpolitischen Maßnahmen, sie reichen von der Durchsetzung adäquater Bezahlung von Streaming-Diensten über die Valorisierung von Förderzusagen bis hin zur Bindung von Förderungen für Veranstalter*innen an eine sozial abgesicherte Mindestentlohnung. Einen zentralen Stellenwert aber hat – nicht nur in unserer Diskussion – die Einführung eines voraussetzungslosen Grundeinkommens eingenommen. Dabei waren sich alle Diskutant*innen einig, dass eine solche Maßnahme nicht auf den Kunst- bzw. Musikbetrieb beschränkt sein sollte. Stattdessen bezog sich diese Forderung auf alle, die die aktuelle Krise mit ihren gravierenden Auswirkungen auf den gesamten Arbeitsmarkt dazu nutzen wollen, eine sinnstiftende Lebensweise abseits der rigider werdenden Zwänge der Arbeitswelt zu erproben. Künstler*innen könnten sich als Interessenträger*innen nicht nur des eigenen Sektors profilieren und damit ihre gesellschaftspolitische Relevanz unter Beweis stellen.

Vieles wurde nur angesprochen. Vor allem der möglicherweise entscheidende Einfluss, den die digitalen Medien auf jede Neuausrichtung des Musikbetriebs nehmen werden, blieb weitgehend unterbelichtet. Die vielleicht entscheidende Qualität des Treffens aber bestand darin, dass Menschen aus ihren Silos herausgetreten sind und sich über die Genre-Grenzen hinaus verständig haben. Wer wie ich die Koryphäen der Alten Musik im Gespräch mit dem führenden Vertreter der österreichischen Jazz-Szene gesehen hat, der spürte unmittelbar, dass sich beide etwas zu sagen haben – und noch lange nicht alles gesagt (geschweige denn getan) ist.

11 Das war übrigens bis ins 19. Jahrhundert eine Selbstverständlichkeit.

12 In dem Zusammenhang ist es bemerkenswert, dass die Deutsche Kulturstiftung des Bundes das Programm „Reload. Stipendium für Freie Gruppen" aufgelegt hat, im Rahmen dessen auch die Konzeption des Projekts „Cosi.20" gefördert wurde, ohne Auflage, das Projekt auf die Bühne zu bringen – umso schöner, dass es schließlich doch gelungen ist. Siehe dazu: https://www.kulturstiftung-des-bundes.de/de/reload_stipendien_startseite.html.

13 https://corona-futures.de/open-call.

Am Beispiel Musik: Fair Pay und Kulturfinanzierung

Sabine Reiter

Adäquate Bezahlung als eigentliches Finanzierungsziel der Kulturförderung

Fair Pay ist im Kunst- und Kulturbereich derzeit in aller Munde. Die Entwicklung einer gemeinsamen Strategie von Bund, Ländern und Gemeinden zur Umsetzung von Fair Pay ist im Regierungsprogramm[1] vorgesehen. Sie steht dort im Kapitel „Rahmenbedingungen", gemeint sind also wohl nicht nur die geförderte Kulturwelt, sondern auch nicht geförderte Bereiche des Kunst- und Kultursektors. Vonseiten der Interessengemeinschaften der Kunst- und Kulturszene eingefordert wird aber vor allem eine Förderpraxis, welche die Kosten für faire Bezahlung berücksichtigt. Genau dieses Thema wird aktuell (im Herbst 2021) auch diskutiert, in Form eines groß angelegten Diskursprozesses zwischen Bund, Ländern und den Interessengemeinschaften.

1 Regierungsprogramm 2020–2024, https://www.wienerzeitung.at/_em_daten/_wzo/2020/01/02/200102-1510_regierungsprogramm_2020_gesamt.pdf.

Nun könnte man sich als dem geförderten Kulturbetrieb nicht nahestehende Person fragen, wie es eigentlich kommt, dass in einer Welt, die durch Förderungen unterstützt wird, nicht fair bezahlt wird? Die nächste Frage könnte lauten, wozu dann die Förderungen eigentlich gedacht sind, wenn nicht dazu, diverse Leistungen bezahlen zu können? Wenn dies aber das Ziel ist, wieso kann es sein, dass in der Förderwelt prekäre Arbeitsverhältnisse nicht unüblich sind? Was genau soll sich dann eigentlich durch die Förderung ändern?

Fair Pay suggeriert, dass es um Fairness geht. Tatsächlich geht es aber vermutlich schlicht und einfach um die Formulierung klarer Förderziele. Der Rahmen für die durch die öffentliche Hand geförderte oder finanzierte Kunst- und Kulturwelt und die Ziele der Förderung werden durch die Verfassung sowie durch diverse Gesetze und Richtlinien abgesteckt. Durch volkswirtschaftliche Theorien wird die Förderung von Kunst und Kultur auf einer ganz grundsätzlichen Ebene argumentiert.

Marktversagen oder kein Marktversagen?

In der volkswirtschaftlichen Theorie sollte die Situation des Marktversagens vorliegen, damit die öffentliche Hand überhaupt fördern oder finanzieren „darf". Marktversagen liegt vor, wenn der Marktmechanismus aus Angebot und Nachfrage nicht zu volkswirtschaftlich erwünschten Ergebnissen führt. Ursachen dafür liegen beispielsweise in wettbewerbsbeschränkendem Verhalten der Marktteilnehmer*innen, mangelnder Marktfähigkeit von Gütern oder sogenannten externen Effekten. Externe Effekte bezeichnen die positiven oder negativen Auswirkungen von Aktionen eines Wirtschaftssubjekts auf Unbeteiligte, ohne dass es zu einer finanziellen Kompensation kommt. Ein Beispiel: Die großflächige Abholzung von Wäldern und deren Auswirkung auf den Klimawandel beeinträchtigt Menschen, die in den Vorgang nicht direkt wirtschaftlich involviert sind. Ein Gut mit positiven externen Effekten wiederum stiftet einerseits Konsument*innen direkten Nutzen, andererseits nützt es auch Nicht-Konsument*innen und ist somit auch gesellschaftlich wünschenswert. Die Finanzierung der allgemeinen Schulbildung etwa erfolgt auf Basis der Annahme, dass sie zu gesellschaftlich und volkswirtschaftlich erwünschten Effekten führt.

Im Musikbereich liegen Ursachen des Marktversagens beispielsweise in der mangelnden Marktfähigkeit von Gütern. Auch wettbewerbsverzerrende Marktstrukturen wie etwa die Konzentration großer Marktanteile auf einige wenige Player können Ursachen für Marktversagen sein. Die sogenannte „Internalisierung externer Effekte" soll dafür sorgen, dass eine volkswirtschaftlich relevante Fehlallokation, also das Marktversagen, beseitigt wird. Diese Einbeziehung externer Effekte kann beispielsweise durch Steuern oder Anreizzahlungen erfolgen, um negative Effekte in Richtung Verhaltensänderung zu korrigieren. Sie kann aber auch durch die Subventionierung von Produktionen mit positiven externen Effekten erfolgen, um auf diese Weise nicht nur den privaten, sondern auch den gesellschaftlichen Nutzen abzugelten und eine gesamtwirtschaftlich erwünschte Ausweitung der Produktion zu bewirken.

In der Volkswirtschaftslehre wird zur Begründung der Förderung von Kunst und Kultur vor allem die Theorie der meritorischen Güter verwendet. Diese Güter werden als gesellschaftlich wünschenswert betrachtet, der Markt bringt sie aber aus verschiedenen Gründen wie etwa individuellen Vorlieben nicht in einem gesellschaftlich wünschenswerten Ausmaß hervor. Die Theorie der meritorischen Güter postuliert, diese Güter seien zu wenig nachgefragt, weil die Gesellschaft zu wenig informiert sei, um über diese Güter Bescheid zu wissen. Sie würden aber nicht nur direkten Nutzen für Konsument*innen stiften, sondern trügen einen Nutzen in sich, der sich in Form positiver externer Effekte auf die gesamte Gesellschaft auswirke.

Im Bereich der Kunst- und Kulturförderung wäre also einerseits regelmäßig auf Basis kulturpolitischer und volkswirtschaftlicher Expertise zu hinterfragen, in welchen Bereichen überhaupt Marktversagen vorliegt. Darüber hinaus sollte Einigkeit darüber hergestellt werden, was als meritorisches Gut betrachtet werden soll. Bereits die Frage des Marktversagens ist nicht leicht zu beantworten. Kunst und Kultur finden auch statt, wenn der Staat keinen einzigen Cent dafür ausgibt, etwa als Hobby, man denke an die vielen Amateurchöre und Blasmusikvereine im Musikbereich oder die vielen Amateurtheatergruppen. Hingegen funktionieren weite Teile des Kunst- und Kulturbereichs entsprechend jenem Gesetz des Marktes, das besagt, dass nachgefragte Produkte und Dienstleistungen höhere Erlöse erzielen, während weniger nachgefragte niedrigere Erlöse erzielen. Wenn Kunst „auf dem Markt funktioniert", also nachgefragt ist, sagt das zunächst nichts über ihre Qualität oder über ihren Wert als Kunstwerk aus. Es sagt eben nur etwas darüber aus, dass sie diverse Kosten deckt oder sogar Profite abwirft. „Funktionieren" bedeutet aber nicht, dass automatisch auch die mitwirkenden Künstler*innen an Erlösen partizipieren, selbst wenn die Erlöse dies ermöglichen würden.

Der Auftrag: Erhaltung kultureller Vielfalt und Schutz vor rein ökonomischer Betrachtungsweise

Im Hinblick auf den vieldiskutierten Aspekt der „Wirtschaftlichkeit" von Kunst wird die von Österreich im Jahr 2006 ratifizierte UNESCO-Konvention über den Schutz und die Förderung der Vielfalt kultureller Ausdrucksformen sehr explizit. Ihr Hauptanliegen ist „die Sicherung eines Umfeldes, in dem sich eine Vielfalt an Kunst und Kultur frei entfalten kann und vor einer rein ökonomischen Betrachtungsweise geschützt ist. Zwar haben kulturelle Ausdrucksformen wie Literatur, Theater, Musik, Film oder bildende Kunst als Konsumgüter auch einen finanziellen Wert am Markt – ihr Wert erschöpft sich jedoch nicht darin. Als Trägerinnen von (Be-)Deutungen, Sinn und künstlerischen Positionen vermitteln sie Identitäten und Werte und tragen zum sozialen Zusammenhalt bei."[2] Die Vertragsparteien der – völkerrechtlich bindenden – Konvention verpflichten sich dazu, förderliche Rahmenbedingungen für die Erhaltung der Vielfalt an Kunst und Kultur zu gewährleisten. Die Konvention anerkennt das Recht aller Staaten, ihre Kulturpolitik aktiv zu gestalten und Maßnahmen gegen eine unbeschränkte Liberalisierung von Kunst und Kultur zu setzen. Die Konvention bezieht sich daher nicht nur auf die Kulturförderung, sondern auch auf damit zusammenhängende Bereiche, wie etwa Bildungs-, Medien-, Rechts- oder Handelspolitik. In der Konvention wird sehr klar ausgedrückt, dass die Vielfalt von Kunst und Kultur vor einer rein ökonomischen Betrachtungsweise geschützt sein soll.

2 UNESCO (o.J.): „Vielfalt kultureller Ausdrucksformen", https://www.unesco.at/kultur/vielfalt-kultureller-ausdrucksformen.

Dies entspricht weitgehend dem Kunstbegriff im Selbstverständnis weiter Teile der österreichischen zeitgenössischen Kunstszene. Wer Kunst ausübt, orientiert sich zunächst eben nicht an der Marktgängigkeit seines schöpferischen Tuns – künstlerische Aspekte stehen im Vordergrund. Das unterscheidet zeitgenössisches Kunstschaffen vom Kunsthandwerk, von kommerziell orientierten Produktionsweisen der Kulturindustrie oder von der Kommerzialisierung des Kulturerbes. Beim schöpferischen Tun nicht an der Marktgängigkeit orientiert zu sein, bedeutet auch nicht, dass die daraus entstehenden Kunstwerke nicht trotzdem auf „dem Markt funktionieren" könnten, wie etwa die bildende Kunst eindrücklich zeigt. Darüber hinaus stellt sich der Erfolg auf dem Markt häufig verspätet ein: Bereits produzierte Kunstwerke liegen oft jahrelang in der Schublade, bevor sie dann doch mit Erfolg verkauft werden können. Selbst spätere Weltbestseller wurden häufig nicht gleich als solche erkannt. Auch die großen Unternehmen der Tonträgerindustrie sind nicht deswegen so groß geworden, weil sie so treffsicher Hits veröffentlichen. Sie produzieren vor allem Flops, nur ein relativ kleiner Prozentsatz schafft den Break-even oder wirft gar Gewinne ab. Mit „schwieriger" zeitgenössischer Musik etwa beschäftigen sich diese Unternehmen aber gleich von vornherein nicht. Produziert wird nur in jenen Bereichen, die sich bereits als marktgängig erwiesen haben.

Im Umkehrschluss lassen sich daraus bereits interessante Überlegungen betreffend Förderung von künstlerischer Produktion ableiten. Es kann nicht erwartet werden, dass die Förderung der Kunstproduktion als Ergebnis lauter Bestseller, Oscaranwärter*innen oder Hits generiert oder den Künstler*innen nur als „Sprungbrett in die wirtschaftliche Unabhängigkeit" dient, wie dies im Regierungsprogramm 2017 bis 2022[3] wenig treffsicher formuliert war. Weite Teile der schöpferischen Tätigkeit erlauben keine präzisen Vorhersagen in Bezug auf wirtschaftliche Entwicklungen. Die Förderung des Kunstschaffens ist keine Investition, von der man sich eine unmittelbare Rendite in Form einer zukünftigen erfolgreichen selbstständigen Tätigkeit erhoffen kann.

Kunst und Kultur tragen ihren Nutzen in sich, sie sind per se sinnvoll und nicht nur, weil sie einem bestimmten Zweck dienlich sind. Legitimiert wird die Kunst- und Kulturfinanzierung aber häufig durch ökonomische Argumente. Förderung und Finanzierung von Kunst und Kultur erzeugt jedenfalls ohnehin immer auch wirtschaftliche Effekte, also etwa Beschäftigungseffekte oder Umwegrentabilität, bei einem kleinen Improvisationsfestival genauso wie bei den Salzburger Festspielen – nur eben in entsprechend geringerem Ausmaß und in anderen Bereichen.

Kulturerbe: zwischen Kostenkrankheit und Geschäftsmodell

Nun gibt es aber Bereiche, die gar nicht kostendeckend arbeiten können, wenn sie Künstler*innen an Erlösen partizipieren lassen bzw. diesen

[3] Regierungsprogramm 2017–2022, https://www.wienerzeitung.at/_em_daten/_wzo/2017/12/16/171216_1614_regierungsprogramm.pdf.

ermöglichen, mit Tätigkeiten im künstlerischen Bereich ein Einkommen zu generieren, das zur Sicherung der Existenz geeignet ist. Der Betrieb eines Symphonieorchesters mit 120 angestellten Musiker*innen beispielsweise, das symphonische Konzerte in Häusern anbietet, deren Fassungsvermögen und/oder Publikumszuspruch nicht ausreicht, um eine Finanzierung des Betriebs auf professioneller Basis und hohem Niveau (unter Generierung von angemessenem Einkommen für die Beschäftigten) zu ermöglichen, ist ohne Subvention nur wenigen Orchestern möglich. Nur einige wenige Spitzenorchester weltweit spielen auch einigermaßen hohe Deckungsbeiträge für die Veranstaltungshäuser ein, die meisten Orchester können die Ticketkosten nicht so hoch ansetzen, dass ihre Konzerte ohne Subventionen möglich wären.

Zwar ist es sehr wohl möglich, im Bereich der Musik des 18. und 19. Jahrhunderts kostendeckend zu arbeiten oder sogar Gewinne zu erwirtschaften, aber eben kaum im Kontext großer Orchester oder gar Opernhäuser. Zur Veranschaulichung ein Vergleich aus der Eventkultur: André Rieu erreicht mit seinem Johann Strauss Orchester pro Jahr 600.000 Live-Zuschauer – gleich viele wie die Wiener Staatsoper. Die Wiener Staatsoper bietet pro Jahr 350 Vorstellungen auf ihren 1.709 Sitzplätzen und 567 Stehplätzen an. Sie beschäftigt das Staatsopernorchester, ein Sänger-Ensemble und hat insgesamt 950 Mitarbeiter*innen, Rieu hat insgesamt 120. Der Umsatz der Staatsoper betrug 51.969.000 Euro in der Saison 2016/2017, die benötigte Basisabgeltung durch den Bund 63.245.000 Euro.[4]

An der Staatsoper mit ihrem Anspruch, in einem musealen Rahmen ein aufwendiges Veranstaltungsmodell fortzuführen, lässt sich die sogenannte baumolsche Kostenkrankheit besonders gut illustrieren. Damit wird das Problem bezeichnet, dass Löhne mit dem allgemeinen Lohnniveau mithalten müssen, um die Qualität von Dienstleistungen aufrechtzuerhalten. Dies wirkt aber als Treiber von Kosten, die sich gerade im Dienstleistungsbereich schwer einpreisen lassen – ein Problem, das nicht nur Kunst und Kultur betrifft, sondern Dienstleistungen im Allgemeinen. Wollte die Staatsoper kostendeckend arbeiten, müsste sie um so viele Plätze mehr anbieten bzw. auch verkaufen, dass der dadurch zusätzlich entstehende Aufwand abgedeckt ist. Als Alternative bliebe nur, die Preise zu erhöhen oder die Beschäftigten schlechter zu bezahlen.

Die Ermöglichung eines professionellen Betriebs auf einem hohen künstlerischen Niveau ist also offensichtlich ein Finanzierungsziel der öffentlichen Hand im Bereich des Kulturerbes. Untermauert wird dieses Ziel durch einen Kollektivvertrag für sämtliche Beschäftigten.

Die Zuständigkeit des Bundes für die Bundesmuseen und -theater ist auf einer sehr allgemeinen Ebene in der Verfassung festgeschrieben, diese sagt übrigens nichts über die Art und Weise der Erhaltung der Bundes-Kultureinrichtungen aus. Theoretisch könnte der Bund auch nur die

4 Geschäftsbericht der Wiener Staatsoper 2016/2017; Wiener Staatsoper in Zahlen 2018; André Rieu (2016): „André Rieu 2017 für 24 Konzerte in Deutschland", https://press.andrerieu.com/andre-rieu-2017-fur-24-konzerte-in-deutschland.

Staatsoper als Museum erhalten oder sie von Veranstaltungskollektiven der Clubkultur bespielen lassen.

Gemessen an dem niedrigen Finanzierungsanteil der öffentlichen Hand schaffen es private Konzerthäuser wie etwa der Musikverein oder das Wiener Konzerthaus bei oberflächlicher Betrachtung unter allen Veranstaltungshäusern am ehesten, mit den Gegebenheiten des Marktes zurechtzukommen. Wenn man Konzerte als Kostenstellen betrachtet, die Deckungsbeiträge einspielen sollen, brauchen Konzerthäuser Förderungen vor allem für risikoreiche Konzerte oder für Konzerte, bei denen die Nicht-Bedeckbarkeit von vornherein klar ist, etwa für die meisten Orchesterkonzerte.

Der Vollständigkeit halber sei erwähnt, dass auch kommerziell orientierte Veranstaltungshallen Finanzierung seitens der öffentlichen Hand benötigen, um ihren Betrieb aufrechterhalten zu können, die Wiener Stadthalle etwa mit einem Eigenfinanzierungsanteil von 60 %.[5]

5 APA-Pressemeldung (2013): „Wiener Stadthalle: Rückstellungen sind keine Verluste", https://www.ots.at/presseaussendung/OTS_20130701_OTS0132/wiener-stadthalle-rueckstellungen-sind-keine-verluste.

Aschenputtel zeitgenössische Kunst und freie Szene?

Dem Kulturerbe mit seinen großen alten Tankern steht die zeitgenössische Kunst aller Sparten gegenüber. Nur sehr wenige Organisationen der zeitgenössischen Kunst oder der sogenannten „freien Szene" sind mit auch nur annähernd so großzügiger Finanzierung durch die öffentliche Hand bedacht. Wenig überraschend sind es wiederum jene, die im Eigentum der öffentlichen Hand stehen: Das Museum Moderner Kunst Stiftung Ludwig steht im Eigentum des Bundes, die Kunsthalle und das Tanzquartier in jenem der Stadt Wien.

Die Risiken, denen Künstler*innen und Organisationen aller zeitgenössischen Kunstsparten ausgesetzt sind, sind wesentlich höher, als dies beim Kulturerbe der Fall ist. Die Umsätze sind geringer und so ist meist auch der benötigte Finanzierungsanteil durch die öffentliche Hand höher als beim Kulturerbe oder bei öffentlichen Veranstaltungshallen wie etwa der Wiener Stadthalle.

Die britische Kulturökonomin Ruth Towse weist darauf hin, dass Förderungen ermöglichen, Neues überhaupt erst kennenzulernen: „How are tastes formed, however? Consumers need information and experience to make decisions about what to consume, and subsidy can be used to provide the opportunity for people to try something new and different. The market may not support new art or arts forms because they are financially risky and many cultural economists (myself included) believe that, without subsidy, consumers would not have the opportunity to experience novelty and high quality and would therefore not be able to develop informed tastes."[6]

6 Ruth Towse (2010): *A Textbook of Cultural Economics*, Cambridge: Cambridge University Press, S. 274.

Diese hohe Qualität ist im Bereich der zeitgenössischen Kunst verschiedener Sparten ohne professionelle Ausübung der künstlerischen

Tätigkeit nur schwer zu erzeugen. Wenn etwa Neue Musik professionell zur Aufführung gebracht werden soll, muss sie wohl subventioniert werden.

Es lässt sich an den Förderungsgesetzen und -richtlinien sowohl des Bundes als auch der Bundesländer ablesen, dass in den verschiedenen Kunstsparten vor allem künstlerische Qualität gefördert werden soll. Manche Richtlinien werden dahingehend recht deutlich und lassen erkennen, dass es um die professionelle Ausübung der zeitgenössischen Kunst gehen soll. Das Ministerium für Kunst, Kultur, öffentlichen Dienst und Sport etwa weist explizit darauf hin, dass im Bereich der Jahresprogramm- und der Projektförderung, also der Aufführung bzw. Präsentation von Musik und darstellender Kunst, Lai*innen, Amateur*innen sowie in Ausbildung befindliche Personen nicht gefördert werden. Dies ist eine Parallele zur Finanzierung der Bundes-Institutionen: Gefördert wird – in diesen Förderschienen – die professionelle Ausübung und Präsentation von Musik und darstellender Kunst. Aber die Bezahlung von Musiker*innen und Schauspieler*innen war bisher nicht explizites Förderziel.

Fair Pay – Förderung der Berufsausübung

Die aktuelle „Fair Pay"-Initiative zielt auf die Bezahlung derer ab, um die es bei der Förderung der diversen Kunstsparten eigentlich geht, nämlich auf die Kunstausübenden, seien sie nun schöpferisch oder interpretatorisch tätig, sowie auf die im Umfeld der Kunstausübung Tätigen. Ihre adäquate Bezahlung sollte also eigentlich die Benchmark für die Höhe der Förderung im Sinne der professionellen Ausübung bilden. Genauso wie die Finanzierung der Staatsoper nicht nur professionelle Ausübung, sondern sogar Repräsentationsfähigkeit für die Republik Österreich als Kulturstaat hervorbringen soll (Letzteres ein Zweck, den man sowohl in kulturpolitischem als auch volkswirtschaftlichem Sinn durchaus hinterfragen könnte), wäre es also folgerichtig, dass die Förderung zeitgenössischen Theaters oder zeitgenössischer Musikaufführung zumindest professionelles Arbeiten unter Generierung angemessener Einkommen für die Protagonist*innen erzeugen soll. Die Ausübung als Hobby ist ja ohnehin für die meisten Konstellationen ohne Finanzierung möglich. Warum war also bisher die faire Bezahlung bzw. die Einführung von Mindeststandards überhaupt so schwierig?

Österreich bringt durch sein Lohn- und Sozialdumping-Bekämpfungsgesetz doch recht eindeutig zum Ausdruck, dass Lohndumping im volkswirtschaftlichen Kontext in Österreich nicht erwünscht ist. Das Gesetz referenziert auch auf Kunst und Kultur, im Speziellen auf Musik und darstellende Kunst, und formuliert als einzige Ausnahme nur Tätigkeiten im Rahmen einer Tournee, bei welcher den Veranstaltungen in Österreich lediglich eine untergeordnete Bedeutung zukommt. Im Förderungsbereich war bisher zwar die künstlerische Qualität auf professionellem Niveau, aber nicht deren adäquate Bezahlung, als Förderkriterium festgeschrieben und schon gar nicht wurden Richtsätze vorgegeben, wie etwa im Wissenschaftsbereich seit langem Usus. Die Wissenschaftsförderung des Wissenschaftsfonds FWF sieht Gehaltskostensätze vor, von denen durch bestehende Kollektivverträge oder Betriebsvereinbarungen abgewichen werden kann. Durch die Kostensätze wird deutlich zum Ausdruck gebracht, dass Dumping nicht erwünscht ist.

Im „freien“ Kunst- und Kulturbereich fehlen teilweise die zur Durchsetzung von fairer Bezahlung nötigen Kollektivverträge, etwa im freien Theaterbereich, oder diese sind zwar vorhanden, wie im gewerblichen Musikbereich, aber die Veranstalter, um die es geht, sind nicht Mitglied des Veranstalterverbands (das können nur Mitglieder der WKO sein) oder sie sind es und halten sich trotzdem nicht an den Kollektivvertrag. Die Unterschreitung von Kollektivverträgen ist nebenbei bemerkt in Dienstleistungsbereichen kein Einzelfall. Darüber hinaus werden im Kunst- und Kulturbereich auch häufig die eigentlich vorgeschriebenen sozialen Mindeststandards wie etwa die Anstellung, wenn die Kriterien für ein Anstellungsverhältnis vorliegen, nicht eingehalten. Gerade im Theater- und Musikbereich liegen diese Kriterien häufig vor, trotzdem ist die Arbeit auf Honorarbasis in weiten Bereichen Usus – was allerdings in den letzten Jahren von der Krankenkasse zunehmend häufiger sanktioniert wird.

Nun könnte man argumentieren, dass es bei der Wissenschaftsförderung durch den FWF ja um einen Bereich geht, der völlig abseits des Marktes stattfindet, im Musikbereich hingegen der Markt die Preise regeln würde. Gerade im zeitgenössischen Musik- und Theaterbereich aber sind die Einnahmen aus den Veranstaltungen jedenfalls häufig nur marginal und so etwas wie ein „Markt“ wird durch das Vorhandensein von Subventionen für Veranstalter, Festivals, Ensembles usw. überhaupt erst erzeugt.

Konkrete Förderziele für konkrete Förderschienen

Es empfiehlt sich generell, die Frage danach, was genau das Ziel der Förderung der jeweiligen Förderschiene ist, konkret zu formulieren. Was soll durch die Förderung anders sein als vorher ohne Förderung? Unter Umständen gibt es innerhalb einzelner Förderschienen nämlich unterschiedliche Partikularziele, man denke an die Förderung von Orchestern und Ensembles gegenüber jener von Konzerthäusern und Veranstalter*innen. Von ihrem Angebot her sehr breit aufgestellte Musikveranstaltungsbetriebe werden vermutlich eher nur für die risikoreichen Kostenstellen Förderungen bekommen, während die meisten Orchester ohne Förderungen nicht existieren könnten, ganz gleich was sie spielen.

Wünschenswert wäre auch, grundlegend zwischen Jahresprogrammförderung und Projektförderung zu unterscheiden. Häufig ist Letztere nämlich lediglich eine Fortschreibung der Vorjahresförderung. Wenn dies der Fall ist, wäre zu überlegen, ob nicht eine Aufnahme in die Jahres- bzw. Mehrjahresförderung sinnvoll wäre. Dann sollte damit auch eine Indexanpassung verbunden sein. Als Gegenpol könnte die Projektförderung mehr in Richtung niederschwellige Anreizförderung entwickelt werden – als Bereich für erste künstlerische Versuche, für das Ausprobieren neuer Ideen. Ein Kriterium könnte z. B. sein, dass nach drei Jahren in der Projektförderung bei Vorliegen entsprechender Voraussetzungen eine Jahresprogrammförderung angestrebt wird oder eventuell auch eine Pause vorgesehen wird, um anderen neuen Organisationen die Möglichkeit zu bieten, sich auszuprobieren.

Die Organisationen in der Jahresprogrammförderung sollten in bestimmten Zeiträumen einer genauen Prüfung unterzogen werden. Hearings, die eine Überprüfung entlang der eigenen Ziele der jeweiligen Organisation umfassen, wären angebracht, darüber hinaus sollte ein Beirat feststellen, ob die Organisation noch den Förderkriterien entspricht. Stellt sich dann heraus, dass eine Veranstaltungsorganisation oder ein Ensemble nicht mehr entspricht, wäre es fair und angemessen, das in einem Hearing mit dem Beirat zu thematisieren. Anschließend sollte die Organisation ein Jahr Zeit haben, um Anregungen zur Innovation umzusetzen. Erst wenn das nicht gelingt, könnte ein angemessener (also eventuell stufenweiser) Ausstieg aus der Förderung erfolgen. Dieses Modell wurde in der Initiative „mitderstadtreden“ von Wiener Musikschaffenden als „Toronto-Modell“ – weil dort so praktiziert – sehr positiv diskutiert und auch lobbyiert.

Eine kontrovers diskutierte Frage ist die Verantwortung für Fair Pay bei Kooperationen. Häufig erweitern Festivals ihr Angebot durch Kooperationen mit ebenfalls geförderten Veranstaltern. In Bezug auf die Frage der Bezahlung der Künstler*innen wäre es wichtig, bereits im Ansuchen klar darzustellen, für welche Kooperationen der Hauptveranstalter die Verantwortung der Entlohnung der Musiker*innen trägt. Außerdem könnten Veranstalter mit ihren Subveranstaltern in einem Fairness-Pakt festlegen, welche Konditionen angeboten werden sollen. Ein Imageschaden durch Dumping betrifft nämlich auch den Hauptveranstalter, selbst wenn er nicht unmittelbar verantwortlich ist.

Im Bereich des musikalischen Kulturerbes, der „Klassik“, gibt es einen echten Markt und Marktpreise. Sehr viele Ensembles agieren völlig ohne Förderung. Es lässt sich aber nicht pauschal behaupten, dass im Bereich der Eventkultur bzw. im touristischen Segment durchwegs schlechter bezahlt würde als in jenem der „Hochkultur“. Für den geförderten Bereich, aber auch für Veranstaltungen der öffentlichen Hand oder ihr verbundener Institutionen sowie für den Bereich der Neuen Musik wäre es dennoch nötig, festzulegen, wo Dumping beginnt und die Förderwürdigkeit enden sollte: Im Musikbereich wäre es am wesentlichsten, Mindeststandards für jene Musiker*innen und darstellenden Künstler*innen festzulegen, die am austauschbarsten sind, also jene in Ensembles und Orchestern. Die Gesetze des Marktes bewirken leider, dass ein Überangebot an sehr gut ausgebildeten Musiker*innen zu schlechten Honoraren führt. Generell gilt: je austauschbarer, umso schlechter die Verhandlungsposition, umso schlechter die angebotenen Gagen. Wenn es also viele exzellente Orchestermusiker*innen gibt, die nicht über eine Marke verfügen, also leicht zu ersetzen sind, und bereit sind, um wenig Geld zu spielen, sinken auch die Gagen. Über eine Marke verfügen etwa jene Musiker*innen, die in renommierten Orchestern spielen. Wenn sie zusätzlich in anderen Ensembles tätig werden, können deren Veranstalter wiederum mit der Marke „Musiker*innen aus renommierten Orchestern" (wie beispielsweise den Wiener Philharmonikern) werben und dies auch höher im Ticketverkauf einpreisen.

Die Abwärtsentwicklung der Gagen im freien klassischen Bereich ist eine Entwicklung, die bereits seit einigen Jahrzehnten andauert, obwohl sich in vielen Bereichen der klassischen Musik viel Geld verdienen lässt. Der vermehrte Einsatz von Fördergeldern ohne jegliche Auflagen ist in so einem Fall wohl nicht das Mittel der Wahl, um dafür zu sorgen, dass dieses Geld auch bei den Interpret*innen ankommt.

Im Bereich der darstellenden Kunst wird bereits mittels sogenannter „Honoraruntergrenze", die von der Interessengemeinschaft freie Theater gemeinsam mit der Initiative Wiener Perspektive entwickelt wurde, gegengesteuert. Angewandt wird das Prinzip in Form eines Pilotprojekts in einem Teilbereich der Förderung der darstellenden Kunst in Wien.

Von der interpretatorischen Tätigkeit zu unterscheiden ist die schöpferische. Wie weiter oben skizziert, ist schwer vorhersagbar, welchen Marktwert kreatives Schaffen bzw. das einzelne Werk, welcher Kunstsparte auch immer, entwickelt. Kompositionsaufträge von Veranstaltungshäusern, Orchestern oder Ensembles sind rar, auch Arbeitsstipendien und Kompositionsförderungen sorgen bei Weitem nicht für eine lückenlose Finanzierung der kompositorischen Tätigkeit. Nicht von ungefähr wird daher gerade unter den schöpferisch tätigen Künstler*innen, wie etwa Komponist*innen, bildende Künstler*innen oder Autor*innen, das bedingungslose Grundeinkommen häufig diskutiert. In diesem Bereich wäre es auch um einiges schwieriger, Mindeststandards festzulegen. Interessengemeinschaften von Komponierenden empfehlen Honorarhöhen auf Basis der Zeitdauer von Kompositionen und der Anzahl der Instrumente. Die zugrundeliegende Leistung lässt sich zwar nicht ausschließlich an diesen Parametern festmachen, dennoch können die Empfehlungen als Orientierungspunkte verstanden werden.

Für manche Förderbereiche wiederum ist die „Fair Pay"-Diskussion unter Umständen nicht relevant. Als Beispiel seien hier Arbeitsstipendien genannt: Es liegt in der Eigenverantwortung der Künstler*innen, zu entscheiden, wie viele Arbeitsstunden sie durch das Stipendium finanzieren wollen und können. Das Ziel der Einzelpersonenförderung ist jedenfalls ein anderes als jenes der Jahresprogramm- oder Projektförderung: Die Einzelpersonenförderung ermöglicht bezahlte Zeiten für kreatives Schaffen, während die Jahresprogramm- und Projektförderung meist eher auf die Präsentation dieses Schaffens, z. B. in Form von Veranstaltungen oder auch Ausstellungen, abzielt. Ein weiteres Beispiel dafür ist die sehr niedrig dotierte Tonträgerförderung einiger Bundesländer. Diese und ähnliche Förderschienen würden durch den Anspruch, sämtliche beteiligte Künstler*innen für Aufnahmen zu honorieren, wohl völlig verunmöglicht.

Nachwuchsprojekte brauchen vermutlich eigene, aber sehr klare Kriterien. Sogenannte Jugendorchester etwa haben zum Ziel, professionelle Erfahrungen für die Musiker*innen zu generieren. Die Musiker*innen absolvieren diese Tätigkeit meist begleitend zum Studium und spielen häufig ohne Honorar. Keinesfalls sollte ein „Jugendorchester" aber ein Deckmantel sein, um Orchesterkonzerte oder Musiktheaterveranstaltungen günstiger aufführen zu können. Es sollte also geklärt werden, welchen Zusatznutzen Jugendorchester für die jungen Musiker*innen erzeugen sollten, um für eine Förderung infrage zu kommen. Die Beantwortung dieser Fragestellung sollte dann in klaren Kriterien für die Förderung von Jugendorchestern münden.

Ein weitverbreiteter Irrglaube ist, es wäre fair, wenn alle musikalischen Genres gleichermaßen gefördert werden. Das wäre ein fataler Irrtum, denn es gibt im Musikbereich viele Genres und Sektoren, die vom Publikum so gut angenommen werden, dass keine Förderung nötig ist. Wenn dies der Fall ist, sollte sich die öffentliche Hand nicht fördernd einschalten. Dennoch können auch in diesen Bereichen prekäre Lebensverhältnisse generiert werden, man denke an das Feld der Popmusik mit Marktgegebenheiten, die durch Förderungen vermutlich nicht geändert werden können. Ein Beispiel dafür ist die Praxis, junge Bands aus dem Popmusiksektor zu verpflichten, für ihre Auftritte eine gewisse Mindestanzahl zahlender Gäste mitzubringen oder sogar selbst für Auftritte zu bezahlen. Manche Veranstalter machen daraus ein Geschäftsmodell.

Es kommt auch immer wieder vor, dass Nachwuchsbands, die als sogenannte „Vorbands" bei großen Konzerten auftreten, sich in diese Slots einkaufen müssen. Tatsächlich gibt es Bands, die solchen Auftritten ihren Aufstieg verdanken. Wie weiter oben skizziert, haben Produktionen und Aktivitäten im Musikbereich häufig Wettcharakter. Auch der Einsatz von Mitteln, um als Vorgruppe auftreten zu dürfen, gehört in diese Kategorie.

Durchdachte Förderentscheidungen basierend auf Transparenz

In Österreich haben die Interessenvertretungen des Musikbereichs Empfehlungen für Mindesthonorare und Gehälter entwickelt. Sie wurden von den Interessenvertretungen verschiedener Kunstsparten sowie der Kulturvereine auf Basis verschiedener Überlegungen errechnet. In abgestimmter Form angewandt werden solche Sätze in Wien im Theaterbereich und im Land Salzburg im Bereich der Kulturorganisationen. Österreich steht mit der „Fair Pay"-Initiative nicht allein, in Deutschland kommen Honorarempfehlungen schon seit einigen Jahren zur Anwendung. Dort hat für den Musikbereich sogar die „Arbeitgeber*innenseite", der Deutsche Orchesterverband, solche Sätze für den „freien" Orchesterbereich entwickelt.

Verantwortlich für die Beurteilung von Fair Pay sind einerseits die Einreichenden, aber auch die beurteilenden Gremien. Diese müssen nämlich befähigt sein, zu erkennen, ob sie durch ihre Empfehlungen zur Kürzung einer Projektförderung die faire Bezahlung von Künstler*innen verunmöglichen. Sie müssen aber auch in die Lage versetzt werden, dies erkennen zu können. Nach wie vor wird häufig so eingereicht, dass die Gestaltung von Honoraren und Gehältern nur als Gesamtsumme dargestellt wird und somit nicht nachvollziehbar ist. Infolgedessen kommt es ebenso häufig zu Fehlinterpretationen. Außerdem ist nach wie vor die Praxis anzutreffen, bei Projekten gleich um eine höhere Fördersumme anzusuchen, als eigentlich benötigt würde, weil manche Förderstellen die unhinterfragte Pauschalkürzung als gängige Praxis vor allem für neue Projekte etabliert haben. Durch die transparente Gestaltung der Einreichung hinsichtlich allgemeiner Gehalts- und Honorarniveaus bzw. Stunden- und Dienstsätze hätten Entscheidungsgremien jedenfalls die Möglichkeit, überhaupt erst zu erkennen, was bezahlt wird. Auch bei Jahresförderungen, bei denen die Förderung nur einen kleinen Teil des Gesamtumsatzes ausmacht, sollte(n) die entsprechende(n) Veranstaltung(en) und die Honorare und Gehälter der Künstler*innen klar ausgewiesen werden.

Ausstattung der Kulturförderung basierend auf Benchmarks

Immer wieder wird auf die mangelnden finanziellen Ressourcen der Kulturförderung verwiesen: Würde man Fair Pay als durchgängiges Förderkriterium installieren, müsste die Anzahl der geförderten Projekte reduziert werden oder die Förderung insgesamt erhöht werden. Da Letzteres nicht geschehen würde, könne man nur die Anzahl der geförderten Projekte reduzieren. Allerdings geht es aber genau darum, die Bezahlung von Künstler*innen als Benchmark anzuwenden und auf deren Basis auch die Erhöhung der Kulturförderung insgesamt argumentieren zu können. Nebenbei bemerkt, ist es ohnehin ein Unding, dass die von den Kulturabteilungen veranschlagte Gesamtfördersumme nicht automatisch indexangepasst wird. Umgekehrt sind natürlich auch die Organisationen selbst gleichermaßen dafür verantwortlich, das geförderte kulturelle Angebot so zu gestalten, dass eine faire Bezahlung möglich ist. Das bedeutet für Festivals und Konzertreihen unter Umständen, dass sie ihre Spieltage und/oder ihre Neuproduktionen reduzieren müssen.

In öffentlich finanzierten und geförderten Bereichen sind jedenfalls längst dringend Mindeststandards vonnöten, denn die öffentliche Hand sollte nicht Märkte beeinflussen oder gar generieren und gleichzeitig – wissend, dass es keine kollektivvertraglichen Mindeststandards gibt – zulassen, dass sie zum Spielplatz für Lohn- und Sozialdumping jenseits volkswirtschaftlicher Sinnhaftigkeit gemacht werden. Gleichzeitig sollten sich die einreichenden Organisationen selbst zu Corporate Social Responsibility verpflichten und ihre Gehalts- und Honorarschemata transparent kommunizieren.

In früheren Zeiten war als Gegenargument zu Fair Pay als Förderkriterium häufig zu hören, dass das Förderwesen privatrechtlich betrieben wird und die öffentliche Hand deswegen nicht für faire Bezahlung verantwortlich sei. Dies sei nur für den hoheitlichen Bereich der Fall. Diese Betrachtungsweise ist nicht korrekt, denn in Wirklichkeit geht es darum, den professionellen Bereich transparent und zielgerichtet zu fördern.

322

Ge-schlechter-parität

Michael Wimmer

Der Kulturbetrieb und die Frauen

In einem großen österreichischen Kulturbetrieb, der sich in besonderer Weise um den künstlerischen Nachwuchs bemüht, hält sich der Leiter zugute, darauf zu verzichten, mit seinen Titeln angesprochen zu werden; er selbst spricht seine Mitarbeiterinnen mit Vornamen an.

Februar 2020: Während Sabine Derflinger gerade ihren Film über Johanna Dohnal[1] herausbringt, wird die Kurz-Vertraute Susanne Raab zur neuen Kanzleramtsministerin, zuständig für Integration und Frauen. Beide Frauen arbeiteten sich am Begriff des „Feminismus" ab. Während Johanna Dohnal die Zuschreibung als „Feministin" zum politischen Programm erhoben hat,[2] lehnt Susanne Raab diese Zuschreibung gleich ganz ab.[3] Ihre Bestellung macht deutlich, welchen fundamentalen ideologischen Rückschritt staatliches Handeln im Bereich der Gleichbehandlung in Zeiten einer rechten Hegemonie genommen hat.

In einer Anfrage der IG Kultur analysierte Brigitte Theißl vom Magazin an.schläge das Regierungsprogramm 2020–2024 auf ihre frauenpolitischen Auswirkungen. Sie ortet zwar einige „positive Ansatzpunkte, allerdings sehr unkonkret, wie beispielsweise eine Aufstockung des Budgets, jedoch ohne konkrete Zahlen". Zugleich konstatiert sie Signale der neuen Bundesregierung, die in eine ganz andere Richtung gehen würden. So kritisiert sie die Zusammenlegung der Frauenagenden mit den Integrationsagenden, die – ganz im Sinn des alten türkis-blauen Regierungsprogramms – daraus hinauslaufe, Gleichberechtigungsansprüche der autochthonen Bevölkerung zuallererst *gegen* Zuwander*innen verteidigen zu müssen.[4]

Vor einem solchen Hintergrund wurde ich von einer Studierenden des Instituts für Kulturmanagement und Gender Studies an der Universität für Musik und darstellende Kunst Wien zur Lage der Frauen im Kulturbetrieb interviewt. Auch wenn ich Dohnals These zustimme, dass Frauenemanzipation immer auch Männeremanzipation ist, musste ich ihr gegenüber zugeben, dass es mir gar nicht leichtfällt, das Gender-Thema aus einer scheinbar distanzierten Sicht zu beobachten. Immerhin wurde ich – wenn auch zufällig – als Mann geboren und wohl als solcher sozialisiert. Zumindest strukturell bin ich also vordergründig Nutznießer ungleicher Gender-Verhältnisse und so nur sehr bedingt in der Lage, *über* eine Menschengruppe etwas auszusagen, der ich nicht angehöre (Dohnals Credo: Nicht *für* die Frauen, sondern *mit* den Frauen!). Und ich arbeite doch gerne mit Frauen zusammen (jedenfalls bei Weitem lieber als in abgeschotteten Männerzirkeln). Also kann ich mich zwar in meiner eigenen Rollenzuschreibung infrage stellen, die Artikulation von Forderungen, die sich aus der – sei es fremd- oder selbstbestimmten – politischen Zuschreibung der Rolle von Frauen ergeben, steht mir nicht zu. So verstehe ich Feminismus.

Der Kulturbetrieb als uneinnehmbare Festung eines Old-Boy-Network?

Also habe ich mit dem einen oder anderen Blitzlicht an eigenen Erfahrungen geantwortet, die sich allenfalls verallgemeinern lassen. Sehr gut in Erinnerung ist mir meine Teilnahme an einer der letzten Jahrestagungen des Deutschen Bühnenvereins, die sich erstmals mit dem Thema Musikvermittlung beschäftigt hat. Am Vormittag fand ich mich inmitten einer

1 https://www.film.at/die-dohnal.

2 https://www.falter.at/zeitung/20200204/ich-wusste-nicht-was-eine-feministin-ist.

3 https://www.derstandard.at/story/2000113278489/die-verschonte-frauenministerin.

4 https://igkultur.at/artikel/kultur-soziales-frauen-migration-medien-regierungsprogramm.

Versammlung von älteren Männern, allesamt verdiente Kulturfunktionäre nahe an der Pensionsgrenze (damit Menschen so wie ich), die in ihren grauen Anzügen das Geschehen bestimmten. Schon in der physischen Präsenz wurden die Machtverhältnisse sinnlich wahrnehmbar.

Ganz anders die Situation am Nachmittag. Das Programm sah eine Aufteilung in verschiedene Workshops vor, in denen konkrete Vermittlungsstrategien im Mittelpunkt standen. Und es bot sich ein völlig anderes Bild: Die Gruppen bestanden vorrangig aus Frauen, die meisten von ihnen zumindest eine Generation jünger als ihre männlichen Kollegen. Gemeinsam war ihnen die große Frustration, innerhalb ihres Kulturbetriebs mit ihren Tätigkeiten allenfalls geduldet zu sein. Nur die wenigsten Teilnehmerinnen verfügten über strategische Entscheidungsbefugnisse, die meisten klagten hingegen über prekäre Arbeitsverhältnisse, die ihnen nur wenig Möglichkeiten böten, für eine Verbesserung ihrer Arbeitsverhältnisse zu kämpfen.

Immer wieder wiesen die Kolleginnen auf einen informellen Deal hin, der darauf hinauslaufe, den Wunsch nach Selbstverwirklichung („Das Management schert sich in der Regel nur wenig, was wir da machen, wenn nur die Hütte voll ist") mit Prekarität zu erkaufen. Im Vergleich dazu würden aufstiegsorientierte Männer nicht bereit sein, sich einer solchen Form der materiellen ebenso wie symbolischen Nichtwürdigung zu unterwerfen. Das Ergebnis zeigt sich in einer Verweiblichung des Bildungs- und Vermittlungsbereichs im Kulturbetrieb ohne große Chance, in ihrer randständigen Stellung die traditionell männlichen Bastionen des strategischen Managements zu knacken.

Diese Form der Vermehrung weiblicher Arbeitskräfte geht einher mit einem Befund, den Joachim Riedl in seiner Analyse des Kulturmonitorings von 2007 getroffen hatte: „Kultur ist weiblich",[5] meinte er damals in Bezug auf eine Mehrheit an Frauen, die das Angebot von Kultureinrichtungen nutzen würden. Aber auch an den Kunstuniversitäten machen Studentinnen mittlerweile die Mehrheit aus. Dies findet auch im Lehrangebot, das sich zunehmend mit genderspezifischen Fragen im Kunstfeld beschäftigt, seinen Niederschlag.

Um den weiblichen Einfluss nicht nur an der Basis zu stärken, war es ausgerechnet der konservativen Kulturministerin Elisabeth Gehrer in ihrer Amtszeit als Bildungs- und Kulturministerin (1995–2007) vorbehalten, eine Reihe von Spitzenfunktionen staatlicher Kulturinstitutionen mit Frauen zu besetzen. Weniger erfolgreich war sie im Wissenschaftsbereich, wo die Professuren an Kunstuniversitäten bis heute höchst ungleich verteilt sind.

5 https://www.zeit.de/2007/42/Kulturverhalten.

Der Hype um Dirigentinnen

Es ist erfreulich zu sehen, dass in den letzten Jahren ausgerechnet eines der am vehementesten verteidigten Old-Boy-Networks[6] des Kulturbetriebs unter Druck gerät: Da ist eine neue Dirigentinnen-Generation

6 https://www.zeit.de/2013/25/dirigentinnen-klassik-taktstock.

am Werk, die den klassischen Musikbetrieb aufmischt und mit neuem Leben erfüllt. Die Bestellung von Marin Alsop zur Chefdirigentin des Radio-Symphonieorchesters Wien[7] bekommt damit fast schon so etwas wie eine eigene kulturpolitische Bedeutung.

Ihr Führungsanspruch steht in diametralem Gegensatz zum machistischen Regime eines Gustav Kuhn in Erl, der mit seinem misogynen Verhalten einen eindrucksvollen Beleg zur Wichtigkeit der #Metoo-Debatte in Österreich erbracht hat.

Im Gegensatz zur Funktion der Orchesterleitung konnten Frauen als Solistinnen schon immer „ihren Mann" stehen. Seit Clara Wieck finden ausübende Musikerinnen Platz auf der Bühne und sind – nicht zuletzt wegen ihres Sex-Appeals – ein wichtiges Verkaufsargument in einem fragilen Wirtschaftszweig. Und doch zeigen sich auch hier systemische Unterschiede, wenn vor allem im Musiktheater- und Schauspielbereich nach wie vor eine sehr ungleiche Behandlung beklagt wird.[8]

Tausche Prekarität gegen Selbstverwirklichung

Insgesamt spricht vieles für den Befund, dass es sich – entgegen aller liebgewordenen Selbstbeschreibung als Avantgarde gesellschaftlicher Entwicklungen – beim Kulturbereich um einen auch in Gender-Fragen besonders strukturkonservativen Bereich handelt. Gerade in der aktuellen politischen Phase, in der die staatliche Privilegierung des Sektors verstärkt unter Druck gerät („Elitenprojekt"), treten die männlichen Vertreter nochmals an, erobertes Terrain zu verteidigen.[9] Ihnen steht – Gott sei Dank – gerade im Bereich der Kunstuniversitäten mittlerweile eine Reihe von weiblichen Führungskräften gegenüber.[10]

Und doch bleiben typisch weibliche Zugänge der Ein- und Unterordnung dominant. Sie lassen Frauen auf immer neue Weise dazu verleiten, sich unter ihrem Wert zu verkaufen. Sie werden mit dem Argument abgespeist, der Kulturbereich sei ja chronisch unterdotiert; immerhin lasse sich, wenn schon nicht pekuniärer, so doch jede Menge ideeller Mehrwert (sofern Frau sich das leisten kann) erzielen. Als besonders anfällig für diese Haltung erweist sich vor allem der Vermittlungsbereich. Er erweist sich als Hort defensiver Haltungen, die nur zu leicht verhindern, selbst den Führungsanspruch zu stellen. Ein Blick in die Liste der Spitzengagen des Kulturbetriebs[11] zeigt aber, dass auch im Kulturbereich noch immer „viel drinnen ist", vor allem für Männer.

Ich sage es ungern: Der Kulturbetrieb wird weiblicher – und unbedeutender

Insgesamt haben mich meine Erfahrungen zu einer sehr widersprüchlichen Einschätzung der jüngsten Entwicklung des Gender-Verhältnisses

7 https://rso.orf.at/node/1230.

8 Dazu hat die Sängerin Elisabeth Kulman die Initiative „Art but Fair" (https://artbutfair.org/) gegründet. Im Rahmen dessen sammelt sie die „Die traurigsten & unverschämtesten Künstler-Gagen & Auditionserlebnisse", die vor allem weibliche Kolleginnen betreffen, und hat damit einen wichtigen Stein in der öffentlichen Wahrnehmung ins Rollen gebracht.

9 Die Männer kehren zurück: Burgtheater, Staatsoper, Akademie der bildenden Künste, Kunsthistorisches Museum (fast) ...

10 Zum Beispiel: Ulrike Sych an der mdw, Elisabeth Gutjahr am Mozarteum, Ursula Brandstätter an der Anton Bruckner Privatuniversität oder auch Marie Rötzer am niederösterreichischen Landestheater.

11 https://oesterreich.orf.at/stories/3026043.

im Kulturbereich gebracht. Diese gehen einher mit gesamtgesellschaftlichen Entwicklungen, die – nicht zuletzt aufgrund der Bemühungen von Persönlichkeiten wie Johanna Dohnal – Frauen ein besseres Standing in der Gesellschaft gebracht haben. Zugleich treten – etwa im Umgang mit Gewalt – neue Konfliktzonen deutlicher hervor.

Dass Sektoren, in denen mehrheitlich Frauen tätig sind, eine Abwertung erfahren, gehört zu den wenig erfreulichen Begleiterscheinungen des Emanzipationsprozesses. Besonders eklatant zeigt sich das im Kultur- ebenso wie im Bildungsbereich. In beiden Fällen hat die Erhöhung des Frauenanteils – jedenfalls entlang der geltenden Wertehierarchie des Konkurrenzkapitalismus – zu einem nachhaltigen Bedeutungsverlust des Sektors als Ganzes geführt. Der Zusammenhang kann seit Jahren exemplarisch im Schulbereich studiert werden, in dem es in den letzten Jahrzehnten zu einer beträchtlichen „Verweiblichung" gekommen ist. Je jünger die Kinder, desto höher der Frauenanteil. In Kindergärten und Volksschulen haben sich die Verhältnisse umgekehrt: Männliche Kollegen werden händeringend gesucht (auch wenn sie unter dem Generalverdacht der Pädophilie stehen). Aber auch in den höheren Schulen unterrichten mittlerweile mehrheitlich Frauen, die damit die Funktionen der altehrwürdigen Oberstudienrätinnen übernommen haben.

Erfolg statt Bildung – Bildungsfeindlichkeit trifft vor allem Frauen

Es ist wohl kein Zufall, dass diese Überhandnahme weiblicher Lehrkräfte einhergeht mit einer generellen Abwertung des Bildungssektors. Bildung wird heute eine wesentliche geringere Bedeutung zugemessen als noch vor wenigen Jahrzehnten, als Bildung als entscheidendes Kriterium für individuellen und kollektiven Fortschritt verhandelt wurde. In der heutigen Konkurrenzgesellschaft, in der Persönlichkeiten wie Donald Trump zu Leitfiguren werden, zählt nicht die Bildung, sondern der Erfolg. Und den beanspruchen vorrangig Männer, die in ihrem Karrierebewusstsein alles, was nach Schule riecht, meiden (der erfolgreiche Studienabbrecher Sebastian Kurz ist dafür ein gutes Role Model). Sie lassen sich nicht so leicht mit dem vagen Versprechen der Selbstgestaltbarkeit des Arbeitsplatzes abspeisen. Sie wollen Kohle machen und die soziale Leiter hinaufklettern. Also sind es einmal mehr die Frauen, die sich um den Nachwuchs, nicht nur zu Hause, sondern auch in der Schule, kümmern müssen. Das machen sie selbst dort, wo sie im patriarchalen Selbstverständnis nicht nur von so manchen Zuwandererfamilien als Autoritätspersonen nur unzureichend akzeptiert werden.

Ganz ähnlich verhält es sich im Kulturbereich, wo mittlerweile weite Teile der kulturellen Bildung und Vermittlung von Frauen betrieben werden, ohne dass diese die Chance sehen, früher oder später „den Laden selbst zu übernehmen". In der Konsequenz befürchte ich eine schleichende Entwertung kultureller Angebote, die von Vertreter*innen anderer Sektoren in die Nähe von Hobbys unausgelasteter Frauen gerückt werden. Jüngstes Indiz ist der Rückzug deutscher Stiftungen aus dem Kultur- und Bildungsbereich, der sich – jedenfalls nach Einschätzung des überwiegend männlichen Managements – offensichtlich zu wenig dafür eignet, in attraktiver Weise in den als wichtiger eingeschätzten Öffentlichkeiten verhandelt zu werden.

Und so paart sich ein positiver Effekt, wonach sich der Kulturbereich in den letzten Jahren gegenüber Frauen beträchtlich geöffnet hat, mit einem negativen Trend, der dem Sektor als Ganzem eine zunehmend randständige Funktion zuweist.

Was gegen diesen Trend zu machen wäre

Es gab einmal eine Zeit, in der sich Kulturpolitik als Gesellschaftspolitik nicht nur um die Abwehr von Zuwander*innen, sondern vehement um Lösungen gesamtgesellschaftlicher Herausforderungen bemüht hat – etwa wenn es darum ging, Arbeit neu zu definieren, neu zu bewerten und zwischen den Geschlechtern neu zu verteilen. Daraus resultierende Forderungen wie ausreichende Kinderbetreuungsplätze, Maßnahmen zu Väterkarenz und Beteiligung von Männern an Sorgearbeit lassen sich unmittelbar auf den Kulturbereich anwenden.
Im Vergleich dazu beschränkt sich das aktuelle Regierungsprogramm[12] im Kapitel „Kunst und Kultur" auf wenige Aspekte der Gleichstellung und Frauenförderung. Eine Mitautorin des Kapitels war die Grüne Abgeordnete Eva Blimlinger. Als ehemalige Akademierektorin und Feministin wusste sie, wovon die Rede ist. Trotzdem konnte sie in einem Klima der Reaktion auch hier nur bescheidene Akzente setzen. Bei der Fördervergabe solle auf Geschlechtergerechtigkeit geachtet werden, Männer und Frauen sollten für gleiche Arbeit gleich bezahlt werden, um damit Schritt für Schritt zu einer Reduzierung des Gender-Pay-Gaps in Kunst- und Kulturorganisationen zu kommen.

Noch einmal zurück zu Johanna Dohnal: Sie hat sich vehement gegen die grassierende Kulturalisierung sozialer Konflikte gestellt und kulturelle Aspekte dem universellen Anspruch der Menschenrechte untergeordnet. Sie hat Gewalt gegen Frauen kriminalisiert. Und sie hat sich, wo es ihr notwendig schien, für verpflichtende Frauenquoten in Entscheidungspositionen ausgesprochen. Also auch für den Kulturbereich.

Meiner Interviewpartnerin würde ich noch gerne mitgeben: Ja, die Aussage von Bruno Kreisky, der Johanna Dohnal zur Frauen-Staatssekretärin und später zur Frauenministerin bestellt hat, gilt noch immer, auch wenn es paternalistisch klingt: „Genossinnen, ihr müsst selbst zu eurem Recht greifen, wenn ihr nicht das tut, wird es auch in der Partei schwierig." Die SPÖ-Bundesparteivorsitzende Pamela Rendi-Wagner

12 Regierungsprogramm 2020–2024, https://www.wienerzeitung.at/_em_daten/_wzo/2020/01/02/200102-1510_regierungsprogramm_2020_gesamt.pdf.

erfährt es täglich am eigenen Leib: Männer als systemische Kraft verteidigen ihre Positionen, von alleine werden sie nicht aufhören, an den traditionellen Strukturen festzuhalten. Das gilt für den Politik- ebenso wie für den Kulturbetrieb. Also müssen Frauen diese Strukturen auf immer neue Weise infrage stellen, nicht nur am Rand, sondern in den Entscheidungszentren von Kulturinstitutionen, um dorthin weibliche Ansprüche der Mitwirkung und Mitgestaltung zu tragen.

330

Diversitäts-orientierung in und durch Kulturpolitik

Anita Moser

Forderungen aus der Praxis und Handlungsoptionen

Die Erkenntnis, dass der Kulturbetrieb die Normalität unserer von Diversität gekennzeichneten Migrationsgesellschaft nicht widerspiegelt und weite Teile der Gesellschaft davon aktiv ausgrenzt, ist keineswegs neu. Ebenso wenig die damit einhergehende Forderung nach Transformation, um das Feld von Kunst und Kultur insgesamt gerechter sowie für marginalisierte Gruppen relevant und zugänglich zu machen. Die gesetzlichen Bestimmungen sind diesbezüglich eindeutig: Diskriminierungsverbot sowie das Menschenrecht auf kulturelle Teilhabe sind in der *Allgemeinen Erklärung der Menschenrechte* verankert.[1] Für die Durchsetzung dieser Rechte zu sorgen, ist demnach eine zentrale Aufgabe der öffentlichen Hand und der durch sie geförderten Institutionen.

Tatsächlich haben Diversität und Antidiskriminierung seit Kurzem als Themen Eingang in die österreichische Kulturpolitik gefunden. So benennt das Land Salzburg in dem 2018 veröffentlichten *Kulturentwicklungsplan KEP Land Salzburg* als eines seiner grundsätzlichen Ziele, dass es sich dem „Ideal einer gleichberechtigten Gesellschaft folgend, [...] zur Bekämpfung jeglicher Form von Diskriminierung von Menschen aus Gründen der ethnischen Zugehörigkeit, der Religion, der Weltanschauung, einer Behinderung, des Alters, der sexuellen Orientierung oder des Geschlechts und zur Förderung einer nachhaltigen Chancengleichheit" bekennt.[2] Im Zwischenbericht zu dem im Herbst 2020 auf Bundesebene gestarteten *Fairness Prozess* ist zu lesen: „Die künstlerische und kulturelle Arbeit von Menschen aus marginalisierten Gruppen soll in Zukunft mehr in den Fokus rücken. [...] So divers die österreichische Gesellschaft ist, so divers soll auch ihre Kunst und deren Publikum werden."[3] Sowohl im österreichischen *Fairness Codex*, dessen Entwurf

1 Vgl. Allgemeine Erklärung der Menschenrechte, Artikel 2, https://www.menschenrechtserklaerung.de/diskriminierungsverbot-3542/, und Artikel 27, https://www.menschenrechtserklaerung.de/kultur-3689/ (15.12.2021).

2 Land Salzburg (Hg.) (2018): *Kulturentwicklungsplan KEP Land Salzburg. Visionen, Ziele, Maßnahmen*, S. 13.

3 Bundesministerium für Kunst, Kultur, öffentlichen Dienst und Sport (Hg.) (2021): „Fairness. Kunst und Kultur in Österreich. Zwischenbericht zum Fairness Prozess 2020/2021", Broschüre, https://www.bmkoes.gv.at/Kunst-und-Kultur/Fairness.html (15.12.2021), S. 13.

im ersten Halbjahr 2022 vorliegen soll, als auch in der Kunst- und Kulturstrategie des Bundes sollen „die Verbesserung der Arbeitsbedingungen von Künstler:innen aus marginalisierten Gruppen sowie die kulturelle Beteiligung von marginalisierten Menschen eine zentrale Rolle spielen".[4] Als konkreter Schritt wurde bereits in allen neuen Ausschreibungen „Diversität als berücksichtigungswürdiges Kriterium" eingefügt, wodurch Auswahlgremien angehalten werden sollen, die Diversität der Beteiligten bei der Bewertung der Anträge zu berücksichtigen. Außerdem soll eine Neufassung der Geschäftsordnung für Beiräte und Jurys zu einer Diversitätsentwicklung beitragen, indem darin „die Berücksichtigung aller gesellschaftlicher Gruppen explizit verankert" wurde.[5]

4 Ebd.

5 Ebd.

Das sind prinzipiell sehr positive Entwicklungen. Für einen umfassenden und langfristigen Wandel hin zu mehr Diversität und sozialer Gerechtigkeit in Kunst und Kultur bedarf es allerdings grundlegender und weitreichender struktureller Veränderungen. Es gilt, seitens der Kulturpolitik weitere konkrete Maßnahmen zu setzen und Diversität kontinuierlich zu fördern. Dabei ist wesentlich, von einem machtkritischen Begriff von Diversität auszugehen, mit dem strukturelle Benachteiligungen und Ausschlüsse von Personen – aufgrund von Alter, Geschlecht, ethnischer Zugehörigkeit, sozioökonomischer Herkunft oder Position, Behinderung, sexueller Orientierung etc. – sowie Mehrfachdiskriminierungen in den Blick genommen werden können.[6]

6 Sandrine Micossé-Aikins/Bahareh Sharifi (2019): „Kulturinstitutionen ohne Grenzen? Annäherung an einen diskriminierungskritischen Kulturbereich", in: *Kulturelle Bildung Online*, https://www.kubi-online.de/artikel/kulturinstitutionen-ohne-grenzen-annaeherung-einen-diskriminierungskritischen-kulturbereich (15.12.2021).

Der vorliegende Beitrag geht der Frage nach, wo Kulturpolitik und -verwaltung ansetzen können, um den Kulturbetrieb offener und gerechter zu machen. Welche Praktiken und Übereinkünfte in Bezug auf Kunst dominieren das kulturpolitische Feld? Welche inhaltlichen Aktualisierungen und konkreten Maßnahmen braucht es, um Diskriminierungen entgegenzuwirken? Konkret knüpfe ich an Beobachtungen sowie Erfahrungen von in Kunst und Kultur tätigen Personen an und führe Erkenntnisse zusammen, die aus unserem Forschungsprojekt *Kulturelle Teilhabe in Salzburg* (2017–2021) hervorgingen.[7]

7 https://www.p-art-icipate.net/projekt/projektinfo/ (15.12.2021).

Zentrales Element dieses Projekts waren halbstandardisierte Interviews, die das Projektteam mit einem breiten Kreis an Expert:innen führte: Personen unterschiedlicher Altersgruppen und sozioökonomischer Zugehörigkeit, in ländlichen Regionen tätige Menschen und solche aus der Stadt, Akteur:innen öffentlicher Einrichtungen und selbstorganisierter Kollektive und Vereine, Personen aus diskriminierten und unterrepräsentierten Gruppen, freischaffende Künstler:innen, Kulturvermittler:innen, Aktivist:innen. Befragt wurden Akteur:innen aus dem Bundesland Salzburg und von außerhalb. Im Fokus der Gespräche – 35 davon sind als Booklets veröffentlicht[8] – standen die Bedingungen, vor deren Hintergrund die je eigene Kulturarbeit oder Kunstpraxis stattfindet, sowie persönlichen Erfahrungen der Befragten. Die Interviews veranschaulichen einerseits deutlich die nicht übergehbare Realität einer von Diversität

8 Die Booklets stehen hier als Download zur Verfügung: https://www.p-art-icipate.net/projekt/interviews/ (15.12.2021). Sämtliche im Beitrag zitierten Interviewpassagen sind den veröffentlichen Booklets entnommen.

gekennzeichneten Gesellschaft. Andererseits wird daraus aber auch ersichtlich, dass diese Realität in der staatlichen Kulturpolitik bisher dennoch kaum Anerkennung findet.

Vielmehr befördert Österreichs Kulturpolitik vielfältige Ausschlüsse, was zu einem wesentlichen Teil mit dem ihr zugrundeliegenden Kulturverständnis zu tun hat. So ist das kulturpolitische Handeln stark von einem konservativen, bildungsbürgerlichen, auf Repräsentation abzielenden Kulturverständnis geprägt, das seinerseits aus dem Narrativ der ‚Kulturnation Österreich' gespeist wird. Dieses sollte insbesondere nach dem Zweiten Weltkrieg zur Herausbildung nationaler österreichischer Zugehörigkeit mit den Mitteln eines rückwärtsgewandten Kulturbetriebs beitragen.[9] Im Zuge der Neuen Kulturpolitik der 1970er-Jahre kommt es zu einer Öffnung in Richtung Soziokultur, was das vorherrschende Kulturverständnis jedoch nicht grundlegend ändert. Kultur bleibt – unabhängig von unterschiedlichen parteipolitischen Schwerpunktsetzungen – im Wesentlichen ein bildungsbürgerliches Feld der kulturellen Distinktion[10] und Herstellung von Ungleichheit und Ausschlüssen. Immer noch spiegelt sich die Imagination von Österreich als homogene, weiße, bildungsbürgerliche ‚Kulturnation' in der kulturpolitischen Rhetorik wider und wird etwa als Argumentation gegen eine vermehrte Zuwanderung[11] ins Treffen geführt. Sie wirkt sich vor allem auch in konkreten Zahlen aus: Repräsentative, großteils in der Österreichisch-Ungarischen Monarchie entstandene staatliche Kulturinstitutionen wie Wiener Staatsoper, Burgtheater, große Orchester oder die Bundesmuseen, die mit ihren Inhalten und Programmen lediglich einen sehr kleinen Teil von Österreichs diverser Bevölkerung adressieren, erhalten den größten Pflichtausgabenanteil der Kulturbudgets.[12] Eine zukunftsorientierte Kulturpolitik kommt nicht umhin, sich einer öffentlichen, kritischen (Selbst-)Reflexion solcher über viele Jahrzehnte gewachsenen Strukturen und deren diskriminierenden Effekten zu stellen sowie basierend darauf Adaptierungen vorzunehmen und Änderungen in Gang zu setzen.

FORDERUNGEN AUS DER PRAXIS

Hinterfragung von Kulturbegriff und Kanon

Was aktuell als Kunst und Kultur Anerkennung findet und im Fokus von institutionalisiertem kulturpolitischem Handeln steht, trägt wesentlich zu Ausgrenzungen bei. Dieser Befund ist ein zentrales Ergebnis des Forschungsprojekts. Die Inhalte, Formate und das Selbstverständnis von Kultureinrichtungen und daraus resultierend ihre Anforderungen an Kunstkonsument:innen, -produzent:innen und Personen, die kuratorisch oder organisatorisch in dem Bereich tätig sind oder sein wollen, führen zu vielfältigen Diskriminierungen.

9 Der Ausdruck ‚Kulturnation' diente als „konservativer Kampfbegriff" auch dazu, ein „anti-aufklärerisches, anti-modernes und stark katholisch gefärbtes Kulturmuster einer bildungsbürgerlichen Elite durchzusetzen", vgl. Michael Wimmer (2020): „Das Phantom der Demokratie. Eine kleine Geschichte der österreichischen Kulturpolitik", in: Michael Wimmer (Hg.): *Kann Kultur Politik? Kann Politik Kultur? Warum wir wieder mehr über Kulturpolitik sprechen sollten*, Berlin: De Gruyter, S. 122–134, S. 123.

10 Vgl. Pierre Bourdieu (1987 [1979]): *Die feinen Unterschiede. Kritik der gesellschaftlichen Urteilskraft*, Frankfurt am Main: Suhrkamp (22. Auflage).

11 Vgl. Michael Wimmer (2020): „Eine Kultur für alle! Über Kanons, Leitkulturen und über das, worum es in der Kultur wirklich geht", Blogbeitrag, https://michael-wimmer.at/blog/eine-kultur-fuer-alle-ueber-kanons-leitkulturen-und-ueber-das-worum-es-in-der-kultur-wirklich-geht/ (15.12.2021).

12 Laut Bundeskunst- und Kulturbericht erhielt im Geschäftsjahr 2019/20 das Burgtheater eine Basisabgeltung von 47.404.000 € und die Wiener Staatsoper von 66.088.000 € (S. 263). An den ArtSocialSpace Brunnenpassage gingen hingegen 55.000 € (S. 440), https://www.bmkoes.gv.at/Service/Publikationen/Kunst-und-Kultur/kunst-und-kultur berichte.html (15.12.2021).

Der Mythos, westliche Kunst sei eine universelle Sprache und für alle – im Sinne von „wer kommt, kommt“[13] – zugänglich, ist im Großteil der Kulturbetriebe nach wie vor wirkmächtig. Doch das funktioniert in dieser Form nicht, denn viele fühlen sich auf der inhaltlich-ästhetischen Ebene von den Angeboten ausgegrenzt – sei es aufgrund diskriminierender Inhalte oder weil die Programme als abgehoben von den eigenen Lebenswelten wahrgenommen werden, da sie „nichts widerspiegeln, was die Menschen kennen“, so Nadja Al-Masri-Gutternig vom Salzburg Museum.[14] Das Kunstfeld erfordert zudem einen spezifischen Habitus und gibt bestimmte Regeln vor, was zur Ausgrenzung jener führt, die damit nicht vertraut sind. Eine Hemmschwelle, um ins Theater zu gehen, sei beispielsweise schon die Frage, „was man anziehen muss, um dorthin zu gehen“, sagt der Salzburger Rapper Young Krillin.[15] So wie er assoziieren zahlreiche unserer Gesprächspartner:innen explizit die bildungsbürgerliche ‚Hochkultur‘ mit Unzugänglichkeit. Doch auch inhaltlich oder ästhetisch voraussetzungsvolle Formate in eher progressiven Zirkeln werden von vielen als ausgrenzend erlebt. So beobachtet Enes Özmen von *EsRap*, dass oft „Kunst für Künstler“ gemacht oder gezeigt würde, zu deren Verständnis es spezifisches Vorwissen brauche. Solche Angebote würden beispielsweise „Migrantenkinder“ nicht ansprechen.[16] Interviewte benennen außerdem den eurozentristisch ausgerichteten Kanon vieler Kultureinrichtungen und das Fehlen kritischer Auseinandersetzungen mit kolonialistischen und rassistischen Praktiken als ausgrenzend. In einigen selbstorganisierten Initiativen wird seit vielen Jahren queere und antirassistische Kunst- und Kulturarbeit aus einer dekolonialen Perspektive gemacht, wie Marissa Lôbo von *kültür gemma* betont.[17] Im breiten Diskurs und in Kulturinstitutionen ist davon jedoch wenig angekommen.

13 Aslı Kışlal, S. 3.

14 Nadja Al-Masri-Gutternig, S. 3.

15 Young Krillin, S. 8.

16 Enes Özmen, S. 9f.

17 Marissa Lôbo, S. 4.

Die Programme der meisten Kultureinrichtungen sind so ausgerichtet, dass sie ein Publikum adressieren, das als weiß, bildungsbürgerlich und kunstaffin imaginiert wird und somit einen Großteil der Bevölkerung ausschließt. Um dem entgegenzuwirken, müsse – so eine zentrale Forderung aus den Gesprächen – der bestehende, das kulturpolitische Feld dominierende Kunstkanon in Bezug auf seine Ausgrenzungsgeschichte kritisch hinterfragt, dekonstruiert und neu aufgeladen werden. Einhergehend damit gilt es, das am ‚Kulturnation‘-Narrativ orientierte präskriptive Kulturverständnis der staatlichen Kulturpolitik zu verabschieden und zeitgemäße Perspektiven zu entwickeln. Es braucht ein neues, erweitertes Verständnis von dem, was als Kunst kulturpolitisch verhandelt, gestärkt und gefördert wird. Eine wesentliche Voraussetzung dafür ist die Anerkennung dessen, was von den unterschiedlichen Mitgliedern und Communitys unserer heterogenen Gesellschaft als Kunst und Kultur verstanden, gelebt, konsumiert und produziert wird, und ebenso, dass sich dies kontinuierlich weiterentwickelt, wie der in Salzburg lebende

Künstler Abdullah Karam in einem unserer Interviews betont: „[C]ulture doesn't stop, culture keeps on evolving."[18]

18 Abdullah Karam, S. 3.

Förderung von differenzierten Formaten, Beteiligungsmöglichkeiten und Sichtbarkeit

Eine weitere Forderung, die sich aus dem bisher Aufgezeigten ableiten lässt und von vielen Interviewten benannt wird, ist die nach einer Differenzierung der Formate und der Beteiligungsmöglichkeiten. Für unterschiedliche Communitys braucht es in Österreichs Kulturlandschaft vielfältige, inhaltlich-ästhetisch breit ausgerichtete Angebote. Sie sollten „jeder Person ermöglichen, in der Form teilzuhaben, wie sie oder er es gerne täte. Sei es als Mitglied in einem Volksliedchor, in einer türkischen Kulturvereinigung oder eben in der Radiofabrik, wo man, in welcher Art auch immer, Radio machen kann", sagt Eva Schmidhuber.[19] Vor allem auch etablierte Kultureinrichtungen sind gefordert, ihre Angebote neu auszurichten und von Diskriminierungen betroffene Personen zu adressieren. Damit dies gelingen kann, ist es wesentlich, diese bei der Programmierung einzubinden.[20]

19 Eva Schmidhuber, S. 3.

20 Nadja Al-Masri-Gutternig, S. 7.

Außerdem gilt es, kulturpolitisch jene Kunstformen aufzuwerten, die von unterrepräsentierten Personen als offener und deutlich zugänglicher wahrgenommen werden. Genannt werden in dem Zusammenhang DIY-Praktiken oder popkulturelle Formate wie Hip-Hop, der „schon eine sehr große Community erreicht" hat, wie Enes Özmen hervorhebt.[21] Zudem sollten marginalisierte Akteur:innen von kulturpolitischer Seite verstärkt als Kulturproduzent:innen wahrgenommen und gefördert werden, so eine weitere in den Interviews formulierte Erwartung, um das Entstehen selbstbestimmter Angebote und an eigenen Interessen orientierte Kulturorte zu unterstützen.

21 Enes Özmen, S. 10.

Das wäre zudem ein wichtiger Schritt, um der fehlenden öffentlichen Sichtbarkeit und Wahrnehmung marginalisierter Communitys und kultureller Positionen entgegenzuwirken, die von vielen Interviewpartner:innen als diskriminierend benannt wird. Conny Felice von der *HOSI Salzburg* stellt insbesondere in Bezug auf Projekte in ländlichen Räumen von Salzburg fest, dass sie ihrer Arbeit in einem Kontext nachgeht, in dem eine „queere Sichtbarkeit" völlig fehlt.[22] Sichtbarkeit ist grundlegend, um die eigene Community zu stärken[23] und kulturelle Interessen sowie Forderungen im dominierenden Diskurs durchzusetzen. Die fehlende öffentliche Repräsentation bestimmter Formate, Inhalte und Akteur:innen wird als Ignoranz vonseiten der Kulturinstitutionen und der Kulturpolitik erlebt. Im Hinblick auf mehr Sichtbarkeit für unterrepräsentierte Akteur:innen und ihre Einbeziehung gilt es auch, im Rahmen einzelner Projekte aktiv zu werden: „Migrantische Künstler*innen existieren. Da muss man rausgehen und dezentrale Kulturarbeit leisten", so Esra Özmen.[24]

22 Conny Felice, S. 3.

23 Esra Özmen, S. 7.

24 Ebd., S. 6.

Strukturelle Partizipation marginalisierter Akteur:innen

Für mehr Gerechtigkeit in Kunst und Kultur ist die Partizipation von marginalisierten Personen und Communitys in Definitions- und Entscheidungsprozessen von Kulturpolitik und Kulturinstitutionen unerlässlich. In vielen Interviews wird die Notwendigkeit geäußert, Diversität systematisch in den Personalstrukturen von Kultureinrichtungen zu verankern. Menschen, die von Diskriminierungen betroffen sind, müssen zu Wort kommen „und die Sprache, in der über sie gesprochen wird, selbst bestimmen",[25] aber auch Inhalte mitgestalten und Entscheidungen darüber treffen können. Über personelle Änderungen kann Ausgrenzungen entgegengewirkt werden, indem Akteur:innen aus diskriminierten Gruppen Personen aus ihren Netzwerken erreichen und zur Beteiligung motivieren können. Eine diversitätsorientierte Personalzusammensetzung ist auch ein wichtiges Signal nach außen. Publikum und Kulturproduzent:innen aus unterrepräsentierten Communitys fühlen sich stärker angesprochen und sehen ihre Anliegen eher vertreten, wenn sie in Institutionen (sichtbar) repräsentiert sind. Dass es in der Radiofabrik 2015/16 möglich war, Syrer:innen oder Iraner:innen im Programm zu integrieren, war einzig der Zusammensetzung des Teams, dem ein arabischsprechender EU-Freiwilliger angehörte, zu verdanken.[26] Ähnliches berichtet Andrea Folie, die in der regionalen Kulturarbeit tätig ist. Um „Menschen im bäuerlichen oder handwerklichen Umfeld anzusprechen", brauche es in den Projekten Personal, das aus diesem Umfeld kommt.[27]

Zum langfristigen Abbau von Diskriminierungen im Kulturbereich sind jedoch grundlegende, über temporäre Maßnahmen und Einzelprojekte hinausgehende Veränderungen in den Personalstrukturen notwendig. Es geht darum, „dass sich der institutionelle Körper verändert", wie es Catrin Seefranz von *kültür gemma* ausdrückt, „dass dort andere Leute, etwa Migrant*innen arbeiten, einen fixen Arbeitsvertrag haben und ihre Positionen sichern können".[28] Eine Diversifizierung ist auf allen Personalebenen angezeigt, in den hierarchisch organisierten Kultureinrichtungen jedoch vor allem auch in der Leitung. Insbesondere wenn Leiter:innen eigene Expert:innen, Netzwerke und diversitätsrelevante Konzepte mitbringen, trägt dies effektiv zur Förderung von Diversität in Betrieben bei.[29] Allerdings finden gerade in Leitungsebenen von Kultureinrichtungen nach wie vor massive intersektionale Diskriminierungen statt. „Alleine, wenn wir uns die Frauenquoten anschauen und fragen, wie die Leitungspositionen in großen Theatern besetzt sind oder wer die Entscheidungsträger*innen sind, sehen wir, wie miserabel die Situation noch immer ist. [...] Wenn man dieser Frauenquote dann noch das Postmigrantische bzw. PoCs (People of Color) hinzufügt, tendiert Diversität gegen Null."[30] Diesbezüglich braucht es dringend Veränderungen, die über diskriminierungssensible Ausschreibungen und kulturpolitische Anreize gesteuert werden.

25 simon INOU, S. 7.

26 Eva Schmidhuber, S. 6.

27 Andrea Folie, S. 6.

28 Catrin Seefranz, S. 7.

29 Vgl. Joshua Kwesi Aikins/Daniel Gyamerah (2016): „Handlungsoptionen zur Diversifizierung des Berliner Kultursektors. Eine Expertise von Citizens For Europe, Berlin", https://vielfaltentscheidet.de/wp-content/uploads/2017/04/Final-für-Webseite_klein.pdf (15.12.2021), S. 28.

30 Aslı Kışlal, S. 4.

Doch nicht nur in den Kultureinrichtungen sind solche strukturellen Änderungen notwendig, sondern auch in der institutionalisierten Kulturpolitik. Denn es fällt auf, dass dort nahezu überall die Perspektiven marginalisierter und diskriminierter Gruppen fehlen. Dies betrifft Bundes-, Landes- und Kommunalverwaltungen, Gremien wie Kulturbeiräte, Besetzungskommissionen, Jurys oder zivilgesellschaftliche Organisationen wie Interessengemeinschaften. Eine zentrale kulturpolitische Frage muss also sein, wie vielfältigste Perspektiven in kulturpolitischen Prozessen und Entscheidungen Eingang finden und welche Selbstverpflichtungen es vonseiten der Institutionen und Verwaltungen braucht, um darin insbesondere unterrepräsentierten Gruppen Platz zu machen.

Abbau räumlicher und kommunikativer Barrieren

Ein weiteres Themenfeld, das in den Gesprächen benannt wird, sind die ausgrenzenden Dimensionen von Kulturorten und Räumlichkeiten. Angesprochen werden bauliche Barrieren, die trotz der seit 2006 bestehenden gesetzlichen Verpflichtung, öffentliche Einrichtungen barrierefrei zu machen, immer noch vielerorts bestehen und Menschen mit Behinderung diskriminieren.[31] „Wenn ich mir einen Film ansehen möchte, orientiere ich mich nicht am Film, sondern am Saal, den sie gerade bespielen", nennt die Menschenrechtsaktivistin Monika Schmerold als Beispiel für fehlende Gleichberechtigung, die sie als Frau im Rollstuhl erlebt.[32] Es gilt, Barrieren für Menschen mit unterschiedlicher, sichtbarer oder nicht sichtbarer Behinderung, Lernschwierigkeiten sowie alters- oder krankheitsbedingten Einschränkungen abzubauen und dabei diverse Ebenen zu berücksichtigen. Auch Kommunikation spielt in dem Kontext eine wesentliche Rolle. Hinweise über die Beschaffenheit von Räumen, Zugänge, Platzangebote etc. in Kunstinstitutionen sind oft schwer oder gar nicht zu finden. Dabei wäre es einfach, solche Informationen über Websites – die für Menschen mit Behinderung oder Lernschwierigkeiten oft besser zugänglich sind als andere Kommunikationsformen – zu veröffentlichen. Die digitalen Möglichkeiten würden insgesamt zu wenig genutzt und seien häufig nicht barrierefrei gestaltet – so mehrere Interviewpartner:innen. Zudem mangelt es in Kultureinrichtungen an Informationen in leichter Sprache, gut lesbarer Schrift oder Kommunikationsmaßnahmen, die unterschiedliche Sinne adressieren. Diskriminierungen entstehen außerdem auch, weil Mehrsprachigkeit selten gegeben ist.

Ein anderer Aspekt, der im Zusammenhang mit räumlichen Barrieren vielfach thematisiert wird, ist eingeschränkte oder fehlende Mobilität. Sie bedingt Ausgrenzung aus dem Kulturfeld, wobei Personen in ländlichen Regionen davon deutlich stärker betroffen sind als Städter:innen. Häufig mangelt es an guten öffentlichen Verkehrsnetzen und -angeboten, sodass es für Menschen ohne eigenes Auto schwierig ist, Kulturveranstaltungen

31 Die zehnjährige Übergangsfrist endete 2016. Seit 1.1.2016 müssen alle öffentlich zugänglichen und nutzbaren Orte sowie Güter und Dienstleistungen, die der Öffentlichkeit zur Verfügung stehen, barrierefrei angeboten werden. Vgl. Monika E. Schmerold (2021): „Kulturveranstaltungen barrierefrei und inklusiv. Leitfaden. Checkliste", herausgegeben von Eva Veichtlbauer/Land Salzburg, https://www.salzburg.gv.at/kultur_/Documents/Kulturveranstaltungen%20barrierefrei%20und%20inklusiv.pdf (15.12.2021).

32 Monika Schmerold, S. 4.

zu besuchen. Im Zusammenhang mit mobilitätsbedingten Ausgrenzungen werden auch intersektionale Verbindungen zu Diskriminierungen aufgrund von sozioökonomischer Zugehörigkeit oder Behinderung sichtbar.[33] So ist das öffentliche Verkehrsangebot für Menschen mit Behinderung oft besonders schwer zugänglich, zudem ist gerade für diese Gruppe die Kostenfrage sehr relevant, wie Monika Schmerold hervorhebt. Denn viele arbeiten in Werkstätten und erhalten dafür lediglich ein kleines Taschengeld. Wenn damit Fahrtkosten beglichen werden müssen, werden Teilhabemöglichkeiten enorm eingeschränkt.[34]

Der in den Interviews nachdrücklich geforderte Abbau räumlicher und kommunikativer Barrieren bedarf vielfältiger Schritte, die von baulichen Adaptierungen bestehender Kultureinrichtungen bis hin zu inklusiven sprachlichen und digitalen Aktivitäten oder dem Ausbau öffentlicher Verkehrsmittel und anderer Mobilitätsinitiativen reichen. Dabei sind vor allem auch finanzielle Maßnahmen essenziell, etwa die gezielte Förderung von Umbaumaßnahmen in Kulturhäusern und barrierefreier Kommunikation oder kostenlose Fahrgelegenheiten.

33 Vgl. Persson Perry Baumgartinger (2021): „Kulturarbeit & Diversity. Ein- und Ausschlüsse im Salzburger Kulturbetrieb", Essay, https://www.p-art-icipate.net/wp-content/uploads/2021/05/Essay_PPB_Kulturarbeit_mb_final.pdf (15.12.2021), S. 5.

34 Monika Schmerold, S. 4.

Sicherstellung von Finanzierung und Umverteilung von Förderungen

Diskriminierungen im Zusammenhang mit dem sozioökonomischen Hintergrund werden von nahezu allen Interviewpartner:innen angesprochen. Diesbezüglich ist in unterschiedlicher Hinsicht Handlungsbedarf angezeigt, unter anderem in Bezug auf die Gestaltung von Eintrittspreisen. Günstige oder kostenfreie Angebote tragen wesentlich zum Abbau von klassistischen Ausschlüssen bei, so der Tenor in unseren Interviews, ebenso Konzepte wie *Pay as you can*, bei dem Eintrittsgelder entsprechend der individuellen Einkommenssituation bezahlt werden und wohlhabendere Personen die Karten ärmerer Besucher:innen mitfinanzieren.[35] Auch Initiativen wie der Kulturpass *Hunger auf Kunst und Kultur* werden genannt, wenngleich diese für Personen, die von Mehrfachdiskriminierungen – etwa aufgrund von Geschlecht, sozioökonomischem Hintergrund und Wohnort – betroffen sind, nur bedingt hilfreich sind: „Was nützt einer Alleinerzieherin in Krimml der Kulturpass, wenn sie unter oder an der Armutsgrenze lebt? Wie soll sie ins Nexus kommen und zurück?"[36] Für gerechte Teilhabemöglichkeiten braucht es also umfassendere und an unterschiedliche Erfordernisse angepasste Maßnahmen.

In den Interviews werden darüber hinaus auch Diskriminierungen aufgrund von fehlender Finanzierung der eigenen Kulturproduktion und Initiativen thematisiert, die zur Prekarisierung und (Selbst-)Ausbeutung von Künstler:innen und Kulturarbeiter:innen beiträgt. Um dem entgegenzuwirken und nachhaltige Kulturarbeit zu ermöglichen, ist die Anerkennung von Kulturarbeit als Arbeit samt adäquater Anstellungsverhältnisse, gerechter Entlohnung und entsprechender sozialer Absicherung

35 Andrea Hummer, S. 5.

36 Reinhold Tritscher, S. 6.

unerlässlich. Im Kontext von Antidiskriminierung und Diversitätsorientierung erhält diese Forderung eine besondere Dringlichkeit. Denn eine entsprechende finanzielle Ausstattung ist unabdingbare Basis dafür, dass selbstbestimmte Bottom-up-Initiativen unterrepräsentierter Gruppen entstehen können. Dabei ist auch wichtig, diese langfristig und finanziell ausreichend zu fördern, sodass Strukturen aufgebaut werden und als maßgeblicher Bestandteil des öffentlich geförderten Kultursektors Bestand haben können. Als besonders große Herausforderung erweist sich für unsere Gesprächspartner:innen das Beantragen von Förderungen, insbesondere für Personen ohne bildungsbürgerlichen Hintergrund oder für Nachwuchskünstler:innen. So berichtet beispielsweise Onur Bakış vom Verein *Doyobe* von seinen Schwierigkeiten mit Kulturbehörden, als er erstmals mit diesen in Kontakt war und ihm viel Know-how fehlte. „Ich hatte mit Stolpersteinen und nicht zufriedenen Beamten zu kämpfen.“[37] Um Diskriminierungen im Förderwesen entgegenzuwirken, braucht es Vereinfachungen bei der Beantragung sowie maßgeschneiderte Unterstützungsangebote, wie mehrfach gefordert wird.

[37] Onur Bakış, S. 5.

In den Interviews wird zudem das Thema der Umverteilung von Förderungen immer wieder angesprochen. Es gilt, so die explizite Forderung, Ungerechtigkeiten aufgrund einer Bevorzugung etablierter ‚hochkultureller‘ Kunstformen abzubauen. Young Krillin beobachtet beispielsweise, dass es für Künstler:innen aus dem klassischen Bereich viele Förderungen gibt, weit weniger jedoch für Bands oder Filmprojekte. „Das steht in keinem Verhältnis zueinander.“[38] Diskriminierungen im Förderwesen hängen – wie eingangs dargestellt – eng mit dem die Kulturpolitik dominierenden elitären, bildungsbürgerlichen Kulturverständnis zusammen, aber auch mit Machtfragen, wie von mehreren Interviewten betont wird. Im kulturellen Feld aktiv sein zu können, wird als Privileg benannt, „das man ungern teilt“.[39] Umso wichtiger ist es, Ungerechtigkeiten im Förderwesen kritisch zu reflektieren und Privilegien aktiv hin zu marginalisierten Gruppen umzuverteilen. In diesem Zusammenhang sei es notwendig, so eine weitere Forderung, dass sich die Kulturpolitik aktiv auf marginalisierte Communitys zubewegt, ausdrücklich zur kulturellen Mitgestaltung einlädt und dies – wie der Journalist und Medienkritiker simon INOU vorschlägt – deutlich kommuniziert: „Wir brauchen euch. Salzburg sind wir, aber Salzburg seid auch ihr. Kommt vorbei und schauen wir gemeinsam, was wir für diese Stadt machen können.“[40]

[38] Young Krillin, S. 4.

[39] Esra Özmen, S. 10.

[40] simon INOU, S. 4.

Kulturpolitische Handlungsoptionen

In den bisherigen Ausführungen wurden vielfältige Erfahrungen und Bedarfe aus der Praxis von Künstler:innen, Kulturarbeiter:innen und -initiativen zusammengeführt, die es zu berücksichtigen gilt, um die Diversität der Gesellschaft im österreichischen Kulturbetrieb abzubilden und diesen für marginalisierte Gruppen relevant und zugänglich sowie insgesamt gerechter zu machen. Zusammenfassend lassen sich dabei folgende Forderungen als zentral festhalten: Hinterfragung des Kanons und Diversifizierung des Kulturangebots, Repräsentation und umfassende Partizipation unterrepräsentierter Akteur:innen in Kulturinstitutionen und Kulturpolitik, Abbau räumlicher und kommunikativer Barrieren, Sicherstellung von Finanzierung und Umverteilung von Förderungen, Wahrnehmung von Antidiskriminierung als (kultur-)politische Aufgabe.

Ausgehend von den Forderungen werde ich abschließend konkrete kulturpolitische Handlungsoptionen skizzieren. Dabei fokussiere ich auf drei Bereiche, die mir besonders relevant erscheinen: Grundlagen, Entscheidungsprozesse und Förderwesen.

Grundlagen: Grundsatzbeschluss – Selbstreflexion und Bestandsaufnahme – Implementierung von Antidiskriminierung und Diversitätsorientierung

Für eine nachhaltige Veränderung in Richtung mehr sozialer Gerechtigkeit und Mitbestimmung ist die Verankerung von Diversitätsorientierung und Antidiskriminierung in der staatlichen Kulturpolitik notwendig. Grundlegend ist dabei die Anerkennung dessen, was von den unterschiedlichen Mitgliedern und Communitys unserer heterogenen Gesellschaft als Kunst und Kultur verstanden, gelebt, produziert und konsumiert wird. Der erste Schritt einer langfristig gedachten diversitätsorientierten Kulturpolitik müsste daher ein Grundsatzbeschluss sein über die Anerkennung der Diversität unserer Gesellschaft und ihrer künstlerischen und kulturellen Ausdrucksweisen sowie die Absicht, diesbezüglich antidiskriminierende Veränderungen in Gang zu setzen. Diesen Grundsatzbeschluss gilt es als zentrale Referenz kulturpolitischen Handelns zu verankern. Auch wenn die Relevanz solcher Bekenntnisse primär von deren Umsetzung abhängt, braucht es sie als gemeinsame verbindliche Bezugspunkte, auf die sich unterschiedliche Akteur:innen berufen. Der geplante österreichische *Fairness Codex*, in dem „Bund, Länder, Institutionen und Interessengemeinschaften erstmalig in der Geschichte der Republik einen gemeinsamen Kooperationsstandard“[41] festschreiben wollen, hat großes Potenzial, ein derartiger Bezugspunkt zu werden, sofern darin – aufbauend auf einem kritisch reflektierten Kulturverständnis – Diversitätsorientierung und Antidiskriminierung als explizite kulturpolitische Aufgaben verankert werden.

41 Bundesministerium für Kunst, Kultur, öffentlichen Dienst und Sport (Hg.) (2021), S. 11.

Basierend auf dem Grundsatzbeschluss ist in einem weiteren Schritt die Durchführung strukturierter und professionell begleiteter Prozesse der kritischen Selbstreflexion, Bestandsaufnahme sowie Erarbeitung von Handlungsfeldern und Zielen – inklusive entsprechender Selbstverpflichtungen – erforderlich. Dies müsste kulturpolitische Konzepte, Verfahren und Gremien sowie die Kulturverwaltung in Bund und Ländern betreffen, ebenso öffentlich geförderte Kultureinrichtungen und insbesondere die staatlichen Kulturbetriebe. Für die Umsetzung diversitätsorientierter Reflexions- und Organisationsentwicklungsprozesse sollten Anreize geschaffen und eine entsprechende finanzielle Unterstützung sichergestellt werden.[42] Letztlich gilt es, Diversität und Antidiskriminierung dauerhaft im Kulturbetrieb zu implementieren und in kulturpolitischen Gremien, in der Kulturverwaltung und in öffentlich geförderten Kulturbetrieben mittels Beratung und Monitorings kontinuierlich zu fördern.

[42] In Deutschland geschieht dies beispielsweise durch das von der Kulturstiftung des Bundes geförderte Programm *360 – Fonds für Kulturen der neuen Stadtgesellschaft*. 2018–2023 werden verschiedene Kultureinrichtungen mit insgesamt 13,9 Mio. Euro gefördert, https://www.360-fonds.de/ (15.12.20121).

Entscheidungsprozesse: Diversifizierung von kulturpolitischen Gremien, Verwaltung und Kulturbetrieben

Um Diskriminierungen entgegenzuwirken, ist es unerlässlich, marginalisierte Akteur:innen in Entscheidungsprozesse unterschiedlicher Ebenen einzubinden. Zum einen betrifft das Kulturbeiräte, Jurys und andere Gremien in Bundes-, Landes- und Kommunalkulturpolitik, wo Entscheidungen über die Vergabe von Förderungen und Stipendien, Stellenbesetzungen, inhaltliche Schwerpunktsetzungen etc. getroffen werden. Zum anderen ist dies auch in der Kulturverwaltung elementar, um bei Entscheidungen auf dieser Ebene diverse Sichtweisen zu berücksichtigen, Kommunikation und Unterstützung aus der Perspektive marginalisierter Personen sicherstellen zu können, aber auch um den Kreis an Antragsteller:innen hin zu unterrepräsentierten Communitys zu erweitern.

Zudem gilt es, die Kulturbetriebe selbst diverser zu gestalten und dafür Sorge zu tragen, dass sich Diversität im gesamten Personal – insbesondere auch in den Leitungsebenen – widerspiegelt. Zu achten ist dabei auf diskriminierungssensible Stellenausschreibungen und Bewerbungsverfahren. Darüber hinaus sollten innerbetrieblich diskriminierungssensible Maßnahmen gesetzt und entsprechende Rahmenbedingungen geschaffen werden, damit Personen aus unterrepräsentierten Communitys keinen Diskriminierungen ausgesetzt sind. In Bezug auf die Diversifizierung von Kulturbetrieben ist kulturpolitisch steuernd einzugreifen, beispielsweise indem Anreize und Unterstützungsangebote für Kulturbetriebe geschaffen werden und Diversitätsorientierung und Antidiskriminierung als Teil von Fördervereinbarungen verankert werden.

Förderwesen: Adaption von Richtlinien, Ausschreibungen und Kriterien – Schaffung diskriminierungssensibler Zugänge – Setzung von Förderschwerpunkten

Die Verteilung der Fördergelder trägt derzeit wesentlich zu Ungleichheit und Diskriminierungen bei. Dass nun auf Bundesebene und im Bundesland

Salzburg an der Umsetzung von Fair-Pay-Maßnahmen gearbeitet wird und Kultureinrichtungen in Zukunft mehr finanzielle Unterstützung erhalten sollen, sodass Angestellte nach den Fair-Pay-Richtlinien[43] bezahlt werden können, ist überaus positiv. Wichtig wäre darüber hinaus, Diversität und Antidiskriminierung in der Kulturförderungspraxis festzuschreiben und diese für bis dato marginalisierte Akteur:innen, deren Einrichtungen und Produktionen zu öffnen. Es gilt, Förderrichtlinien und Ausschreibungen auf Bundes-, Länder- und Gemeindeebene zu analysieren und diskriminierungssensibel zu adaptieren. Dabei ist der Fokus darauf zu richten, wer (nicht) adressiert wird und auf welchen Ebenen – Sprache, Adressierung, Inhalte, Formalitäten etc. – Ausschlüsse produziert werden.

Außerdem braucht es Transparenz in Bezug auf die Förderabläufe, Entscheidungen und die Verteilung der Fördergelder sowie Umverteilungsmaßnahmen hin zu unterrepräsentierten Communitys. Bezugspunkt können dabei diskriminierungskritische Kriterien etwa im Hinblick auf Beteiligte, adressiertes Publikum, Inhalte, Formate etc.[44] sein. Förderentscheidungen aufgrund solcher Kriterien wären besser nachvollziehbar als jene, die aktuell häufig aufgrund unklarer oder nicht offen gelegter Kriterien von ‚Qualität' getroffen werden. Es gilt zudem, aktiv Zugänge für unterrepräsentierte Personen zu schaffen und die Förderstellen serviceorientiert auszurichten, indem die Fördermöglichkeiten breit und gut verständlich kommuniziert werden, unterrepräsentierte Communitys aktiv eingeladen werden, um Förderungen anzusuchen, und für diese maßgeschneiderte Beratungsangebote und umfassende Unterstützungen angeboten werden. Darüber hinaus wäre es wichtig, Förderschwerpunkte neu zu setzen, indem etwa ein Fokus auf Community-based Art, Bottom-up-Projekte sowie dezentrale und kritische Kulturarbeit gelegt wird. Auch sollten Budgets für diskriminierungssensible Maßnahmen und umfassenden Barrierenabbau in Kulturbetrieben zur Verfügung gestellt werden. Zentral ist außerdem, bei den Förderarten umzudenken und Projekte und Initiativen aus diversen Communitys nicht in temporäre Sonderfördertöpfe ‚abzuschieben', sondern langfristig zu unterstützen.

Die vorgeschlagenen Handlungsoptionen verdeutlichen, dass Diversitätsorientierung in und durch Kulturpolitik nicht als linear zu bearbeitendes Phänomen gesehen werden kann, sondern ein komplexes Aufgabenfeld darstellt, das an vielen unterschiedlichen Stellen gezielt, parallel und langfristig bearbeitet werden muss. Generell wünschenswert wäre, zukünftige (Kultur-)Politik als umsichtiges, langfristiges, menschenrechtskonformes Vorgehen zu gestalten, unabhängig von kurzfristigem (partei-)politischem Agieren.

43 Vgl. u. a. Kulturrat Österreich (2021): „Fair Pay Reader", https://kulturrat.at/wp-content/uploads/2021/09/Fair_Pay_Reader_KulturratOesterreich_2021.pdf (15.12.2021).

44 Anregungen dazu bietet der *Creative Case for Diversity* des Arts Council England, https://www.artscouncil.org.uk/sites/default/files/download-file/Equality_Diversity_and_the_Creative_Case_A_Data_Report__201920.pdf (15.12.2021).

344

Von wegen Integration

Michael Wimmer

Es war der junge deutsche Politikwissenschaftler Max Czollek, der mich auf eindrückliche Weise auf den Umstand aufmerksam gemacht hat, dass wir in Ansehung der historischen Gegebenheiten den Begriff „Integration" in pervertierter Form verwenden. In seiner polemischen Schrift „Desintegriert euch!"[1] hinterfragt er aus vorrangig jüdischer Sicht eine leitkulturgestützte falsche Normalität, in der Phänomene wie AfD, Pegida oder NSU einen scheinbar gleichwertigen Platz einnehmen wie der Anspruch auf vielfältiges Zusammenleben. Ausgangspunkt ist ihm die Vorstellung eines „Gedächtnistheaters", in dem jüdische „Andersartigkeit" in einem politischen Setting aufgezwungener Normalität auf ein zunehmend stereotypes Holocaust-Gedenken reduziert wird, das die Radikalität und Einmaligkeit des damaligen Geschehens zu einem beliebigen Klischee verblassen lässt.

1 Max Czollek (2018): *Desintegriert euch!*, München: Hanser.

Während der Philosoph Rudolf Burger, ehemaliger Rektor der Universität für angewandte Kunst Wien, in seinen Überlegungen „Im Namen der Geschichte"[2] dazu aufruft, Geschichte zu vergessen, um sie immer wieder neu zu schreiben, wendet sich Czollek gegen eine grassierende Geschichtsklitterung, wonach der Massenmord an jüdischen Mitbürger*innen als abgeschlossene Tatsache ohne weitergehende Konsequenzen für die Gegenwart zu betrachten wäre. In einer sehr freien Interpretation ortet Czollek eine unhintergehbare Beziehung zwischen den Auswirkungen, die die ideologischen Traditionen bis heute auf die FPÖ und damit auf die gesamte österreichische Gesellschaft haben, und eine Historisierung dessen, was diese Ideologie ganz konkret für Menschen bedeutet hat. Diese führe zu einer Verharmlosung eines Geschehens ungeheuren Ausmaßes, hinter der die Brisanz einer fatalen

2 Rudolf Burger (2007): *Im Namen der Geschichte. Vom Mißbrauch der historischen Vernunft*, Springe: zu Klampen.

Behandlung von zugewiesener „Andersartigkeit", wie sie im Holocaust zu ihrem äußersten Ende gekommen ist, zu verblassen droht.

Nach Czollek könne eine Gesellschaft mit einer solchen Geschichte staatlichen Terrors politisch nichts Schlimmeres tun, als sich vorschnell in eine neue „Normalität" einzurichten. Auf einer solchen Basis würde Zuwander*innen historisch weitgehend unreflektiert die Einhaltung immer rigider definierter Integrationsstandards abverlangt werden, die die Mitglieder der Gesellschaft selbst, in die es sich zu integrieren gilt, in bestenfalls nur sehr unzulänglicher Weise einzulösen vermögen, wenn sie diese – siehe AfD oder FPÖ – nicht gleich selbst offensiv bekämpfen. Dass die größten politischen Nutznießer dieser Form der „Normalität" ausgerechnet diejenigen sind, die drauf und dran sind, rechtsradikales Gedankengut ins Zentrum des politischen Geschehens zu tragen, kann anhand von Aussprüchen von Alexander Gauland, dass die NS-Zeit „nur ein Vogelschiss in der Geschichte"[3] sei, unschwer verdeutlicht werden. In einer solchen Form der „Normalität" können alle aktuellen Erneuerungsversuche sozialer Ausgrenzung anhand rassistischer Zuschreibungen ein Bad in historischer Unschuld nehmen.

3 https://www.zeit.de/news/2018-06/02/gauland-ns-zeit-nur-ein-vogelschiss-in-der-geschichte-180601-99-549766.

Dörfliche Heimat versus städtische Vielfalt

Ja, der Wunsch nach Zugehörigkeit in Gemeinsamkeit stiftender Abwehrhaltung „gegen die da draußen" ist nachvollziehbar. Aus ihm speist sich u. a. die offenbar unversiegbare Wiederkehr um eine zeitgemäße Rekonstruktion eines von den Nazis nachhaltig desavouierten Heimatbegriffs, dem auch weltoffene Linke wie beispielsweise Gerhard Zeiler in seiner Anleitung zur Wundheilung der Sozialdemokratie[4] nicht widerstehen können. Gerne vergessen wird in diesen nostalgischen Verklärungsversuchen, dass der Heimatbegriff an eine dörfliche Existenzweise und damit an eine weitgehende Überschaubarkeit der Lebensverhältnisse inklusive ihrer rigiden Kontrolle gebunden ist – einer der Gründe, warum die Konservativen dort nach wie vor ihr zentrales Wähler*innen-Reservoir sehen.

4 Gerhard Zeiler (2018): „Elend der Sozialdemokratie: Anleitung zur Wundheilung", Essay, in: *Kleine Zeitung*, 20. Oktober 2018, https://www.kleinezeitung.at/politik/innenpolitik/5516429/Essay-von-Gerhard-Zeiler_Elend-der-Sozialdemokratie_Anleitung-zur.

Trotz dieser nostalgischen Eruptionen auch auf linker Seite kommen wir um den Umstand nicht herum, dass der Siegeszug einer städtischen Lebensweise, zunehmend medial vermittelt bis in die letzten Täler, nicht aufzuhalten sein wird. Und immer mehr Menschen machen sich ganz konkret auf den Weg in die Städte, in der Hoffnung, damit ihre Lebensverhältnisse nachhaltig zum Besseren zu wenden. Sie treffen dort auf ganz unterschiedliche Szenen, deren dynamisches Mit-, Über- und Gegeneinander erst den ganzen Reichtum des städtischen Lebens ausmacht. Dazu kommt eine nur dort mögliche Anonymität als Grundlage einer individuellen Lebensgestaltung, die sich zumindest ein Stück weit von den rigiden kulturellen Zwängen kleiner überschaubarer Gemeinschaften frei machen kann.

Zugleich kommen wir um den Befund nicht herum, dass auch in Städten immer wieder dörfliche Nostalgien aufkommen und unterschiedliche soziale Milieus auf immer neue Weise darauf bedacht sind, unter sich zu bleiben. Wenig spricht für die Annahme, dass traditionelle Hackler*innen aus Wien Favoriten mit oder ohne Migrationshintergrund zu den Stammgästen auf Partys neureicher Schnösel zählen. Und auch weiten Teilen etwa der chinesischen oder japanischen Communitys begegnen Wiener*innen bestenfalls anlässlich ihres Besuches einschlägiger Gaststätten. Wissenschaftlich aufbereitet wird diese vorwiegend städtische Ausdifferenzierung anhand regelmäßig erhobener Milieu-Studien,[5] die auf immer wieder neue Weise ergeben, dass sich – vor allem an unterschiedlichem Konsumverhalten orientierte – soziale Gruppen zum Teil beträchtlich voneinander unterscheiden und einander bestenfalls punktuell überlappen. Darauf bezogene politische Forderungen, Obdachlose sollten sich gefälligst in das Milieu von Milliardär*innen integrieren, sind an mir vorbeigegangen.

5 https://www.integral.co.at/sinus-milieus.

Wir leben also längst in „Parallelgesellschaften", die nicht nur ihre kulturellen Eigenarten als ein Spezifikum, sondern auch ausschließende Erkennungsmerkmale kultivieren. Migrant*innen, die selbst wieder aus ganz unterschiedlichen Milieus stammen, haben auf diese Form der gesellschaftlichen Ausdifferenzierung nur einen recht bescheidenen Einfluss. Das aber bringt mich zur Vermutung, immer wieder neu aufgeladene Hoffnungen, den Popanz „Heimat" mit Leben zu erfüllen, werden sich nicht erfüllen lassen. Sie tragen stattdessen bloß zu einem Integrationsparadox bei, das Aladin El-Mafaalani beispielsweise klug analysiert hat.[6]

6 Aladin El-Mafaalani (2018): *Das Integrationsparadox. Warum gelungene Integration zu mehr Konflikten führt*, Köln: Kiepenheuer & Witsch.

Die Vielheit von Staatlichkeit oder die Säkularisierung der Kultur

Ja, Staaten fordern Loyalitäten, mehr noch, sie sind auf diese Loyalitäten existenziell angewiesen. Sie erzwingen von ihren Bürger*innen das Erbringen beträchtlicher Beiträge und stellen dafür mannigfache Dienstleistungen zur Verfügung. Die Zugehörigkeit zur jeweiligen Staatlichkeit ist rein zufällig. Niemand kann sich seinen Geburtsort aussuchen, selbst der Umstand, ob am Geburtsort das *ius soli* oder das *ius sanguinis* Anwendung findet, obliegt nicht der Entscheidungskompetenz der Hineingeborenen. Da diese Art der Zufälligkeit völlig unhintergehbar erscheint, spricht vieles dafür, sich von der kulturellen Überhöhung jeglicher Staatlichkeit zu verabschieden. Staaten sind immer ein Konglomerat von Menschen, die unterschiedlicher nicht gedacht werden können: Reiche finden sich da neben Armen, Wahrsager*innen neben Lügner*innen, Lebenskünstler*innen neben Leistungswütigen, Rechtsgläubige neben Kriminellen, Alte neben Jungen, Gesunde neben Kranken, traditionsverbundene Rechtsradikale neben modernen Liberalen, Opportunist*innen neben Aufrührer*innen, Frauen neben Männern und Menschen weiterer Geschlechter und dann auch noch ehemalige Migrant*innen neben heutigen. Wir vergessen nur zu gerne, dass, wenn schon nicht wir selbst, alle unsere Vorfahren Migrationserfahrungen gemacht haben. Sie alle wissen sich unter dem Dach einer für alle verbindlichen staatlichen Rechtsordnung, die ihnen formal gleiche Rechte zuspricht und gleiche Pflichten auferlegt.

Art und Ausmaß der aktuellen Globalisierung haben es mit sich gebracht, dass wir heute völlig selbstverständlich alle Waren und Dienstleistungen aus aller Herren und Frauen Länder nutzen. An dieser Form des Kosmopolitismus für Konsument*innen werden auch die immer brutaler ausgetragenen Handelskriege wenig ändern. Und sie werden nicht verhindern können, dass den Waren und Dienstleistungen Menschen folgen werden, deren gleichermaßen wachsende Mobilität von keiner noch so rigiden Grenzziehung aufgehalten werden kann. Das Ergebnis ist eine radikale Vielfalt – nicht nur der Konsumgesellschaft, sondern der Bürger*innengesellschaft, für die wir weniger Integrationsimperative als neue Formen der Konfliktaustragung brauchen, um das gedeihliche Zusammenleben zum Teil ganz unterschiedlicher Gruppen zu gewährleisten. Dies aber führt zu einer zwangsläufigen Neudefinition von Staatlichkeit, die sich nicht in erster Linie an der Einlösung von Integrationserfordernissen orientiert, sondern an der Fähigkeit, mit wachsender Unterschiedlichkeit umzugehen.

Der oben angeführte Autor Max Czollek bringt es auf den Punkt, wenn er noch einmal auf die Rede von den „Deutschen“ und den „Juden“ im herrschenden Normalitätsdiskurs verweist. Immerhin werden da noch einmal Gegensätze konstruiert, wo es für alle „Deutschen“ und natürlich auch „Österreicher*innen“ im höchsten Maße anstünde – spätestens seit den spezifisch deutschen Vernichtungsstrategien des NS-Terrorregimes gegenüber den jüdischen Landsleuten –, sich jeder Form der kulturell konnotierten Zuschreibung von ausschließender Andersartigkeit zu widersetzen. Als solche erinnern seine Ausführungen unschwer an die immer wieder provokativ gestellte und doch mehr als dumme Frage, ob „der Islam“ zu „Deutschland“ oder zu „Österreich“ gehören würde – mehr jedenfalls als die Aussagen von denjenigen, die sich für die Durchsetzung einer homogenen „Leitkultur“ aussprechen, wollte man ebenso pauschal antworten.

Das, was das Zusammenleben in einem modernen Staat auszeichnet, ist nicht die Fähigkeit, noch einmal den Anschein kultureller Homogenität zu erwecken. Es ist die Fähigkeit seiner Bürger*innen, die Realitäten mannigfacher Unterschiedlichkeit nicht nur zur Kenntnis zu nehmen, sondern auch in ihre konkreten Lebensumstände zu integrieren. Als Maßstab hierfür dient nicht die staatliche Privilegierung bestimmter kultureller Ausdrucksformen, deren Träger*innen sich gegen alle anderen, als „kulturfremd“ Apostrophierten zu erheben suchen, sondern geltende zivilisatorische Errungenschaften, die im Anspruch universeller

Gültigkeit jegliche kulturelle Besonderheit hinter sich lassen. Diese mögen sich auch künftig in selbstbestimmten privaten Gruppenbildungen realisieren, während sich der Staat darauf konzentriert, hinreichende Lebensgrundlagen für alle Bürger*innen sicherzustellen: Bildung, Arbeit, Gesundheitsversorgung und funktionierende Sicherheitskräfte im Dienst aller Menschen, wenn es darum geht, rechtsstaatliche Abweichungen zu sanktionieren. Allen anderen, die sich mit ihrer mehr als 70-jährigen verhängnisvollen Tradition noch einmal gegen die Herrschaft der Vielheit wenden, sollte endlich die Integration verweigert und ihnen der Weg in die Desintegration gewiesen werden.

… dass jeder Mensch mit gleichem Recht gehen kann, wohin er will

Weil es so gut dazupasst, zitiere ich zum Abschluss Gedanken zur „Ethik des Passanten" von Achille Mbembe, einer der führenden afrikanischen Philosophen, der unter anderem die Flüchtlingskrise zu einem universellen Krisensymptom[7] erklärt hat:

[7] https://www.spiegel.de/kultur/literatur/achille-mbembe-europa-ist-kein-vorbild-mehr-a-1118198.html.

> „Ich denke über zweierlei nach: Bewegung und Begrenzung. Wer oder was kann sich in der heutigen Welt bewegen? […] Menschen reisen, sie ziehen vorbei, ziehen um, wandern aus, sie fliehen, sie kommen und gehen – und sie vergehen. Sie sind vergänglich. Jede und jeder auf der Erde. […] Ich sehe uns Menschen als Passanten, wir leben in Passagen.
>
> Ich habe dabei auch ein politisches Ziel vor Augen: eine Welt, in der nicht nur wenige, sondern wir alle uns frei bewegen können und die fortbesteht […]. Kant meinte in seiner Philosophie der Gastlichkeit, dass die Erde allen Menschen gleichermaßen gehört und dass jeder, einfach auf der Grundlage seiner Zugehörigkeit zur menschlichen Gattung, mit gleichem universellem Recht gehen kann, wohin er oder sie will. Eine Erde mit ungleicher Bewegungsfreiheit ihrer Bürger ist seit Kant meines Erachtens nicht denkbar. Auf diesen Ideen beruhen nicht nur eine gute Einwanderungspolitik, sondern auch der Schutz, den wir Flüchtlingen gewähren."[8]

[8] Achille Mbembe (2018): „Worüber denken Sie gerade nach, Achille Mbembe?", Protokoll von Elisabeth von Thadden, in: *Die Zeit Nr. 44/2018*, https://www.zeit.de/2018/44/achille-mbembe-politologe-kamerun-bewegung-begrenzung-nachdenken.

Diskriminierungskritische Kulturpolitik und ihre Praxis

Elisabeth Bernroitner, Ivana Pilić

Am Beispiel der Strategischen Partnerschaft des Wiener Musikvereins mit der Brunnenpassage Wien

„Kunst ist nicht nur eine Äußerung über die Gegenwart, sie kann auch Impulsgeberin für eine andere, bessere Zukunft sein. Daher gibt es nicht nur ein Recht, Kunst zu genießen, sondern auch eines, sie zu machen.“[1]

Tania Bruguera

Der Zugang zu Kunst und Kultur, aber auch die Ermöglichung der Produktion von Kunst und Kultur stellt ein Grundrecht in demokratischen Gesellschaften dar.[2] Dementsprechend lautet auch der kulturpolitische Auftrag an Kunst- und Kulturinstitutionen in Österreich, sich an die Gesamtheit der Bevölkerung zu richten. Dennoch sind unterschiedliche Gruppen bis heute auf vielen Ebenen von der Teilhabe im Kulturbetrieb ausgeschlossen und als Produzierende in den Kulturinstitutionen unterrepräsentiert.[3]

1 Tania Bruguera (2012): „Manifesto on Aritsts' Rights“, Rede gelesen beim Expert*innen-Treffen zu künstlerischer Freiheit und kulturellen Rechten, Palais des Nations, Sitz der Vereinten Nationen, Genf.

2 Elke Zobl (2019): „Kritische kulturelle Teilhabe: Theoretische Ansätze und aktuelle Fragen“, in: Elke Zobl/Elisabeth Klaus/Anita Moser/Persson Perry Baumgartinger (Hg.): *Kultur produzieren. Künstlerische Praktiken und kritische kulturelle Produktion*, Bielefeld: Transcript, S. 47–60, https://doi.org/10.14361/978383944737.

3 Ebd.

Künstlerische Artikulation geschieht nicht außerhalb diskriminatorisch organisierter gesellschaftlicher Ordnungen und ist Teil von Diskursen und Praxen, mit denen bestimmte Bevölkerungsteile in ein „Wir" einbezogen und andere ausgeschlossen werden.[4] Diskriminierungen erfolgen entlang unterschiedlicher Kategorien, aufgrund des Geschlechts und der sexuellen Identität, des Alters, Be_Hinderung ebenso wie aufgrund sozioökonomischer Hintergründe,[5] aber auch Fragen von Weltanschauung, Religion oder Erstsprachen sind beim Thema Ausschluss zu berücksichtigen. Im Zusammenwirken ergeben diese einzelnen Ausschlussfaktoren – beispielsweise ökonomische Benachteiligung verbunden mit Diskriminierung aufgrund von Rassismus – intersektionale Mehrfachbetroffenheiten. So sind etwa Akteur:innen, die bildungsbenachteiligt werden und zugleich von Rassismus betroffen sind, im Kulturbetrieb eine besonders unterrepräsentierte Gruppe.[6]

Im vorliegenden Beitrag gehen wir der Frage nach, welche Ausschlüsse im kulturellen Feld wirkmächtig sind, welcher Handlungsbedarf sich ableiten lässt und wie unterschiedliche Strategien zusammengedacht werden können, um dem Versprechen von kultureller Teilhabe für eine pluralistische Gesellschaft nachzukommen.

Konzepte zur Öffnung von Kultureinrichtungen sind notwendig, um die gebremste Teilhabe von weiten Teilen der Bevölkerung zu überwinden.[7] Dafür bedarf es zunächst der Einsicht, dass eine konzeptionelle Erweiterung und eine grundsätzliche Öffnung bedeutet, zu hinterfragen, wer in unserer Gesellschaft wie selbstverständlich zu einem „Wir" gezählt wird und wer nicht. Noch immer werden etwa Migrant:innen nicht als Teil der Gesellschaft, des „Wir", wahrgenommen und vielmehr als „fremde" Bevölkerungsgruppen betrachtet.[8] Das betrifft nicht nur neu Zugezogene, sondern auch Menschen, die in der sogenannten zweiten oder dritten Generation geboren sind und sich immer noch nicht als vollständiger Teil der Gesellschaft verstehen dürfen.[9]

Um eine solidarische und inklusive Vorstellung von einem „Wir" voranzutreiben, ist es unabdingbar, die pluralistische und vielfältige Gesellschaft als Realität anzuerkennen.[10] So würde ein Abschied vom Integrationsparadigma[11] etwa bedeuten, sich auch im Kulturbetrieb von Sonderformen der Ansprache (etwa spezifische Projekte für „Geflüchtete") zu lösen und vermehrt auf Strategien zu setzen, die die vielfältige Stadtgesellschaft zum Maßstab für kulturelle Teilhabe erheben.[12] Zugleich ist es mitunter vonnöten, im Sinne eines strategischen Essenzialismus[13] die Diskriminierung einzelner Gruppen zu benennen und diese gezielt zu fördern und zu empowern.[14] Für Öffnungsprozesse gibt es kein Patentrezept,[15] eine grundlegende Debatte in Politik, Verwaltung und den Kulturinstitutionen über Ausschluss und Diskriminierung ist jedoch zentraler Ausgangspunkt.

Dabei kommen wir nicht umhin, am Kulturbegriff anzusetzen. Was bewirken Exklusivität und ein Exzellenz-Anspruch in kulturellen

4 Pierre Bourdieu (2016): *Die feinen Unterschiede. Kritik der gesellschaftlichen Urteilskraft*, Frankfurt am Main: Suhrkamp (25. Auflage); siehe auch Tania Meyer (2016): *Gegenstimmbildung. Strategien rassismuskritischer Theaterarbeit*, Bielefeld: Transcript.

5 Nasiha Ahyoud/Joshua Kwesi Aikins/Samera Bartsch/Naomi Bechert/Daniel Gyamerah/Lucienne Wagner (2018): „Wer nicht gezählt wird, zählt nicht. Antidiskriminierungs- und Gleichstellungsdaten in der Einwanderungsgesellschaft – eine anwendungsorientierte Einführung", Projekt: Vielfalt entscheidet – Diversity in Leadership, Citizens For Europe (Hg.), Berlin, https://vielfaltentscheidet.de/gleichstellungsdaten-eine-einfuehrung/ (31.12.2021).

6 Zuzana Ernst/Ivana Pilić (2021): „Thinking in Practice – Kontextualisierungen der Brunnenpassage Wien", in: Ivana Pilić/Anne Wiederhold-Daryanavard (Hg.): *Kunstpraxis in der Migrationsgesellschaft. Transkulturelle Handlungsstrategien der Brunnenpassage Wien*, Bielefeld: Transcript (2., überarbeitete und erweiterte Ausgabe), S. 11–23.

7 Ivana Pilić/Anne Wiederhold-Daryanavard (2021): „Die Brunnenpassage – Einleitende Worte", in: Pilić/Wiederhold-Daryanavard (2021), S. 5–11.

8 Vgl. u. a. Natalie Bayer/Mark Terkessides (2017): „Über das Reparieren hinaus. Eine antirassistische Praxeologie des Kuratierens", in: Natalie Bayer/Belinda Kazeem-Kamiński/Nora Sternfeld (Hg.): *Kuratieren als antirassistische Praxis*, Wien: Edition Angewandte, S. 53–84; Azadeh Sharifi (2019): „Eigene Privilegien reflektieren, Macht distribuieren", in: Zukunftsakademie NRW (Hg.): *Dossier Partizipative und diskriminierungskritische Kulturpraxis: Strategische Partnerschaften und Allianzen bilden*, https://www.landesbuerotanz.de/assets/downloads/ZAK-NRW_Strategische-Partnerschaften.pdf (22.7.2020); Paul Mecheril (2016): „Besehen, beschrieben, besprochen. Die blasse Uneigenheitlichkeit rassifizierter Anderer", in:

Institutionen?[16] Welche Auswirkungen hat dies im Hinblick auf Diversität in Personal, Programm und Publikum?

Eine Ausrichtung, die geprägt ist von traditionellen Qualitätsmerkmalen, führt dazu, dass Fragen rund um kulturelle Teilhabe oftmals auf eine Projektebene ausgegliedert und in Outreach-Formate für die diverse Stadtgesellschaft übersetzt werden.[17] Doch kulturelle Teilhabe lässt sich weder in Form von einmaligen Mitmach-Aktionen noch lediglich auf Projektebene denken. Eine ernsthafte, nachhaltige Auseinandersetzung mit der Frage nach Zugänglichkeit würde vielmehr bedeuten, eine strukturelle Veränderung der Kulturinstitutionen in ihrem Kern voranzutreiben.[18]

In der gedanklichen Trennung von Exzellenz und Projekten für eine diverse Stadtgesellschaft zeigt sich, dass der gesellschaftliche Auftrag, kulturelle Teilhabe zu ermöglichen, kulturpolitisch nicht ausreichend klar formuliert ist.[19] Der kulturpolitische Auftrag müsste dementsprechend lauten, Institutionen dabei zu unterstützen, die gleichen qualitativen und monetären Maßstäbe bei Offenheit und Zugänglichkeit anzulegen wie beim Thema Exzellenz.[20]

In den letzten Jahren bekommt die Debatte um kulturelle Teilhabe durch das Thema Diversität in den Künsten neuen Aufwind. Kulturinstitutionen werden aufs Neue befragt, inwieweit sie sich als aktive Player in heterogenen Gesellschaften begreifen und inwiefern sie Verantwortung für die Gestaltung einer vielfältigen Gemeinschaft tragen (möchten). Dass der Kulturbetrieb im deutschsprachigen Raum die Heterogenität der Bevölkerung wenig wahrnimmt und berücksichtigt, ist vielfach analysiert.[21] Marginalisierte Künstler:innen und Akteur:innen finden im hegemonialen Kunstkanon etablierter und finanziell großzügig ausgestatteter Kulturinstitutionen nach wie vor nur vereinzelt Zugang und sind meist in prekären Räumen und Institutionen tätig.[22]

Österreichs Kulturinstitutionen sind in Sachen Diversitätskompetenz sehr unterschiedlich fortgeschritten. Während die meisten Kulturinstitutionen sich mit Fragen rund um Diversität noch nicht strukturell auseinandersetzen, werden an manchen Orten der Kunst sogar noch exotisierende oder multikulturalistische Darstellungen als Auseinandersetzung mit Vielfalt gefeiert.[23] Vielfach besteht hier nach wie vor ein Kreislauf von Eigen- und Fremdzuschreibungen, welcher sich darin artikuliert, dass vonseiten privilegierter Positionen entschieden wird, welche Gruppen als unterprivilegiert oder benachteiligt definiert werden, einhergehend mit allen Imaginationen, die diesen Gruppen zugeschrieben werden.[24] Einige wenige Kunst- und Kultureinrichtungen widmen sich jedoch bereits mit erhöhter Sensibilität den verschiedenen Bedürfnissen ihrer Anspruchsgruppen oder durchlaufen bereits Diversifizierungsprozesse. Solche Prozesse sind hilfreich, um für die eigene institutionelle Praxis diversitätssensible Programminhalte zu entwickeln, in

Kien Nghi Ha/Nicola Lauré al-Samarai/Sheila Mysorekar (Hg.): *re/visionen. Postkoloniale Perspektiven von People of Color auf Rassismus, Kulturpolitik und Widerstand in Deutschland*, Münster: Unrast (2. unveränderte Auflage), S. 219–229.

9 Fatima El-Tayeb (2018): „European Others", in: Bas Lafleur/Wietske Maas/Susanne Mors (Hg.): *Courageous Citizens. How Culture contributes to Social Change, European Cultural Foundation*, Amsterdam: Valiz, S. 177–187; Ernst/Pilić (2021).

10 Erol Yildiz (2013): *Die weltoffene Stadt. Wie Migration Globalisierung zum urbanen Alltag macht*, Bielefeld: Transcript.

11 „The integration approach promotes the idea of a (still) homogeneous German society (all other are immigrants). The more culturally heterogeneous societies are becoming the more obsolete become integration approaches." David Tchakoura (2021): „Constance – International City – Promoting sustainable and peaceful living-together in migration societies", Vortrag im Rahmen von MIS Public Open Dialogues, 23. November 2021.

12 Bayer/Terkessides (2017).

13 Claudia Unterweger über den durch die postkoloniale Theoretikerin Gayatri Chakravorty Spivak geprägten Begriff des Strategischen Essenzialismus: „Strategisch angewendet kann Essenzialismus (strategic essentialism) dazu dienen, Strukturen sichtbar zu machen, die auf einer vermeintlichen Wesenhaftigkeit gründen. Da Essenzialismus aber ein sehr wirkmächtiges Instrument ist, ist es wichtig, dass seine Anwendung nicht unkritisch erfolgt." Claudia Unterweger (2016): *Talking Back. Strategien Schwarzer österreichischer Geschichtsschreibung*, Wien: Zaglossus.

14 Unterweger (2016).

15 Sandrine Micossé-Aikins/Bahareh Sharifi (2019):

deren Konzeption auf die Einbindung von Menschen unterschiedlichster Hintergründe sowie auf diskriminierungskritische Herangehensweisen geachtet wird. Hier werden aktuell Erfahrungen gesammelt, wie Teilhabe in der diversen Stadtgesellschaft umsetzbar ist, was funktioniert und was im Sinne einer positiven Fehlerkultur zukünftig als Constructive Failures lieber vermieden werden sollte. Ein weiterer Schritt ist die systematische Evaluation, Dokumentation und Implementierung dieser Lernerfahrungen mit dem Ziel, dass diese eine nachhaltige Wirkung für die institutionelle Öffnung entfalten.[25]

Wie lässt sich der gesellschaftliche sowie kulturpolitische Auftrag, kulturelle Teilhabe für die diverse Stadtgesellschaft zu ermöglichen, nun einlösen?

Zunächst braucht es eine grundlegende Überarbeitung des Konzepts der kulturellen Teilhabe, die zum Kernauftrag der unterschiedlichen Akteur:innen wird.[26] Darüber hinaus bedarf es verschiedener Strategien, etwa institutionelle Transformationen und Projekte der kulturellen Teilhabe stärker zusammenzudenken. Interne Diversitätsentwicklung und Beratung konzipiert als Change-Prozesse können zu einer Transformation der Kulturinstitutionen beitragen. Die Suche nach Strategien der Öffnung in Richtung der diversen Stadtgesellschaft führt über Veränderung und Erweiterung in der Personalstruktur und im Programm.[27] Im Sinne einer Nutzung positiver Synergien können die institutionellen Öffnungsbemühungen etablierter Häuser mit der Arbeit der zahlreichen Initiativen und Projekte, die aus der vielfältigen Stadtgesellschaft heraus bereits entstanden sind, verknüpft werden. Diese Räume funktionieren für migrantische Kulturvereine, People of Color, vielfältige Nachbar:innenschaften, Menschen mit Be_Hinderungen usw. seit Jahren und Jahrzehnten als Orte kultureller Teilhabe und Selbstartikulation. Auf der Suche nach neuen ästhetischen Praxen erscheint ein genauer Blick auf diese Orte der Selbstartikulation von besonderem Interesse.[28] Ebenso gilt es, die Arbeit der zahlreichen dezentralen Kunstorte und Kulturinstitutionen, die kulturelle Teilhabe zum Ausgangspunkt ihrer Arbeit gemacht haben, miteinzubeziehen. Besonders interessant sind dabei jene, die sich die Auseinandersetzung mit der Nachbar:innenschaft sowie die Teilhabeorientierung zum konzeptionellen Bestandteil ihrer Arbeit gemacht haben. Solche Institutionen können als Kompetenzzentren gelesen werden und ihre Erfahrungen hinsichtlich etwa Multiperspektivität, der Abgabe von Definitionshoheiten, der Mehrsprachigkeit und neuer ästhetischer Erzähl- und Ausdrucksweisen als Impulse für Veränderungen genutzt werden.[29] Als kulturelle Nahversorger haben sie oftmals direkteren Kontakt zu Publikumsschichten, die vom klassischen Kulturbetrieb nicht erreicht werden. In diesem Fall können dezentrale Kulturinstitutionen als Brückenbauer:innen verstanden werden – zwischen der vielfältigen Stadtgesellschaft und den etablierten Häusern. Für die Umsetzung der

„Kulturinstitutionen ohne Grenzen? Annäherung an einen diskriminierungskritischen Kulturbereich", in: *Kulturelle Bildung Online*, https://www.kubi-online.de/artikel/kulturinstitutionen-ohne-grenzen-annaeherung-einen-diskriminierungskritischen-kulturbereich (6.12.2021).

16 Jens Maedler/Kirstin Witt (2014): „Gelingensbedingungen Kultureller Teilhabe", in: *Kulturelle Bildung Online*, https://www.kubi-online.de/artikel/gelingensbedingungen-kultureller-teilhabe (10.12.2021).

17 Sandrine Micossé-Aikins/Eylem Sengezer (2020): „Warum Diversitätsentwicklung? Plädoyer für einen strukturellen Wandel im Kulturbetrieb", in: Cordula Kehr/Eylem Sengezer/Carolin Huth/Sandrine Micossé-Aikins/Lisa Scheibner/Bahareh Sharifi: *Wir hatten da ein Projekt ... Diversität strukturell denken*, Broschüre von Diversity Arts Culture – Berliner Projektbüro für Diversitätsentwicklung (Hg.), S. 47–50.

18 Elisa Liepsch/Julian Warner (2018): „Einleitung", in: Elisa Liepsch/Julian Warner/Matthias Pees (Hg.): *Allianzen. Kritische Praxis an weißen Institutionen*, Bielefeld: Transcript, S. 9–30.

19 Maedler/Witt (2014).

20 Ebd.

21 Vgl. u. a. Bayer/Terkessides (2017); Anita Moser (2019): „Kulturarbeit in der ‚Migrationsgesellschaft': Ungleichheiten im Kulturbetrieb und Ansatzpunkte für eine kritische Neuausrichtung", in: Zobl/Klaus/Moser/Baumgartinger (2017).

22 Carmen Mörsch (2017): „Ansätze für eine postkoloniale Geschichtsschreibung der kulturellen Bildung in Deutschland", in: Marwa Al-Radwany/Caroline Froelich/Katharine Kolmans/Laura Paetau/Julia Wissert/Miriam Aced: *Kulturelle Bildung im Kontext Asyl. Ein Dossier*, Kulturprojekte Berlin (Hg.), Berlin, https://www.kubinaut.de/media/themen/kubi_imkontextasyl.pdf (4.12.2021).

23 Natalie Bayer/Belinda Kazeem-Kamiński/Nora Stern-

kulturellen Teilhabe der diversen Stadtgesellschaft scheint zunächst ein Anerkennen dieser diversen Akteur:innen relevant. Auf der Suche nach neuen Narrativen einer pluralistischen Gesellschaft gilt es die unterschiedlichen Akteur:innen zusammenzudenken.

Ein Beispiel für ein breiteres Zusammendenken verschiedener Strategien stellt die Strategische Partnerschaft des Wiener Musikvereins und der Brunnenpassage dar. Seit 2021 wird gemeinsam auf unterschiedlichen Ebenen entwickelt und produziert – mit dem Ziel, der heterogenen Stadtgesellschaft gerecht zu werden. Auf diese besondere Form der Zusammenarbeit wird im Folgenden eingegangen, um aus der institutionellen Praxis konkrete Erfahrungen aufzuzeigen. Von der Auswahl der Künstler*innen über die Programmatik und Stoffauswahl bis hin zur Entwicklung von neuen künstlerischen Formaten widmen sich die beiden Partner:innen gemeinsam dem Thema Diversität. Darüber hinaus wird auch einem Nachdenken über das gemeinsame Arbeiten Raum geboten, indem in internen Reflexionen die Lernerfahrungen aus der Strategischen Partnerschaft bearbeitet werden.

Die Brunnenpassage ist ein dezentraler Kunstort am Wiener Brunnenmarkt, der 2007 gegründet wurde und mit über 400 Veranstaltungen jährlich mehr als 30.000 Besucher:innen erreicht – ein Raum, in dem mit der Unterschiedlichkeit von Menschen gearbeitet wird und diese Pluralität zum Ausgangspunkt für das künstlerische Schaffen wird. Im Rahmen ihrer künstlerischen und kuratorischen Arbeitspraxis entwickelt die Brunnenpassage diskriminierungskritische transkulturelle Partizipationsangebote sowie künstlerische Produktionen. Ziel dabei ist die Suche nach transkulturellen Ästhetiken, die den Fokus auf marginalisierte Akteur:innen legt und nachhaltig neue Programm-Formate schafft.[30]

Seit heuer befindet sich die Brunnenpassage in einer kulturpolitisch wegweisenden Partnerschaft mit dem Wiener Musikverein. Die Gesellschaft der Musikfreunde in Wien ist ein privatrechtlicher, 1812 gegründeter Verein, der in seinem Gebäude, dem Musikverein in Wien, jährlich über 800 Konzerte für ca. 700.000 Besucher:innen veranstaltet. Die Gesellschaft der Musikfreunde in Wien stellt mit dem Musikverein eine der weltweit führenden Musikinstitutionen dar und verfügt über ein einzigartiges Musikarchiv[31]. Die Gesellschaft der Musikfreunde beabsichtigt, sich in ihrer zukünftigen Arbeit der Frage zu widmen, wie eine Diversifizierung der Institution und damit eine gesellschaftliche Öffnung gestaltet werden kann.

Im folgenden Interview erzählen Mag. Anne Wiederhold-Daryanavard, künstlerische Leiterin der Brunnenpassage, und Dr. Stephan Pauly, Intendant des Wiener Musikvereins, über ihre vielversprechende Partnerschaft und über ihre Positionen hinsichtlich diskriminierungskritischer Kunstpraxen und notwendiger kulturpolitischer Rahmenbedingungen. Das Gespräch wurde von Elisabeth Bernroitner geführt und von Dilan Sengül transkribiert.

feld (2017): „Wo ist hier die Contact Zone?! Eine Konversation", in: Bayer/Kazeem-Kamiński/Sternfeld (2017), S. 23–47.

24 Nora Sternfeld (2013): *Playing by the Rules of the Game. Participation in the Post-representative Museum* (Cumma Papers #1), Department of Art, Aalto University Helsinki, https://cummastudies.files.wordpress.com/2013/08/cummapapers1_sternfeld1.pdf (28.8.2021).

25 Zuzana Ernst/Natalia Hecht/Ivana Pilić/Anne Wiederhold-Daryanavard (2021): „Navigating Change – Strategische Partnerschaften und Impulse für die Kulturpolitik", in: Pilić/Wiederhold-Daryanavard (2021), S. 37–65.

26 Maedler/Witt (2014).

27 Joshua Kwesi Aikins/Daniel Gyamerah (2016): „Handlungsoptionen zur Diversifizierung des Berliner Kultursektors", Expertise, Projekt: Vielfalt entscheidet – Diversity in Leadership, Citizens For Europe (Hg.), Berlin, http://vielfaltentscheidet.de/handlungsoptionen-zur-diversifizierung-des-berliner-kultursektors/?back=101 (30.10.2021).

28 Persson Perry Baumgartinger/Vlatka Frketić (2019): „Kritisches Diversity und Kulturarbeit: Wenn Aktivismus und Erfahrungswissen in den Mittelpunkt gerückt werden", in: Elke Zobl/Elisabeth Klaus/Anita Moser/Persson Perry Baumgartinger (2019), S. 47–60; siehe auch Micossé-Aikins/Sharifi (2019).

29 Ernst/Pilić (2021).

30 Pilić/Wiederhold-Daryanavard (2021).

31 Siehe www.musikverein.at.

Elisabeth Bernroitner (EB): Was verstehen Sie jeweils persönlich unter dem Begriff Diversität?

Anne Wiederhold-Daryanavard (AW): Der Diversitätsbegriff existiert nun seit einigen Jahren endlich in unserer Gesellschaft und auch im Kultursektor wird wahrgenommen, dass es dabei nicht nur um Migration geht, sondern dass dieser intersektional zu betrachten ist. Das heißt Sprache, Geschlecht, Religion, Klasse, Bildungshintergrund, aber natürlich auch persönliche Vorlieben, körperliche Verfassung, Alter – all diese Kriterien sind wichtig zu betrachten, wenn wir im Kulturbereich über Diversität sprechen. Und wir sprechen in der Brunnenpassage häufig auch über einen diversitätskritischen Ansatz, das heißt, wir versuchen sehr wachsam damit umzugehen.

Stephan Pauly (SP): In Bezug auf den Diversitätsbegriff empfinde ich mich und auch uns als Haus als Lernende. Und was ich über Diversität gelernt habe, ist, dass die verengte Sicht auf Fragen von Migration und Herkunft viel zu kurz greift und es multiple Gründe gibt, warum es dazu kommen kann, dass Menschen von Kulturangeboten aktiv ausgeschlossen sind – beispielsweise finanzielle Mittel, die jeweilige Bildungsbiografie, Sprachkenntnisse, der Wohnort und die Entfernung zum Musikverein oder natürlich Fragen der gesundheitlichen Konstitution. Dieser multiperspektivische Begriff von Diversität macht die Bemühungen um gesellschaftliche Öffnung, um mehr Diversität schön und schwierig zugleich. Schön, weil man dadurch als Mensch (und nicht nur als Kulturprofi) vertieft lernt, dass jeder Mensch Zugang zu Kultur haben muss, ungeachtet der persönlichen Prägung einer Person aus all diesen multiplen Facetten. Aber genau das macht Diversifizierung gleichzeitig schwieriger, weil natürlich die Möglichkeiten und auch die Aufgaben damit unendlich groß sind: An wen soll man sich wenden, für wen soll man was produzieren, oder besser: mit wem?

EB: Wo sehen Sie im Kultursektor Handlungsbedarf und welche Akteur:innen braucht es? Wer fehlt auf den Bühnen und in den Konzerthäusern dieser Stadt?

SP: Ich würde die Antwort aufteilen: auf der Bühne, hinter der Bühne und vor der Bühne. Die Welt der klassischen Musik ist eine sehr kleine Welt und sie ist oft sehr kommerziell bestimmt. Es ist auch ein Markt, in dem man sich bewegt, und der Markt bestimmt sehr stark mit, wer auf den Bühnen auftritt. Da kommen natürlich Aspekte von Vielfalt zu kurz. Wir versuchen im Musikverein, verstärkt diesen Mechanismen gegenüber sensibel zu sein, wir versuchen sehr stark darauf zu achten, dass auch auf der Bühne eine erhöhte Diversität möglich ist. Hinter der Bühne, also in unserer Institution, haben wir ebenfalls mit einem Diversifizierungsprozess begonnen. In einem institutionellen Prozess haben wir überlegt, wo im Personal ein Mangel an Diversität oder möglicherweise auch eine sehr große Fülle an Diversität vorhanden ist. In der ersten institutionellen Selbstanalyse unter der Begleitung von Ivana Pilić haben wir realisiert, dass die Diversität, wenn man sich bewusst macht, wer im eigenen Haus arbeitet, viel höher ist, als wir eigentlich dachten. Im Publikum, also vor der Bühne, gibt es in den klassischen Konzerten immer noch einen deutlich spürbaren Mangel an Diversität, der von unserem Programm und von der Kommunikation beeinflusst wird. Deswegen ist ja so ein Projekt wie „Wiener Stimmen“, das von der Brunnenpassage kuratiert wird, so wichtig für uns, weil das eine Möglichkeit ist, durch diverse Künstler:innen auf der Bühne auch ein anderes Publikum anzusprechen. Dahingegen gibt es aber Programm-Bereiche im Musikverein, in denen die Diversität des Publikums sehr hoch ist, beispielsweise in den ungewöhnlichen Programmen, die wir in den 4 Neuen Sälen präsentieren, oder natürlich in unserem Education-Bereich, bei der Musikvermittlung. Damit hat der Musikverein bereits vor 30 Jahren begonnen, vor Corona hatten wir jede Saison ca. 50.000 Teilnehmerinnen und Teilnehmer im Kinder-, Jugend- und Familienprogramm. Das heißt, in diesem Bereich waren wir hinsichtlich Diversität im Publikum immer schon sehr gut aufgestellt und sind es auch weiterhin.

AW: Ich könnte nun ganz vieles wiederholen, würde aber gerne noch weitere Aspekte erwähnen im Hinblick auf die Frage, wer in den Konzertsälen dieser Stadt fehlt. Also Aspekte, die über die Institution hinausgehen, wie zum Beispiel der Ausbildungssektor. Mir ist in den vergangenen Jahren immer bewusster geworden, dass allein die Hürden, Musik zu studieren, unglaublich groß sind. Schon hier findet ein großer Ausschluss statt. Die Frage ist, wer überhaupt in der Lage ist zu studieren, wer überhaupt in der Lage ist, ein Talent oder das eigene Können zu entwickeln, wer eine musikalische Früherziehung hat. Wird zu Hause gesungen? Gibt es ein Klavier? Das heißt, der soziale Aspekt, der Bildungshintergrund, die

Unterstützung, aber auch die finanzielle Unterstützung sind zentral. Es gibt es ja ganz viele Angebote, wie Superar[32] oder eben auch kostenlose Musikinstrumente, die zur Verfügung gestellt werden. Und dennoch ist es so, dass viele davon gar nichts wissen oder aus anderen Gründen ausgeschlossen sind.

Ein weiterer Punkt ist die Fördervergabe an Kulturinstitutionen. Selbstverständlich ist das ganz unterschiedlich bei einer privaten Institution oder einer öffentlich geförderten Institution – im Musikbereich sind das ja häufig Mischformen oder oft ist die öffentliche Förderung nur ein ganz kleiner Anteil. Ich glaube, dass das aktuell eine kulturpolitisch wichtige Frage ist, wer in der öffentlichen Hand und in Jurys eigentlich entscheidet, an wen wie viel Subvention geht. Und natürlich müssen wir uns dessen bewusst sein, dass derzeit der hiesige Kultursektor – wahrscheinlich könnte man sagen: überhaupt in der westlichen Welt – sehr kommerziell beeinflusst ist und dass das natürlich auch zu einer bestimmten Form von Kunst oder in diesem Fall Musik führt. Wer schafft es denn überhaupt auf die Bühne, weil die eigene Arbeit sich als verkaufbar entwickelt hat? Wer hatte die Chance, sich da hinzuentwickeln, und in welcher Form wird produziert? Das sind jetzt schon viele neue Themen, die allerdings meiner Meinung nach auch sehr wichtig und mitzudenken sind.

32 Superar ist ein gemeinnütziger Verein, der das Potenzial von Musik nutzt und versucht, die Gesellschaft damit positiv zu verändern. Superar bietet kostenfreie Orchester-, Chor- und Musicalkurse für Kinder und Jugendliche in sieben europäischen Ländern an.

EB: Welche Maßnahmen braucht es, damit Kulturinstitutionen gerechter und diverser werden, und auf welchen Ebenen braucht es Veränderung?

AW: Dieser Gap in Österreich zwischen der sogenannten freien Szene und Angestellten wie zum Beispiel Orchestermusiker:innen, der jetzt endlich in Österreich mit der Fair-Pay-Debatte angesprochen wird, ist sehr wichtig – als Feld, in dem Veränderung ansteht. Die Frage der Arbeitsbedingungen ist ja kein neues Thema, Mozart war bettelarm und wenn es keine Mäzene gegeben hätte ... Es ist eine Tatsache, dass manche Menschen in der Lage sind, freier ihrer Kunst nachzugehen als andere. Der Aspekt der Produktionsweisen ist, glaube ich, ein Feld, wo es spannend ist, hinzuschauen, dem noch mehr Raum zu widmen, weil da sicherlich auch ganz andere Kunstformen erwachsen könnten. Ich meine das als Fantasie, was es bedeuten würde, freier agieren zu können. Und da sind wir dann letztlich sogar vielleicht beim Grundeinkommen; wenn Künstler:innen diese parallelen Einkommenszwänge nicht hätten, was würde dann entstehen in der Kunst, das frage ich mich.

SP: Ich glaube, dass Diversifizierungsmaßnahmen, die nach außen sichtbar werden, zum Beispiel Projekte wie „Wiener Stimmen“, nicht getrennt werden dürfen von dem, was nach innen passiert, also von der Frage, wie wir uns institutionell verändern und diverser werden. Das ist aus meiner Sicht ein ganz wichtiger Schlüssel, weil sich beide Dinge gegenseitig nähren und tragen. In der gemeinsamen Projektarbeit lernen wir zum Beispiel aus der Zusammenarbeit mit der Brunnenpassage sehr viel beim Projekt „Wiener Stimmen“. Denn wir programmieren nicht „allein“, sondern die Brunnenpassage tut dies bei diesem Projekt federführend, im Dialog mit uns. Diese Konstellation im Projekt, dass die Brunnenpassage kuratorisch das Projekt leitet, bringt uns im Programmieren in eine neue Situation. Diese Partnerschaft fordert uns heraus, wir lernen dabei neue Ansätze des Programmierens, des diversen Denkens aus dem Dialog mit den Kolleg:innen der Brunnenpassage. Und diese Zusammenarbeit im Projekt reflektieren wir intern: Sind wir institutionell für diverses Handeln richtig aufgestellt? Verstehen wir schon in ausreichendem Maße, was Diversität in diesem Projekt bedeutet, wie kommunizieren wir richtig? Diese Verbindung der diversen Projektarbeit mit einem institutionellen Öffnungsprozess ist aus meiner Sicht entscheidend für unser Verständnis von Diversität. Und ich glaube, man muss die konkreten Erfahrungen, die man in der Projektarbeit bei diversitätsorientierten Projekten macht, institutionell reflektieren und verankern. Daher haben wir diesen institutionellen Diversifizierungs-Prozess auch aufgesetzt, unter der Anleitung von erfahrenen Diversity-Profis – wir sind froh, Ivana Pilić für die Leitung dieses Prozesses gewonnen zu haben. Dieses Diversitäts-Lernen, in Projekten und als Team in der Institution, das finde ich neben der beruflichen bzw. professionellen Sphäre einfach auch als Mensch bereichernd, für das ganze Team und für mich. Wir lernen etwas über den Diskurs, wir lernen etwas über Diversitätstheorie und wir entwickeln ein verstärktes Verständnis von gesellschaftlichem Zusammenleben, einfach als Menschen. Das empfinde ich als einen enormen Benefit, der sich bei diesem institutionellen Lernen hoffentlich auch ergeben wird.

EB: Wie verstehen Sie die Aufgabe der Kulturpolitik und wie würden Sie sich eine Kulturpolitik wünschen, die diversitätsorientiertes Agieren fördert und unterstützt?

AW: Meiner Meinung nach ist da ganz viel Luft nach oben hier in Österreich, vor allem wenn man das international vergleicht mit dem deutschsprachigen Raum. Ich weiß noch, Herr Pauly, wie wir bei unserem ersten Gespräch hier am Brunnenmarkt über das 360°-Programm der Kulturstiftung des Bundes gesprochen haben. Das ist ja beeindruckend, dass Sie hier in Österreich – ohne ein 360°-Programm – gesagt haben, Sie möchten das und bringen dafür budgetäre, aber auch zusätzlich personelle und zeitliche Ressourcen auf sowie die eigene Überzeugungsarbeit und den Mut zur Veränderung in der eigenen Institution, die manches davon sicher noch nicht in dieser Form an Arbeitsstrukturen gewohnt war. Viele andere Institutionen machen das einfach nicht, weil sie das Gefühl haben, sie kommen aus ihrem Hamsterrad nicht heraus, oder wissen gar nicht, wie sie diese Möglichkeit, irgendwas zu verändern, haben sollen. Sie wollen es, aber sie schaffen es alleine nicht. Ich glaube, dass das 360°-Programm auch nur eine Möglichkeit ist, dass es da zusätzlich ganz viele verschiedene Ebenen braucht. Allerdings wäre seitens der Kulturpolitik eine finanzielle Unterstützung und auch eine Erwartungshaltung, dass dieser Paradigmenwechsel stattfinden muss, sehr wichtig. Ich bin natürlich absolut dagegen, Intendanzen inhaltlich in irgendetwas dreinzureden, gleichzeitig glaube ich, dass die Kulturpolitik die Aufgabe hätte, diesen Ausschlussmechanismen aktiv entgegenzuwirken und dementsprechend auch die Häuser zu motivieren, Veränderungen vorzunehmen. In England sind die Entwicklungen diesbezüglich viel weiter.

SP: In dem Punkt würde ich gerne etwas ergänzen, was die personellen Ressourcen angeht. Das Team im Musikverein hat sich mit großem Feuereifer dem Thema Diversität gewidmet, aber man muss ganz nüchtern feststellen, dass man dieses Thema nicht einfach so „nebenbei" machen kann. Man kann verstärkte kulturelle Teilhabe und Diversifizierung nicht professionell, stark und umfassend vorantreiben, ohne erhebliche Personal- und Zeitressourcen zu investieren. Diese Fragen und Vorhaben zu bewältigen, inhaltlich wie organisatorisch, das ist bis zu einem bestimmten Grad mit dem angestammten Team möglich, aber wir haben in der Arbeit sehr schnell gemerkt, dass wir an Kapazitätsgrenzen stoßen. Diese Erfahrung bringt mich zurück zur Frage, was eine unterstützende Aufgabe der Kulturpolitik sein könnte. Zum einen ist dazu zu sagen, dass die Kulturpolitik ja jetzt bereits Diversifizierung fördert, allein dadurch, dass sie Aspekte von Diversität in konkreten Projekten, für die man um finanzielle Förderung ansucht, einfordert. Zum anderen finde ich, die Kulturpolitik könnte einen Schritt weitergehen und nicht nur Diversität in konkreten Projekten fördern, sondern darüber hinaus auch die dringend benötigte personelle Diversitäts-Infrastruktur in den Kulturinstitutionen. Konkret: Es könnten Personalstellen gefördert werden, die in den Kulturbetrieben selbst den Wandel von innen heraus strukturell möglich machen, denn das ist meines Erachtens die entscheidende Herausforderung.

EB: Zur Strategischen Partnerschaft der Brunnenpassage mit dem Musikverein: Warum gibt es sie? Und wieso ist diese Partnerschaft kulturpolitisch relevant?

AW: Ich kann nur noch einmal betonen, wie sehr wir uns seitens der Brunnenpassage darüber freuen und dass diese Partnerschaft momentan eine Exklusivität hat, nach den ersten Partnerschaften, die wir 2017 bis 2020 hatten. Natürlich, zwei ungleichere Kulturinstitutionen als den Musikverein und die Brunnenpassage kann man sich kaum vorstellen. Das macht es unendlich spannend und ich glaube, das ist auch kulturpolitisch so interessant, weil wir in diesem Bereich jetzt schon so viele Erfahrungen gesammelt haben. Wir sind an einem ganz anderen Punkt als 2017, als wir mit unseren Strategischen Partnerschaften begonnen haben, weil wir diese eben auch ein Jahr lang evaluiert haben, weil wir selbst auch sehr viel gelernt haben. Ich kann auch nur noch einmal betonen, dass das Ganze ein gemeinsamer Lernprozess ist, wo wir natürlich unsere Fachexpertise und die Kontakte und Formate und so weiter mitbringen wie auch den nichtkommerziellen Raum. Wie das dann aber zusammengefügt werden kann, da gibt es keine Patentrezepte, es ist von Institution zu Institution immer ganz verschieden, was es da genau braucht, weil die Menschen, die Anforderungen oder die Finanzierungsstruktur verschieden sind.

SP: Der erste Schritt in Richtung einer Strategischen Partnerschaft zwischen Brunnenpassage und Musikverein bestand darin, dass ich Kontakt zur Brunnenpassage aufgenommen habe, weil ich der Überzeugung bin, dass Diversifizierung von Kulturinstitutionen bestmöglich gelingen kann, wenn sie von Diversity-Profis begleitet wird. Oder anders gesagt: Ich glaube, dass man als Kulturinstitution enorm viel lernen kann, wenn man sich empfänglich macht für das, was einem konzeptionell, fachlich und praktisch erfahrene Diversity-Profis vermitteln können im gemeinsamen Dialog. Und daher habe ich die Brunnenpassage angesprochen, ob sie sich eine Zusammenarbeit, eine Partnerschaft mit dem Musikverein vorstellen kann, da die Brunnenpassage ja wirklich ein hervorragend ausgewiesenes Zentrum dafür ist, mit jahrelanger Expertise in so vielen Konstellationen. Wir konnten uns das Aufbrechen auf diesen Weg der verstärkten Diversifizierung ohne eine Partnerschaft mit Diversity-Expert:innen nicht vorstellen – und daher bin ich für diese Partnerschaft mit der Brunnenpassage sehr dankbar.

EB: Bitte um einen Blick in die Zukunft: Wo sehen Sie die Zusammenarbeit in zwei bis drei Jahren? Gibt es Dinge, die Sie an dieser Stelle noch sagen möchten?

AW: Ich kann sagen, dass ich mich total freue auf die nächsten Jahre, weil ich ein richtig gutes Gefühl habe. Und das sage ich jetzt nicht einfach so. Ich würde das auf gar keinen Fall immer sagen in Zusammenarbeiten, weil ich schon viel anderes erlebt habe, aber hier kann ich ganz ehrlich sagen: Ich habe ein richtig gutes Gefühl mit dem, was wir uns vorgenommen haben, wie wir miteinander agieren, was für tolle Produktionen wir uns kreiert haben. Ich hatte am Anfang auch eine ziemliche Ehrfurcht davor, aber jetzt sind wir schon mittendrin. Zwar sind wir noch am Beginn der Zusammenarbeit, aber ich habe das Gefühl, wir gehen richtig große und gute Schritte für diese Stadt.

SP: Alles, was Sie zur Freude auf die Zukunft gesagt haben, kann ich nur herzlich unterstreichen und zurückgeben! Wo würde ich uns gerne sehen nach drei Jahren dieser Partnerschaft? Ich würde mir wünschen, dass aus dieser Partnerschaft erwächst, dass diverses Handeln bei uns im Haus strukturell und in den Köpfen und Herzen aller Beteiligten, im Publikum, bei den Künstler:innen und im Team des Musikvereins verankert ist. Dass Diversität einfach selbstverständlich gelebt wird, so wie alles andere auch, auf allen Ebenen und in allen Bereichen unseres Tuns. Realistisch gesehen, sind für die Erreichung dieses Ziels drei Jahre natürlich zu wenig Zeit. Aber das macht nichts: Der Weg als solcher, die Erfahrungen, die alle genannten Beteiligten miteinander in diesem Prozess machen, sind schon in sich wertvoll und wichtig. In drei Jahren werden wir nicht angekommen sein, aber wir werden einen sehr großen Schritt weiter sein. Schauen wir einmal, wo wir in zehn Jahren sind. Diversität muss sich strukturell verankern. Das wäre mein Wunsch.

Als Impulse und Anregungen für eine diversitätsorientierte Kulturpolitik ergeben sich für die Autorinnen folgende Ansätze und Maßnahmen:

- Anerkennung der heterogen zusammengesetzten Gesellschaft als Grundlage des kulturpolitischen Agierens
- Breiter Diskurs über Diversität und kulturelle Teilhabe in Kulturpolitik und -verwaltung
- Systematische Steuerung und entschiedenes Vorantreiben der Diversifizierung des Kultursektors
- Weiterentwicklung diversitätsorientierter Förderkriterien, die diskriminierungskritische Haltungen zur Fördervoraussetzung machen
- Erhebung diversitätsorientierter statistischer Daten über den Kultursektor
- Diversitätssensible Besetzung von Jurys und Beiräten sowie von Leitungspositionen
- Formulierung eines klaren kulturpolitischen Auftrags an öffentliche Kulturinstitutionen, der die Erwartungshaltung eines Paradigmenwechsels widerspiegelt
- Entwicklung von Konzepten zur Öffnung von Kunst- und Kulturinstitutionen sowie Stärkung von deren Selbstwahrnehmung als Mitgestalter:innen einer pluralistischen Gesellschaft
- Finanzielle Förderung nachhaltiger interner Diversifizierungsprozesse von Kunst- und Kulturinstitutionen auf allen Ebenen (anstelle von Förderung auf Projektbasis)
- Begleitung, Dokumentation und Evaluation dieser Prozesse auf der Metaebene
- Entwicklung eines Aus- und Fortbildungsprogramms für Diversitätskompetenz von Akteur:innen im Kultursektor
- Monetäre Stärkung von Räumen und Institutionen, die Diversität und kulturelle Teilhabe zum Ziel haben
- Finanzielle Förderung marginalisierter Künstler:innen und Kulturakteur:innen
- Verstärktes Augenmerk auf Diversitätsstrategien im künstlerischen Ausbildungssektor

Zirkus des Wissens an der Johannes Kepler Universität Linz

Airan Berg

Zirkusdirektor
Zirkus des Wissens

Die aktuelle Debatte rund um die Umbenennung von STEM zu STEAM (Science, Technology, Engineering, *Arts*, Mathematics) verdeutlicht die Relevanz der Kunst als wesentlicher Bestandteil zukunftsfähiger, humanistischer Bildung.

Nach der länger geführten Debatte über die Notwendigkeit von mehr Partizipation, Inklusion und Diversität und deren langsamen Etablierung auch an größeren bzw. traditionsreicheren Kulturinstitutionen entwickelt sich gerade eine neue Debatte über die Verknüpfung von Kunst und Wissenschaft und die Kooperation zwischen Künstler*innen und Wissenschaftler*innen auf der professionellen Ebene und zwischen sogenannten Citizen Artists und Citizen Scientists auf der partizipatorischen Ebene. Diese Debatte wurde von namhaften Kunstuniversitäten initiiert, in denen transdisziplinäre „Art & Science"-Fachbereiche etabliert wurden.

Der neu errichtete „Zirkus des Wissens" ist das Bekenntnis der Johannes Kepler Universität Linz, dieser Zielsetzung nachzukommen und Kunst, Wissenschaft und Bildung nachhaltig zu verschränken. Als Ort steht der Zirkus des Wissens für den offenen Dialog und Wissenstransfer zwischen Wissenschaft und Gesellschaft. Mit den Mitteln der Kunst sollen Menschen unterschiedlicher Altersgruppen angesprochen werden, sich mit den Themen der Wissenschaft auseinanderzusetzen und sich auch an gemeinsamen künstlerischen Projekten zu beteiligen. Der Zauber des Wissens und die Magie der Erkenntnis sollen erlebbar gemacht werden. Mit den Mitteln der Kunst sollen die Menschen zum Staunen gebracht und Begeisterung entfacht werden, um unsere Welt mit allen Sinnen zu entdecken.

Digitale Revolution, Klimakatastrophen, Bildungsungleichheit und Armut stellen uns als Gesellschaft vor globale Herausforderungen mit einem hohen Komplexitätsgrad. Die damit verbundenen Veränderungen durchdringen unseren Alltag, stellen unsere Arbeitswelt auf den Kopf und konfrontieren uns mit einer Reihe unbekannter Problemstellungen. Die Dringlichkeit innovativer Lösungen wird angesichts dieser aktuellen Herausforderungen deutlich.

Wissenschaft und Kunst sind durch die Erforschung von gänzlich Neuem Quelle und Antrieb für Innovationen in unserer Gesellschaft. Es ist deshalb von gesamtgesellschaftlicher Relevanz, früh die Begeisterung und Neugier an künstlerischer Forschung und wissenschaftlichen Entdeckungen zu wecken und (junge) Menschen darin zu bestärken, sich selbst als *Changemaker* und aktiv Handelnde zu begreifen.

In der Vorbereitung aller Menschen auf die Zukunft mit all ihren Unbekannten kommt Bildungs- und Kultureinrichtungen eine hohe Verantwortung zu. Soziale und digitale Transformationen erfordern neue Fähigkeiten und Kompetenzen. Neben dem Erwerb von fundiertem Fachwissen sowie breitem Kontextwissen ist die Ausbildung kreativer, sozialer und kommunikativer Fähigkeiten zentral, um die Anwendbarkeit des Wissens in unterschiedlichen Situationen gewährleisten und die Lösung von komplexen Problemstellungen ermöglichen zu können.

Nur durch die transformative Kraft der Kreativität, ein Out-of-the-box-Denken und eine disziplinübergreifende Arbeitsweise können gänzlich neue Ideen und Lösungsansätze entwickelt werden (21st Century Skills).

Als Schöpferin neuer Ideen, als Mittlerin zwischen Wissenschaft und Gesellschaft und als Vermittlerin kreativer, sozialer und kommunikativer Fähigkeiten birgt die Kunst enormes Potenzial für den Bildungsbereich. Angesichts gegenwärtiger Handlungsfelder ist ein Schulterschluss zwischen Wissenschaft, Bildung und Kunst nicht nur ratsam, sondern dringend erforderlich.

Mit dem Zirkus des Wissens wird ein einzigartiger Theater- und Begegnungsraum geschaffen, in dem ko-kreative Zusammenarbeit und Forschung auf Augenhöhe stattfinden kann.

In seinem Positionspapier aus dem Jahr 2020 argumentiert der deutsche Wissenschaftsrat, dass Hochschulen und Forschungseinrichtungen „in Zukunft vermehrt Möglichkeiten für Austausch und Kooperation über Grenzen von Forschungsfeldern und von Einrichtungen aus unterschiedlichen gesellschaftlichen Bereichen hinweg schaffen“ sollten. Im Zentrum steht dabei „die Integration einer Vielfalt von Perspektiven und Kompetenzen“[1].

Es wird eine vordringliche Aufgabe von Kultureinrichtungen sein, gemeinsam mit Bildungseinrichtungen, Hochschulen und Sozialeinrichtungen systematisch verschiedene Formen von Begegnungsräumen zu erproben und zu schaffen. Der Zirkus des Wissens eröffnet einen solchen Raum, um gemeinsam zu experimentieren und zu staunen. Dabei wird das Publikum nicht nur als Konsument*innen eingeladen, sondern auch als Forscher*innen und Künstler*innen.

1 Wissenschaftsrat (2020): *Anwendungsorientierung in der Forschung. Positionspapier* (Drs. 8289-20). Berlin, https://www.wissenschaftsrat.de/download/2020/8289-20.pdf, S. 22f.

Kapitel 5

Neue zivilgesellschaftliche Akteure

370

Kulturentwicklungspläne

Michael Wimmer

Wozu man sie eigentlich braucht

2013 wurde die Neuauflage des Linzer Kulturentwicklungsplans (KEP neu)[1] verabschiedet. Es war das die Fortsetzung des Plans der Linzer Stadtpolitik, der Kulturpolitik eine planerische und damit besser nachvollziehbare Grundlage zu geben und dabei den Dialog aller am Kulturgeschehen der Stadt Interessierten zu befördern. Der KEP neu folgt vier Schwerpunkten, die sich um die kulturpolitischen Absichten „Chancengleichheit erhöhen", „Potenziale fördern", „Zugänge schaffen" und „Stadt öffnen" ranken. Vor allem im Kapitel „Zugänge schaffen" werden kulturelle Bildung bzw. Kunst- und Kulturvermittlung als zentrale kulturpolitische Maßnahmen der Stadt verhandelt, denen mit einer Reihe zum Teil sehr konkreter Maßnahmen entsprochen werden soll.

In der Zwischenzeit sind zwei Zwischenberichte zum Stand der Implementierung veröffentlicht worden (der letzte im Dezember 2019[2]). Diese wurden nicht nur im Gemeinderat, sondern auch im Rahmen von öffentlichen Veranstaltungen zur Begegnung von Politik, Verwaltung und der Kunst- und Kulturszene diskutiert. Bei einer dieser Begegnungen war ich eingeladen, darüber nachzudenken, warum es überhaupt Kulturentwicklungspläne braucht und was sie zu leisten vermögen.

Historisch gesehen lassen sich zwei Grundlegungen von Kulturentwicklungsplänen festmachen: Da ist zum einen der planwirtschaftliche Anspruch, Gesellschaft – der Logik des historischen Materialismus zufolge – zu gestalten. Dieser fand Ausdruck in einer zum Teil beeindruckenden kulturellen Infrastruktur in den Ländern des ehemaligen Ostblocks. Diese stand freilich unter permanentem Verdacht, die ideologischen Geschäfte der kommunistischen Machthaber zu betreiben.[3] Und da ist zum anderen die Erwartung einer zunehmenden Rationalisierbarkeit

1 Stadt Linz (2013): „Kulturentwicklungsplan NEU der Stadt Linz", Direktion Kultur, Bildung, Sport, Beschluss des Gemeinderates der Stadt Linz am 24. Jänner 2013, https://kep-linz.at/wp-content/uploads/2011/08/KEPneu.pdf.

2 https://www.linz.at/kultur/101351.php.

3 Dass mit dem Zusammenbruch der auf Planbarkeit von Kultur setzenden Regime weite Teile des Kulturbetriebs zusammenbrechen sollten, steht auf einem anderen Blatt. So schrumpfte etwa in Bulgarien nach 1989 die Anzahl der Theater von 500 auf 50.

der westlichen Gesellschaften. Auch hier gibt es einen hohen Preis, der darin besteht, den Kulturbetrieb entlang der Kriterien wie Konkurrenz, Verwertbarkeit, Effizienz des Ressourceneinsatzes oder Nutzenorientierung den zunehmend global wirksamen marktwirtschaftlichen Erfordernissen zu unterwerfen. Ihnen entgegen stehen die Verfechter*innen von „Kultur" als letztem Refugium des Irrationalen und damit einer Kultur, die sich als prinzipiell unplanbar den zunehmend alle Lebensbereiche durchdringenden kapitalistischen Verwertungsinteressen entziehen soll.

Kulturentwicklungsplanung zwischen Prosperität und Austerität

Nicht nur in Österreich zeigte sich eine erste Hochzeit der Kulturentwicklungsplanung in den 1970er-Jahren. Im Zuge eines umfassenden Modernisierungs- und damit Rationalisierungsprozesses versuchte die damals regierende Sozialdemokratie, mit einer Reihe kulturpolitischer Maßnahmen das Kulturgeschehen anhand verschiedener politischer Vorgaben[4] zu beeinflussen und – jedenfalls aus der Sicht der damals Regierenden – zu verbessern. Aus heutiger Sicht muss hinzugefügt werden, dass ein solcher Reformgeist wesentlich beflügelt wurde von beeindruckenden wirtschaftlichen Wachstumsraten, die für jährlich steigende öffentliche Zuwendungen auch im Bereich der Kunst- und Kulturförderung sorgten.

Mit der erlahmenden Konjunktur verlor sich die damit verbundene Euphorie in den 1980er-Jahren rasch. Und doch kam es spätestens in den 1990er-Jahren in Deutschland zu einer Wiederauflage kulturplanerischer Tendenzen. Die Gründe lassen sich nicht mehr im Anspruch der Überschussverwaltung finden; die Gleichung, wonach eine Zunahme an Akteur*innen automatisch eine Zunahme an Mitteln bedeutet, ließ sich nicht mehr aufrechterhalten. Stattdessen nahmen die Probleme der öffentlichen Haushalte zum Teil dramatisch zu; sie schufen eine neue Konkurrenzsituation zwischen den Förderwerber*innen und darüber hinaus zwischen dem Kulturbereich und den anderen staatlichen Aufgaben, die gleichermaßen unter den klammen Kassen der Kommunen zu leiden hatten. Entsprechend überfordert sahen sich die politischen Entscheidungsträger*innen, die sich nicht mehr als umfassende Wohltäter*innen positionieren konnten, sondern sich auf die Suche nach halbwegs rationalen Grundlagen künftiger Umverteilungsstrategien machen mussten.

Vielleicht als noch bedeutsamer sollte sich der gesellschaftliche Transformationsprozess erweisen, der Kulturpolitik im Zeichen von Globalisierung sowie technologischem und demografischem Wandel vor bislang ungeahnte Herausforderungen stellte – dies auch deshalb, weil sich derart verunsicherte Kulturpolitiker*innen einem zunehmend ausdifferenzierten Praxisfeld gegenübersahen, dessen Repräsentant*innen (je nach Größe

4 Etwa der Kulturpolitische Maßnahmenkatalog, die Demokratisierung der Mittelvergabe, die Schwerpunktsetzung im Bereich der Gegenwartskunst, „Kultur für alle" etc.

und Status) auf wohlerworbene Privilegien pochten. Diese Privilegien könnten nur um den Preis der Denunziation als Verräter der Freiheit und Autonomie der Kunst zur Disposition gestellt werden. Und da war noch der Umstand, dass die Erfolge der Bildungsplanung der 1970er-Jahre eine neue Generation an emanzipierten Bürger*innen hervorgebracht hatten, die nicht mehr in bewährt patriarchalischer Manier je nach Konjunktur mehr oder weniger „von oben" beglückt werden, sondern als Mitglieder einer neuen kulturellen Bewegung auf Augenhöhe mitreden und diese mitgestalten wollten.

Mittlerweile ist zumindest in Deutschland Kulturentwicklung zu einer breiten Bewegung geworden. Sie fand Eingang in die Überlegungen der Enquete-Kommission „Kultur in Deutschland" und war auch titelgebender Gegenstand des Kulturpolitischen Bundeskongresses der Deutschen Kulturpolitischen Gesellschaft 2013.[5] Kulturforscher*innen können sich der Anfragen von deutschen Kommunen kaum erwehren, die bestrebt sind, ihre Kulturbetriebe neu zu ordnen, in der Hoffnung, damit so effizient wie möglich ihre Relevanz zu erhöhen. Dazu wurden auch die konzeptionellen Grundlagen geschaffen, die die Möglichkeiten, aber auch die Grenzen einer gelingenden Kulturentwicklungsplanung aufzeigen.[6]

In Österreich haben sich bislang nur wenige Städte und Gemeinden wie Salzburg, Steyr oder Gallneukirchen diesem kulturpolitischen Trend angeschlossen. Auch Innsbruck und St. Pölten (im Rahmen seiner Bewerbung als europäische Kulturhauptstadt) haben sich zu einer strategischen Vorgangweise bei der Weiterentwicklung ihrer Kulturpolitik entschieden.

Linz entschloss sich bereits gegen Ende der 1990er-Jahre, gemeinsam mit der lokalen Kulturszene einen Dialogprozess in Gang zu setzen. Die Gründe mögen weniger darin gelegen sein, dass Kunst- und Kulturschaffende an den Türen der Kulturverwaltung mit der Forderung gerüttelt haben, stärker an der kulturpolitischen Entscheidungsfindung beteiligt zu werden; naheliegender war da schon der politische Wille, Linz in Vorbereitung der Europäischen Kulturhauptstadt 2009 ein kulturelles Gesicht mit nationaler und internationaler Strahlkraft zu geben. Im Versuch, breite Teile der Bevölkerung einzubeziehen, wurde eine Reihe neuer Formate zur Einbeziehung der lokalen Bevölkerung entwickelt.[7] Im Zentrum aber stand ein umfassender Aushandlungsprozess mit Akteur*innen aus den unterschiedlichen Kulturbereichen, um Linz fit für das große Ereignis als europäische Gastgeberin zu machen.

Dieses partizipative Verfahren – das stark die Handschrift des damaligen Kulturdirektors Siebert Janko trug – ist vielfach positiv beschrieben worden. Und auch das Europäische Kulturhauptstadtjahr unter der Intendanz des Schweizer Kulturunternehmers Martin Heller zusammen mit Ulrich Fuchs sollte sich insgesamt als großer Erfolg im Sinne eines umfassenden kulturellen Imagewandels erweisen. Nicht ganz so glücklich waren freilich viele Mitwirkende des ersten Durchgangs des

5 Martin Lätzel (2013): „Kultur nach Plan? Anmerkungen zum 7. Kulturpolitischen Bundeskongress in Berlin", Blogbeitrag, https://zwo43.wordpress.com/2013/06/16/kultur-nach-plan-anmerkungen-zum-7-kulturpolitischen-bundeskongress-in-berlin.

6 Patrick S. Föhl (2017): „Kulturentwicklungsplanung", in: Armin Klein (Hg.): *Kompendium Kulturmanagement. Handbuch für Studium und Praxis*, München: Vahlen (4. Auflage), S. 155–177, https://www.netzwerk-kulturberatung.de/content/1-ueber/1-dr-patrick-s-foehl/1-publikationen/kulturentwicklungsplanung/foehl_kulturentwicklungsplanung_kompendium-kulturmanagement-4.-aufl.2017.pdf.

7 Die ersten Klangwolken, bei denen die Bewohner*innen eingeladen waren, Lautsprecher in ihre Fenster zu stellen und auf diese Weise „mitzuspielen", sind mir dazu in Erinnerung geblieben.

Kulturentwicklungsplans, die sich als lokale Kulturakteur*innen um ihr Engagement betrogen sahen. Sie fanden sich in der Initiative „Linz0nein" zusammen, um im „Programmbuch 4/3" 75 bei Linz09 abgelehnte oder zurückgezogene Projekte zusammenzutragen und damit den Verrat am Ergebnis des Kulturentwicklungsplans zu kritisieren.[8]

Umso beeindruckender scheint es heute, dass es nach einer Phase der Erschöpfung und Ermüdung gelingen konnte, zumindest Teile der Szene für eine Neuauflage bzw. Weiterentwicklung des Linzer Kulturentwicklungsplans zu gewinnen. Mithilfe einer sorgfältigen Vorbereitung wurde von einem Team von Forscher*innen[9] der internationale Diskurs aufgegriffen und im Rahmen von insgesamt 72 Tiefeninterviews mit Keyplayern der Linzer Kunst- und Kulturszene die Grundlage für die nächste Runde eines umfassenden Diskussionsprozesses gelegt. Dabei wurde mithilfe einer Website auf größtmögliche Transparenz für alle Beteiligten geachtet; insgesamt nahmen mehr als 600 Akteur*innen am Prozess teil, die sich vom Umstand nicht beirren ließen, dass diesmal am Ende keine große Karotte in Form eines weiteren Großevents warten würde.

Meine ehemalige Kollegin Anke Schad hat in ihrer Dissertation „Cultural Governance in Österreich",[10] in der sie die Prozesse der kulturpolitischen Entscheidungsfindung vor allem in Graz und in Linz besonders unter die Lupe genommen hat, den Implementierungsprozess im Detail analysiert. Nicht nur ihr zufolge kam es in dieser Phase zu einer verhängnisvollen Überlagerung zweier entgegengesetzt gerichteter politischer Intentionen. So waren die ersten Jahre des neuen Kulturentwicklungsplans wesentlich geprägt von den zunehmenden Finanznöten der Stadt, verursacht durch dubiose Spekulationsgeschäfte. In der Folge sah sich die Stadt gezwungen, einen rigiden Sparkurs einzuschlagen, der auch vor dem Kulturbereich nicht haltmachen sollte. Entsprechend machte sich in der Kulturszene das Gefühl breit, sie solle ausbaden, was die Politik an wirtschaftlichem Schaden angerichtet hat. Erschwerend kam dazu, dass dieser Sparkurs unterschiedlich gravierende Wirkungen auf die einzelnen Akteur*innen haben sollte: Während die großen Kultureinrichtungen den finanziellen Turbulenzen einschlägige gesetzliche Absicherungen oder zumindest vertragliche Vereinbarungen entgegensetzen konnten, war die freie Szene den Ermessensdiktaten weitgehend schutzlos ausgeliefert. KEP neu hin oder her: Sie sollten die Hauptlast der Kürzungen übernehmen und mit einem Lob auf ehrenamtliches Engagement und vermehrte Drittmittelakquisition abgespeist werden.[11]

Im Rahmen des neuen Kulturentwicklungsplans wurde dem Stadtkulturbeirat (SKB) eine besondere Rolle zugedacht. Anke Schad macht in „Cultural Governance in Österreich"[12] die kulturpolitische Überforderung dieses Gremiums deutlich. So war es nicht verwunderlich, dass der SKB zwar gegen diese wachsende strukturelle Verungleichung mehrfach

8 http://www.derstandard.at/1234508207310/Linz0nein-Kulturhauptstadtjahr-Kritik-in-Buchform.

9 Unter ihnen Thomas Philipp und Siegfried Anzinger.

10 Anke Schad (2019): *Cultural Governance in Österreich. Eine interpretative Policy-Analyse zu kulturpolitischen Entscheidungsprozessen in Linz und Graz*, Bielefeld: Transcript, https://www.transcript-verlag.de/media/pdf/f5/62/6d/oa9783839446218.pdf.

11 Thomas Diesenreiter, Geschäftsführer der Kulturplattform Oberösterreich (KUPF OÖ), hat bei der Auftaktveranstaltung zum zweiten Zwischenbericht eindrücklich darauf hingewiesen, dass die Förderung der freien Szene bereits seit 2006 eklatant hinter der Inflationsentwicklung zurückbleibt und damit die Spaltung zwischen den etablierten Kulturinstitutionen und den nicht institutionalisierten kulturellen Ausdrucksformen immer weiter voranschreitet.

12 Anke Schad (2019).

protestierte, dies aber zu keinen nennenswerten Konsequenzen führte. Stattdessen standen in der Folge Einrichtungen der freien Szene wie das „Salzamt", in dem die Veranstaltung stattfand, selbst zur Disposition und konnten nur mithilfe neuer Kooperationen gerettet werden.

In ihrer Analyse des SKB kommt Schad auch um den Befund nicht herum, dass sich in seinem Profil ein beträchtliches Machtgefälle artikuliert, wenn etwa die Kulturverwaltung sowohl die Zusammensetzung als auch die Agenda wesentlich bestimmt.[13] Gerade im entscheidenden Jahr der Implementierung des KEP neu kam es zu einem umfassenden Austausch der Mitglieder; gerade die neuen konnten mit ihren zum Teil ganz unterschiedlichen beruflichen Hintergründen auf keinerlei Routinen in der Kommunikation untereinander, aber auch mit Politik und Verwaltung zurückgreifen. Sie sahen sich gezwungen, überhaupt erst einen handlungsleitenden Kulturpolitikbegriff zu entwickeln, der über die Frage der Ressourcen und der Personalentscheidungen hinausweisen konnte. Auch wenn es in der Zwischenzeit zur Neustrukturierung der Arbeit des SKB gekommen ist, bleibt doch die Vermutung, dass in diesem heterogenen Gremium oft schlicht die Zeit nicht ausreicht, um den gestellten Aufgaben gerecht zu werden. Für tiefergehende Tätigkeiten wie etwa begleitende Evaluierungsmaßnahmen samt einer strategischen Ausrichtung zur Durchsetzung der Ergebnisse fehlen wichtige Voraussetzungen.

13 Siehe dazu die Aufstellung der Mitglieder des Stadtkulturbeirates Linz für die Periode 2018–2021, https://www.linz.at/images/Mitglieder_des_Stadtkulturbeirates_Linz_2018_-_2021.pdf.

Zentrale Aufgaben einer Kulturentwicklungsplanung zwischen Allmachtsfantasien und Alibiproduktion

Diese ebenso beeindruckende wie da oder dort auch zwiespältige Verlaufsskizze des Kulturentwicklungsplans macht seine Möglichkeiten, aber auch Grenzen deutlich. Er kann weder Ausdruck planifikatorischer Allmachtsfantasien sein noch legitimatorische Alibiaktion, um so den Entscheidungsträger*innen hinter den Kulissen freie Hand zu geben. Aber er bietet einen gemeinsamen Orientierungsrahmen in einer vielfach zersplitterten, zueinander in Konkurrenz stehenden Szene, in der ein beträchtliches Machtungleichgewicht herrscht. Das große Interesse an der Auftaktveranstaltung zum zweiten Zwischenbericht belegt, dass Kulturentwicklungsplanung den öffentlichen Diskurs zu kulturpolitischen Fragen zu stimulieren vermag. Und der Kulturentwicklungsplan repräsentiert die Hoffnung, damit einen gemeinsamen verbindlichen Handlungsrahmen über politische Konjunkturen hinweg zu entwickeln. Als solcher bietet er sich an, die bestehenden Machtverhältnisse im Kulturbereich zu hinterfragen und diskutierbar zu machen, um so Fragen wie „Was soll politisch im Rahmen einer repräsentativen Demokratie, was administrativ und was partizipativ entschieden werden?" und „Und wer soll daran beteiligt werden?" zu beantworten.

Patrick Föhl benennt in seinen Überlegungen drei zentrale Aufgaben jeglicher Kulturentwicklungsplanung.[14] Diese umfassen kulturpolitische Grundsatzfragen,[15] die Verhandlung von Kultur als Querschnittsmaterie sowie die Beantwortung spartenspezifischer Fragen. Die erste Aufgabe setzt eine Einschätzung zur wachsenden Bedeutung von Städten voraus. Das betrifft nicht nur den Umstand, dass immer mehr Menschen in städtischen Ballungsräumen leben; es betrifft auch eine geänderte Haltung zum Zusammenleben in liberalen pluralistisch verfassten Stadtgesellschaften, die sich politisch immer mehr von retrotopischen[16] dörflichen Homogenitätsvorstellungen abgrenzen.[17] Fast schon als Lackmustest für die Qualität dieser liberalen Stadtgesellschaft kann die Stellung von künstlerischen Aktivitäten gelten. Trends wie „Artistic Citizenship", die traditionelle Trennungen von Kunstproduktion und -distribution zugunsten „kultureller Teilhabe" aufweichen, erzählen von neuen Gestaltungsmöglichkeiten städtischer Kulturpolitik.

In diesen Zusammenhang gehört auch die Verabschiedung der lieb gewordenen Vorstellung von Kultur als einem von allen anderen gesellschaftlichen Bereichen strikt getrennten Sonderfall („Käseglocke"). Die Anzeichen in anderen Städten mehren sich, dass Kultur zunehmend als eine Querschnittsmaterie verhandelt wird. Als solche mutiert sie in einer vernetzten bzw. kooperativen Marktwirtschaft zu einem – wenngleich zentralen – Glied einer Wertschöpfungskette, deren Institutionen sich in vielfältigen Beziehungen wissen. Das trifft freilich nicht nur auf den Bereich der Wirtschaft zu, sondern umfasst gleichermaßen den Bildungs- oder den Sozialbereich, die wesentlich darüber mitentscheiden, ob Kultur auch in Zukunft einen wichtigen Standortfaktor zu bilden vermag oder nur von einigen wenigen als nostalgisches Exotikum verhandelt wird.

Diese Querschnittsdimension betrifft zunehmend auch das Verhältnis der verschiedenen politischen Gebietskörperschaften. Immerhin spricht immer mehr für den Befund, dass der Bund in den letzten Jahren versucht hat, in seiner Förderpolitik eine exzessivere Interpretation von Subsidiarität anzuwenden, um sich so zunehmend aus ermessenbasierten Einzelförderungen zurückzuziehen (unabhängig von den diversen Unterstützungsprogrammen im Rahmen der Pandemiefolgen-Bekämpfung).

Was von der Vision einer gelingenden Kulturentwicklungsplanung bleiben könnte

In Bezug auf die Aufgabe der spartenspezifischen Förderung ermessen sich die künftigen Erfolgschancen für eine prospektive Kulturentwicklungsplanung in der Art und Weise des städtischen Engagements gegenüber der freien Szene. Die finanzielle Prekarität wurde im Rahmen der Auftaktveranstaltung einmal mehr deutlich – und auch der Umstand, dass der KEP neu alleine wenig Handhabe bietet, die Ressourcenlage

14 Patrick S. Föhl (2017).

15 Etwa Linz als Kulturstadt ...

16 Zygmunt Bauman (2019): *Retrotopia*, Berlin: Suhrkamp (2. Auflage).

17 Die wachsenden Unterschiede im Wahlverhalten zwischen Stadt und Land (Stichwort: Neonationalismus in Ländern mit starken ruralen Traditionen wie in Ungarn, Polen, der Türkei, aber auch Österreich) zeugen eindrucksvoll davon.

nachhaltig zu verbessern. Vielleicht noch bedeutender aber erscheint der Umstand, dass die freie Szene zu Beginn der 2000er-Jahre nur mehr wenig Ähnlichkeit mit heute aufweist. Als dynamischer Faktor in der Stadt hat sie sich in vielem der Logik des institutionellen Kulturbetriebs angenähert. Eine wachsende Durchlässigkeit zwischen den ehedem streng getrennten Bereichen ist eines der Ergebnisse. In Ermangelung eines überzeugenden politischen Projekts, das als inhaltliches Grundgerüst dient, fällt es zunehmend schwer, die eigenen utopischen Potenziale vor den aktuellen gesellschaftlichen Fehlentwicklungen zu retten. Umso drängender machen sich die marktwirtschaftlichen Verwertungszwänge auch in diesem Sektor bemerkbar. Ihnen wird im täglichen Überlebenskampf mit professionell vorgetragenen Methoden des Kulturmanagements zu entsprechen versucht. Und doch wird die Frage immer drängender, wozu „es uns noch braucht".

Mein abschließender Rat dazu sieht die freie Szene als ein demokratiepolitisches Versuchslabor in Zeiten demokratischer Ermüdungserscheinungen. In einer historischen Phase, in der die ehedem hart erkämpften demokratischen Errungenschaften allerorten von illiberalen, antidemokratischen und neoautoritären Kräften bedroht werden, bedarf es vermehrt Orte des Experiments, in denen auf spielerische und doch ernsthafte Weise die gemeinsame Entscheidungsfindung auf neue Art erprobt werden kann. Friedrich Schiller in seinen Briefen zur ästhetischen Erziehung[18] im Nachklang der Französischen Revolution bietet hierfür bis heute eine herausragende Vorlage. Gerade dort, wo Kultur und Kulturpolitik zunehmend von rechtsextremen Kräften gekapert werden, um die gesellschaftliche Spaltung weiter voranzutreiben, bedarf es der Suche nach überzeugenden Alternativen. Die Wiederaneignung des Freiheitsbegriffs im Kunst- und Kulturbereich bietet sich hierfür in herausragender Weise an – nicht nur um die eigenen Existenzgrundlagen zu verbessern, sondern auch um dem, was wir an der Demokratie schätzen, eine ebenso zeitgemäße wie überzeugende Ausdrucksform zu verleihen. Der Linzer Kulturentwicklungsplan könnte dafür – richtig interpretiert und mit vereinten Kräften umgesetzt – eine wichtige Handlungsgrundlage bilden.

18 https://de.wikipedia.org/wiki/%C3%9Cber_die_%C3%A4sthetische_Erziehung_des_Menschen.

378

Private Kulturfinanzierung in Österreich

Günther Lutschinger

Im Kunst- und Kultursektor nimmt die Politik eine eigentümliche Position ein. Sie gibt einerseits den gesetzlichen Rahmen vor und soll gleichzeitig die Umsetzung finanzieren. So ist jedenfalls das vorherrschende Selbstverständnis in der österreichischen Kulturszene, die Kulturfinanzierung fast ausschließlich als staatliche Angelegenheit sieht. Aber ist dieser Weg zukunftstauglich und wo bleibt dabei die Rolle für die Gesellschaft? Sind die Bürger*innen in diesem Modell lediglich Konsument*innen? Sollten sie nicht vielmehr selbst aktiver Teil bei der Ermöglichung von Kultur sein?

Privates Förder- und Mäzenatentum für Kultur hat besonders in den USA und in Großbritannien eine lange Tradition. Aber auch in Deutschland, der Schweiz oder den Niederlanden ist das Spenden für Kunst und Kultur stark verbreitet. Historisch war dies in Österreich auch so. Viele der herausragenden Kultureinrichtungen und Sammlungen gehen auf das Engagement von Privatpersonen zurück. Umfangreiche Würdigungen im Eingangsbereich zeugen von dieser Aufbruchsstimmung. Heute sind private Mittel bis auf das Engagement einiger weniger kaum gegeben. Doch woran liegt das? Lediglich an verfehlter Kulturpolitik mit mangelnden Zukunftsvisionen? Am Desinteresse der Vermögenden des Landes? Was bräuchte es, um privates Engagement für Kunst und Kultur zu beflügeln?

Dazu bräuchte es eine Kulturpolitik, die

... private Kulturfinanzierung bzw. Spenden für Kultur durch rechtliche, steuerliche und strukturpolitische Anreize vorantreibt,

... Rahmenbedingungen vorgibt, die Freiräume offenlassen,

... stärker auf Startfinanzierungen, Kofinanzierungsmodelle und Public-private-Partnerships ausgerichtet ist,

... die Gesellschaft nicht nur in die Konsument*innen-Rolle drängt, sondern wertschätzende Beteiligungs-, Engagement- und selbstbestimmte Gestaltungsmöglichkeiten anregt.

Bevormundung der Zivilgesellschaft

In der Realität ist Österreich davon derzeit noch weit entfernt. In keinem anderen Land und in keinem anderen Sektor ist die Förderung der privaten Finanzierung so streng reglementiert wie im österreichischen Kulturbereich. Ein eindeutiges Indiz für eine staatzentrierte Sichtweise – selbst das Spenden will der Staat noch mit bestimmten Wertvorstellungen lenken: Gemeinnützige spendenbegünstigte Organisationen müssen in Österreich ihre kulturelle Qualifikation durch eine Förderung durch Bund oder Land nachweisen. Spendende von Kultureinrichtungen, die keine Förderung beziehen und sich erfolgreich frei finanzieren, werden bestraft. Denn ihre Spender*innen können ihre Zuwendung steuerlich nicht geltend machen. Damit weist der Staat ihr Engagement sozusagen als nicht förderungswürdig zurück. Oder kurz gesagt: Wer nicht von der Politik gefördert wird, ist auch privat nicht förderungswürdig, was einer massiven Bevormundung von Bürger*innen und Künstler*innen gleichkommt. Statt Wertschätzung und Zuspruch, statt Freiheit und Gleichheit hagelt es Grenzen und herrschaftliche Gutsherrenart. Österreichs Politik hat dringenden Handlungsbedarf, wenn es um liberale Werte und Verständnis für demokratische Mitwirkung geht. Umso bemerkenswerter, wie leise und kurz der Aufschrei in der Szene gegen diese bis heute geltende Regelung der Absetzbarkeit zu hören war – ein Umstand, der bei den Umwelt- und Sozialorganisationen undenkbar wäre.

Mangelnde Aktivität in der Szene

Wenngleich auch eingeschränkt bzw. nur im Sinne des „Vormunds" wollte der Gesetzgeber das philanthropische Engagement im Kultursektor mit der Ausweitung der Spendenabsetzbarkeit sicherlich ankurbeln. Schon vorhergehend wurde Museen von überregionaler Bedeutung und den Bundesmuseen die Absetzbarkeit zuerkannt. Spenden für den Denkmalschutz wurden überhaupt nur an das zuständige Amt erlaubt. Doch unter allen, die selbst aktiv werden mussten, um auf die Liste der begünstigten Einrichtungen zu kommen, hielt sich der Andrang in Grenzen. Zunächst nahmen nur knapp zwei Dutzend Einrichtungen diese Möglichkeit in Anspruch. Selbst große Bundeseinrichtungen verzichteten vorerst auf die Absetzbarkeit für ihre Spender*innen. Woran lag dieses geringe Interesse? Wollte man nicht als bedürftige Organisation auf einer Liste neben karitativen Einrichtungen aufscheinen? Gab es vielleicht gar keine Notwendigkeit, private Mittel aufzutreiben? War das Interesse vonseiten der Vermögenden so gering? Oder fürchtete man im Falle mehr privater Mittel die Kürzung der staatlichen?

Die Faktoren, die eine moderne, zukunftsorientierte Kulturpolitik hemmen, finden sich also auch bei den Kultureinrichtungen selbst, die ihre tiefgehende Abhängigkeit von der Politik entweder nicht erkennen oder als solche hinnehmen. Künstlerische Freiheit bedeutet grundsätzlich Unabhängigkeit von jedweder Finanzierung, egal ob staatlich oder privat. Ist der Gedanke der künstlerischen Eigenständigkeit also mit den Eigenheiten der österreichischen Kulturpolitik vereinbar?

Eine Vielfalt an finanziellen Standbeinen zu haben, schafft auch Freiheit und Resilienz. Aber die Gewinnung von privaten Mitteln ist nichts, das an einen Förderverein, eine Agentur, eine Marketingperson abgeschoben werden kann. Die Suche und Betreuung von Sponsor*innen, Unterstützer*innen, Großspender*innen oder Förder*innen hängt letztlich davon ab, wie aktiv die Führung der Kultureinrichtung sich dem Thema widmet. Die Direktor*innen und Intendant*innen sind dabei ebenso gefordert wie Aufsichtsräte und Vorstände.

Gerade hier herrscht allerdings nur allzu oft ein völlig falsches Bild vor: Sponsoring und Fundraising werden abgegrenzt und mit unterschiedlicher Wertschätzung betrachtet. Sponsoring wird gemeinhin als „Geschäft auf Augenhöhe" im Gegenzug für marktübliche Werbeleistungen gesehen – und das, obwohl der Staat für die Kultur festgestellt hat, dass die Werbemöglichkeiten für Sponsor*innen eingeschränkt sind, und deshalb in der Einkommensteuerrichtlinie spezielle Erleichterungen zum Tragen kommen. Fundraising wird demgegenüber oft als „betteln" abgetan und in den Bereich des Sozialen abgeschoben, wobei leider vergessen wird, dass viele unserer heutigen Kultureinrichtungen aus einem philanthropischen, altruistischen Ansporn heraus von Mäzen*innen erbaut und betrieben worden sind. Von Staat und Herrscher gab es dafür Anerkennung und Wertschätzung, aber kaum steuerliche Vorteile. Solch eine Kultur des Gebens, die eine Brücke zwischen Einrichtung und Bevölkerung baut, vermisst man heute schmerzlich. Die Gesellschaft in der Konsument*innen-Position reicht offenbar allen Beteiligten.

Falsches Bild von Fundraising

Während in anderen gemeinnützigen Bereichen eine Fülle an Fundraising-Strategien und -Methoden am Puls der Zeit mit großem Erfolg zum Einsatz gebracht wird, ist das Kultur-Fundraising, soweit man blickt, vom Fundraising-Dinner bzw. -Event dominiert. Dabei wird meist die sogenannte Society medienwirksam in Szene gesetzt, um die begehrten TV- und Zeitungspräsenzen zu ergattern. Aber ist das dabei evozierte Image wirklich jenes, das die Kultur haben will? Sind Schlagzeilen wie „Exklusives Fundraising-Dinner in den Prunkräumen" oder „VIPs ‚erfutterten' x-tausend Euro" das Bild, das man in den Medien darstellen will?

Offenbar scheitern andere Formen der Spendenwerbung an einer falschen Einstellung und dem falschen Bild von Fundraising. Doch wer denkt, dass die Ansprache spendenwilliger Menschen nichts anderes ist als „schnorren“ oder „betteln“, der hat von der demokratischen Grundstruktur von Fundraising nichts verstanden. Menschen für seine Arbeit zu gewinnen heißt, sie von der eigenen Kreativität, dem eigenen künstlerischen Schaffen und der eigenen Professionalität zu überzeugen – etwas, das nicht leicht oder auf Anhieb funktioniert. Fundraising heißt auch, mit Niederlagen, Ablehnung und Unverständnis umgehen zu lernen und genau aus diesen Erfahrungen Lehren zu ziehen.

Funds zu „raisen“ heißt primär, zuzuhören und auf seine Zielgruppe einzugehen. Im Kunst- und Kulturbereich bedeutet das die Auseinandersetzung mit jener Personengruppe, die einem Bedürfnis – einem „Need“ – folgend potenziell gewillt ist, sich an der Finanzierung der Organisation aktiv zu beteiligen. Wenn jemand behauptet, dass Fundraising nur Mittelbeschaffung sei, liegt er falsch. Nirgends findet der Dialog so stark statt wie im Fundraising. Nirgends erfährt man so unmittelbar Zuwendung und Bestätigung, aber auch Unverständnis und Ablehnung. Spender*innen und Mitglieder begleiten die Arbeit einer Einrichtung wie ein Sounding Board – sich mit ihnen auseinanderzusetzen und sie aktiv anzusprechen, kann in keinem Fall ein Fehler sein. Menschen, die sich für ein Anliegen als Spender*innen engagieren, identifizieren sich damit besonders stark. Im Falle einer Kultureinrichtung mögen sie vielleicht daneben auch die treuesten Gäste oder langjährigsten Abonnent*innen sein, vor allem sind sie jedoch Botschafter*innen für diese Einrichtung. Spender*innen und Mäzen*innen sind mehr als nur ein „Bankomat“. Auf dieses Netz an Multiplikator*innen sollte kein Kulturbetrieb verzichten.

Resümee und Ausblick

Österreichs Kulturpolitik hat in den vergangenen Jahren sicherlich dabei versagt, sich deutlich für mehr Privatengagement in der Kulturfinanzierung auszusprechen, ganz zu schweigen von entsprechenden Anreizen für die Bevölkerung.

Während sich die Staatsspitze regelmäßig mediengerecht für soziale Anliegen an das Spendentelefon setzt und damit Wertschätzung und Anerkennung für jede*n Kleinspender*in ausdrückt, wird kulturelles Engagement – selbst wenn es sich um bedeutende Summen handelt – meist kritisch beäugt und bestenfalls ignoriert. Von aktivierenden Aufrufen und der Betonung von Best-Practice-Beispielen also keine Spur. Und trotzdem hat die Bereitschaft, für Kunst und Kultur zu spenden, laut den jährlichen Spendenmarktumfragen in den vergangenen Jahren kontinuierlich zugenommen – und zwar von 1 % im Jahr 2010 auf derzeit 8 bis 9 %. Ist allein das kein Beweis dafür, dass die Kultur wieder stärker und stärker in die Mitte der Gesellschaft rutscht? Leider findet die steigende Spendenbereitschaft aber nicht ausreichend Widerhall in der Szene. Im Vergleich zum errechneten Potenzial von rund 100 bis 150 Mio. Euro jährlich machen Kulturspenden in der Realität nur 20 bis 30 Mio. Euro pro Jahr aus – abgesehen von einzelnen mäzenatischen Großleistungen. 80 % aller Spenden in Österreich kommen von Privatpersonen, 9 % von Stiftungen und rund 11 % von Unternehmen. Wäre es angesichts dieser Zahlen und des rasanten Wachstums der Privatspenden – bei Stagnation der Zuwendungen von Unternehmen – nicht an der Zeit, umzudenken?

Angesichts der Pandemie, welche die Kulturszene besonders hart getroffen und Strukturen zerstört hat, ist gerade jetzt der aktive Eingriff einer Kulturpolitik gefragt, die sich als Teil einer liberalen, wertebasierten Gesellschaft versteht. Verbesserungen in der Spendenabsetzbarkeit sind nur ein Thema, die aktive Förderung des Engagements ein anderes. Erfolgsbeispiele aus anderen Sektoren und Ländern lassen sich problemlos finden: Staatliche Kofinanzierungsprogramme sind in vielen Ländern ein probates Mittel, die Spendenbereitschaft anzukurbeln. Dabei werden private Spenden von öffentlicher Hand verdoppelt und bieten Spendenden ebenso wie Kultureinrichtungen die Gewissheit, dass ihre Leistungen noch größere Wirkung entfalten. Beispiele aus Österreich findet man beim Institute of Science and Technology Austria (IST Austria) oder beim Wiener Wissenschafts-, Forschungs- und Technologiefonds (WWTF). International laufen große Programme, insbesondere in Großbritannien und in den skandinavischen Ländern. Gefragt ist allerdings nicht nur indirekte Förderung: Für die österreichischen Universitäten und Fachhochschulen hat das Ministerium Infrastrukturmittel bereitgestellt, die u. a. auch zum Aufbau des Fundraisings genutzt werden konnten. Infolgedessen entwickelt sich in einigen Bereichen des Hochschul- und Wissenschaftsbereichs gegenwärtig bereits ein dynamisches Fundraising. Mehrere Universitäten gründeten zuletzt gemeinnützige Förderstiftungen, um auch Vermögenden attraktive Investitionsmöglichkeiten zu bieten. Die Liste an erfolgreichen Beispielen lässt sich im Sozialsektor beliebig fortsetzen.

Mit solcherlei Ansätzen hätte die Politik jetzt die Chance, aus der Krise heraus neue Wege der Kulturpolitik und der Kulturförderung zu beschreiten und damit gleichzeitig den Bürger*innen eine aktive Rolle zuzuweisen, in der sie Kultur demokratisch mitgestalten. Dazu braucht es neben den kulturpolitischen Rahmenbedingungen unzweifelhaft auch mehr Bewusstsein und Aktivität in den Kultureinrichtungen selbst. Die Kürzung von öffentlichen Förderungen wäre ganz bestimmt kein Anreiz, private Mittel einzuwerben, die Belohnung erfolgreicher Spendenwerbung schon.

Kulturpolitik geht uns alle an!

Adolf Rausch

Die aktuelle Kulturpolitik aus Sicht der Kärntner Kulturstiftung

Die Kärntner Kulturstiftung (KKS) verfolgt das Ziel, Kärnten als einzigartigen Kreativraum mit herausragenden Talenten national und international sichtbar zu machen. Sie fördert nicht nur herausragende künstlerische Ideen und unterstützt damit auch Kulturschaffende, sondern sie stellt Kärntner Künstler*innen in den Mittelpunkt und sieht sich als Plattform und Kulturbotschafterin. Es ist ihr ein besonderes Anliegen, zukunftsweisende Impulse im Kunst- und Kulturbereich zu setzen. Diese Initiative wurde am europäischen Tag der Stiftungen, am 1. Oktober 2021, vom Verband für gemeinnütziges Stiften durch die Kür der Initiator*innen als „Stifter*innen des Jahres 2021" gewürdigt.

Die Kärntner Kulturstiftung sieht sich als Bindeglied und Ergänzung zur öffentlichen Kulturförderung im Sinne des dualen Prinzips. Trotz der privaten Finanzierung wird die öffentliche Hand nicht aus ihrer Pflicht entlassen, weshalb ein aktives Einwirken auf die öffentlichen Rechtsträger wahrgenommen wird. Durch Gespräche und Kooperation mit anderen Verbänden und Kulturträger*innen wird dies verstärkt.

Impulse und Anregung zum Programm der österreichischen Bundesregierung aus der Sicht einer unabhängigen allgemeinen Kulturstiftung

Die Kärntner Kulturstiftung hat nach Vorliegen des Programmes der Österreichischen Bundesregierung zu einzelnen Punkten aus dem Kapitel „Kunst und Kultur" Stellung genommen und sieht dies als Beitrag, die Kulturpolitik konstruktiv, aktiv und pragmatisch mitzugestalten.

Österreichs Kunst und Kultur stärken und in der Welt noch sichtbarer machen[1]

Entwicklung einer Kunst- und Kulturstrategie

› *Unter Einbeziehung aller Gebietskörperschaften und mit Partizipation der Kulturinitiativen, Künstlerinnen und Künstler sowie Kulturarbeiterinnen und Kulturarbeiter soll in einem strukturierten Verfahren eine Kunst- und Kulturstrategie entwickelt werden.*

Diese Vorgabe aus dem Regierungsprogramm wird nunmehr mit pandemiebedingter zeitlicher Verzögerung durch die Initiative Kunst- und Kulturstrategie 2022 des Bundesministeriums für Kunst, Kultur, öffentlichen Dienst und Sport (BMKÖS) wahrgenommen. Dieser Prozess startet mit einer Vorstellung von Meilensteilen, Impulsstatements und sodann mit der Durchführung von Online-Workshops zu den Themen:

- Innovation – Wie können innovative Vorhaben gestärkt werden?
- Fairness – Welche Maßnahmen tragen zu mehr Fairness bei?
- Internationalisierung – Wie können Kunst und Kultur aus Österreich in der Welt sichtbarer gemacht werden?
- Institutionen neu denken – Welche Räume brauchen Kunst und Kultur?
- Kulturvermittlung – Was heißt kulturelle Teilhabe? Welche neuen Wege braucht es dabei?
- Ökologisierung – Wie können Kunst und Kultur zu einer nachhaltigen Entwicklung beitragen?
- Digitalisierung – Welche digitalen Räume und Anwendungen können Kunst und Kultur bereichern?
- Kennzahlen für Kunst und Kultur – Welche neuen Kennzahlen braucht es, um Diversität und Nachhaltigkeit in Kunst und Kultur zu stärken?

Die KKS bietet an, in der Entwicklung einer Kunst- und Kulturstrategie mitzuarbeiten und zukunftsorientierte Strategien auch im Sinne gemeinnütziger Kulturstiftungen einzubringen.

Bundeskunst- und -kultureinrichtungen

Zu diesem Kapitel des Regierungsprogrammes greifen wir als gemeinnützige Kulturstiftung heraus:

› *Verstärkte Kooperationen zwischen Bundesmuseen, Ländern und Privaten (u.a. ein abgestimmter Kulturkalender und gemeinsame Schwerpunktsetzungen).*

Die Kärntner Kulturstiftung nimmt konkret die Kontakte sowohl zu Bundestheatern (siehe Auftritt des Burgtheaters bei der Kunstinstallation

[1] Die kursiv gestellten Texte sind wörtlich dem Regierungsprogramm entnommen. Das Programm ist zu finden unter: https://www.open3.at/regierungsprogramm/01-03-Kunst-Kultur.html.

„For Forest“ im Klagenfurter Stadion) oder gegenüber Bundesmuseen (Entwicklung eines regionalen Museums in Kärnten gemeinsam mit dem Kunsthistorischen Museum) wahr. Mit der Österreichischen Nationalbank ist eine Kooperation mit einem der Siegerprojekte der KKS im Jahr 2022 in Planung. Durch die Funktion des Landes Kärnten als Mitstifter wurde eine „Quasi-private-public-Partnership“ mit dem Land begründet und damit sind auch die Weichen für eine verstärkte Kooperation zwischen Ländern und Privaten gesetzt worden.

Kulturelles Erbe sichern und weiterentwickeln

Österreich als Culture-Tech-Hub

› *Österreich als innovative internationale Plattform für die Verschmelzung von Kunst, Kultur, Technik und der digitalen Welt etablieren.*

› *Stärkung interdisziplinärer Zusammenarbeit zwischen Kultur-, Techszene und Start-ups sowie Universitäten und Forschungseinrichtungen, um nachhaltig unser kulturelles Erbe von morgen zu schaffen.*

Kärnten ist im Bereich der Technologie und digitalen Welt stark vertreten. Von der Kärntner Kulturstiftung wurden Initiativen gesetzt, welche die Dekanate der Kulturwissenschaft und der technischen Fakultät der Universität Klagenfurt mit Infineon und anderen Leitbetrieben, öffentlichen Stellen, dem Verein „Zentralraum Kärnten“, dem Standortmarketing des Landes sowie den Fachhochschulen und Städten vernetzen, um so durch diese interdisziplinäre Zusammenarbeit den Start für ein regionales Culture-Tech-Hub Carinthia zu setzen.

Das Konzept „Culture-Tech-Hub Carinthia“ sieht regional vernetzte Standorte vor und ist eng verknüpft mit internationalen Einrichtungen, die ähnliche Ziele verfolgen. Dies soll durch die Teilnahme an internationalen Netzwerk-Events sowie durch die Mitwirkung an und Initiierung von Publikationen und Diskussionen erreicht und durch international beachtete Kunstprojekte sichtbar gemacht werden.

Darüber hinaus werden strategische Partnerschaften, z. B. mit dem FutureLAB Linz, angestrebt.

Gestern – heute – morgen: die richtigen Rahmenbedingungen für Kunst und Kultur in Österreich stärken

› *Unterstützung durch regelmäßigen Kulturdialog bieten, den Austausch von in der Kunst und Kultur Tätigen und deren Interessenvertretungen mit Ministerien und Ländervertreterinnen und -vertretern beleben.*

› *Weiterer Ausbau von Förderprogrammen für die Vermittlung von Kunst und Kultur unter Berücksichtigung einer gemeinsamen Steuerung und Vernetzung.*

› *Position der Kunstvermittlerinnen und -vermittler in den Kulturbetrieben stärken.*

› *Verbesserung der Koordination zwischen Bund/Ländern/Gemeinden im Kunst- und Kulturbereich.*

› *Stärkung der regionalen und lokalen Förderung für Künstlerinnen und Künstler, die freie Szene und Kulturinitiativen, insbesondere mit überregionaler Bedeutung.*

Ein Schwerpunkt der KKS ist die Vernetzung als Plattform

Als Plattform und Kulturbotschafterin möchte die Kärntner Kulturstiftung die geistige und kulturelle Zukunft und Identität des Landes positiv mitgestalten. Es ist ihr ein besonderes Anliegen, zukunftsweisende Impulse im Kunst- und Kulturbereich zu setzen. Dies erfolgt über die Website, über Fachsymposien sowie durch Zusammenarbeit mit anderen Stiftungen. Die KKS sieht sich als unabhängige und nachhaltige Organisation und möchte kunst- und kulturaffine Persönlichkeiten und Organisationen mit Kulturschaffenden und Kulturarbeiter*innen zusammenführen. Sie hat in den letzten zwei Jahren bereits drei Fachsymposien für Künstler*innen und Kulturvermittler*innen abgehalten und wird dieses Format weiter ausbauen. Analog zum Creative-Europe-Programm soll dies zu einer grundsätzlichen Förderung von Netzwerken beitragen.

Neben der Funktion der KKS als Plattform für Kunst- und Kulturtätige gilt es aber auch den Austausch zwischen diesen und den öffentlichen Institutionen herbeizuführen.

Die Entwicklung eines modernen digitalen Informationsaustausch- und Kommunikationsprogrammes ist geboten. Die KKS könnte dabei eine „Pilotanwenderin" sein.

Auch eine fundierte Ausbildung von Kulturvermittler*innen ist für viele Kulturinstitutionen von großer Bedeutung. Hierzu besteht in einigen Bundesländern großer Nachholbedarf. Wir sind auch überzeugt davon, dass insbesondere Jugendliche in Schulen und Jugendorganisationen durch gezielte Impulse der Kulturvermittlung und innovative Formate mittel- und langfristig an Kunst und Kultur herangeführt werden könnten.

In diesem Zusammenhang könnte die Kärntner Kulturstiftung als Plattform und Initiatorin tätig werden. In dem Vernetzungsprojekt „Setzlinge der KKS" werden beispielsweise bildende Künstler*innen aus Kärnten mit Wachstumspotenzial und heimische Galerist*innen einer interessierten Öffentlichkeit vorgestellt.

Urheberrechtliche Verbesserung

Die Kärntner Kulturstiftung nimmt ihre Rolle als Vermittlerin auch in der Frage des Urheberrechtes wahr und hat in einem Symposium dieses für Künstler*innen besonders wichtige Thema aufgeworfen und Frau RA Dr. Katharina Schindler zu einem Vortrag und einer Stellungnahme eingeladen.

Privates finanzielles Engagement

› *Weiterentwicklung eines strukturellen Anreizmodelles für privates finanzielles Engagement (Kriterien definieren; steuerliche Absetzmöglichkeiten prüfen).*

› *Überprüfung steuerlicher Entlastungen im Kunst- und Kulturbereich.*

Vonseiten der Kärntner Kulturstiftung wurden in Kooperation mit dem Verband für gemeinnütziges Stiften steuerliche Vorschläge für privates finanzielles Engagement entwickelt und mit dem Staatssekretariat für Kunst und Kultur wie auch mit dem Kabinett des Finanzministeriums erörtert. Die wesentlichen Punkte sind:

- Die zeitlich unbeschränkte Verlängerung der bisher bestehenden steuerlichen Abzugsfähigkeit von Zuwendungen zur Vermögensausstattung von Stiftungen (§ 4b EstG) gemäß Bundes-Stiftungs- und Fondsgesetz 2015[2] über das Jahr 2021 hinaus ist dringend geboten.
- Wegfall der Begrenzung des Absetzbetrages von derzeit 500.000 Euro (für den Zeitraum von 5 Jahren) gemäß § 4b EstG analog der Regelung gemäß § 4a EstG mit gleichzeitiger Erhöhung der abzugsfähigen Obergrenze von 10 % auf 20 % des Gewinnes bzw. Einkommens (wie in der Bundesrepublik Deutschland und anderen europäischen Ländern).
- Generelle Flexibilisierung der 3-Jahres-Regel zur Anerkennung der Abzugsfähigkeit von Spenden gemäß § 4a EstG für gemeinnützige Stiftungen.
- Der Verband für gemeinnütziges Stiften schlägt eine sofortige Ausstellung eines Bescheides über die Gemeinnützigkeit als Voraussetzung für gemeinnützig aktive Stiftungen vor, wenn die Voraussetzungen erfüllt sind, z. B. wenn die Berechtigung für die §4b-Eintragung in die Transparenzdatenbank erteilt wird.
- Die mittelbare Förderung von Kunst- bzw. Kulturprojekten durch Künstler*innen für gemeinnützige Stiftungen ermöglichen (damit würde die für Künstler*innen nur schwer verständliche derzeitige Lösung, diese als Erfüllungsgehilfen der Stiftung zu behandeln, entfallen – ein österreichisches Unikat im internationalen Vergleich!).

2 Bundes-Stiftungs- und Fondsgesetz 2015, https://www.ris.bka.gv.at/GeltendeFassung.wxe?Abfrage=Bundesnormen&Gesetzesnummer=20009435.

- Sponsorgelder von Firmen sind derzeit in der Stiftung unverständlicherweise körperschaftsteuerpflichtig – diese sollten als unentbehrlicher Hilfsbetrieb, gleich wie Beiträge zur Vermögensausstattung für gemeinnützige Stiftungen, systemkonform steuerfrei sein.
- Vereinfachung und Durchforstung bürokratischer Einschränkungen.

Wir bieten an, diesbezüglich fachlichen Input einzubringen, und werden entsprechende Vorschläge gemeinsam mit dem Verband gemeinnütziger Stiftungen erarbeiten.

Einrichtung einer österreichischen Bundeskulturstiftung

› *Möglichkeiten schaffen, um die Drittmittelakquise der Einrichtungen des Bundes unter der Voraussetzung der Teilrechtsfähigkeit zu stärken.*

Wir regen an, eine österreichische Kulturstiftung, dotiert mit mindestens 50 Millionen Euro jährlich, zu gründen. Diese würde neben den originären Aufgaben einer Bundeskulturstiftung für Agenden des Bundes wie

- Schutz und Erhaltung des kulturellen Erbes,
- Stärkung österreichischer Kultur im Ausland,
- Kooperationen,
- Pakete für Kultur- und Gedenkstätten sowie Infrastruktur,
- Unterstützung des Aufbaus von Zentren für Österreich als Culture-Tech-Hub,
- insbesondere Möglichkeiten der Drittmittelakquise für Einrichtungen des Bundes sowie zum Ankauf von Kunstwerken und
- Unterstützung von langfristig revolvierenden Anreizmodellen

auch ein privatwirtschaftliches und steuerrechtliches Engagement ermöglichen.

Eine Bundeskulturstiftung wäre ein Modell, das der Innovationsstiftung für Bildung folgt und die Gründung von Co-Stiftungen ermöglicht. Damit würde die Basis für die finanzielle Ausstattung größerer Projekte, aber auch die Möglichkeit der Unterstützung von Privatinitiativen, analog dem Modell der Substiftungen nach dem Innovationsstiftung-Bildung-Gesetz, gewährleistet sein.

Den steuerlichen Anreizmodellen kommt bei der Beschaffung von Drittmitteln besondere Bedeutung zu. Dies ist auch in der Regierungserklärung verankert.

Soziale Absicherung – budgetäre Umverteilung

› *Weiterentwicklung der sozialen Absicherung der in der Kunst und Kultur Tätigen im Bereich der Pensionsansprüche (Maßnahmen gegen die Altersarmut) und der Arbeitslosigkeit (Arbeitslosenversicherung) vergleichbar mit der Selbständigen-Regelung.*

› *Entwicklung einer gemeinsamen Strategie von Bund, Ländern und Gemeinden, zur Umsetzung der Kulturstrategie „Fairpay".*

Der im Vorjahr gestartete „Fairness-Prozess", in dem Bund, Länder und Interessenvertretungen gemeinsam an gerechten Bedingungen für den Kulturbereich arbeiten, wurde bei einem internationalen „Fairness-Symposium" im Wiener Konzerthaus einer Zwischenbilanz unterzogen. Zu den sechs zentralen Punkten zählen etwa „Fair Pay", „Transparenz & Kommunikation" sowie „Diversifizierung". Mit den Ergebnissen aus diesem Treffen soll ab Anfang 2022 eine „Fokusgruppe Fair Pay" für ganz Österreich eine eigene Strategie ausarbeiten.

Die Kärntner Kulturstiftung wird diese wichtige Forderung nach besten Kräften unterstützen. Insbesondere geht es auch um einen gerechten Ausgleich zwischen den „gesicherten" – d. h. aus öffentlichen Mitteln dotierten – Beschäftigungsverhältnissen in öffentlichen Kulturinstitutionen und den „ungesicherten" Beschäftigungsverhältnissen in der freien Szene.

Damit in Zusammenhang steht auch ein grundsätzliches Bekenntnis, die Budgetmittel für die freie Szene deutlich aufzustocken, da dies nicht nur „Fair Pay" dient, sondern insbesondere auch die Vielfalt und die Kreativität künstlerischen Wirkens als notwendigen Impuls für die kulturelle Entwicklung im Lande fördert.

Neue Wege – Kulturpolitik neu denken
Eine kritische Analyse des Autors an punktuellen Beispielen

Große gesellschaftliche Veränderungen prägen das soziale Gefüge, das Miteinander in der Gesellschaft, insbesondere auch unser „kulturelles Leben". Der Umbruch zieht sich durch alle Bereiche in Wirtschaft und Gesellschaft. Das Herauskehren eigener, individueller Rechte fordert auf der anderen Seite verantwortungsvolles und nachhaltiges Handeln. Inklusion, Diversität und Frauenrechte fordern zum Handeln heraus.

Wie reagiert die Politik, die Kultur darauf?

Die Initiative Kunst- und Kulturstrategie 2022 des BMKÖS greift einige wichtige Themen heraus:

- Wie können innovative Vorhaben gestärkt werden?
- Welche Maßnahmen tragen zu mehr Fairness bei?
- Wie können Kunst und Kultur aus Österreich in der Welt sichtbarer gemacht werden?
- Wie können wir Institutionen neu denken?
- Was heißt kulturelle Teilhabe?

- Welche neuen Wege braucht es?
- Wie können Kunst und Kultur zu einer nachhaltigen Entwicklung beitragen?
- Welche digitalen Räume und Anwendungen können Kunst und Kultur bereichern?

Zu den ersten beiden Themen möchte ich folgende Denkanstöße geben:

Welche Chancen bietet die Digitalisierung bzw. ist die überdeutliche Schwerpunktförderung der großen Theater- und Kultureinrichtungen, die Österreich in der Welt als Kulturland bekannt gemacht haben, in der heutigen Zeit noch ausreichend zukunftsorientiert oder muss es auch in diesem Bereich zu einer Neuorientierung, zu einer Aufstockung oder Umverteilung von Budgetmitteln kommen?

Auch im Kulturbereich ist das eklatante Auseinanderklaffen der Einkommensverhältnisse bei Künstler*innen, Kulturveranstalter*innen und Kulturvermittler*innen zwischen arrivierten, berühmten und aufstrebenden, jungen Künstler*innen deutlich sichtbar. Fairness und „Fair Pay" werden vor allem für die in der freien Szene Tätigen sowie für die nicht gesicherten Arbeits- und Tätigkeitsverhältnisse gefordert.

Ich setze ein Plädoyer für eine gerechte Verteilung zwischen „gesicherten" und „nicht gesicherten" Verhältnissen. Privates Engagement kann hierzu einen wesentlichen Beitrag leisten. Die Kärntner Kulturstiftung bekennt sich dazu und engagiert sich österreichweit für eine Verbesserung dieser Situation.

Es ist ein Gebot der Stunde, das große, fast übergroße Angebot in einzelnen Sparten der Kulturszene terminlich und thematisch abzustimmen, zu straffen und sichtbarer zu machen – eine große Herausforderung für Förderstellen und Medien. Diese „Umbruchszeit" könnte die Chance einer wirklich „neuen" Agenda bieten. Kunstschaffende Personen und Medien sind prädestiniert dafür, diese neue Agenda der Kulturpolitik einzuleiten.

Lasst sie mitreden!

Michael Wimmer

Für eine paritätische Mitbestimmung von Nutzer*innen in Kunstjurys, Beiräten und anderen kulturpolitischen Entscheidungsgremien

Der Kulturbetrieb ist am Beginn des dritten Jahrs der Pandemie in Bedrängnis geraten. Allerorten macht sich Unsicherheit und Zukunftspessimismus breit. Da kann die Staatssekretärin noch einmal 6,5 Mio. Euro im Rahmen des laufenden Fair-Pay-Prozesses für eine Verbesserung der Produktionsbedingungen lockermachen oder der Gesundheitsminister Erleichterungen beim Zutritt in Aussicht stellen, die Angst sitzt tief, das Publikum könnte nie mehr in der alten Unbeschwertheit und vor allem in der notwendigen Anzahl zurückkehren – und folglich einschneidende Maßnahmen zur „Restrukturierung" und „Redimensionierung", wie sie bereits in einigen Einrichtungen angelaufen sind, auch für die meisten anderen unausweichlich sein.

Ein Gutteil der Verunsicherung besteht in der Tatsache, dass der Kulturbetrieb schlicht zu wenig über sein Publikum weiß. Also machen Gerüchte die Runde; rührende E-Mails von Stammkund*innen werden hervorgeholt, die allesamt belegen sollen, dass sich das Publikum nichts so sehr wünscht wie die ehebaldige Rückkehr zu einer präpandemischen Normalität. Und doch können diese Beschwörungen von gewünschter Kontinuität auf allen Seiten doch nicht darüber hinwegtäuschen, dass die völlig einseitige Produktionslastigkeit der Kulturpolitik alle bisherigen Versuche hat scheitern lassen, besser Bescheid zu wissen über ein Publikum, das sich da jeden Abend im Dunkel des Zuschauerraums versammeln soll, und so auch nicht bereit war, datengestützte Erkenntnisse über die sich wandelnden Beziehungen der Bürger*innen zum Kulturbetrieb in ihre strategische Weiterentwicklung einfließen zu lassen. Und so konnte sich in unser aller Köpfe der Eindruck verfestigen, im Kulturbetrieb kreise alles um die Künstler*innen; die Nutzer*innen hingegen – jedenfalls solange sie genügend Eintrittskarten kaufen – wären keine gleichberechtigten Akteur*innen des kulturellen Lebens, deren Kompetenzen, Erwartungen, Verbindlichkeiten und auch Enttäuschungen es in die überfällige Weiterentwicklung einzubeziehen gilt.

Und jetzt könnte es sein, dass das Publikum die Zeit der Pandemie dafür genützt hat, sein kulturelles Verhalten nachhaltig zu verändern und sich aus einem Betrieb, der ihm eine ausschließlich passiv konsumierende Rolle zuweist, zu verabschieden. Einen gewichtigen Anteil daran haben die digitalen Medien mit ihren attraktiven, weil zunehmend interaktiven Angeboten. Aber vielleicht sind die Gründe der massenhaften Abwendung viel trivialer: Die Menschen empfinden das Angebot schlicht langweilig und sind nicht mehr bereit, für dessen Konsum ihre Gesundheit aufs Spiel zu setzen. Sie halten die ewige Wiederkehr künstlerischer Selbstbespiegelung, die sie nicht persönlich anspricht, gerade in einer Phase eines umfassenden gesellschaftlichen Transformationsprozesses für zunehmend irrelevant. Und sie fühlen sich in ihren Ansprüchen, das kulturelle Leben mitzugestalten, nicht ernst genommen.

Diese Form der strukturellen Ignoranz, die die Kulturpolitik der letzten Jahrzehnte wesentlich mitverursacht hat, lässt es heute weiten Teilen des Kulturbetriebs als selbstverständlich erscheinen, den Nutzer*innen jegliche Mitentscheidung abzusprechen. Das zeigt sich auch bei der aktuellen Strategieentwicklung für Kunst und Kultur, zu der sich die Bundesregierung verpflichtet hat, wenn die zuständige Staatssekretärin Andrea Mayer zwar verspricht, mit der „gesamten Branche" ins Gespräch kommen zu wollen, die Nutzer*innen aber einmal mehr strukturell ausgeschlossen bleiben. Damit schafft sie in der breiten Öffentlichkeit den schalen Eindruck, hier wolle es sich eine kleine Schar von Produzent*innen noch einmal mit der Politik ausmachen, wie sich ihre Arbeitsbedingungen (vor allem die Förderstrukturen) künftig gestalten sollen, während sie kulturpolitisch weiterhin kein Problem darin sehen, all diejenigen, *für* die all die Produktionen gemacht werden, zu negieren.

Es ist, als ob demokratische Standards den Kulturbetrieb noch nicht erreicht hätten. Geht es nach den jüngsten Erfahrungen, dann existiert offenbar noch nicht einmal ein politisches Bewusstsein dafür, dass eine solche Haltung notwendigerweise zum Vorwurf des Elitismus führen muss und dass sich die Akteur*innen, die wie eine Monstranz die Behauptung vor sich hertragen, für alle da sein zu wollen, darüber hinaus mit einer solch ausgrenzenden Haltung gesellschaftlich – gerade in einer Zeit wachsender Konflikte – immer weiter an den Rand stellen.

Um diesem Trend etwas entgegenzuhalten, schlage ich vor, bei den nächsten Schritten der kulturpolitischen Strategieentwicklung neben den Produzent*innen die Nutzer*innen gleichberechtigt an die Seite zu stellen. Als Repräsentant*innen der Gesamtgesellschaft soll ihnen die Gelegenheit gegeben werden, sich bei der Weiterentwicklung des

Kulturbetriebs aktiv einzubringen und damit die künftigen kulturpolitischen Schwerpunkte mitzugestalten. Der gerade erst vorgestellte Klimarat könnte bei der Installierung eines Kulturrates der Bürger*innen dafür ein Wegweiser sein.

Und weil wir gerade dabei sind: Die seit den 1970er-Jahren eingeführten Jurys und Beiräte, die mit ihren spezifischen künstlerischen Qualitätsvorstellungen die (Kultur-)Politik bei der Fördervergabe beraten, sollten in gleicher Weise aufgewertet und damit auf ein demokratisches Niveau gehoben werden. Per Los könnten ganz normale Bürger*innen neben den Expert*innen an den diesbezüglichen Entscheidungsprozessen beteiligt werden. Ich kann mir vorstellen, dass wir spannende Diskussionen erleben werden, die bei entsprechender medialer Begleitung den Stellenwert der Kunst in der Gesellschaft schlagartig zu erhöhen vermögen.

Nein, nicht alles wird sofort gelingen. In diesen neuen Experimentierräumen ist so manches Scheitern vorhersehbar. Allzu vorschnelle Hoffnungen werden nicht aufgehen. Aber gesellschaftliches Lernen im Kulturbereich wird möglich und damit Kulturpolitik zumindest mittelfristig wieder zu dem, wofür sie angetreten ist: Gesellschaftspolitik.

Wir kommen um die Installierung solch neuer Entscheidungsformate nicht herum, wenn Kunst eine neue Verankerung in der Gesellschaft finden soll. Mit der Eröffnung neuer Mitwirkungsmöglichkeiten entscheiden wir schlicht darüber, ob Kunst noch einmal Relevanz in der Gesellschaft findet – oder eben nicht.

Inspirationen für eine neue europäische und internationale Kulturpolitik in und mit EU-Mitgliedsstaaten

Sylvia Amann

(TEIL 1 – Thesen)

Umfassende Verankerung der transversalen internationalen Dimension

Im 21. Jahrhundert sind Kulturpolitiken basierend auf nationalen Logiken überholt. Die Strukturen und Unterstützungsprogramme sollten aktiv integrativ sein. Dies betrifft sowohl die geografische Ausrichtung als auch die Rahmenbedingungen für eine Partizipation der Bevölkerung (nicht nur Besucher*innen) in ihrer Diversität und die Verankerung globaler Solidarität.

Beispiele für Aktionsfelder: *Möglichkeiten der effektiven internationalen Kooperation in allen (EU-)Förderschienen, Ausschreibungen und Einreichmöglichkeiten in mehreren (auch außereuropäischen) Sprachen*

Sicherstellung gleichberechtigter internationaler Teilhabe

Die Förderprogrammgestaltung im Hinblick auf die internationale Kooperation (mit Partnern außerhalb der Europäischen Union) erfolgt nach wie vor, wenn es sich um europäische Initiativen handelt, großteils mit nationalen bzw. EU-Stakeholdern. Die (Förder-)Politikentwicklung sollte partizipativ mit internationalen Partnern erfolgen.

Beispiele für Aktionsfelder: *Gemeinsame Kultur-Kooperationsprogramme der Europäischen und der Afrikanischen Union, Peer-Learning-Programme zur städtischen Kulturentwicklung mit globalen Partnerorganisationen*

Systematische Dekolonialisierung der europäischen Gesellschaften und des Kulturbetriebs

Stereotypische Wahrnehmungen und Handlungen im Hinblick auf die europäischen und globalen Nachbarn sind nach wie vor umfassend in den europäischen Gesellschaften und auch im Kulturbetrieb verankert. Intensiver kultureller Austausch und globale Zusammenarbeit können Beiträge zum Abbau von Vorurteilen und fixen Vorstellungen leisten.

Beispiele für Aktionsfelder: *Umfassende Verankerung von Global (Cultural) Learning in den europäischen Lehrplänen, multilaterale Aussöhnungsprogramme zwischen Europa und den Ländern des globalen Südens*

Verbesserung der operativen Rahmenbedingungen der internationalen und europäischen Kulturzusammenarbeit

Kulturelle Rechte, Reisefreiheit und Mobilität, Unterstützungssysteme für internationale und europäische Kulturzusammenarbeit sind nach wie vor – auch innerhalb der EU – ungleich verteilt. Steuer- und sozialversicherungsrechtliche Hürden kommen hinzu. Vereinfachungen und ein Abbau von Hemmnissen in der internationalen Kulturkooperation sind unerlässlich.

Beispiele für Aktionsfelder: *Kultur-Schengen-Visa mit einem strukturellen Perspektiven-Rahmen, Europäischer „Status of the Artist" und empfohlene Tagsätze und -löhne*

Umstellung auf eine thematische Zielorientierung der (EU-)Kulturkooperation

Die Unterstützungsmechanismen der (europäischen) Kulturzusammenarbeit und des Austausches von Guter Praxis sind häufig kultursektorspezifisch, während sich die kulturelle und künstlerische Praxis zunehmend cross-sektoral gestaltet. Die vier Dimensionen der nachhaltigen Entwicklung würden einen geeigneteren thematischen Ziele-Rahmen für zukunftsorientierte Kulturkooperation ermöglichen.

Beispiele für Aktionsfelder: *Internationale und transversale ökologische Kulturpolitik, Kulturentwicklung funktionaler grenzüberschreitender sowie (nicht-)urbaner Territorien*

Entwicklung von Governance-Mechanismen für EU-Initiativen zum beschleunigten Strukturwandel

Die Länder der EU sind im globalen Vergleich sehr klein. Das systematische Bündeln sektoraler/nationaler Initiativen im Bereich strategischer Strukturen ist unerlässlich, um global zu bestehen. Die Instrumente der europäischen Zusammenarbeit wie Förderprogramme und Peer-Learning sind diesbezüglich zu schwach. Neue Instrumente sollten geschaffen werden.

Beispiele für Aktionsfelder: *Etablierung schlagkräftiger digitaler EU-Kulturplattformen („The European Way of Digitalisation"), Netzwerke europäischer demokratischer Medien*

(TEIL 2 – Interview)

Michael Wimmer (MW): Worin bestehen die Wechselwirkungen zwischen nationaler und europäischer Kulturpolitik? Beeinflussen europäische Kulturförderprogramme und -aktivitäten deiner Ansicht nach nationales kulturpolitisches Handeln?

Michael Wimmer interviewte Sylvia Amann im November 2021

Sylvia Amann (SA): Zuallererst ist augenfällig, dass die österreichischen Akteur*innen die Potenziale der zahlreichen EU-Programme bei Weitem nicht ausschöpfen. Das betrifft nicht nur „Creative Europe", sondern eine Vielzahl weiterer Programme, in deren Rahmen auch kulturelle Aktivitäten gefördert werden können. In meiner Tätigkeit als Jurymitglied für die Auswahl von EU-Projekten und -Programmen erlebe ich immer wieder, dass andere Länder etwa im Rahmen der transnational ausgerichteten Teile der EU-Regional- bzw. Kohäsionsfonds wesentlich präsenter sind.

Auf EU-Ebene werden durchaus spannende Themen verhandelt, zuletzt z. B. Stadtentwicklung. Österreich ist in manchen dieser Initiativen kaum vertreten. Das mag mit der Selbstwahrnehmung als einer in großen Teilen ländlich geprägten Nation zusammenhängen, es kann aber genauso sein, dass es auch im Kulturbereich schlicht zu wenig europäisches Bewusstsein gibt. Bei der herausragenden Initiative Europäische Kulturhauptstadt zeigt sich etwa, dass sich in Kroatien neun Städte um den Titel bewarben, in Österreich hingegen nur drei.

Nur zu leicht wird dabei vergessen, dass es sich bei diesen Angeboten und Förderungen zur europäischen Zusammenarbeit um ein großes Privileg handelt. Vergleichbare Incentives gibt es auf keinem anderen Kontinent. Europa verfügt über einen umfassenden mehrjährigen Finanz- und Förderrahmen zur Unterstützung von Kooperation, Austausch und Peer-Learning. Dafür gibt es in Österreich ein noch zu schwach ausgeprägtes Bewusstsein.

MW: Woher kommt diese geringe Wertschätzung? Ist sie Ausdruck einer überkommenen provinziellen Haltung oder wissen die Akteur*innen einfach zu wenig darüber? Was könnte nationale Kulturpolitik tun, um mehr Akteur*innen für eine breitere Beteiligung zu gewinnen?

SA: Ich sehe die Antwort jedenfalls zu Beginn weniger auf operativer Ebene – etwa was die Reichweite des Creative Europe Desk betrifft –, sondern strategisch. Die Informationsarbeit für die EU-Förderprogramme in Österreich ist vergleichbar mit den diesbezüglichen Anstrengungen in anderen EU-Mitgliedsländern.

Auf politischer Ebene könnte man allerdings noch bedeutend mehr machen: Es wäre hoch an der Zeit, wenn europäische und internationale Zusammenarbeit beispielsweise für den Bereich der Kulturpolitik im Regierungsprogramm als ein transversales Thema verhandelt würden. De facto gibt es kein Politikfeld mehr, das es sich erlauben kann, nicht über die nationalen Grenzen zu schauen – ob das nun die Ökologie, die Wirtschaft oder die Kultur ist. Sie alle funktionieren vernetzt und sind in vielfältiger Weise miteinander verbunden. Unsere Realität ist global. Dem müssen wir uns stellen, ansonsten versäumen wir wesentliche Inputs, ohne die wir das Heute nicht mehr verstehen können. In den kleinen isolierten Boxen der Nationalstaatlichkeit werden wir keine der großen Probleme der Zeit mehr lösen.

MW: Wie können dafür die verschiedenen Gebietskörperschaften gewonnen werden, die ja alle einen besonderen Legitimationsbedarf haben, um zu begründen, warum dieses oder jenes Projekt gerade aus ihrer Sicht gefördert werden kann und soll? Warum also soll nationale Kulturpolitik internationale Aktivitäten fördern?

SA: Es wird meines Erachtens immer weniger darum gehen, beispielsweise einen Wiener Künstler oder eine Wiener Künstlerin zu fördern, die künstlerische Aktivitäten mit Wienbezug durchführen. Stattdessen gilt es, den politischen vom territorialen Raum zu lösen und diejenigen Vorhaben in den Blick zu nehmen, die zwar an diesem oder jenem Ort stattfinden, aber doch einen Beitrag zum transnationalen Diskurs leisten oder geeignet sind, künstlerisch getriebene Kooperations- und neue Interaktionsformen über die Grenzen hinweg zu stimulieren. Wenn etwa auf nationaler Ebene der Anspruch aufrechterhalten wird, spezifisch österreichische Musik zu fördern, so zeigt sich sofort das Problem, dass niemand mehr weiß, was das sein soll. Wir alle wissen, dass österreichische Musik von den verschiedensten Einflüssen geprägt ist und es sie in „Reinform“ gar nicht gibt. Selbst lokale Museen kommen in der Behandlung ihrer Themen nicht um die Einbeziehung aller möglichen Einflüsse von außen umhin.

MW: Das aber würde bedeuten, dass auch nationale Kulturpolitik zunehmend international gedacht werden und auf transnationale Kooperationen hin ausgerichtet werden muss. Gibt es dafür Incentives aus Brüssel? Gibt es ein konstruktives Verhältnis der gegenseitigen Beeinflussung?

SA: Auch in diesem Kontext werden die Potenziale bei Weitem nicht ausgeschöpft. Das kann man sehr schön am Beispiel des Themas der Dekolonialisierung in Europa studieren. Da wird beispielsweise eine EU-Afrika-Strategie entwickelt. Solche Papiere haben zumeist einen starken technokratischen Charakter. Die Mitgliedsstaaten werden diesbezüglich ebenfalls tätig – beispielsweise im Hinblick auf die Restitution. Dies sollte ein viel integrativerer Prozess sein, abstimmt und in enger Zusammenarbeit mit den afrikanischen Partner*innen.

Eine diesbezüglich interessante Referenzpraxis wäre etwa der deutsch-französische Aussöhnungsprozess. Ich bin überzeugt, dass ein ganz ähnliches Verfahren nun zwischen ganz Europa und Afrika in Gang gesetzt werden könnte. Aber nicht durch eine vorschnelle Verkündigung neuer Calls und weiterer Förderschienen, die irgendwer bedienen soll, sondern in der Bereitschaft, sich in einem längeren Prozess inhaltlich miteinander auseinanderzusetzen, sich auszutauschen, voneinander zu lernen und damit überhaupt erst eine gemeinsame Basis für künftige Kooperationen zu schaffen. Dazu aber bedürfte es zuerst einer politischen Vision mit dem Willen, kulturell etwas zu bewegen.

MW: Du forderst also eine stärker inhaltlich-politische Auseinandersetzung anstatt nur vordergründig wirksamer technokratischer Maßnahmen?

SA: Die EU funktioniert nur auf der Grundlage eines Abgleichs zwischen den Mitgliedsstaaten der Europäischen Union. Damit sind die politischen Ebenen in engem Austausch miteinander verknüpft. In den letzten Jahren ist es auch gelungen, zahlreiche kulturpolitisch relevante Themen auf EU-Ebene breit anzusprechen, zuletzt nun auch die Arbeitsbedingungen für Kunst- und Kulturschaffende – ein wichtiger Lernprozess aus der Pandemie.

Wir haben auf EU-Ebene auch schon eine vertiefende Auseinandersetzung mit kulturpolitischen Fragen im Hinblick auf die Wirtschafts-, die Forschungs- und die Sozialpolitik – um einige Beispiele zu nennen – sowie thematische Ansatzpunkte wie die Förderung der Nachhaltigkeit im Kulturerbe oder das Neue Europäische Bauhaus. Auf Ebene der Mitgliedsstaaten sind die Weiterentwicklungen der Kulturpolitik sehr unterschiedlich. Aber gerade hier kommt der Mehrwert der europäischen Zusammenarbeit auch zwischen den Kulturministerien zum Tragen. Es werden Lern- und Austauschformate auf EU-Ebene umgesetzt, die eine raschere Modernisierung der Kulturverwaltungen auf allen administrativen Ebenen unterstützen sollen. Die handelnden Personen klagen allerdings häufig über die mangelnde Unterstützung und die Instabilität des jeweiligen politischen Kontextes in den verschiedenen EU-Mitgliedsstaaten, die Reformprozesse oft erst gar nicht erlauben oder sie sehr in die Länge ziehen. Und so liegt trotz aller Bemühungen der Fokus nach wie vor häufig auf traditionellen Förderungen, wie wir sie schon seit Jahrzehnten kennen.

MW: Es gibt einen großen Unterschied vor allem in den kunstpolitischen Zielen auf europäischer und auf nationalstaatlicher Ebene. Während Zweitere zuallererst auf Qualitätskriterien abstellt, die der Kunst immanent sind, haben Förderpraktiken auf EU-Ebene keinerlei Probleme mit einer inhaltlichen Schwerpunktsetzung, etwa wenn es um die Förderung von Mobilität, von Interkulturalität oder auch um Demokratie und Klimaschutz geht. Eine solche Bezugnahme auf ökologische oder gesellschaftspolitische Fragen reizt nicht wenige Künstler*innen zum Widerspruch, weil sie sich nicht instrumentalisieren lassen wollen.

SA: Aus meiner Sicht ist das ein überkommener Widerspruch, der vor allem in Europa zu einer festgefahrenen Diskussion geführt hat. Aus meinen Erfahrungen beispielsweise mit vielen afrikanischen Partner*innen weiß ich, dass diese hohe künstlerische Ansprüche mit großem (gesellschafts-)politischem Engagement zu verbinden suchen.

Aus meiner Sicht denkt traditionelle Kulturpolitik mitsamt ihren Förderstrukturen noch immer viel zu eng und tut sich und dem Kulturbetrieb damit nichts Gutes. Und doch ist jede gesellschaftliche Veränderung zuerst kulturell bestimmt und betrifft damit alle Menschen – in der Tat haben sich gerade in der erzwungenen Isolierung durch die Pandemie wohl noch nie so viele Menschen mit kulturellen Angeboten beschäftigt. Die meisten davon scheinen freilich von der offiziellen Kulturpolitik kaum wahrgenommen zu werden. Entsprechend fühlt sich ein Gutteil der Bevölkerung von staatlicher Kulturpolitik gar nicht angesprochen.

MW: Weil du gerade den Publikumsaspekt angesprochen hast: Gibt es seitens der EU Anreize, um nationale Kulturpolitiken von der vorherrschenden Produktionsorientierung stärker in Richtung Rezeptionsorientierung weiterzuentwickeln? Ich spreche damit neue Umgangsformen zwischen Produzent*innen und Rezipient*innen an, wie sie mit den Schlagworten Partizipation und Interaktion diskutiert werden.

SA: Auf EU-Ebene findet seit Jahren eine intensive Beschäftigung mit der sogenannten Publikumsentwicklung statt. Ich persönlich unterstütze das, denke aber, dass dieser Fokus weiterentwickelt werden muss. Dafür müsste u. a. eine intensivere Beschäftigung mit dem öffentlichen Raum stattfinden, in dem auch die wachsende Diversität der Gesellschaften zum Ausdruck kommen kann. Das bedeutet, dass Kultureinrichtungen beträchtlich werden umlernen müssen. Ihr Angebot wird sich künftig nicht auf internationale Touristenströme beschränken können, sondern in mindestens ebenso großer Intensität die lokale Umgebung einbeziehen müssen, um mit ihr in Interaktion zu treten. Auch hier bietet sich ein stärkerer thematischer Bezug an. Mir scheint, dass wir vor einer entscheidenden Phase der Transformation von Kultureinrichtungen stehen, die sich noch einmal ganz grundsätzlich die Frage stellen müssen, was sie nicht nur ästhetisch für einen kleinen Kreis Kundiger, sondern inhaltlich zur Weiterentwicklung der gesamten Gesellschaft beizutragen vermögen.

Außerdem scheint mir gerade mit den Auswirkungen der Pandemie die Wiedererrichtung des öffentlichen Raums als ein ganz wichtiges Anliegen von hoher Priorität. Die Digitalisierungsoffensive bewerte ich in diesem Zusammenhang durchaus ambivalent. Das betrifft nicht nur den großen ökologischen Fußabdruck, den diese Technologie verursacht, sondern auch die mögliche Vereinzelung der Nutzer*innen, die den Anschluss an den physischen öffentlichen Raum, der durch Vernetzung und Interaktion geprägt ist, zu verlieren drohen.

MW: Du hast die Vermutung geäußert, die seit den 1970er-Jahren etablierte Kulturverwaltung sei immer weniger geeignet, den kulturpolitischen Herausforderungen des 21. Jahrhunderts zu entsprechen. Siehst du Incentives seitens der EU, die einen Wandel begünstigen könnten?

SA: Die etablierte Kulturverwaltung hat sicherlich Reformbedarf – beispielsweise müsste sie viel besser sektorübergreifende Aspekte abdecken können oder thematisch strukturiert sein. Sie sollte auch eine Kultur der Innovation in der Verwaltung schaffen und neue Beziehungen zu den populärkulturellen Teilen im Kulturbetrieb aufbauen.

Was die Kulturverwaltung auf EU-Ebene betrifft: Einerseits stellt die Generaldirektion für Bildung und Kultur (EAC) eine traditionelle Verwaltungsstruktur dar, wie wir sie auch aus vielen nationalen Ministerien kennen. Umso beeindruckender war es zu beobachten, dass es den Kolleg*innen gelungen ist, strategische Kooperationen mit den Verwaltungen anderer Politikfelder einzugehen und damit Kultur als eine Querschnittsmaterie auch operativ stärker zu verankern. So hat zuletzt beispielsweise eine Ausschreibung des European Institute of Innovation & Technology (EIT) stattgefunden, an dem sich auch die Kreativwirtschaft beteiligen konnte.

In Österreich stellen diese Vernetzungsversuche eher die Ausnahme dar. Ganz anders die Situation in manchen anderen europäischen Ländern, etwa in Finnland, wo es immer wieder zu interministeriellen Kooperationen kommt und dafür auch maßgeschneiderte Aktionspläne entwickelt werden.

MW: Gibt es auf EU-Ebene neue Mitbestimmungsmodelle à la New Governance, die auch auf nationaler Ebene umsetzbar wären?

SA: Aus meiner Sicht haben sich zuletzt vor allem auf lokaler Ebene Bürger*innenbeteiligungsmodelle fast schon zu einem Mainstream-Phänomen entwickelt. Allerorten finden Stakeholder-Workshops statt und es werden Konsultationsmechanismen für ausgewählte Teilzielgruppen in Gang gehalten. In Bezug auf die breite Bevölkerung, wie das zuletzt etwa Emmanuel Macron mit der Organisation von Bürger*innenräten versucht hat, wäre ich skeptischer. Ob die von ihm lancierten Bürger*innenbeteiligungsverfahren die grassierende Polarisierung wirklich angehalten haben, wage ich zu bezweifeln. Dennoch denke ich, dass die Einbindung von Bürger*innen zentral ist und auch eine große und wichtige Aufgabe für die Kulturentwicklung.

Auf europäischer Ebene sehe ich neben Beteiligung einen zweiten Handlungsstrang. Immerhin ist Europa mittlerweile mit einer Reihe von Global Playern konfrontiert, die de facto tief in die Arbeits- und Lebensverhältnisse der europäischen Bürger*innen eingreifen. Die ansonsten bewährten Maßnahmen der EU-Projektförderung, um Anreize für einzelne Stakeholder-Gruppen zu schaffen, gehen diesbezüglich nicht weit genug. Hier wünschte ich mir eine EU, die sich dazu aufrafft, wieder groß zu denken und zu handeln und beispielweise nach dem Vorbild der Anstrengungen rund um das transnationale Projekt Airbus wirksame Strukturen schafft, um im globalen Wettbewerb auch kulturell bestehen zu können. Wir brauchen u. a. eine Strategie zugunsten eines European Way of Digitalisation, die stark genug ist, gegenüber den US-amerikanischen Monopolen zu bestehen. Einzelne Projektförderungen werden hierfür nicht ausreichen.

MW: Siehst du in diesem umfassenden Transformationsprozess, der da auf uns zukommt, eine signifikante Veränderung der Aufgabenteilung zwischen Staat und Markt?

SA: Mehr denn je sehe ich es als eine zentrale Aufgabe des Staates, die Rahmenbedingungen für die Marktakteur*innen zu schaffen. Die aktuelle Diskussion um die anstehende Copyright-Novelle, die Österreich neben einigen anderen Ländern nur sehr zögerlich angegangen ist, scheint dafür das beste Beispiel. Ansonsten droht auch im Kulturbereich das Recht des Stärkeren, wie wir es bereits in weiten Teilen der digitalen Medien beobachten können. Diesbezüglich sind auch zahlreiche Anstrengungen auf EU-Ebene im Gang.

MW: Herzlichen Dank für das Gespräch.

Sabine Breitwieser

Zu virulenten Themen wie Diversifizierung, Dekolonialisierung, Partizipation etc. möchte ich die Forderung einbringen, dass die Museen individuelle und unverwechselbare Konzepte für die Erweiterung ihrer Sammlungen ausarbeiten und mit einem entsprechenden Ankaufsbudget ausgestattet werden, damit sie ihren Kernaufgaben nachkommen können.

Kapitel 6

Verknüpfung mit anderen Politikfeldern

Die Große Kunst-Kultur-Transformation

Christoph Thun-Hohenstein

Warum wir gerade Kunst und Kultur als *Climate Leaders* brauchen

1. „Klima-Moderne"

Der Klimawandel ist die größte Herausforderung des 21. Jahrhunderts, vermutlich sogar in der Geschichte der Menschheit: Im gegenwärtigen Jahrzehnt entscheidet sich, ob die Welt die Chancen auf Stabilisierung des Klimas auf Basis des 1,5-Grad-Zieles wahren kann (und damit auch Klimaanpassungsmaßnahmen kalkulierbar bleiben) oder ob sie versagt und damit die schädigenden und irreversiblen Folgewirkungen einer stärkeren Erderwärmung in Kauf nimmt. Die 2020er-Jahre sind daher folgerichtig als „*Make-or-Break Decade*" einzustufen. Da von den in dieser Dekade erfolgenden Weichenstellungen die Qualität menschlicher Zivilisation auf diesem Planeten in alle Zukunft abhängt, erscheint es gerechtfertigt, unser Zeitalter als eine neue Moderne – hier konsequenterweise als „Klima-Moderne" bezeichnet – zu qualifizieren.

Der Begriff der Klima-Moderne lässt sich auch deshalb überzeugend argumentieren, weil wir dringend ein breites Verständnis der Klima-Thematik brauchen. Denn gegenwärtig funktionieren unsere Wirtschaft und Gesellschaft noch immer weitgehend linear, d. h. wir extrahieren Ressourcen, erzeugen Produkte, gebrauchen und verbrauchen sie und entsorgen sie in der Folge – mit entsprechend hohen Emissionen und viel Abfall. Diese im Globalen Norden perfektionierte, auf Billiglöhne im Globalen Süden angewiesene Maschinerie der linearen Massenkonsumgesellschaft ist Ausdruck einer – durch den Erfolgszug des Kapitalismus gesellschaftlich leider breit verankerten – Unkultur der Ausbeutung billiger Arbeitskraft und von Gier getriebener Übernutzung der Natur und ihrer Ressourcen. Eine solche Wohlstandsentwicklung ist – nicht ganz unverständlicherweise – auch das weitverbreitete Ideal des Globalen Südens und wird dort nicht nur in Schwellenländern („*Newly Industrialized Countries*") bereits „erfolgreich" kopiert. Die Klima-Moderne ist somit nicht nur eine ökologische Megaherausforderung, sie ist auch ein umfassendes und vielschichtiges soziales Projekt, das weit über Klimagerechtigkeit hinaus nachhaltige soziale Gerechtigkeit anstrebt. Dies betrifft die alarmierend wachsende soziale Ungleichheit sowohl innerhalb der meisten Staaten als auch zwischen Globalem Norden und Süden. Zugleich bedarf es eines grundlegend neuen Verständnisses der

Rolle des Menschen – also einer „mehr als menschlichen" Haltung, die den Menschen nicht mehr als Mittelpunkt und Beherrscher der Welt ansieht, sondern als eine Spezies unter vielen, die in vielfältiger Weise auf die Zusammenarbeit mit anderen Spezies (und damit sind nicht nur Tiere gemeint) angewiesen ist.

Vor diesem Hintergrund wird klar, dass sich die vielbeschworene Notwendigkeit einer Großen Transformation von Wirtschaft und Gesellschaft nicht auf Dekarbonisierungsmaßnahmen im strikten Sinn reduzieren lässt. Es gilt daher, Klimaschutz – oder treffender „Klimafürsorge" – umfassend, ja ganzheitlich zu verstehen. Dieser für die vierte VIENNA BIENNALE FOR CHANGE 2021 („PLANET LOVE. Klimafürsorge im Digitalen Zeitalter / Climate Care in the Digital Age") erarbeitete, sogenannte „Wiener Ansatz" verknüpft die Klimafrage mit den Themen Biodiversität, Ökosystemqualität und Kreislaufkultur – jeweils einschließlich ihrer sozialen Dimensionen – und bezieht konsequenterweise auch die diesbezüglichen Potenziale der Digitalisierung, insbesondere künstlicher Intelligenz, als dominierenden Innovationstreiber unserer Zeit mit ein.[1] Die Vorstellung, dass Klimaneutralität lediglich die Umstellung unserer fossilen Wirtschaft und Gesellschaft auf nicht-fossile Funktionsweisen verlangt und ansonsten alles beim Alten bleiben kann, ist ein Irrweg. Denn ohne nachhaltige Symbiose menschlicher Zivilisation mit der Natur wird die Dekarbonisierung nicht nur viel langsamer erfolgen, sondern sich als Etikettenschwindel und Selbsttäuschung herausstellen. Je mehr wir menschliche Zivilisation in Symbiose mit der Natur denken und leben, umso besser kann auch die Natur vielfältige Ökosystemleistungen für die Speicherung von Treibhausgasen einbringen. Je ökologisch und sozial ehrgeiziger wir die Große Transformation angehen und umsetzen, umso größer unsere Chancen, die Zukunftsfähigkeit menschlicher Zivilisation dauerhaft sicherzustellen.

Wir brauchen daher alle Hebel, um die Klimakrise zu bewältigen und die Klima-Moderne ökosozial zu gestalten. Dabei kommt den 17 Nachhaltigkeitszielen der Vereinten Nationen (*SDGs – Sustainable Development Goals*) mit ihren 169 Unterzielen eine zentrale Rolle zu. Da zwischen den 17 SDGs untereinander Zielkonflikte bestehen (wie etwa zwischen Wirtschaftswachstum und ökologischer Nachhaltigkeit), ist ein ganzheitlicher Ansatz, wie er dem hier vertretenen Konzept der Klima-Moderne zugrunde liegt, hilfreich, um bei Zielkonflikten zu ökosozial austarierten Lösungsansätzen zu gelangen.

Die von mir vorgeschlagene Heranziehung des Moderne-Begriffs für unser mit der Megaherausforderung Klima konfrontiertes Zeitalter wird vielleicht auf Widerspruch stoßen; sie eignet sich aber meines Erachtens dazu, das dringend notwendige Bewusstsein zu schaffen, dass wir nicht in einer beliebigen Zeit des „*business as usual*" leben, sondern aktuell eine in der Menschheitsgeschichte wohl einzigartige Verantwortung tragen.

1 Siehe dazu *GUIDE der VIENNA BIENNALE FOR CHANGE 2021*, Wien: Verlag für moderne Kunst, und meinen darin publizierten Essay „WALKING INTO THE FUTURE", S. 18–37, https://www.viennabiennale.org/fileadmin/PRESSE_2021_b/VIENNA-BIENNALE-FOR-CHANGE-2021-GUIDE.pdf.

2. Kunst und Kultur als *Climate Leaders*

Diese Verantwortung macht auch vor Kunst und Kultur nicht halt – denn mit welcher Begründung wollten Kunst und Kultur argumentieren, dass gerade sie nicht die Verantwortung einer Großen Transformation schultern müssen, sondern ruhig weitermachen dürfen wie bisher?

Ich verwende hier Kunst und Kultur bewusst als Begriffspaar, weil die Verknüpfung der beiden Begriffe am treffendsten das breite zivilisatorische Spektrum, um das es geht, zum Ausdruck bringt. Halten wir uns zur Begriffsdifferenzierung der Einfachheit halber an den Duden, der unter Kunst „schöpferisches Gestalten aus den verschiedensten Materialien oder mit den Mitteln der Sprache, der Töne in Auseinandersetzung mit Natur und Welt" versteht und Kultur als „Gesamtheit der geistigen, künstlerischen, gestaltenden Leistungen einer Gemeinschaft als Ausdruck menschlicher Höherentwicklung" definiert bzw. als „Gesamtheit der von einer bestimmten Gemeinschaft auf einem bestimmten Gebiet während einer bestimmten Epoche geschaffenen, charakteristischen geistigen, künstlerischen, gestaltenden Leistungen".

In den letzten Jahren vor Corona leuchteten Kunst und Kultur mit Blockbuster-Ausstellungen und Kunstmessen als Materialschlachten und Jetset-Orgien, mit Design-Luxus in Hülle und Fülle, mit verschwenderischer „Starchitektur", mit aufwendigen Konzert-, Opern-, Musical- und Theaterspektakeln, als gäbe es kein Morgen, und mit der lückenlosen Eroberung des digitalen Raums durch perfekt gestaltete virtuelle Simulationswelten mit haarsträubendem ökologischem Fußabdruck ... Ich übertreibe vielleicht – und für künstlerisch gelungene Ausnahmen lassen sich immer Rechtfertigungen finden ... oder doch nicht?

Sollte nicht das Gegenteil der Fall sein? Sollten nicht gerade Kunst und Kultur – mit ihrem vielfach unter Beweis gestellten visionären und ganzheitlich philosophischen Anspruch – *Climate Leadership* übernehmen, um uns aus der ökologisch-sozialen Sackgasse, in die uns die fossile Industrialisierung der letzten 200 Jahre und ganz besonders die „Große Beschleunigung" der vergangenen 50 Jahre hineinmanövriert hat, zu befreien? „Der Zeit ihre Kunst. Der Kunst ihre Freiheit" postulierte die 1897 gegründete Wiener Secession. Aber wird die aktuelle Kunst unserer Zeit des rasanten Klimawandels, dramatischen Artensterbens und unerbittlichen Raubbaus an den Ressourcen der Erde, unserer Zeit himmelschreiender sozialer Ungleichheit und unerbittlichen, vielfach menschenverachtenden Vormarsches künstlicher Intelligenz wirklich gerecht? Denn wenn die Kunst völlig zu Recht auf ihre Freiheit pocht, dann darf die Gesellschaft eine Kunst auf der Höhe der großen Fragen unserer Zeit einfordern. Oder – unverblümt formuliert – braucht es künstlerische Freiheit für Kunst, die nicht auf der Höhe ihrer Zeit agiert?

Erfreulicherweise ist seit dem Auftreten der schwedischen Klimaaktivistin Greta Thunberg, dem durch die Fridays-for-Future-Bewegung ausgelösten Umbruch in der Parteienlandschaft der meisten Demokratien und erst recht seit dem Ausbruch der Corona-Pandemie viel in Bewegung geraten, und die Pionier*innen und einsamen Rufer*innen unter den Künstler*innen und Kreativen und Kunst- und Kultureinrichtungen bekommen endlich Rückenwind. Neue Koalitionen bilden sich, verbreiten sich über die Welt und lassen alle, die am „*arts & cultural business as usual*" festhalten wollen, alt aussehen. Allmählich scheint die Botschaft anzukommen, dass die zunehmend beschworene Große Transformation von Wirtschaft und Gesellschaft tatsächlich nichts weniger als systemischen Wandel in allen Sektoren meint – systemischen Wandel, der wirklich jeden Bereich miteinschließt und der gerade Kunst und Kultur mit ihrem weit über ihre messbare Wirtschaftsleistung hinausgehenden gesellschaftspolitischen Anspruch noch mehr herausfordert als andere Bereiche.

Ein eindrucksvolles Beispiel für eine Bottom-up-Initiative ist die in London entstandene „Gallery Climate Coalition (GCC)",[2] die mittlerweile auch Kunstmuseen und sonstige nicht-kommerzielle Kunstinstitutionen umfasst und bereits in einer Reihe anderer Metropolen präsent ist. GCC setzt sich dafür ein, dass die Emissionen des Kunstsektors – in Übereinstimmung mit dem Pariser Übereinkommen 2015 – bis 2030 um mindestens 50 % verringert werden, und stellt seinen Mitgliedern einen *Carbon Calculator* zum Zweck der einheitlichen Bemessung der Emissionen zur Verfügung. GCC hat zugleich richtig erkannt, dass Emissionsreduktion und Abfallvermeidung des eigenen Sektors nicht ausreichen, sondern sich gerade die bildende Kunst grundlegend mit dem Klimawandel und den damit verbundenen ökologischen und sozioökonomischen Fragestellungen, insbesondere auch mit Blick auf die marginalisierten Bevölkerungsgruppen in aller Welt, befassen und dazu proaktiv handeln muss. Dies ähnelt der vom MAK unter meiner wissenschaftlich-künstlerischen Leitung im Frühjahr 2021 entwickelten Ökologischen Drei-Säulen-Strategie:

- Erste Säule: Nachhaltige Senkung des ökologischen Fußabdrucks des MAK durch Erlangung des Österreichischen Umweltzeichens und laufende Erfüllung sowie progressive Weiterentwicklung der damit eingegangenen Verpflichtungen
- Zweite Säule: Umfassende Thematisierung der Klima- und ökosozialen Gesamtkrise und Präsentation von künstlerischen/kreativen Lösungsansätzen in Ausstellungen und sonstigen Programmen des MAK, insbesondere auch im Rahmen der VIENNA BIENNALE FOR CHANGE
- Dritte Säule: Zivilgesellschaftliches Engagement des MAK durch ökologischen und ökosozialen Aktivismus

2 https://galleryclimatecoalition.org.

Wie aber erreichen wir die nötige kritische Masse an künstlerischer Auseinandersetzung und damit verbundenem Engagement zum Themenkreis Klimaschutz/Klimafürsorge, Erhalt der Biodiversität, Schonung der Erde und ihrer Ressourcen, Bewahrung und Pflege der Ökosysteme und umfassende Kultur biologischer und technischer Kreisläufe, die keinen Abfall produzieren, sowie den damit verbundenen sozialen Dimensionen? Wie können die Künste zu *Climate Leaders* im umfassenden Sinn des Wiener Ansatzes werden?

Diese Frage steht in engem Zusammenhang mit dem Zukunftsgestaltungspotenzial von Künstler*innen und Kreativen und der ihre Sparten betreuenden Kunst- und Kultureinrichtungen. Denn je überzeugender die Argumentation ausfällt, dass die ökosoziale Gestaltung der Klima-Moderne maßgeblich auf visionäre inhaltliche Impulse und die emotionale Qualität und Kraft von Kunst und Kultur angewiesen ist, umso eher lassen sich die Spielräume schaffen, die es braucht, um diesen hohen Anspruch in der Praxis einzulösen. Die Beschäftigung von Kunst und Kultur mit der Klimafrage sollte nicht „*L'art pour l'art*" sein, sondern in einem gesellschaftspolitischen Kontext erfolgen, der Kunst und Kultur zentralen Stellenwert einräumt und auf sie wirklich hört.

Es gibt eine Reihe von Gründen, warum Kunst und Kultur für die ökosoziale Gestaltung der Klima-Moderne unverzichtbar sind. Ich führe fünf wesentliche an:

1. Kunst und Kultur können nicht nur die Köpfe der Menschen erreichen, sondern auch die Herzen. Damit ist die Fähigkeit von Kunst und Kultur angesprochen, auf emotionaler Ebene mit den Menschen zu kommunizieren. Wir brauchen Kunst und Kultur, um die Chancen auf nachhaltig bessere Lebensqualität in der Klima-Moderne überzeugend zu vermitteln und für die Menschen greifbar zu machen.

2. Wir benötigen für die angestrebte Klimaneutralität einen ganzheitlich angelegten systemischen Wandel, doch eine solche Große Transformation von Wirtschaft und Gesellschaft lässt sich – jedenfalls in Demokratien – nicht einfach von oben anordnen. Sie ist vielmehr auf einen wertebasierten Kulturwandel mit entsprechender Breitenwirkung angewiesen. Wer aber kann einen solchen breiten, gemeinsamen Werten verpflichteten Kulturwandel glaubwürdiger vorantreiben als Kunst und Kultur?

3. Der Kulturwandel beginnt bei unserem Verhältnis zur Natur. Denn die menschgemachte Erderwärmung und der Raubbau des Menschen an unserem Planeten sind kein zivilisatorisches Erfolgsrezept für die Zukunft. Statt der unendlichen Verlockungen der Massenkonsumgesellschaft brauchen wir neue Zugänge zur Natur, die von

Wertschätzung ihrer Schönheit und Demut vor ihren Ressourcen und Ökosystemleistungen getragen sind. Ich behaupte, dass Kunst und Kultur (soweit nicht ihrerseits bereits dem Kommerz verfallen ...) maßgeblich dazu beitragen können, unsere Beziehung zur Natur auf eine neue Grundlage zu stellen. Dies mag auf den ersten Blick paradox erscheinen, werden doch Kunst/Kultur und Natur häufig als Gegensätze konstruiert. Was Kunst und Kultur jedoch in die Nähe der Natur rückt, sind unter anderem ihre Kreativität, ihr insbesondere auch ästhetischer Qualitätsanspruch, ihre Authentizität, ihre Fähigkeit, uns emotional zu berühren – entscheidende Merkmale im Kampf gegen die noch immer vorherrschende Massenkonsumgesellschaft. Kunst und Kultur können daher Triebfedern für uns Menschen werden, eine neue, von Liebe und Fürsorge getragene Beziehung zur Natur zu wagen und uns selbst wieder als Teil der Natur zu erkennen.

4. Wir leben in einer Welt unaufhörlicher, jedoch meist nur inkrementeller Innovation. Solch schrittweise Innovation ist vielfach unverzichtbar, aber für eine Große Transformation, die diesen Namen verdient, zu wenig. Für einen wirklichen systemischen Wandel braucht es Kräfte, die radikale Imagination, visionäre Bilder und starke Narrative generieren. Künstler*innen und Kreative vermögen ganzheitliche Visionen zu entwickeln und das Ziel einer alle Lebensbereiche durchdringenden Kreislaufkultur in den Vordergrund zu rücken. Denn der Wohlstand der Zukunft liegt in einer null Abfall (*Zero Waste*) produzierenden Kreislaufwirtschaft und -gesellschaft. Letzteres ist deshalb besonders wichtig, weil pikanterweise gerade die Große Transformation einen zusätzlichen Schub an Ressourcenextraktion, Emissionen und Abfall zu generieren droht (Beispiel: Elektroautos, die Fahrzeuge mit Verbrennungsmotor ersetzen). In scharfem Kontrast dazu kennt die Natur keinen Abfall, sie funktioniert im Kreislauf.

5. Die in jüngster Zeit zu beobachtende Entfesselung künstlicher Intelligenz und anderer digitaler Technologien als energiefressende Unterhaltungsmaschinerie mit immer aufwendigeren Parallelwelten bedarf der Korrektur. Denn wir benötigen die Innovationspotenziale künstlicher Intelligenz nicht für digitalen Mummenschanz, sondern vor allem für die Rettung unseres Planeten. Von der Notwendigkeit eines digitalen Humanismus ausgehend, haben Kunst und Kultur die Glaubwürdigkeit, ökosozial sinnstiftende Einsatzmöglichkeiten für künstliche Intelligenz aufzuzeigen.

Zusammengefasst: Wir brauchen Kunst und Kultur dringend, um in der Klima-Moderne essenzielle Vermittlungsarbeit zu leisten, einen breiten, wertebasierten Kulturwandel voranzutreiben, unsere Beziehung zur

Natur auf eine neue Grundlage zu stellen, visionäre Bilder und überzeugende Narrative für die Zukunft zu gestalten und die Chancen auf nachhaltig bessere Lebensqualität greifbar zu machen sowie ökosozial sinnstiftende Potenziale der Digitalisierung, vor allem künstlicher Intelligenz, aufzuzeigen.

Wie aus meinen oben erwähnten kritischen Hinweisen zu schließen, bedeutet diese Argumentation nicht, dass Kunst und Kultur bereits über sämtliche Voraussetzungen verfügen, um *Climate Leadership* zu übernehmen. Aber sie haben wunderbares (und weithin unterschätztes) Potenzial dafür – und wir brauchen sie dringend, denn wie würde die Gestaltung der Klima-Moderne ohne maßgebliche Rolle von Kunst und Kultur aussehen? Umgekehrt ist zu betonen, dass es nicht darum geht, Kunst und Kultur zu instrumentalisieren, sondern sie – die Künstler*innen und Kreativen ebenso wie die Kunst- und Kultureinrichtungen – zur intensiven Auseinandersetzung mit der Klima- und ökosozialen Gesamtkrise zu motivieren. In diesem Sinn versteht sich auch die von mir im Folgenden zur Diskussion gestellte Kunst- und Kultur-Leiter der Klima-Moderne.

3. „Kunst- und Kultur-Leiter"

Manche werden sich noch an die nach dänisch-schwedischem Vorbild auch für Wien adaptierte sogenannte Design-Leiter erinnern, die vier Stufen des Designs vorsieht: Non-Design, Design als Formgebung und Behübschung, Design als früh in der Produktentwicklung eingesetzter Prozess und schließlich als höchste Stufe Design als Strategie. Heute braucht es eine neue „Kunst- und Kultur-Leiter", die die mögliche Rolle von Kunst und Kultur bei der Gestaltung der Klima-Moderne in vier Stufen darstellt. Während die Design-Leiter grundsätzlich werteneutral konzipiert war, geht es bei der hier entwickelten Leiter um *Schlüsselwerte* der Zukunft.

Erste Stufe: BUSINESS AS USUAL

Kunst- und Kultureinrichtungen sowie Künstler*innen und Kreative machen „*business as usual*", auch wenn sie sich der Klima- und ökosozialen Gesamtkrise bewusst sind.

Zweite Stufe: KÜNSTLERISCH-KULTURELLE REFLEXION

Kunst- und Kultureinrichtungen sowie Künstler*innen und Kreative befassen sich gelegentlich mit Fragestellungen der Klima-Moderne, rücken sie aber nicht ins Zentrum von Programmierung und künstlerisch-kreativer Arbeit.

Dritte Stufe: „KUNST & KULTUR FÜRS KLIMA" ALS PROGRAMM

Kunst- und Kultureinrichtungen sowie Künstler*innen und Kreative anerkennen die Klimafrage als größte Herausforderung des 21. Jahrhunderts und entwickeln strukturierte Programme und künstlerisch-kreative Arbeiten zu wesentlichen Fragestellungen der Klima-Moderne. Die Zertifizierung mit einem Öko-Gütesiegel wie dem Österreichischen Umweltzeichen erhöht die Glaubwürdigkeit von Kunst- und Kultureinrichtungen auf dieser Stufe.

Vierte Stufe: „KUNST & KULTUR FÜRS KLIMA" ALS STRATEGIE

Kunst- und Kultureinrichtungen sowie Künstler*innen und Kreative sind der Überzeugung, dass die Klimafrage als größte Herausforderung des 21. Jahrhunderts nur mit ganzheitlichem Ansatz bewältigt werden kann und Kunst und Kultur dabei eine wesentliche Aufgabe zukommt. Auf dieser Grundlage beschließen sie eine Schwerpunktsetzung auf die Klima-Moderne und entwickeln zukunftsweisende Werkserien und neuartige, lösungsorientierte Kooperationsformate mit anderen Kunstsparten und mit sonstigen gesellschaftspolitischen Kräften, insbesondere Wissenschaft, Forschung und Technologie, Unternehmen, Medien und Zivilgesellschaft. Sie tun dies bei größtmöglicher Diversität von Kenntnissen, Erfahrungen und Sichtweisen mit dem Ziel, *gemeinsam* wegweisende Impulse für die Klima-Moderne zu erarbeiten und zu präsentieren sowie als *Open Source* zugänglich zu machen. Wie auf der dritten Stufe erhöht die Zertifizierung mit einem Öko-Gütesiegel wie dem Österreichischen Umweltzeichen die Glaubwürdigkeit von Kunst- und Kultureinrichtungen auch auf dieser Stufe.

Kunst und Kultur haben wundervolle Möglichkeiten, sich in unser Zeitalter der Klima-Moderne einzubringen, ohne sich anzubiedern oder instrumentalisieren zu lassen. Vertrauen wir den Künstler*innen und Kreativen, die Spielräume ihres Schaffens für sich zu definieren und sich vor Vereinnahmung zu schützen! Was wir aber von ihnen verlangen können, ist, sich eingehend mit der Klimafrage in all ihren Dimensionen zu beschäftigen und mit dem jeweils jüngsten Stand der Wissenschaften vertraut zu machen sowie digitale Kreativpotenziale zu erkennen. Gerade dort, wo die Wissenschaften an ihre Grenzen stoßen, Menschen mit ihren Erkenntnissen anzusprechen und emotional zu berühren, sind wir auf Kunstschaffende und Kreative angewiesen, die Klimafrage sichtbar zu machen, alternative Bilder und Narrative zu entwickeln, neuartige Vorstellungswelten zu eröffnen und vieles mehr. Denn die Klima-Moderne muss nicht unpopuläre Verzichtskultur sein, sondern bietet die Chance zur umfassenden Gestaltung nachhaltiger Lebensqualität; sie muss keine

Spaßbremse sein, sondern versteht sich als gemeinsamer Aufbruch zu neuen Ufern einer mehr als menschlichen Zivilisation. Ohne die Mitwirkung von Kunst und Kultur werden diese Entwicklungen nicht nur verspätet die erforderliche Dynamik entfalten, sondern auch erheblich inhaltsärmer verlaufen. Wir wären aber gut beraten, so rasch wie möglich die nachhaltig beste aller Welten zu gestalten. Museen, besonders Kunst-, Design- und Architekturmuseen, sollten eine Vorreiterrolle als Museen aktiver Hoffnung übernehmen, indem sie den Menschen nicht nur ökosoziale Orientierung (*Climate Literacy*) verschaffen, sondern sie für die Mitgestaltung der Klima-Moderne begeistern und sie – im Sinn von aktiver Hoffnung entscheidend – mobilisieren, sich selbst dafür tatkräftig zu engagieren.

Nicht alle Kunstschaffenden/Kreativen bzw. Kunst- und Kultureinrichtungen sind in gleicher Weise in der Lage, sich mit Handlungsmacht (*Agency*) in die Klima-Moderne einzubringen. Aber alle können sich bemühen, diesem aus heutiger Sicht wichtigsten Thema des 21. Jahrhunderts erheblich mehr Aufmerksamkeit zu widmen und Taten folgen zu lassen. In diesem Sinn versteht sich die dargestellte Leiter als Ansporn und Ermutigung, höher zu steigen.

4. Städte als künstlerisch-kulturelle Ideenzentren

Städte spielen bei der Großen Transformation eine Schlüsselrolle. Sie beherbergen bereits heute die Hälfte der Menschheit – bald werden es 60 % sein – und sind zunehmend Hauptbetroffene des Klimawandels (Beispiel: urbane Hitzeinseln). Sie sind zugleich weltweit für rund 70 % der Emissionen verantwortlich. Erfolg oder Scheitern in der Klimakrise wird sich daher maßgeblich in den Städten entscheiden. Städte haben somit eine mehrfache Verantwortung: Sie müssen einen ehrgeizigen Klimaneutralitätsfahrplan festlegen und diesen entschlossen umsetzen, sie müssen die Lebensqualität der ihnen anvertrauten Menschen durch vielfältigen Klimafortschritt inkl. Klimaanpassungsmaßnahmen klug schützen und sie sind als Ideenzentren aufgerufen, sich mit dem Klimawandel in all seinen Dimensionen auseinanderzusetzen und die Voraussetzungen für eine wünschenswerte klimamoderne Zukunft zu schaffen.

Diese Rolle von Städten als Ideenzentren kann gar nicht hoch genug veranschlagt werden, und Kunst und Kultur, vor allem die Disziplinen bildende Kunst, Design und Architektur, sind ideale Partner der Städte, um zur Klimafrage dringend nötige Vermittlungsarbeit zu leisten, visionäre Bilder und überzeugende Narrative für die Zukunft zu generieren und die Chancen auf nachhaltig bessere Lebensqualität greifbar zu machen. Der damit angestrebte Kulturwandel bedeutet insbesondere auch die Verankerung eines neuen Mindsets, das – statt Angst vor Veränderung oder gar sturen Festhaltens am Status quo – den Aufbruch in ein neues Zeitalter als Chance für die Gestaltung einer wertebasierten besseren Welt begreift.

5. Zukunftsrückblick

Wenn die Menschheit in 30 Jahren auf die 2020er-Jahre zurückblickt, wird klar erkennbar sein, an welchen Orten Maßgebliches zur Bewältigung der Klima- und ökosozialen Gesamtkrise geleistet wurde und wo die Zeichen der Zukunft nicht erkannt wurden. Das gilt insbesondere auch für Kunst und Kultur, denn „*arts & cultural business as usual*" kann in der Klima-Moderne keine Option sein.

Österreich und Wien haben die Chance, wie um 1900 eine der Wiegen einer neuen Moderne zu werden. War es damals die umfassende Auseinandersetzung mit dem Industriezeitalter und seinen enormen Auswirkungen auf alle Lebensbereiche, so geht es in den kommenden Jahren um die ökologisch und sozial ausgerichtete Gestaltung der Klima-Moderne. Wie um 1900 können und müssen Kunst und Kultur dabei eine Hauptrolle spielen. Das wird aber nur gelingen, wenn sich nicht nur Wirtschaft und Gesellschaft und jede*r Einzelne von uns, sondern auch Kunst und Kultur radikaler Veränderung unterziehen. Gerade Kunst- und Kultureinrichtungen wie Museen, die nicht nur über historische Sammlungen verfügen, sondern auch zeitgenössisch arbeiten, sollten vorangehen und weithin ausstrahlende Modelleinrichtungen der Klima-Moderne werden. Kunst und Kultur sollten gerade jetzt künstlerisch-kulturelle Orte des Experiments und Dialogs sein, um Österreich und Wien zu einer Wiege der Klima-Moderne zu machen.

Für die zukunftsfähige Gestaltung der Klima-Moderne braucht es auf der ganzen Welt vorausschauende Künstler*innen und Kreative und proaktiv handelnde Kunst- und Kultureinrichtungen. Und klare Impulse der Kunst- und Kulturpolitik in allen Ländern. Aber welche Impulse wären besonders hilfreich?

- In partizipativen Prozessen eine ganzheitliche neue Vision entwickeln, was öffentlich finanzierte Kunst und Kultur in unserer „*Make-or-Break Decade*" zu leisten imstande ist;
- konsequent die richtigen Signale setzen;
- ehrgeizige Kunst- und Kulturprogramme zu Klimafortschritt und Kreislaufkultur ausschreiben und dafür großzügige finanzielle Anreize schaffen;
- Kunst und Kultur zur Kooperation mit Wissenschaft, Wirtschaft und vor allem auch der Zivilgesellschaft ermutigen und *Citizen Science* und *Citizen Art* systematisch unterstützen;
- inhaltlich hochkarätige und zugleich stets niedrigschwellige Vermittlungsarbeit zur Klima-Moderne fördern und zu größtmöglicher Diversität anspornen;

- den Dialog zwischen den Künsten fördern;
- eine globale Vorbildersammlung aufbauen helfen, die maßgebliche künstlerische Arbeiten und kreative Prozesse zur Klimafrage vereint und kuratorisch so aufbereitet, dass sie überall aufgegriffen werden können.

Der Fantasie sind kaum Grenzen gesetzt ...

Die als Wiener KLIMA BIENNALE neu ausgerichtete VIENNA BIENNALE FOR CHANGE versteht sich als internationales und zugleich fokussiert europäisches Festival und Labor, das sich – von den Sparten bildende Kunst, Design und Architektur ausgehend und die Qualitäten und Potenziale Wiens im Dialog mit anderen Städten und Regionen nützend – für eine künstlerisch visionäre, wissenschaftlich fundierte sowie sozial und kulturell erfahrbare nachhaltige Gestaltung der Welt einsetzt. Die Biennale sieht sich daher auch als engagierter Teil des von der EU-Kommission initiierten und koordinierten neuen Europäischen Bauhauses.

6. Resonanz durch Kunst und Kultur

Eine der Grundvoraussetzungen für das Gelingen der Großen Transformation ist, dass Kunst und Kultur den Zwang zu dynamischer Stabilisierung, den uns die fossile Industrialisierungsgesellschaft auferlegt, abstreifen. Der deutsche Soziologe Hartmut Rosa hat die „dynamische Stabilisierung" als das prototypische Strukturmerkmal moderner Gesellschaften eingehend analysiert und den aus der Sicht des Einzelnen in solchen Gesellschaften bestehenden Druck zur laufenden „Weltreichweitenvergrößerung" herausgearbeitet.[3] Wie Rosa überzeugend argumentiert, ist die Antwort auf die Beschleunigung unserer Zivilisation aber nicht Entschleunigung (die nur für echte Aussteiger*innen eine Option ist), sondern „Resonanz".[4]

Resonanz ist ein exzellenter Kompass für die ökosoziale Gestaltung der Klima-Moderne. Sie bedeutet, aus der ressourcenintensiven linearen Massenkonsumgesellschaft auszubrechen, die eigene „Weltreichweite" nachhaltig einzuschränken und mit begrenzten Ressourcen ein wesentlich erfüllteres Leben zu führen. Sie beinhaltet daher insbesondere auch einen wertschätzenden Umgang mit der Natur, ihrer Schönheit und ihren Spezies sowie den von ihr zur Verfügung gestellten Ressourcen.

Wer, wenn nicht Kunst und Kultur, kann uns entscheidend dabei helfen, ein resonantes Leben als Teil einer ökosozial nachhaltigen, kreislaufbasierten Qualitätsgesellschaft zu führen und damit die Große Transformation individuell und gemeinschaftlich mitvoranzutreiben?

3 Siehe zuletzt Hartmut Rosa (2021): „Dynamische Stabilisierung und Weltreichweitenvergrößerung: Eine Analyse der modernen Sozialformation", in: Andreas Reckwitz/Hartmut Rosa (2021): *Spätmoderne in der Krise. Was leistet die Gesellschaftstheorie?*, Berlin: Suhrkamp, S. 181–200.

4 Siehe dazu ausführlich Hartmut Rosa (2016): Resonanz. *Eine Soziologie der Weltbeziehung*, Berlin: Suhrkamp.

424

Kunst und Gemeinwohl

Michael Wimmer

Warum sich ausgerechnet ein Ensemble für Neue Musik für das Gemeinwohl engagiert

Im März 2019 fand ein Konzert des Ensembles Klangforum Wien[1] statt. Das Kollektiv von 24 Ausnahme-Musiker*innen, das für sich beansprucht, „eine künstlerische Idee und eine persönliche Haltung, die ihrer Kunst zurückgeben, was ihr im Verlauf des 20. Jahrhunderts allmählich und fast unbemerkt verloren gegangen ist",[2] zu verkörpern, wurde bereits 1985 von Beat Furrer gegründet – ursprünglich betitelt als „Société de l'Art Acoustique". Im Geist einer von Kunstminister Rudolf Scholten geprägten Kulturpolitik, der die Förderung von Gegenwartskunst ein besonderes Anliegen war, entwickelte sich die Formation zu einem international hoch geschätzten Akteur zeitgenössischer Musik. Dem Klangforum Wien ist es wesentlich mit zu verdanken, dass Österreich seither nicht nur als herausragender Ort klassischer Musikpflege, sondern zumindest bei einem Fachpublikum auch als ein Zentrum, das seine Ohren am Puls der Zeit hat, geschätzt wird.[3]

Bereits am Beginn der Tätigkeit des Ensembles war zumindest einigen der Musiker*innen nicht nur die Aufführung, sondern gleichermaßen die Vermittlung von Musik ein besonderes Anliegen. Im Rahmen des Projektes „Klangnetze"[4] waren Schüler*innen in ganz Österreich eingeladen, sich mit avancierten Methoden mit „Neuer Musik" zu beschäftigen und gemeinsam mit Musiker*innen des Ensembles zu musizieren. Viel ist in der Zwischenzeit im Feld der Musikvermittlung[5] passiert und doch versucht das Klangforum Wien bis heute ungebrochen, das, was sie musikalisch bewegt, einem breiteren Publikum nahezubringen und damit die gesellschaftspolitische Relevanz der Musik des 20. und des 21. Jahrhunderts zu erhöhen.

1 https://klangforum.at.

2 https://www.zeit.de/angebote/ruhrtriennale-2019/klangforum-wien/index.

3 Es war in der Gründungszeit des Klangforums, als ein Mitglied der Londoner Guildhall School of Music nach einem vielumjubelten Konzert der Wiener Philharmoniker bei den Salzburger Festspielen zu mir meinte: „Now I better understand the burden on the shoulders of each Austrian musician playing contemporary music in this unequal competition."

4 https://www.ots.at/presseaussendung/OTS_20010313_OTS0108/klangnetze-ein-projekt-des-oesterreichischen-kulturservice-oeks.

5 Einen Überblick siehe https://de.wikipedia.org/wiki/Musikvermittlung.

Der Realisierung ihres jüngsten Projektes „Happiness Machine“,[6] ein großformatiger Episodenfilm, war die Beauftragung von zehn Filmemacherinnen und zehn Komponistinnen vorausgegangen. Diese gestalteten als Tandems ein genreübergreifendes Projekt aus Animationsfilm und Musik, dessen Ergebnisse im Lauf des Abends vorgestellt wurden. Eingefasst waren die Präsentationen von persönlichen Statements einzelner Ensemble-Mitglieder, die ihren Ausgangspunkt beim Thema des Gemeinwohls nahmen. Immerhin hatten sich die Musiker*innen gemeinsam dazu entschlossen, sich mit Gemeinwohl-Aspekten ihrer Arbeit zu beschäftigen, eine Gemeinwohl-Bilanz[7] nach Christian Felbers Vorgaben zu erstellen und sich an den Konsequenzen abzuarbeiten. Und so traten in einer Inszenierung von Jaqueline Kornmüller einige der Musiker*innen an die Bühnenrampe – nicht, um zu musizieren, sondern um über ihren musikalischen Werdegang, ihr Verhältnis zu den übrigen Ensemble-Mitgliedern und darüber hinaus über ihre Interpretation des Zustands der Gesellschaft, in der sie leben und in der sie die Musik zur Aufführung bringen, zu sprechen. In berührenden Statements traten die Musiker*innen aus ihrer traditionellen Rolle und schafften eine persönliche Verbundenheit über den Graben hinweg, die – wie ich vermute – sowohl eine „andere“ Produktion als auch eine „andere“ Rezeption zum Ergebnis hat.

Die Absicht, im Rahmen dieses Projektes speziell Künstlerinnen durch die Vergabe von Aufträgen zu priorisieren, ist gut nachvollziehbar, da nicht nur die zeitgenössische Musikproduktion nach wie vor stark männlich dominiert erscheint. Die Entscheidung hingegen, einen Schwerpunkt auf das Gemeinwohl zu legen, bedarf einer eingehenderen Beschäftigung. Immerhin hatte der Intendant Sven Hartberger in seinem Eröffnungsstatement ein griffiges Beispiel parat, wenn er das Publikum einlud, den ökologischen Fußabdruck, den ein halbstündiger Auftritt des Ensembles in Tokyo verursacht, nachzuvollziehen.

Zum aktuellen Hype um gemeinwirtschaftliche Ambitionen

Der Ex-Attac-Aktivist Christian Felber wirbt seit geraumer Zeit – zum Teil gegen heftigen Widerstand des wirtschaftswissenschaftlichen Mainstreams[8] – für eine andere Form des Wirtschaftens. Dessen Erfolg soll sich nicht ausschließlich im Ausmaß einseitig quantifizierbarer Wachstumsraten des Bruttoinlandsprodukts festmachen lassen. Statt auf eine unendliche Fortsetzung einer Ökonomisierung aller Lebensbereiche zu vertrauen und dabei den unwiederbringlichen Verlust an nicht erneuerbaren Ressourcen, aber auch an Lebensqualität von immer mehr Menschen in Kauf zu nehmen, entwickelte Felber die Umrisse einer „Gemeinwohl-Ökonomie“, deren erstes Ziel in der Herstellung nachhaltiger Produktions- und Konsumptionsbedingungen besteht. Entstanden

6 https://happiness-machine.de.

7 Christian Felber (2016): „Gemeinwohl-Ökonomie. Eine demokratische Alternative wächst“. Eckpunkte der Gemeinwohl-Ökonomie, https://christian-felber.at/wp-content/uploads/2018/12/gemeinwohl.pdf.

8 https://derstandard.at/2000034370183/Oekonomen-machen-gegen-Attac-Aktivisten-Felber-in-Lehrbuch-mobil.

ist so ein kleiner Hype um alternative Wirtschaftsformen, wobei in einer breiteren öffentlichen Diskussion gerne auf Bhutan verwiesen wird. Dort haben sich die Machthaber dazu entschlossen, traditionelle Messmethoden wirtschaftlicher Prosperität durch Indikatoren des subjektiven und kollektiven Wohlbefindens zu ersetzen. Entsprechend vermochte das kleine geheimnisvolle Land am Fuße des Himalaya mit seinem Bruttosozialglück[9] Aufmerksamkeit in den internationalen Medien zu erregen. Felber selbst benutzt für die Erstellung von Gemeinwohl-Bilanzen eine Reihe außerökonomischer Indikatoren, die von der Wahrung der Menschenrechte über solidarisches und ökologisches Handeln bis hin zu demokratiespezifischen Aspekten wie soziale Gerechtigkeit und Mitbestimmung sowie Transparenz reichen.[10] Eine Reihe von Unternehmen ganz unterschiedlicher Branchen ist mittlerweile seinen Vorgaben gefolgt,[11] obwohl Felbers Thesen von traditionellen wirtschaftlichen Interessensgruppen heftig kritisiert werden.[12]

9 https://www.spiegel.de/politik/ausland/bhutan-im-land-des-bruttosozialgluecks-a-543004.html.

10 https://de.wikipedia.org/wiki/Gemeinwohl-Bilanz.

11 Etwa die Sparda-Bank München oder der Outdoor-Ausrüster Vaude.

12 https://diepresse.com/home/meinung/gastkommentar/726261/Wie-man-sich-ein-Weltbild-richtig-zurecht-biegt.

Wider die Geschichtsvergessenheit: Gemeinwirtschaft als zentraler Anspruch der Arbeiterklasse

Blickt man etwas zurück in die Geschichte, dann wird rasch deutlich, dass es sich bei Felbers Initiative um keine gesellschaftspolitische Innovation handelt. Immerhin begleitete eine gemeinnützige Genossenschaftsbewegung den Aufstieg der Arbeiterklasse seit ihrem Beginn. Entsprechend groß war ein am Gemeinwesen orientierter Anspruch vor allem einer progressiven Politik, die sich einst als eine machtvolle Gegenkraft gegen die unbedingte Durchsetzung einer liberalen Wirtschaftslogik gesehen hat, die bereit war, notfalls über Leichen zu gehen. Ihre institutionellen Errungenschaften konnte man bis in die 1980er-Jahre in Form von Unternehmen wie der Handelskette „Konsum", dem Wohnbaukonzern „Neue Heimat" oder der „Bank für Wirtschaft und Soziales"[13] besichtigen, bevor sie in ihrer großen Mehrheit in den wirtschaftlichen Ruin schlitterten.[14] Retrospektiv wird deutlich, dass der Niedergang der großen Gemeinwirtschaftsunternehmen einherging mit einer neoliberalen Wende vor allem nach 1989, die zunehmend auch den Bereich der Politik erfasste. Immer weniger sahen sich Politiker*innen in der Lage, eine überzeugende Alternative zur Verwirtschaftlichung aller Arbeits- und Lebensbereiche zu formulieren und durchzusetzen. Entsprechend hilflos mussten sie dem Ausverkauf von Gemeinwirtschafts-Konzepten und ihren institutionellen Repräsentationsformen zusehen. Dabei ahnten sie in der Regel nicht, dass ihnen damit eine zentrale Machtbasis bei der Aufrechterhaltung politischer Eigensinnigkeit in einer durchökonomisierten Gesellschaft abhanden zu kommen drohte.[15] Das weitgehende Zusammenfallen von wirtschaftlicher und politischer Handlungslogik macht verständlich, dass das Konzept der Gemeinwirtschaft, mit dem die Klasse der sozial

13 In Österreich: BAWAG.

14 https://www.brandeins.de/magazine/brand-eins-wirtschaftsmagazin/2018/geduld/der-sinn-eines-unternehmens-vorwaerts-und-vergessen.

15 Der sogenannte „Dritte Weg", den Tony Blair oder Gerhard Schröder angesichts einer nunmehr als alternativlos beschriebenen kapitalistischen Verfasstheit der nationalen Gesellschaften einschlugen, ist dafür der bislang eindrücklichste Beleg.

Benachteiligten einst angetreten ist, in den Chefetagen seine Funktion als Leuchtmittel bei der politischen Gestaltung einer besseren Gesellschaft weitgehend verloren hat.

Angesichts der wachsenden Spur der Verwüstung, die das kapitalistische Wirtschaftssystem hinter sich her zieht, lässt einerseits das Vertrauen in etablierte Politik immer weiter schrumpfen. Andererseits sind es engagierte Bürger*innen als Teil der Zivilgesellschaft, die Alternativen erproben oder gleich selbst ausprobieren, ohne freilich bislang Einfluss auf die tatsächlichen wirtschaftspolitischen Entscheidungen nehmen zu können.[16] In der Regel aus einem privilegierten Mittelstand, dem der Anspruch auf Lebensqualität abseits des unmittelbaren Marktgeschehens noch nicht völlig ausgetrieben worden ist, versuchen sie, proletarische Traditionen der Relativierung der Marktdominanz wieder aufzugreifen und auf die aktuellen Verhältnisse zu übertragen. Ein nachhaltiger Erfolg – so meine Vermutung – wird wesentlich davon abhängen, ob es ihnen gelingt, ihre beispielhaften Initiativen früher oder später in konkretes politisches Handeln überzuführen. Ein Blick in die Schaufenster aktueller Politik könnte einen skeptisch werden lassen.

16 Die Befürchtungen, Chinas sinkendes Bruttonationalprodukt würde früher oder später die Prosperität des gesamten Weltwirtschaftssystems gefährden, sind nur weitere Beispiele für die scheinbare Unantastbarkeit herkömmlicher wirtschaftswissenschaftlicher Dogmen. Zu Chinas Wirtschaftswachstum siehe https://www.faz.net/aktuell/wirtschaft/der-handelsstreit/china-wirtschaftswachstum-2018-so-niedrig-wie-seit-1990-nicht-mehr-15999600.html.

Gibt es (noch) eine Rolle der Kunst bei der Aufrechterhaltung des Gemeinwohls?

Was aber bringt ein Künstler*innen-Kollektiv wie das Klangforum dazu, sich im Rahmen einer Gemeinwohl-Initiative zu engagieren? Auch dazu eine Vorbemerkung: Zunächst zählte es der Staat nicht zu seinen Aufgaben – mit Ausnahme von Zensurmaßnahmen –, aktiv in das jeweils aktuelle Kunstschaffen einzugreifen. Dieses sollte möglichst privatem Engagement vorbehalten bleiben. Es bedurfte erst spezieller kulturpolitischer Konzepte, die allesamt darauf hinausliefen, dem künstlerischen Tun eine Qualität zuzuschreiben, die nicht bedingungslos den Marktkräften ausgesetzt werden sollte. Kunst sollte mehr sein als ein Produkt am Markt, dessen Erfolg im Austausch zwischen Anbieter*innen und Nachfrager*innen zu verhandeln sei. In dem Maß, in dem Kunst kein Privileg einiger weniger sein sollte, die sich Kunst leisten konnten, sondern für alle gleichermaßen verfügbar („Kultur für alle"), wurde dieser eine wichtige Funktion bei der Errichtung und Aufrechterhaltung von Gemeinwohl zugewiesen. Kulturpolitisch wird sie seither als ein „meritorisches Gut" verhandelt, dessen Wertbestimmung nicht den Marktkräften überlassen werden dürfe. Als staatliche Form der „wertorientierten Marktkorrektur"[17] etablierte sich ein zunehmend ausdifferenziertes staatliches Förderungswesen zugunsten des zeitgenössischen Kunstschaffens, das sich als Beitrag zur Herstellung eines Gemeinwohls zu legitimieren trachtete. Das Schwergewicht der Förderung lag vor allem in der ersten Phase in der Unterstützung eines experimentellen, (gesellschafts-)politisch kritischen, um nicht zu sagen

17 Kurt Blaukopf (1982): *Musik im Wandel der Gesellschaft. Grundzüge der Musiksoziologie*, München: Piper.

antikapitalistischen Kunstschaffens, für das wenig Aussicht bestand, am damals noch sehr rudimentären Kunstmarkt zu reüssieren. Umso größer aber war der Anspruch der Künstler*innen, mit ihrem Schaffen einen unmittelbaren Beitrag zur Verbesserung der gesellschaftlichen Verhältnisse und damit zur Vertiefung des Gemeinwohls zu leisten.

Über die zunehmende Inhaltslosigkeit staatlicher Kulturpolitik

Auch wenn es da oder dort zu Kürzungen des staatlichen Engagements gekommen ist, so ist doch staatliche Förderung von Gegenwartskunst nach wie vor intakt.[18] Weniger intakt aber sind die inhaltlichen Begründungen des diesbezüglichen kulturpolitischen Handelns. Dies bezieht sich immer weniger auf die Aufrechterhaltung einer künstlerischen Eigenlogik; an ihre Stelle treten Einübungsstrategien vor allem junger Künstler*innen („Nachwuchsförderung") auf die offenbar alles bestimmenden Marktverhältnisse.[19]

In einem solchen Licht wird der offensiv vorgetragene Anspruch des Klangforums Wien, einen Beitrag zum Gemeinwohl leisten zu wollen, unversehens zu einem kulturpolitischen Warnsignal. Konnte man bislang ungeprüft davon ausgehen, dass jede öffentlich geförderte Kunstinitiative einen Beitrag zum Gemeinwohl leistet (sonst wäre sie ja nicht staatlicherseits gefördert worden), so macht dieser Vorstoß des Klangforums deutlich, dass wir damit möglicherweise einem Trugschluss aufsitzen. Und wir erhalten unversehens eine Bestätigung der These des deutschen Soziologen Sighard Neckel, der in diesem Zusammenhang von einer „Refeudalisierung der Verhältnisse" spricht.[20] Eine solche Uminterpretation von Staatlichkeit als demokratisch legitimiertem Garanten des kollektiven Interessensausgleichs aber bedeutet, dass der Staat Abschied nimmt von seinem Anspruch, mit seinen Leistungen nicht nur im Kunst- und Kulturbereich zuallererst dem Gemeinwohl zu dienen, sondern durchaus selektiv und im Interesse der Perpetuierung der bestehenden Herrschaftsverhältnisse vor allem diejenigen privaten Ansprüche zu bedienen, die ihm gerade nützlich erscheinen.[21]

Also treten wir wieder ein in eine Phase, in der das Gemeinwohl beim Staat nicht mehr gut aufgehoben ist und zumindest einige Bürger*innen – unter ihnen die Mitglieder des Klangforums – sich daranmachen müssen, dieses auf eigene Faust zu verteidigen. Bei all dem sollten wir nicht vergessen, dass es mehr denn je Filmemacher*innen gibt, die wunderbare Animationsfilme machen können, dazu Komponist*innen, die eine fast schon symbiotische musikalische Ausdeutung möglich machen, Musiker*innen, die uns diese zu Gehör bringen können, sowie neuerdings einige von ihnen, die im Bemühen um ihr Publikum bereit sind, von sich und ihren musikalischen Beweggründen zu erzählen.

18 Wobei die großen Tanker zur Wahrung des kulturellen Erbes ungebrochen den Löwenanteil der staatlichen Mittel für sich beanspruchen.

19 Entsprechend schwer fällt es den kulturpolitischen Entscheidungsträger*innen, kunstimmanente Qualitätsansprüche zum Maßstab von Förderung zu entwickeln und anzuwenden. An ihre Stelle treten marktkonforme Erfolgskriterien wie Auslastungszahlen (Quoten), Effizienz oder Akquisition von Drittmitteln. Damit wird auch das staatliche Kunstschaffen immer mehr einem ökonomischen Diktat unterworfen. Die Folgen zeigen sich bereits in der Ausbildung, im Rahmen derer die Einübung in die Überlebensfähigkeit am hochkompetitiven Kunstmarkt in zunehmendem Widerspruch zum Erwerb ästhetisch geleiteter Mittel zur kritischen Reflexion der herrschenden kapitalistischen Gewaltverhältnisse gerät.

20 Sighard Neckel (2010): *Refeudalisierung der Ökonomie. Zum Strukturwandel kapitalistischer Wirtschaft* (MPIfG Working Paper 10/6). Köln: Max-Planck-Institut für Gesellschaftsforschung.

21 Die staatliche Ungleichbehandlung der österreichischen Medienlandschaft ist hierfür wahrscheinlich das bedrohlichste Zeichen.

Dialogveranstaltungen

Michael Wimmer

Über ein Programm, das alle institutionellen Veränderungen überdauert und (möglicherweise) doch ganz anderes bewirkt

Wer erinnert sich heute noch an die Zentralsparkasse der Stadt Wien? Sie engagierte sich u. a. im Kulturbereich, etwa mit dem legendären Z-Club, Ecke Kirchengasse/Siebensterngasse. Unter der Leitung von Dieter Schrage, der nicht nur als Vermittler in den Auseinandersetzungen der Arena-Bewegung mit der Stadt Wien auftrat, sondern in der Anfangszeit des Museums moderner Kunst mit seinen „Blue Mondays" im 20er Haus dem museumspädagogischen Dienst erstes Leben einhauchte, traf sich dort eine neue Kulturszene, die bislang in wenigen isolierten Kellerlöchern ihr Überleben fristen musste.

Sukzessive wurde diese Bank mit der Länderbank fusioniert – diese nach heftigen parteipolitischen Kontroversen wiederum mit der Creditanstalt-Bankverein (ein traditionelles Machtzentrum des konservativen Österreichs) und schließlich das gesamte Konglomerat mit der italienischen UniCredit, woraufhin der österreichische Ableger als Bank Austria firmierte. Das sind halt dem Kapitalismus inhärente Konzentrationsprozesse, könnte man sagen. Sie ließen spätestens nach dem Beitritt des Kleinstaates Österreich zur Europäischen Union alle Hoffnungen auf den Fortbestand eines eigenständigen Bankensektors illusorisch werden.

Auch KulturKontakt Austria musste der Konzentrationslogik gehorchen

Als KulturKontakt Austria mit dem Stichtag 1. Jänner 2020 in die OeAD-GmbH überging,[1] fühlte ich mich an diese Entwicklung erinnert. Es gehört wohl zu den Charakteristika solcher Zusammenschlüsse, eine besondere Fähigkeit zur institutionellen Anamnese zu entwickeln, die die ursprüngliche Wiener Zentralsparkasse und die heutige europäische

1 https://oead.at/de/der-oead/willkommen-kka.

UniCredit als zwei völlig unterschiedliche Welten erscheinen lässt. Ganz ähnlich erscheint das der Fall zu sein bei einem nunmehr um kulturpolitische Agenden erweiterten OeAD und seinen Ursprüngen. Diese finden sich im Nebeneinander verschiedener Institutionen, wie dem Österreichischen Kulturservice, dem Museumspädagogischen Dienst und dem erst 20 Jahre später gegründeten Verein KulturKontakt Austria. Die Modalitäten des zwanghaften Zusammenschlusses 2003, die die drei Facheinrichtungen mit unterschiedlicher Aufgabenstellung unter das gemeinsame Dach von KulturKontakt Austria brachten, waren sehr unerfreulich und erfolgten stark unter dem Eindruck der politischen Vorgaben der damaligen schwarz-blauen Bundesregierung. Nur zu verständlich also, dass sich damals die neue Unternehmenskultur vehement darum bemühte, politisch verdächtige Traditionslinien ihrer „roten" Bestandteile so rasch wie möglich vergessen zu machen.

Im Zuge des neuen Zusammenschlusses 2020 fiel die (partei-)politische Motivation weitgehend weg. Schwarz-Blau in seiner türkis-blauen Neuauflage hatte sich umfassend durchgesetzt; gravierender war da wohl der Umstand, dass die Regierung Kurz/Strache nur wenig Ambition zeigte, dem Thema Kunst- und Kulturvermittlung bzw. kulturelle Bildung noch einmal eine größere Bedeutung zuzumessen. Stattdessen hatten KulturKontakt zuletzt beträchtliche Kürzungen der öffentlichen Mittel gedroht, die mit der Übernahme in den OeAD und damit verbundenen Hoffnungen auf institutionelle Einsparungen zumindest aufgeschoben werden konnten. Und ich kann mir vorstellen, dass es eine Reihe von Vorstandsmitgliedern des Vereins KulturKontakt Austria gab, denen als weisungsgebundene Beamte ein beträchtliches finanzielles Risiko umgehängt war und die somit froh darüber waren, ihre diesbezüglichen Verantwortlichkeiten in einer GmbH-Struktur aufgehen zu lassen – eine Win-win-Situation also für alle Beteiligten, jedenfalls für all diejenigen, die für die Weiterentwicklung der Strukturen verantwortlich waren bzw. in diesen noch einmal eine halbwegs sichere Beschäftigung für das verbleibende Berufsleben fanden.

Wie aber sieht es mit denjenigen aus, für die der Staat diese neuen Strukturen entwickelt, in der Hoffnung, mit diesen gemeinsame spezifische kultur- und/oder bildungspolitische Ziele verfolgen und erreichen zu können? Wissen wir über sie, über ihre Erwartungen, ihre Bedürfnisse, ihr Engagement und ihre Perspektiven?

Im Zuge des Zusammenschlusses fällt auf, dass allfällige, mit der Umstrukturierung verbundene inhaltliche bzw. konzeptionelle Zielvorstellungen vor dem Zusammenschluss überhaupt nicht in eine interessierte Öffentlichkeit gedrungen sind. Immerhin wäre für Lehrer*innen, Künstler*innen, Schüler*innen und viele andere an Kunst und Kultur interessierte Akteur*innengruppen interessant zu erfahren, welche konkreten kultur- und bildungspolitischen Ziele mit einer institutionellen

Neugestaltung verbunden sind und auf welche Weise diese realisiert werden sollen (sie dabei gleich mitreden zu lassen, erscheint angesichts der aktuellen gesellschaftspolitischen Verfassung fast schon utopisch) – dies umso mehr, als KulturKontakt Austria als eine ministerielle Agentur von beträchtlicher Größe (in der personellen Ausstattung durchaus mit einer ministeriellen Sektion vergleichbar) in ihren letzten Jahren nicht eben als Vorreiter in der Verlebendigung des öffentlichen kultur- und bildungspolitischen Diskurses samt einer beispielgebenden Weiterentwicklung entsprechender Entscheidungssettings (Partizipation als zentrales Ziel jeglicher kulturellen Bildung!) aufgefallen ist.

Also mussten wir uns bis Jänner 2020 mit einem Blick auf das bestehende Angebot begnügen. Und da fiel auf, dass es möglicherweise längere Traditionslinien gibt, als all die institutionellen Veränderungen vorgeben. Als gäbe es noch immer den Z-Club in der Kirchengasse, nunmehr betrieben von der UniCredit von Mailand aus, so gehört bis heute die „Dialogveranstaltung" ungebrochen zu einer der zentralen Maßnahmen des neuen Kultur und Wissenschaft vermittelnden Großbetriebs, auch wenn die Programminhalte mittlerweile in die Initiative „Kultur:Bildung"[2] übergegangen sind.

2 https://oead.at/de/schule/kulturvermittlung-mit-schulen/ausschreibungen/dialog veranstaltungen-dva.

Es war einmal: Künstler*innen in der Schule sollen das kulturelle Verhalten – und damit gleich die ganze Gesellschaft – verbessern

Um die ursprünglichen Ziele dieses Programms besser zu verstehen, lohnt ein kleiner Ausflug in eine angeblich längst überwundene Vergangenheit: Es war Mitte der 1970er-Jahre, als erstmals eine Studie der empirischen Sozialforschung erhob, dass das kulturelle Verhalten der Österreicher*innen zu wünschen übrig lasse. Dazu seien die Akteur*innen des (damals sehr kleinen) Feldes der Gegenwartskunst mit einem aufreibenden Überlebenskampf beschäftigt, der es ihnen verunmögliche, mit ihren künstlerischen Aktivitäten mit anderen Menschen in Kontakt zu treten und damit eine signifikante gesellschaftliche Wirkung zu entfalten. Nur ganz wenige (überwiegend gut gebildete und gut situierte) Menschen würden sich für die Hervorbringungen von Gegenwartskünstler*innen interessieren, die meisten anderen wüssten nicht einmal von deren Existenz.

Also formulierte der damalige Unterrichts- und Kunstminister Fred Sinowatz 1975 einen kulturpolitischen Maßnahmenkatalog mit klaren kulturpolitischen Zielvorstellungen.[3] Kernelement war die Gründung eines Österreichischen Kultur-Service (ÖKS), dessen Hauptaufgabe es sein sollte, mehr Menschen mit zeitgenössischer Kunst bekannt zu machen und damit den – damals von der alleinregierenden Sozialdemokratie vorgetragenen – umfassenden gesellschaftlichen Reformprozess zu unterstützen.

3 Bundesministerium für Unterricht und Kunst (1975): „Kunstbericht 1975", S. 34ff., https://www.parlament.gv.at/PAKT/VHG/XIV/III/III_00044/imfname_562668.pdf.

Als zentrale Maßnahme des ÖKS sollte sich schon bald das Programm „Dialogveranstaltungen“ herausbilden; Künstler*innen aller Sparten könnten so möglichst unmittelbar mit Schüler*innen und Lehrer*innen in Kontakt treten und damit den Unterricht verlebendigen. Primär waren damit vor allem kulturpolitische, eigentlich sozialpolitische Absichten verknüpft. Sinowatz' Mitstreiter*innen war nicht entgangen, dass die meisten Künstler*innen in äußerst prekären Verhältnissen leben und arbeiten mussten. In Ermangelung eines funktionierenden Marktes waren sie auf Gedeih und Verderb auf staatliche Zuwendungen angewiesen. Mit dem Programm „Dialogveranstaltungen“ verfolgten die kulturpolitisch Verantwortlichen das Ziel, vor allem jungen Künstler*innen ein zusätzliches „Körberlgeld“ zu verschaffen, ohne sie allzu sehr auf ihre Position als Bittsteller*innen festzulegen. Sie sollten im Zusammenwirken mit interessierten Lehrer*innen konkrete Leistungen erbringen und an Schulaktivitäten mitwirken.

Den Künstler*innen ein zusätzliches Einkommen verschaffen

Vergleichsweise üppig sollte deshalb die Bezahlung sein: Geboten wurden tausend Schilling für die Unterrichtseinheit, ein Betrag, der viele vor allem noch nicht arrivierte Künstler*innen dazu motivierte, an dem Programm teilzunehmen, ohne damit ihren – damals noch heftig umkämpften – Status der künstlerischen Autonomie infrage gestellt zu sehen.

Die an das Programm geknüpften bildungspolitischen Erwartungen sollten sich eher indirekt ergeben, wenn eine junge, überwiegend kritische und aufmüpfige Generation von Künstler*innen im Kontakt mit den Schüler*innen das eherne Gehäuse der Schulstruktur nolens volens zum Tanzen bringen würde. Schüler*innen sollten künftig nicht nur mit dem (über-)großen kulturellen Erbe vertraut gemacht werden, sondern zumindest eine Ahnung von der Vielfalt des Schaffens lebender Künstler*innen erhalten und so Teil eines auch und gerade an Gegenwartskunst interessierten Publikums werden. Da und dort sollten sie darüber hinaus zu eigenem künstlerischem Handeln angeregt werden, auf dass der Schule nicht mehr nachgesagt werden könnte, sie stelle die zentrale staatliche Instanz der Kreativitätsvernichtung junger Menschen dar.

Die eindeutig kulturpolitische Ausrichtung, die am Anfang des Programms „Dialogveranstaltungen“ stand, sollte in den 1990er-Jahren aus vorrangig pragmatischen Gründen eine stärker bildungspolitische Ausrichtung nehmen. Der damals als Unterrichts- und Kunstminister tätige Rudolf Scholten wollte sich – auf maßgebliches Betreiben seiner damaligen Kunstsekretärin Gertraud Auer – als ein herausragender Anwalt der Gegenwartskunst profilieren. Dazu würden sich Künstler*innen nicht mehr als schulische Dienstleister*innen kompromittieren müssen. Stattdessen sollten sie ausschließlich von ihrer Kunst leben können. Dazu gelang es Scholten, noch einmal signifikant das staatliche Kunstbudget zu erhöhen. Die Schwesternorganisation KulturKontakt Austria, die in den späten 1980er-Jahren von Hilde Hawlicek gegründet wurde, sollte es übernehmen, weitere Fördermittel mehr oder weniger freiwillig aus der Privatwirtschaft[4] zu lukrieren. Die Aktivitäten des ÖKS hingegen verwies Scholten auf den Bildungsbereich, zumal die Bildungsverwaltung über wesentlich höhere Budgets verfügte und sich Förderungen der kulturellen Bildung dort leichter würden unterbringen lassen.

4 Das betraf vor allem Unternehmungen, die Nutznießer von Großaufträgen für die Schulen waren, die sich mithilfe von Sponsoringmitteln „bedanken" sollten.

„Ich bin nicht zuständig! Geh doch rüber!"

Die Geschichten der Abstoßungsversuche einer ministeriellen Bildungsverwaltung, die mit Kunst überhaupt nichts anfangen konnte und wollte, sind unendlich.[5] Es bedurfte großer Überzeugungskraft des damaligen Sektionsleiters für das allgemeinbildende Schulwesen, Anton Dobart, und des unermüdlichen Einsatzes seines Kollegen Alfred Fischl, um die Aktivitäten des ÖKS weiterhin möglich zu machen, ja, sie da oder dort sogar weiter auszubauen.

5 Ihr bevorzugter Ratschlag war: „Geh doch rüber!" – zur Kunstverwaltung.

Im Rückblick ist zu vermuten, dass sich die ursprüngliche Zielsetzung einer besonderen Förderung einer noch nicht auf dem Markt reüssierenden Künstler*innen-Generation in ihr schieres Gegenteil verkehrt hat. Für die meisten jungen Künstler*innen – auch für jene, mit denen ich es an der Angewandten zu tun habe – ist dieses Programm völlig irrelevant. Um ihr Leben zu organisieren, sind sie gezwungen, sich nach anderen, lukrativeren Betätigungsfeldern umzusehen. Übrig bleiben allenfalls arrivierte Kolleg*innen, die auf ein solches Zubrot nicht angewiesen sind und sich auch ohne Entgelt mit und für Schüler*innen engagieren würden. Diese „Schubumkehr" ist umso bedenklicher, als die letzten Untersuchungen zur sozialen Lage von Künstler*innen noch einmal ungebrochen die hochgradige Prekarität künstlerischer Tätigkeiten deutlich gemacht haben.

Geht es aber um die Konkretisierung spezifischer bildungspolitischer Zielvorstellungen, dann werden wir um eine detailliertere Analyse der bisherigen Erfolge (und Misserfolge) des Programms entlang nachvollziehbarer Zielvorstellungen nicht herumkommen. Nach 40 Jahren können wir uns von den naiven Erwartungen, Schüler*innen, die Gottfried von Einem über die Schulter beim Komponieren zusehen können, würden so einen besseren Zugang zum kulturellen Leben finden, getrost verabschieden. Welche Ziele aber treiben uns stattdessen um? Welche Funktion können heute Künstler*innen in einer sich dramatisch verändernden Unterrichtslandschaft (noch) einnehmen? Wie soll eine künftige Rollenverteilung zwischen Lehrer*innen und Künstler*innen aussehen? Wie können damit zusammenhängende Entscheidungsprozesse unterstützt werden? Gibt es Künstler*innen, die die in sie gesetzten Erwartungen gut erfüllen, und solche, die das nicht tun? Und nicht zuletzt: Wie kann eine seriöse Bezahlung, die über eine symbolische Anerkennung hinausreicht, sichergestellt werden? Um eine nachvollziehbare Beantwortung von Fragen wie diesen wird das neue Unternehmen schon aus Gründen gestiegener Transparenzerfordernisse nicht herumkommen.

Immer weniger kulturelle Aktivitäten an Schulen, mit und ohne Künstler*innen

Im Rahmen eines Kolloquiums am Zentrum für LehrerInnenbildung sprach Eckhart Liebau, Erziehungswissenschaftler und Vorsitzender des Deutschen Rates für Kulturelle Bildung, über Teilhabe im pädagogischen Kontext.[6] Sein Resümee: Trotz aller Vorstöße der deutschen Bundesregierung, kulturelle Bildung zu einem zentralen bildungs- und kulturpolitischen Thema zu machen, sind in Deutschland in den letzten Jahren kulturelle Aktivitäten an den Schulen weiter ins Hintertreffen geraten. Erfolge ließen sich ausschließlich im außerschulischen Bereich erkennen. – Ein Befund, der uns auch in Österreich zu denken geben könnte, ganz gleich, ob da Künstler*innen noch ihren Weg in die Schule finden oder nicht.

6 Eckart Liebau (2019): „Fremdheit, Bildung, Teilhabe", Kolloquium am 12. Dezember 2019, Zentrum für LehrerInnenbildung, Universität Wien, https://lehrerinnenbildung.univie.ac.at/fileadmin/user_upload/p_lehrerinnenbildung/Kolloquium/Abstract_Eckart_Liebau_12.12.2019.pdf.

Anhang

Biografien

Sylvia Amann bietet als Direktorin von inforelais maßgeschneiderte Kultur(politik)- und Strategieberatung mit Schwerpunkten in Europa, Südkorea und Afrika, sie ist Vorsitzende der EU-Expert*innen-Gruppe Innovation (bis 2018), Vorsitzende und Mitglied des EU-Auswahlgremiums für die Europäischen Kulturhauptstädte (2015–2020), Expertin für das globale Netzwerk „United Cities and Local Governments" zur nachhaltigen Stadtentwicklung mit Kultur (seit 2017) sowie für „UNESCO Creative Cities" und „Urban Lab of Europe". Sie hat zahlreiche Publikationen u. a. für das Europäische Parlament zu (kultur-)politischen Antworten auf die Pandemie und zur ökologischen sowie internationalen Kulturpolitik verfasst.

Gloria Benedikt wurde an der Ballettakademie der Wiener Staatsoper und der English National Ballet School in London ausgebildet und trat zehn Jahre lang in ganz Europa und den Vereinigten Staaten auf. Nach ihrem Abschluss in Sozialwissenschaften an der Harvard University begann sie, wissenschaftliche Publikationen zu choreografieren, und trat 2015 als erste Künstlerin dem International Institute for Applied Systems Analysis (IIASA) bei. Sie ist die Autorin von „Science and Art for Life's Sake" (2020) und untersucht derzeit, wie die Kraft kollektiver Erfahrung durch die darstellenden Künste genutzt werden kann, um den gesellschaftlichen Wandel zu unterstützen.

Airan Berg ist Theatermacher und künstlerischer Leiter. Im Oktober 2021 wurde er zum ersten Zirkusdirektor des Zirkus des Wissens an der Johannes Kepler Universität ernannt. Er leitete das Festival der Regionen in OÖ, die partizipative Oper „Orfeo & Majnun" in sieben EU-Ländern und „Floods of Fire" im Auftrag des Adelaide Symphony Orchestra. Davor war er in leitenden Positionen bei Lecce2019 (Reinventing EUtopia), Linz09 Kulturhauptstadt Europas, wo er auch das bekannte Kreativitäts- und Bildungsprojekt „I like to Move it, Move it!" und die partizipative Linz09-Klangwolke „FLUT" mitentwickelte, beim Schauspielhaus Wien (Künstlerischer GF), Burgtheater (StadtRecherchen) und beim Theater ohne Grenzen, das er mit Martina Winkel gründete.

Elisabeth Bernroitner ist Kuratorin zeitgenössischer Kunst- und Vermittlungsprojekte mit Fokus Transkultur und (Post-)Migration. Seit 2011 ist sie Leiterin des Bereichs Theater & Performance im ArtSocialSpace Brunnenpassage. Sie ist Co-Kuratorin der Kooperation Belvedere 21 mit „D/Arts – Projektbüro für Diversität und urbanen Wandel", Trainerin, Beraterin und Autorin zu diskriminierungskritischen Praxen in Kunst und Kultur. Davor war sie künstlerische Leiterin und Geschäftsführerin von „Pangea | Werkstatt der Kulturen der Welt", Jurorin bei kultür gemma sowie im Vorstand der IG Kultur Wien, in der Projektleitung Tanzquartier und in der freien Szene tätig.

Sabine Breitwieser ist unabhängige Kunstwissenschaftlerin, Kuratorin und Museumsexpertin. Sie ist ein Getty Scholar (2020/21) am Getty Research Institute in Los Angeles. 2013–2018 war sie Direktorin des Museums der Moderne Salzburg, zuvor Chefkuratorin für Medien- und Performancekunst am MoMA in New York (2010–2013). 1988–2007 war sie Gründungsdirektorin der Generali Foundation in Wien. Sie hat mehr als 100 Ausstellungen kuratiert und Publikationen herausgegeben sowie zahlreiche Texte veröffentlicht.

Stefanie Fridrik ist wissenschaftliche Mitarbeiterin (Prae Doc) im Projekt „AGONART“ am Institut für Politikwissenschaft der Universität Wien. Sie studierte Kunstgeschichte an der Leopold-Franzens-Universität Innsbruck und der Universität Wien. In ihrem Dissertationsvorhaben (HFBK Hamburg) untersuchte sie das pädagogische Potenzial von Graffiti und Street Art im Kontext musealer Vermittlungsarbeit.

Sven Hartberger studierte Rechtswissenschaften, Alte Geschichte, Geschichte und Italienisch. Er war Produktionsleiter der Wiener Staatsoper und des Österreichischen Bundestheaterverbands (1985–1988), Intendant des Wiener Operntheaters (1989–1999) und des Klangforum Wien (1999–2019); seit 2019 ist er Sprecher der Gemeinwohl-Ökonomie Österreich. Er ist Dramaturg, Autor und Übersetzer.

Thomas Heskia studierte Handelswissenschaften, Kunstgeschichte und Kulturmanagement in Wien, Rom und Chicago. Anschließend war er für den Filmfonds Wien tätig. Er hatte die Administrative Leitung der Kulturhauptstadt RUHR.2010, von Theatern in Tübingen, Leipzig und Kiel sowie der Kunsthochschule Mainz inne. Er unterrichtete unter anderem in Salzburg und Miami, aktuell ist er Lehrbeauftragter für Soziologie und Kulturorganisation an der Leuphana Universität Lüneburg. Er ist Gründer von create encounter und Autor diverser Publikationen zum Thema Qualität und Governance.

Thomas Höft arbeitet als Autor, Regisseur und Dramaturg in sehr unterschiedlichen Bereichen der Kunst. Er verantwortete große historische Themenausstellungen in deutschen und österreichischen Museen, schrieb Sachbücher und ist Dramaturg des Hauses Styriarte in Graz. Dazu ist er mit zahlreichen Theaterstücken und Opernlibretti bekannt geworden, die u. a. an der Deutschen und der Komischen Oper Berlin, bei den Bregenzer Festspielen und an der Wiener Staatsoper uraufgeführt wurden. Er lebt in Köln und Graz.

Veronica Kaup-Hasler ist seit Mai 2018 amtsführende Stadträtin für Kultur und Wissenschaft in Wien und Mitglied der Wiener Landesregierung. Vor ihrem Wechsel in die Politik arbeitete sie als Kuratorin, Dramaturgin und Kulturmanagerin. 2006–2017 war sie Intendantin des Grazer Kunstfestivals steirischer herbst, zuvor leitete sie das Festival Theaterformen in Hannover und Braunschweig (2001–2004). Weiters war sie für die Wiener Festwochen als Festivaldramaturgin und für das Theater Basel als Dramaturgin tätig. 2008–2018 war sie Mitglied des Universitätsrats der Universität für Musik und darstellende Kunst Wien.

Aslı Kışlal ist Regisseurin, Dramaturgin und Schauspielerin. Sie studierte Soziologie an der Uni Wien und Schauspiel am Schubert Konservatorium, seit 1991 arbeitet sie als Schauspielerin, leitet Theaterworkshops in Finnland, Deutschland und Österreich und inszeniert u. a. am Landestheater Niederösterreich, Landestheater Linz, Staatstheater Mainz und Theater für Niedersachsen. Sie gründete „daskunst" (2004) und „diverCITYLAB" (2013), initiierte „Kunst am Grund" (2008) und „PIMP MY INTEGRATION" (2011) und leitete das Theater des Augenblicks (2009–2010). 2014 erhielt sie den „Mia Award".

Günther Lutschinger ist promovierter Biologe und startete 1986 seine NPO-Karriere bei Neustart, dem Verein für Bewährungshilfe. Anschließend war er 17 Jahre lang in Führungspositionen und als Geschäftsführer beim WWF Österreich tätig. 2007 übernahm er die Geschäftsführung des Fundraising Verband Austria, dem Dachverband der Spendenorganisationen. Er ist regelmäßig Vortragender auf nationalen und internationalen Fundraising-Kongressen, berät Vereine und Ministerien. Seit 2014 engagiert er sich ehrenamtlich im Vorstand des Verbandes für gemeinnütziges Stiften und der gemeinnützigen Privatstiftung Philanthropie Österreich. Sein Ziel ist es, in Österreich eine Kultur des Gebens zu fördern.

Birgit Mandel ist Professorin für Kulturvermittlung und Kulturmanagement und Direktorin des Instituts für Kulturpolitik an der Universität Hildesheim. Sie ist Vizepräsidentin der Kulturpolitischen Gesellschaft, Kuratoriumsmitglied der Commerzbank Stiftung, für die sie den Preis „ZukunftsGut" für institutionelle Kulturvermittlung entwickelt hat, sowie Aufsichtsratsmitglied der Berlin Kulturprojekte GmbH. Sie ist Gründungsmitglied des Fachverbands für Kulturmanagement und hat den Verband mehrere Jahre als Präsidentin geleitet. Sie hat diverse Forschungsprojekte an der Schnittstelle von Kulturvermittlung, kultureller Bildung, Audience Development, Kulturmanagement und Kulturpolitik sowie Besucherstudien und Bevölkerungsbefragungen durchgeführt und ist Autorin vieler Publikationen im Bereich Kulturvermittlung und Kulturmanagement.

Monika Mokre ist Politikwissenschaftlerin und Senior Researcher am Institut für Kulturwissenschaften und Theatergeschichte der Österreichischen Akademie der Wissenschaften. Sie ist als Politikwissenschaftlerin und politische Aktivistin in den Bereichen Asyl, Migration und Gefängnis tätig; weitere Forschungsschwerpunkte sind Demokratie und demokratische Öffentlichkeit, Kulturpolitik und Gender Studies.

Cornelia Mooslechner-Brüll ist Historikerin, Politikwissenschaftlerin und akademisch philosophische Praktikerin (www.philoskop.org), Lehrbeauftragte für Philosophie, Politikwissenschaft, Kulturtheorie und Ethik an der Universität Wien, der Universität für Musik und darstellende Kunst, der Hochschule für Agrar- und Umweltpädagogik Wien und am SAE Institute. Sie ist 2. Vorstandsvorsitzende der Internationalen Gesellschaft für Philosophische Praxis (IGPP), Vorstandsvorsitzende des Kreises akademisch philosophischer Praktiker*innen (KAPP) und Mitbegründerin des Instituts für philosophische Praxis und Sorgekultur (IPPS).

Anita Moser ist seit 2015 Senior Scientist im Programmbereich Zeitgenössische Kunst und Kulturproduktion der Interuniversitären Einrichtung Wissenschaft und Kunst in Salzburg. Nach Studien der Komparatistik und Spanischen Philologie sowie im Bereich Kulturmanagement in Innsbruck und Bilbao war sie u. a. als leitende Angestellte beim Festival Neuer Musik Klangspuren Schwaz (2000–2007) und als Mitarbeiterin und Geschäftsführerin der Interessenvertretung freier Tiroler Kulturinitiativen TKI (2009–2015) tätig.

Herbert Nichols-Schweiger studierte nach der Abendmatura Germanistik, Geschichte und Kunstgeschichte. Er war über 50 Jahre in verschiedensten Disziplinen aktiv: Theater- und Kunstkritiker (Kleine Zeitung, Neue Zeit, ORF Steiermark usw.), Pressereferent steirischer herbst, Projektentwickler und Veranstalter (Steirische Gesellschaft für Kulturpolitik und Steirische Kulturinitiative), Initiative für das Stmk. Kulturförderungsgesetz 1985 (das erste Österreichs), Aufsichtsrat Grazer Congress und Grazer Spielstätten GmbH, Mitglied von Kulturbeiräten u. v. m.

Axel Petri-Preis ist Senior Scientist und stv. Leiter am Institut für musikpädagogische Forschung, Musikdidaktik und elementares Musizieren (IMP) der Universität für Musik und darstellende Kunst Wien. Als Musikvermittler ist er seit 2010 für Institutionen wie Neue Oper Wien, Wien Modern, Festspiele Mecklenburg-Vorpommern, Philharmonie Luxemburg u. v. m. tätig. In seiner Forschung beschäftigt er sich im Moment mit der Aus- und Weiterbildung von Musiker_innen und dem gesellschaftspolitischen Potenzial von Musikvermittlung.

Ivana Pilić ist freie Kuratorin und Kulturwissenschaftlerin. Derzeit promoviert sie im Schwerpunkt „Wissenschaft und Kunst“ der Universität Salzburg und des Mozarteums zu „diskriminierungskritischen Kunstpraxen“. Seit 2020 ist sie Co-Kuratorin des Kunstprojekts „D/Arts – Projektbüro für Diversität und urbanen Dialog“. Davor war sie als Co-Kuratorin von „urbanize! Internationales Festival für urbane Erkundungen 2018“ tätig und im künstlerischen Leitungsteam der Brunnenpassage Wien (2014–2017). Sie ist Vorstandsmitglied der WIENWOCHE – Festival für Kunst und Aktivismus. Sie berät Kulturinstitutionen und -politik im Bereich „Diversity and Arts“, ist in Beiräten und Gremien aktiv und als Jurorin tätig, u. a. für „Tandem Diversität“ der Schweizer Kulturstiftung Pro Helvetia.

Adolf Rausch war in der österreichischen Finanzverwaltung (1963–1967), als Lektor an der Universität Klagenfurt und an der TU Wien sowie als selbstständiger Wirtschaftstreuhänder, Steuerberater und Unternehmensberater mit Kanzleien in ganz Kärnten und Osttirol tätig (1970–1999). 1999 fusionierte die Rausch & Partner Steuer- und Wirtschaftsberatung mit dem internationalen Beratungsunternehmen TPA. Ab 2000 widmete er sich der Dr. Rausch GmbH mit Schwerpunkt internationale Projekte, Beteiligungen, Investments und Finanzierung. Er hat verschiedene Geschäftsführungs-, Aufsichtsrats- und Beiratsfunktionen sowie Stiftungsvorstandsmandate und engagiert sich ehrenamtlich in Kulturinitiativen und Sozialprojekten.

Sabine Reiter hat Musikwissenschaft und Kunstgeschichte studiert und ein MBA-Studium in General Management absolviert. Sie war im Kulturmanagement, vor allem im Musiktheaterbereich, sowie publizistisch für Zeitungen, Kulturzeitschriften und für das Konzerthaus Wien tätig. Außerdem war sie beim Verein Orpheus Trust mit Konzertorganisation, Pressearbeit und Forschungstätigkeit befasst. Seit 2008 ist sie bei mica – music austria tätig, zunächst als Fachreferentin und in der Büroleitung, ab September 2009 als Leiterin. Sie ist Vorstandsmitglied der IG Freie Theater und Mitglied im Stiftungsbeirat des Arnold Schönberg Center.

Doris Rothauer ist Wirtschaftswissenschaftlerin, Kulturmanagerin, Autorin und ausgebildete systemische Beraterin. Nach langjähriger Tätigkeit in leitenden Funktionen im Kunstbereich gründete sie 2006 das BÜRO FÜR TRANSFER mit Fokus auf Strategieberatung und Coaching im Kunst- und Kreativwirtschaftsbereich sowie auf Vermittlungs- und Kooperationsprojekten an der Schnittstelle von Kunst, Kreativität und Social Impact.

Anke Schad-Spindler forscht als Post-Doc-Wissenschaftlerin am Projekt „AGONART" am Institut für Politikwissenschaft der Universität Wien. In ihrer Dissertation (2013–2017) beschäftigte sie sich mit Cultural Governance in Österreich. Sie forscht seit 2006 zu Kulturpolitik, Kulturmanagement und kultureller Bildung. Seit 2017 ist sie auch als selbstständige Forscherin, Evaluatorin und Prozessbegleiterin u. a. für das Goethe-Institut tätig.

Ivana Scharf ist Autorin, Beraterin und Outreach-Expertin. Als Gründerin und Geschäftsführerin von create encounter gestaltet sie transformative Begegnungen. Zuvor war sie für Museen, Universitäten, öffentliche Verwaltungen und Stiftungen in leitenden Positionen tätig. 2006 entwickelte sie für das Jüdische Museum Berlin ein mobiles Museum, etablierte die erste Outreach-Abteilung und führte das Outreach-Konzept in die deutschsprachige Museumslandschaft ein. Sie absolvierte eine kaufmännische Ausbildung und studierte Soziologie, Politikwissenschaft und Kommunikations- und Medienwissenschaft sowie Kulturmanagement.

Christian Steinau studierte Allgemeine und Vergleichende Literaturwissenschaft in Berlin und München und promovierte in diese Fach. Seit 2021 leitet er den Forschungstransfer des Käte Hamburger Kolleg „Dis:konnektivität in Globalisierungsprozessen" an der LMU München. 2019 gründete er am Institut für Theaterwissenschaft das Cultural Policy Lab und aktuell widmet er sich dem Aufbau der gemeinnützigen Transfergesellschaft CPLRS zur Erhebung und Visualisierung von Daten in Kultur- und Kreativwirtschaft.

Christoph Thun-Hohenstein studierte Rechtswissenschaften, Politikwissenschaft und Kunstgeschichte. Ab 1986 hatte er für das österreichische Bundesministerium für auswärtige Angelegenheiten Auslandsposten in Abidjan, Genf und Bonn inne. Er war als Direktor des Austrian Cultural Forum New York (1999–2007) tätig, danach als Geschäftsführer von departure, der Kreativagentur der Stadt Wien und 2011–2021 als Generaldirektor und wissenschaftlicher Geschäftsführer des MAK. Derzeit leitet er die von ihm 2015 initiierte VIENNA BIENNALE FOR CHANGE. Er ist Autor diverser Publikationen zur europäischen Integration sowie zu Fragen zeitgenössischer Kunst und Kultur, Digitalisierung und Klimafürsorge/Kreislaufkultur.

Michael Wimmer ist Gründer und war bis Ende 2017 Geschäftsführer von EDUCULT. Seit 2018 ist er Direktor des Forschungsinstituts und nimmt seither die Funktion des Vorstandsvorsitzenden wahr. Aus diesen Tätigkeiten sowie als langjähriger Geschäftsführer des Österreichischen Kulturservice (ÖKS), als Musikerzieher und Politikwissenschaftler bringt er umfassende Erfahrungen in die Zusammenarbeit von Kunst, Kultur und Bildung ein. Er ist Dozent an der Universität für angewandte Kunst Wien zu Kulturpolitikforschung sowie Lehrbeauftragter am Institut für Kulturmanagement und Gender Studies der Universität für Musik und darstellende Kunst Wien sowie am Zentrum für Lehrer*innen-Bildung an der Universität Wien. Er war Mitglied der Expertenkommission des Bundesministeriums für Unterricht, Kunst und Kultur zur Einführung der Neuen Mittelschule und ist als Berater des Europarats, der UNESCO und der Europäischen Kommission in kultur- und bildungspolitischen Fragen aktiv. Er ist Mitglied des wissenschaftlichen Beirats der Internationalen Konferenz für Kulturpolitikforschung (iccpr). Er betreibt die Initiative „Wimmers Kultur-Service" unter www.michael-wimmer.at.

Tomas Zierhofer-Kin studierte Komposition, Musikwissenschaft, Philosophie und Gesang. Er war Gründer und gemeinsam mit Markus Hinterhäuser künstlerischer Leiter des Zeitfluss Festival im Rahmen der Salzburger Festspiele (1993–2001), Kurator der Programmschiene zeit_zone der Wiener Festwochen, künstlerischer Leiter des Festivals Kontra.com zusammen mit Max Hollein (2006), Intendant des Donaufestivals (2005–2016) und Intendant der Wiener Festwochen (2017–2018). Er arbeitet als freier Kurator, Autor und Berater.

Impressum

Michael Wimmer (Hrsg.)
michael.wimmer@uni-ak.ac.at
www.michael-wimmer.at

Mit Beiträgen von:
Sylvia Amann, Gloria Benedikt, Airan Berg, Elisabeth Bernroitner, Sabine Breitwieser, Stefanie Fridrik, Sven Hartberger, Thomas Heskia, Thomas Höft, Veronica Kaup-Hasler, Aslı Kışlal, Günther Lutschinger, Birgit Mandel, Monika Mokre, Cornelia Mooslechner-Brüll, Anita Moser, Herbert Nichols-Schweiger, Axel Petri-Preis, Ivana Pilić, Adolf Rausch, Sabine Reiter, Doris Rothauer, Anke Schad-Spindler, Ivana Scharf, Christian Steinau, Christoph Thun-Hohenstein, Michael Wimmer, Tomas Zierhofer-Kin

Projektleitung „Edition Angewandte" für die Universität für angewandte Kunst Wien:
Anja Seipenbusch-Hufschmied, A-Wien

Content and Production Editor für den Verlag:
Katharina Holas, A-Wien

Korrektorat/Lektorat dt.:
Viktoria Horn, A-Utzenaich
Korrektorat/Lektorat engl.:
Michael Turnbull, D-Berlin
Layout, Covergestaltung und Satz:
Theresa Hattinger, A-Wien
Druck: Holzhausen, die Buchmarke der Gerin Druck GmbH, A-Wolkersdorf
Papier: Munken Print Cream, Surbalin glatt
Schriften: Radio Grotesk, Lyon Text, Maison Neue

Library of Congress Control Number:
2022935577

Bibliografische Information der Deutschen Nationalbibliothek
Die Deutsche Nationalbibliothek verzeichnet diese Publikation in der Deutschen Nationalbibliografie; detaillierte bibliografische Daten sind im Internet über http://dnb.dnb.de abrufbar.

ISSN 1866-248X
ISBN 978-3-11-079162-4
e-ISBN (PDF) 978-3-11-079172-3

www.degruyter.com

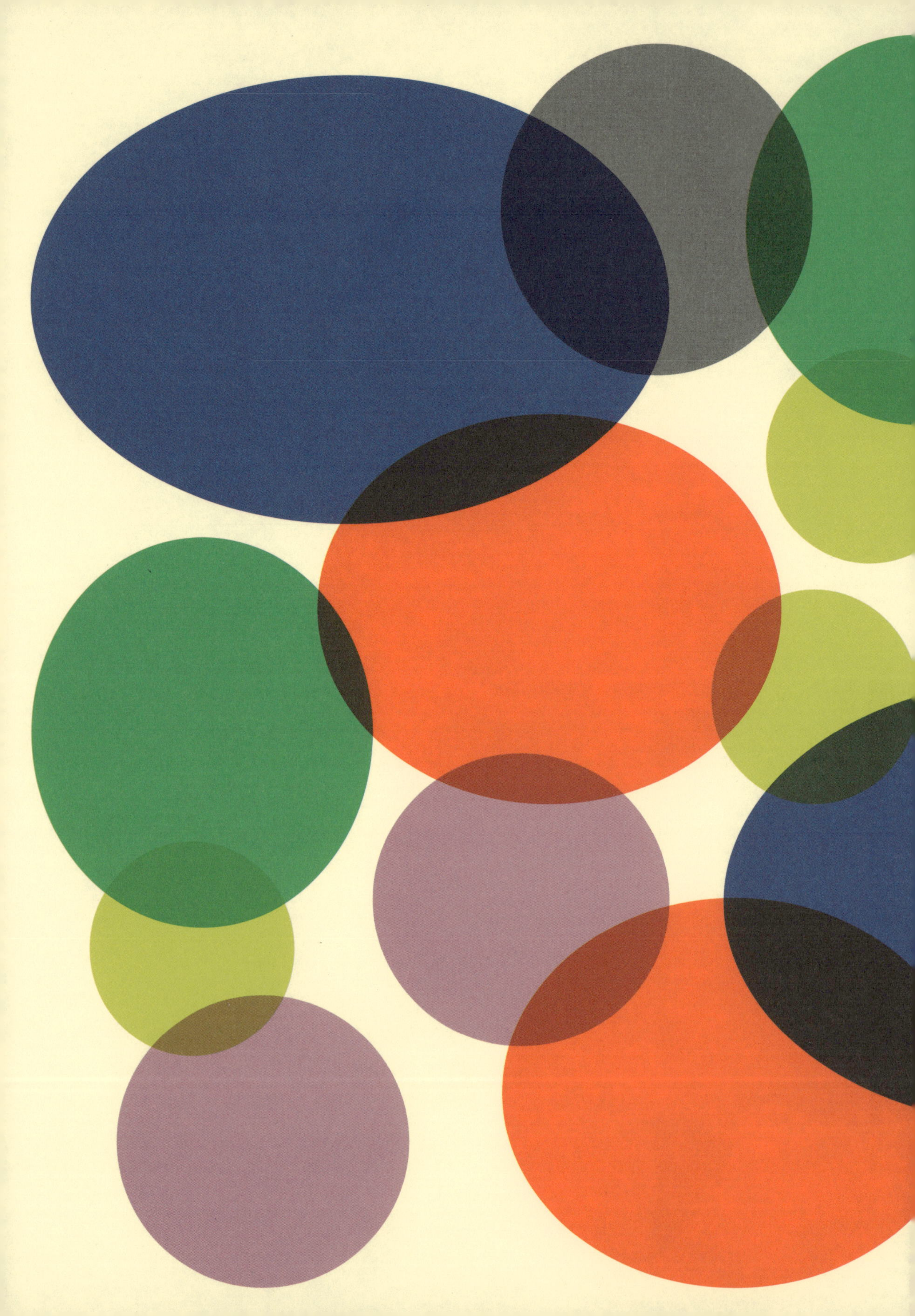